DERECHO DE LA FUNCIÓN PÚBLICA

MIGUEL SÁNCHEZ MORÓN
(*Catedrático emérito de Derecho Administrativo
Universidad de Alcalá*)

DERECHO DE LA FUNCIÓN PÚBLICA

DÉCIMA OCTAVA EDICIÓN

tecnos

Cubierta de:
J. M. Domínguez y J. Sánchez Cuenca

1.ª edición, 1996
18.ª edición, septiembre 2025
(edición cerrada en junio 2025)

Valentín Beato, 21 - 28037 Madrid

PAPEL DE FIBRA
CERTIFICADA

ISBN: 978-84-309-9265-2
Depósito Legal: M-14248-2025

Printed in Spain

ÍNDICE

ABREVIATURAS UTILIZADAS

ANECA	Agencia Nacional de Evaluación de la Calidad y Acreditación.
ATC	Auto del Tribunal Constitucional.
CE	Constitución Española de 1978.
CGPJ	Consejo General del Poder Judicial.
CIR	Comisión Interministerial de Retribuciones.
CP	Código Penal.
Disp. adic.	Disposición adicional.
Disp. derog.	Disposición derogatoria.
Disp. final.	Disposición final.
Disp. trans.	Disposición transitoria.
EBEP	Ley 7/2007, de 12 de abril, del Estatuto Básico del Empleado Público.
EMPE	Ley 55/2003, de 16 de diciembre, del Estatuto Marco del Personal Estatutario de los Servicios de Salud.
EPA	Encuesta de Población Activa.
ET	Texto Refundido de la Ley del Estatuto de los Trabajadores, aprobado por Real Decreto Legislativo 2/2015, de 23 de octubre.
FEMP	Federación Española de Municipios y Provincias.
INAP	Instituto Nacional de Administración Pública.
ISFAS	Instituto de Seguridad Social de las Fuerzas Armadas.
LBRL	Ley 7/1985, de 2 de abril, de Bases del Régimen Local.
LCP	Texto Refundido de la Ley de Clases Pasivas del Estado (Real Decreto Legislativo 670/1987, de 30 de abril).
LCSP	Ley 9/2017, de 8 de noviembre, de Contratos del Sector Público.
LFCE	Ley de Funcionarios Civiles del Estado (Texto articulado aprobado por Decreto 315/1964, de 7 de febrero).
LGP	Ley 18/2001, de 12 de diciembre, General Presupuestaria.
LGT	Ley 58/2003, de 17 de diciembre, General Tributaria (modificada por Ley 34/2015, de 23 de septiembre).
LI	Ley 53/1984, de 26 de diciembre, de Incompatibilidades del personal al servicio de las Administraciones Públicas.
LJCA	Ley 29/1998, de 13 de julio, de la Jurisdicción Contencioso-Administrativa.
LMRFP	Ley 30/1984, de 4 de agosto, de Medidas para la Reforma de la Función Pública.
LOFAGE	Ley 6/1997, de 14 de abril, de Organización y Funcionamiento de la Administración General del Estado (derogada).
LOPJ	Ley Orgánica 6/1985, de 1 de julio, del Poder Judicial.
LORDP	Ley 9/1987, de 12 de junio, de órganos de representación, determinación de las condiciones de trabajo y participación del personal al servicio de las Administraciones Públicas (modificada por Ley 7/1990, de 19 de julio y parcialmente derogada por el EBEP).
LOREG	Ley Orgánica 5/1985, de 19 de junio, de Régimen Electoral General.
LOSU	Ley Orgánica 2/2023, de 22 de marzo, del Sistema Universitario.
LOTC	Ley Orgánica 2/1979, de 3 de octubre, del Tribunal Constitucional (modificada por Ley Orgánica 6/2007, de 24 de mayo).
LPACAP	Ley 39/2015, de 1 de octubre, del Procedimiento Administrativo Común de las Administraciones Públicas.
LRJPAC	Ley 30/1992, de 26 de noviembre, de Régimen Jurídico de las Administraciones Públicas y del Procedimiento Administrativo Común (derogada).

LRJSP	Ley 40/2015, de 1 de octubre, de Régimen Jurídico del Sector Público.
LRSAL	Ley 27/2013, de 27 de diciembre, de racionalización y sostenibilidad de la Administración Local.
MUFACE	Mutualidad General de Funcionarios Civiles del Estado.
MUGEJU	Mutualidad General Judicial.
OIT	Organización Internacional del Trabajo.
OM	Orden Ministerial.
RD	Real Decreto.
RGIPP	Reglamento General de Ingreso del personal al servicio de la Administración General del Estado y de Provisión de puestos de trabajo y Promoción profesional de los funcionarios civiles de la Administración General del Estado, aprobado por Real Decreto 364/1995, de 10 de marzo.
RPT	Relaciones de puestos de trabajo.
RRD	Reglamento de Régimen Disciplinario de los funcionarios de la Administración General del Estado, aprobado por Real Decreto 33/1986, de 10 de enero.
RSA	Reglamento de situaciones administrativas de los funcionarios civiles de la Administración General del Estado, aprobado por Real Decreto 365/1995, de 10 de marzo.
SAN (SSAN)	Sentencia(s) de la Audiencia Nacional.
STC (SSTC)	Sentencia(s) del Tribunal Constitucional.
STEDH	Sentencia del Tribunal Europeo de Derechos Humanos.
STJUE (SSTJUE)	Sentencia(s) del Tribunal de Justicia de la Unión Europea.
STS (SSTS)	Sentencia(s) del Tribunal Supremo.
STSJ	Sentencia del Tribunal Superior de Justicia.
TC	Tribunal Constitucional.
TEDH	Tribunal Europeo de Derechos Humanos.
TFUE	Tratado de Funcionamiento de la Unión Europea.
TJUE	Tribunal de Justicia de la Unión Europea.
TREBEP	Texto Refundido del Estatuto Básico del Empleado Público, aprobado por Real Decreto Legislativo 5/2015, de 30 de octubre.
TRET	Texto Refundido del Estatuto de los Trabajadores, aprobado por Real Decreto Legislativo 2/2015, de 30 de octubre.
TRLGSS	Texto Refundido de la Ley General de la Seguridad Social, aprobado por Real Decreto Legislativo 8/2015, de 30 de octubre.
TRRL	Texto Refundido de las disposiciones legales vigentes en materia de régimen local, aprobado por Real Decreto Legislativo 781/1986, de 18 de abril.
TS	Tribunal Supremo.
TSJ	Tribunal Superior de Justicia.
UE	Unión Europea.

CAPÍTULO I

LA FUNCIÓN PÚBLICA Y SU EVOLUCIÓN HISTÓRICA

SUMARIO: I. QUÉ ES LA FUNCIÓN PÚBLICA. II. TRASFONDO DE LA CUESTIÓN. III. EVOLUCIÓN HISTÓRICA Y SISTEMAS DE FUNCIÓN PÚBLICA. 1. *Los precedentes.* 2. *El régimen constitucional y los sistemas clásicos de función pública.* A) Francia. B) Alemania. C) Italia. D) Gran Bretaña. E) Estados Unidos. 3. *El empleo público en el siglo xx.* 4. *La* nueva gestión pública *y las tendencias actuales.*

I. QUÉ ES LA FUNCIÓN PÚBLICA

El vasto complejo organizativo que hoy componen las instituciones públicas y, muy en particular, las Administraciones Públicas, es animado por un conjunto muy numeroso de personas físicas que en ellas trabajan. Dentro de este colectivo, que constituye lo que podríamos denominar el *factor humano* de la organización pública, hay que distinguir varios grupos.

Algunas de estas personas han sido elegidas directa o indirectamente por los ciudadanos, o designadas por órganos con representatividad democrática, para dirigir la política del país o para ejercer funciones públicas relevantes, ya sea en el ámbito nacional, autonómico o local. Son los diputados y senadores, parlamentarios autonómicos, miembros del Gobierno y de los Consejos de Gobierno de las Comunidades Autónomas, alcaldes y concejales, diputados provinciales y miembros de otras corporaciones locales y algunos altos cargos de confianza política, así como los miembros de ciertos órganos previstos por la Constitución, los Estatutos de Autonomía o las leyes (Tribunal Constitucional, Consejo General del Poder Judicial, Tribunal de Cuentas, Defensor del Pueblo e instituciones equivalentes de las Comunidades Autónomas, etc.) y los miembros de los órganos de gobierno de numerosos organismos y entidades públicas instrumentales. Estas personas desempeñan sus cargos con carácter periódico, pues su continuidad depende de una eventual reelección —no siempre posible— o del mantenimiento de la confianza de quien los nombró o, en algunos casos, de un plazo máximo legal de mandato, y tienen estatutos particulares regulados por las leyes. Aunque su número es relativamente elevado —son hoy en día varias decenas de miles en su conjunto— y seguramente excesivo para la mayoría de las opiniones, constituyen sólo una minoría entre quienes trabajan en las instituciones públicas.

Otras personas forman parte de algunos órganos administrativos, por lo general colegiados y en su mayor parte meramente consultivos, en representación de intereses sociales de muy diverso tipo (económicos, sindicales, profesionales...) o a título de expertos. Su nombramiento y su continuidad en tales órganos, que son muy numerosos en la actualidad, depende de la confianza que en ellas depositan las organizaciones representativas de intereses (patronales, sindicales, colegios profesionales, ONG) llamadas a cubrir esas funciones de participación, o bien de una elección en un ámbito restringido (por ejemplo, los padres de alumnos de un centro escolar que forman parte del Consejo del Centro) o de la decisión de la autoridad competente adoptada en razón de su personalidad. Por regla general, el funcionamiento de dichos órganos no es permanente y sus miembros carecen de una retribución fija, ya sean compensados con dietas o actúen con carácter honorífico. También hay otro grupo de personas que colaboran en algunas ramas de la Administración como voluntarios o cooperantes, algunos de los cuales tienen, asimismo, un estatuto propio.

Pero la mayor parte del personal que trabaja al servicio de las instituciones o administraciones públicas lo hace en ejercicio de su profesión u oficio, es decir, como trabajadores por cuenta ajena mediante la correspondiente retribución. Este colectivo conforma lo que se denomina el *empleo público*.

Ahora bien, hay empleados públicos que están vinculados a la Administración mediante un contrato de trabajo, como podrían estarlo con una empresa privada. Sus relaciones laborales o profesionales se rigen por el derecho del trabajo, aunque con algunas peculiaridades importantes, que hoy en día recoge la legislación general de empleo público. Este colectivo ha crecido considerablemente en muchos países durante los últimos años y también, aunque en menor proporción, en el nuestro, hasta el punto de que puede hablarse de un proceso de *laboralización* parcial del empleo público, si bien se trata de un fenómeno muy desigual en unas y otras administraciones o sectores de las mismas.

Sin embargo, aún hoy la mayoría de los empleados públicos ingresa en la Administración mediante nombramiento de la autoridad competente, por lo general tras superar determinadas pruebas selectivas más o menos rigurosas, y sus relaciones con la Administración se someten a un régimen especial de derecho administrativo, distinto del que corresponde a los demás trabajadores. Estos empleados reciben el nombre de *funcionarios* y el conjunto de que forman parte puede denominarse, en sentido subjetivo (pues también hay una acepción objetiva del mismo término, que ahora no nos interesa), *la función pública*.

Lo que tradicionalmente ha venido caracterizando el régimen jurídico peculiar de la función pública es que las condiciones de empleo no se establecen en un contrato o por convenio colectivo, sino que se determinan minuciosamente por normas objetivas, leyes y reglamentos, que los poderes públicos pueden modificar unilateralmente. De ahí que se diga que el funcionario no tiene con la Administración una relación contractual, sino *estatutaria*. Es decir, que queda encuadrado desde su nombramiento hasta la extinción del vínculo profesional en el marco de un *estatuto* público, que fija en cada momento sus derechos, deberes y responsabilidades. Esta idea sigue presente en nuestra legislación sobre empleo público, y así el artículo 9.1 TREBEP define a los funcionarios de carrera como «quienes, en virtud de nombramiento legal, están vinculados a una Administración Pública por una relación estatutaria regulada por el derecho administrativo para el desempeño de servicios profesionales retribuidos de carácter permanente». Pero conviene matizar esta definición, pues hoy en día también se reconoce una suerte de negociación colectiva entre la Administración y los funcionarios, que puede culminar —aunque no necesariamente— en acuerdos y pactos que sustituyen a o son recogidos por las normas que regulan sus relaciones de empleo.

Esta última circunstancia ha venido aproximando el régimen de la función pública al de derecho del trabajo, aproximación que también se ha producido poco a poco en el contenido de ambos regímenes jurídicos. Así, el régimen de incompatibilidades es desde hace mucho tiempo el mismo para todos los empleados del sector público; gran parte de los funcionarios públicos se integran en el régimen general de la Seguridad Social; desde la aprobación de la Constitución los derechos de sindicación y huelga se reconocen a los funcionarios de la misma manera que a los contratados laborales, con muy escasas excepciones y peculiaridades; la legislación general sobre prevención de riesgos laborales se aplica por igual, desde su origen, a unos y a otros; y también la que tiene como fin facilitar la conciliación de la vida familiar y laboral. Por su parte y desde hace tiempo, tampoco los contratados laborales pueden acceder a su empleo por la mera voluntad de una autoridad administrativa, sino que han de participar en un proceso de selección, mientras que su derecho a la negociación colectiva encuentra ciertos límites derivados de las restricciones o reducciones del gasto público que se establecen en los presupuestos de las distintas administraciones públicas y de otras medidas legales que se les aplican (por ejemplo, en materia de horarios o de vacaciones). En fin, las concretas condiciones de empleo de los funcionarios y de los empleados públicos con contrato laboral se han ido igualando en muchas administraciones públicas a través de la negociación colectiva. Por ello, de acuerdo con esta evolución, el EBEP de 2007 estableció un marco legislativo que en gran medida es común a todos quienes trabajan al servicio de la Administración, con independencia de que su vínculo jurídico sea estatutario o laboral. Pero, por razones que explicaremos más adelante, la distinción entre los funcionarios públicos y el resto de los empleados públicos se mantiene y con ella la existencia de un régimen jurídico específico de la función pública, que es el que aquí corresponde exponer.

II. TRASFONDO DE LA CUESTIÓN

Que se haya creado y perviva este régimen jurídico particular tiene su explicación, pero para exponerla es necesario ahondar en los factores de tipo político, económico y social subyacentes. En este punto es necesario entroncar nuestra reflexión con ese fenómeno que solemos denominar la *burocracia*.

Esta palabra ha tenido siempre —y más en nuestros días— una cierta connotación peyorativa para una gran parte de la población. Por un lado, porque por burocracia se entiende una forma de poder —de ahí el nombre—, un tanto opaca y difusa, que ejercen empleados o profesionales al servicio de la Administración (aunque también puede hablarse de burocracias empresariales, de partido, sindicales...). Dichos empleados públicos no ocupan su cargo por elección, lo que parece contraponerse a los valores democráticos, y aunque están sometidos a la dirección y control del respectivo Gobierno u otras autoridades elegidas o de designación política, no es fácil en la práctica exigirles responsabilidades. Por otro lado, para muchos la burocracia constituye una especie de casta de individuos privilegiados, ajenos a los problemas cotidianos del común de los trabajadores, en especial al de la precariedad en el empleo, tan característico de nuestro país y de nuestra época.

Por una u otra razón los funcionarios son frecuentemente objeto de recelo, de minusvaloración o de envidia —o todo ello a la vez— por quienes no lo son.

Sin embargo, conviene distinguir el mito de la realidad. Para empezar, el funcionariado no es una clase homogénea ni, menos aún, poderosa en su conjunto. Como gráficamente señalaba (hace ya bastante tiempo) el profesor A. NIETO, «el llamado poder de los burócratas ha de sonar muy extraño en los oídos de las mecanógrafas». En verdad, sólo algunos de ellos ejercen una cuota más o menos importante de poder, que en la mayor parte de los casos es un correlato del saber técnico o especializado que el funcionario posee. Otra cosa es que se considere que los factores técnicos o la obtención de resultados prácticos contables de la actividad administrativa deben tener prioridad sobre las opciones políticas o las alternativas ideológicas. Esta concepción, no menos ideológica, se suele definir con el nombre de *tecnocracia* y vuelve a tener, por cierto, algún grado de aceptación en nuestro tiempo, habida cuenta de la creciente desconfianza de los ciudadanos hacia los políticos de partido. Pero en un régimen democrático el funcionario directivo o especializado necesita de la confianza que el político le otorga para desarrollar su tarea, de la misma manera que el político necesita de aquél para traducir en resultados tangibles sus proyectos. Aunque el conflicto está siempre latente, la colaboración es inevitable y el predominio de unos u otros factores depende muchas veces más de la personalidad de los actores que de otro tipo de consideraciones. Democracia y burocracia no son, por tanto, términos incompatibles, sino complementarios, por paradójico que parezca, aunque en una permanente relación de equilibrio inestable.

Tampoco es exacto que el régimen jurídico de la función pública se resuma en un conjunto de privilegios. Por ejemplo, la situación de muchos funcionarios no suele ser especialmente ventajosa desde el punto de vista retributivo. Antes, al contrario, en algunos niveles, como pueden ser los directivos, y en ciertas carreras profesionales, sus retribuciones son notoriamente inferiores a las de quienes ejercen funciones similares en el sector privado y, cuando llegan los tiempos de vacas flacas, los funcionarios suelen sufrir como los demás trabajadores la congelación o incluso reducción de sus ingresos, sin posibilidad real de negociarlos, tal como ha ocurrido y ocurre en nuestro país y en otros. Además, el funcionario soporta especiales limitaciones de su derecho al trabajo, derivadas del régimen de incompatibilidades, y algunos colectivos están sometidos a una disciplina muy estricta o a restricciones en el ejercicio de determinados derechos ciudadanos —asociación, sindicación, huelga, libertad de expresión— en virtud de las funciones que desempeñan (militares y policías, jueces y fiscales, etc.).

Los beneficios de la condición de funcionario en comparación con la del resto de los trabajadores, incluidos los que contrata la propia Administración, se basan sobre todo en la estabilidad del empleo, lo que, sin duda, constituye una ventaja muy importante, aunque no debe confundirse con la inamovilidad en el puesto de trabajo. Junto a ello también es cierto que los empleados públicos han gozado tradicionalmente en nuestro país de una situación laboral más relajada, por lo general, en comparación con los de la empresa privada. Por ejemplo, la legislación sobre empleo público ha sido siempre más flexible en lo que se refiere a la jornada y el horario de trabajo, al otorgamiento de permisos —en particular los que permiten conciliar la vida familiar y laboral, pero no sólo— y a las vacaciones, y la

Administración como empleadora suele ser más tolerante en cuanto al cumplimiento de los deberes del funcionario en general, así como a la hora de deducir sus responsabilidades disciplinarias, que raramente se exigen con todo rigor. Pero estas últimas ventajas no son inherentes a la condición de funcionario o de empleado público, sino que derivan más bien del deficiente funcionamiento de nuestra organización administrativa y de la dinámica de las relaciones laborales en el sector público. De hecho, allí donde la organización administrativa se moderniza, a la búsqueda de mayor eficacia y eficiencia de los servicios que presta, el nivel de tolerancia y la diferencia con el empleo privado se reduce.

Por lo demás, el funcionario es un trabajador, un profesional. Cada uno con su cualificación y su categoría, con su ética personal y con su personalidad, con sus intereses y sus circunstancias. La burocracia no es un cuerpo extraño a la sociedad, sino que emana de ella y refleja, por tanto, los vicios y virtudes de la sociedad que la rodea. En consecuencia, hay funcionarios responsables, laboriosos, con iniciativa —y, por fortuna, nuestra Administración cuenta con un buen número de ellos—, como hay funcionarios despreocupados, absentistas, rutinarios, intrigantes o sencillamente corruptos. Eso sí, el funcionario experimenta también la influencia diferenciada de determinados rasgos o hábitos creados históricamente, que son de fácil contagio y difícil desarraigo: una cierta tendencia al corporativismo, la progresiva pérdida de ilusiones debida a la falta de estímulos suficientes vinculados al desempeño personal, la desconfianza frente a las reformas, etc. Tendencias que, a su vez, se contrarrestan con el espíritu de servicio, el deseo de promoción, las expectativas de renovación, que están igualmente presentes entre los empleados públicos y que siempre es necesario reforzar.

Sobre todas estas características diferenciales no es posible detenerse aquí, pues los problemas de la burocracia son muy complejos. Tanto que han dado lugar a verdaderos ríos de tinta en la literatura, en los escritos políticos y en estudios científicos de muy diverso enfoque: sociológicos, económicos, psicológicos, politológicos... E incluso son objeto preferente, aunque no único, de la denominada ciencia de la administración, que pretende conocer en su globalidad el funcionamiento de las organizaciones públicas, con la pretensión de mejorarlas. Sin perjuicio de lo cual, importa reiterar que, en el fondo, el funcionario es un trabajador por cuenta ajena, que desempeña su profesión u oficio en una organización pública.

¿Por qué existe, entonces, un régimen jurídico especial de la función pública, distinto del que se aplica al común de los trabajadores y cuál es su justificación? Pues bien, haciendo abstracción ahora de la historia, sobre la que nos extenderemos luego, ese régimen peculiar existe porque la Administración, en la que el funcionario sirve, no es una empresa privada, ni puede equipararse a una empresa privada. Eso no quiere decir que la Administración no pueda importar técnicas de organización y funcionamiento experimentadas en la empresa privada o que sea, por naturaleza, incapaz de alcanzar la eficacia característica de muchas empresas privadas. Antes, al contrario, la Administración debe aprender mucho de la organización de las grandes empresas, incluida la política de recursos humanos y de relaciones sindicales. Lo que quiere decirse es que en la Administración Pública como institución concurren determinados elementos en virtud de los cuales quienes la dirigen y la animan no pueden actuar con la libertad o autonomía de la voluntad que es propia del empresario privado. Y son esos elementos los que imponen que las relaciones de la Administración con su personal se funden, al menos en algunos aspectos, en principios esenciales y característicos del derecho público —legalidad, igualdad, imparcialidad, interdicción de la arbitrariedad, etc.— y no sólo en los de eficacia, eficiencia y productividad, que la Administración debe compartir con la empresa privada y con cualquier otra organización con empleados a su cargo.

El elemento clave a tales efectos es el que atañe a las relaciones entre política y administración. En todo régimen constitucional existe una tensión prácticamente permanente entre estos dos polos. Por un lado, la dirección de los asuntos públicos corresponde a aquellos políticos que han obtenido la confianza del electorado. De ahí que, por ejemplo, nuestra Constitución atribuya al Gobierno en su artículo 97 la potestad de dirigir la política interior y exterior y la Administración civil y militar, todo ello de acuerdo con las leyes y bajo el control del Parlamento. Lo mismo puede decirse, en su ámbito respectivo (excluyendo la política exterior y la Administración militar, obviamente) de los Consejos de Gobierno de las Comunidades Autónomas y así lo establecen sus respectivos Estatutos. Inclusive ese carácter de órganos de gobierno puede predicarse de los órganos superiores electivos de las corporaciones locales, como hace el artículo 3.3 LRJSP. Para ejercer su misión, los órganos de gobierno disponen de un aparato administrativo, cuyos integrantes deben obediencia y fidelidad —objetiva, que no personal— al Gobierno de turno. Pero que los órganos gubernativos dirijan la actuación de la Administración, orientándola hacia la consecución de los objetivos políticos que legítimamente establezcan, no quiere decir que puedan servirse de esa organización a su antojo y mucho menos que puedan *invadirla* o sustituir a los funcionarios por sus propios correligionarios. En todo régimen constitucional esta apropiación de la Administración por la política no es lícita, porque la Administración está llamada a desempeñar su cometido con imparcialidad y eficacia, al servicio de todos los ciudadanos, sin acepción de personas ni interferencias partidistas. Por eso nuestra Constitución, en su artículo 103.1, dispone que «la Administración Pública sirve con objetividad los intereses generales» y destaca, entre otros, el principio de eficacia administrativa para el logro de esta finalidad.

No obstante, el límite entre área política y área administrativa no está determinado con precisión y es difícil de determinar. Más aún, la tentación de los políticos de todo signo por situar y promocionar al personal de su estricta confianza es permanente, lo mismo que la tentación de los funcionarios de asegurarse un ámbito de relativa autonomía y, en su caso, aumentar su poder de decisión. Aquéllos aducirán entonces que la legitimidad democrática que ostentan, pero también la eficacia de su acción, es justificación suficiente para que se rodeen de quienes tengan por conveniente. Éstos apelarán, por el contrario, a su profesionalidad y a la necesaria estabilidad y continuidad de los servicios públicos, ondeando la bandera de la lucha contra la discriminación por razones políticas y de la eficacia administrativa *indiferente*. En la práctica no siempre es fácil percibir cuándo estos argumentos se utilizan con sinceridad o encubren otro tipo de pretensiones, ya sean clientelares, corporativas o gremiales. Pero lo cierto es que política y administración no pueden confundirse, que cada ámbito de la organización pública tiene su propia legitimación y que el difícil equilibrio entre unos y otros principios e intereses debe ser constantemente vigilado y reestablecido, en beneficio de los ciudadanos. Pues lo que no debe olvidarse es que son los ciudadanos y no los políticos ni los funcionarios o empleados públicos los verdaderos *maîtres* de la Administración, quienes la mantienen con sus impuestos y quienes tienen derecho a exigir de ella el mejor servicio posible.

En garantía de la posición constitucional de la Administración y en directa conexión con el principio de igualdad ante la ley —y ante la organización pública— de todos los ciudadanos, la libertad del Gobierno y del legislador para configurar la Administración queda limitada, pues lo que se necesita es que al empleo público accedan los más capaces, con independencia de su ideología. No sólo eso, sino que también es preciso asegurar que la carrera profesional del empleado público, su ascenso a cargos de mayor nivel y responsabilidad, se produzca por razones objetivas vinculadas al mérito y capacidad y que no pueda ser separado del servicio ni apartado de su cargo sino por razones, asimismo, objetivas y previstas por la ley. Al mismo tiempo es imprescindible garantizar la imparcialidad de los empleados públicos en el ejercicio de su cargo, tanto frente a cualquier injerencia política —del partido del Gobierno como de los partidos de la oposición—, como frente a intereses privados que busquen influenciarles y frente a sus propios intereses particulares. Y, como es natural, es preciso asegurar la disciplina y la cualificación profesional del empleado público, sin la que la organización no puede ser eficaz. Todas estas razones explican por qué debe existir un régimen específico del empleo público, fundado en principios de derecho público y articulado a través de garantías legales.

Pero todavía hay más. La Administración no puede determinar las retribuciones de sus empleados a la manera de un empresario privado, pues los recursos que maneja son fondos públicos, que deben figurar en los presupuestos que aprueban los órganos representativos (Cortes Generales, Asambleas de las Comunidades Autónomas, Pleno de las corporaciones locales). De ahí que la negociación de los incrementos retributivos que puedan realizar los órganos de gobierno o directivos esté siempre limitada o condicionada por la soberanía presupuestaria de los parlamentos, asambleas o corporaciones. Ahora bien, las decisiones presupuestarias no se fundan sólo en la lógica empresarial coste-beneficio, sino sobre todo en otras variantes, como son el nivel admisible de gasto público y su distribución, para lo que se tienen en cuenta las grandes opciones de política económica (por ejemplo, control del déficit, presión fiscal, política de empleo, inflación, política de inversiones y gasto social, etc.). Por eso, la contratación colectiva en la Administración no puede tener exactamente el mismo carácter ni los mismos efectos que en el sector privado. Además, la esencialidad de ciertos servicios públicos justifica algunas limitaciones del derecho de los trabajadores a defender sus intereses mediante medidas de huelga y conflicto colectivo, limitaciones que no existen o existen en menor medida en el ámbito de la empresa.

A todos estos motivos responde inequívocamente que el artículo 103.3 de nuestra Constitución haya previsto un *estatuto de los funcionarios públicos* regulado por la ley. No es casualidad que inmediatamente a continuación este precepto se refiera precisamente al acceso a la función pública de acuerdo con los principios de mérito y capacidad, a las peculiaridades del ejercicio del derecho de sindicación de los funcionarios, al sistema de incompatibilidades y a las garantías de imparcialidad en el ejercicio de sus funciones. No lo es, porque, como en otro lugar se explicará, estas materias constituyen el núcleo esencial del estatuto de la función pública.

La existencia de dicho estatuto responde, por tanto, a sólidas razones objetivas, de las que nuestra Constitución se hace eco. Cosa distinta es la configuración, extensión y contenido del régimen jurídico peculiar de la función pública. En realidad, estos aspectos poco tienen que ver con planteamientos de teoría política o constitucional, pues dependen de la historia de cada país. Es esa historia la que ha hecho surgir distintos modelos burocráticos en unos y otros países y la que explica sus características, sus virtudes y defectos y su evolución, pues es evidente que no hay modelos estáticos. De ahí que, si se quiere comprender la regulación jurídica de la función pública existente en un momento dado y, en la medida de lo previsible, vislumbrar su desarrollo, sea necesario conocer su formación histórica. Pues, aunque a la mentalidad del jurista le cueste a veces asimilarlo, la historia —económica, social, política, cultural— no se detiene ante la dogmática del derecho, sino que es la teoría jurídica la que no puede dejar de adaptarse al paso de la historia.

III. EVOLUCIÓN HISTÓRICA Y SISTEMAS DE FUNCIÓN PÚBLICA

La relación jurídica que une al empleado público con la Administración ha variado profundamente a lo largo del tiempo. Es natural que así sea, pues responde inevitablemente a la idea que en cada momento se tiene del Estado o del poder público, de las funciones que se atribuyen a las Administraciones Públicas, de sus relaciones con la sociedad y, en el fondo, de la misma evolución del sistema social, ya que el subsistema público constituye una parte del todo.

1. Los precedentes

Como el estudio insuperable de Max Weber puso de relieve, burocracias han existido en lugares y tiempos remotos, prácticamente donde ha habido una organización política medianamente extensa y compleja. A nuestros fines bastará hacer una breve referencia al mundo occidental, que constituye nuestro entorno inmediato.

La aparición y desarrollo de la burocracia profesional se vincula al nacimiento y consolidación del Estado moderno. Con anterioridad, las funciones que podríamos llamar públicas eran —salvo las derivadas de las franquicias municipales— patrimonio de la aristocracia, jerarquizada por la relación personal de vasallaje, y los cargos se transmitían por herencia. A medida que el príncipe afirma su autoridad sobre los señores feudales, crea una organización a su servicio, diferenciada de los oficios domésticos de la corte, para proveer a las funciones inherentes a su potestad: ejército, diplomacia, justicia y hacienda. Al mismo tiempo refuerza su control del territorio mediante el envío de delegados personales (adelantados, merinos, bailes, regidores y corregidores, en la terminología propia del derecho de los reinos españoles). No por ello la nobleza y el clero quedan alejados de la administración estatal, pues, además del ejercicio de su jurisdicción señorial en el territorio, participan en los consejos estamentales mediante los que se gobierna el reino —según el modelo sinodial, que fue característico de la monarquía hispana— y ejercen habitualmente los mandos militares superiores por delegación del rey. Pero junto a ella aparece un nuevo grupo de oficiales, expertos juristas en la mayoría de sus rangos superiores, en los que el monarca tiende a apoyarse para contrapesar la influencia de la nobleza y de los que en adelante será imposible prescindir, puesto que de sus conocimientos y dedicación depende el funcionamiento regular del Estado.

La relación que une a estos servidores con la Corona se halla en un principio escasamente ordenada por normas jurídicas. Su nombramiento depende de la libre voluntad real, aunque los tratadistas de nuestro Siglo de Oro insisten en la necesidad de «gente docta», reclutada por sus méritos. Su vínculo jurídico es una especie de mandato, representación o delegación del rey, que los inviste de su propia autoridad y en cuyo nombre ejercen sus prerrogativas. Los cargos públicos raramente se otorgan a perpetuidad, ya que, para algunos, eso constituye una verdadera enajenación, incompatible con su carácter. No obstante, las necesidades de la Hacienda convirtieron en práctica frecuente la venalidad de los oficios, con carácter vitalicio e incluso hereditario. De esta manera la Administración —típicamente la española del siglo XVII— entra en un proceso de decadencia, al que contribuye igualmente el lento funcionamiento de los consejos.

La monarquía ilustrada del siglo XVIII arraiga definitivamente en Europa la idea de la burocracia profesional. Se corresponde este suceso con el nuevo papel del Estado como impulsor de la riqueza y el bienestar de los súbditos. Al incremento de sus funciones acompaña necesariamente la reforma de la Administración para dotarla de la agilidad y capacitación técnica necesaria. Los consejos se reducen o se sustituyen por secretarías y departamentos con funciones diferenciadas, conforme al modelo francés, rápidamente imitado en otros Estados europeos. La centralización avanza a espaldas de intendentes y comisarios, investidos de nuevos poderes. Los oficios públicos se diversifican. Juristas y clérigos pierden el monopolio de los cargos superiores, flanqueados ahora por técnicos y expertos en el fomento de la agricultura y la ganadería, el cuidado y la repoblación de los montes, la construcción de puentes y caminos. Se crean los primeros estudios de esta naturaleza, viveros de funcionarios especializados (en España, la Ingeniería de Minas en 1777, la de Caminos y Canales en 1799). Y, lo que es más importante a nuestros efectos, se regula con mayor detalle la situación jurídica de los servidores de la Corona: derecho al puesto y causas de remoción, plantillas y escalafones, categorías, ascenso y retribuciones. La legislación del siglo XVIII anticipa en muchos aspectos el régimen jurídico de la función pública que se establecerá en el período constitucional. En algunos países incluso, Prusia a la cabeza, el siglo de la Ilustración confiere a la burocracia un espíritu característico, de impronta paramilitar, que va a mantener durante largo tiempo.

2. El régimen constitucional y los sistemas clásicos de función pública

Con todo, la instauración de los regímenes constitucionales que se produce en Europa y América desde finales del XVIII altera los fundamentos jurídicos de la función pública. Por un lado, el empleado público deja de ser un servidor personal de la Corona para convertirse en funcionario del Estado, ente impersonal regido por las leyes. Por otro, la supresión de los privilegios estamentales y la proclamación del principio de igualdad ante la ley permiten, al menos en teoría, que cualquier ciudadano, sin distinción de origen, pueda acceder a los cargos públicos. La burocracia profesional adquiere de esta manera un nuevo estatuto jurídico sobre bases objetivas, de mérito y capacidad, las mismas que siguen proclamando las constituciones democráticas de nuestros días.

Sin embargo, la concreción de estos principios en la legislación sobre la función pública no se produce de inmediato ni de la misma manera en todas partes. En realidad, se trata de un proceso largo y desigual, íntimamente ligado a la evolución social y a las concepciones políticas y culturales dominantes en cada país. Las diferencias que en este orden de cosas existen entre unos y otros Estados europeos y americanos explica la aparición de distintos sistemas legales de la función pública, que podríamos llamar clásicos, durante el siglo XIX. De todas formas, todos estos modelos tienen algo en común. Se forjan para ordenar una burocracia relativamente pequeña y homogénea, que se dedica en su mayor parte a ejercer funciones de autoridad o de *imperium* y no a prestar servicios públicos ni a la producción de bienes para el mercado. Una burocracia integrada por personas pertenecientes a la alta y media burguesía. La burocracia —no lo olvidemos— ha sido siempre un vivero de empleos para las clases medias. Por eso las características de la función pública y de su régimen jurídico tienen mucho que ver con los valores y rasgos dominantes entre estos grupos sociales.

A) *Francia*

El primer sistema al que hay que referirse, por la nitidez de sus principios y por su directa influencia sobre el nuestro, es el sistema francés. Como tantas instituciones administrativas del país vecino, su sistema de función pública tiene sus orígenes en los avatares de la Revolución y en la recreación del Estado en el período napoleónico. La idea de poner en pie instituciones estables, permanentes y duraderas, situadas al margen de las luchas políticas, por contraposición a las convulsiones del período revolucionario, es lo que sostiene esta concepción de la función pública, que, por lo demás, enlaza con ideas y regulaciones ya presentes en el Antiguo Régimen y es perfectamente coherente con la nueva estratificación social y el predominio absoluto de la burguesía que surge de la Revolución.

Al servicio de la administración centralizada y jerarquizada, que el Imperio de Napoleón I consolida, se acierta a crear paulatinamente un ejército de funcionarios identificados con el Estado. El funcionario se considera no como un simple empleado, sino como un defensor del interés general, impregnado de una mística de servicio. En consecuencia, el funcionario debe reunir la capacidad y el mérito necesarios para desempeñar eficazmente sus responsabilidades, debe ejercer sus funciones con carácter vitalicio, debe tener un estatuto especial que garantice su autoridad, su independencia y el prestigio del Estado al que encarna. Éste exige del funcionario lealtad, dedicación y disciplina, como si formara parte de un «orden civil» instituido a imagen del clero o la milicia, según el expreso deseo del Emperador. Le ofrece a cambio una profesión honrosa, una retribución adecuada, la formación cualificada que precise, unas expectativas ciertas de carrera por antigüedad y por mérito y la garantía de la inamovilidad.

La introducción de este sistema, llamado *de carrera*, tiene lugar por etapas, pues primero atañe sólo a algunos cuerpos superiores del Estado y sólo a finales del siglo XIX se va generalizando el acceso por méritos (*concours*). Comporta que el funcionario no sea nombrado directamente para ocupar un determinado puesto de trabajo, sino que ingrese, mediante un procedimiento de selección fundado en el mérito, en un cuerpo o escala especializada, dividida en categorías personales. A cada escala y categoría se asignan *grosso modo* una serie de puestos de trabajo, que el funcionario podrá ir desempeñando a lo largo de su vida profesional. Pero, salvo excepción, no le será posible acceder a otro cuerpo o escala si no es mediante un nuevo proceso selectivo, por lo que se trata de un sistema *cerrado*. Es más, el acceso a unos u otros cuerpos depende del nivel de formación académica alcanzado, de donde se deduce que la jerarquía de la función pública viene a reflejar la jerarquía social.

Sobre estas bases se construye el régimen jurídico del funcionario como un régimen de derecho público. La definición de sus principios y reglas generales es obra de la doctrina del Consejo de Estado, pues, por encima de las numerosas reglamentaciones de los cuerpos, no ha existido un estatuto general de la función pública francesa —y sólo relativo a la Administración del Estado— hasta 1946. Es esta doctrina la que sanciona, con algunas vacilaciones iniciales, el carácter estatutario de la relación jurídica que une al funcionario con la Administración. Ante la variedad de opiniones doctrinales, interpreta que el funcionario accede a su condición mediante un nombramiento, que es un acto administrativo unilateral, aunque necesitado de aceptación por el destinatario, y que su situación jurídica, sus derechos y deberes, no se establecen ni pueden modificarse por un contrato o convenio, sino de manera general (para todos los que componen la misma categoría) por las leyes y reglamentos. Establece también que dicha situación es evolutiva y cambiante, pues el poder público puede, asimismo, modificar unilateralmente las normas que regulan su régimen jurídico, sin que el funcionario pueda alegar ningún derecho adquirido al mantenimiento de una determinada legislación. De esta manera el régimen de la función pública se separa radicalmente del derecho privado aplicado a las relaciones entre empresarios y trabajadores, fundado en la autonomía individual y más tarde colectiva de las partes.

El sistema, así someramente descrito, ha mantenido hasta el día de hoy su predominio en la función pública del Estado francés al tiempo que sus características generales, aunque con cambios significativos, a los que después se hará alusión. Incluso se ha intentado extenderlo, con relativo éxito, por cierto, a la función pública de las entidades territoriales y a la sanidad pública en 1984. Sus ventajas son claras. Genera estabilidad y garantiza la continuidad de los servicios con independencia de los cambios políticos. Favorece el espíritu de servicio y la permanencia de los funcionarios experimentados en el empleo público. Estas dos cualidades se refuerzan ya en el siglo XX por la reserva, en la práctica, a los altos funcionarios de puestos de nivel directivo superior (*le ministre change, le dirécteur général ne change pas*) y por la importancia que se atribuye a la formación del funcionario, ya sea la formación inicial —en la *École Nationale d'Administration*, creada en 1945, o en otras Escuelas especializadas— o la que tiene por objeto facilitar la adaptación a las innovaciones tecnológicas y la promoción profesional. Sus inconvenientes también son conocidos. La rigidez de la carrera fomenta el conformismo y dificulta la renovación. La división en cuerpos y en colectivos diferenciados, hoy en día con el apoyo de poderosos sindicatos, favorece la desigualdad basada en privilegios de grupo, genera un *esprit de corps* que no siempre coincide con el interés general y, en el caso de los cuerpos superiores del Estado (los *enarcas*), la creación de una élite influyente, que ha dominado también espacios de la política y de la empresa privada. Clasismo y conservadurismo (cultural, más que político) son consecuencias relevantes del modelo; y de ahí que recientemente se haya acordado la supresión de la *ENA* y su sustitución por otra institución más abierta, denominada *Instituto del Servicio Público.* A lo que se suma la defensa de un fuerte sector público, frente a los avances de la liberalización de servicios y la lógica de la concurrencia económica.

B) *Alemania*

En realidad, la mayoría de los sistemas clásicos europeos de función pública son sistemas de carrera, articulados sobre bases parecidas. Entre ellos el alemán que, no obstante, ofrece algunas singularidades de relieve en cuanto a la configuración de su burocracia y en cuanto a la definición jurídica de las relaciones del funcionario con el Estado. Lo que caracteriza a esa burocracia, al menos hasta fechas recientes, es su escrupuloso sentido de la disciplina y del deber por encima de toda otra consideración, hasta el punto de que ha sido muchas veces estudiada como modelo de la racionalidad burocrática (el propio estudio de Max WEBER tiene como sustrato esa realidad) y considerada como orgullo del país.

Fue Federico Guillermo I de Prusia, a principios del siglo XVIII, mediante Ordenanza de 21 de julio de 1713, quien transformó lo que venía siendo un conjunto heterogéneo de funcionarios corruptos en una burocracia modélica, a la que inculcó un acendrado sentido del deber y una sumisión hacia el monarca similar a la del ejército. Para ello se apoyó en una burguesía ilustrada, previamente formada en las ciencias de la cameralística y seleccionada rigurosamente mediante un examen seguido de un período de formación práctica y una segunda prueba definitiva (no siempre, sin embargo, se libraría la función pública alemana con posterioridad de un cierto grado de endogamia). El funcionario, una vez reclutado, conocía sus derechos y deberes, recibía una retribución suficiente, incluso elevada en los rangos superiores, y podía ascender por sus méritos hasta los puestos más altos de la jerarquía. Su carrera dependía en muy buena medida de los informes periódicos personales de sus superiores, método de evaluación continuada que cumple un papel importante en la moderna función pública germana, y en otras muchas. La precisión de las órdenes y las instrucciones y un estricto procedimiento disciplinario completaban el modelo. De esta forma se creó un verdadero grupo social, muy compacto y preparado técnicamente, separado de la sociedad por su sentimiento de fidelidad y el formalismo de su actuación, comprometido con la reforma del Estado y con el regular funcionamiento de la Administración, del que deriva su prestigio social. La burocracia se convirtió en «la espina dorsal del Reino de Prusia» (NIETO), un Estado que ha sido calificado por los historiadores como *Beamtenstaat* (Estado funcionarial), en el que el funcionario es un *Staatsdiener* (servidor del Estado), tal como lo define el *Allgemeines Landsrecht* prusiano de 1794, que regulaba sus derechos y deberes.

Los cambios que sobre este sistema aporta el siglo XIX son mucho menores que en otros países —períodos revolucionarios aparte—, pues el principio monárquico, que rige en Alemania hasta 1918, mantiene la vinculación del funcionario a la Corona. El funcionario alemán carece, por ello, durante la época, del sentido y de las garantías de neutralidad política que se van afirmando en otros Estados. No sólo eso, sino que acepta, en aras de su función, sensibles restricciones de sus garantías jurídicas como trabajador —en particular en el procedimiento disciplinario— y en sus libertades ciudadanas.

Al servicio de esta situación, entre otras, la doctrina alemana de derecho público construye la teoría de las *relaciones especiales de sujeción*, teoría que, por encima de los cambios constitucionales, mantendrá su vigencia y aceptación mayoritaria hasta hace unas décadas. Según esta teoría, elaborada a finales del siglo XIX por O. MAYER (con precedentes en la obra de P. LABAND), el funcionario, en virtud de su ingreso en el servicio, que es un acto voluntario, queda situado en una relación con el Estado distinta de la que tiene el ciudadano común. Esa relación faculta al Estado para imponer al funcionario vinculaciones jerárquicas y disciplinarias, necesarias para mantener la eficacia de la maquinaria administrativa. Pero no sólo eso, sino que le coloca en un «estado de libertad restringida», en virtud del cual una parte de sus derechos fundamentales quedan subordinados a las necesidades del servicio. Tales limitaciones puede imponerlas la Administración incluso al margen de la ley, según la teoría más clásica, pues el dominio de la ley es sólo el de las relaciones generales —de poder, de sujeción, de libertad y de garantía de la propiedad— entre el Estado y los ciudadanos en cuanto tales, lo que no obsta a la codificación legal de las relaciones funcionariales, que lleva a cabo la *Reichbeamtengesetz* de 31 de marzo de 1873.

C) *Italia*

El régimen estatutario de carrera y la relación especial de sujeción —o un estatuto de libertad restringida— son los pilares sobre los que se asienta la construcción jurídica europea del derecho de los funcionarios desde finales del siglo XIX. Estas bases teóricas se difunden en la doctrina de otros muchos países. Sin embargo, el resultado de su aplicación y el de las leyes de funcionarios en que se plasman son notoriamente desiguales, tan desigual como la «materia prima» que intentan moldear, que no es el funcionario como tal, sino la sociedad de la que forma parte. Un buen ejemplo de lo que se quiere decir se encuentra en la evolución del derecho de la función pública y de la burocracia en Italia.

Desde el punto de vista de la doctrina jurídica, de la legislación y de la jurisprudencia, poco se diferencia el régimen italiano de la función pública del sistema francés y, en menor medida, del alemán. En el ámbito doctrinal las obras clásicas ofrecen polémicas semejantes a las que pueden encontrarse en la doctrina francesa y germánica —teorías contractualistas y estatutarias o *autoritarias*, referencias a la *supremacía especial*—, si acaso con mayor insistencia en la distinción entre *relación orgánica* y *relación de servicio* del funcionario, que tiene mucho que ver con dualidad jurisdiccional existente en el país; la numerosa legislación del siglo XIX, que culmina en la Ley general de 22 de noviembre de 1908 (Texto Único n.º 693), construye un típico sistema de carrera; la jurisprudencia contribuye a la definición de la relación funcionarial como una relación de derecho público, regulada por leyes y reglamentos (aunque inicialmente alude a una especie de *locatio operarum*).

Sin embargo, la función pública italiana nada tiene que ver en realidad con la eficiente burocracia francesa o con la disciplinada burocracia alemana. Como en otros países del sur de Europa, entre ellos el nuestro, la debilidad y el atraso de la estructura económica, la falta de empleos suficientes, la escasa iniciativa de las clases medias en general y su preferencia por un empleo seguro, aunque sea mal retribuido, constituyó el caldo de cultivo para la formación de una burocracia ineficaz y parasitaria. Si a ello se añade que la imperfecta separación entre el Estado y la estructura social, es decir, la relativa falta de autonomía de aquél como contrapunto de los intereses económicos y sociales dominantes, ha constituido la regla, bien puede entenderse la consecuencia. En Italia, más que nutrirse de las clases medias, la burocracia del Estado en formación fue patrimonializada por las clases medias, en particular las del *Mezzogiorno*. Pero este fenómeno no fue contrarrestado por reformas modernizadoras —que las hubo en la ley—, sino más bien aceptado y aprovechado por los dirigentes políticos para mantener y ampliar su base social. De ahí que el sistema legal de mérito quedara falseado por la cooptación y, sobre todo, que se difundieran, ya durante el período liberal prefascista, las prácticas clientelares, tan habituales luego. Con ello, política y administración tienden a confundirse, al tiempo que la presión de cada categoría de funcionarios en busca de ventajas particulares suele hacer mella en el ministro de turno y dificulta las reformas orgánicas. Una última secuela y no la menos importante es la tendencia a generar un exceso de personal en el sector público, que por un lado impone límites retributivos generalizados y por otro exige en períodos críticos (así, tras la Primera Guerra Mundial o hace algunos años, en virtud del Tratado de Maastricht, o durante las crisis económicas) importantes reducciones de efectivos.

D) *Gran Bretaña*

Mayor originalidad y correspondencia con la realidad presenta el régimen clásico de la función pública británica creado a mediados del siglo XIX. En ese momento, la Administración estaba dirigida por una aristocracia en decadencia y nutrida por el sistema de *patronage*. Estas circunstancias habían producido una clase de empleados públicos incapaz e ineficiente, que contrastaba manifiestamente con la burocracia francesa y prusiana de la época. La crítica generalizada de la situación, unida al movimiento de reformas públicas iniciado al aliento de la filosofía utilitarista de J. BENTHAM, además de algunos acontecimientos puntuales —en particular, el desastre de la Guerra de Crimea, que reveló la escasa preparación de los mandos militares, también reclutados por el mismo sistema—, propiciaron una amplia reforma, de la que surgió un modelo de *civil service* que, en sus líneas maestras, se ha mantenido hasta hace no mucho tiempo.

El fundamento teórico de la reforma se halla en el *Informe Northcote-Trevelyan*, encargado por el Departamento del Tesoro en 1853. Sus propuestas se irían poniendo en práctica en su mayor parte durante los años sucesivos. Lo que el Informe propugnaba era ante todo abandonar el sistema de *patronage* sustituyéndolo por el de mérito. A tal efecto, recomendaba la realización de pruebas selectivas libres (*open competition*), que empezaron a llevarse a cabo en 1860 y se generalizaron a partir de 1870. No obstante, este sistema de selección tenía, en el modelo inglés clásico, dos características que lo diferenciaban de otros europeos. En primer lugar, la dirección y vigilancia del proceso directivo se encargaba a un órgano centralizado, la *Civil Service Commission*, que gozaba de una amplia independencia, en garantía de la imparcialidad. En segundo lugar, las pruebas eran de carácter general, no especializadas, pues lo que se valoraba era la personalidad del candidato, su capacidad para enfrentarse a los problemas. De ahí que la formación humanista haya tenido tradicionalmente mayor importancia para acceder a la función pública británica. Sin embargo, las necesidades de la Administración de contar con todo tipo de especialistas y técnicos fueron modificando paulatinamente ese principio. La misma regla de mérito había de adoptarse para el ascenso en la carrera administrativa, pues tan rechazable se consideraba en el Informe el favoritismo como el criterio mecánico de la antigüedad. No obstante, este último sólo fue abandonado en parte.

Por lo demás, la reforma inicial creó dos categorías de funcionarios, la primera o superior destinada a las actividades intelectuales y la segunda a las más rutinarias o ejecutivas. Posteriormente el número de clases generales fue en aumento (*administrative, executive, clerical, clerical assistant*), así como las posibilidades de promoción de una clase inferior a otra superior, que durante el siglo XIX eran prácticamente inexistentes. De hecho, los graduados de Oxford y Cambridge, formados en los valores tradicionales de la era victoriana, predominaron durante mucho tiempo en la función pública superior, imprimiendo a la función pública inglesa tradicional un carácter propio, el del *gentleman* pragmático, trabajador e íntegro, exquisitamente neutral ante los cambios políticos.

E) *Estados Unidos*

El modelo norteamericano poco tiene que ver con los anteriormente descritos, aunque haya tomado de ellos —en particular del inglés— algunas ideas e instituciones. El sistema es mucho más abierto, como corresponde a una sociedad que carecía en origen de los prejuicios clasistas propios de las europeas y admite con naturalidad una mayor movilidad geográfica y social. Su fundamento reside en que el nombramiento de un funcionario no se efectúa para que realice toda su carrera en el servicio público —otra cosa es que en la práctica ocurra así—, sino para desempeñar un cargo determinado. Por eso se suele denominar *sistema de empleo*. Es el que más se asemeja al régimen de contratación propio de la empresa privada, que parte de la definición previa de sus actividades y, por tanto, de relacionar los empleos necesarios que se ofrecen a los demandantes de trabajo.

De todas formas, la diferencia no está tanto en los aspectos formales o jurídicos, sino en la concepción de la función pública y del funcionario predominante en aquel país. Pesa sobre esta cuestión una desconfianza innata hacia lo público. El funcionario, lejos de encarnar al Estado, se considera un fiduciario público (*trustee*), que debe ser sensible a las demandas de la ciudadanía y responder ante ella, por medio de las asambleas representativas. De ahí que exista una fuerte prevención frente a la consolidación de una *clase funcionarial*, separada de la sociedad. La idea de la función pública vitalicia es, en general, extraña a la mentalidad norteamericana. Por tanto, cuando el funcionario deja o pierde el cargo que ocupa, pierde también su condición de empleado público. La Administración no tiene la obligación de respetar en general un derecho al cargo o a la permanencia del funcionario y de ahí que no sean insólitas las reducciones de empleos públicos por razones funcionales y el despido de los empleados sobrantes. De la misma manera que es frecuente que una persona trabaje sucesivamente para la Administración y para la empresa privada a lo largo de su vida profesional.

Dicho esto, el régimen de la función pública en los Estados Unidos ha experimentado también su propia evolución. Durante los primeros años después de la independencia siguió vigente el sistema de *patronage*, que se había heredado de la administración colonial y que beneficiaba a las clases acomodadas. Pero a partir de 1820, el asentamiento del bipartidismo y de la alternancia política, la aceptación mayoritaria del igualitarismo democrático presente en la obra de T. JEFFERSON y la exigencia de que los funcionarios respondieran periódicamente de su gestión, que impuso la *Tenure of Office Act* —lo que facilitaba su destitución—, desembocaron en el más puro *spoils system*. Es decir, los cargos públicos se consideraban un botín del partido vencedor en las elecciones, a repartir entre sus afines. Este modelo se afirmó durante la presidencia de A. JACKSON y no sólo como un hecho o por razones de conveniencia política, sino también con apoyo en una determinada filosofía. Se aducía al efecto que cualquier ciudadano puede desempeñar un cargo público, pues no se requiere para eso una especial formación o cualificación, que la designación de los funcionarios por los representantes elegidos por el pueblo garantiza su sintonía con la voluntad popular mayoritaria y que la periodicidad y brevedad de los mandatos evita la progresiva pérdida de la sensibilidad hacia esa voluntad popular (*responsiveness*), que caracteriza a los cargos vitalicios.

Sin duda estas sencillas ideas tienen aún hoy mucho arraigo en la cultura norteamericana. Sin embargo, la práctica del *spoils system* privó a la Administración de la cualificación y eficacia necesarias (por no hablar de sus consecuencias en el plano de la ética), deficiencias que se fueron haciendo sentir cada vez más. Por eso, después de varios intentos frustrados, el asesinato del presidente J. A. GARFIELD por un demandante de empleo público insatisfecho proporcionó la ocasión para introducir legalmente el *merit system*. Así lo hizo la *Pendleton Act* de 1883. Esta ley reguló el acceso a la función pública mediante pruebas selectivas libres (*competitive examinations*) y, siguiendo el ejemplo inglés, creó una *Civil Service Commission* independiente de los partidos para aplicar y controlar el proceso selectivo. No obstante, la Ley de 1883 no tenía un alcance general, para todos los empleos públicos, y se limitaba a prescribir el principio de mérito en el acceso a los cargos públicos. Ni siquiera se aplicó de inmediato, sino paulatinamente. Sólo más tarde se establecerían también criterios de mérito para el ascenso dentro de la función pública, se limitaría la libertad de separación del funcionario regulando las causas de despido y se adoptarían medidas para facilitar la carrera funcionarial en algunas áreas y niveles de la Administración civil, aunque sin abandonar el sistema general de empleo. Pero estas reformas, numerosas y sucesivas, destinadas a mejorar la eficacia del servicio público, son ya propias de la evolución de la función pública en el siglo XX y merecen explicarse en otro contexto.

3. EL EMPLEO PÚBLICO EN EL SIGLO XX

Si el siglo XIX contempla la aparición y consolidación de distintos modelos de función pública, de acuerdo con las circunstancias, tradiciones y acervo cultural de cada país, el siglo XX, sobre todo en su segunda mitad, es testigo de una evolución de todos esos sistemas que, sin merma de sus características propias, tiende a aproximarles.

Esta evolución trae causa de la implantación en todo Occidente, con unas u otras peculiaridades en cada caso, del Estado Social. Este nuevo tipo de Estado generó un extraordinario desarrollo del aparato administrativo y de las funciones que se le atribuyen. En su virtud, las funciones tradicionales de regulación y policía, que comportan el ejercicio de autoridad, se complementan con la prestación de múltiples servicios, la cooperación con la sociedad y la producción de bienes y servicios en régimen de empresa y en frecuente competencia con la empresa privada. Desde el punto de vista del empleo público, estas mutaciones produjeron no sólo un importante incremento de efectivos, sino también la aparición de nuevos colectivos de empleados (profesionales, técnicos, trabajadores manuales), cada vez más heterogéneos. La mayoría de ellos —así en la sanidad, en la enseñanza o en los transportes— realizan una actividad que no se diferencia como tal de la que podrían desarrollar en el sector privado. Por otra parte, la difusión de las ideologías democráticas e igualitarias hizo asumir a muchos funcionarios su condición primaria de ciudadanos y trabajadores por cuenta ajena (*white collar*), avecinando sus condiciones de empleo, sus concepciones laborales y sus reivindicaciones a las de los trabajadores de la empresa privada. En tercer lugar, la dimensión y la magnitud de las administraciones públicas y la trascendencia económica y social que alcanzó la actividad del sector público, que ha llegado a representar en muchos países europeos más o menos la mitad del PIB, ha situado en primer plano la preocupación por la eficacia y la eficiencia administrativas. Todas estas transformaciones no podían dejar de producir un fuerte impacto sobre el régimen jurídico del empleo público, si bien, como es lógico, no han tenido la misma traducción legal en todos los países.

La primera consecuencia general fue la diversificación de regímenes aplicables a los empleados públicos. En todos los Estados europeos la equiparación entre empleo público y régimen funcionarial o estatutario dejó de ser cierta (en realidad nunca ha existido al 100 por 100), pues en todos ellos se vino a admitir que una parte de los trabajadores al servicio de la Administración —y no sólo de las empresas públicas con forma societaria privada— fueran contratados en régimen laboral o mediante contratos especiales. Ahora bien, no en todos los casos se ha recorrido el mismo trecho en esta dirección. En los países nórdicos, por ejemplo, la aplicación del derecho privado (con algunas excepciones: militares, jueces y fiscales, policías) a los empleados públicos se fue convirtiendo en regla general. La contratación laboral o la aplicación de un régimen mixto para el empleo público también se desarrolló en Alemania a partir de la guerra, y así la Ley Fundamental de Bonn (art. 33.4) sólo impone la reserva a funcionarios sometidos a normas de derecho público del «ejercicio, con carácter permanente, de funciones de soberanía», concepto difícil de precisar. Más recientemente la legislación italiana (Ley n.º 421, de 23 de octubre de 1992, y Decreto Legislativo n.º 29, de 1993) también se ha inclinado por la *privatizzazione* del empleo público, aunque manteniendo el régimen estatutario de algunos colectivos (jueces y magistrados, fiscales y abogados del Estado, militares y Fuerzas de Seguridad, diplomáticos, etc.) y sometiendo algunos aspectos de la relación de empleo público a normas de derecho público en todo caso (selección y promoción interna, determinación de plantillas y puestos de trabajo, movilidad, organización de los servicios, incompatibilidades, responsabilidad...). En cambio, en Francia la mayoría de los empleados públicos está sometido al régimen funcionarial, que es la regla en todas las administraciones salvo en los organismos públicos de carácter industrial o comercial. Sin embargo, la administración francesa cuenta con un número importante de empleados *no titulares* (auxiliares, contratados, interinos, temporales...) cuyo régimen se asemeja al de derecho del trabajo, al igual que algunos estatutos especiales (el de la función pública hospitalaria, sobre todo).

La mayor o menor aplicación del régimen estatutario y del laboral en unos u otros países depende de circunstancias muy variadas. En Alemania, por ejemplo, la contracción del régimen de derecho público tiene que ver inicialmente en cierto modo con la reacción democrática frente al carácter autoritario de su propia burocracia, que se produjo en la primera posguerra —de hecho, la supresión del régimen funcionarial fue debatida al elaborarse la Constitución de Weimar— y sobre todo después del período nazi. Pero esencialmente fue consecuencia del desarrollo de los derechos sindicales en el ámbito público. En Italia, la *laboralización* del régimen jurídico del empleo público fue inicialmente y en teoría una respuesta a la situación de deterioro del servicio y déficit público producida por décadas de práctica clientelista. En Francia, por el contrario, la tradición y la presión sindical y corporativa han conseguido mantener en gran medida el régimen funcionarial, aunque siempre ha habido voces críticas que postulan una profunda reforma.

Pero incluso allí donde se ha mantenido, el régimen estatutario se ha impregnado en buena parte del contenido del derecho del trabajo y se ha democratizado, es decir, se ha hecho compatible con el reconocimiento y respeto de las libertades públicas del funcionario, con muy escasas excepciones justificadas por razones funcionales. Estas conquistas históricas no han sido fáciles, sino graduales y algunas de ellas muy recientes.

Durante mucho tiempo se mantuvo una cerrada oposición a la sindicación de los funcionarios, partiendo de la idea de que la lucha de clases era incompatible con la prosecución del interés general y con la jerarquía administrativa. La realidad, sin embargo, se fue imponiendo, de manera que empezó por reconocerse el derecho de asociación del funcionario para fines profesionales, aunque no el de afiliación o federación con los sindicatos de clase (en Francia, por ejemplo, desde principios de siglo y en Alemania en la época de Weimar). Después de la Segunda Guerra Mundial esta última restricción desapareció en los Estados democráticos. Más tarde los funcionarios obtuvieron el reconocimiento del derecho de huelga, que no se consolidó hasta los años sesenta en algunos de esos Estados (Francia, Italia), aunque los límites de este derecho en el ámbito de la

Administración son importantes y ciertos colectivos carecen de él (en Alemania, por ejemplo, todos los funcionarios de carrera). Al tiempo, los sindicatos de funcionarios comenzaron a participar en la determinación de las condiciones de trabajo mediante órganos de participación *ad hoc* (los *Whitley Councils* británicos constituyen quizá el modelo más clásico de esta participación), hasta obtener un derecho de negociación colectiva que en algunos países (Italia, Alemania, Suecia) se asemeja bastante al que regula el derecho del trabajo, y en otros (Francia) se introdujo con mayores cautelas (art. 8 de la Ley de 13 de julio de 1983). El derecho internacional (Convenios 97, 98 y 151 de la OIT) ha contribuido a la generalización de estos derechos sindicales de los funcionarios. Desde otro punto de vista, las limitaciones que subsistieron durante la *guerra fría* para el acceso a la función pública de personas afiliadas a ciertas organizaciones políticas (en Alemania, Estados Unidos..., incluso en Francia hasta el *ârret Barel* de 1954) desaparecieron también en términos generales.

A consecuencia de esta evolución, no sólo el contenido, sino incluso la naturaleza de la relación estatutaria se ha modificado profundamente en muchos de los países y ámbitos en los que subsiste. También por la misma razón, la teoría de las relaciones especiales de sujeción ha perdido la fuerza cohesiva del régimen funcionarial que un día pareció indiscutible, de manera que las excepciones y peculiaridades del ejercicio de derechos ciudadanos que impone el ordenamiento jurídico, empezando por la Constitución, tienden a explicarse hoy en día de manera singularizada y restrictiva. El régimen jurídico del empleo público y el del empleo privado han experimentado un proceso de convergencia, aunque no sea completo ni tenga el mismo alcance en todas partes.

4. LA *NUEVA GESTIÓN PÚBLICA* Y LAS TENDENCIAS ACTUALES

Ahora bien, esa evolución del régimen del empleo público durante gran parte del siglo XX ha tenido igualmente efectos más polémicos. La alteración del modelo clásico fundado en la estricta disciplina jerárquica y la introducción de un sistema de relaciones sindicales en el empleo público se ha considerado desde ciertos planteamientos teóricos y sobre la base de análisis de la realidad, una causa de ineficiencia y de privilegios laborales. Ello es tanto más cierto en la medida en que la administración empleadora —mejor, los políticos que la dirigen— no se comporta como el empresario privado a la hora de la negociación colectiva, sino que es mucho más proclive a conceder derechos y ventajas particulares para mantener la paz social e inclusive a aceptar una suerte de cogestión sindical en algunos ámbitos del sistema de empleo público. La crítica de esta situación, unida a la crisis fiscal de los años setenta y ochenta —a la que aquélla no es del todo ajena—, propició desde las dos últimas décadas del siglo XX la revalorización del mercado y de las virtudes de la empresa privada como proveedora de servicios de interés general al conjunto de los ciudadanos.

Una primera consecuencia de estos planteamientos neoliberales fue la reducción cuantitativa de efectivos en el empleo público, que deriva de la privatización de algunos servicios y de una cierta preferencia por formas indirectas de gestión de servicios que siguen siendo de titularidad pública y de algunas actividades administrativas (de asesoramiento profesional, de control y auditoría, de ejecución material, de apoyo técnico, etc.). Ahora bien, esta *externalización* de funciones anteriormente públicas tuvo lugar de manera muy desigual en unos y otros países durante las últimas décadas del siglo XX, más en los anglosajones y su área de influencia, menos en los países del centro y sur de Europa, y apenas en los de mayor tradición de servicio público y de función pública, Francia en particular. Sin embargo, la crisis económica de principios del siglo XXI y la necesidad de reducir los abultados déficits públicos impulsaron, en casi todas partes, las políticas de reducción de empleados públicos, por lo demás no fáciles de lograr. Pero esa reducción de efectivos mediante la congelación o rebaja de las ofertas de empleo público —que ha sido y es la fórmula más utilizada— o incluso mediante despidos colectivos tuvo como efecto indirecto un envejecimiento medio gradual del personal al servicio de las administraciones públicas, que también repercute negativamente en la productividad.

No sólo eso, sino que la necesidad de gestionar también lo público con principios de eficacia y eficiencia económica y, por tanto, de aumentar la productividad de las administraciones públicas, llevó a postular una modernización de los sistemas de organización y funcionamiento públicos y, muy especialmente, de la gestión de personal, sobre la base de principios y técnicas implantados con éxito en las grandes corporaciones privadas. El conjunto de estas aportaciones suele conocerse bajo el nombre de *nueva gestión pública*.

En realidad, el fenómeno tiene raíces antiguas, pues tales ideas comienzan a concretarse en la administración federal norteamericana, en especial durante la época del *New Deal* y en sucesivas reformas o intentos de reforma (recomendaciones del *Comité Brownlow* en 1937, *Civil Service Reform Act* de 1978). La finalidad de todas ellas era conseguir una función pública menos rutinaria y pasiva, más dinámica, eficiente y motivada. Desde el último tercio de siglo XX esta corriente dejó sentir su influencia en Europa, y se empezó a manifestar, por ejemplo, en una mayor preocupación hacia la formación de los funcionarios o su especialización, como propugnó en Inglaterra el *Informe Fulton* de 1967, en el (fracasado) intento italiano de crear una carrera directiva en la Administración en 1972, o en el Informe para la reforma de la función pública elaborado en Alemania en 1973, que propuso la introducción de elementos del sistema de empleo en el régimen tradicional de carrera, sometido por entonces a dura crítica.

La influencia del *new public management* se acentuó a partir de las décadas de los ochenta y los noventa. Entonces se refuerza la tendencia a aplicar el sistema de relaciones laborales en el empleo público, al tiempo que se intenta imprimir agilidad e iniciativa en el comportamiento de la burocracia. El régimen jurídico de la función pública busca flexibilizarse en aspectos esenciales (sistemas de acceso y promoción, estatutos particulares, mayor movilidad, posibilidades de empleo temporal y a tiempo parcial, mayor discrecionalidad retributiva en función de la productividad, facilidades para la extinción de la relación de servicio...), aun a riesgo de disminuir las garantías jurídicas y limitando los derechos del funcionario, en particular la tradicional inamovilidad. Se observa una mayor preocupación por el problema de la *gestión de los recursos humanos* y, en consecuencia, por el funcionamiento global de la maquinaria administrativa y para reformarla y conducirla con valores eficientistas se promueve una nueva figura de *gestor o directivo público*, más afín al ejecutivo de empresa que al funcionario de nivel superior. Se insiste en la necesidad de que cada gestor tenga un área de decisión propia, lo que se traduce en la descentralización de la política de personal. Se hace aún mayor hincapié en la formación continua de los empleados públicos y, como corolario, se propugna, incluso desde instancias internacionales (OCDE, *La Administración al servicio del público*, 1987), una nueva *cultura administrativa*, que permita aumentar la responsabilidad individual del funcionario y su compromiso con el ciudadano (metafóricamente el *cliente*) al que debe servir.

De hecho, esta nueva perspectiva se extendió como un reguero de pólvora y dio lugar a programas y proyectos de reforma en Gran Bretaña (*Financial Management Initiative*, de 1982, y el *Informe Ibbs*, *Improving Management in Government*, de 1988), en Estados Unidos (Informe del *National Performance Review*-vicepresidente AL GORE, de 1993), en Italia (reformas iniciadas en el período 1992-1994, ya mencionadas), Francia (*Fonctions publiques: enjeux et stratégies pour le renouvellement*, 2000; *Livre blanc* sobre el futuro de la función pública de 2008 o *Rapport Silicani*), Alemania (*Moderner Staat-Moderne Verwaltung*, 1999) y muchos otros países europeos, y a debates y análisis de la burocracia y de las posibilidades de reforma en todas partes, promovidos incluso desde algunas organizaciones internacionales (OCDE, *Modernising Government. The Way Forward*, 2005). En nuestro país estas corrientes tuvieron también cierto reflejo en el Informe de la Comisión de expertos creada para el estudio y preparación del EBEP, y se recogen parcialmente —aunque con excesiva timidez— en el texto de éste.

Sin embargo, el alcance y profundidad de esas reformas varía mucho entre unos y otros países. En algunos se ha logrado introducir una mayor dosis de flexibilidad y de diferenciación en el sistema de empleo público. En consecuencia, la legislación de muchos Estados europeos combina hoy en día, de diversa manera, el acceso al empleo público mediante nombramiento o mediante contrato, cuando no opta por una laboralización prácticamente general del empleo público (Suecia, Suiza, Italia, entre otros países), reconoce fórmulas de empleo temporal cuando las necesidades del servicio lo requieren, así como sistemas flexibles de jubilación, e introduce modalidades de trabajo a tiempo parcial y de trabajo a domicilio, que, de otra parte, facilitan la conciliación de la vida personal, familiar y laboral.

De la misma manera, muchos sistemas europeos de empleo público han optado por una mayor descentralización de las responsabilidades, que confiere a las administraciones territoriales, pero también a las agencias y organismos públicos, una autonomía reforzada de gestión de sus recursos humanos, incluidos los aspectos retributivos. En relación con estos últimos la tendencia más extendida ha sido también hacia la diferenciación, particularmente vinculando una parte de las retribuciones al rendimiento individual o colectivo de los empleados públicos. En fin, la configuración de las carreras en función de las competencias y de la evaluación del desempeño, la apertura de ámbitos enteros del empleo público a la libre circulación de trabajadores, tal como exige el derecho de la Unión Europea, y la creación de grupos de directivos públicos profesionales, de procedencia interna o externa, constituyen también criterios generalizados de esas reformas.

Aumentar la eficiencia y la productividad de las administraciones públicas es un objetivo ineludible, pues de otra manera no sería posible proporcionar unos servicios públicos suficientes y de calidad. Para ello el sistema de empleo público debe adaptarse a las necesidades, eliminando excesos de personal donde los haya, equilibrando derechos y obligaciones de los empleados y mejorando la gestión, de manera que con menos efectivos —pero mejor preparados y más motivados— puedan desempeñarse las tareas que se confían a la Administración.

No obstante, las reformas no pueden hacerse perdiendo de vista las garantías jurídicas esenciales del funcionario como trabajador y como servidor público. No sólo en atención a los derechos individuales que la Constitución le reconoce, sino también para evitar la eventual arbitrariedad de los dirigentes políticos y de los gestores públicos en los nombramientos y promociones, para interesar al funcionario en la gestión —sin la que cualquier reforma está condenada al fracaso— y para evitar la desprofesionalización de la Administración. Es más, los excesos en la aplicación de las pautas de organización propias de la empresa privada suelen reducir las garantías del sistema de mérito y de la imparcialidad de los empleados públicos, con las inevitables secuelas de corrupción, como se ha demostrado en muchos casos. Es sintomático en tal sentido el Informe de la *Comisión Nolan* sobre las reglas de conducta en el sector público británico —*Standards in Public Life*, 1995—, que hizo hincapié en la necesidad de salvaguardar los criterios de mérito en el nombramiento del personal, incluso directivo, y el Informe de la Comisión de Estudio sobre la Corrupción creada por la Cámara baja italiana en 1996, que recalcó como una de las causas fundamentales de la dilatada corrupción en la vida pública italiana la inexistencia en ese país de una función pública suficientemente profesionalizada e imparcial.

Por otra parte, consagrar un modelo de relaciones laborales como el de la empresa privada, basado en la negociación colectiva de las condiciones de empleo, puede llevar —y así ha sucedido en países del sur de Europa— a reforzar la *patrimonialización* del empleo público por los propios funcionarios y sus sindicatos, a despecho de las exigencias del interés general.

Unas y otras consideraciones han conducido así últimamente a reforzar los principios y valores clásicos de la función pública, que son propios del derecho público, sin perjuicio de los elementos de innovación. Ha sucedido en Gran Bretaña con la aprobación del *Civil Service Code* en 1996 y la consagración del sistema de mérito en la *Constitutional Reform and Governance Act* de 2010. También en Italia, donde la Ley 15/2009 y sus disposiciones de desarrollo (reforma *Brunetta*) establecen la supremacía de la ley sobre el convenio colectivo como fuente del derecho de la función pública, al tiempo que generalizan la evaluación de la *performance* de los empleados públicos. Y, en fin, en Francia, donde después de varios informes oficiales sobre la reforma, se ha optado por el mantenimiento del régimen estatutario de carrera, aunque con mayor flexibilidad en el acceso, la movilidad y la asignación de puestos y funciones entre los cuerpos y grupos de funcionarios (véase el *Code général de la fonction publique*, cuya parte legislativa se contiene hoy en la *ordonnance* de 24 de noviembre de 2021, de conformidad con la Ley 2019-828, de 6 de agosto). Se advierte incluso, de manera general, una recuperación de los valores de lo público, eso sí, siempre que se acompañe de una estricta garantía de la ética del servicio.

Por otra parte, la crisis económica que padeció Europa desde 2007 llevó a poner el acento en la reducción de servicios y de personal del sector público, en los ajustes de plantilla y la reducción de derechos adquiridos, así como en un mayor control centralizado de las políticas de personal para garantizar la estabilidad de las cuentas públicas. Esto sucedió particularmente en los Estados del sur de Europa, con la consecuencia de postergar una vez más las reformas estructurales que son imprescindibles. No sólo eso, sino que aquella crisis, con su dramática secuela de desempleo, llevó a una parte de la opinión pública a poner en cuestión el régimen específico de la función pública, considerado como un reducto de inamovilidad y de privilegios laborales, ajeno a las preocupaciones de la mayoría de la población. Otra crisis más reciente, la del COVID-19 ha contribuido, en cambio, a revalorizar los servicios públicos esenciales para la sociedad y al personal que los presta.

Sin embargo, ni las crisis ni las urgencias presupuestarias correspondientes deberían considerarse un obstáculo para acometer las reformas aún pendientes, sobre todo en aquellos Estados que, como el nuestro, apenas las han puesto en marcha. Se trata, en definitiva, de conseguir un equilibrio entre la eficacia de la organización y los derechos y expectativas legítimas del funcionario, salvaguardando al mismo tiempo los principios de mérito y capacidad y de imparcialidad. Ese sigue siendo el reto, del presente y del futuro. Para superarlo no existen recetas universales, ya que depende del impulso reformista de cada sociedad y de la capacidad de las autoridades competentes para trasladarlo a la esfera de las políticas de empleo público.

PARA PROFUNDIZAR

M. Degen, «La carrera administrativa en la República Federal de Alemania», *Documentación Administrativa*, n.os 210-211, 1987; J. de la Cruz Ferrer, *La función pública superior en Estados Unidos*, Alcalá de Henares, 1984; F. Dreyfus, *La invención de la burocracia*, Buenos Aires, 2012; M. Férez, «La carrera administrativa en los Estados Unidos», *Documentación Administrativa*, n.os 210-211, 1987; J. A. Fuentetaja Pastor, Pasado, presente y futuro de la función pública, Madrid, 2013; J. A. Fuentetaja Pastor y J. Cantero Martínez, *Crisis económica y función pública*, Navarra, 2012; J. A. Fuentetaja Pastor y J. Guillén Caramés, *La regeneración de la Administración Pública en Gran Bretaña*, Madrid, 1986; F. Longo Martínez, *Mérito y flexibilidad. La gestión de las personas en las organizaciones del sector público,* Barcelona, 2004; B. Marina Jalvo, «Sobre las últimas reformas italianas del empleo público», *Revista de Administración Pública*, 137, 1995; M. Martínez Bargueño, «La relación de empleo público en Italia», *Gestión y Análisis de Políticas Públicas*, 2, 1995; F. Moderne, «Observaciones en torno al principio de carrera en la función pública francesa», *Documentación Administrativa*, n.os 210-211, 1987; A. Nieto García, *El mito de la Administración prusiana*, Sevilla, 1962; íd., *La burocracia. El pensamiento burocrático*, Madrid, 1976; OCDE, *La Administración al servicio del público*, Madrid, 1991; íd., *La modernización del Estado. El camino a seguir*, Madrid, 2006; F. Ridley, «La carrera administrativa en Gran Bretaña», *Documentación Administrativa*, n.os 210-211, 1987; M. Sánchez Morón, «Sobre la reforma administrativa italiana del período de transición, con especial referencia a la organización administrativa y al empleo público», *Revista de Administración Pública*, 134, 1994; Vicepresidente Al Gore (Informe del *National Performance Review*), *Crear una Administración que funcione mejor y cueste menos*, Vitoria-Gasteiz, 1994.

CAPÍTULO II

EVOLUCIÓN DE LA FUNCIÓN PÚBLICA EN ESPAÑA

SUMARIO: I. LA FORMACIÓN DE LA FUNCIÓN PÚBLICA ESPAÑOLA DURANTE EL SIGLO XIX. II. EL ESTATUTO DE MAURA Y EL DESARROLLO DEL CORPORATIVISMO. III. LA REFORMA ADMINISTRATIVA Y LA LEY DE FUNCIONARIOS CIVILES DEL ESTADO DE 1964. IV. LA REGULACIÓN DE LA FUNCIÓN PÚBLICA EN LA CONSTITUCIÓN. 1. *La garantía de la función pública profesional*. 2. *El estatuto de los funcionarios y la legitimidad de un sistema dual de empleo público*. 3. *La función pública en el Estado de las Autonomías*. V. LA REFORMA DE 1984 Y OTRAS LEYES POSTERIORES. VI. EL ESTATUTO BÁSICO DEL EMPLEADO PÚBLICO. VII. LAS CRISIS DEL MILENIO Y EL EMPLEO PÚBLICO: PROBLEMAS ACTUALES Y PERSPECTIVAS DE FUTURO.

I. LA FORMACIÓN DE LA FUNCIÓN PÚBLICA ESPAÑOLA DURANTE EL SIGLO XIX

La decadencia de nuestro país a lo largo de todo el siglo XIX impidió la creación de una burocracia articulada, eficiente y consciente de su misión, en el momento en que los países más desarrollados de occidente ponían en pie sus respectivos modelos de función pública. A diferencia de ellos, no es posible encontrar en España durante esa época un impulso reformador capaz de situar nuestra burocracia en la senda de la modernidad. En su defecto, la Administración se fue construyendo de una manera improvisada y desordenada y anidaron en ella vicios muy perturbadores: el prebendalismo y el parasitismo (GARCÍA DE ENTERRÍA), el favoritismo y el corporativismo, así como una desconfianza generalizada del funcionario hacia la organización. Todos estos problemas, que evidencian la falta de *sentido del Estado* de una buena parte de nuestras clases dirigentes durante ese período, han lastrado históricamente los esfuerzos de modernización de la función pública en el país.

Es evidente que una situación semejante tiene raíces históricas profundas. Sin embargo, los Borbones del siglo XVIII habían conseguido crear una burocracia —los *covachuelistas* de que hablan algunos testigos propios y extranjeros— ordenada y laboriosa, aunque lenta y rutinaria. Pero lo que podría haber sido el germen de una función pública a la altura de los tiempos fue barrido por la guerra y la intolerancia posterior. Volvieron los favores y las intrigas, la despreocupación por el servicio (recordemos el «¡Vuelva usted mañana!» de LARRA) y una extendida *empleomanía* entre las clases medias, carentes de otros recursos en muchos lugares. En las décadas posteriores el sistema —si así puede llamarse— irá tomando cuerpo, tanto en su vertiente legal como en la realidad. Pero conviene advertir que la distancia que media entre ésta y la letra de la ley es enorme.

En el plano de las normas, el derecho español del siglo XIX se inspiró en el modelo de carrera característico del sistema francés. Sucedió, pues, con el régimen de la función pública lo mismo que con otras instituciones administrativas francesas, que también se intentaron trasladar a nuestra legislación en primera mitad del siglo. Pero, en la mayoría de los casos, con resultados deficientes, porque no existían en España las condiciones sociales, políticas y culturales que explican su aceptación en Francia. La primera legislación que apunta en esta dirección se contiene en los Reales Decretos de LÓPEZ BALLESTEROS de 7 de febrero de 1827 y 3 de abril de 1828, que regularon la carrera y las retribuciones de los empleados de la Secretaría de Hacienda. Éste es un precedente parcial por su ámbito de aplicación. Unas décadas más tarde se aprueba el primer estatuto general de la función pública española, el Estatuto de BRAVO MURILLO, regulado por Real Decreto de 18 de junio de 1852.

Dicho Estatuto diseñó una carrera administrativa basada en categorías personales (jefes superiores, jefes de administración, jefes de negociado, oficiales y aspirantes de oficial) y se preocupó por fijar los sueldos de las diferentes categorías, unificando las escalas. Reguló los ingresos, ascensos y destinos, el régimen disciplinario y de licencias, los consejos o juntas de jefes —el primer órgano específico de administración de personal— y la espinosa cuestión de la integración de militares en la Administración civil. Pero remitió su aplicación a las normas especiales de cada ministerio, lo que en la práctica difuminó su carácter de norma unificadora.

De todas formas, ni el Estatuto ni la numerosa legislación general y especial posterior pusieron coto en realidad a las desviaciones más importantes de la época. Ni se consagró la inamovilidad, ni, a pesar de las proclamaciones constitucionales del principio de mérito (que se suceden desde la Constitución de 1837), se corrigió el favoritismo político —o personal, más frecuente— de los nombramientos y destinos. Ambos extremos propiciaron el fenómeno de las *cesantías*, el más característico de nuestra función pública decimonónica.

Esta versión castiza del *spoils system* no fue la única causa de su malformación. La inflación depauperó progresivamente las retribuciones del funcionario, sólo actualizadas de tarde en tarde. Esta circunstancia movía al funcionario a obtener otras fuentes de rentas con que completar su magro sueldo. En consecuencia, se generalizó una concepción parasitaria del servicio público, más aún cuando la permanencia en él, el ascenso y la promoción personal del funcionario y hasta su responsabilidad disciplinaria poco o nada tenían que ver con el trabajo desempeñado. La consideración del empleo público como un botín, tanto por políticos como por empleados, aunque de diferente manera, y la preferencia por la intriga en vez de por el trabajo son otros tantos rasgos descriptivos de la situación. Por último, habría que apuntar la masiva integración de militares en las escalas administrativas generales, que les otorgaba preferencia para cubrir los empleos más bajos y que alcanzó su cenit con la llamada Ley de Sargentos de 10 de julio de 1885.

Consecuencia indirecta de tan degradado panorama fue la aparición de otro fenómeno destinado a tener trascendental importancia en épocas venideras: el corporativismo. Por ser necesarios para el Estado, por su cohesión y el esfuerzo de sus miembros, algunos grupos de funcionarios especializados fueron consiguiendo un estatuto especial. En virtud de este *ius singulare*, tales funcionarios alcanzaban la ansiada inamovilidad y quedaban exentos del llamado *turno de cesantes*. Además, no les afectaba la integración de militares, por constituir escalas cerradas, es decir, reservadas a los poseedores de ciertas titulaciones (la relación con la creación con las Escuelas técnicas es, como en Francia, directa), que ingresaban en virtud de pruebas objetivas de selección y en las que los ascensos se producían por antigüedad. La especialidad también se hacía notar en la mejora de las retribuciones y otros privilegios. De esta manera surgieron los cuerpos de funcionarios, que aportaron profesionalidad a la corrompida e ineficaz administración de la segunda mitad del siglo, a cambio de una situación de ventaja sobre el resto de los empleados públicos y de la mayoría de los trabajadores.

Como es lógico, la tendencia de estos otros empleados públicos será desde entonces la de acceder a esas ventajas mediante la creación de nuevos cuerpos, ya estuvieran justificados o no por razones de especialización funcional (cuerpos *facultativos* y *no facultativos*). Y la tendencia de los cuerpos ya constituidos será la de subrayar su particularidad y jerarquía, incrementando sus privilegios.

II. EL ESTATUTO DE MAURA Y EL DESARROLLO DEL CORPORATIVISMO

A principios del siglo XX la situación de la función pública es tan crítica como la de la mayoría de las instituciones de la Restauración, mientras se suceden los intentos de reforma. Desde 1904 una serie de normas aplicables a distintos ministerios con carácter singular van reconociendo la inamovilidad y estableciendo algunas garantías frente al favoritismo en el ingreso y en los ascensos en el escalafón. Este proceso culmina con la aprobación de la Ley de Bases de 22 de julio de 1918, que se conoce como Estatuto de MAURA, aprobado a raíz de una huelga general de empleados públicos en demanda, sobre todo, de mejoras retributivas.

El Estatuto de 1918, que estuvo vigente durante más de cuarenta años, dio el espaldarazo definitivo al modelo corporativo. Por una parte, se inspiró en las reglamentaciones de los cuerpos especiales y de los ministerios para aplicarla a la generalidad de los funcionarios. Por tanto, acabó con las cesantías, garantizó la inamovilidad, generalizó la fórmula de las oposiciones para el ingreso en la función pública, mantuvo el régimen de categorías personales, indiferentes a la actividad realmente desempeñada por el funcionario, y primó el criterio de antigüedad para el ascenso. Pero por otra parte no recondujo a la unidad las reglamentaciones de los cuerpos. Ya muy numerosos, a partir de entonces los cuerpos especiales proliferarán aún más.

Además, el Estatuto de MAURA no se preocupó por crear órganos administrativos centrales de gestión del personal y no logró reducir las plantillas amortizando las vacantes, como pretendía. Es decir, la reforma da respuesta, más que nada, a un conjunto de justas reivindicaciones del colectivo funcionarial, pero sin integrarlas en un modelo definido y coherente de función pública, que pudiera sostener una política de personal, empezando por establecer criterios funcionales de reclutamiento. Como puede deducirse de algunos de sus aspectos (multiplicación de cuerpos, ascenso por antigüedad...), la preocupación por la eficacia administrativa quedaba en un plano secundario. Incluso las mejoras retributivas fueron muy transitorias. Pocos años después, la presión sobre el presupuesto se hizo notar de nuevo, con la consiguiente disminución de las retribuciones.

Ni la Dictadura de Primo de Rivera —aparte las reformas legales de la administración local, de gran interés en relación con la función pública local— ni la II República —aparte del impulso a la función pública docente del Estado— aportaron reformas de calado. Este último régimen, acosado por una crisis económica y política casi permanente, poco hizo para reconducir el problema, salvo intentar reducir las plantillas y contener los sueldos. En realidad, por conservadurismo o por frustración, pronto contó con la enemiga de muchos altos funcionarios, aunque con el apoyo de otros, en particular la mayoría de los docentes.

El período posterior a la Guerra Civil fue, sin duda, uno de los más negros de la historia de nuestra función pública. Por un lado, muchos efectivos habían perdido la vida en el conflicto, se exiliaron o fueron depurados por sus simpatías republicanas. Por otro, de manera semejante a lo que sucedió en la Italia fascista o en la Alemania nazi, la confusión entre administración y política fue absoluta en los primeros años de la posguerra. Los empleos públicos, aún mal retribuidos, se consideraron un botín de los vencedores, que los repartieron en procesos de selección aparentes (los llamados *exámenes patrióticos*), en virtud de las lealtades políticas. No sólo eso, sino que se crearon dos nuevas burocracias, la del Movimiento Nacional y la de la Organización Sindical, alimentadas del presupuesto del Estado o de ingresos parafiscales. Después de esos primeros tiempos y a medida en que el sistema político difuminó su ideología, las necesidades del funcionamiento del Estado y la estrategia del dictador de mantener a raya a las diferentes *familias políticas* de su régimen provocaron una creciente influencia de los cuerpos de funcionarios.

Amparado por el Estatuto en vigor, el modelo corporativo alcanzó su apogeo. El número de cuerpos especiales se multiplicó hasta extremos inconcebibles. Muchos de ellos sólo se diferenciaban de otros con idénticas funciones por el ministerio u organismo de adscripción. Pero la lógica del sistema nada tenía que ver con una clasificación funcional, sino que se fundaba en el particularismo generador de privilegios. En efecto, las ventajas que el cuerpo proporcionaba no tenían que ver ya con la inamovilidad, que era una conquista generalizada. Se trataba de obtener mejoras comparativas, a conciencia de que los presupuestos no permitían mejoras graduales para todos. Con el *sueldo base* congelado, la influencia de cada cuerpo se podía medir por las *gratificaciones* colectivas que arrancaba para sus miembros. También por la obtención de otras prebendas: viviendas, mutualidades cofinanciadas por el Estado, economatos, etc. Además, los cuerpos presionaban para la restructuración al alza de los escalafones, como medio de conseguir incrementos de la categoría personal de los funcionarios, sin relación alguna con las necesidades de la Administración, lo que llevó a una progresiva inflación de cargos de alto nivel. Pero no sólo eso. Una parte de los ingresos del funcionario procedían de las tasas o exacciones parafiscales percibidas directamente del *administrado* por la gestión administrativa ordinaria. De ahí, de todo ello, la lucha de unos cuerpos contra otros por las competencias, medio para obtener mayor influencia política y social y, en su caso, más y mejores fuentes de ingresos.

El resultado fue la *departamentalización* y el cantonalismo de una administración patrimonializada por los cuerpos de funcionarios, en la que abundaban los conflictos competenciales (dentro de la misma Administración del Estado, casi la única existente) y un extendido sentimiento de agravio comparativo. Desde otro punto de vista, el sistema reproducía y reforzaba la desigualdad social. La necesaria cohesión de cada cuerpo fomentaba la endogamia, falseando el régimen de oposiciones mediante la práctica de la *recomendación* —tan extendida aún hoy—, imponía el desmotivador ascenso por antigüedad y mantenía los prebeccarianos *tribunales de honor* para juzgar y, eventualmente, expulsar a los disidentes políticos y a otros funcionarios supuestamente indignos de su cargo en razón de sus convicciones o sus conductas privadas. Los cuerpos, en especial los altos cuerpos de funcionarios, hicieron funcionar la premiosa maquinaria del Estado, que, a falta de una verdadera dirección política diferente y de toda participación democrática, prácticamente acabó por identificarse con ellos, con sus jerarquías y sus valores.

III. LA REFORMA ADMINISTRATIVA Y LA LEY DE FUNCIONARIOS CIVILES DEL ESTADO DE 1964

Desde mediados de los años cincuenta tiene lugar en España un vasto movimiento en pro de la reforma administrativa. Se explica esta situación por la necesidad del régimen político del general FRANCO de superar el período de autarquía y aislamiento internacional precedente, abriéndose a las nuevas corrientes del desarrollo económico occidental, pero sin renunciar a la esencia autoritaria del propio régimen. Los adalides de esta reforma son, en particular, algunos nuevos tecnócratas, conscientes del carácter arcaico de las estructuras administrativas de nuestro país y de su incompatibilidad con el desarrollo económico que se precisaba impulsar, pero al mismo tiempo garantes de la estabilidad del sistema político. La reforma administrativa encontró también el viento en popa de una generación extraordinaria de administrativistas, comprometidos o críticos con el propio régimen dominante.

Lógicamente, una de las principales reformas a realizar en este contexto había de ser la de la función pública. Pero, entre todas las previstas, fue ésta la que encontró mayores resistencias, que, al fin y al cabo, dieron al traste con aspectos capitales del proyecto de reforma. En su vertiente legal ésta tomó cuerpo en la Ley de Bases de Funcionarios Civiles del Estado de 20 de julio de 1963, cuyo texto articulado se aprobó por Decreto 315/1964, de 7 de febrero.

La nueva legislación pretendía modernizar nuestro sistema de función pública, consiguiendo una «transparencia en la regulación legal» (VILLAR PALASÍ) y una unificación de los aspectos esenciales del complejo régimen jurídico funcionarial. Pretendía también introducir una política de personal —centralizada en términos de *horizontalidad*— hasta entonces inexistente, limitar los excesos del corporativismo y sentar las bases de una función pública rejuvenecida y profesional, adaptada a las necesidades funcionales de la organización, superando privilegios y vicios tradicionales. No obstante, estos ambiciosos propósitos y la buena técnica jurídica utilizada en el empeño, los resultados dejaron mucho que desear, como al poco tiempo se reconocería de manera prácticamente unánime.

Con todo, la Ley de Funcionarios de 1964 acertó a crear unas estructuras *horizontales* de gestión y coordinación de la función pública del Estado, residenciando competencias claves en el Ministerio de la Presidencia y en el Ministerio de Hacienda y creando la Dirección General de la Función Pública y la Comisión Superior de Personal. Intentaba con ello combatir la departamentalización de la función pública, que había derivado en una especie de «separatismo interministerial» (SANTAMARÍA PASTOR), favorecedor de desigualdades y prebendas. No fue fácil, sin embargo, ni inmediato romper la inercia del pasado, por lo que la eficacia de estos *órganos centrales* en función de la finalidad prevista sólo se demostraría con el tiempo.

Con mayor timidez —o realismo, según se prefiera— se enfrentó la reforma al problema del corporativismo. Mantuvo los cuerpos de funcionarios como estructura de acceso a la función pública y de encuadramiento. Pero intentó reducir el «cantonalismo» (GUTIÉRREZ REÑÓN) de los cuerpos de varias maneras. Ante todo, creando los llamados *cuerpos generales*, de carácter interdepartamental, susceptibles de proporcionar una cierta *movilidad* interna para el desempeño de las funciones de administración general. Sin embargo, la ley no limitó ni redujo la maraña de cuerpos especiales. De hecho, tampoco sirvió la reforma para superar el *espíritu corporativo*, del que también acabarían impregnándose muchos funcionarios de los nuevos cuerpos generales.

De otra parte, la Ley de Funcionarios dio un paso (y poco más) hacia el sistema de empleo, haciendo desaparecer las categorías personales e introduciendo las plantillas orgánicas y la clasificación de puestos de trabajo, que debían ajustarse a las *necesidades de los servicios* y, en consecuencia, revisarse periódicamente. La ley pretendía, pues, algo tan elemental pero tan difícil de conseguir en la administración española como adecuar los recursos humanos a las funciones y no la estructura de la organización a las aspiraciones y presiones de los funcionarios. Sin embargo, en este aspecto la reforma de los años sesenta cosechó un rotundo fracaso. Las plantillas orgánicas y clasificaciones de puestos no fueron elaboradas, salvo en medida insignificante, no tanto por sus dificultades técnicas como por la cerrada resistencia de los cuerpos especiales, empezando por los más privilegiados, a perder *espacios* burocráticos *propios* y el dominio de los escalafones y destinos, así como por la aversión de las jerarquías de los diferentes cuerpos a la igualdad de retribuciones en función del puesto.

Esta última cuestión, la de las retribuciones, íntimamente ligada a la anterior, fue testigo de la impotencia de los anhelos de reforma y modernización. Fiel a su criterio moderado, la ley quiso vincular el grueso de las retribuciones por un lado a la pertenencia al cuerpo —mediante un sistema de coeficientes multiplicadores del sueldo base referidos a cada cuerpo— y por otro al puesto de trabajo desempeñado. Sin embargo, remitió esta espinosa cuestión a una posterior Ley de Retribuciones que, aprobada un año después (4 de mayo de 1965), perpetuó el sistema de tasas y exacciones parafiscales en beneficio de cuerpos determinados. En consecuencia, se mantuvieron las desigualdades retributivas (los «abusos adquiridos», en palabras de SANTAMARÍA PASTOR) en función de la capacidad de presión de cada cuerpo, sin relación directa con sus funciones reales y menos aún con las responsabilidades propias de cada puesto de trabajo. Situación no sólo injusta, sino radicalmente opuesta al objetivo racionalizador y eficientista de la reforma.

La Ley de Funcionarios, por lo demás, introdujo otras mejoras técnicas (unificando, por ejemplo, también en términos moderados, la regulación de las incompatibilidades y de las situaciones administrativas), pero no abordó la cuestión de las asociaciones de funcionarios, sucedáneo de un sindicalismo incompatible con el régimen político que la vio nacer. Al mismo tiempo, durante su vigencia empezó a extenderse la contratación laboral en algunos ámbitos de la Administración y se creó una figura de contratación administrativa de personal en régimen precario, destinada a cubrir algunas necesidades perentorias de la Administración a reducido coste, figura carente, entre otras, de las ventajas de estabilidad propias tanto del régimen funcionarial como del régimen laboral de la época.

En resumidas cuentas, la legislación de funcionarios civiles del Estado del último período franquista demostró las dificultades de abordar un proceso de modernización burocrática en el marco de un régimen cada vez más asentado en la propia burocracia administrativa y escasamente proclive a la innovación. No obstante lo cual, en el plano de nuestra cultura administrativa supuso, como otras leyes del mismo período, un punto de inflexión, una apertura hacia la renovación de las estructuras en el espeso panorama preexistente.

IV. LA REGULACIÓN DE LA FUNCIÓN PÚBLICA EN LA CONSTITUCIÓN

Los ecos de las ideas que animaron la reforma de los años sesenta, la crítica doctrinal de su relativo fracaso y, muy en especial, la de las malformaciones tradicionales de nuestra función pública todavía resonaban a finales de los años setenta, cuando se produjo la transición a la democracia. Siguiendo el breve análisis histórico, durante ese período de transición, en el que la reforma del régimen de la función pública suscitó, como tantos otros asuntos públicos, un notable interés, lo cierto es que los Gobiernos de la UCD no consiguieron abordar los problemas pendientes. Tan sólo introdujeron algunas reformas menores y llegaron a presentar un par de proyectos de ley, uno de ellos retirado por el propio Gobierno. La novedad más relevante se plasmó en el Real Decreto-ley 22/1977, de retribuciones, que aportaba algunas mejoras significativas, entre ellas el concepto de grado. Pero la vigencia de esta norma legal fue suspendida inmediatamente por la Ley de Presupuestos para 1978, quedando derogada por la Ley de Presupuestos de 1980.

Sin embargo, lo decisivo de ese periodo, en éste como en tantos otros aspectos de nuestra historia, fue la aprobación de la Constitución de 1978, donde se encuentran los fundamentos jurídicos del régimen de la función pública en la actualidad.

1. LA GARANTÍA DE LA FUNCIÓN PÚBLICA PROFESIONAL

Como las de otros Estados europeos, nuestra Constitución dedica unas breves pero significativas referencias al régimen jurídico de la función pública. De ellas, la idea central se halla en el artículo 103.3, que ordena regular por ley «el estatuto de los funcionarios públicos». De este precepto —y de los concordantes que iremos exponiendo— derivan una serie de consecuencias jurídicas que es el momento de desgranar con brevedad.

Ante todo, el mandato del artículo 103.3 debe situarse en el contexto del Estado social y democrático de Derecho que la Constitución proclama (art. 1.1). En este tipo de Estado, las administraciones públicas son dirigidas por órganos de gobierno situados en su cúspide, tanto en el ámbito del Estado (art. 97 CE), como de las Comunidades Autónomas (arts. 152.1 CE y concordantes de los Estatutos de Autonomía), como de las corporaciones locales (arts. 140 y 141.2, 3 y 4 CE y concordantes de la legislación de régimen local). Órganos de gobierno que, de manera directa o indirecta, emanan de las elecciones periódicas y, en consecuencia, se designan en virtud de preferencias políticas y, normalmente, por la intermediación de los partidos políticos, que presentan los candidatos electorales (art. 6 CE y concordantes de la legislación electoral). A raíz de la Constitución o, por mejor decir, del período de transición a la democracia, nuestra función pública se sitúa en un contexto muy distinto del anterior, en el que la escena política está dominada por los partidos, que proveen los cuadros gobernantes o la mayoría de ellos.

Pero, como ya se ha dicho con anterioridad, Gobierno y Administración no son la misma cosa (STC 204/1992, de 26 de noviembre, entre otras), pues la Administración, bajo la superior dirección de aquél, está llamada a cumplir una función propia, institucional, de servicio de los intereses generales con objetividad (art. 103.1 CE). Habrá de hacerlo, ciertamente, cumpliendo las leyes y también las directrices o instrucciones y objetivos que le fijen los órganos políticos y con fidelidad hacia éstos. Sin embargo, en el ejercicio de su función ha de obrar con criterios no partidistas, sino objetivos e impersonales, de legalidad y eficacia. En conexión con este esquema institucional, lo primero que el artículo 103.3 CE garantiza es que el personal al servicio de la Administración tiene y debe seguir teniendo un *estatuto profesional*.

Esta *profesionalidad* de la función pública, por contraposición a los órganos de elección o designación política (lo que no quiere decir, obviamente, que sus titulares no puedan ser buenos profesionales, pues muchos de ellos se nombran también teniendo en cuenta su capacidad y experiencia en tareas administrativas), se refleja precisamente en algunos de los aspectos esenciales del estatuto a que se refiere el artículo 103.3 CE. En particular, en los criterios de *mérito y capacidad* como los únicos que deben regir el acceso a la función pública y en la garantía de la *imparcialidad* del funcionario en el ejercicio de sus funciones.

El reconocimiento del *sistema de mérito* se refuerza en el texto constitucional en virtud de lo dispuesto en el artículo 23.2, que ampara el derecho de los ciudadanos a acceder *en condiciones de igualdad* a las funciones y cargos públicos, con los requisitos que señalen las leyes que, a su vez, no pueden ser discriminatorios. Este derecho, especificación del derecho a la igualdad jurídica que proclama el artículo 14 CE, tiene carácter fundamental, por lo que goza de la preferencia característica de los derechos fundamentales y libertades públicas (STC 66/1985, de 23 de mayo, entre otras muchas) y del sistema de garantías específico del artículo 53.2 CE: recursos contencioso-administrativo especial y de amparo constitucional. Sobre estos extremos profundizaremos en el lugar oportuno. Lo que ahora importa destacar es que la aplicación de los principios de igualdad, mérito y capacidad son consustanciales a un diseño profesional de la función pública, que relega a la categoría de excepcional el sistema de acceso y provisión de puestos de trabajo por razones de *confianza política*. Como tal excepción, este último sistema de acceso y provisión debería reducirse a aquellos casos en que estuviera estricta y razonablemente justificado. Lamentablemente, no ha ocurrido así en los últimos años, pues son excesivos los cargos, en especial los altos cargos, que se cubren por personal de confianza en todas las administraciones públicas. De ello resulta una peligrosa relajación de las exigencias constitucionales en el aspecto esencial de sus previsiones sobre el empleo público.

La garantía constitucional de la profesionalidad, del sistema de mérito, de la imparcialidad y las demás peculiaridades del régimen funcionarial mencionadas en la Constitución —a las que después nos referiremos— no significan, sin embargo, que nuestra norma fundamental haya reconocido e impuesto un modelo determinado de función pública. Como en otras muchas de las materias que regula, los principios y preceptos constitucionales referidos a la función pública admiten una pluralidad de desarrollos normativos igualmente lícitos, siempre que no se traspasen sus límites. Al igual que todas las constituciones democráticas, la nuestra es una *constitución abierta*, fundada en el pluralismo político (art. 1.1). Por eso se limita a establecer unos principios y reglas generales, casi siempre incompletas, algunas veces deliberadamente ambiguas. Esa misma indeterminación de muchos de sus mandatos tiene también la virtud de permitir la evolución legislativa, que ha de acomodarse al ritmo de los tiempos, tal como ha ocurrido en la práctica.

2. El estatuto de los funcionarios y la legitimidad de un sistema dual de empleo público

Por otra parte, el artículo 103.3 CE, al referirse expresamente a un estatuto de los funcionarios públicos, vino a otorgar cobertura a la concepción de la función pública fundada en la denominada *teoría estatutaria* de la relación funcionarial. Esta teoría contempla la situación jurídica del funcionario como una situación objetiva, definida por las leyes y los reglamentos, que conlleva los siguientes elementos esenciales: *a*) el acceso a la función pública mediante un acto administrativo unilateral de nombramiento y no mediante un contrato; *b*) que la relación de servicio del funcionario se regula con carácter impersonal por normas generales y no por contratos individuales y convenios colectivos; *c*) que el funcionario no tiene ningún derecho adquirido al mantenimiento de una determinada regulación de sus condiciones de trabajo o a impedir su modificación.

La jurisprudencia constitucional, en efecto, ha confirmado reiteradamente la esencia estatutaria de la relación funcionarial en parecidos términos (SSTC 57/1982, de 27 de julio; 129/1987, de 16 de julio, 293/1993, de 18 de octubre, 104/2015, de 28 de mayo, por ejemplo), deduciendo de ello importantes consecuencias prácticas. Ni siquiera en un aspecto tan importante como la duración de su vida profesional tiene el funcionario un derecho adquirido a impedir que se rebaje con carácter general la edad de jubilación, reducción ésta frente a la que no puede oponerse ningún derecho patrimonial (SSTC 99/1987, 129/1987, 70/1988 y 178/1989 y SSTS de 18 de julio y 2 de diciembre de 2016 y 5 de diciembre de 2018, entre otras). Tampoco cabe exigir la responsabilidad patrimonial del Estado por los perjuicios económicos que puede causar en las *expectativas de los funcionarios* una medida legislativa como esa (STS, 3.ª, de 30 de noviembre de 1992 y otras muchas posteriores).

Muy en particular, el Tribunal Constitucional declaró en su Sentencia 99/1987, de 11 de junio, que la Constitución ha optado «por un régimen estatutario, con carácter general, para los servidores públicos». Pero, más allá de esta simple y escueta declaración, se limitó concluir que habría de ser la ley la que determinase «en qué casos y con qué condiciones pueden reconocerse otras posibles vías para el acceso al servicio de la Administración Pública». Es decir, no obstante, aquella preferencia por el vínculo estatutario, la jurisprudencia constitucional no ha considerado que la contratación de empleados públicos conforme al derecho del trabajo deba reputarse contraria a la Constitución. Antes, al contrario, en su STC 37/2002, de 14 de febrero, reiteró y de manera aún más flexible la doctrina ya expuesta. No sólo eso, sino que el Tribunal Constitucional ni siquiera ha ofrecido criterios deducibles de la Constitución para determinar con claridad qué puestos de trabajo en el sector público están reservados a funcionarios, algo difícil de señalar *a priori* con todo detalle. Eso sí, la cuestión debe ser regulada por normas con rango de ley, pues es un aspecto esencial del régimen de la función pública.

En consecuencia, la mencionada *opción general o preferencia* constitucional en favor de un régimen estatutario no ha impedido el incremento de la contratación de personal en régimen laboral por las administraciones y entes del sector público —la mayoría de las veces para huir de las rigideces del vínculo estatutario, como ha sucedido en otros países— y la progresiva consolidación en nuestro derecho de un *régimen dual* en el empleo público, que sancionan numerosas leyes del Estado y de las Comunidades Autónomas. Esta dualidad de vínculos jurídicos, funcionarial y laboral, en el empleo público no es en sí misma ilegítima.

Ahora bien, sucede que la aplicación pura y simple del derecho del trabajo a una parte de los empleados públicos plantea problemas jurídicos específicos, pues ni la Administración tiene el estatuto de la empresa privada ni puede ordenar su política de personal con la misma libertad del empresario privado, ni pueden regirse por la mera autonomía de la voluntad de las partes o por su *autonomía colectiva* aspectos de la relación de empleo público que están condicionados por el necesario respeto a otros bienes jurídicos protegibles. En concreto, cualquiera que sea el vínculo jurídico formal que una al empleado con la Administración, es necesario garantizar el derecho fundamental a la igualdad en el acceso a los cargos y funciones públicas (art. 23.2 CE) —entendidas aquí, desde luego, como puestos de trabajo en el ámbito público—, lo que conduce a establecer sistemas de selección que no pueden fundarse sino en el mérito y capacidad de los candidatos. Por otra parte, cualquiera que sea el régimen jurídico de la relación de empleo, los presupuestos públicos imponen límites ciertos a la negociación colectiva, sin que las determinaciones presupuestarias puedan ser sustituidas, como es obvio, por convenios colectivos. Cosa distinta es que exista una prenegociación del proyecto de ley de presupuestos con la administración competente, posible tanto para funcionarios como para contratados laborales. En fin, las garantías de imparcialidad, determinadas exigencias de fidelidad institucional, la esencialidad o especial disciplina propia de algunos servicios públicos y ciertas reservas constitucionales de ley o la misma naturaleza del *empleador* —al que no alcanzan, por ejemplo, algunas causas subjetivas de extinción de la relación de empleo— imponen en todo caso otras tantas peculiaridades de régimen jurídico aplicables a todos los empleados de la Administración. En otros términos, existen ciertos elementos de *ius cogens*, característicos del derecho público, en cuanto que tienden a proteger bienes jurídicos públicos, que no pueden dejar de aplicarse a las relaciones de empleo público, cualquiera que sea la normativa general por la que se rijan.

Por su parte, el estatuto de los funcionarios públicos en sentido estricto se ha ido impregnando poco a poco de elementos característicos del derecho del trabajo, en especial desde que se reconoció por la ley —que no directamente por la Constitución— una suerte de negociación colectiva de los funcionarios, con los oportunos matices, y desde que la mayoría de los funcionarios públicos han sido incluidos en el régimen general de la Seguridad Social. En realidad, las peculiaridades que subsisten para el ejercicio de algunos derechos por parte de colectivos de funcionarios y que la Constitución reconoce o ampara (derechos de sindicación y huelga, derecho de sufragio pasivo, límites de la libertad de expresión...) se conciben hoy como excepciones justificadas por razones funcionales u objetivas y no como definidoras de un *status* específico. Pues lo que prevalece es una concepción del funcionario como un ciudadano y un trabajador más, con los mismos derechos fundamentales que los demás, sin perjuicio de la especificidad, en todo caso relativa, de su estatuto jurídico, que debe ser establecido por ley en sus aspectos esenciales.

En otros términos, la dualidad de regímenes jurídicos existente en nuestro sistema de empleo público (como en el de otros muchos Estados europeos, por cierto) y la garantía constitucional de un estatuto de los funcionarios públicos no excluye que a todo el personal al servicio de las administraciones públicas se le apliquen unas normas generales en gran parte comunes. Esto es lo que, a través de leyes especiales o a través de la negociación colectiva, se ha venido produciendo desde la aprobación de la Constitución y lo que sanciona definitivamente el vigente Estatuto Básico del Empleado Público, en los términos que veremos.

3. La función pública en el Estado de las Autonomías

Pero, sin duda, la novedad más trascendente que el régimen constitucional surgido en 1978 ha introducido en nuestro sistema de función pública deriva del enorme proceso de descentralización territorial a que ha dado lugar.

Con la creación de las Comunidades Autónomas y las sucesivas reformas de sus Estatutos de Autonomía, así como en virtud de la garantía constitucional y el ejercicio efectivo de la autonomía local, el sistema administrativo español, que en el régimen anterior a la Constitución llegó a ser uno de los más centralizados de Europa, ha pasado a ser uno de los más descentralizados del mundo. La repercusión que este proceso ha tenido en el régimen del empleo público ha sido extraordinaria, tanto que sorprende comprobar que haya tenido lugar de manera sustancialmente ordenada y escasamente conflictiva, sin que los servicios públicos hayan sufrido por ello ningún colapso ni grave situación de deterioro. Baste pensar que, según los datos del Registro Central de Personal, todavía en 1982 la Administración del Estado contaba con aproximadamente 1.150.000 de los 1.400.000 empleados públicos existentes, casi el 90 por 100. En cambio, a mediados de 2024, y conforme a los datos que ofrece el propio Registro Central de Personal, la Administración del Estado, civil y militar, empleaba a algo más de 534.000 personas (la Administración civil, excluidas las Fuerzas Armadas y de Seguridad y la Administración de Justicia, pero incluidos sus organismos y entes públicos, tan sólo a 242.541), mientras que el personal al servicio de las Comunidades Autónomas alcanzaba el número de 1.683.000 empleados y el de la administración local más de 639.000. Las universidades públicas empleaban a más de 185.000 personas. Y todo ello sin contar con el personal de otras entidades del sector público (fundaciones, sociedades públicas, consorcios...), en su mayoría dependientes de Comunidades Autónomas y entidades locales.

Este enorme proceso de descentralización administrativa tuvo lugar inicialmente sobre todo mediante la transferencia forzosa de gran parte de los funcionarios del Estado a las Comunidades Autónomas, que ordenó la Ley 12/1983, de 14 de octubre, del Proceso Autonómico. No obstante, las propias Comunidades Autónomas han reclutado directamente y en número creciente su propio personal, al igual que las entidades locales. En cualquier caso, la creación del Estado de las Autonomías ha puesto fin a un modelo de función pública homogéneo y jerarquizado, articulado sustancialmente en torno a grandes cuerpos estatales.

Obviamente, cada uno de los niveles de la organización territorial del Estado previstos en la Constitución tiene su administración propia, distinta, autónoma. Y en virtud del principio de autoorganización [arts. 147.2.*c*) y 148.1.1.ª CE y concordantes de los Estatutos de Autonomía, y art. 4.*a*) LBRL] corresponde a cada entidad autónoma regularla, ordenarla y organizarla a su conveniencia para el cumplimiento de sus fines, siempre, claro está, en el marco de los mandatos constitucionales que, como los de los artículos 103.3, 23.2, 28.1 y demás aplicables a la función pública, vinculan a todas las administraciones públicas. Es más, podría decirse que el ámbito más característico y genuino de la autonomía, legislativa o meramente administrativa, de las Comunidades Autónomas como de las entidades locales, consiste precisamente en la potestad de autoorganizarse (STC 227/1988, entre otras), lo que implica una capacidad de determinación sobre el empleo público propio. Esa misma capacidad es hasta cierto punto inherente también a otras administraciones que gozan de autonomía funcional —universidades, organismos autónomos, las llamadas autoridades independientes y otras entidades de derecho público de muy variado tipo, en cuya creación pesa muchas veces la intención de dotar de flexibilidad a la organización administrativa y a la correspondiente gestión de recursos humanos—, así como a instituciones públicas que no forman parte de la Administración —órganos constitucionales y estatutarios, Administración de Justicia—.

Este régimen de autonomías, de diferente orden, conduce a una cierta heterogeneidad de políticas de personal, que es característica de todo sistema político descentralizado. Heterogeneidad que es más sensible en el caso de las Comunidades Autónomas, que pueden disponer y disponen de sus propias leyes de función pública, y que resulta menor en otras administraciones, incluidas las locales, ya que deben sujetarse a las leyes del Estado y de la Comunidad Autónoma respectiva.

No obstante lo cual, en nuestro ordenamiento constitucional ni siquiera la competencia de las Comunidades Autónomas para establecer el régimen de su función pública es exclusiva, puesto que el artículo 149.1.18.ª CE reserva al Estado «las bases del régimen estatutario de los funcionarios». Esta reserva tiene su justificación en varios principios y elementos integrantes de nuestro orden constitucional. Por una parte, a través de las bases se trata de asegurar una sustancial igualdad de las condiciones de empleo de los funcionarios (recuérdese que, por lo que se refiere al personal laboral, el art. 149.1.7.ª CE reserva al Estado la legislación *in toto*), igualdad tanto más importante de garantizar cuando se trata del acceso a los cargos y funciones públicas. Por otra, subyacen razones financieras, que tienen que ver con la salvaguarda de la capacidad estatal de dirección de la economía y de las magnitudes económicas, en particular sobre el gasto público (art. 149.1.13.ª CE), así como con los principios de estabilidad presupuestaria y sostenibilidad financiera del sector público que sanciona desde 2011 el artículo 135 de la Constitución. También hay motivos relacionados con el principio de solidaridad, que pretenden evitar agravios comparativos injustificados y privilegios corporativos. Por último, hay razones de *intercomunicación* o coordinación de las administraciones públicas o de las burocracias (STC 76/1983), pues ninguna de ellas está aislada de las demás, sino que forma con ellas un conjunto interdependiente que debe estar mínimamente articulado (STC 27/1987, de 27 de febrero), para permitir, entre otras cosas, una cierta movilidad interadministrativa de los funcionarios.

El problema, en cualquier caso, reside siempre en determinar qué comprenden las bases del régimen estatutario de los funcionarios. Sobre esta cuestión, basta recordar ahora que las normas básicas son las que establecen un común denominador normativo, a partir del cual cada Comunidad Autónoma puede establecer su legislación propia y diferenciada (SSTC 32/1981, 1/1982, 32/1983, 76/1983 y un largo etcétera; en particular STC 1/2003, de 16 de enero sobre la materia que aquí nos ocupa). Las bases no pueden, por tanto, agotar la regulación de la materia, estableciendo una regulación tan detallada que imponga en realidad una uniformidad total o vacíe de contenido las competencias de desarrollo normativo que tienen las Comunidades Autónomas. Lo que las normas básicas pueden y deben regular es lo que sea necesario para satisfacer el interés general del Estado, sin inmiscuirse en cuestiones de mero interés autonómico o local que sólo de forma indirecta, lejana o circunstancial puedan afectar a dicho interés. Determinar con razonamientos puramente jurídicos cuál es el alcance de lo básico no es, sin embargo, sencillo y de ahí que la jurisprudencia constitucional reconozca que hay un margen de decisión que corresponde a la más pura evaluación política. Por ello, en el marco de la Constitución, son admisibles normativas básicas de función pública más extensas o más reducidas, como las que se han sucedido hasta el momento (sobre ello, véanse, por ejemplo, las SSTC 165/1986, 99/1987, 102/1988, 56/1990, 385/1993, 31/2006, 87/2009 y 181/2012). En cualquier caso, la propia jurisprudencia constitucional ha determinado a qué aspectos del régimen de la función pública debe extenderse, como mínimo, la legislación básica (SSTC 99/1987, 235/2000, 294/2006, 175/2011, 163/2012, 224/2012, 176/2015, 9/2016, 119/2016, 33/2017, 127/2019, etc.), aspectos que son los que hoy regula el TREBEP más alguna legislación estatal complementaria.

Asimismo, hay que tener en cuenta que las normas básicas del Estado deben regularse preferentemente en normas *con rango de ley* y que en todo caso debe quedar clara su condición de básicas, por expresarse así en la norma que las contiene o deducirse con naturalidad de su contenido (SSTC 69 y 80/1988, 147/1991, 197/1996, 223/2000, entre otras). Precisamente por ello el TC consideró en su día que no constituían legislación básica determinados preceptos de la Ley de Funcionarios Civiles del Estado de 1964 (SSTC 37/2002 y 1/2003). En buena medida —aunque no del todo— la aprobación del EBEP puso fin a estas incertidumbres.

Por lo demás, las competencias del Estado sobre la función pública de las administraciones descentralizadas no sólo derivan del artículo 149.1.18.ª CE. En parte porque hay algunos aspectos que deben regularse por ley orgánica (por ejemplo, las peculiaridades del derecho de sindicación o el régimen de las Fuerzas y Cuerpos de Seguridad) y, por tanto, por las Cortes Generales. Además, el Estado cuenta con otros títulos competenciales.

Por lo que se refiere a los aspectos retributivos, los presupuestos generales del Estado pueden establecer límites y prescripciones generales sobre el incremento de las retribuciones de los funcionarios de todas las administraciones y de todos los demás empleados del sector público, en virtud del artículo 149.1.13.ª y 14.ª CE y de los principios de igualdad y solidaridad y de coordinación financiera de las Comunidades Autónomas por la Hacienda estatal (SSTC 63/1986, 96/1990, 237/1992, 385/1993 y 171/1996, 62/2001, 24/2002, 178/2006, 297/2006, 66/2009, etc.). Y, en materia de Seguridad Social, el artículo 149.1.17.ª CE atribuye al Estado la competencia para regular las bases del régimen jurídico y el régimen económico, competencia que desde luego abarca la Seguridad Social de los funcionarios. Otras competencias estatales a tener en cuenta son las que se refieren a la legislación penal y procesal —competencias exclusivas éstas—, al régimen de responsabilidad de las administraciones públicas y de su personal y al procedimiento administrativo común, competencias que parcial o colateralmente inciden en aspectos del régimen de la función pública.

V. LA REFORMA DE 1984 Y OTRAS LEYES POSTERIORES

Aprobada la Constitución y constituidas ya las Comunidades Autónomas, la reforma legislativa del régimen general de la función pública, ni siquiera completa, se llevó a cabo, en el período de mayoría socialista, a través de la Ley 30/1984, de 2 de agosto, de Medidas para la Reforma de la Función Pública (LMRFP). En términos globales y sin entrar en los detalles —ni en otras normas contemporáneas, algunas de tanta trascendencia como la Ley de Incompatibilidades del mismo año—, la Ley 30/1984 pretendió, por una parte, adecuar la legislación general de funcionarios al régimen de distribución de competencias entre el Estado y las Comunidades Autónomas y, por otra, se inscribía en una estrategia anticorporativista cuya intención principal era racionalizar sobre bases objetivas el sistema de carrera y retributivo de los funcionarios, a la par que asegurar la subordinación del aparato burocrático a la dirección política.

En virtud de ello la LMRFP refundió un importante número de cuerpos no justificados por razones funcionales, combatió la endogamia al prohibir que los órganos de selección estuvieran formados mayoritariamente por funcionarios del cuerpo a seleccionar (salvo las peculiaridades del personal docente e investigador universitario, ámbito en el que la endogamia no ha podido o no ha querido ser erradicada), estableció como regla la adscripción indistinta de los puestos de trabajo para los funcionarios con independencia de su cuerpo o escala (salvo cuando la naturaleza de la función a desempeñar impusiera la reserva de ciertos puestos a algún cuerpo determinado), prohibió asignar a los cuerpos y escalas facultades propias de los órganos administrativos y reforzó las competencias de los *órganos centrales* de gestión de la función pública de la Administración del Estado. Sin embargo, no suprimió la estructura corporativa de la función pública estatal, sino que mantuvo su articulación en cuerpos y el ingreso del funcionario a través de ellos. En cualquier caso, la aplicación de la reforma puso coto en breve plazo a los excesos tradicionales del corporativismo.

En conexión con ello, la LMRFP estableció un sistema mixto de carrera, introduciendo elementos del sistema *de empleo* que hacían hincapié en las relaciones de puestos de trabajo (RPT) como instrumento de «ordenación del personal de acuerdo con las necesidades de los servicios». En consecuencia, conforme a dicha ley, con independencia de la pertenencia a un cuerpo o escala, por el que se organiza su acceso a la función pública, la carrera del funcionario se articuló, sobre todo a través de la sucesiva ocupación de puestos de trabajo, ya sea mediante concurso de méritos, ya mediante libre designación. El diseño se completaba con un atributo personal, el *grado*, que se adquiere por el desempeño durante un cierto tiempo de puestos de trabajo determinados o —teóricamente al menos— mediante cursos u otros requisitos objetivos, grado que el funcionario consolida como un atributo personal. Esto le asegura al menos un cierto complemento retributivo de destino correspondiente al nivel de su grado personal, aunque ocupe puestos de inferior nivel y, según el texto inicial de la LMRFP, debería evitar descensos bruscos del funcionario en la jerarquía de los puestos que se le pudieran asignar. También el régimen de retribuciones se adaptó a este diseño, primando las retribuciones correspondientes al grado personal y al puesto que se desempeña —y en teoría también a la productividad— sobre las correspondientes al cuerpo o escala, ahora unificadas en función del nivel de titulación requerido para ingresar en cada uno.

La aplicación de este modelo, como cualquier innovación del régimen de la función pública, no fue fácil ni se realizó sin contradicciones ni agravios comparativos. Pero permitió introducir ciertas dosis de racionalidad en el confuso panorama anterior. Ahora bien, la reducción de los abanicos retributivos y de las ventajas corporativas —aparte otros factores, como el más estricto régimen de incompatibilidades y las limitaciones del *techo* de la carrera profesional— han privado de alicientes a los estratos más altos del funcionariado. En términos generales y sin menoscabo del espíritu de servicio y el esfuerzo personal de muchos funcionarios, la consecuencia ha sido una cierta descapitalización profesional del empleo público, pues en el caso de ciertas profesiones cualificadas y en las esferas directivas ofrece condiciones menos atractivas que las que se encuentran en la empresa privada, salvo quizá en tiempos de crisis. Además, el modelo de carrera fundado esencialmente en alcanzar sucesivamente puestos de mayor nivel ha generado una excesiva movilidad voluntaria del personal, en busca de mejoras retributivas, que contrasta con la rigidez de los supuestos de movilidad forzosa.

No sólo eso, sino que, muchos de los cargos más altos de la jerarquía administrativa (subsecretarios, directores generales, presidentes de organismos y empresas públicas...) siguieron cubriéndose por un criterio de *confianza política* —de «sistema de la confianza política» se ha llegado a hablar en este sentido (MORELL OCAÑA)—, sin perjuicio de que quienes los ocuparan fueran en su mayor parte funcionarios de carrera. A pesar de ello y de que, en el ámbito del

Estado, la LOFAGE de 1997 exigió tener esa condición en algunos casos —exigencia que no se contempla por igual en la legislación de las Comunidades Autónomas—, ha faltado en nuestra función pública un estrato profesional directivo regulado como tal, dicho sea, con independencia de que haya buenos dirigentes y gestores públicos. A ello hay que añadir el abuso que en muchas administraciones se ha hecho y se hace del procedimiento de libre designación para proveer los cargos más importantes reservados a funcionarios o del nombramiento de personal eventual, no funcionario, para funciones de asesoramiento y de confianza, ampliamente entendidas, e incluso —en la administración local, sobre todo— para funciones directivas.

Otra tendencia significativa del empleo público durante las últimas décadas es la ya mencionada *laboralización parcial* del empleo público. La utilización de la facultad de reclutar personal mediante contratos laborales se venía extendiendo en las administraciones públicas antes de la aprobación de la LMRFP de 1984. Lo que ésta hizo no fue sino atribuir al Gobierno una gran discrecionalidad para determinar cuáles de los puestos de las RPT quedaban reservados a funcionarios y cuáles podían ser ocupados por trabajadores con contrato laboral. Un poco más tarde, la Ley de Bases del Régimen Local de 1985 (art. 92.2) insistió en la misma dirección, al reservar «exclusivamente a personal sujeto al estatuto funcionarial» tan sólo las funciones públicas «que impliquen ejercicio de autoridad, las de fe pública y asesoramiento legal preceptivo, las de control y fiscalización interna de la gestión económico-financiera y presupuestaria, las de contabilidad y tesorería y, en general, aquellas que en desarrollo de la presente Ley se reserven a funcionarios (con evidente tautología) para la mejor garantía de la objetividad, imparcialidad e independencia en el ejercicio de la función». También las leyes de función pública de las Comunidades Autónomas incluyeron previsiones semejantes a las de la LMRFP.

A partir de entonces, la difusión del régimen laboral en el empleo público ha sido amplia, sobre todo en las administraciones locales y en organismos y entidades públicas con autonomía funcional, a la búsqueda de una mayor flexibilidad del régimen de personal que la que permite la legislación de la función pública. Pero no sólo eso. Durante las últimas décadas ha sido frecuente la transformación de importantes áreas de la administración prestadora de servicios en entidades con forma de sociedad mercantil o de fundación. Este fenómeno, conocido como *huida del derecho administrativo* repercute, como es lógico, en el régimen del empleo público, en la medida en que el personal al servicio de las empresas y fundaciones públicas e incluso de no pocos organismos públicos queda vinculado por formas de contratación de derecho privado (con la notoria excepción de Correos y Telégrafos, convertido en sociedad estatal desde 2000, que ha permitido mantener la condición de funcionarios a los empleados de ese antiguo organismo que ya la tenían). En estos casos, por tanto, antes que reformar y flexibilizar el régimen funcionarial se ha optado directamente por marginarlo.

Además, algunas administraciones o áreas administrativas se han inclinado, para no recargar sus plantillas de funcionarios o por la imposibilidad legal de cubrir las vacantes debido a las restricciones presupuestarias, por ofertar contratos laborales temporales o plazas de interinos. De esta manera se ha visto aumentar paulatinamente el empleo precario en las administraciones públicas.

Más grave es otro de los problemas que ha venido aquejando a nuestra función pública durante los últimos lustros y que podríamos definir como el *nuevo clientelismo* o la práctica del favoritismo en la selección de personal y en la carrera. Este problema, sin embargo, no es achacable directamente a las reformas legislativas. Cierto es que la contratación laboral y el nombramiento de funcionarios interinos se ha venido haciendo mediante procedimientos de selección (a veces ni eso) bastante informales en muchos casos. Pero la huida del derecho administrativo de la función pública y la mayor precariedad del empleo público no son las causas del mal sino, en su caso, algunos de los instrumentos mediante los que se propaga, ni siquiera el único. Piénsese, por ejemplo, en el acceso a los cuerpos docentes universitarios, supuesto en el que la regulación formal y administrativa no ha logrado evitar la tradicional endogamia o incluso flagrantes casos de nepotismo. En cualquier caso, contra el mandato constitucional, la influencia de los vínculos partidistas, grupales o familiares para el acceso al empleo público se ha desarrollado hasta límites preocupantes. Sobre todo, en las administraciones menos estructuradas, como las locales, en sociedades y fundaciones del sector público, en instituciones dotadas de gran autonomía funcional, como el Tribunal de Cuentas, e inicialmente también en las administraciones autonómicas, que han debido reclutar un elevado volumen de personal en un corto espacio de tiempo.

La STC 99/1987, de 11 de junio, que resolvió los recursos de inconstitucionalidad interpuestos contra la LMRFP, impuso un cierto cambio de rumbo en el proceso de laboralización de la función pública. Como ya se ha señalado, esta sentencia declaró que la Constitución (art. 103.3) ha optado por un «régimen estatutario, con carácter general, para los servidores públicos» y que la discrecionalidad conferida al Gobierno por la LMRFP para determinar los puestos reservados a funcionarios y los de posible desempeño por laborales era excesiva, puesto que infringía la *reserva de ley*, de manera que resultaba obligado fijar por ley criterios en virtud de los cuales se podía excepcionar la regla general. También en otros aspectos menos importantes el Tribunal reprochó a la ley el carácter incondicionado de algunas remisiones al reglamento para la regulación de la función pública.

La STC 99/1987 obligó a una primera mínima reforma de la LMRFP, que se llevó a cabo por Ley 23/1988, de 2 de julio. En ella se aprovechó no sólo para restringir la discrecionalidad en la determinación de los puestos que pueden ser ocupados por personal no funcionario, sino también para reformar el régimen de libre designación y de promoción interna, reduciendo igualmente los márgenes de discrecionalidad anteriores.

En esos años, sin embargo, el proceso de reforma de la función pública pareció entrar en una dinámica distinta y más ambiciosa, conectada con la estrategia de *modernización* de la Administración, en sintonía con los postulados de la *nueva gestión pública*, impulsada por el Ministerio para las Administraciones Públicas, en el período en que fue dirigido por el Sr. ALMUNIA AMANN. A través de ella se pretendía introducir las reformas necesarias en la organización, el régimen de funcionamiento y los hábitos y valores tradicionales de la Administración —el llamado *cambio de cultura administrativa*—, para responder a la demanda de una administración más eficaz y eficiente, más ágil y receptiva, responsabilizada con los resultados de su gestión y no meramente atenta al cumplimiento formal de la legalidad.

Dicha estrategia se plasmó en un documento de trabajo titulado «Reflexiones para la Modernización de la Administración del Estado» (1990), cuya última parte se dedicaba íntegramente a los *recursos humanos*.

En el documento se criticaba la falta de una eficiente gestión de los recursos humanos de la Administración, la homogeneidad artificial del régimen del personal, la excesiva centralización horizontal de la gestión de la función pública (en los Ministerios de Administraciones Públicas y de Hacienda) y la obsolescencia de los instrumentos de gestión en la materia, así como la desprofesionalización y desmotivación del personal por las insuficiencias del sistema de carrera y del régimen retributivo. En consecuencia, se proponía establecer las diferencias de régimen jurídico necesarias entre colectivos funcionariales netamente distintos (docentes, sanitarios, de instituciones penitenciarias, de Justicia, servicios exteriores, de Correos, etc.), mejorar los instrumentos de gestión (RPT, especialmente), desconcentrar la gestión de los recursos humanos, otorgando mayor autonomía a los gestores de personal de cada ministerio u organismo, racionalizar los procesos selectivos y de provisión de puestos, rearticular la carrera administrativa sobre categorías personales, ajustar a este diseño de carrera el sistema retributivo, haciendo también hincapié en las retribuciones ligadas a la productividad y, en fin, prestar una creciente atención a la formación del personal en sus varias facetas.

La estrategia de modernización no se tradujo, sin embargo, en una reforma general del régimen del empleo público, por falta del suficiente impulso político. Pero dejó un poso cultural importante en la Administración y algunas realizaciones concretas. Por el contrario, las novedades legislativas más trascendentes de esos años se centraron en el desarrollo de los derechos sindicales de los funcionarios. Se trata, primero, de la Ley 9/1987, de 12 de junio, de órganos de representación, determinación de las condiciones de trabajo y participación del personal al servicio de las administraciones públicas, que vino a formalizar la acción sindical en el seno de la función pública. Y, segundo, de la Ley 7/1990, de 19 de julio, que, modificando aquélla, consolidó la negociación colectiva para la determinación de las condiciones de trabajo de los funcionarios.

Bien es verdad que esta *negociación colectiva*, que ya venía practicándose *de facto* en la administración local y autonómica, no es equiparable a la que tiene lugar en la empresa privada, ni por su alcance ni por sus efectos jurídicos, pues está sometida a límites legales y presupuestarios más estrictos y, en caso de desacuerdo, no impide la adopción de las decisiones administrativas unilaterales que correspondan (véase *infra*, capítulo IX). Ello, no obstante, introduce un factor de bilateralidad, que remueve las bases del régimen estatutario, en su formulación clásica. Además, aproxima el derecho de la función pública al de los trabajadores por cuenta ajena, sin perjuicio de sus peculiaridades, lo que implica un cambio conceptual de gran trascendencia. Dicho lo cual, la práctica de la negociación colectiva y las reivindicaciones sindicales se han revelado en muchos casos contradictorias con las tendencias a la modernización de la función pública, que reclaman mayor flexibilidad. Paradójicamente, en cambio, no pudieron impedir la pérdida de poder adquisitivo, que se produjo desde mediados de los años noventa, a consecuencia de la imperiosa necesidad de reducir el déficit público para cumplir los objetivos de convergencia económica derivados del Tratado de Maastricht de 1992. Como

tado en función de estrictos criterios de competencia profesional y experiencia, como existe en la mayoría de los Estados europeos. Por fortuna, el fundamento legal para crear ese grupo directivo se encuentra ya en el artículo 13 TREBEP, por lo que se trataría de desarrollarlo, venciendo la histórica resistencia que desde siempre se ha opuesto en el seno de los partidos políticos, en los sindicatos de la función pública e inclusive entre muchos funcionarios. Esa mayor profesionalidad de la gestión de personal debería servir para que se refuerce la disciplina interna y se ajuste la práctica de la negociación colectiva a patrones de eficiencia y equidad, en vez de a consideraciones tácticas de naturaleza política.

En fin y en coherencia con lo anterior, el régimen jurídico del empleo público debe reformarse para ganar en flexibilidad y poder adaptarse a las circunstancias cambiantes. Para ello conviene equilibrar la composición del empleo público entre personal funcionario y laboral, en función de criterios objetivos, simplificar la actual estructura de cuerpos y escalas de funcionarios en muchas administraciones, eliminar algunas rigideces del sistema de clasificación de puestos de trabajo, de manera que sea posible asignar nuevas tareas o modificar en parte las que corresponden a un funcionario o empleado público por razones del servicio, sin necesidad de que cambie de puesto, y facilitar la redistribución y movilidad forzosa de los efectivos.

También sería preciso modernizar radicalmente los sistemas y procedimientos de acceso al empleo público, sustituyendo en muchos casos la clásica oposición por una pluralidad de sistemas y modalidades, asignando en todo caso la selección a órganos especializados y rigurosamente imparciales, como sucede en el ámbito de la Unión Europea. Asimismo, debe refundarse el modelo de carrera administrativa para basarlo realmente en el mérito personal y no en la antigüedad, sin que implique necesariamente cambio de puesto de trabajo. Para ello parece necesario configurar sistemas de carrera horizontal, al tiempo que racionalizar el sistema de provisión de puestos de trabajo, introducir con carácter general sistemas operativos de evaluación del desempeño profesional y acomodar el sistema retributivo a la categoría de cada funcionario y a su productividad. Pero al mismo tiempo será necesario facilitar en mayor medida que hasta ahora la movilidad forzosa por razones de eficiencia, ya que en un entorno de limitación del número de efectivos es la manera de garantizar un nivel adecuado de prestaciones. La flexibilidad debe alcanzar, en fin, a la regulación del tiempo de trabajo, para admitir en mayor medida la dedicación parcial al empleo público y para garantizar la atención debida a los ciudadanos durante la mayor parte de la jornada.

En fin, a corto plazo es necesario resolver dos problemas que se han agravado en la década de la crisis económica en razón de la reducción de la oferta de empleo fijo en las administraciones públicas: el notable incremento del personal en precario, ya sea funcionario interino o con contrato temporal, que ha superado el 30 por 100 de los efectivos en muchas administraciones autonómicas y locales y en áreas tan sensibles como la educación y la sanidad públicas; y la elevada edad media de los empleados públicos, que va a exigir un relevo muy considerable de personal en pocos años. El primero de ellos se aborda en la Ley 20/2021, de 28 de diciembre, en algunos aspectos polémica, a la que nos referimos con detalle en el próximo capítulo. El relevo generacional necesario requiere, a su vez, medidas de planificación, procesos de selección ágiles y acciones de formación *ad hoc*, que eviten la pérdida de calidad de los servicios.

En todo caso no es difícil aventurar que en los próximos años tendremos un sistema de empleo público algo más elevado en sus efectivos que durante los años de la pasada crisis económica y con reglas más flexibles de ordenación y gestión, que afectarán tanto a los derechos y obligaciones del personal laboral como funcionario. Sería deseable que ganara también en profesionalidad, inclusive en los niveles directivos, y en respeto por los principios de mérito y capacidad en el acceso y en la carrera. Pero esto último está por ver.

PARA PROFUNDIZAR

AA.VV., «Políticas de personal en las Administraciones Públicas», en *Presupuesto y Gasto Público*, 41, 2005; I. AGIRREAZKUENAGA, *Origen de los funcionarios locales de habilitación estatal: los cuerpos nacionales*, Bilbao, 1996; M. ÁLVAREZ RICO, V. GONZÁLEZ-HABA Y E. ORDUÑA PRADA, *Administración y empleo público en España*, Granada, 2011; L.M. ARROYO YANES, *La ordenación de la función pública contemporánea: la carrera administrativa,* Sevilla, 1996; R. BAÑÓN MARTÍNEZ, *Poder de la burocracia y Cortes franquistas (1943-1971)*, Madrid, 1978; M. BELTRÁN VILLAVA, *La élite burocrática española*, Barcelona, 1977; X. BOLTAINA BOSCH y otros, *El empleo público local ante la crisis*, Barcelona, 2011; J. CANTERO MARTÍNEZ, *El empleo público: entre estatuto funcionarial y contrato laboral*, Madrid, 2001; J. CANTERO MARTÍNEZ (dir.), *Continuidad versus transformación: ¿qué función pública necesita España?*, Madrid, 2021. J. M. CASTELLS ARTECHE, *Proceso de construcción y desarrollo de la función pública autonómica*, Madrid, 1987; L. F. CRESPO MONTES, «La reforma legal de la función pública española de los años sesenta», *Revista de Administración Pública*, 149, 1999; F. CASTILLO BLANCO y J. E. QUESADA LUMBRERAS (dirs.), *Remodelando el empleo público y la organización administrativa para garantizar el Estado del Bienestar*, Madrid, 2017. A. EMBID IRUJO, «Incidencia del Estatuto Básico del Empleado Público en la normativa de las Comunidades Autónomas», *Revista Española de Derecho Administrativo*, 137, 2008; G. FERNÁNDEZ FARRERES, «Régimen jurídico de la función pública y jurisprudencia constitucional», *Revista del Centro de Estudios Constitucionales*, 12, 1992; J. FUENTETAJA PASTOR, *Pasado, presente y futuro de la función pública*, Madrid, 2023. J. FUENTETAJA PASTOR y J. CANTERO MARTÍNEZ (dirs.), *Crisis económica y función pública*, Navarra, 2012; E. GARCÍA DE ENTERRÍA, «La organización y sus agentes: revisión de estructuras», en *La Administración española*, Madrid, 1960, 7.ª ed., 2007; R. GONZÁLEZ ANTÓN, *Estatutos históricos de los funcionarios de la Administración civil del Estado (1823-1963)*, Madrid, 1996; V. GONZÁLEZ-HABA, «Problemática de la función pública española», *Revista Española de Derecho Administrativo*, 5, 1975; J. IZQUIERDO HERNÁNDEZ y M. MOLINA GARCÍA, *La laboralización de los funcionarios públicos*, Madrid, 1996; R. JIMÉNEZ ASENSIO, *Políticas de selección de la función pública española*, Madrid, 1987; M. A. MALO, L. GARRIDO y B. CUESTA, «El empleo público en España», en *Dos ensayos de actualidad sobre la economía española*, Madrid, 2011; MINISTERIO PARA LAS ADMINISTRACIONES PÚBLICAS, *Reflexiones para la modernización del Estado*, Madrid, 1990; MINISTERIO DE ADMINISTRACIONES PÚBLICAS, *Informe de la Comisión para el estudio y preparación del Estatuto Básico del Empleado Público*, Madrid, 2005; L. MORELL OCAÑA, *El sistema de la confianza política en la Administración Pública*, Madrid, 1994; A. NIETO GARCÍA, *La retribución de los funcionarios públicos en España. Historia y actualidad,* Madrid, 1967; íd., «Afirmación, apogeo, decadencia y crisis de los cuerpos de funcionarios», en *Estudios sobre la función pública española*, Madrid, 1974; íd., «De la República a la Democracia: la Administración española del franquismo», *Revista Española de Derecho Administrativo*, 11-15, 1976-1977; íd., *La organización del desgobierno*, Barcelona, 1984; A. DE LA OLIVA DE CASTRO, «La articulación en cuerpos de la función pública española», *Documentación Administrativa*, 96, 1965; A. DE LA OLIVA y A. GUTIÉRREZ REÑÓN, «Los cuerpos de funcionarios», *Documentación Administrativa*, 124, 1968; J. PRATS I CATALÁ, «Los fundamentos institucionales del sistema de mérito: la obligada distinción entre función pública y empleo público», *Documentación Administrativa*, 241-242, p. 1995; L. ROMÁN MASEDO, *Funcionarios y función pública en la transición española,* Madrid, 1997; F. SAINZ MORENO, «El estatuto de la función pública después de la Sentencia del TC 99/1987 y de la Ley 23/1988», *Revista de Administración Pública*, 117, 1988;

M. SÁNCHEZ MORÓN, «Consideraciones generales sobre el Estatuto Básico del Empleado Público», *Justicia Administrativa*, 36, 2007; íd., «La situación actual del empleo público», *El Cronista del Estado Social y Democrático de Derecho*, 10, 2010; íd., «El empleo público en España: problemas actuales y retos de futuro», en *El empleo público en Aragón y tendencias de futuro*, Zaragoza, 2011; íd., «Sobre la captura del empleo público», *Revista Vasca de Gestión de Personas y Organizaciones Públicas*, 1, 2011; íd., *Las administraciones españolas,* Madrid, 2018; íd., «La situación de la función pública en España. La reforma postergada», *Círculo Cívico de Opinión, Cuaderno 33*, 2022. J. TORNOS MAS, «La función pública de las Comunidades Autónomas», *Revista Vasca de Administración Pública*, 7, 1983; J. L. VILLAR PALASÍ, «Diez años de la Ley de Funcionarios», *Revista Española de Derecho Administrativo*, 2, 1974.

CAPÍTULO III

CLASES DE EMPLEADOS PÚBLICOS

SUMARIO: I. Definición, ámbito y heterogeneidad del empleo público. II. Funcionarios públicos y contratados laborales. III. Clases de funcionarios de carrera. 1. *Funcionarios de los órganos constitucionales del Estado y estatutarios de las Comunidades Autónomas.* A) Personal de las Cortes Generales y de las Asambleas Legislativas de las Comunidades Autónomas. B) Personal al servicio del Tribunal Constitucional. C) Personal al servicio del Consejo General del Poder Judicial. D) Personal al servicio del Defensor del Pueblo y órganos equivalentes de las Comunidades Autónomas. E) Personal al servicio del Tribunal de Cuentas e instituciones equivalentes de las Comunidades Autónomas. 2. *Funcionarios de la Carrera Judicial y Fiscal y personal al servicio de la Administración de Justicia.* 3. *Personal militar profesional.* 4. *Fuerzas y Cuerpos de Seguridad.* 5. *Funcionarios civiles de la Administración del Estado.* 6. *Funcionarios de las Comunidades Autónomas.* 7. *Personal estatutario de los Servicios de Salud.* 8. *Personal docente.* 9. *Funcionarios de la administración local.* 10. *Funcionarios retribuidos por arancel.* IV. Funcionarios interinos. V. Personal eventual. VI. Personal directivo. VII. Régimen del empleo público laboral. 1. *Clases de personal: fijo, temporal, indefinido.* 2. *Legislación aplicable al empleo público laboral.* VIII. La función pública de la Unión Europea.

I. DEFINICIÓN, ÁMBITO Y HETEROGENEIDAD DEL EMPLEO PÚBLICO

El artículo 8.1 TREBEP define a los empleados públicos como «quienes desempeñan funciones retribuidas en las Administraciones Públicas al servicio de los intereses generales». Quizá no sea ésta la mejor definición posible, pues falta en ella la nota de profesionalidad, que permite distinguir a los empleados públicos de quienes desempeñan cargos electivos o de gobierno en el ámbito del Poder Ejecutivo, la mayoría de los cuales también perciben retribuciones por el ejercicio de sus funciones, que son igualmente públicas (aunque se podría aplicar muy bien hoy en día a muchos de ellos el calificativo de «profesionales» de la política). Ello, no obstante, la definición se complementa y se aclara con la relación de las clases de empleados públicos que se contiene en el artículo 8.2 y que comprende: *a*) los funcionarios de carrera; *b*) los funcionarios interinos; *c*) el personal laboral, ya sea fijo, indefinido o temporal; *d*) el personal eventual.

El actual concepto legal de empleado público es, por tanto, muy amplio, pues comprende junto a los funcionarios públicos, de carrera o interinos, también a profesionales vinculados a la Administración por un contrato laboral, así como al personal eventual, esto es, de confianza política y con funciones de asesoramiento especial de ciertos altos cargos. Antes de la LMRFP de 1984 existía también personal contratado temporalmente en régimen de derecho administrativo y en condiciones de precariedad. La disposición adicional 4.ª de dicha ley prohibió la celebración de tales contratos, aunque después se ha creado alguna relación jurídica administrativa especial, como la de los militares profesionales de complemento y de tropa y marinería, que es temporal y se establece en virtud de un «compromiso» renovable. También la legislación foral de Navarra (art. 88 del Texto Refundido del Estatuto del Personal y Decreto Foral 68/2009, de 28 de septiembre) regula algunos supuestos de contratación de personal en régimen administrativo.

Supuesto distinto es el de los profesionales y empleados que trabajan *para* la Administración en virtud de un contrato de servicios o de concesión de servicios, contratos hoy regulados en la LCSP de 2017. Estas personas, aunque a veces mantienen con la Administración contratante una relación física tan directa como los empleados públicos, e incluso muchas trabajan en las propias dependencias administrativas (piénsese, típicamente, en los empleados de una empresa de limpieza), no se integran en el empleo público, pues, jurídicamente hablando, no realizan su trabajo *en* la Administración, no forman parte de la organización administrativa, sino de una empresa privada que contrata con la Administración (aparte los contratos directos celebrados por ésta con profesionales autónomos). En ciertos casos, en efecto, algunas administraciones han preferido contratar o *externalizar* ciertos servicios, ya sean los necesarios para su propio funcionamiento u otros que conllevan prestaciones a los ciudadanos, para no recargar sus plantillas. Pero con ello se ha creado no poca confusión, hasta el punto de que algunos de esos profesionales o trabajadores contratados han demandado al finalizar sus contratos —a veces con éxito— que se les reconociera una relación de carácter laboral con la Administración y, por ende, un despido nulo o improcedente; o bien la subrogación de la administración contratante en la relación laboral que mantenían con la empresa contratista. Para evitar estos problemas y sus consecuencias, el artículo 308.2 de la LCSP dispone ahora que «en ningún caso la entidad contratante podrá instrumentar la contratación de personal a través del contrato de servicios, incluidos los que por razón de la cuantía se tramiten como contratos menores». A ello se añade que «a la extinción de los contratos de servicios, no podrá producirse en ningún caso la consolidación de las personas que hayan realizado los trabajos objeto del contrato como personal de la entidad contratante. A tal fin, los empleados o responsables de la Administración deben de abstenerse de realizar actos que impliquen el ejercicio de facultades que, como parte de la relación jurídica laboral, le corresponden a la empresa contratista». Todavía más, si se trata de contratos de servicios que conlleven prestaciones directas a la ciudadanía (por ejemplo, de servicios sanitarios o sociales), la LCSP [art. 312.*f*)] dispone que la prestación «se efectuará en dependencias o instalaciones diferenciadas de las de la propia Administración contratante. Si ello no fuere posible, se harán constar las razones objetivas que lo motivan. En estos casos, a efectos de evitar la confusión de plantillas, se intentará que los trabajadores de la empresa contratista no compartan espacios y lugares de trabajo con el personal al servicio de la Administración, y los trabajadores y los medios de la empresa contratista se identificarán mediante los correspondientes signos distintivos, tales como uniformidad o rotulaciones».

No obstante, lo anterior, cuando la Administración vuelve a asumir la gestión directa de un servicio que estaba contratado, los trabajadores de la empresa contratista podrían tener derecho a que la Administración se subrogue en la posición del empresario y a mantener sus contratos de trabajo, si se dan las condiciones de la *sucesión de empresa* establecidas en el artículo 44 TRET, entre ellas que la Administración recupere los medios materiales de esa actividad empresarial. Así lo entiende hoy la jurisprudencia social, aunque la solución es dudosa, ya que en tal caso se produciría una asunción de nuevo personal por la Administración contratante, pero sin una selección pública y abierta conforme a los principios constitucionales. La disposición adicional 26.ª de la Ley 3/2017, de 27 de junio, de Presupuestos Generales del Estado para 2018 pretendió resolver el problema estableciendo la ficción de que dichos trabajadores no se integran formalmente en el *empleo público*, lo que significa que mantienen solo sus contratos laborales, sometidos al TRET hasta que se extinguen, de manera que no podrían acceder a otros puestos en la propia Administración, sino por procedimientos selectivos. Sin embargo, esta precisión fue anulada por STC 122/2018, por no ser materia propia de una ley de presupuestos.

En cualquier caso, la LCSP —en la actualidad los arts. 17 y 284.1— dispone que no podrán ser objeto de estos contratos administrativos de servicios o de concesión de servicios «los servicios que impliquen ejercicio de autoridad inherente a los poderes públicos». Eso no excluye que, por ejemplo, algunas administraciones contraten con empresas privadas servicios de seguridad para la vigilancia de sus instalaciones y *tareas meramente auxiliares* de las que implican ejercicio de autoridad, que son las de regulación, sanción, inspección y adopción de decisiones vinculantes para los ciudadanos, entre otras.

Por otra parte, el elemento de la definición de empleado público que lo conecta a una Administración Pública también debe ser matizado. Por *Administración Pública* se entiende en nuestro ordenamiento (a nuestros efectos, art. 2.1 TREBEP) la Administración General del Estado, las administraciones de las Comunidades Autónomas y de las Ciudades de Ceuta y Melilla, las entidades que integran la administración local —municipios, provincias, cabildos y consejos insulares, comarcas, mancomunidades, áreas metropolitanas, entidades locales menores, etc.—, así como las entidades de derecho público con personalidad jurídica propia dependientes de cualquiera de las anteriores o vinculadas a ellas: organismos autónomos y las llamadas por la LRJSP entidades públicas empresariales, más las universidades, agencias, las denominadas autoridades independientes, los consorcios públicos y otros entes públicos de variado tipo, incluida las entidades gestoras de la Seguridad Social.

En cambio, no se incluyen las *empresas públicas*, entendiendo por tal las personas jurídicas con forma jurídica privada —de sociedad mercantil, por lo común— controladas por una Administración Pública, normalmente por detentar directa o indirectamente la participación mayoritaria o total en su capital, ni las *fundaciones del sector público*. El personal de estos entes, que integran los llamados (por la LGP) *sector público empresarial y sector público fundacional*, no es, jurídicamente hablando, parte del empleo público, aunque lo sea desde un punto de vista económico o sociológico (y así, por ejemplo, para la EPA). La relación que les une a su empresa o fundación es de naturaleza estrictamente privada, regulada por el derecho del trabajo a todos los efectos. Pero esta regla tiene alguna excepción, puesto que la naturaleza pública de la empresa o fundación conlleva la aplicación de ciertas especialidades propias del derecho público. Por ejemplo, se les aplica plenamente la legislación de incompatibilidades [art. 2.1.*h*) de la Ley 53/1984, de 26 de diciembre, de incompatibilidades del personal al servicio de las administraciones públicas], les afectan las normas presupuestarias que imponen límites a la contratación y retribuciones en el sector público y, conforme a la disposición adicional 1.ª

TREBEP, deben ser contratados previa selección en convocatoria pública y aplicando los principios de igualdad, mérito y capacidad, transparencia, imparcialidad y profesionalidad de los miembros de los órganos de selección y demás aplicables a la selección de empleados públicos, incluida la reserva de plazas a personas con discapacidad. También deben observar el código de conducta común de los empleados públicos regulado en los artículos 52, 53 y 54 TREBEP.

En el empleo público se integran también otras personas, con vínculo normalmente funcionarial, que desempeñan sus funciones profesionales al servicio de órganos públicos, previstos en la Constitución o en los Estatutos de Autonomía, que no forman parte de la Administración Pública en sentido estricto. Es el caso de los funcionarios y otros empleados de las Cortes Generales, Asambleas Legislativas de las Comunidades Autónomas, Tribunal Constitucional, Defensor del Pueblo, Tribunal de Cuentas e instituciones análogas a estas dos últimas existentes en las Comunidades Autónomas, así como del Consejo General del Poder Judicial y de la Administración de Justicia en su conjunto. Por último, se integran también ciertos funcionarios públicos que no forman parte de la organización administrativa, sino que actúan a la manera de profesionales libres, recibiendo sus retribuciones no de los presupuestos públicos, sino de los ciudadanos que requieren sus servicios; son los notarios y los registradores de la propiedad y mercantiles.

Todo este conjunto de empleados públicos es muy numeroso. Según datos publicados por el Registro Central de Personal, en julio de 2024 (última fecha de la que conocemos datos) comprendían 3.043.024 efectivos, de los que 534.498 (el 17,57 por 100) estarían al servicio de la Administración Pública estatal (incluidos los organismos y entes dependientes o vinculados a ella), de los cuales pertenecían a la Administración de Justicia 14.707 (más otros 50.000 aproximadamente al servicio de ella, pero dependientes de las Comunidades Autónomas), a las Fuerzas y Cuerpos de Seguridad del Estado 154.874 personas, y a las Fuerzas Armadas 122.376. Otros 1.682.927 empleados (el 55,30 por 100), se hallaban al servicio de las Comunidades Autónomas, 639.774 (el 21,02 por 100) al servicio de la administración local, y 185.825 al servicio de las universidades (el 6,11 por 100). Pero en este recuento no se incluyen todos los empleados públicos (faltan, por ejemplo, los de las entidades públicas empresariales de las Comunidades Autónomas y los de los órganos constitucionales) ni los empleados del sector público empresarial y fundacional, incluidos algunos consorcios, ni una parte del personal temporal. De ahí que la EPA elevara la cifra de empleados de todo el sector público a finales de 2024 a más de 3.600.000 efectivos, incluyendo en ellos al personal de sociedades, consorcios y fundaciones públicas y los cargos políticos retribuidos.

Como puede entenderse, en cualquier caso, hablamos de un conjunto de personal enormemente heterogéneo, cuya heterogeneidad se ha incrementado además en los últimos años. No sólo en términos sociológicos, sino también jurídicos, ya que, sin perjuicio de las normas legales básicas de común aplicación, cada grupo o clase de empleados se rige por normas en buena parte distintas y específicas. De ahí que para mostrar el panorama de una manera sistemática sea preciso proceder a su clasificación.

A estos efectos tendremos en cuenta los siguientes criterios: el vínculo jurídico que les une a la Administración; el carácter estable o temporal de su relación de empleo; el criterio orgánico, según instancias territoriales y no territoriales; los criterios funcionales; y las categorías o grupos profesionales.

II. FUNCIONARIOS PÚBLICOS Y CONTRATADOS LABORALES

Si no mucho antes de la Constitución la existencia de contratados laborales en el empleo público constituía una excepción, ahora puede decirse que la *magna divisio* del empleo público es la que separa a los funcionarios del personal laboral. Este último tipo de personal es mayoritario en la administración local y, desde luego, en muchos organismos autónomos y entidades públicas, y supone algo menos de la cuarta parte del conjunto del empleo público.

El EBEP, como se ha dicho, recogió esta división, pues, conforme a las razones del Informe que lo preparó, no entendió oportuno ni realista unificar la naturaleza del régimen jurídico aplicable a todos los empleados públicos. De hecho, en nuestro país el proceso de *laboralización* generalizada del empleo público que ha tenido lugar en otros no hubiera sido posible, por las razones constitucionales expuestas en el capítulo anterior, así como por tradición y otras razones políticas de peso. Pero tampoco resultaba viable una completa *funcionarización* del personal, ya que tras el desarrollo de la contratación laboral en el sector público se encuentran razones de conveniencia, ligadas a la búsqueda de una mayor flexibilidad de las relaciones de empleo y de gestión de personal, que están lejos de desaparecer. De hecho, esa evolución se explica, más que nada en nuestro caso, por la voluntad de una parte de la organización administrativa de escapar de la rigidez del sistema estatutario clásico. El EBEP, por el contrario, asumió otra estrategia, que es la de aproximación del régimen jurídico de uno y otro tipo de personal, sin que los funcionarios pierdan la condición de tal ni los empleados públicos laborales se conviertan en funcionarios por ministerio de la ley.

El artículo 9 TREBEP define a los funcionarios de carrera como «quienes, en virtud de nombramiento legal, están vinculados a una Administración Pública por una regulación estatutaria regulada por el derecho administrativo para el desempeño de servicios profesionales de carácter permanente». Lo característico es, pues, la relación estatutaria de derecho público, que está regulada por el propio TREBEP y las leyes de función pública y reglamentos que lo desarrollan, sin perjuicio del valor normativo de los pactos y acuerdos que se alcancen en la negociación colectiva.

Por el contrario, es empleado público laboral «el que en virtud de contrato de trabajo formalizado por escrito, en cualquiera de las modalidades de contratación de personal previstas en la legislación laboral, presta servicios retribuidos por las Administraciones Públicas» (art. 11.1 TREBEP). Este tipo de personal se rige, además de por la legislación laboral y por las normas convencionales aplicables, por los preceptos del propio TREBEP que así lo dispongan. En consecuencia, puede decirse que el TREBEP contiene, junto al estatuto de los funcionarios en sentido propio, la regulación de una *relación laboral especial de empleo público*, a la que se aplica supletoriamente la legislación laboral común. Con la peculiaridad de que buena parte de las normas legales que integran ese régimen especial son de aplicación común a los funcionarios públicos.

La Administración, sin embargo, no es libre para determinar qué puestos de trabajo corresponden a funcionarios y a contratados laborales, sino que, como declaró la STC 99/1987 y con más flexibilidad la STC 37/2002, y como ahora sanciona el artículo 11.2 TREBEP, la ley del Estado o de las Comunidades Autónomas debe establecer los criterios necesarios para la determinación de los puestos de trabajo que pueden ser desempeñados por personal laboral.

A este respecto el artículo 9.2 TREBEP impone un límite general y de carácter básico, ya que en todo caso debe corresponder a funcionarios públicos «el ejercicio de las funciones que impliquen la participación directa o indirecta en el ejercicio de las potestades públicas o en la salvaguardia de los intereses generales del Estado y de las Administraciones Públicas». La indeterminación de estos conceptos, unida a la dialéctica siempre existente entre quienes pretenden ampliar a toda costa el ámbito de la función pública (la mayoría de los empleados públicos y sus sindicatos y asociaciones profesionales) y quienes prefieren la mayor flexibilidad que brinda el derecho del trabajo, ha dado lugar a una polémica importante. Para resolverla debe tenerse en cuenta, no obstante, que el precedente de la norma se halla en la jurisprudencia del TJUE, que, como excepción al principio de libre circulación de los trabajadores en la Unión Europea, admite que ciertas funciones públicas puedan ser reservadas a los nacionales de cada Estado miembro por su legislación interna. Así se deduce del Informe de la Comisión que preparó el EBEP y del artículo 57.1 de su Texto Refundido, que utiliza las mismas expresiones con esta finalidad. Por tanto, no debería hacerse una lectura extensiva de la reserva contenida en el artículo 9.2 TREBEP, del mismo modo que no cabe hacerla del artículo 57.1, en contra de los criterios del TJUE y de la Comisión Europea. Pues la razón de ser de la norma es salvaguardar en mayor medida la imparcialidad de los empleados que han de adoptar decisiones vinculantes o realizar actuaciones (de inspección o instrucción de expedientes sancionadores, por ejemplo) potencialmente lesivas de derechos individuales (véanse en tal sentido las SSTS de 28 de octubre de de 2014, 14 de septiembre de 2020 y 12 de abril de 2023) o bien elaborar informes preceptivos y practicar actuaciones que requieren absoluta independencia de criterio (la dación de fe pública, por ejemplo), o participar en típicas funciones «de soberanía» (carreras diplomática, judicial y fiscal, Fuerzas Armadas y de Seguridad, Hacienda e Intervención, etc.). De este modo, salvando ese límite recta y estrictamente entendido, será posible acomodar el régimen de personal a las necesidades de cada organización, que en no pocos casos pasan por la búsqueda de una mayor flexibilidad en el acceso, la promoción profesional, la movilidad, la extinción de la relación de empleo, poco compatible con el vínculo estatutario. Por el contrario, existiendo tales necesidades, una interpretación extensiva de la regla, que parece aceptarse por alguna jurisprudencia reciente (SSTS de 22 de enero y 8 de octubre de 2013 y 22 de abril de 2019), puede tener como consecuencia indirecta la transformación de una mayor parte de la organización administrativa en sociedades y fundaciones públicas o bien una más amplia *externalización* (contratación con empresas privadas) de servicios y actividades, con la correlativa reducción del empleo público.

De hecho, la legislación que ha desarrollado el EBEP recoge la interpretación restrictiva de su artículo 9.2 que aquí postulamos. Y así la Ley 4/2011, de 10 de marzo, del Empleo Público de Castilla-La Mancha (art. 6.2), la Ley 13/2015, de 8 de abril, de Función Pública de Extremadura (art. 14.2), la Ley 2/2015, de 29 de abril, de Empleo Público de Galicia (art. 22.2), la Ley 4/2021, de 16 de abril, de la Función Pública Valenciana (art. 44.1), la Ley 11/2022, de 1 de diciembre, de Empleo Público del País Vasco (art. 44) y la Ley 2/2023, de 15 de marzo, de Asturias, de Empleo Público (art. 8), así como la Ley 5/2023, de 7 de junio, de Andalucía (art. 15), esta última más precisa, limitan la reserva a funcionarios, en tanto que puestos que implican la participación en el ejercicio de potestades públicas o en la salvaguarda de los intereses generales, de aquellos que tengan atribuidas funciones de fe pública y asesoramiento legal, de policía administrativa, de inspección, fiscalización y control, de contabilidad y tesorería, de exacción de tributos, de instrucción y resolución de procedimientos administrativos o similares.

Ello no quiere decir, sin embargo, que sólo los empleados públicos que realicen las funciones a que se refiere el artículo 9.2 TREBEP puedan tener la condición de funcionarios públicos. Por el contrario, las leyes reguladoras de la función pública o del régimen de personal de organismos y entes públicos deben determinar qué puestos de trabajo pueden ser desempeñados por personal laboral, como ordena el artículo 11.2 TREBEP, pues la regla general sigue siendo la relación estatutaria. Así, el artículo 15.1.*c*) LMRFP de 1984 prescribe que, en general, los puestos de trabajo de la Administración del Estado y de sus organismos autónomos, incluidas las entidades gestoras de la Seguridad Social, serán desempeñados por funcionarios públicos, con las siguientes excepciones:

— los puestos de naturaleza no permanente y aquellos cuyas actividades se dirijan a satisfacer necesidades de carácter periódico y discontinuo;
— los puestos cuyas actividades sean propias de oficios, así como los de vigilancia, custodia, porteo y otros análogos;
— los puestos de carácter instrumental correspondientes a las áreas de mantenimiento y conservación de edificios, equipos e instalaciones, artes gráficas, encuestas, protección civil y comunicación social, así como los puestos de las áreas de expresión artística y los vinculados directamente a su desarrollo, servicios sociales y protección de menores;
— los puestos correspondientes a áreas de actividades que requieran conocimientos técnicos especializados cuando no existan cuerpos o escalas de funcionarios cuyos miembros tengan la preparación específica necesaria para su desempeño;
— los puestos de trabajo en el extranjero con funciones administrativas de trámite y colaboración y auxiliares, que comporten manejo de máquinas, archivo y similares y;
— los puestos con funciones auxiliares de carácter instrumental y apoyo administrativo.

Listados semejantes y más o menos reducidos, contienen algunas leyes de la función pública de las Comunidades Autónomas, como las citadas, aunque otras se refieren a los puestos de trabajo que pueden ser desempeñados por personal laboral con fórmulas más ambiguas. De todas formas, la legislación general comentada no impone, sino que sólo permite atribuir a personal contratado este tipo de funciones o puestos de trabajo. Es la Administración, a través de las relaciones de puestos de trabajo (RPT) o instrumentos que las sustituyan, la que debe decidir en cada caso el régimen aplicable, siendo así que debe justificar la asignación de puestos a personal laboral en virtud de algunas de las excepciones previstas por la ley aplicable al régimen común de la función pública (STS de 21 de diciembre de 2012). En la práctica, por razones históricas o pragmáticas —últimamente también por la presión sindical—, muchas de las personas que realizan las tareas señaladas tienen la condición de funcionarios.

En la administración local la reserva de puestos de trabajo a funcionarios públicos, establecida primero en el artículo 92.2 LBRL y después en la disposición adicional 2.ª EBEP (hoy derogada), era más limitada, pues comprendía solo las funciones públicas «que impliquen ejercicio de autoridad, las de fe pública y asesoramiento legal preceptivo, las de control y fiscalización interna de la gestión económico-financiera y presupuestaria, las de contabilidad y tesorería» y otras similares, fórmula que fue considerada conforme a la Constitución por la STC 37/2002. Eso explica, en cierta medida, el mayor porcentaje de personal laboral que existe en la administración local. Sin embargo, la reforma de la LBRL por la LRSAL (Ley 27/2013, de 27 de diciembre) ha venido a añadir a dicha fórmula la del artículo 9.2 TREBEP, con el fin de armonizarla con la aplicable en el resto de las administraciones públicas.

En el ámbito del Estado y de las Comunidades Autónomas, la laboralización del empleo público tiene lugar sobre todo en el caso del personal de muchos de los organismos públicos y entes instrumentales de diverso tipo. Así, leyes especiales han introducido supuestos en los que cabe la contratación de personal laboral. Por ejemplo, las que regulan los organismos públicos de investigación, las universidades (LOSU), el Banco de España, el Museo del Prado y otras muchas entidades. Por otra parte, el artículo 106 LRJSP dispone que, como regla general, «el personal de las entidades públicas empresariales se rige por el derecho laboral», aunque funcionarios de la Administración del Estado y, en su caso, de otras administraciones públicas pueden cubrir destinos en esas entidades, en las condiciones que determine su respectiva ley de creación.

Un caso particular es el de los organismos denominados autoridades administrativas independientes por la LRJSP (art. 109): Banco de España, Comisión Nacional del Mercado de Valores (CNMV), Agencia Española de Protección de Datos (APD), Comisión Nacional de los Mercados y la Competencia (CNMC), Consejo de Seguridad Nuclear, Autoridad Independiente de Responsabilidad Fiscal (AIREF), Fondo de Reestructuración Ordenada Bancaria (FROB) y algunos otros creados por las Comunidades Autónomas. Su personal es en parte laboral en virtud de sus leyes de creación, a pesar de que algunos de sus empleados realizan funciones de autoridad (inspección e instrucción de expedientes sancionadores, sobre todo). Pero esa peculiaridad ha sido salvada, como excepción a la regla del artículo 9.2 TREBEP, por la disposición adicional 4.ª del propio TREBEP, que se remite a las leyes de creación de estos organismos. Algunas de estas —en concreto la Ley 3/2013, de 4 de junio, que crea la CNMC— se atienen a las mismas reglas que rigen en la Administración General del Estado en cuanto a la composición de su personal, funcionario o laboral. En otros casos, por el contrario, se dispone que el régimen de personal es laboral.

Otra singularidad es que continúan teniendo la condición de funcionarios los empleados de Correos y Telégrafos que la tuvieran cuando se convirtió en sociedad anónima, en virtud de la Ley 14/2000, de 29 de diciembre. Situación curiosa esta de funcionarios que son empleados de una sociedad anónima, aunque de capital público, y que afecta aún a una parte significativa de los empleados de la misma. El TREBEP, en su artículo 5, ha mantenido expresamente esta especificidad.

Por último, hay que añadir que el denominado «personal estatutario» de los Servicios de Salud, antes considerado un *tertium genus*, entre el personal funcionario y el laboral, se considera hoy personal funcionario, aunque sujeto a un régimen especial. Así lo ratifica el artículo 2.4 TREBEP, según el cual cada vez que el propio Estatuto Básico «haga mención al personal funcionario de carrera se entenderá comprendido el personal estatutario de los Servicios de Salud». Como relación funcionarial especial, la estudiamos más adelante.

III. CLASES DE FUNCIONARIOS DE CARRERA

En este libro trataremos justamente del régimen jurídico del personal funcionario, aunque haremos frecuentes referencias al empleo público laboral, sobre todo cuando se le apliquen las mismas reglas que a los funcionarios. La definición de funcionario ya nos es conocida, pero no puede ocultar que el concepto incluye una gran variedad de personal sometido a vínculo estatutario, una gran parte del cual tiene su propia legislación específica. De esta variedad debemos dar cuenta ahora.

Para empezar, relacionaremos una serie de colectivos profesionales que cuentan con un régimen jurídico propio y a los que no se les aplica la legislación general contenida en el TREBEP, salvo que así se disponga en su legislación específica.

1. Funcionarios de los órganos constitucionales del Estado y estatutarios de las Comunidades Autónomas

Dentro de esta categoría hay que incluir un conjunto de funcionarios que no pertenecen a la Administración *stricto sensu* (aunque a veces sí, pero prestan sus servicios en tales órganos) y que a continuación se relacionan.

A) *Personal de las Cortes Generales y de las Asambleas Legislativas de las Comunidades Autónomas*

El personal de las Cortes Generales se rige por el Estatuto que aprueban conjuntamente las Mesas del Congreso y del Senado, a que se refiere el artículo 72.1 CE. El Estatuto en vigor es de fecha 27 de marzo de 2006, aunque hay alguna modificación puntual posterior. Este Estatuto, por cierto, ha sido considerado por el Tribunal Constitucional (STC 139/1988, de 8 de julio) una norma primaria, directamente vinculada a la Constitución, pero *sui generis*, de manera que tiene rango de ley pero no puede ser modificada por ninguna otra ley, ordinaria u orgánica. No obstante, la Ley Orgánica 1/1985, de 18 de enero, dispuso la aplicación del régimen general de incompatibilidades previsto para los funcionarios del Estado también a aquellos otros y a los empleados públicos de los demás órganos constitucionales del Estado, incluyendo la Administración de Justicia.

Por lo que se refiere a las Asambleas Legislativas de las Comunidades Autónomas, su régimen de personal, normalmente contenido en un estatuto propio, incluye también algunas peculiaridades, pero no generalizadas.

B) *Personal al servicio del Tribunal Constitucional*

Regulado por los artículos 96 a 102 LOTC y el Reglamento de Organización y Personal del Tribunal, de 5 de julio de 1990 (modificado por varios acuerdos posteriores del Pleno del Tribunal) la mayoría de este personal —incluso los Letrados, no obstante la existencia de un cuerpo propio— se compone de funcionarios de distintas administraciones públicas, incluidas las universidades, y de la Administración de Justicia adscritos a sus servicios, sea en situación de servicios especiales [art. 87.1.*a*) TREBEP] o mediante otras fórmulas jurídicas.

C) *Personal al servicio del Consejo General del Poder Judicial*

Regulado por los artículos 621 a 627 LOPJ y por el Reglamento de Personal del Consejo, se trata de funcionarios públicos de distinta procedencia designados por el Pleno del Consejo por concurso de méritos, normalmente con carácter temporal, aunque existe también un cuerpo de Letrados y algunos de sus miembros pueden tener carácter permanente.

D) *Personal al servicio del Defensor del Pueblo y órganos equivalentes de las Comunidades Autónomas*

El personal del Defensor del Pueblo suele proceder también del funcionariado de carrera de la Administración del Estado o de otras, considerado en servicios especiales [art. 35 de la Ley Orgánica del Defensor del Pueblo, y art. 87.1.*d*) TREBEP]. En todo caso se considera personal «al servicio de las Cortes», pero con un régimen especial contenido en el Reglamento de Organización y Funcionamiento de 6 de abril de 1983 (modificado en 21 de abril de 1992).

El personal de los comisionados parlamentarios autonómicos suele ser también de adscripción.

E) *Personal al servicio del Tribunal de Cuentas e instituciones equivalentes de las Comunidades Autónomas*

El régimen del personal del Tribunal de Cuentas se halla regulado por los artículos 88 a 93 de la Ley 7/1988, de 5 de abril, de Funcionamiento de este

otro «en función del nivel de responsabilidad de las funciones a desempeñar (por los funcionarios del cuerpo, como regla general, se entiende) y de las características de las pruebas de acceso» (mayor o menor dificultad). Para acceder a ciertos cuerpos del Subgrupo A1 se exige el título oficial de máster, en la medida en que es habilitante o imprescindible para el ejercicio de ciertas profesiones (ingenierías, arquitectura, etc.; SSTS de 25 y 26 de septiembre de 2019 y de 27 de octubre de 2020; también art. 31.1 de la Ley 4/2021, de la Función Pública Valenciana); pero en otros casos basta un título de grado.

El Grupo B comprende los cuerpos y escalas a los que se puede acceder con el requisito de un título de Técnico Superior, no universitario. El Grupo C se divide en dos Subgrupos: C1, cuando la titulación exigida para el acceso es la de bachiller o técnico, y C2, cuando se exige título de graduado en educación secundaria obligatoria.

Ahora ha desaparecido como norma general el antiguo Grupo E, para el que se exigía un simple certificado de escolaridad. Pero la disposición adicional 6.ª TREBEP permite a cada Administración Pública mantener agrupaciones en las que no se exija para ingresar ningún título académico, sin perjuicio del derecho de estos funcionarios a promocionar a cualquiera de los grupos y subgrupos existentes, cuando reúnan la titulación exigida. En realidad, aunque los miembros del antiguo Grupo E (por lo general, conserjes, porteros y otro personal antiguamente llamado «subalterno») son aún numerosos en algunas administraciones, se trata de una agrupación que tiende a desaparecer como tal, bien por la evolución general del sistema educativo del país, que desde hace mucho califica como obligatoria parte de la enseñanza secundaria, bien por promoción interna, bien por la posibilidad legal de cubrir esos empleos con personal laboral, cosa que ya sucede en no pocos casos.

6. Funcionarios de las Comunidades Autónomas

Cada Comunidad Autónoma tiene su propia función pública, regulada por sus propias leyes y reglamentos, que, lógicamente, cada vez son más numerosos, pues en virtud del proceso de transferencias la administración autonómica se ha venido haciendo más extensa y compleja. De todas formas, la obligación de atenerse a la legislación básica del Estado dota a todo este conjunto de una cierta homogeneidad de régimen jurídico en los aspectos fundamentales. No sólo eso, sino que incluso en lo no básico las primeras leyes reguladoras de la función pública de las Comunidades Autónomas presentaban un acusado mimetismo respecto de la legislación estatal. Paulatinamente, fruto de la experiencia y de la pluralidad de estrategias, las diferencias se van ahondando.

El personal funcionario al servicio de las Comunidades Autónomas puede ser de reclutamiento *propio* o personal *transferido*. Son estos últimos funcionarios del Estado que se han integrado forzosamente en la organización propia de las Comunidades Autónomas en virtud del proceso de transferencia de servicios. Según el artículo 88.2 TREBEP estos funcionarios «se integran plenamente en la organización de la función pública» de las respectivas Comunidades, pero al proceder a su integración debe respetarse el grupo o subgrupo al que pertenezca su cuerpo o escala de procedencia y los derechos económicos inherentes a la posición en la carrera que tengan reconocida. La integración se produce, por lo demás, en términos de igualdad con los demás funcionarios de la Comunidad Autónoma. Y así el propio Tribunal Constitucional ha declarado (SSTC 57/1990, 110/2004 y 55/2009) que no pueden establecerse diferencias retributivas entre el personal transferido y el propio de la Comunidad Autónoma, ni siquiera de manera transitoria. Los funcionarios transferidos se hallan en servicio activo en la función pública autonómica de destino, pero siguen perteneciendo a sus cuerpos o escalas de procedencia en una *situación administrativa especial de servicios en otras administraciones públicas*, lo que les permite mantener el derecho a participar en las convocatorias de provisión de puestos de trabajo que se convoquen en la administración de origen. En cambio, no tienen derecho a la reserva de las plazas que ocupaban en ésta.

Distinto es el caso de los funcionarios del Estado o de la administración local que pasan a prestar servicio voluntariamente en las Comunidades Autónomas, participando en las correspondientes convocatorias de provisión de puestos de trabajo, cuando estén abiertas a unos u otros en virtud de criterios de movilidad. Pero su situación jurídica es hoy la misma que la de los funcionarios transferidos, de acuerdo con el artículo 88 TREBEP. El supuesto no es insólito, habida cuenta de que muchos funcionarios del Estado y locales encuentran mejores retribuciones y oportunidades de carrera en las Comunidades Autónomas.

Las Comunidades Autónomas, por lo demás, tienen plena potestad para reclutar personal de nuevo ingreso y para estructurar su función pública, agrupando a los funcionarios propios en los cuerpos, escalas u otras agrupaciones, con la única limitación de respetar los grupos y subgrupos establecidos en el artículo 76 TREBEP. De hecho en la actualidad, la mayoría de su personal funcionario ha sido ya reclutado mediante pruebas selectivas propias.

7. Personal estatutario de los Servicios de Salud

Entre los funcionarios que hoy están mayoritariamente al servicio de las Comunidades Autónomas o a entidades dependientes o vinculadas a ellas, incluidas las universidades, destacan dos colectivos, tanto por el número de sus componentes como por las peculiaridades de su régimen jurídico, el personal estatutario de los Servicios de Salud y el personal docente. El TREBEP, en su artículo 2.3, reconoce su especialidad, que se concreta en la existencia de estatutos o normas específicas, del Estado y de las Comunidades Autónomas. Más aún, el TREBEP no se aplica a estos funcionarios en lo relativo a su carrera, retribuciones complementarias y movilidad interadministrativa.

De estos colectivos el más singularizado desde hace tiempo en el plano jurídico es el *personal estatutario de los Servicios de Salud*. Este personal se rige casi íntegramente por normas estatutarias propias, de las cuales las que tienen carácter básico están recogidas en un Estatuto Marco para todo este personal, aprobado por Ley 55/2003, de 16 de diciembre. Este Estatuto sienta las bases que permiten mantener una cierta movilidad de todo ese personal (nada fácil en la práctica) en el ámbito del «Sistema Nacional de Salud» y una planificación coordinada, sin perjuicio de los estatutos o normas de desarrollo que pueda aprobar cada Comunidad Autónoma. El RD 184/2015, de 13 de marzo, regula también un catálogo homogéneo de equivalencias de las categorías personales que tiene este personal estatutario en los distintos Servicios de Salud autonómicos, para facilitar la movilidad. En cualquier caso, se trata de empleados públicos que tienen una relación funcionarial especial y no, como se entendía en el pasado, un *tertium genus* entre funcionarios y contratados laborales. Así se reconoce ahora expresamente por el artículo 1 del Estatuto Marco y por el artículo 2.4 TREBEP (véanse sobre ello las SSTC 215/2013, 183/2016 y 20/2017).

Este Estatuto diferencia, por cierto, entre el personal estatutario fijo y otro de carácter temporal, ya sea el interino que ocupa provisionalmente una vacante o el que sustituye al titular en caso de ausencia, u otro denominado personal *eventual*, nombrado para servicios coyunturales o complementarios o bien para garantizar el funcionamiento continuado de los centros sanitarios, que con frecuencia ha venido manteniendo la temporalidad largo tiempo. Esta última situación plantea problemas jurídicos específicos, de los que trataremos más adelante.

8. Personal docente

Por lo que se refiere al personal docente, hay que diferenciar el régimen jurídico del *universitario* y del *no universitario*.

El de los docentes de las universidades públicas se regula en el Capítulo IV del Título IX de la Ley Orgánica 2/2023, de 22 de marzo, del Sistema Universitario (LOSU) y en sus disposiciones de desarrollo, que son hoy en día varias, a la espera de que se presente un proyecto de ley sobre el estatuto de este personal docente e investigador, anunciado por la disposición final 10.ª de la propia LOSU. Este personal docente e investigador se integra en dos grupos, los cuerpos docentes universitarios y el personal contratado. El profesorado funcionario debe ser mayoritario en cada universidad (art. 64.3 LOSU), aunque esta norma no se ha respetado hasta ahora en todas las universidades públicas. Los miembros de los cuerpos docentes —Catedráticos de Universidad y Profesores Titulares de Universidad— acceden a los mismos mediante un procedimiento de acreditación, que corresponde realizar a una Agencia Nacional de Evaluación de la Calidad y Acreditación (ANECA) o, por convenio con ésta, a las agencias de calidad autonómicas (art. 69 LOSU). Tras de lo cual son seleccionados por cada universidad mediante un concurso, ya sea de acceso o de movilidad, en convocatoria pública (arts. 71 y 72 LOSU). Dicha selección por la propia universidad que oferta la plaza favorece las fuertes tendencias endogámicas presentes desde siempre en el ámbito universitario, en detrimento de una real concurrencia; deriva ésta que también respalda el artículo 71.2 LOSU, que consolida la práctica de procedimientos de promoción interna para el acceso a las cátedras, entre profesores titulares. Se trata, en todo caso, de cuerpos estatales, aunque las universidades públicas, salvo la UNED y la UIPM, dependen hoy de las Comunidades Autónomas, y así se ratificó por STC 26/1987.

Los profesores contratados lo son por cada universidad directamente y en régimen laboral, normalmente mediante concurso, y pueden ser fijos o temporales, a tiempo completo o parcial, según las modalidades de contratación previstas en la misma ley orgánica: profesores ayudantes doctores, profesores permanentes laborales, profesores asociados, sustitutos, eméritos, visitantes y distinguidos. También pueden las universidades contratar personal investigador, en los términos previstos en la Ley 14/2011, de 1 de junio.

El profesorado universitario goza, asimismo, de algunas especialidades de régimen retributivo, vinculadas a sus méritos docentes, de investigación o de gestión, se somete a evaluación a tales efectos y puede también celebrar contratos con personas públicas o privadas para la realización de trabajos de carácter científico, tecnológico, humanístico o artístico y para el desarrollo de actividades específicas de formación, previa autorización de su universidad (art. 60 LOSU).

Por lo que se refiere al personal docente no universitario, las bases de su régimen jurídico específico se contienen en las disposiciones adicionales 6.ª a 13.ª de la Ley Orgánica 2/2006, de 3 de mayo, de Educación (LOE) modificada por la Ley Orgánica 3/2020, de 29 de diciembre. Las mayores especialidades, además de la clasificación en cuerpos, que tiene carácter básico y no puede ser alterada por el legislador autonómico (STC 51/2019), se refieren en este caso al acceso por concurso-oposición como regla general, a la movilidad entre Comunidades Autónomas y a los sistemas de provisión de puestos de trabajo. Asimismo, se está a la espera de la aprobación de un estatuto de este personal docente, que se demora por falta de consenso, aunque resulta imprescindible para mejorar los procedimientos de selección y evaluación y, por tanto, la calidad de la función pública docente.

También existe una regulación diferenciada del *personal investigador* al servicio de las universidades o de otros organismos públicos de investigación (CSIC, etc.). Las categorías y peculiaridades de este personal se regulan hoy en la Ley 14/2011, de 1 de junio, de la Ciencia, la Tecnología y la Innovación, modificada por el Real Decreto-ley 8/2022, de 5 de abril, y en sus disposiciones de desarrollo.

9. Funcionarios de la administración local

Estos funcionarios, a los que también es aplicable la legislación básica del Estado sobre la función pública contenida en el TREBEP (art. 3 del mismo), tienen además una regulación general propia y, asimismo, básica, en el Título VII de la LBRL y en el Texto Refundido de las disposiciones legales vigentes en materia de régimen local, aprobado por Real Decreto Legislativo 781/1986, de 18 de abril (TRRL), algunos de cuyos preceptos sobre función pública tienen también carácter básico, de acuerdo con la STC 385/1993, de 23 de diciembre. Por lo demás y con necesario respeto a la autonomía local, se les aplica en parte la legislación de la función pública de su respectiva Comunidad Autónoma, a la que se remite en algunos aspectos la legislación del Estado y, de conformidad con todo ello, se rigen también por normas propias de cada corporación.

Dentro de este personal destaca el grupo de los *funcionarios de la administración local con habilitación de carácter nacional*, que son los Secretarios, Interventores y Tesoreros, cuyo régimen básico se encuentra hoy en el artículo 92 bis LBRL, incorporado por la LRSAL en 2013. Esta norma deroga la disposición adicional 2.ª EBEP y vuelve a atribuir a la Administración del Estado, como en el pasado, la competencia para seleccionar a estos funcionarios, otorgándoles una habilitación nacional, lo que les permite participar en los concursos de méritos que convoquen las entidades locales en todo el territorio del Estado para cubrir los puestos de trabajo reservados a ellos. Las bases de estos concursos ordinarios de provisión de puestos se regulan, no obstante, por la propia Administración del Estado, que establece hasta el 80 por 100 de los méritos del baremo aplicable en los concursos (el 15 por 100 lo determina cada Comunidad Autónoma y solo el 5 por 100 la entidad local que convoca el concurso) y que, asimismo, puede convocar un concurso unitario anual, con carácter supletorio. La Ley 10/1993, de 21 de abril, permitió que estos puestos se cubrieran por libre designación de las corporaciones locales en las más importantes de ellas (hoy las diputaciones provinciales, áreas metropolitanas, cabildos y consejos insulares —sobre la necesidad de que estos últimos cuenten con este tipo de funcionarios, véase la STC 132/2012, de 19 de junio— y los municipios de gran población) entre funcionarios con habilitación nacional estatal, y así se mantiene hoy por el artículo 92 bis LBRL, aunque resulta fuertemente contradictorio con las funciones de control y fe pública que realizan estos funcionarios y con las estrictas garantías de imparcialidad que es preciso acordarles. No obstante, como se dirá (capítulo VII), la STC 235/2000 declaró la constitucionalidad del sistema de libre designación establecido por la Ley 10/1993. Al menos ahora el nombramiento por libre designación de los Interventores y Tesoreros debe ser autorizado por la Administración del Estado, que también debe informar preceptivamente el cese de los que hubieran sido nombrados por libre designación. La posibilidad abierta por la Ley 42/1994, de 30 de diciembre (art. 64) de nombrar a estos funcionarios con carácter interino, aunque explicable en los casos de necesidad o urgencia para los que se prevé, y la posibilidad de nombramientos provisionales y accidentales también ha dado lugar a abusos y de ahí que el Real Decreto-ley 8/2010 estableciera algunos límites. Este tipo de nombramientos —de interinos, provisionales y accidentales— corresponde ahora a las Comunidades Autónomas (art. 92 bis.7 LBRL). Hay que tener en cuenta que este grupo de funcionarios nació hace más de un siglo para controlar desde dentro la legalidad de la actuación de los electos locales —no sobrada de controles de legalidad precisamente—, función que requiere una sólida garantía de ejercicio independiente, responsable y eficaz. Sin embargo, el predominio de los intereses de los partidos políticos y sus bases locales ha reducido en algunos aspectos esas garantías y dificulta en la práctica las tareas de control. El régimen jurídico de estos funcionarios con habilitación nacional se desarrolla actualmente por el RD 128/2018, de 16 de marzo.

El resto de los funcionarios locales —ya se ha dicho, por otra parte, que hoy en día un alto porcentaje del personal de estas administraciones es contratado laboral—, pertenecen a cada corporación y se clasifican, respetando los grupos de titulación del artículo 76 TREBEP en las escalas, subescalas, clases y categorías que se establezcan en las correspondientes plantillas y relaciones de puestos de trabajo. Según el artículo 167 TRRL se ordenan en una Escala de Administración General, dividida en subescalas Técnica, Administrativa, Auxiliar y Subalterna, y en una Escala de Administración Especial, dividida en subescalas Técnica y de Servicios Especiales. La Ley 53/2002, de 30 de diciembre, en su artículo 59.2, estableció el carácter básico de este precepto, lo que parece notoriamente excesivo, dada la diversidad de necesidades organizativas de los municipios y otras entidades locales. Como también se ha dicho, cabe subrayar el régimen jurídico especial de los miembros de la Policía Local, en parte regulado por la legislación estatal y autonómica sobre la materia (Ley Orgánica de Fuerzas y Cuerpos de Seguridad y leyes de coordinación de policías locales de cada Comunidad Autónoma).

La movilidad interadministrativa, aunque posible, es escasa en la práctica, pues raramente las corporaciones locales renuncian a seleccionar su propio y exclusivo personal. Pero esta circunstancia limita el horizonte profesional del funcionario local e, indirectamente, puede constreñir su independencia, al tiempo que de alguna manera repercute en la profesionalidad y calidad del empleo público local. De hecho, el sistema de la función pública local es más de empleo que de carrera y, aunque no se puede generalizar, la tentación clientelista es más fuerte en esta instancia tan próxima a la ciudadanía. Para superar estos problemas sería conveniente, entre otras cosas, recuperar una concepción de conjunto de la función pública local (como existe en Francia, por ejemplo) y facilitar la movilidad, en su caso, mediante la creación de escalas de funcionarios con habilitación autonómica, la homogeneización de las pruebas de selección en cada Comunidad Autónoma o, al menos, la superación de cursos de formación en las respectivas Escuelas de Administración Pública. Aunque algunas medidas se vienen adoptando en este sentido (por ejemplo, en las leyes autonómicas de coordinación de policías locales), la defensa a ultranza de la autonomía local —es decir, de sus parcelas de poder— por los miembros de las corporaciones locales y sus asociaciones representativas hace difícil que se avance en esta dirección.

10. Funcionarios retribuidos por arancel

Al margen de la organización administrativa o pública hay que incluir, sin embargo, a estos otros funcionarios. Son, en realidad, profesionales que ejercen ciertas funciones públicas mediante su propia organización privada y que perciben honorarios de los ciudadanos a los que prestan sus servicios, con sujeción a un arancel o precio regulado. Ingresan en dichas funciones por oposición, puesto que existe un número de plazas limitadas, y se rigen por un estatuto público en su mayor parte. Sin embargo, desempeñan sus funciones a la manera de un profesional libre. Son los Notarios (cuerpo en el que se han integrado los Corredores de Comercio Colegiados, en virtud de la Ley 55/1999, de 29 de diciembre) y los Registradores de la Propiedad y Mercantiles. En virtud de ello, no se les aplica el TREBEP [art. 4.*f*) del mismo].

IV. FUNCIONARIOS INTERINOS

El artículo 8.2 TREBEP diferencia de los funcionarios de carrera a los funcionarios interinos. Son éstos los que «por razones expresamente justificadas de necesidad y urgencia son nombrados como tales con carácter temporal para el desempeño de funciones propias de funcionarios de carrera» (art. 10.1 TREBEP). Los rasgos característicos de esta clase de personal son, pues, la *provisionalidad* o transitoriedad de la relación de servicio, pues se trata de cubrir una necesidad transitoria de la Administración, y que los puestos de trabajo que se han de desempeñar son propios de funcionarios, por lo que no pueden cubrirse mediante contratos de trabajo temporales. Con esta caracterización, la figura del personal interino está contemplada desde hace mucho tiempo en nuestra legislación, al igual que en otras.

Las circunstancias en que puede nombrarse personal interino, según el artículo 10.2 TREBEP, son cuatro, exclusivamente, y ello siempre que además concurran las mencionadas razones justificadas de necesidad o urgencia: *a*) cuando existan plazas vacantes y no sea posible su cobertura por funcionarios de carrera (*interino por vacante*); *b*) en sustitución transitoria del titular de un puesto de trabajo, ausente temporalmente por cualquier causa (servicios especiales, excedencia con derecho a reserva del puesto de trabajo, baja médica, ciertos permisos o licencias e inclusive por vacaciones o dedicación exclusiva a tareas sindicales; *interino por sustitución*); *c*) ejecución de programas de carácter temporal, que no pueden tener una duración superior a tres años, ampliable en otros doce meses por las leyes de desarrollo del TREBEP (*interino por programa*); *d*) el exceso o acumulación de tareas extraordinario —las «puntas de actividad»—, supuesto en que puede nombrarse este personal por un plazo máximo de nueve meses, dentro de un período de dieciocho meses (*interino de refuerzo*). Los jueces y tribunales pueden contrastar la concurrencia real de estas causas de nombramiento y también la necesidad y urgencia del nombramiento de interinos, que debe quedar justificada (véase la STS de 8 de febrero de 2007, que anula una convocatoria de plazas de interino por no justificarse la urgencia, a la luz de las circunstancias).

Como ya anticipó el RGIPP en 1995 (art. 27), la legislación vigente dispone que la selección del personal interino se efectuará mediante procedimientos que respetarán en todo caso los principios de igualdad, mérito y capacidad, publicidad y celeridad, con la finalidad de la *cobertura inmediata* del puesto (art. 10.2 TREBEP). Además, y aunque el TREBEP no lo dice, el nombramiento de interino no puede recaer en cualquiera, sino en quien reúna las condiciones y competencias exigidas para el desempeño del puesto de trabajo de que se trate (art. 27.2 RGIPP y legislación autonómica concordante). Pero para la selección de personal interino no se requiere crear previamente nuevas plazas a través de la oferta de empleo público, los procedimientos son menos formales que los de acceso a la función pública de carrera e incluso en no pocas ocasiones se resuelven con amplios márgenes de discrecionalidad. Eso no quiere decir que no exista ninguna regulación al respecto. Al contrario, la hay en las administraciones más importantes. Es habitual, por ejemplo, que la selección de interinos se efectúe previa inclusión de los interesados en una *bolsa de espera*, que se forma normalmente teniendo en cuenta las listas de puntuación, por orden decreciente, de quienes no llegaron a aprobar las últimas oposiciones o concursos para los mismos cuerpos, si no son lejanos en el tiempo, y así lo establecen incluso algunas leyes autonómicas de función pública. Abundaremos sobre ello en el capítulo V. Ahora bien, no existe una regulación básica mínima de esas *bolsas de espera*, pues la Ley 20/2021, de 28 de diciembre (disp. adic. 4.ª) se limita a prever que puedan crearse y que se puedan integrar en ellas quienes no hayan superado un proceso selectivo en el que participaron, pero al menos obtuvieron la puntuación que la convocatoria considerara suficiente a tales efectos. Tampoco existe normativa básica sobre otros procedimientos alternativos para el nombramiento de interinos y las leyes de desarrollo del TREBEP tampoco suelen dedicar a ello preceptos detallados, cuando los incluyen. En consecuencia, los criterios de formación de dichas bolsas y las reglas de preferencia para los nombramientos se aprueban por cada administración o entidad pública mediante normas de inferior rango, previa negociación con los sindicatos, y en no pocas ocasiones contienen reglas ambiguas que permiten desplazar en la práctica los principios de mérito y capacidad, facilitan el favoritismo en la selección e incluso permiten nombrar personal sin contrastar mínimamente su capacidad. Hasta se han producido a veces situaciones anómalas de nombramiento de interinos sin existencia previa de una plaza vacante.

Sucede, por otra parte, que en no pocas administraciones se ha abusado del nombramiento y utilización del personal interino. Este hecho podría explicarse históricamente por la conveniencia de la Administración de cubrir parte de sus necesidades con trabajadores en precario, que hasta el EBEP eran menos costosos que los funcionarios de carrera —el interino percibía la misma retribución que éstos menos los trienios y complementos vinculados a la condición de funcionario— y de los que además podía prescindirse en cualquier momento sin indemnización, en función de las circunstancias. También ha influido en ello —y más en épocas recientes— la imposibilidad legal de reponer todas las vacantes con nuevo personal fijo, al estar prohibido por las leyes de presupuestos, para controlar el déficit público. Pero la razón más frecuente y determinante es que ese tipo de personal es de selección mucho más rápida y sencilla que el funcionario de carrera.

No obstante, el problema esencial es que una parte significativa de este personal interino se mantiene durante mucho tiempo en esa condición, pues no se convocan o tardan en convocarse los procesos de selección para cubrir las plazas correspondientes mediante funcionarios de carrera, lo que pone en duda la supuesta urgencia y provisionalidad que justifica su nombramiento, o bien se prolonga éste artificialmente de diversas maneras. En consecuencia, ha venido creciendo casi sin parar el volumen de personal interino, sobre todo, en determinadas áreas (por ejemplo, el personal docente y sanitario) y en algunas administraciones (casi todas las Comunidades Autónomas y algunas grandes corporaciones locales y universidades), que a veces se aproxima o incluso supera en ellas el 30 por 100 de los efectivos. Y todo ello genera muchas veces relaciones de interinidad de *larga duración*, como las define hoy la jurisprudencia (SSTC 240/1999 y 203/2000, SSTS de 30 de junio de 2014 y 8 de marzo de 2017, entre otras), que en no pocos casos deben calificarse de abusivas, en ausencia de toda justificación objetiva.

Esta proliferación de personal interino ha planteado no pocos problemas. Unos subjetivos, comunes a los de todo trabajador en precario, que son los propios de la inestabilidad en el empleo. Otros objetivos, ya que este personal interino puede no gozar, por su precariedad, de las mismas garantías de independencia propias del funcionario de carrera, lo que constituye una limitación importante en ciertos niveles y puestos de la función pública (no así en otros). Pero, sobre todo, constituye una especie de *tapón*, que dificulta o bloquea el acceso a la función pública mediante procedimientos selectivos abiertos y ordinarios. En efecto, la Administración duda con frecuencia en convocar estos procedimientos, puesto que su resolución puede significar el cese del personal interino que ya trabaja a su servicio. O bien, como es cada vez más frecuente, prefiere cubrir las plazas de personal fijo mediante fórmulas de concurso-oposición, en las que se reconoce de entrada una alta puntuación a los interinos por los servicios prestados, lo que restringe severamente la competencia y las oportunidades de otros candidatos (véase *infra*, capítulo V). Más aun, la Administración asume de vez en cuando con los sindicatos compromisos de reducción sustancial de la *tasa de temporalidad* en el empleo público (de hecho en 2017 se pactó con el Gobierno reconducirla a un máximo del 8 por 100 de todo el personal en 2020, objetivo irreal e incumplido), lo que suele traducirse en procedimientos masivos de *estabilización* de este tipo de personal, que habitualmente se articulan a través de concursos-oposición o procedimientos similares denominados de *consolidación de empleo temporal* (disp. trans. 4.ª TREBEP), formalmente abiertos a cualquier candidato, pero en los que quien viene desempeñándose como interino tiene todas las de ganar.

Sobre esta situación vino a incidir la jurisprudencia del Tribunal de Justicia de la Unión Europea, en aplicación del Acuerdo Marco de las organizaciones sindicales y empresariales europeas sobre el trabajo de duración determinada, que se incluye como anexo de la Directiva 1999/70/CE, del Consejo, de 28 de junio de 1999, puesto que, entre otras cosas, dicho Acuerdo pretende combatir el abuso de las relaciones de empleo temporales, tanto en el ámbito privado como en el público. A este respecto, el TJUE ha declarado que no es conforme al derecho europeo la prórroga o renovación indefinida de los nombramientos de personal interino o temporal para cubrir necesidades de naturaleza estable o permanente (dos SSTJUE de 14 de septiembre de 2016, casos *Martínez Andrés y Castrejana López y Pérez López*, y otra de 19 de marzo de 2020, *Sánchez Ruiz y Fernández Álvarez*), por lo que los Estados deben establecer medidas efectivas y disuasorias para impedir ese tipo de abusos. Sin embargo, eso no supone que deba acordarse la necesaria y automática conversión del personal interino en funcionario de carrera por el mero transcurso del tiempo, algo que en nuestro caso sería incompatible con los principios constitucionales de mérito, capacidad e igualdad en el acceso a la función pública (SSTS de 25 de febrero y 3 de marzo de 2025, entre otras, aplicando el criterio de la STJUE de 13 de junio de 2024, *KT*, *HM* y *VC*). Tampoco exige la citada Directiva que el cese de un funcionario interino, aunque se haya mantenido muchos años en el cargo, comporte siempre un derecho a indemnización (STJUE de 22 de enero de 2020, *Baldonedo Martín*, y conforme a ella SSTS de 28 de mayo, 21 de julio y 24 de septiembre de 2020 y otras posteriores).

En cualquier caso, la situación a la que se ha llegado en nuestro país por el abuso de la interinidad en el empleo público requería una solución legal urgente, que sólo podía pasar por poner fecha de caducidad a los nombramientos de interinos por vacante, organizando los procedimientos necesarios para cubrir las plazas con personal fijo, y exigir responsabilidades a quienes prolonguen ilegalmente el servicio del personal interino. Eso es lo que ha venido a establecer, en sustancia, el Real Decreto-ley 14/2021, de 6 de julio, convertido después en Ley 20/2021, de 28 de diciembre, de medidas urgentes para la reducción de la temporalidad en el empleo público.

El cese de los funcionarios interinos se ha de producir cuando finalice la causa que dio lugar al nombramiento —precisamente por esa concreta razón y no por otra cualquiera (SSTS de 24 de septiembre de 2019 y 20 de enero de 2020)—, aparte de por las causas generales de extinción de la relación de servicio de los funcionarios de carrera (renuncia, jubilación, sanción disciplinaria, etc.) (art. 63 TREBEP) y hay que entender que también procede cuando deja de existir la situación de necesidad que justifica el nombramiento, o si se constata la falta de titulación del designado para cubrir una plaza (STS de 8 de junio de 2020). Pero no se les puede cesar sobre la base de una supuesta falta de capacidad o rendimiento insuficiente (STS de 21 de noviembre de 2017), ni por simples razones económicas u organizativas, si con ello se incurre en desviación de poder o vulneración de algún derecho fundamental (STC 20/2001).

En el caso de nombramiento de interino para ocupar una vacante, se establece que tales vacantes deberán ser objeto de cobertura mediante los mecanismos legales de provisión o movilidad. Ahora, tras la reforma introducida por la citada Ley 20/2021, el personal interino cesa automáticamente a los *tres años* desde su nombramiento, salvo que haya una convocatoria en tramitación para cubrir la plaza, pudiendo mantener entonces el puesto hasta que se resuelva la convocatoria. Excepción esta última peligrosa, pues a veces la tramitación de los procedimientos de selección se eterniza, de manera artificial. Además, si el proceso selectivo queda desierto, se podrá efectuar otro nombramiento de interino (art. 10.4 TREBEP). También hay que tener en cuenta que las vacantes ocupadas por interinos pueden ser amortizadas, ya que su inclusión en la oferta de empleo público está condicionada a que ello no esté impedido por los límites a la reposición de efectivos establecidos por las leyes de presupuestos generales del Estado (SSTS de 2 de diciembre de 2015, 21 de abril y 25 de septiembre de 2017).

En garantía del cumplimiento de estas reglas, la disposición adicional 17.ª del TREBEP (ap. 3) establece ahora que son nulos de pleno derecho los pactos, acuerdos, disposiciones o medidas de cualquier clase que supongan directa o indirectamente incumplir los plazos máximos de permanencia como personal interino o temporal.

Por otra parte, se ha previsto en la misma disposición (ap. 4) una compensación de veinte días de retribuciones fijas por año de servicio, con un máximo de doce mensualidades, en caso de cese de un interino, cuando se haya incumplido el plazo máximo de permanencia, salvo que la relación finalice por causa disciplinaria o renuncia. El derecho a dicha compensación nace a partir de la fecha del cese efectivo.

En fin, la Comisión que preparó el EBEP recomendó que se estableciera en la Ley que las actuaciones irregulares en esta materia darán lugar a la exigencia de responsabilidades a quienes las cometan, tal como sucede en otros ordenamientos (sobre la solución italiana, véase la STJUE de 7 de marzo de 2018, *Santoro*). Pero la Ley 20/2021 se ha limitado a incluir que dichas responsabilidades serían las que procedan «de conformidad con la normativa vigente en cada una de las administraciones públicas» (disp. adic. 17.ª2 TREBEP). Esta referencia es absolutamente imprecisa e inoperante, tanto que el TJUE la considera expresamente como una medida ineficaz (STJUE de 22 de febrero de 2024, *MP, IP e IK*).

La reforma que ha concretado la Ley 20/2021, con el objetivo de reducir la temporalidad, se completa con la regulación de nuevos procesos excepcionales de estabilización de empleo precario, consistentes en la convocatoria masiva de plazas ocupadas por interinos y otro personal temporal de manera ininterrumpida durante al menos tres años, que se suman a las ya previstas por las leyes de presupuestos de 2017 y 2018. Dichos procedimientos han de tramitarse en general por el sistema de concurso-oposición, valorándose primordialmente en la fase de concurso, que no puede alcanzar más del 40 por 100 de la puntuación toral, los méritos contraídos en el ejercicio de las funciones como personal temporal. En virtud de negociación colectiva se puede estipular que la fase de oposición de dichos procedimientos tenga carácter no eliminatorio. Además, la referida Ley permite también que puedan organizarse algunos procesos a través de un simple concurso de méritos, en el caso de las plazas ocupadas temporalmente sin interrupción con anterioridad al 1 de enero de 2016, esto es, las de los denominados interinos de larga duración. Esta modalidad, que no requiere aprobar ninguna prueba de conocimiento, limita gravemente las posibilidades reales de otros candidatos interesados, por lo que suscita bastantes dudas de inconstitucionalidad, como más adelante diremos (véase *infra,* capítulo V). Pero el Tribunal Supremo ha optado por no plantear cuestión de inconstitucionalidad en esta materia, priorizando la lucha contra la precariedad en el empleo público en razón de la situación excepcional que se pretende corregir con la citada Ley y la necesidad de cumplir la legislación europea (SSTS de 30 de noviembre de 2023, 15 de febrero de 2024 y 3 de diciembre de 2024, entre otras). Sí la ha planteado, en cambio, algún Tribunal Superior de Justicia.

Por lo demás, al funcionario interino se le aplican las normas correspondientes a los funcionarios de carrera que sean compatibles o adecuadas a su condición (art. 10.5 TREBEP). En consecuencia, goza de la mayoría de los derechos de los funcionarios de carrera, salvo el derecho a la inamovilidad. Sin embargo, esto no siempre ha sido así. En la actualidad, de la citada Directiva 1999/70/CE y la jurisprudencia del TJUE y de nuestros tribunales que la interpreta se deduce que no cabe ningún tipo de discriminación en las condiciones de trabajo del personal interino, frente a los funcionarios de carrera, que se base en el carácter temporal de la relación. Ello ha llevado a reconocer en favor de los funcionarios interinos, entre otros derechos, el de percibir los trienios y demás retribuciones de los funcionarios vinculadas a la antigüedad (SSTJUE de 13 de septiembre de 2007, *Del Cerro Alonso*, y de 22 de diciembre de 2010, *Gavieiro Gavieiro e Iglesias Torres*), así como el derecho al mismo régimen de jornada que sea aplicable a los funcionarios de carrera (STJUE de 9 de febrero de 2017, *Rodrigo Sanz*, STC 22/2018), y a disfrutar de algunas situaciones administrativas con reserva del puesto (STJUE de 20 de diciembre de 2017, *Vega González*; SSTC 240/1999 y 203/2000, STS de 21 de diciembre de 2016, etc.).

Inclusive la jurisprudencia europea (Autos del TJUE de 21 de septiembre de 2016, *Álvarez Santirso*, y de 22 de marzo de 2018, *Centeno*) e interna (SSTS de 30 de junio de 2014, 8 de marzo de 2017, 18 de diciembre de 2018, 25 de febrero y 6 de marzo de 2019, 18 de febrero de 2020, etc.) ha reconocido a los funcionarios interinos *de larga duración* su derecho a la progresión en la carrera, en términos equivalentes a los que en cada caso se regulen para el resto de los funcionarios. Y lo mismo se aplica al personal estatutario de los Servicios de Salud denominado «eventual» (SSTS de 13 de julio de 2021 y 25 de febrero de 2022). Viceversa, el funcionario interino tiene los mismos deberes, obligaciones e incompatibilidades que los funcionarios de carrera y se sujeta al mismo régimen disciplinario. Sobre todo ello volveremos en capítulos posteriores.

V. PERSONAL EVENTUAL

El personal eventual es el que «en virtud de nombramiento —no de contrato— y con carácter no permanente sólo realiza funciones expresamente calificadas como *de confianza o asesoramiento especial*, siendo retribuido con cargo a los créditos presupuestarios consignados para este fin» (art. 12.1 TREBEP). Este tipo de personal existe en todos los niveles territoriales de gobierno (y en cualquier país) y su número ha ido creciendo en el nuestro paulatinamente. De hecho, en algunas épocas y administraciones —el caso de ciertas entidades locales es paradigmático— se ha abusado y aún se abusa de este tipo de nombramientos, sin causa aparente. Más aún desde que el TRRL de 1986 permitió cubrir con este tipo de personal de confianza determinados puestos de carácter directivo en las entidades locales (para los que con alguna frecuencia se nombra a políticos que no han resultado elegidos).

El TREBEP intenta ceñir la regulación de esta clase de personal, con la teórica intención de evitar tales abusos, pero sin garantías precisas para lograrlo. Así, reserva a las leyes de función pública de desarrollo del propio EBEP la determinación de los órganos de gobierno de las administraciones públicas —sólo los órganos de gobierno y no otros— que pueden disponer de este tipo de personal (art. 12.2). Si bien su número máximo debe establecerse por los propios órganos de gobierno —en el caso de las corporaciones locales por el Pleno (art. 104.1 LBRL)—, en el marco de los créditos presupuestarios destinados a ello. Dicho número y las retribuciones de este personal son públicos. La Ley 27/2013, de 27 de diciembre, de Racionalización y Sostenibilidad de la Administración Local (LRSAL) ha introducido un artículo 104 bis en la LBRL, que establece límites generales al número de puestos de personal eventual de que pueden disponer las corporaciones locales. Ese número varía en función de la población del municipio: desde un solo puesto en los municipios entre 2.500 y 5.000 habitantes (ninguno en los de menor población) hasta un número igual al de concejales en los ayuntamientos de municipios entre 75.000 y 500.000 habitantes y no superior al 0,7 por 100 del total de la plantilla en municipios de más de 500.000 habitantes. En el caso de las diputaciones provinciales, cabildos y consejos insulares también se puede nombrar personal eventual: en número no superior al que se pueda nombrar en el municipio de mayor población de la provincia, tratándose de las diputaciones; en número no superior al 60 por 100 de miembros electos del cabildo o consejo insular, salvo en las islas de más de 800.000 habitantes, en que pueden nombrarse hasta dos menos que el número de miembros electos del cabildo. Son aun puestos excesivos, que se han fijado teniendo en cuenta los que ya existían en las mayores entidades locales. Añadió el artículo 104 bis de la LBRL que el resto de las entidades locales (mancomunidades, comarcas...) y los organismos autónomos que dependan de ellas no pueden incluir en sus plantillas puestos de trabajo de cobertura por personal eventual y que éste solo puede asignarse, donde existían, a los «servicios generales» de las correspondientes corporaciones. Pero estos últimos límites han sido declarados inconstitucionales por STC 54/2017, por vulneración del principio de autonomía local. Al menos es obligatorio publicar semestralmente el número de puestos reservados a personal eventual y que el presidente de la corporación informe trimestralmente al Pleno sobre ello.

En otras administraciones, semejantes límites cuantitativos se regulan por normas de inferior rango (véase el Real Decreto 139/2020, de 28 de enero, para la Administración General del Estado, que establece criterios no precisamente restrictivos). Típicamente este personal se halla en los gabinetes de la Presidencia

personal directivo profesional, siempre subordinados a los máximos órganos de dirección (presidencia, consejo), estos últimos compuestos de personal de nombramiento político. Algo semejante se prevé para las agencias estatales por el artículo 108 quáter, apartado 10, de la LRJSP, antes citado. El RD 451/2012, de 5 de marzo, estableció por su parte límites estrictos al número de directivos que pueden nombrarse en las entidades del sector público estatal.

Más recientemente, el Real Decreto-ley 6/2023, de 19 de diciembre, aprobado en el marco de los compromisos asumidos con la Unión Europea, ha regulado por fin un régimen específico para el personal directivo público profesional (arts. 123 a 127). Pero limita su aplicación a los titulares de las subdirecciones generales y de los órganos asimilados en el ámbito de la Administración periférica, más aquellos que dispongan los estatutos de los entes del sector público institucional. Es decir, se restringe esa regulación a los cargos directivos de segundo nivel. Tales cargos deben figurar en un repertorio de puestos de trabajo de naturaleza directiva, en el que deben determinarse los requisitos exigidos para su desempeño. Para ser nombrado se requiere ser funcionario del subgrupo A1 de cualquier Administración, salvo en el caso de los directivos de los entes del sector público, que deben tener el mismo nivel de titulación académica, pero pueden ser contratados. Además, deben contar con experiencia y antigüedad suficientes y la formación requerida en función del perfil del puesto. Esta regulación hace especial hincapié en esa formación directiva, que puede ser obligatoria, a cuyo efecto se ha creado dentro del INAP una Escuela de Alta Dirección Pública. El nombramiento tiene lugar a través de un procedimiento de libre designación muy ágil, en convocatoria pública, que debe incluir los requisitos y competencias a valorar (véase la Orden TDF 379/2024, de 26 de abril). Dicho nombramiento tiene una duración máxima de cinco años, renovable por períodos iguales. Durante su vigencia procede el cese solo a petición propia, evaluación negativa, supresión o modificación del puesto, separación del servicio o despido disciplinario, pérdida de los requisitos necesarios o, excepcionalmente, por pérdida de la confianza.

Por lo que se refiere a las Comunidades Autónomas, la situación es la que sigue. En prácticamente todas ellas los cargos de director general y asimilados y la dirección de organismos y entes públicos de todo tipo se designan por estrictos criterios de confianza y, por cierto, con un alto grado de politización real, esto es, de nombramientos que recaen en miembros de los partidos gobernantes. Las primeras leyes autonómicas de desarrollo del EBEP (por ejemplo, la Ley 4/2011, de Castilla-La Mancha, desarrollada al efecto por Decreto 215/2019, de 30 de julio), se refieren a la figura del directivo público profesional de manera muy general y sin establecer una reserva de puestos para este grupo de personal, o reservando a funcionarios públicos sólo algunos de ellos (por ejemplo, la Ley 17/2011, de Andalucía, de modificación de la Ley de la Administración de la Junta de Andalucía, ya derogada). Pero la legislación más reciente introduce ya una regulación más completa de los directivos públicos, en la línea establecida por el EBEP, aunque refiriéndola también a cargos directivos de segundo nivel (subdirectores generales y asimilados). Es el caso de la Ley 7/2014, de 17 de julio, de Asturias, de medidas en materia de función pública y organización administrativa, hoy sustituida por el artículo 10 de la Ley 2/2023, de 15 de marzo, de Empleo Público; y es también el caso de la Ley 13/2015, de 8 de abril, de Función

Pública de Extremadura, y de la Ley 2/2015, de 29 de abril, de Empleo Público de Galicia, la última de las cuales pretende, por cierto, crear una especie de carrera directiva, que no se ha desarrollado hasta ahora. También incorpora una regulación del personal directivo, en sintonía con el TREBEP, la Ley 2/2018, de 30 de enero, de La Rioja, hoy modificada por la Ley 9/2023, de 5 de mayo, de Función Pública de esa Comunidad Autónoma. Y, en fin, hay que destacar la regulación más detallada de la Ley 4/2021, de 16 de abril, de la Función Pública Valenciana (arts. 21 a 27); de la Ley 11/2022, de 1 de diciembre, de Empleo Público Vasco (arts. 31 a 39) y de la Ley 5/2023, de 7 de junio, de Función Pública de Andalucía (arts. 19 a 27). Esta última, por cierto, incluye algunos puestos de dirección general de perfil técnico entre los de directivos profesionales y prevé la intervención de una Comisión especializada en el procedimiento de designación, vagamente inspirada en la portuguesa. Pero hasta el momento no ha sido objeto de aplicación.

La orientación de la LOFAGE —que ahora recoge la LRJSP— se plasmó también en las disposiciones de la Ley 57/2003, de 16 de noviembre, de modernización del gobierno local, relativas a los órganos directivos de los municipios de gran población, y por la Ley 27/2013 (LRSAL). En virtud de estas reformas legales, los artículos 32 bis y 130.3 LBRL disponen que en las diputaciones provinciales, cabildos y consejos insulares y municipios de gran población, determinados puestos de personal directivo (directores generales y coordinadores de área) deben proveerse entre funcionarios de nivel superior, salvo que el respectivo reglamento orgánico establezca alguna excepción, por razones justificadas, y en todo caso sobre la base de criterios de competencia profesional y experiencia. Algunas previsiones al respecto se contemplan también en la legislación especial de los Municipios de Madrid (Ley 22/2006, de 4 de julio) y Barcelona (Carta Municipal aprobada por Ley del Parlamento de Cataluña 22/1998, de 30 de diciembre). Sin embargo, en el resto de entidades locales sigue siendo posible cubrir los puestos de funciones directivas con personal eventual, es decir, de mera confianza política, conforme al artículo 176.3 TRRL, aunque dentro de los límites cuantitativos previstos por el artículo 104 bis LBRL para el nombramiento de este tipo de personal; y ello pese a que algunos Tribunales Superiores de Justicia (no todos) vienen sentenciando que ese artículo del TRRL ha sido derogado por el artículo 12.1 del TREBEP, que solo permite al personal eventual realizar funciones de confianza o asesoramiento especial, pero no de gestión. Más recientemente, la Ley 2/2016, de 7 de abril, de Instituciones Locales de Euskadi, ha establecido una regulación más acabada de los directivos públicos locales, incluyendo el procedimiento de designación. También hace referencia a ellos el artículo 306 del texto refundido de la Ley Municipal y de Régimen Local de Cataluña, añadido por Ley 5/2020, de 29 de abril. Y se pueden observar ya algunas experiencias municipales que desarrollan el artículo 13 TREBEP, en cuanto a la selección abierta y pública del personal directivo (por ejemplo, en el Ayuntamiento de L'Hospitalet de Llobregat). La STS de 17 de diciembre de 2019 declaró, no obstante, por escueta mayoría y con argumentos a mi juicio poco fundados, que no está a disposición de las entidades locales establecer una regulación propia para su personal directivo.

Igualmente existe una regulación específica de los cargos directivos de los Servicios de Salud, cuyo antecedente se halla en la Ley 31/1991, de 30 de diciembre (disp. adic. 7.ª), que reguló los contratos de alta dirección de los directores de hospitales y otros centros del antiguo INSALUD, y que hoy consta en la legislación autonómica (por ejemplo, Ley 2/2015, de 17 de febrero, de Murcia, y en la Comunidad de Madrid, Ley 11/2017, de 22 de diciembre), legislación que prevé la selección mediante procedimientos competitivos y ciertas garantías de estabilidad en el puesto. En el ámbito escolar, la Ley Orgánica 8/2013, de 9 de diciembre, de Mejora de la Calidad Educativa, parcialmente modificada por la Ley Orgánica 3/2020, de 29 de diciembre, se preocupó también por impulsar la función directiva docente (directores de centros escolares), estableciendo requisitos objetivos de nombramiento y condicionando la renovación a la evaluación del trabajo desarrollado.

Para los directivos de las entidades del sector público que sean designados mediante un contrato de alta dirección, la disposición adicional 8.ª de la Ley 3/2012, de 6 de julio, desarrollada por Real Decreto 451/2012, de 5 de marzo, establece una regulación mínima y, en parte, básica. Los contratos de este personal deben ser objeto de informe previo (por la Abogacía del Estado en el sector público estatal), sus retribuciones se clasifican en básicas y complementarias y han de fijarse «en función de las características de la entidad» en que presten servicio, y en caso de cese por desistimiento del empresario tienen derecho a una indemnización máxima de siete días por año con un máximo de seis mensualidades. También la disposición adicional 12.ª LBRL, introducida por la LRSAL, establece límites retributivos precisos para el personal directivo de las entidades locales, incluidos los consorcios, organismos, sociedades y fundaciones que integran el sector público local. Esas retribuciones se componen de una parte básica y de otra complementaria, que puede incluir un complemento variable por productividad, e inclusive en especie. En ningún caso pueden superar las cuantías máximas que se determinen en las leyes de presupuestos generales del Estado.

En definitiva, pese a las previsiones del EBEP, el régimen jurídico de los directivos públicos profesionales está aún en su mayor parte por construir y la regulación vigente dista todavía de los modelos vigentes en la mayoría de los Estados de la Unión Europea y otros Estados democráticos.

VII. RÉGIMEN DEL EMPLEO PÚBLICO LABORAL

1. CLASES DE PERSONAL: FIJO, TEMPORAL, INDEFINIDO

Veamos ahora brevemente el régimen aplicable al personal laboral contenido en el TREBEP, empezando por distinguir las clases a que se refiere su artículo 8.2.*c*).

La contratación de personal laboral puede hacerse, en principio, mediante cualquiera de las figuras contractuales que prevé la legislación laboral (art. 11.1 TREBEP). Se puede contratar trabajadores por tiempo indefinido, pero también trabajadores temporales, por sustitución o por circunstancias de la producción, o trabajadores fijos-discontinuos, o utilizar las figuras de contratos a tiempo parcial y de relevo, o los contratos formativos y demás modalidades previstas por la legislación vigente (arts. 11 a 16 TRET). También se puede hacer uso de algunos contratos especiales. En particular, como acabamos de ver, del contrato de *alta dirección* (RD

1382/1985, de 11 de agosto), que suelen utilizar ciertas administraciones y entes públicos para cubrir puestos directivos o gerenciales, tal como estipula ahora el artículo 13.4 TREBEP. Leyes especiales, como la LOSU y la Ley 14/2011, de 1 de junio, de la Ciencia, la Tecnología y la Innovación, regulan otros contratos laborales especiales para profesores e investigadores de las universidades públicas y organismos públicos de investigación.

En concreto, la contratación de trabajadores temporales por las administraciones públicas no ha sido ni es infrecuente y no sólo con carácter causal, es decir, para la realización de actividades no permanentes o «trabajos que no puedan ser atendidos por personal fijo» (como exige el art. 35 RGIPP), sino también por simples conveniencias políticas o de gestión de personal —en busca de mayor flexibilidad o libertad para contratar— o financieras de las administraciones empleadoras. Incluso las leyes de presupuestos generales del Estado han permitido habitualmente la contratación de trabajadores temporales con cargo a créditos de inversiones y con carácter plurianual. Pero este tipo de contratación ha causado ciertas distorsiones en el empleo público. No ya sólo porque la temporalidad de la relación puede reducir la imparcialidad de los empleados públicos, al acentuar su dependencia del *empleador*, esto es, en la práctica de los cargos políticos y superiores de la Administración. También porque la multiplicación de contratos temporales, en particular de contratos por obra o servicio determinado (ahora ya inexistentes), para el desempeño de funciones que en realidad son habituales o de carácter permanente es irregular y porque la contratación temporal no siempre se ha hecho con las debidas garantías de publicidad e igualdad, sobre todo, en el ámbito local. Por eso la Ley 20/2021, de 28 de diciembre, ha añadido un apartado 3 al artículo 11 TREBEP, disponiendo que «los procedimientos de selección de personal laboral serán públicos, rigiéndose *en todo caso* por los principios de igualdad, mérito y capacidad. En el caso del personal laboral temporal, se regirá igualmente por el principio de celeridad, teniendo por finalidad atender razones expresamente justificadas de necesidad y urgencia».

Por otra parte, el contratado temporal debe cesar cuando finaliza el plazo de su contrato o se produce la causa que justificó su contratación, como puede ser la cobertura de la plaza por personal fijo o el retorno a ella del titular al que aquel sustituyó. Pero esto no siempre se cumple. El artículo 15.4 del Texto Refundido del Estatuto de los Trabajadores, modificado por el Real Decreto-ley 32/2021, de 28 de diciembre, prescribe para tales casos que las personas contratadas temporalmente incumpliendo las normas sobre este tipo de contratos «adquirirán la condición de fijas», de manera que un contrato temporal celebrado incumpliendo las condiciones legales tiene esa consecuencia, en detrimento del empresario. Tratándose de la Administración Pública, la jurisprudencia consideró en un principio inaplicable esta regla, justamente por entender que el efecto contraviene lo dispuesto en el artículo 23.2 CE y el principio de legalidad de la Administración (SSTS, 5.ª, de 6 de mayo y 29 de septiembre de 1986; 9 de abril, 11 de mayo y 22 de diciembre de 1987, etc.). Pero sentencias posteriores (SSTS, 5.ª, de 11 de febrero y 18 de marzo de 1991; 31 de enero, 6 de mayo y 27 de julio de 1992 y 22 de septiembre y 3 y 6 de noviembre de 1993) la entendieron tan aplicable como en la empresa privada, lo que favoreció la extensión de fraudes en la contratación temporal con finalidades poco confesables. Al final la Sala de lo Social (hoy Sala 4.ª) del Tribunal Supremo introdujo un importante matiz en su doctrina, para establecer que «la contratación laboral en la Administración Pública al margen de un sistema adecuado de ponderación de mérito y capacidad impide equiparar [a quienes se encuentran en esa situación] a trabajadores fijos de plantilla» (SSTS de 7 de octubre de 1996, 10 de diciembre de 1996, 14 y 24 de abril de 1997, etc.). El EBEP ha venido implícitamente a recoger esta doctrina, puesto que distingue dentro del personal laboral del empleo público el que tiene carácter *fijo* de los que lo son por tiempo *indefinido* y unos y otros del personal *temporal* [arts. 8.2.*c*) y 11.1 TREBEP].

Eso quiere decir que, aunque el trabajador con contrato temporal al que se le prolongue irregularmente la relación de empleo se considere con «contrato indefinido», no consolida la situación de «fijeza», que sólo puede alcanzarse mediante los correspondientes procedimientos selectivos. Por tanto, la Administración está obligada a proveer ese puesto de trabajo de manera regular y, una vez producida tal provisión, existirá una causa lícita para extinguir aquel contrato (STS de 20 de enero de 1998, en unificación de doctrina).

No sólo eso, sino que, según la interpretación que se ha venido siguiendo hasta hace poco, la extinción del contrato de trabajo con posterioridad al plazo de su terminación no confería al afectado derecho a indemnización (STS de 27 de mayo de 2002, también en unificación de doctrina). Si bien esta interpretación no ha sido pacífica en nuestra jurisprudencia, a diferencia de la recaída en los casos en que se cesa a un trabajador contratado temporalmente para cubrir una vacante (STJUE de 5 de junio de 2018, *Montero Mateos*) o para sustituir a su titular (STJUE de 21 de noviembre de 2018, segunda sentencia *De Diego Porras*), mediante lo que se conoce como contrato de interinidad, casos en los que no es exigible el abono de una indemnización por el despido derivado de la cobertura de la vacante o del retorno del titular del puesto, ya que el trabajador conocía de antemano la existencia de esas causas de despido (STS de 13 de marzo de 2019, en unificación de doctrina), salvo prolongación excesiva (STJUE de 3 de junio de 2021, *IMIDRA*, y STS, 4.ª, de 28 de junio de 2021). Ahora y en virtud de la reforma legal de 2021, si se produce el despido de personal laboral al servicio de la Administración cuando se han incumplido los plazos máximos de permanencia, el afectado tiene derecho a una indemnización de veinte días de sus retribuciones fijas por año de servicio, hasta un máximo de doce mensualidades, salvo que el despido sea por causa disciplinaria o renuncia voluntaria (disp. adic. 17.ª5 TREBEP, introducida por la Ley 20/2021, de 28 de diciembre).

Ahora bien, el personal laboral *indefinido* tiene una situación jurídica que es el fruto de una ilegalidad —la prolongación indebida de un contrato temporal— de manera que a esa situación no se puede acceder mediante un contrato específico, que no existe como tal, ni siquiera mediante el reconocimiento voluntario de la misma por la Administración o la entidad pública que la ha causado ilegalmente, sino sólo en virtud de sentencia que la reconoce y deduce sus efectos (disp. adic. 34.ª de la Ley 3/2017, de 27 de junio, de Presupuestos Generales del Estado, reiterada en la Ley 6/2018, de 3 de julio, de Presupuestos Generales del Estado de 2018, disp. adic. 43.ª).

Por otra parte, la anomalía que supone el abuso de la contratación temporal en las administraciones y entidades públicas ha sido considerada contraria al Derecho europeo (Directiva 1999/70/CE) por las SSTJUE de 14 de septiembre de 2016 que citamos más arriba (casos *Martínez Andrés* y *Pérez López*) y otras posteriores. De ahí que las citadas leyes de presupuestos y la Ley 20/2021 recalcasen la necesidad de extinguir los contratos temporales cuando procede, evitando su utilización abusiva y la conversión del personal temporal en indefinido no fijo, así como deduciendo las responsabilidades de quienes lo permiten, aunque sin concretar en absoluto el régimen aplicable a la misma y los sujetos responsables. No obstante, la STJUE de 22 de febrero de 2024, *MP*, *IP* e *IK* acumulados, declara que todas esas medidas legales no son ni suficientes ni efectivas para poner fin al abuso de la temporalidad que se manifiesta en la figura del personal indefinido no fijo, ya que además las Administraciones españolas no cumplen la legislación que les obliga a incluir las vacantes en la oferta de empleo público del mismo ejercicio o el siguiente ni existe una garantía real de la convocatoria y provisión definitiva de las mismas por personal fijo. La citada STJUE considera que una medida eficaz y suficiente para prevenir los abusos de las relaciones temporales en el empleo público podría ser la conversión automática de los contratos temporales en fijos una vez que se prorroguen más allá del plazo legal. Pero no impone dicha solución, que por otra parte colisiona con el derecho a la igualdad de los ciudadanos en el acceso a los empleos públicos laborales (art. 14 CE), tal como lo ha entendido la STS, 4.ª, de 29 de abril de 2024.

2. Legislación aplicable al empleo público laboral

El artículo 7.1 de la Ley de Funcionarios Civiles de 1964 (LFCE), derogado por el EBEP, disponía que a los trabajadores contratados de acuerdo con la legislación laboral ésta «les será plenamente aplicable». Sin embargo, esta prescripción tan simple no respondía a la realidad, ni podía mantenerse en todo su rigor sin poner en cuestión algunas de las bases constitucionales del empleo público. En realidad, el derecho del trabajo no se ha aplicado nunca ni puede aplicarse en el ámbito de la Administración sin importantes matices, modulaciones o excepciones, pues, dada su naturaleza jurídica, una de las partes de la relación laboral, la Administración, no puede regirse por la autonomía de la voluntad o colectiva con la misma extensión que en el ámbito privado.

Es claro, por ejemplo, que también cuando se accede a una función pública mediante contrato es preciso observar las garantías de igualdad conforme a los criterios de mérito y capacidad, como ahora prescribe el artículo 11.3 TREBEP con carácter básico. El artículo 19.1 LMRFP así lo estableció ya con carácter general y el RGIPP de 10 de marzo de 1995 (arts. 28 a 35) acentuó el rigor en la selección del personal laboral en el ámbito de la Administración del Estado. Por otra parte, la negociación colectiva en el empleo público está sometida a unos límites presupuestarios generales, inexistentes en el ámbito privado. En otros aspectos y por consideraciones de interés general —así en materia de incompatibilidades— la relación laboral en el sector público se sujeta a límites o condiciones legales de obligado cumplimiento y, en virtud de su relación orgánica, los trabajadores contratados por la Administración tienen también un régimen de responsabilidad patrimonial idéntico al de los funcionarios. Por último y por lo que se refiere al despido, aparte de que algunas causas de extinción del contrato no son aplicables en el ámbito público —la muerte del empresario, por ejemplo— y otras solo se han previsto en algunos momentos históricos y con no pocos matices —las causas económicas, técnicas, organizativas y de producción—, las consecuencias del despido improcedente no pueden saldarse con una indemnización al trabajador sin que se ponga en cuestión una garantía esencial del régimen del empleo público, cual es la inamovilidad salvo por causas objetivas. De lo contrario se reestablecerían las bases del régimen de las *cesantías*, por más que tuvieran (además) un coste económico para el erario público.

No es que el derecho de trabajo no pueda aplicarse al empleo público. Lo que no puede aplicarse, sin más, es el derecho del trabajo común. Por eso, uno de los fundamentos del EBEP de 2007 ha sido y es reconocer legalmente esta realidad, lo que supone adoptar un régimen jurídico del empleo público laboral que en buena parte es común o unitario con el de los funcionarios, pues muchos de sus elementos deben ser necesariamente públicos. De ahí que el artículo 7 TREBEP reconozca que «el personal laboral al servicio de las Administraciones Públicas se rige, además de por la legislación laboral y por las demás normas convencionalmente aplicables, por los preceptos de este Estatuto que así lo dispongan». De hecho, los preceptos del TREBEP que se aplican por igual a funcionarios y personal laboral (o específicamente a éste) son muy numerosos, tanto que puede decirse que el TREBEP contiene la regulación de una verdadera *relación laboral especial de empleo público*, respecto de la cual la legislación laboral común es de aplicación supletoria. Estas normas del TREBEP constituyen a veces legislación laboral mínima, mejorable a través de la negociación colectiva, aunque otras, por su propia naturaleza y contenido —por ejemplo, la que impide acordar incrementos salariales superiores a los límites fijados anualmente en la Ley de Presupuestos Generales del Estado (art. 21.2)— son normas de *ius cogens,* de ineludible observancia.

Como se verá a lo largo de este libro, los derechos y deberes de los empleados públicos reconocidos por el TREBEP son, en su mayor parte, aplicables tanto al personal funcionario como al laboral y lo mismo puede decirse del régimen disciplinario, del de acceso al empleo público (con matices) y, como ya sucedía en virtud de la LI, que sigue en vigor, del régimen de incompatibilidades. Ello sin perjuicio de que el TREBEP desarrolle algunos de esos derechos (carrera, retribuciones, negociación colectiva, representación del personal, permisos y vacaciones, provisión de puestos de trabajo) y las situaciones administrativas sólo para el personal funcionario. No obstante, también permite equiparar las condiciones del personal laboral en estos aspectos a través de la negociación colectiva. Con la notoria excepción de la extinción de la relación de empleo, el EBEP ha conseguido homogeneizar, directa o indirectamente, los fundamentos del régimen jurídico de todo el empleo público.

Ahora bien, por lo que se refiere al desarrollo de esta legislación, la situación cambia, ya que la legislación aplicable a los funcionarios públicos tiene naturaleza de *básica*, conforme al artículo 149.1.18.ª CE, y puede ser complementada por la legislación de función pública de las Comunidades Autónomas, como ya sucede. Por el contrario, el Estado tiene la competencia exclusiva para dictar la legislación laboral (art. 149.1.7.ª CE), lo que impide a las Comunidades Autónomas dictar normas de desarrollo, inclusive de los mismos preceptos del EBEP, aplicables al personal laboral (véase la STS de 24 de marzo de 2010). La concreción de las condiciones laborales de este último habrá de articularse, pues, a través convenios colectivos y en ningún caso por legislación propia de las Comunidades Autónomas. Sin embargo, éstas sí pueden dictar legislación administrativa aplicable al personal laboral en aspectos separables de lo que es el contrato de trabajo, como, por ejemplo, el procedimiento de acceso y selección de personal o los aspectos organizativos (RPT, etc.).

Por lo que se refiere en concreto a la extinción de la relación de empleo, la Ley 3/2012, de 6 de julio, de reforma laboral, reguló el despido colectivo de los empleados del sector público con contrato laboral por causas económicas, técnicas, organizativas o de producción. De esta forma y acuciado por la necesidad de reducir el déficit público, el legislador resolvió en ese momento las dudas que se reflejaban aún en la jurisprudencia sobre la posibilidad o no de aplicar estas causas de despido al personal laboral de las administraciones y entidades públicas. Sin embargo, la siguiente reforma laboral, aprobada por el Real Decreto-ley 32/2021, de 28 de diciembre, derogó por completo la disposición transitoria 16.ª del TRET, en la que se regulaban esas causas de despido en el sector público.

Por otra parte, no es posible la suspensión del contrato de trabajo y reducción de jornada por causas económicas, técnicas, organizativas o de producción —los llamados expedientes de regulación de empleo suspensivos o no extintivos de la relación laboral— en todas aquellas administraciones, organismos o entidades públicas que no se financien mayoritariamente con ingresos obtenidos en el mercado (disp. adic. 17.ª TRET). El legislador ha optado ahora, pues, por tutelar al máximo la estabilidad del empleo público laboral, lo que significa que no es posible ya resolver los problemas de excedentes de personal mediante el despido.

VIII. LA FUNCIÓN PÚBLICA DE LA UNIÓN EUROPEA

La clasificación que hemos expuesto no quedaría completa si no hiciéramos referencia, por breve que sea, a la función pública comunitaria, es decir, al régimen jurídico de los empleados públicos al servicio de las instituciones de la Unión Europea. Este personal, en número superior a los 30.000 empleados, comprende, por un lado, los *funcionarios propios* de esas instituciones (Comisión, Parlamento, Secretaría General del Consejo, Banco Central Europeo, Comité Económico y Social, Comité de las Regiones, Tribunal de Cuentas, Tribunal de Justicia y otras instituciones, organismos y agencias) y, por otro, personal contratado de diferentes clases y carácter temporal: los agentes contractuales, agentes auxiliares, agentes locales y consejeros especiales.

Los funcionarios comunitarios, que es el grupo más importante, están sometidos a un típico régimen estatutario y de carrera, regulado en el Reglamento 259/1968 del Consejo, de 29 de febrero, objeto de numerosas modificaciones posteriores, de las que la más importante es la contenida en el Reglamento 723/2004 del Consejo, de 22 de marzo. Estos funcionarios se reclutan por las propias autoridades europeas entre nacionales de los Estados miembros de la Unión, mediante sistemas de concurso (por lo general rigurosos) y, excepcionalmente, de libre designación. En la resolución de los concursos, que organiza desde 2003 un órgano especializado e independiente, la Oficina de Selección de Personal de las Comunidades Europeas (EPSO), rige el principio de mérito y capacidad, aunque el acceso está también modulado por un principio de «equilibrio geográfico», que obliga a procurar que cada Estado tenga un número de funcionarios europeos relativamente proporcionado a su población (en términos aproximados, por supuesto). Según la titulación académica requerida y el tipo de funciones a desempeñar, los puestos de trabajo se dividen en dos categorías, *Administradores* y *Asistentes* (en lugar de las cuatro tradicionales) y éstas en grados (A1, A2...). El criterio fundamental para el ascenso es hoy el mérito, basado en evaluaciones anuales del rendimiento, que afectan incluso a los cuadros superiores. Además de un régimen retributivo y de Seguridad Social muy beneficioso en comparación con los funcionarios nacionales, el funcionario comunitario está amparado por un Protocolo de Privilegios e Inmunidades, que le permite ejercer su misión con libertad e independencia en todos los Estados miembros. Los conflictos jurídicos que se plantean en materia de función pública comunitaria son resueltos por el Tribunal de Función Pública, un órgano especializado del Tribunal de Justicia, creado en 2004.

PARA PROFUNDIZAR

J. Arozamena Sierra, «Sistema español de función judicial. La carrera judicial», *Documentación Administrativa*, 210-211, 1987; J. Cantero Martínez, *El empleo público entre estatuto funcionarial y contrato laboral*, Madrid, 2001; íd., «Las medidas de racionalización de plantillas en el empleo público local y en un contexto de contención fiscal», *Cuadernos de Derecho Local*, 28, 2012; íd., «El funcionario interino en la jurisprudencia: sobre la necesidad de repensar la figura», *Revista Vasca de Gestión de Personas y Organizaciónes Públicas*, 12, 2017, íd., *Temporalidad y estabilización en el empleo público. La Ley 20/2021. de 28 de diciembre, de medidas urgentes para la reducción de la temporalidad en las Administraciones Públicas*, Navarra, 2022; J. A. Carrillo Donaire, «El estatuto del directivo público en el Estado autonómico y su ajuste al modelo de la OCDE», *Revista Andaluza de Administración Pública*, 116, 2023; M. Casado García Hirschfeld, *Función pública de la Unión Europea: (auto) regulación institucional*, Madrid, 2015; J. M. Castells Arteche, *Proceso de construcción y desarrollo de la función pública autonómica*, Madrid, 1987; F. A. Castillo Blanco, «Las problemáticas fronteras entre el Derecho Laboral y el Derecho Administrativo: a propósito de los contratos temporales en el sector público», *Revista Española de Derecho Administrativo*, 86, 1995; íd., «El empleo público local: situación actual y perspectivas», en *El empleo público en Aragón y tendencias de futuro*, Zaragoza, 2011; Consejo Económico y Social, *La temporalidad en el empleo en el sector público*, Informe, 2004; Defensor del Pueblo, *Funcionarios interinos y personal eventual: la provisionalidad y temporalidad en el empleo público*, Informe, 2003; M. de Sande Pérez-Bedmar, *Reformas laborales y Administraciones Públicas,* Valladolid, 2013; A. Desdentado Bonete, «Los indefinidos no fijos: una historia interminable o una historia terminada», *Información laboral*, 10, 2018; E. Desdentado Daroca, *Las relaciones laborales en las Administraciones Públicas*, Albacete, 5.ª ed., 2024; J. Fernández Miranda, «El Estatuto Básico del Empleado Público y las funciones reservadas al funcionario público», *Revista Española de Derecho Administrativo*, 139, 2008; S. Fernández Ramos, «Los falsos empleados públicos: el personal eventual», en *Revista General de Derecho Administrativo,* 34, 2013; J. A. Fuentetaja Pastor, *Función pública comunitaria*, Madrid, 2006; id., *Función pública y Derecho europeo*, Navarra, 2018; J. A. Fuentetaja Pastor (dir.), *La función pública local: del Estatuto Básico a la Ley de reforma local de 2013*, Navarra, 2014; E. Gamero Casado, «La delimitación de funciones entre las distintas clases de personal», *Revista Andaluza de Administración Pública*, 116, 2023; R. Jiménez Asensio, *Directivos públicos*, Oñati, 2006; R. Jiménez Asensio, M. Villoria y A. Palomar Olmeda, *La dirección pública profesional en España*, Madrid, 2009; J. M. López Gómez, *La relación laboral especial de empleo público*,

Navarra, 2009; L. F. Maeso Seco, *El personal directivo en España*, Madrid, 2011; B. Marina Jalvo, «El derecho del personal eventual a percibir trienios. Comentarios a propósito de la Sentencia del Tribunal de Justicia de la Unión Europea de 9 de julio de 2015 y de la Sentencia del Tribunal Supremo de 21 de enero de 2016», *Revista de Administración Pública*, 201, 2016; íd., *El personal docente e investigador de las universidades públicas. Consideraciones sobre su régimen jurídico*, Cizur Menor, 2023; J. Mauri (coord.), *Quina funció pública volem per els nostres Ajuntaments?*, Barcelona, 2004; P. T. Nevado Moreno, *La función pública militar*, Madrid, 1997; A. Palomar Olmeda, *Empleo público local*, Madrid, 2005; J. F. Pérez Gálvez, *Profesionales de la salud. Problemas jurídicos*, Valencia, 2017; S. Rodríguez Escanciano, *Despidos y otras medidas de (re)estructuración de plantillas laborales en el sector público*, Madrid, 2013. R. Roqueta Buj, *La contratación temporal en las Administraciones Públicas*, Madrid, 2019. R. Roqueta Buj, *Derecho del empleo público*, 2.ª, ed., Valencia, 2021. T. Sala Franco, *El Estatuto Marco del personal estatutario de los Servicios de Salud*, Valencia, 2004; M. Sánchez Morón (coord.), *La función pública directiva en Francia, Italia y España*, Madrid, 2007; M. Sánchez Morón, «La consagración del funcionario interino indefinido», *Revista de Administración Pública*, 208, 2019; íd., *Régimen jurídico de los funcionarios interinos*, Navarra, 2020. A. Serrano Pascual, *El personal de confianza política de las entidades locales*, Madrid, 2010.

CAPÍTULO IV

GESTIÓN DEL SISTEMA DEL EMPLEO PÚBLICO

SUMARIO: I. ADMINISTRACIÓN PÚBLICA Y GESTIÓN DE RECURSOS HUMANOS. II. ÓRGANOS DE GOBIERNO Y GESTIÓN. 1. *En la Administración General del Estado*. A) El Gobierno. B) Las competencias horizontales: el Ministerio de Hacienda y los órganos superiores y directivos encargados de la función pública. C) Competencias de los departamentos ministeriales. 2. *En las Comunidades Autónomas*. 3. *En las corporaciones locales*. III. ÓRGANOS DE COOPERACIÓN ENTRE ADMINISTRACIONES. IV. INSTRUMENTOS DE ORDENACIÓN DE LA GESTIÓN DE RECURSOS HUMANOS. 1. *Los registros de personal y la gestión integrada de recursos humanos*. 2. *Relaciones de puestos de trabajo y otros instrumentos organizativos*. 3. *La oferta de empleo público*. 4. *Planificación de recursos humanos*.

I. ADMINISTRACIÓN PÚBLICA Y GESTIÓN DE RECURSOS HUMANOS

Tradicionalmente el estudio del régimen jurídico de la función pública se ha centrado en las garantías de la posición jurídica del funcionario, en sus derechos, deberes y responsabilidades. Es decir, ha enfatizado los aspectos subjetivos de la relación de empleo público. Es lógico que así fuera, porque el derecho de la función pública, al igual que el derecho del trabajo, nace y se desarrolla con un carácter tuitivo de la situación del funcionario, eso sí, teniendo en cuenta las peculiaridades que derivan de los principios del derecho público —legalidad, imparcialidad, jerarquía...— y de la primacía del interés general que la Administración está llamada a perseguir. Pero el régimen del empleo público también puede y debe contemplarse desde la perspectiva de la organización, como un sistema que ordena y permite dirigir la actividad del personal para el cumplimiento de sus fines. Nos situamos entonces en la óptica del gestor que, al igual que en las grandes organizaciones privadas, precisa dotarse de unas potestades e instrumentos de dirección adecuados y busca las fórmulas y estrategias óptimas para racionalizar la organización del trabajo y mejorar su productividad.

Desde que las técnicas del *management* empresarial empezaron a trasplantarse a las administraciones públicas, el interés por lo que desde este enfoque teórico suele llamarse la *gestión de recursos humanos* ha crecido considerablemente en el ámbito público. Sin embargo, no es fácil trasladar el modelo de gestión privado al empleo público, en parte por la necesidad de respetar los principios constitucionales en que se asienta y en parte por la resistencia de los interesados —no sólo de muchos funcionarios, sino con frecuencia también de políticos y sindicalistas—. Con todo, la legislación se va haciendo eco paulatinamente de algunas modernas técnicas de gestión, que, como es obvio, deben compatibilizarse con las legítimas expectativas profesionales de los empleados públicos.

Dos aspectos distintos interesa abordar en este capítulo. El primero se refiere a la determinación de los *órganos de gobierno y gestión* del sistema de empleo público, es decir, de quiénes tienen dentro de cada organización administrativa la competencia para regular y ordenar el sistema general y para adoptar las decisiones singulares en relación con los empleados públicos. El segundo atañe a los *instrumentos de gestión* de que esos órganos disponen legalmente para el cumplimiento de sus tareas.

Uno y otro tipo de cuestiones guardan relación directa con la estructura y la organización administrativa, con las potestades de los órganos de gobierno y dirección y con los procesos de reforma administrativa, que suelen ser centro de inagotables debates en la esfera política y de las ciencias de la administración. Aquí nos limitaremos a exponer y, en su caso, interpretar las normas que las regulan, con muy breves referencias a los términos principales del debate.

II. ÓRGANOS DE GOBIERNO Y GESTIÓN

En un sistema administrativo descentralizado como el nuestro, cada administración territorial —Estado, Comunidades Autónomas, entidades locales— cuenta con sus propios órganos de gobierno y gestión del personal. Además, puesto que hay problemas comunes y decisiones que afectan a todas ellas, existen unos órganos generales de coordinación o cooperación, a los que nos referiremos posteriormente.

Característica común a nuestras administraciones es que la dirección y gestión del personal corresponde a los órganos de gobierno o bien a otros cuyos titulares se nombran en su mayor parte en virtud de criterios de confianza, como hemos señalado en el capítulo anterior. Ello no excluye que existan buenos gestores públicos, pero no lo garantiza en medida suficiente. En cualquier caso, el esquema de los órganos de gestión es el que sigue.

1. En la Administración General del Estado

Desde hace tiempo y aun hoy es objeto de polémica la alternativa entre una gestión *departamentalizada* de la función pública y el modelo en que predomina un órgano unitario y de carácter *horizontal*, con competencia sobre los funcionarios y empleados de todos los departamentos. Asimismo, se ha debatido con frecuencia sobre la distribución de las competencias *horizontales* y sobre la ubicación orgánica más idónea de los órganos generales responsables de la política de función pública o recursos humanos.

La organización tradicional de la función pública española se basó en la más estricta departamentalización. En coherencia con su estructura corporativa, cada ministerio venía a regular el estatuto de los cuerpos y escalas de funcionarios adscritos al mismo, siendo los numerosos reglamentos ministeriales la verdadera regulación efectiva de la función pública española, escasamente condicionada en la práctica por las también escasas reglamentaciones y leyes generales que se sucedieron durante los siglos XIX y XX. El sistema, sin embargo, por su propia esencia, propendía a incrementar las desigualdades y privilegios corporativos, impedía la intercomunicación y la movilidad administrativa y dificultaba la elaboración de una política general sobre el empleo público.

La reforma administrativa iniciada a mediados de los años cincuenta arbitró una reacción, no del todo lograda en la práctica, frente a este estado de cosas, y así la Ley de Funcionarios de 1964 atribuyó expresamente competencias generales sobre la función pública al Consejo de Ministros, creó una Comisión Delegada del Gobierno para la Administración Pública, reafirmó las competencias del Ministerio de Hacienda sobre todos aquellos aspectos de la gestión de personal que pudieran repercutir directamente sobre el gasto público —competencia de gran fuerza expansiva, como bien puede comprenderse— e instituyó algunos órganos centrales de asesoramiento, propuesta e incluso de gestión de personal (limitada a los funcionarios de los cuerpos generales), situándolos en la órbita de la Presidencia del Gobierno: Comisión Superior de Personal y Dirección General de la Función Pública, ésta última creada en 1967 y a la que años después se superpuso una Secretaría de Estado.

La Ley 30/1984 (LMRFP) y la legislación que la desarrolló profundizaron en esta dirección, aunque sin llegar a privar a los ministerios de sus competencias puntuales de gestión de su personal. En consecuencia, esa legislación aumentó las competencias del Consejo de Ministros, ratificó con mayor claridad si cabe el control del Ministerio de Hacienda sobre los aspectos del régimen de la función pública con repercusiones en el gasto y pretendió reforzar la capacidad política, de coordinación y de supervisión general del sistema de los órganos horizontales con competencia específica en materia de empleo público, situándolos en el Ministerio de la Presidencia. No obstante, la reubicación de estos órganos desde el Ministerio de la Presidencia hacia el Ministerio de Administraciones Públicas, creado en 1986, no contribuyó precisamente a dotar del impulso y la autoridad política necesaria a los órganos que ejercen estas competencias horizontales, ni ante el Ministerio de Hacienda ni frente a las nunca desaparecidas tendencias departamentalistas. También con muy relativo éxito la LMRFP potenció las competencias de Delegados del Gobierno y Gobernadores Civiles (hoy Subdelegados del Gobierno) sobre el personal de la administración periférica del Estado. En realidad, las competencias concretas de gestión siguieron en su mayor parte en manos de los órganos de cada ministerio y de los organismos autónomos y entidades públicas funcionalmente autónomas, aunque paulatinamente se ha extremado el control financiero sobre las decisiones en materia de personal de todas ellas.

De hecho, una parte de los teóricos del *public management* considera que este tipo de reparto de responsabilidades es correcto, puesto que la unificación de normas y directrices y los controles económicos y administrativos de los órganos horizontales ahogan la iniciativa de los gestores públicos para formular una política de personal adaptada a las necesidades de cada centro o unidad. Incluso se ha cuestionado la necesidad de una política general de recursos humanos de la Administración, habida cuenta de que los colectivos de empleados públicos son muy diferentes entre sí y de que cada sector tiene su propia dinámica. Se trata de una tendencia muy extendida entre los países desarrollados a finales del pasado siglo, empezando por Gran Bretaña, y que también ha tenido un particular seguimiento en nuestro país, mediante la diversificación de estructuras administrativas y la extraordinaria creación de nuevos entes públicos que tuvo lugar desde entonces. Sin embargo, esa descentralización de responsabilidades sobre el empleo público conduce a menudo a la descoordinación y el descontrol sobre la asunción de personal y sus condiciones de empleo, empezando por las retributivas, y genera desigualdades y abusos, incrementando el gasto público. Por eso en todos los Estados de nuestro entorno existen órganos centralizados que definen y gestionan en sus aspectos esenciales la política de personal, incluida Gran Bretaña, que volvió a restablecerlos a mediados de la década de 1990.

Mientras que en otros países dichos órganos horizontales se sitúan en la esfera de la Presidencia del Gobierno —típicamente en el *Cabinet Office* británico—, en nuestra Administración ha seguido existiendo un ministerio propio para las Administraciones Públicas, con denominaciones diversas, en el que se integraban los órganos superiores y directivos generales con competencia en materia de función pública, o al menos una Secretaría de Estado de Función Pública, integrada en dicho Ministerio, en el de Hacienda o en otro.

En el momento de redactar estas páginas, los órganos de la Administración General del Estado con competencias en materia de función pública son los siguientes.

A) *El Gobierno*

Según el artículo 3.1 LMRFP, el Gobierno «dirige la política de personal y ejerce la función ejecutiva y la potestad reglamentaria en materia de función pública de la Administración del Estado». Es decir, ejerce, también en materia de empleo público, las funciones que le atribuye en general el artículo 97 CE. El artículo 3.2 de la misma ley concreta algunas de las competencias que comprende esa genérica función. Pero no contiene una enumeración exhaustiva. El apartado *i*) se refiere a «otras competencias que le estén legalmente atribuidas», a lo que aún hay que añadir otras que son inherentes a sus funciones constitucionales, ya sean normativas (iniciativa legislativa, ejercicio de la potestad reglamentaria), a las que indirectamente se refiere el artículo 4.2 LMRFP, o de dirección política y administrativa o incluso ejecutivas, siempre que no estén atribuidas expresamente a otros órganos.

Las competencias específicas señaladas en el artículo 3.2 son de naturaleza directiva y, tras la aprobación del EBEP [que derogó los apartados *e*) y *f*)], se refieren sólo a la Administración del Estado: establecer directrices en materia de personal para los demás órganos de esa administración; determinar instrucciones para la negociación de las condiciones de empleo de los funcionarios (además de dar validez y eficacia a los acuerdos que se alcancen a través de ella; véase *infra,* capítulo IX, en lo relativo a la negociación de las condiciones de empleo en la función pública) y para la negociación colectiva con el personal sujeto a derecho laboral; fijar normas y directrices anuales para la aplicación del régimen retributivo; aprobar la oferta de empleo, la estructura en grados del personal (es decir, «la estructura en niveles de los puestos de trabajo de la Administración del Estado, que mediatamente condiciona la estructura en grados del personal que la sirve», según interpreta la STC 99/1987; véase *infra,* capítulo VI), los intervalos de niveles de puestos de trabajo asignados a cada cuerpo o escala y los criterios generales de promoción profesional de los funcionarios.

B) *Las competencias horizontales: el Ministerio de Hacienda y los órganos superiores y directivos encargados de la función pública*

Como se ha dicho, la LMRFP otorgó al Ministerio de la Presidencia las competencias generales de desarrollo, coordinación, control y ejecución de la política del Gobierno en materia de personal al servicio de la Administración del Estado. Posteriormente, desde 1986, dichas funciones pasaron a un nuevo Ministerio de Administraciones Públicas (MAP), que ha subsistido en la mayor parte de los Gobiernos, aunque con distintas denominaciones. En su seno —o excepcionalmente en otro ministerio, que en ocasiones es el propio Ministerio de Hacienda— ha existido también siempre un órgano superior o directivo, ya fuera una Secretaría de Estado o una Secretaría General, a la que se atribuye la gestión, dirección e impulso de la política en materia de función pública y empleo público. Dicho órgano superior ejerce, pues, esas competencias que podríamos denominar horizontales o interdepartamentales en materia de función pública, si bien en coordinación con los órganos del Ministerio de Hacienda competentes en materia de presupuestos y gastos, en todo lo que se refiere al régimen retributivo del personal.

Normalmente dicha competencia general sobre el régimen jurídico de la función pública implica elaborar las propuestas de normas y proyectos de general aplicación a la función pública estatal. No obstante, las competencias sobre propuestas y proyectos de normas sobre el régimen de ciertos colectivos de personal, como el docente, el investigador, el sanitario o el destinado en el extranjero y la adscripción exclusiva de puestos de trabajo a determinados cuerpos y escalas, se ejercen por los departamentos sectoriales correspondientes.

El citado órgano superior, ya sea Secretaría de Estado o General descansa, a su vez, el grueso de sus funciones administrativas y de estudio y propuesta en la materia en una *Dirección General de Función Pública*, un órgano directivo de carácter más permanente. También han gozado de una estabilidad semejante dos organismos autónomos: el *Instituto Nacional de Administración Pública* (INAP), con funciones de selección, formación y promoción del personal de la Administración del Estado, transformado en agencia estatal por el Real Decreto-ley 6/2023, y la *Mutualidad General de Funcionarios Civiles del Estado* (MUFACE; véase *infra*, capítulo VIII).

Ahora bien, siendo el capítulo de personal uno de los más voluminosos de los Presupuestos Generales del Estado y habida cuenta de la directa relación de la política retributiva del personal al servicio de la Administración con múltiples aspectos de la política económica general, es fácil comprender que el Ministerio de Hacienda, como tal, ha desempeñado siempre un papel importante en el sistema de gestión del empleo público. En concreto, le corresponde proponer al Gobierno, en el marco de la política general económica y presupuestaria, las directrices a que deben ajustarse los gastos de personal de la Administración General del Estado y sus organismos públicos. No deben olvidarse al respecto las funciones que corresponden al citado Ministerio en el proceso de elaboración de los presupuestos, que regularmente fijan topes retributivos para los incrementos de gastos de personal de todas las administraciones —facultad hoy recogida en el art. 21.2 TREBEP—, así como la amplitud con que el Ministerio de Hacienda puede controlar y autorizar o no las medidas e iniciativas de cualquier departamento que puedan suponer incremento en el gasto. Normalmente este Ministerio ejerce tales funciones a través de algunos órganos superiores y directivos, con rango de Secretaría de Estado y/o de Dirección General, cuyas denominaciones varían en virtud de los cambios de Gobierno y de las estructuras ministeriales.

La LMRFP [art. 15.1.*e*)] atribuyó conjuntamente a los Ministerios de la Presidencia (después de Administraciones Públicas o los que le han sustituido) y de Hacienda la aprobación de las relaciones de puestos de trabajo, excepto la asignación inicial de los complementos de destino y específico, que corresponde al Gobierno. Y en virtud de ello por Real Decreto 469/1987, de 3 de abril, se creó la *Comisión Interministerial de Retribuciones* (CIR), que tiene una función determinante a la hora de autorizar las modificaciones de las relaciones de puestos de trabajo que propongan los diferentes departamentos ministeriales y organismos públicos estatales y los complementos de destino y específico correspondientes a cada puesto.

C) *Competencias de los departamentos ministeriales*

Sin perjuicio de las señaladas competencias horizontales, cada departamento (y algunos organismos y entidades autónomamente) ejerce las que derivan directamente de la dependencia *funcional* del personal que en ellos se integra. Según el artículo 61 LRJSP, algunas de esas competencias corresponden al ministro y así: proponer y ejecutar los planes de empleo de su ministerio y organismos adscritos; modificar la RPT del ministerio cuando se le haya delegado esa competencia o proponer al Ministerio de Hacienda las modificaciones que sean competencia de éste; e imponer la sanción de separación del servicio por falta muy grave. Pero la mayoría están atribuidas hoy (art. 63.1 LRJSP) al subsecretario de cada departamento, que viene a ejercer la *jefatura superior de todo el personal* del mismo. Entre ellas, le corresponde convocar y resolver las pruebas de acceso a los cuerpos y escalas que están adscritos al ministerio y las del personal laboral, convocar y resolver los concursos de personal funcionario, nombrar al personal de libre designación y al personal eventual y ejercer la potestad disciplinaria, excepto en caso de separación del servicio, aparte de otros actos de *gestión ordinaria* del personal.

2. En las Comunidades Autónomas

En términos generales el esquema de los órganos de gestión del personal en las Comunidades Autónomas es bastante similar al de la Administración del Estado. Si bien entre ellas existen algunas diferencias organizativas, pueden percibirse en su legislación de función pública algunas tendencias comunes, que aquí nos limitamos a mencionar a modo de resumen.

La primera consiste en la atribución al Consejo de Gobierno de ciertas competencias puntuales —aparte las normativas, de dirección político-administrativa y de programación— que en el Estado corresponden a los ministerios con competencias horizontales o a cada departamento. Así, como recogen muchas de las leyes autonómicas, la aprobación de la oferta de empleo público y de las relaciones de puestos de trabajo, la aprobación de la jornada de trabajo y de las garantías de los servicios mínimos en caso de huelga en la Administración y la resolución de los expedientes disciplinarios con propuesta de separación del servicio suelen corresponder al Consejo de Gobierno.

Algunas Comunidades Autónomas reconocen también competencias en la materia al Presidente de la Comunidad Autónoma, si bien normalmente de carácter muy genérico (velar por la aplicación de la legislación, coordinación general...) o de carácter formal (otorgar premios y recompensas, expedir los títulos de funcionarios...).

Las competencias horizontales suelen atribuirse al consejero correspondiente, sea de la Presidencia o de Administración Pública o equivalente, sin perjuicio de las funciones de la consejería competente en materia de Hacienda para proponer los incrementos retributivos y controlar las medidas que puedan suponer modificaciones del gasto. La distribución de competencias entre los órganos horizontales y las distintas consejerías es muy parecida al modelo estatal, aunque en algunas Comunidades Autónomas las competencias en materia de personal docente, sanitario y al servicio de la Administración de Justicia se atribuyen en exclusiva a las consejerías sectoriales correspondientes, ya que estos tres grupos de personal tienen un régimen jurídico propio y específico. Esa exclusividad dificulta la formulación de una política unitaria de empleo público y la movilidad entre sectores de la misma administración autonómica. De ahí que, por ejemplo, la Ley de la Función Pública Valenciana de 2021 haya creado una *Comisión Intersectorial de Empleo Público* (art. 10), para coordinar la gestión de personal de todas las consejerías que tienen competencias sobre sectores específicos del empleo público autonómico. Un órgano similar, con la misma denominación, ha sido creado en la Administración del País Vasco por la Ley de Empleo Público de 2022 (art. 20).

Muchas Comunidades Autónomas cuentan con órganos técnicos de consulta, asesoramiento y documentación en materia de función pública con diferentes denominaciones (Comisión de Personal, Comisión Técnica de la Función Pública, etc.). En casi todas ellas existe un órgano consultivo con participación sindical, aunque con diferente denominación, composición y competencias, pero en alguna este tipo de ente ha sido suprimido por su escasa utilidad o su inoperancia (así en Galicia, en virtud de la Ley de Empleo Público 2/2015). También hay Comunidades que destacan en su legislación el papel de la Inspección General de Servicios propia. En fin, casi todas las Comunidades Autónomas cuentan con un instituto o escuela de Administración Pública, con funciones de formación de personal y, en su caso, de selección, entre otras.

3. En las corporaciones locales

El artículo 22.*i*) LBRL atribuye al Pleno del ayuntamiento algunas de las decisiones más importantes relativas al personal de la corporación: aprobación de la plantilla y de la relación de puestos de trabajo, fijación de la cuantía de las retribuciones complementarias de los funcionarios y el número y régimen del personal eventual. Idénticas competencias atribuye el artículo 33.2.*f*) de la misma ley al Pleno de las diputaciones provinciales.

Todas las demás facultades en materia de personal corresponden al alcalde o al presidente de la diputación [arts. 24.*d*) y 29.*a*) del Texto Refundido de las disposiciones legales vigentes en materia de régimen local], que ejercen la jefatura de personal de su respectiva corporación y vieron reforzadas sus competencias en virtud de la Ley 11/1999, de 21 de abril. En su virtud, alcaldes y presidentes de diputación son competentes también para aprobar la oferta de empleo público aunque de acuerdo con el presupuesto y la plantilla aprobados por el Pleno, para aprobar las bases de las pruebas de selección de personal y de los concursos de provisión de puestos de trabajo, para redistribuir las retribuciones complementarias que no sean fijas y periódicas, separar del servicio a los funcionarios y despedir al personal laboral, dando cuenta al Pleno en estos dos últimos casos.

El reparto de atribuciones cambia en parte en el régimen de los «municipios de gran población» introducido por la Ley 57/2003, de 16 de diciembre. En él el Pleno se limita a aprobar la plantilla de personal [art. 123.1.*h*)], mientras que corresponden a la Junta de Gobierno Local la aprobación de la RPT, de las retribuciones de los funcionarios conforme al presupuesto, del número y régimen del personal eventual y también las demás funciones atribuidas por la Ley 11/1999 al alcalde en esta materia [art. 127.1.*h*)], salvo la superior dirección del personal y la jefatura de la policía municipal, que siguen correspondiendo al titular de la alcaldía [art. 124.4.*i*) y *j*)]. Algunas peculiaridades se establecen también en las leyes especiales de los Municipios de Madrid (Ley 22/2006, de 4 de julio) y de Barcelona (Ley 1/2006, de 13 de marzo, y Carta Municipal de Barcelona, aprobada por Ley 22/1998 del Parlamento de Cataluña).

Aparte de esto último, las competencias concretas de gestión del personal de alcaldes y presidentes de diputación pueden ser delegadas en órganos inferiores, como suele ser frecuente en corporaciones de cierta dimensión (normalmente en una concejalía o en un diputado, o en la Junta de Gobierno Local).

III. ÓRGANOS DE COOPERACIÓN ENTRE ADMINISTRACIONES

Los órganos de gestión que acabamos de describir adoptan las decisiones de la organización para la ordenación y administración cotidiana de su sistema de empleo público, en el marco de las leyes. Pero el esquema organizativo no quedaría completo sin hacer mención de otros órganos colegiados con competencias no decisorias, que tienen por misión coordinar, en la medida en que sea necesario o conveniente, la política de personal de las distintas administraciones públicas.

El EBEP simplificó sobremanera el esquema de estos órganos, suprimiendo el Consejo Superior de la Función Pública, que había sido creado por la Ley del Proceso Autonómico 12/1983, de 14 de octubre, y regulado en la LMRFP de 1984. Órgano éste escasamente operativo y de existencia lánguida, en el que se mezclaba la coordinación entre Comunidades Autónomas y una participación sindical que dejó de tener interés práctico, incluso para los propios sindicatos, desde que se reconoció el derecho a la negociación colectiva de los funcionarios públicos.

Conforme al artículo 100 TREBEP, los órganos de cooperación son hoy la Conferencia Sectorial de Administración Pública y la Comisión de Coordinación del Empleo Público. La primera, cuyas competencias van más allá de la materia del empleo público, está compuesta no sólo por representantes de la Administración General del Estado y de las Comunidades Autónomas, así como de las Ciudades de Ceuta y Melilla, sino también, a diferencia de otras conferencias sectoriales, por representantes de la administración local, designados por la FEMP. Salvada esta particularidad, es un órgano de cooperación de alto nivel político, llamado a no reunirse con demasiada frecuencia, dada la amplia autonomía que cada administración tiene en el campo de su propia organización y empleo público y su escasa predisposición habitual a cooperar en esta materia.

Lo contrario puede decirse de la Comisión de Coordinación del Empleo Público (antes de la Función Pública), que es un órgano técnico y de trabajo dependiente de aquella Conferencia Sectorial (art. 100.2 TREBEP). Sus funciones son impulsar las actuaciones que garanticen la efectividad de los principios constitucionales en el acceso al empleo público, estudiar y analizar los proyectos de legislación básica en materia de empleo público (y otros proyectos normativos que las administraciones le presenten) y elaborar estudios e informes en dicha materia. La composición de la Comisión refleja su naturaleza, ya que integra a los titulares de los órganos directivos de la política de recursos humanos de las diferentes administraciones, incluida una representación de la administración local. Hasta ahora suelen ser los directores generales de función pública o empleo público y, eventualmente, secretarios generales o equivalentes. Su funcionamiento ha sido bastante regular, por encima incluso de las diatribas políticas —lo que tiene cierto mérito— y ha contribuido al intercambio de ideas y experiencias, a un trabajo en común para la configuración del sistema de empleo público y al entendimiento mutuo.

En realidad, la colaboración entre el Estado y las Comunidades Autónomas en la formulación de la política general sobre el empleo público es imprescindible, pues una parte importante de la legislación del Estado afecta directamente a las Comunidades Autónomas, por su carácter básico (o de directa aplicación en algunos casos), mientras que determinadas decisiones autonómicas (en materia retributiva, de oferta de empleo, etc.) pueden tener repercusión directa o indirecta sobre los intereses generales del Estado. No sólo eso, sino que todas las administraciones tienen o pueden tener ciertos intereses comunes, por ejemplo, en la negociación con los sindicatos. De ahí que el TREBEP (art. 36) contemple también la creación de una Mesa General de Negociación de las Administraciones Públicas, con representantes de los tres niveles territoriales de gobierno, para negociar aspectos susceptibles de regulación estatal mediante normas básicas y, específicamente, el incremento global de las retribuciones del personal que corresponda incluir en la Ley de Presupuestos Generales del Estado de cada año. En esta Mesa General las Administraciones Públicas pueden actuar a la manera de «una gran patronal pública», homogeneizando en mayor medida ciertos elementos del régimen de personal y evitando así agravios comparativos interterritoriales, que suelen conducir a una espiral de reivindicaciones sindicales no siempre razonables y fundadas en el factor emotivo de la diferencia.

IV. INSTRUMENTOS DE ORDENACIÓN DE LA GESTIÓN DE RECURSOS HUMANOS

Consideramos bajo este epígrafe aquellos medios jurídicamente establecidos de los que se sirve la Administración para organizar u ordenar la gestión de personal.

En un sentido lato, el primero de estos instrumentos vendría constituido por las *potestades jerárquicas y de dirección* de los órganos superiores sobre los inferiores, que les permiten, como hemos visto, asignarles tareas y funciones, dictar instrucciones y órdenes de servicio, ejercer la potestad disciplinaria y otorgar complementos de productividad, premios y recompensas, entre otras cosas. Jerarquía y dirección que se han de ejercer, naturalmente, dentro de los límites que impone el ordenamiento jurídico. Otros instrumentos importantes de gestión son los que tienen que ver con las estrategias y procesos de selección, el diseño de las carreras profesionales, la evaluación del desempeño y la formación. Pero sobre estas cuestiones, más bien ligadas a la teoría general de la organización administrativa o a la regulación del acceso y la carrera, no vamos a profundizar ahora, pues ya hemos examinado, aun brevemente, cuáles son las facultades administrativas de gestión ordinaria del personal asignadas a unos y otros órganos y volveremos a hablar, desde otros ángulos, en los capítulos siguientes.

Los instrumentos a que nos referimos son, en sentido estricto, aquellos de alcance más general destinados a ordenar el sistema de empleo público de cada Administración en su conjunto. En concreto, de acuerdo con la legislación vigente, hablamos de los registros de personal, las relaciones de puestos de trabajo y plantillas de personal, la oferta de empleo público y la todavía poco practicada planificación de recursos humanos.

1. Los Registros de Personal y la gestión integrada de recursos humanos

Este instrumento está regulado en el artículo 71 TREBEP y tiene por finalidad proporcionar a la Administración la información que precisa sobre la situación e historial profesional de sus empleados —empezando por su mismo número, algo que no ha sido sencillo de conseguir durante mucho tiempo y todavía hoy...—, al tiempo que permite dar fe de ese mismo historial a los efectos que precisen los propios interesados.

Según el TREBEP, debe existir un registro de personal en cada Administración Pública, en el que se inscribirá a todo el personal funcionario y laboral a su servicio, incluido por cierto el personal funcionario de Correos y Telégrafos (art. 71.1). Esta obligación se impone incluso a los ayuntamientos más pequeños, si bien el TREBEP prevé que la Administración General del Estado y la Comunidad Autónoma cooperen con las entidades locales que no tengan suficiente capacidad económica o técnica para ello (art. 71.4).

En el ámbito de la Administración General del Estado existe un Registro Central de Personal en el que se inscribirá *a todo el personal* al servicio de la Administración del Estado (art. 13.1 de la LMRFP), concepto que precisa a estos efectos el artículo 5 del Reglamento del Registro, aprobado por Real Decreto 1405/1986, de 6 de junio, y modificado por Real Decreto 2073/1999, de 30 de diciembre. En el Registro se inscriben preceptivamente todos los actos que afecten a la vida administrativa del empleado (art. 13.1 LMRFP) y que especifica el artículo 13 del Reglamento, datos que deben ser facilitados por las unidades de personal. El Registro asigna a cada empleado un *número de registro de personal*, que permite la formalización de su nombramiento o contrato por la Administración.

Según el artículo 71.2 TREBEP, los registros pueden disponer también de información agregada sobre los restantes recursos humanos del respectivo sector público, es decir, incluyendo al personal de las sociedades y fundaciones públicas y al de los órganos constitucionales y estatutarios y entidades a las que no se aplica el TREBEP.

Conviene que todos los registros de personal estén coordinados, para facilitar el intercambio homogéneo de la información entre administraciones públicas, ya sea para fines estadísticos u otros (promover la movilidad, por ejemplo). A tal efecto el TREBEP (art. 71.3) dispone que, por convenio de conferencia sectorial, se establecerán criterios y contenidos mínimos comunes de los registros de personal. Por el momento, los contenidos mínimos homogeneizadores y requisitos de utilización recíproca se establecen en los artículos 15 a 20 del Real Decreto 1405/1986.

Aunque parece superfluo por razón de su objeto, la LMRFP se cuida de señalar que en los registros de personal no figurará ningún dato sobre la raza, religión u opinión del personal (art. 13.5). En garantía de ello y de la exactitud de los datos, además de por razones puramente informativas, se reconoce el libre acceso del personal a su expediente individual (art. 13.5 LMRFP). Por lo demás, está claro que los empleados incluidos en los registros están protegidos por las garantías del Reglamento (UE) 2016/679, de 27 de abril y de la Ley Orgánica 3/2018, de 5 de diciembre, de Protección de Datos de Carácter Personal, tal como recuerda el artículo 71.3 TREBEP. Según dicha Ley Orgánica, por cierto, los registros de personal pueden incluir datos sobre infracciones y sanciones penales y administrativas, aunque limitándose a «los datos estrictamente necesarios para el cumplimiento de sus fines» (disp. adic. 12.ª).

De manera complementaria el artículo 71.4 TREBEP dispone que las administraciones públicas impulsarán «la gestión integrada de recursos humanos». El precepto, por su ubicación y por recoger una propuesta más definida del Informe de la Comisión de expertos, parece referirse más que nada a la necesidad de que todas las administraciones se doten de sistemas informáticos integrales de gestión en la materia, que ya muchas de ellas poseen. Como es natural, la mayoría de las entidades locales precisan de asistencia para conseguir esos sistemas, por lo que el artículo 71.5 la prevé.

Los sistemas informáticos de gestión resultan cada vez más necesarios para conocer la situación exacta del empleo público en cada administración —entre otras cosas, lo que cada empleado hace o no hace, su grado de asistencia y puntualidad, sus referencias— y poder introducir y aplicar instrumentos complejos, como la evaluación del desempeño. Para ello se necesita también reforzar las unidades de gestión de recursos humanos, como en las grandes corporaciones privadas.

2. Relaciones de puestos de trabajo y otros instrumentos organizativos

En cualquier administración que pretenda actuar con eficacia y eficiencia, es fundamental conseguir un diseño adecuado de los puestos de trabajo y de los perfiles idóneos para desempeñarlos. Esto, que puede parecer obvio, no se ha considerado imprescindible durante mucho tiempo en el régimen de nuestra función pública y aún hoy resulta un objetivo difícil de lograr. En realidad y por las razones históricas que ya examinamos, inicialmente y hasta bien entrado el siglo XX no existe como tal una clasificación de puestos de trabajo en nuestra administración. Cada cuerpo y escala recluta por entonces los efectivos y defiende *sus competencias* y, por tanto, su ámbito de actuación en un contexto de patrimonialización de los servicios. En consecuencia, son los cargos o puestos los que dependen de los efectivos existentes y no a la inversa. Como ya se dijo, la LFCE de 1964 intentó introducir algo de orden en este panorama, racionalizando las plantillas de personal en función de las necesidades objetivas de la organización. Pero con escaso éxito ante la presión e influencia de los grandes cuerpos. Finalmente, la LMRFP de 1984 consiguió avanzar en este propósito y para ello introdujo como instrumento general las relaciones de puestos de trabajo (RPT). El TREBEP lo mantiene como instrumento de ordenación, aunque admite que se pueda sustituir por «otros instrumentos organizativos similares». En cualquier caso, como señaló el Informe de la Comisión para el estudio y preparación del EBEP, el puesto de trabajo debe ser considerado «como el núcleo básico de gestión de los recursos humanos» y su centralidad dentro del sistema de ordenación y gestión de personal es incuestionable.

La RPT es, pues, un instrumento técnico u organizativo mediante el que cada administración estructura la clasificación y ordenación de cargos y puestos de trabajo que la componen y en el que se precisan también los requisitos para el desempeño de cada puesto (arts. 15.1 LMRFP y 109 del Real Decreto-ley 6/2023). Las RPT son la traducción técnica en nuestro derecho de las *job descriptions*, mediante las que se introduce un elemento fundamental del llamado sistema de empleo en nuestro modelo de función pública, pues permite asignar cada empleado a un puesto de trabajo concreto, de características definidas en lo esencial. Al mismo tiempo constituyen un mecanismo básico de la organización administrativa, ya que al elaborarlas y modificarlas la Administración va diseñando en detalle su propia estructura interna, la que precisa en cada momento —al menos en teoría— para el cumplimiento de sus finalidades. No obstante, y aunque la LMRFP impuso a todas las administraciones la obligación de aprobarlas, no todas ellas han alcanzado a elaborar sus RPT, sobre todo los pequeños municipios.

Según la vigente legislación del Estado (la de las Comunidades Autónomas se ajusta, por lo general, al mismo modelo, aunque en algunas de ellas con mayor detalle legal), las RPT han de comprender, conjunta o separadamente, los puestos de trabajo del personal funcionario, laboral y eventual de cada centro gestor [arts. 15.1.*a*) LMRFP y 109.1 del Real Decreto-ley 6/2023]. Dichos puestos deben ordenarse atendiendo a denominaciones tipo y a características análogas. A tales efectos, han de tener en cuenta las previsiones legales sobre los puestos que pueden ser desempeñados por personal laboral y los que deben ser ocupados en todo caso por personal funcionario, así como los que pueden ser reservados a personal eventual (véase *supra*, capítulo III). En todo caso, parece claro que la ley obliga a determinar concretamente qué puestos se asignan a funcionarios y cuáles a personal contratado, por lo que no es lícito contemplar en las RPT puestos de trabajo a desempeñar indistintamente por personal de uno u otro tipo (así lo confirma la STS de 14 de julio de 1993). La provisión de puestos de trabajo de funcionarios y la formalización de nuevos contratos de personal exigen que los correspondientes puestos figuren detallados en las respectivas relaciones [art. 15.1.*f*) LMRFP]. No es necesario, sin embargo, que incluyan los puestos de trabajo creados para realizar tareas no permanentes, como recuerda la STS de 25 de junio de 2012.

En el caso del personal funcionario, las RPT han de indicar al menos la denominación de cada puesto, el grupo o grupos de clasificación profesional a que corresponde, los cuerpos o escalas a que estén adscritos, en su caso, el sistema de provisión de cada puesto (según la STS de 30 de septiembre de 1996 a estos efectos las RPT no pueden ser sustituidas por el acto de convocatoria de los concursos) y las retribuciones complementarias (art. 74 TREBEP), hoy por hoy el nivel de complemento de destino y el complemento específico que le corresponda, además de los requisitos exigidos para su desempeño. Si se trata de puestos desempeñados por personal laboral, la categoría profesional y el régimen jurídico aplicable [art. 15.*b*) LMRFP]. Semejantes exigencias imponen las leyes de las Comunidades Autónomas, que en algún caso añaden otras, como los requisitos que han de reunir los funcionarios de otras administraciones para acceder a puestos de trabajo en ellas mediante la convocatoria correspondiente. Todo ello sin perjuicio del contenido adicional que pueda establecerse por normas reglamentarias.

Para determinar los puestos de trabajo que componen su organización y los requisitos exigidos en la RPT para el desempeño de cada puesto, la Administración goza de un amplio margen de discrecionalidad, que sin embargo no es absoluta. Lógicamente esa discrecionalidad es máxima cuando se trata de crear o suprimir puestos, en virtud del principio de autoorganización, aunque siempre debe ejercerse dentro de los límites generales que separan la discrecionalidad de la arbitrariedad y respetando lo dispuesto en las leyes y demás normas jurídicas aplicables. De hecho, en algún caso la Administración se ha visto obligada a incluir un determinado puesto de trabajo, dada la absoluta falta de justificación de su inexistencia (STS de 23 de septiembre de 2003). Ahora el Real Decreto-ley 6/2023 (art. 110.2) establece que para la creación, modificación o supresión de un puesto de trabajo debe efectuarse un análisis acerca del perfil de competencias necesario para su desempeño, de acuerdo con criterios de objetividad e interoperabilidad. En cambio, los límites son superiores cuando se definen los requisitos de acceso a los puestos de trabajo, ya que han de guardar una lógica proporción con las características y funciones propias del puesto. En particular, los tribunales se han pronunciado con frecuencia sobre la exigencia o no de una titulación profesional específica para el desempeño de ciertos puestos de trabajo de carácter técnico. Es doctrina general al respecto (SSTS de 10 de abril y 13 de noviembre de 2006, 10 de noviembre de 2008, 22 de abril de 2009, 3 de octubre de 2010 y 24 de mayo, 21 de julio y 22 de diciembre de 2011, etc.) que resulta lícito y a veces obligado no reservar en exclusiva los puestos a candidatos con una determinada titulación, siempre que puedan ser igualmente desempeñados de manera idónea por los que poseen otras titulaciones distintas (principio de *libertad con idoneidad*). Pero la titulación o titulaciones exigidas deben ser razonable y directamente relacionadas con las funciones de cada puesto. Otros límites son los que se refieren a la forma de provisión del puesto, en particular si se prevé la libre designación, y a su nivel y a los complementos retributivos que se establezcan. Pero sobre unos y otros trataremos más adelante (véanse el capítulo VI, sobre la provisión de puestos, y el capítulo VIII, sobre los aspectos retributivos). En fin, las RPT deben respetar no sólo las determinaciones legales y reglamentarias concretas sobre los puestos de trabajo que ordenan, en el caso de que existan, en virtud del principio de jerarquía normativa, que las sujeta a las normas organizativas de superior rango (STS de 11 de noviembre de 2010, por ejemplo), sino también los principios generales del derecho, entre ellos los de igualdad e interdicción de la arbitrariedad, que imponen el deber de adoptar decisiones organizativas razonables, justificadas y no discriminatorias (así, por ejemplo, SSTS de 16 de septiembre de 2009 y de 20 y 29 de septiembre de 2010), entre ellas la necesaria reclasificación de un puesto de trabajo al que se le asignan nuevas y superiores funciones (SSTS de 21 de octubre de 2020 y 24 de mayo de 2021).

La legislación del Estado no dispone ya (desde la Ley 62/2003), sin embargo, que las RPT deben incluir las «características esenciales» de los puestos, ya que dicha previsión en un documento de valor normativo creaba excesiva rigidez, imposibilitando la asignación de tareas a los funcionarios no correspondientes a ese contenido sustancial del puesto. Por el contrario y para excluir ese efecto, el artículo 73.2 TREBEP dispone ahora que las administraciones públicas «podrán asignar a su personal funciones, tareas o responsabilidades distintas a las correspondientes al puesto de trabajo que desempeñen, siempre que resulten adecuadas a su clasificación, grado o categoría, cuando las necesidades del servicio lo justifiquen, sin merma de sus retribuciones». Ello no significa que no deba dotarse a cada puesto de trabajo de un contenido funcional propio. Ahora bien, la clasificación funcional de los puestos debe ser lo suficientemente versátil para evitar la ineficiencia y la parálisis burocrática y, como señaló la Comisión de estudio del EBEP, debe figurar más bien en instrumentos de carácter interno y de mera gestión, sin fuerza jurídica, esto es, que no creen el derecho adquirido de cada funcionario a ocuparse sólo de ciertas tareas específicas, nada más que de ellas y nunca de otras diferentes, por más que la Administración necesite su concurso para estas otras funciones ocasionalmente.

En virtud de las RPT se produce, pues, la clasificación de los puestos de trabajo de cada centro o unidad administrativa. De ellos, algunos serán puestos *singularizados*, es decir, de contenido distinto al del resto de los que figuran en la RPT, y otros *no singularizados*, de contenido idéntico a otros. En este último caso, la Administración puede variar la adscripción del funcionario entre puestos iguales por necesidades del servicio (*redistribución de efectivos*), respetando eso sí las garantías de inamovilidad geográfica (art. 59 RGIPP; véase *infra*, capítulo VI). Para proceder correctamente a la clasificación, que tiene numerosas implicaciones —de carrera, retributivas, funcionales—, conviene realizar una valoración previa de los puestos mediante un análisis funcional de los mismos. Así se ha procedido, rigurosamente, por alguna administración, en concreto la del País Vasco (véase ahora el art. 55 de la Ley 11/2022, de 1 de diciembre, de Empleo Público Vasco), y se pretende para la Administración del Estado por el Real Decreto-ley 6/2023, como se ha dicho, mientras que en otras la clasificación de los puestos adolece aun de componentes menos objetivos y más improvisados.

En el ámbito de la Administración del Estado, la modificación de las relaciones de puestos de trabajo corresponde al ministro de cada departamento [art. 61.*r*) LRJSP], aunque previa autorización del Ministerio de Hacienda o por delegación de aquél (previo informe por la Comisión Interministerial de Retribuciones, como ya se dijo). Pero no son ni pueden ser un documento estático, sino flexible y adaptable a las circunstancias cambiantes. En las Comunidades Autónomas es el Consejo de Gobierno, por regla general, el órgano que tiene atribuidas estas competencias (a veces susceptibles de delegación en órganos inferiores), mientras que en las corporaciones locales están asignadas al Pleno [arts. 22.2.*i*) y 33.2.*f*) LBRL], salvo en los municipios de gran población, en que corresponden a la Junta de Gobierno Local [art. 124.1.*h*) LBRL]. La atribución de competencia a órganos superiores de gobierno o a órganos horizontales de coordinación tiene como finalidad controlar el gasto. Por lo demás, la elaboración y modificación de las RPT se somete a negociación colectiva, en la medida en que repercutan en las condiciones de trabajo de los empleados públicos, como explicaremos en el capítulo IX. A salvo este requisito, las entidades públicas competentes pueden recabar la colaboración de empresas privadas, mediante contrato de servicios, para elaborar sus RPT, siempre que ello no signifique en la práctica una dejación de sus funciones (STS de 19 de diciembre de 2024).

Las relaciones de puestos de trabajo son públicas (arts. 15.3 LMRFP y 109.1 del Real Decreto-ley 6/2023). Sin embargo, su naturaleza jurídica es problemática. La jurisprudencia las ha calificado tradicionalmente y a ciertos efectos de *actos plúrimos o de destinatario plural* (SSTS de 26 de mayo de 1998, 8 de enero y 4 de febrero de 2002, 4 de julio de 2006, 10 de julio de 2013), y de ahí se desprende que, aunque sean públicas, no es necesario publicar en los diarios oficiales toda modificación que en ellas se produzca. En realidad, las RPT se publican en ellos periódicamente, pero cualquier persona tiene derecho a conocer su contenido en cualquier momento, ejercitando el derecho de acceso a los documentos administrativos, conforme a la legislación vigente. Además, no siendo en puridad disposiciones reglamentarias, puede interponerse contra ellas recurso de reposición (STS de 23 de octubre de 2010). No obstante, el Tribunal Supremo las equiparaba a efectos procesales a las disposiciones administrativas de carácter general, hasta que la STS de 5 de febrero de 2014, puso fin a la concepción de esa doble naturaleza de las RPT, entendiendo que deben considerarse como actos administrativos a todos los efectos; más en concreto como una especie de *acto-condición* que singulariza para cada puesto la regulación general del estatuto de los funcionarios.

En determinadas administraciones y organismos públicos, la RPT se sustituye por un simple *catálogo* de puestos, menos formalizado, o por otros instrumentos de ordenación similares (art. 109.3 y disp. adic. 14.ª del Real Decreto-ley 6/2023). Cosa distinta es la *plantilla de personal* a que se refieren algunas normas. Conforme al artículo 14 LMRFP, éste último es un concepto de efectos meramente presupuestarios, pues incluye todos los puestos de trabajo de cada administración, tanto de personal funcionario como laboral, tal como resultan de los créditos establecidos en los correspondientes presupuestos. De hecho, la jurisprudencia subraya su directa conexión con el presupuesto (SSTS de 28 de noviembre de 2007 y 17 de julio de 2012), hasta el punto de considerar que la plantilla es prácticamente como «una partida de los presupuestos» (STS de 20 de octubre de 2008). Aunque alguna legislación autonómica parece equipararlas a las relaciones de puestos de trabajo, en la legislación del Estado, en la de la mayoría de las Comunidades y en la legislación de régimen local su sentido es otro, el de coordinar la estructura de la función pública con las decisiones presupuestarias. Por esa razón en el caso de las administraciones locales, la ley precisa que la plantilla debe ser aprobada por el Pleno de la corporación [arts. 22.2.*i*) y 33.2.*f*) y 123.1.*h*) LBRL] a través o junto con el presupuesto y mediante el mismo procedimiento con que se aprueba éste. Por cierto, las plantillas de dichas corporaciones deben configurarse conforme a los principios de racionalidad, economía y eficiencia y de acuerdo con la ordenación general de la economía (art. 90.1 LBRL), principios que son, sin duda, aplicables también al resto de las administraciones, dado su rango constitucional y su alcance general. El artículo 126.1 TRRL añade que, para garantizar esos principios, las corporaciones locales deben unir a los expedientes de modificación de plantillas «los antecedentes, estudios y documentos acreditativos». A falta de ello, la modificación de la plantilla es nula por defecto de motivación, como se deduce de las SSTS de 19 de diciembre de 2011 y 17 de julio de 2012 y como sancionan claramente, por ejemplo, las SSTSJ de Castilla y León (Burgos) de 5 de mayo y 31 de julio de 2008. Por lo demás, parece claro que las plantillas y sus modificaciones son impugnables en los mismos términos que los presupuestos de las entidades locales y sus ordenanzas o disposiciones de carácter general, a las que deben entenderse asimiladas a efectos procesales y, por tanto, ante los Tribunales Superiores de Justicia (aunque no todos ellos lo consideran así).

En todo caso, lo que este concepto de plantilla de personal u orgánica pone de relieve es la estrecha vinculación entre la política de personal y la política presupuestaria. De hecho, el presupuesto es un instrumento más —y no el menos importante— de ordenación de la función pública, mediante el que los Parlamentos (y el Pleno de las corporaciones locales) participan directamente en la determinación de la estructura de la burocracia. La consecuencia, ligada al principio de legalidad presupuestaria, es que no pueden crearse plazas de empleados públicos que no estén dotadas presupuestariamente.

3. La oferta de empleo público

Éste es otro instrumento creado por la LMRFP de 1984 para racionalizar y centralizar el proceso de selección de personal. Como tal se recoge en el TREBEP (art. 70), aunque éste permite sustituirla por «otro instrumento similar de gestión de la provisión de necesidades de personal». Se trata, en efecto, de un documento mediante el que cada administración hace pública la relación de puestos de trabajo o plazas vacantes que pretende cubrir a través de procedimientos de selección de personal. Dicha oferta, según el artículo 70.2 TREBEP, debe aprobarse anualmente por el respectivo órgano de gobierno y publicarse en el diario oficial que corresponda. El Real Decreto-ley 6/2023 (art. 108.1) dispone que puede contener también otras medidas derivadas de la planificación estratégica.

Quiere ello decir que cada administración debe evaluar anualmente sus necesidades de personal, determinar cuáles de ellas pueden satisfacerse con los efectivos de que ya dispone, mediante procedimientos de provisión de puestos de trabajo, promoción interna o redistribución y reasignación de efectivos y ofertar públicamente al mercado de trabajo las plazas o puestos vacantes que desee cubrir con personal de nuevo ingreso. No es necesario que las vacantes sean ofertadas con carácter interno a quienes ya tuvieran la condición de empleados públicos antes de ser incluidas en las convocatorias de plazas de ingreso de nuevo personal (como disponía el derogado art. 18.4 LMRFP). Pero sí es necesario, como recalca el artículo 7 del RGIPP, que «exista crédito presupuestario y se considere conveniente su cobertura durante el ejercicio».

Estas precisiones manifiestan, por un lado, la vinculación de la oferta de empleo público con los instrumentos de ordenación antes examinados, plantillas y RPT. En efecto, como es lógico, sólo pueden ofertarse plazas que estén dotadas presupuestariamente y que figuren en las RTP o, en su defecto, en los catálogos o plantillas. Más aún, las ofertas de empleo público tienen que ajustarse necesariamente a los límites cuantitativos de la asunción de nuevo personal (*tasa de reposición de efectivos*) que puedan establecer las leyes de presupuestos generales, por estrictos que puedan ser. Así lo confirman sin excepción las SSTC 215/2015, 179/2016, 194/2016, 43/2017, 82/2017 y 78/2018, entre otras.

En la Administración General del Estado, la OEP es aprobada por el Gobierno, a propuesta del Ministerio de Hacienda, que previamente debe negociar con los sindicatos sus «criterios generales» [art. 37.1.*l*) TREBEP]. La oferta puede contener medidas derivadas de la planificación de los recursos humanos (art. 70.3 TREBEP). La publicación de la oferta estatal ha de producirse durante el primer trimestre de cada año (art. 8.1 RGIPP), con carácter general o global. Sin embargo, excepcionalmente, el Gobierno puede aprobar (se entiende que directamente y en cualquier momento) ofertas para ámbitos específicos «cuando existan necesidades urgentes de incorporaciones de personal» (art. 8.2 del citado RGIPP).

En las Comunidades Autónomas, la aprobación de la oferta de empleo público compete al Consejo de Gobierno, normalmente a propuesta de la consejería o consejerías competentes en materia de hacienda y función pública y previo informe del órgano superior consultivo en la materia, aunque según algunas leyes es una competencia delegable en órganos inferiores. En las corporaciones locales la aprobación de la oferta de empleo público corresponde al alcalde o al presidente de la diputación [arts. 21.1.*g*) y 34.1.*g*) LBRL] o bien a la Junta de Gobierno Local en el caso de los municipios de gran población [art. 127.1.*h*) LBRL] y debe hacerse en el plazo de un mes desde la aprobación del presupuesto (plazo que se incumple con harta frecuencia).

La oferta de empleo público no tiene un valor jurídico meramente informativo. Por un lado, constituye un requisito necesario del procedimiento de selección de personal. No un acto de trámite del mismo, sino más bien un acto autónomo y previo que condiciona su iniciación. Así se deduce del artículo 70.1 TREBEP, según el cual «las necesidades de recursos humanos, con asignación presupuestaria, que deben proveerse mediante la incorporación de personal de nuevo ingreso *serán* objeto de la oferta de empleo público [...]». En consecuencia, todas las plazas que se oferten para nuevo ingreso deben incluirse en la oferta de empleo público de la administración correspondiente, incluidas las que se oferten para promoción interna (STS de 29 de febrero de 2000), tal como ratifica el artículo 108.2 del Real

Decreto-ley 6/2023. Por otro lado, la OEP es un acto administrativo o resolución de carácter general y favorable, que no crea derechos, pero sí legítimas expectativas que no pueden dejar de satisfacerse. Por tanto, la oferta de empleo público vincula a la administración que la aprueba, pues, como señala el artículo 9 RGIPP (para el ámbito estatal), aprobada la oferta, los departamentos «*procederán* a la convocatoria de los procedimientos selectivos de acceso para las vacantes previstas». Conforme al artículo 70.1 TREBEP, en efecto, la aprobación de la oferta «comportará *la obligación* de convocar los correspondientes procesos selectivos para las plazas *comprometidas* y hasta un 10 por 100 adicional, fijando el plazo máximo para la convocatoria de los mismos». A lo que añade, de manera prudente y realista, a la luz de la experiencia, que la ejecución de la oferta debe desarrollarse —mediante las correspondientes convocatorias, se entiende— en el plazo improrrogable de tres años. En caso contrario —y, por desgracia, no infrecuente en tiempos de crisis—, la Administración incurre en una situación de inactividad contraria a derecho. Pasados esos tres años, sin embargo, la oferta decae y no se pueden aprobar las convocatorias de plazas contempladas en ella, salvo que existan «razones poderosas» que lo justifiquen (SSTS de 10 de diciembre de 2018 y 21 de mayo de 2019), debiendo declararse la nulidad de tales convocatorias, con las oportunas consecuencias (STS de 12 de diciembre de 2019).

La reciente Ley 4/2021, de la Función Pública Valenciana, más estricta, ordena que los procedimientos para la cobertura las plazas previstas en la oferta se convoquen en un plazo máximo de tres meses desde la publicación de aquélla y que las pruebas selectivas correspondientes deben finalizar en el plazo máximo de un año desde la convocatoria (art. 55.3); si, por causa justificada, no han sido convocadas algunas vacantes incluidas en la oferta, deben acumularse a las convocatorias correspondientes a la siguiente oferta.

En sentido similar y para el ámbito de la Administración del Estado, el artículo 108.2 del Real Decreto-ley 6/2023 dispone que las convocatorias deben publicarse en el mismo año natural que la oferta de empleo público correspondiente y que deben ejecutarse en el plazo máximo de dos años, y las respectivas fases de oposición en un año, salvo causa justificada. Pero las plazas no cubiertas pueden convocarse nuevamente, siempre que no hayan transcurrido tres años desde la publicación de la oferta.

Por otra parte, al tratarse de un acto administrativo favorable, la oferta no debería poder revocarse o modificarse de oficio sino por las razones de nulidad de pleno derecho previstas en la legislación general (art. 106 LPACAP), sin perjuicio de la potestad de la Administración para declarar la lesividad del acto e impugnarlo ante los tribunales (art. 107 LPACAP) y para corregir los errores materiales o de hecho (art. 109.2 LPACAP). Así lo han entendido, entre otras, la SAN de 27 de septiembre de 1999 y la STS de 23 de julio de 2001, para la que la modificación por la Administración del contenido de la oferta válidamente emitida transgrede los principios de buena fe y confianza legítima. Pero no se trata de una jurisprudencia consolidada.

El problema es que muchas administraciones no aprueban anualmente sus ofertas de empleo público y, por ello, tienden a cubrir sus necesidades de personal con funcionarios interinos y contratados temporales. Para atajar esta mala práctica, el artículo 10.4 TREBEP obliga a incluir las vacantes cubiertas con interinos en la oferta de empleo correspondiente al ejercicio en que se produce su nombramiento o, si no fuera posible, en la siguiente, salvo amortización de la plaza. No siempre esta obligación se cumple puntualmente. Pero, en todo caso, los interesados pueden impugnar las ofertas de empleo público que incumplan el mandato legal y no incluyan las vacantes cubiertas ya por personal interino que no se amorticen expresamente. Así lo recalca la STS de 29 de octubre de 2010, según la cual el incumplimiento de dicha obligación legal supone una infracción del artículo 23.2 CE. Claro está, siempre que se respete la tasa de reposición de efectivos establecida por la correspondiente Ley de Presupuestos, como declaran las SSTS de 13 de noviembre de 2013, 2 de diciembre de 2015, 21 de abril y 25 de septiembre de 2017.

4. Planificación de recursos humanos

Una Administración Pública moderna y eficaz necesita, como las grandes corporaciones privadas, elaborar una planificación de recursos humanos, es decir, como señaló el Informe de la Comisión para la preparación del EBEP, introducir mecanismos de análisis de sus necesidades de personal, a medio y aún a largo plazo, para programar la manera de satisfacerlas y optimizar el número y distribución de sus efectivos, en lugar de actuar de manera improvisada y reactiva. Sin embargo, hasta ahora la planificación de recursos humanos no ha sido muy utilizada en el conjunto de nuestras administraciones públicas, más atentas a las necesidades del día a día, por no hablar de las distorsiones derivadas de influencias clientelares o corporativas.

Tan sólo por Ley 22/1993 se introdujo en el artículo 18 LMRFP la figura de los planes de empleo, en un momento histórico en que el elevado déficit público y la necesidad de cumplir los compromisos de estabilidad presupuestaria impuestos por el Tratado de la Unión Europea de 1992 prácticamente obligaban a reducir el exceso de personal y a controlar su número. La legislación autonómica fue incorporando también este u otros instrumentos semejantes (por ejemplo, los «programas de racionalización» de efectivos) a su propio ámbito. Pero en la práctica se elaboraron pocos planes, incluso en esos años. Ello, no obstante, la planificación es indispensable para ajustar las disponibilidades de personal a las necesidades de la organización, a un coste razonable. De ahí el impulso que el EBEP pretendió darle.

Conforme a su artículo 69.1, el objetivo de la planificación es «contribuir a la consecución de la eficacia en la prestación de los servicios y de la eficiencia en la utilización de los recursos disponibles mediante la dimensión adecuada de [los] efectivos, su mejor distribución, formación, promoción profesional y movilidad». En consecuencia, los planes para la ordenación de los recursos humanos de las administraciones públicas pueden incluir, entre otras, las siguientes medidas (art. 69.2):

a) Análisis de las disponibilidades y necesidades de personal, tanto desde el punto de vista del número de efectivos como del de los perfiles profesionales o niveles de cualificación de los mismos.

b) Previsiones sobre los sistemas de organización del trabajo y modificaciones de estructuras de puestos de trabajo (lo que afectaría, lógicamente, al contenido de las RPT).

c) Medidas de movilidad, entre las cuales podrán figurar la suspensión de incorporaciones de personal externo a un determinado ámbito o la convocatoria de concursos de provisión de puestos de trabajo limitados a personal de ámbitos que se determinen (es decir, medidas limitativas de la movilidad voluntaria para controlar o reconducir los excedentes de personal).

d) Medidas de promoción interna y de formación de personal y de movilidad forzosa.

e) Previsión de incorporación de recursos humanos a través de la oferta de empleo público.

Llama poderosamente la atención que en esta relación no se hayan incluido medidas destinadas a la reducción de efectivos excedentes, que fue una de las razones principales de la introducción de los planes de empleo en 1993, a través de denominado procedimiento de reasignación de efectivos, que, no obstante, se mantiene en alguna legislación previa al EBEP. Con toda seguridad ha pesado en esta omisión la influencia de los sindicatos, reacios por esencia a cualquier medida limitativa de la estabilidad en el empleo público. Ello no excluye, sin embargo, que en caso de necesidad las administraciones puedan adoptar medidas para incentivar la jubilación anticipada o la excedencia voluntaria, o bien la de congelación de las ofertas de empleo, que es la medida más usual.

Ahora y para el ámbito de la Administración del Estado, el Real Decreto-ley 6/2023 pone el énfasis en la planificación estratégica plurianual, que considera «el fundamento de la actuación en materia de función pública» (art. 107.1) y que prevé estructurar a través de planes generales, otros específicos de los departamentos ministeriales y organismos públicos y otros de restructuración de sectores concretos (véase la Orden TDF/380/2024, de 26 de abril). Los planes deben ir acompañados de una memoria justificativa y deben aprobarse previa negociación con las organizaciones sindicales de los «criterios generales», como establece el artículo 37.1.*c*) TREBEP. También deben ser objeto de evaluación posterior para revisar el cumplimiento de sus objetivos e introducir las oportunas medidas correctoras (art. 107.5 RD-ley 6/2023).

La planificación de recursos humanos se regula ahora también con mayor detalle que antes en algunas leyes especiales y en la legislación autonómica sobre empleo público más reciente. Es el caso de la sanidad pública, donde la legislación específica (art. 26 del Estatuto Marco del Personal Estatutario de los Servicios de Salud) vincula la adopción de medidas sobre jubilación voluntaria o prolongación de la edad de jubilación a lo que dispongan los planes de ordenación de recursos humanos, lo que ha obligado a las administraciones competentes a aprobar tales planes para defender la legalidad de ese tipo de medidas. Otros ejemplos son el de la Comunidad Valenciana, que regula con detalle la materia en los artículos 51 a 54 de su Ley 4/2021, de Función Pública, y el del País Vasco (arts. 48 y 49 de la Ley 11/2022, de Empleo Público). De hecho, el Gobierno Vasco aprobó ya en noviembre de 2015 un Plan de Empleo para su Administración General. No obstante todo lo anterior, la planificación de recursos humanos en el seno de nuestras administraciones está aún por hacer en gran medida.

Por lo que respecta a su naturaleza jurídica, la STS de 20 de enero de 2014, declara que los planes de empleo público no tienen naturaleza normativa, al igual que las RPT. En consecuencia, son impugnables como actos administrativos de destinatario plural y no como reglamentos.

PARA PROFUNDIZAR

J. ALDOMÀ I BUIXADÉ, *Les relacions de llocs de treball de les Administracions publiques*, Barcelona, 1996; L. M. ARROYO YANES, *Los instrumentos de gestión del empleo público*, Madrid, 2016; F. BERMEJO CABRERA, «Las relaciones de puestos de trabajo y la laboralización de la función pública», *Revista Española de Derecho Administrativo*, 62, 1989; X. BOLTAINA BOSCH, *Los puestos de trabajo del personal laboral en las Administraciones Públicas*, Valencia, 2006; J. CANTERO MARTÍNEZ, *Claves para la modernización de la estructura funcionarial: la coexistencia ordenada de cuerpos y puestos de trabajo*, Navarra, 2016; F. A. CASTILLO BLANCO, «*Management* y Derecho administrativo. ¿Hacia una necesaria evolución del derecho de la función pública y de la gestión de los recursos humanos?», *Administración de Andalucía*, 26, 1996; M. FÉREZ FERNÁNDEZ, «Conceptos generales de la gestión de recursos humanos en el empleo público», en AA.VV., *Manual de Empleo Público*, Madrid, 2009; L. GONZÁLEZ GALLARDO, «Introducción sobre los sistemas de planificación de los recursos humanos y flexibilización de la relación de empleo en el ámbito de las Administraciones Públicas», en *Presupuesto y Gasto Público*, 1994; M. GORRITI BONTIGUI, «La planificación estratégica de los recursos humanos en las Administraciones Públicas españolas del siglo XXI», *Documentación Administrativa*, 13, 2024; M. GORRITI y J. LÓPEZ, *El análisis de puestos de trabajo en la Administración Pública*, Oñate, 2009; M. GORRITI y F. TOÑA, «El nuevo modelo de organización y recursos humanos en la Administración General de la Comunidad Autónoma del País Vasco», *Presupuesto y Gasto Público*, 41, 2006; F. LONGO MARTÍNEZ, *Mérito y flexibilidad. La gestión de las personas en las organizaciones del sector público*, Barcelona, 2004; L. MORELL OCAÑA, A. NIETO, J. F. LÓPEZ-FONT, J. BARCELONA LLOP, E. PENACHO MARTÍNEZ y M. BEATO ESPEJO, «Administración y Constitución: el principio de jerarquía», *Documentación Administrativa*, 229, 1992; E. MOREU CARBONELL, «Las relaciones de puestos de trabajo en el proceso de reforma de las Administraciones Públicas», *Revista de Administración Pública*, 144, 1997; A. PALOMAR OLMEDA, *Planificación del empleo público e instrumentos de flexibilización y racionalización*, Navarra, 2015; A. PÉREZ LUQUE, *Las relaciones de puestos de trabajo en las Corporaciones Locales*, Madrid, 2003; J. PRATS CATALÁ, «Derecho y *Management* en las Administraciones Públicas», *Ekonomiaz, Revista Vasca de Economía*, 26, 1993; íd., *De la burocracia al* management. *Del* management *a la gobernanza*, Madrid, 2005; A. RODRÍGUEZ GURTUBAY, *Planificación de los recursos humanos en las Administraciones Públicas. Gestión y desarrollo de las personas en tiempos de austeridad*, Madrid, 2013; R. VICENTE DOMINGO, *El puesto de trabajo en el derecho de la función pública*, Valencia, 1997; M. VILLORIA y E. PINO, *Manual de gestión de recursos humanos en las Administraciones Públicas*, Madrid, 3.ª ed., 2009.

CAPÍTULO V

EL ACCESO AL EMPLEO PÚBLICO

SUMARIO: I. PRINCIPIOS GENERALES. II. REQUISITOS PARA EL ACCESO. 1. *La nacionalidad española y el acceso al empleo público de ciudadanos de otros países de la Unión Europea y de otros países.* 2. *Capacidad funcional para el desempeño de las tareas y reserva de vacantes para personas con discapacidad.* 3. *Edad.* 4. *No haber sido separado o inhabilitado.* 5. *Titulación.* 6. *El conocimiento de las lenguas cooficiales.* 7. *Otros requisitos específicos.* III. ÓRGANOS DE SELECCIÓN. IV. SISTEMAS SELECTIVOS. 1. *La oposición.* 2. *El concurso-oposición y el problema de las convocatorias para la consolidación de empleo precario.* 3. *El concurso.* V. PROCEDIMIENTO SELECTIVO. 1. *La convocatoria y el principio de publicidad.* 2. *Solicitudes de participación, admisión de candidatos y subsanación de errores formales.* 3. *Celebración de las pruebas y relación de aprobados.* 4. *Aportación de la documentación.* 5. *Período de prácticas, curso selectivo, período de prueba.* 6. *Nombramiento y toma de posesión.* VI. SELECCIÓN DE PERSONAL INTERINO Y LABORAL. VII. FUNCIONARIZACIÓN. VIII. REVISIÓN DE LOS ACTOS DE SELECCIÓN Y DISCRECIONALIDAD TÉCNICA DE LOS ÓRGANOS SELECTIVOS.

I. PRINCIPIOS GENERALES

Como ya sabemos, la selección de los empleados públicos ha de hacerse en virtud de criterios objetivos, pues todos los ciudadanos son iguales ante la ley y ante su aplicación, de manera que la Administración no puede expresar preferencias discriminatorias o fundadas en razones subjetivas de unos sobre otros. Dichos criterios objetivos deben basarse en el mérito y la capacidad, puesto que la Administración está obligada a gestionar los intereses públicos con eficacia.

Estas ideas elementales constituyen pilares fundamentales del Estado de Derecho. Como tal y frente a los privilegios estamentales del Antiguo Régimen se afirmaron ya por las declaraciones de derechos y las constituciones liberales de los siglos XVIII y XIX, empezando por la Declaración de Derechos del Hombre y del Ciudadano de 1789, según la cual «todos los ciudadanos [...] son igualmente admisibles a todas las dignidades, puestos y empleos públicos según su capacidad y sin otra distinción que sus virtudes y talentos». Como tal se fueron consolidando en la letra de la ley frente a numerosas reminiscencias clasistas, a tentaciones corporativas y endogámicas y a variados tipos de *spoils system*. Y como tal figuran en la mayoría de las constituciones vigentes y en los textos internacionales de derechos fundamentales. No obstante lo cual, la experiencia demuestra la facilidad con que el favoritismo, el amiguismo y otras malas prácticas permiten desvirtuarlas. En realidad, el grado de aplicación real y el de vulneración de estos principios —difícil de medir, pero fácil de intuir— constituyen un test importante acerca del respeto que una sociedad y una Administración tienen por el Estado de Derecho. También constituyen un condicionante del buen funcionamiento de la Administración, pues raramente será eficaz la que no sea capaz de seleccionar para su servicio a los mejores aspirantes. Por eso, la lucha contra la arbitrariedad administrativa y en favor del derecho, de la igualdad y del interés general encuentran en este capítulo uno de sus más relevantes retos.

Como también hemos visto, en nuestro derecho el régimen de acceso a la función pública está expresamente presidido por el reconocimiento constitucional del derecho de los ciudadanos a «acceder en condiciones de igualdad a las funciones y cargos públicos con los requisitos que señalen las leyes» (art. 23.2) y por los criterios de mérito y capacidad para el acceso a la función pública (art. 103.3). Ambos preceptos constitucionales guardan, como pone de relieve la generalidad de la doctrina jurídica y de la jurisprudencia, una relación estrecha. Es decir, que lo que la Constitución pretende es que ingresen en la función pública, mediante los procedimientos selectivos correspondientes, quienes, de entre los candidatos, reúnan mayores méritos y capacidad, sancionando cualquier otro resultado como contrario al principio y derecho fundamental a la igualdad jurídica.

En estos términos, el artículo 23.2 CE establece, ciertamente, un derecho fundamental, como se desprende de su ubicación sistemática (dentro de la Sección relativa a los *derechos fundamentales y libertades públicas*). Pero la estructura de este derecho, su contenido, es peculiar. No consiste, obviamente, en el derecho de los ciudadanos a acceder a los cargos y funciones públicas, derecho que nadie tiene reconocido sin más. Se trata sólo de un derecho *per relationem*, es decir, del derecho a no ser discriminado o sufrir un trato desigual no fundado en razones objetivas y razonables en el acceso a los cargos y funciones públicas. Una manifestación específica del derecho más general a la igualdad jurídica (art. 14 CE), tal como ha reconocido la jurisprudencia (SSTC 75/1983, 50/1986, 148/1986, 84/1987, 27/1991, 293/1993, 73/1998, 138/2000, 30/2008, entre otras muchas). Dicho de otra manera, el derecho exige permitir la participación de todo ciudadano en los procesos selectivos para el empleo público, sin que se establezcan requisitos o condiciones subjetivas, irrazonables o desproporcionadas que puedan generar discriminación, es decir, el derecho a la igualdad de oportunidades; y exige, en segundo término, que los seleccionados sean los candidatos más capacitados y meritorios; no, en cambio, que éstos sean necesariamente seleccionados, pues el proceso de selección puede quedar desierto sin merma del principio de igualdad, sino tan sólo que no sean preteridos. En su condición de derecho fundamental, el que se acaba de exponer goza de la tutela judicial reforzada a que se refiere el artículo 53.2 CE. Es decir, puede ser defendido ante los tribunales de justicia frente a las decisiones administrativas que lo conculquen mediante el procedimiento especial en materia de derechos fundamentales, hoy regulado en los artículos 114 y siguientes de la LJCA (o, si se prefiere, mediante el procedimiento ordinario) y, en último término, agotados todos los recursos en la vía judicial, mediante recurso de amparo ante el Tribunal Constitucional. Cuestión distinta es la relativa al alcance y posibilidades de estos controles jurisdiccionales, sobre lo que trataremos más adelante.

Tampoco debe olvidarse que, en la actualidad, el derecho a la igualdad de trato está incluido en tratados internacionales ratificados por España, entre ellos, el Convenio Europeo para la Protección de los Derechos Humanos y Libertades Fundamentales de 1950, y figura en la Carta de Derechos Fundamentales de la Unión Europea (art. 20). De ello derivan también posibilidades de defensa jurídica del derecho de acceso al empleo público en condiciones de igualdad ante los tribunales europeos (TEDH y TJUE).

En aplicación de los mandatos constitucionales y completándolos, la ley regula los aspectos esenciales del sistema de acceso. En concreto, el TREBEP (arts. 55 a 61) regula los principios rectores en la materia, los requisitos generales para poder participar en los procesos selectivos, las reglas básicas sobre la composición de los órganos de selección y las que se refieren a los sistemas y pruebas selectivas.

Por lo que se refiere a los principios rectores —del resto de la regulación del TREBEP trataremos más adelante—, se añaden a los constitucionales de igualdad, mérito y capacidad otros que son instrumentales a ellos y están destinados a garantizar su efectividad, así como algunos que se vinculan al principio, también constitucional, de eficacia administrativa.

En todo caso el TREBEP (art. 55.2) exige que la selección de personal funcionario y laboral de las administraciones públicas, organismos y entes a que se aplica, se lleve a cabo mediante procedimientos en que se garanticen tales principios. Hay pues, ante todo, una *garantía de procedimiento*, que conlleva la nulidad de pleno derecho, por falta absoluta de procedimiento [art. 47.1.*e*) LPACAP], de cualquier nombramiento o contratación de personal que no vaya precedida del correspondiente proceso formal de selección, es decir, los nombramientos *directos* o, según la expresión coloquial, «a dedo». Situación esta ya extraña —aunque no insólita— en nuestros días y que, cuando se produce, tiene también trascendencia penal, como constitutiva de un delito de prevaricación (arts. 405 y 406 CP). Pero, además, esos procedimientos no pueden constituir un mero trámite formal y aparente para encubrir una decisión predeterminada —lo que ya no es tan infrecuente— y por eso, según el TREBEP, han de respetar también los siguientes principios específicos:

a) *Publicidad* de las convocatorias y sus bases, que ha de ser suficiente y por medios adecuados, para que cualquier posible interesado pueda participar y defender sus derechos, incluyendo la impugnación de las bases y la recusación de los miembros de los órganos de selección.

b) *Transparencia*, a lo largo de todo el procedimiento, si bien, como señaló la Comisión de expertos, ello no es incompatible con el carácter reservado de las deliberaciones de los órganos de selección, necesario a veces para garantizar derechos de terceros, siempre que sea posible conocer los fundamentos y criterios de sus decisiones. De ahí que el Real Decreto-ley 6/2023 (art. 103.2) aluda a la *confidencialidad* de la actuación de dichos órganos. La transparencia exige, en cambio, claridad de los criterios en que se funda la selección, publicidad o carácter abierto de las pruebas que se realicen y motivación de las resoluciones.

c) *Imparcialidad y profesionalidad* de los miembros de los órganos de selección, de todos y cada uno de ellos, se entiende, a cuyo efecto se establecen ciertas prohibiciones de que después trataremos detenidamente.

d) *Independencia y discrecionalidad técnica* en la actuación de dichos órganos, principio que desarrollaremos también al tratar de los mismos.

e) *Adecuación* entre el contenido de los procesos selectivos y las funciones o tareas a desarrollar, lo que debe llevar a reducir el excesivo contenido teórico y memorístico que aún tienen muchas pruebas selectivas, incluso para reclutar personal destinado a realizar funciones auxiliares.

f) *Agilidad* de los procesos de selección, evitando la larga duración de los procedimientos y arbitrando las medidas oportunas en las convocatorias de participación masiva, entre ellas promover el uso de medios electrónicos, como ordena, entre otras normas, el Real Decreto-ley 6/2023. Pero siempre sin perjuicio de la objetividad en la selección. Principio este al que, sin embargo, no se atiende en la medida necesaria, pues aún son muchos los procedimientos selectivos que tardan años en resolverse.

Como es natural, esa regulación básica, aplicable a todo el empleo público, debe ser desarrollada por la legislación del Estado y de las Comunidades Autónomas sobre función pública, tal como hoy ya hacen las leyes de función pública de estas últimas y el citado Real Decreto-ley 6/2023 para la Administración del Estado. Este añade a los citados principios el de *accesibilidad*, garantizando la igualdad de oportunidades en el acceso a la función pública. En su virtud, opta por un modelo de selección *adaptable* a cada caso, en función de las competencias, *mixto*, es decir, basado tanto en la evaluación de conocimientos como de competencias y habilidades, y *social*, esto es, identificado con la diversidad social y territorial. Además, numerosas leyes especiales contienen la normativa esencial aplicable a determinados colectivos de empleados (militares, jueces y magistrados, fiscales y demás personal al servicio de la Administración de Justicia, policías, docentes universitarios y no universitarios, personal estatutario de los Servicios de Salud, funcionarios locales, personal al servicio de órganos constitucionales, etc.). Otra legislación especial aborda aspectos específicos del sistema de acceso. Por ejemplo, las leyes de normalización lingüística, que contienen reglas sobre el conocimiento de las lenguas oficiales en determinadas Comunidades Autónomas, como requisito o mérito para el acceso, reglas que se recogen hoy parcialmente en algún Estatuto de Autonomía (art. 33 del Estatuto de Cataluña, por ejemplo).

La reserva de ley que impone el artículo 103.3 CE no va más allá, pues en una materia como ésta, tanto por el necesario detalle de la regulación, como por la enorme variedad de supuestos, la colaboración del reglamento es imprescindible.

De entre todas las normas reglamentarias destaca, por su generalidad, el Reglamento general de ingreso del personal al servicio de la Administración General del Estado y de provisión de puestos de trabajo y de promoción profesional de los funcionarios civiles de la Administración General del Estado, aprobado por Real Decreto 364/1995, de 10 de marzo (RGIPP). Este reglamento es aplicable al régimen de los funcionarios —y también a la selección de interinos y personal laboral, como veremos— de la Administración General del Estado y sus organismos autónomos incluidos en el ámbito de aplicación del TREBEP, sin perjuicio de las especialidades del personal docente, investigador, sanitario y de los servicios postales (art. 1.1 y 2). Además, es de aplicación supletoria para el resto de los funcionarios civiles de la Administración del Estado y de las restantes administraciones públicas (art. 1.3). En las páginas que siguen será, por eso, objeto directo de estudio, sin perjuicio de las oportunas referencias a otras normas especiales. Para el ámbito de la Administración del Estado debe tenerse en cuenta también la Orden HFP 688/2017, de 20 de julio, que establece las bases comunes de los procesos selectivos de ingreso o acceso, así como los criterios y reglas generales que se incluyen en los decretos y las órdenes que aprueban las sucesivas ofertas de empleo público.

II. REQUISITOS PARA EL ACCESO

Para tomar parte en las pruebas selectivas, toda persona debe reunir unos requisitos. Los de carácter general se regulan en los artículos 56 y 57 TREBEP, que se completa con otras normas especiales y debe interpretarse de acuerdo con los principios y reglas de la vigente Constitución.

1. La nacionalidad española y el acceso al empleo público de otros ciudadanos de los países de la Unión Europea y de otros países

El primero de los requisitos que establece el artículo 56.1 TREBEP para poder participar en los procesos selectivos es «tener la nacionalidad española», aunque sin perjuicio de lo que establece el artículo 57. A esto hay que añadir, positivamente, que cualquier español tiene derecho a acceder en condiciones de igualdad a cualquier cargo o función pública en todo el territorio nacional. No pueden, pues, establecerse, distinciones por razón de la vecindad local o de la «condición política» autonómica, que serían radicalmente inconstitucionales, por contrarias al texto de los artículos 23.2 y 139.1 CE. Cosa diferente es que se exija o se prime el conocimiento de una lengua cooficial (sobre lo que trataremos luego) o que, una vez ingresado en la función pública, se imponga un deber de residencia.

Desde hace tiempo, sin embargo, el requisito de la nacionalidad española ha quedado matizado por la posibilidad de que accedan a la función pública los nacionales de los demás Estados miembros de la Unión Europea en idénticas condiciones que los españoles. Esta posibilidad deriva del derecho de libre circulación de los trabajadores que, como se sabe, constituye uno de los pilares de la Unión Europea. Bien es verdad que el actual artículo 45.4 del TFUE establece que las disposiciones sobre libertad de circulación «no serán aplicables a los *empleos en la Administración Pública*». Pero el TJUE, desde hace tiempo, ha venido interpretando restrictivamente ese concepto. Según este Tribunal (Sentencias *Sotgiu v. Deutsche Bundespost*, de 12 de febrero de 1974; *Comisión v. Reino de Bélgica*, de 17 de diciembre de 1980; *Comisión v. República Francesa*, de 3 de junio de 1986; *Lawrie-Blum v. Land Baden-Würtenberg*, de 3 de julio de 1986; *Consiglio Nazionale delle Ricerche*, de 16 de junio de 1987; *Groener v. The Minister for Education and the City of Dublin Vocational Committee*, de 28 de noviembre de 1989; *Scholz*, de 23 de febrero de 1994; *Comisión v. Grecia, Bélgica y Luxemburgo,* tres sentencias de 2 y 3 de julio de 1996, varias más de 24 de abril de 2011; *Comisión v. Francia, Luxemburgo, Austria, Alemania, Grecia y Portugal* sobre la función de notario, entre otras, 10 de septiembre de 2014, *Haralambidis v. Casilli*, etc.), por *empleos en la Administración Pública*, a efectos de lo dispuesto en el citado artículo 45.4, hay que entender tan sólo los que «comportan una participación, directa o indirecta, en el ejercicio del poder público y en las funciones que tienen por objeto la salvaguarda de los intereses del Estado o de otras colectividades públicas». A estos efectos, es indiferente la relación jurídica que une al empleado con la Administración —funcionarial, contractual u otra— y no es admisible la utilización de un criterio *institucional* de distinción, sino el puramente *funcional* señalado, que supone la existencia entre el interesado y el Estado de una *relación especial de solida-*

ridad, así como «la reciprocidad de derechos y deberes en que se fundamenta el vínculo de nacionalidad». Cosa distinta es que se exija el conocimiento suficiente de la lengua del país donde se desee trabajar, criterio no discriminatorio. De hecho, el Real Decreto 543/2001, de 18 de mayo, exige a los ciudadanos europeos que deseen ingresar en nuestra función pública el conocimiento del castellano (art. 9). Pero tampoco es lícito tomar en consideración a efectos de un concurso sólo la experiencia desarrollada en la administración nacional y no la adquirida en las de los demás Estados miembros y así lo sanciona la jurisprudencia del TJUE (por ejemplo, Sentencias de 12 de mayo de 2005 y 26 de octubre de 2006, *Comisión v. Italia*).

En cualquier caso, el problema fundamental consiste en definir cuáles son esos empleos que comportan participación directa o indirecta en el ejercicio del poder público o la salvaguarda de los intereses generales, que pueden quedar reservados a los nacionales, dado que, como es lógico, el TJUE no ha establecido un listado de estos empleos, sino que los determina casuísticamente. Sin perjuicio de que la función interpretativa del Tratado corresponde al Tribunal, la Comisión Europea, en su Comunicación 88/C72/02, sobre la aplicación del actual artículo 45.5 TFUE (antes art. 39.4 TCE), señaló algunas precisiones, partiendo de la interpretación restrictiva que, según la jurisprudencia, hay que hacer de la excepción contenida en ese precepto. La Comisión considera que entre los empleos que pueden reservarse a los nacionales se encuentran los de las Fuerzas Armadas, Policía, judicatura, administración fiscal y diplomacia, además de todos aquellos que comprendan la elaboración de los actos jurídicos y su ejecución, el control de su aplicación y la tutela de los organismos dependientes, ya se trate de empleos en la Administración del Estado, en las administraciones territoriales y organismos autónomos y en los bancos centrales y ya se trate de funcionarios u otros agentes. En cambio, la Comisión entiende que debe potenciarse la libertad de circulación en los servicios públicos de carácter comercial (transportes, gas y electricidad, correos y telecomunicaciones, radiotelevisión), en los servicios sanitarios, en los de enseñanza y en los de investigación civil. También entiende que no pueden justificarse discriminaciones por razones de nacionalidad en el acceso a los empleos subalternos de la Administración.

En virtud de todo ello, la Ley 17/1993, de 23 de diciembre, modificada por la Ley 55/1999 para adaptarla plenamente a los criterios del Tribunal y la Comisión europeos, reguló en nuestro país el acceso a «determinados sectores de la función pública» de los nacionales de los demás Estados de la Comunidad Europea. Esa regulación ha sido recogida hoy en el artículo 57 TREBEP, que sustituye a la citada ley. Conforme a su apartado 1, los nacionales de dichos Estados pueden acceder, como personal funcionario, en igualdad de condiciones que los españoles a «los empleos públicos, con excepción de aquellos que directa o indirectamente impliquen una participación en el ejercicio del poder público o en las funciones que tienen por objeto la salvaguardia de los intereses del Estado o de las Administraciones Públicas». Ese mismo derecho es aplicable al cónyuge de los españoles y de los nacionales de otros Estados miembros de la Unión Europea, si no están separados de derecho, así como a sus descendientes y a los de su cónyuge, si no están separados de derecho, menores de veintiún años o mayores que vivan a sus expensas (art. 57.2). También es aplicable a las personas incluidas en el ámbito de aplicación de tratados internacionales celebrados por la Unión Europea y ratificados por España en los que sea de aplicación la libre circulación de trabajadores. Las distintas administraciones públicas deben determinar, en el ámbito de sus respectivas competencias, las agrupaciones de funcionarios (cuerpos, escalas u otras) a las que no pueden acceder los nacionales de otros Estados miembros de la Unión Europea. Pero está claro, habida cuenta de la eficacia directa de los Tratados europeos, que la falta de relación de unos y otros cuerpos, escalas o puestos, no impide el ejercicio del derecho de los ciudadanos europeos a acceder a los empleos que la ley les abre. Por otra parte, también está claro que la ley debe interpretarse de acuerdo con la jurisprudencia del TJUE y sin perder de vista los criterios de la Comisión Europea.

El Real Decreto 800/1995, de 19 de mayo, dio inicialmente cumplimiento, en el ámbito de la Administración del Estado, a lo dispuesto por la Ley 7/1993, señalando los cuerpos y escalas a los que podían acceder los ciudadanos europeos a que nos referimos. Pero, en virtud de la Ley 55/1999, quedó derogado y sustituido por el Real Decreto 543/2001, de 18 de mayo, que remite a las RPT, catálogos o plantillas de puestos de trabajo la determinación de aquéllos para los que es exigible la nacionalidad española, si bien establece en su anexo los cuerpos y escalas de la Administración del Estado reservados a ciudadanos de nacionalidad española. Por su parte, las Comunidades Autónomas han regulado por ley o decreto el acceso de ciudadanos de países miembros de la UE a su propia administración (véanse, por ejemplo, los Decretos 389/1996, de 2 de diciembre, de Cataluña; 14/1996, de 26 de julio, de Aragón; 230/2001, de 11 de octubre, de Madrid; 299/2002, de 10 de diciembre, de Andalucía; 170/2002, de 17 de diciembre, de Extremadura; 3/2003, de 31 de enero, de Murcia; etc.).

Conforme a esta legislación, los nacionales de los Estados miembros deben acreditar su nacionalidad y el cumplimiento de los requisitos exigidos a todos los participantes para ser admitidos a los procedimientos de selección, así como que no están sometidos a sanción disciplinaria o condena penal que les impida el acceso a la función pública en su Estado [conforme al artículo 56.1.*d*) TREBEP]. Por lo demás, la pérdida de la nacionalidad española o la de cualquier Estado miembro de la Unión Europea o de cualquier otro Estado al que sea de aplicación, en virtud de tratado celebrado por la Unión Europea y ratificado por España, la libre circulación de trabajadores, que haya sido tenida en cuenta para el nombramiento, implica la pérdida de la condición de funcionario, salvo que se adquiera simultáneamente la nacionalidad de algunos de esos Estados (art. 65 TREBEP).

En caso de incumplimiento de la normativa europea, sea por inaplicación de la legislación española o por una interpretación de ésta que no satisfaga las exigencias del TFUE, los interesados pueden invocar ante los tribunales españoles el derecho de la Unión Europea, pudiendo dichos tribunales, en su caso, elevar una cuestión prejudicial ante el TJUE (art. 267 TFUE). También puede el interesado poner el caso en conocimiento de la Comisión Europea, a efectos de que ésta inicie, si procede, el procedimiento y el eventual recurso por incumplimiento del derecho europeo.

Cabe también preguntarse si los nacionales de países que no son miembros de la Unión Europea, o de aquellos a los que se reconoce el derecho a la libre circulación por un tratado, pueden acceder en algún caso a la función pública española. A tal efecto, debe recordarse que el artículo 13.2 CE dispone que «sólo los españoles serán titulares de los derechos reconocidos en el artículo 23», con la única excepción de los derechos de sufragio activo y pasivo en los supuestos que el propio precepto señala.

Este último artículo, no obstante, no puede interpretarse en el sentido de que prohíbe totalmente el acceso de extranjeros a cargos y funciones públicas. Lo que en él se establece es, sencillamente, que los extranjeros no son titulares del *derecho constitucional* a acceder a esos cargos y funciones *en condiciones de igualdad* con los españoles. Por tanto, que se permita o no dicho acceso y en qué condiciones, depende de lo que se establezca en la ley o, en su caso, en tratados internacionales. A tal efecto, el artículo 57.5 TREBEP abre la puerta a que por ley de las Cortes Generales o de las Asambleas Legislativas de las Comunidades Autónomas —sólo por ley— se pueda eximir del requisito de la nacionalidad —española o de países europeos— por razones de interés general, para acceder a la condición de funcionario en España. Es esta una consecuencia directa de la evolución de nuestra estructura social, marcada por el desarrollo de la inmigración en los últimos años, y de la necesidad de las administraciones públicas de contar con extranjeros para cubrir ciertos puestos de trabajo de carácter funcionarial o estatutario (en la sanidad pública, en la educación, en la Policía o en las Fuerzas Armadas incluso), para los que no existe suficiente demanda de ciudadanos españoles o europeos. Como ya dijimos en su momento, un primer ejemplo es el que proporciona la Ley de Tropa y Marinería. Algunas leyes autonómicas permiten también la incorporación de personal extracomunitario a los Servicios de Salud propios: así el artículo 35 de la Ley de Función Pública de Extremadura, el artículo 72.5 de la Ley de Empleo Público Vasco y la Ley 11/2022, de 21 de diciembre, de la Comunidad de Madrid (modificada por Ley 16/2023, de 27 de diciembre). La citada Ley vasca también permite el acceso de esas personas a puestos de técnico en información y comunicaciones y, para asegurar el conocimiento de lenguas no europeas, como policía autonómico o local.

Por lo que se refiere a los empleados públicos laborales, la situación es distinta desde hace tiempo. Según el artículo 10.2 de la Ley Orgánica 4/2000, de 11 de enero, de derechos y libertades de los extranjeros en España (modificada por Ley Orgánica 8/2000, de 22 de diciembre), los trabajadores extranjeros «podrán acceder como personal laboral al servicio de las Administraciones Públicas, de acuerdo con los principios constitucionales de igualdad, mérito, capacidad y publicidad», pudiéndose presentarse a las ofertas de empleo público que se convoquen. La misma regla se contiene hoy en el artículo 57.4 TREBEP, que precisa que debe tratarse de personas con residencia legal en España. En la práctica no es infrecuente la contratación de extranjeros para algunos empleos en el sector público, sobre todo allí donde faltan especialistas de nacionalidad española, y no sólo para la enseñanza de lenguas o la investigación, sino también en el propio sector sanitario, en las oficinas públicas españolas en el extranjero, como profesores universitarios visitantes y distinguidos (arts. 83 y 84 LOSU), etc.

2. Capacidad funcional para el desempeño de las tareas y reserva de vacantes para personas con discapacidad

El requisito de capacidad, física y psíquica, viene establecido hoy por el artículo 56.1.*b*) TREBEP, en términos más precisos que en la legislación anterior, pues queda claro que debe interpretarse en función de las tareas a desempeñar. Por eso es posible exigir particulares condiciones físicas (una altura mínima, por ejemplo: véase la STJUE de 18 de octubre de 2017, *Kalliri*, sobre la exigencia de una altura mínima para el ingreso en la policía griega, que se considera no obstante discriminatoria por ser la misma para mujeres y hombres, así como la STS de 10 de julio de 2019, que subraya la necesaria observancia del principio de igualdad) o de salud, siempre que así lo justifique la naturaleza de dichas funciones. Corresponde al órgano de selección apreciar la existencia de tales condiciones físicas, conforme a las bases de la convocatoria, como causa de exclusión, si bien su apreciación puede ser revisada en vía judicial a través del control de los hechos determinantes y en función de las pruebas que se aporten al proceso (SSTS de 14 de junio de 2006, 9 de febrero de 2009, 23 de septiembre de 2010, 26 de mayo de 2014, 24 de octubre de 2022 y 10 de octubre de 2023, entre otras).

Pero, por otra parte, resulta obligado reservar un porcentaje de plazas a personas con discapacidad, siempre que la misma no sea incompatible con las tareas a desarrollar. Esta reserva, que puede disminuir el número de plazas a ocupar por los candidatos que no padecen discapacidad, está contemplada desde hace tiempo en nuestra legislación (disp. adic. 19.ª LMRFP y legislación autonómica coincidente) y fue declarada expresamente conforme a la Constitución y no lesiva del derecho contemplado en el artículo 23.2 por STC 269/1994, de 3 de octubre. La Ley 53/2003, de 16 de diciembre, sobre empleo público de las personas con discapacidad, en aplicación de la Directiva 2000/78/CE, estableció la reserva de un cupo de plazas no inferior al 5 por 100 en las ofertas de empleo público para personas con grado de minusvalía superior al 33 por 100, con el objetivo de conseguir que el 2 por 100 del empleo público esté cubierto por estas personas. Posteriormente, conforme a la Ley 26/2011, de 1 de agosto, de adaptación normativa a la Convención Internacional sobre los Derechos de las Personas con Discapacidad, el artículo 59.1 TREBEP elevó la reserva al 7 por 100 de las vacantes que se incluyan en las ofertas de empleo público, de manera que el 2 por 100 sea cubierto por personas con discapacidad intelectual y el resto por personas con otro tipo de discapacidad. Semejantes previsiones, a veces más detalladas, se recogen en la legislación autonómica (por ejemplo, en la Ley Foral de Navarra 13/2015, de 10 de abril, y en el art. 48.2 de la Ley 2/2015, de 29 de abril, de Empleo Público de Galicia), que en algunos casos eleva el porcentaje de plazas reservadas (por ejemplo, al 10 por 100, según la Ley 19/2016 de Extremadura). El Real Decreto-ley 6/2023 (art. 108.4) eleva también al 10 por 100 de las plazas la reserva, para el ámbito de la Administración del Estado. Conforme a las SSTS de 28 de febrero de 2012 y 29 de octubre de 2015 no basta que aquel porcentaje mínimo se establezca con carácter general en la oferta de empleo público de cada administración, sino que es necesario que se haga efectivo en cada una de las convocatorias publicadas. Sin embargo, el Real Decreto-ley 6/2023 permite concentrar las plazas reservadas en las convocatorias que mejor se adapten a las capacidades y competencias de tales personas, lo que parece más lógico.

En cualquier caso, los candidatos con discapacidad deben acreditar la compatibilidad con el desempeño de las funciones genéricas de los puestos a que aspiran y deben superar también los procesos selectivos con la puntuación mínima para aprobar, sólo que no compiten con el resto de los aspirantes (SSTS de 18 de octubre de 2007 y 8 de julio de 2016). Conforme al Real Decreto-ley 6/2023, en el caso de la Administración del Estado el proceso se llevará a cabo mediante pruebas selectivas específicas e independientes, siempre que se trate del acceso de personas con discapacidad intelectual que tengan reconocido un grado de discapacidad superior al 33 por 100. Además, el artículo 59.2 TREBEP añade que cada Administración Pública «adoptará las medidas precisas para establecer las adaptaciones y ajustes razonables de tiempos y medios en el proceso selectivo», de manera que se haga posible o facilite la participación de personas con discapacidad. Así lo establecen también las Comunidades Autónomas en su legislación propia (por ejemplo, Decreto 66/1999, de 9 de marzo, de Cataluña; Decreto 36/2004, de 16 de abril, de Baleares; Decreto 54/2006, de 22 de junio, de Madrid; Decreto 24/2022, de 16 de junio, de Castilla y León) y el artículo 113.4 del Real Decreto-ley 6/2023.

El TREBEP dispone además que, una vez superado el proceso selectivo, las administraciones realizarán también las adaptaciones en el puesto de trabajo a las necesidades de las personas con discapacidad (véase el art. 10 del RD 2.271/2004, citado). Pues, conforme a la STC 51/2021, éstas tienen derecho a aquellos ajustes razonables que no impongan una carga desproporcionada o indebida a la Administración

3. Edad

Según el artículo 56.1.*c*) TREBEP, para ser admitido a las pruebas selectivas para ingresar en la Administración es preciso *tener cumplidos dieciséis años* de edad y *no exceder*, en su caso, de la edad máxima de jubilación forzosa.

El primero es un requisito general de capacidad legal, que el EBEP ha unificado, reduciendo la anterior edad mínima que establecía la legislación de función pública, que era de dieciocho años [art. 30.1.*b*) LFCE], para hacerla coincidir con la que prevé la legislación laboral común. El segundo admite una reducción de la edad *máxima* de ingreso por ley especial, pero fundada en una motivación suficiente, ya que la edad es un *elemento diferenciador* que hace que «no todo puesto público esté abierto a ser ocupado por cualquier persona, cualquiera que sea su edad» (SSTC 75/1983, de 3 de agosto, y 29/2012, de 1 de marzo).

Por consiguiente, es lícito establecer límites de edad máxima especiales para acceder a ciertos empleos públicos, pero siempre que la exigencia responda a razones objetivas y constitucionalmente aceptables, correspondiendo al legislador la carga de la prueba. En el mismo sentido se ha pronunciado el TJUE en Sentencia de 12 de enero de 2010, *Wolf* (límite de edad para acceder a un cuerpo de bomberos) y en Sentencia de 13 de noviembre de 2014, *Vital Pérez y Ayuntamiento de Oviedo* (disconformidad a la Directiva 2000/78/CE de ley asturiana que fijaba una edad máxima de treinta años para acceder a la Policía Local). En virtud de ello, el Tribunal Supremo declaró (SSTS de 21 de marzo y 17 de octubre de 2011, 17 de enero y 14 de diciembre de 2012, entre otras) que no es lícito imponer la edad máxima de treinta y cinco años para participar en las pruebas de acceso al Cuerpo Nacional de Policía, en el que existen categorías y funciones muy diversas. Asimismo, declaró que no es conforme a derecho que se impongan límites máximos de edad (entre 21 y 40 años) para el acceso directo a los Cuerpos de Intendencia, Jurídico Militar y de Intervención de las Fuerzas Armadas (RD 35/2010, de 15 de enero), a falta de la necesaria justificación de este requisito (SSTS de 9 de mayo de 2014 y 6 de mayo de 2015). Tampoco es lícito el límite máximo de cincuenta y cinco años para acceder a las plazas de Intendente de la Policía Local (STS de 29 de enero de 2015). Por el contrario, la STS de 30 de mayo de 2012 considera conforme a derecho que se establezca la edad máxima de veintinueve años para ingresar en las escalas de Tropa y Marinería [art. 3.1.*e*) de la Ley 8/2006, de 24 de abril], pues persigue que los ingresados tengan expectativas reales de ascenso en los ejércitos. Y la STS de 28 de enero de 2016 acepta la validez de la edad máxima de treinta y un años para el acceso a ciertos cuerpos generales de las Fuerzas Armadas. En cambio, la STS de 1 de marzo de 2022 anula, por falta de justificación, los límites de treinta y cuatro y treinta y ocho años establecidos, según los casos, en 2021 para el ingreso en esos cuerpos militares.

Por su parte, la Sentencia del TJUE de 15 de noviembre de 2016, *Salaberria Sorondo*, ha considerado que no infringe tampoco el derecho europeo que se exija una edad inferior a treinta y cinco años para ingresar en la Ertzaintza, habida cuenta de las funciones asignadas a este cuerpo policial y algunas otras circunstancias, en particular la conveniencia de mantener en los cuerpos policiales una determinada «pirámide de edad». Y, sobre la base de esta última jurisprudencia europea, el Tribunal Supremo ha aceptado que se exija una edad inferior a treinta años para acceder a la condición de cabo o agente de la Guardia Civil (STS de 5 de abril de 2017), o el límite de veintisiete años para acceder a la Escala de Oficiales de la propia Guardia Civil (STS de 22 de febrero de 2024), así como una edad no superior a treinta y ocho años para acceder a los cuerpos policiales en el País Vasco (STS de 15 de marzo de 2023). La cuestión adolece, pues, de un notable casuismo, ya que la validez o no de esos límites de edad máxima depende de las circunstancias que puedan justificarlo.

4. No haber sido separado o inhabilitado

Es también requisito para participar en los procesos selectivos no haber sido separado mediante expediente disciplinario del servicio de cualquier Administración Pública o de los órganos constitucionales o estatutarios de las Comunidades Autónomas, ni hallarse en inhabilitación absoluta o especial para empleos o cargos públicos por resolución judicial, para el acceso al cuerpo o escala de funcionario, o para ejercer funciones similares a las que desempeñaban en el caso del personal laboral, en el que hubiese sido separado o inhabilitado [art. 56.1.*d*) TREBEP]. Obsérvese que, mientras que para el funcionario separado del servicio la imposibilidad de volver a concurrir en procesos selectivos de empleo público es general y absoluta, para el personal laboral el despido disciplinario sólo impide participar en procedimientos de selección para el ejercicio de funciones similares a las que desempeñaban —se entiende que en cualquier Administración Pública—, pues sólo para ello inhabilita la sanción de despido [art. 96.1.*b*) TREBEP]. Lógicamente, debe tratarse de separación del servicio o de despido mediante resolución firme o de la inhabilitación acordada también por sentencia firme. No obstante, en caso de inhabilitación, una vez cumplida la pena, se puede acceder de nuevo al empleo público previa rehabilitación (STS de 23 de julio de 2007, por ejemplo).

Para quienes sean nacionales de otro Estado, también es condición necesaria no hallarse inhabilitado o en situación equivalente ni haber sido sometido a sanción disciplinaria que impida, en su Estado, el acceso al empleo público en los mismos términos [art. 56.1.*d*) TREBEP]. Regla ésta que debe hacerse extensiva por analogía —pues no es una sanción, sino una consecuencia de la misma— a los ciudadanos españoles separados o inhabilitados como empleados públicos en cualquier otro Estado en que pudieran haber obtenido esa condición.

5. Titulación

El candidato al acceso debe estar en posesión del título exigido en cada caso [art. 56.1.*e*) TREBEP]. Tradicionalmente se ha entendido en nuestro derecho que basta con que esté en condiciones de obtenerlo en la fecha en que termine el plazo de presentación de instancias para participar en un proceso selectivo y así se deduce hoy también del artículo 18.2 RGIPP (véase la STS de 23 de febrero de 2006). Como sabemos, de la titulación depende la clasificación en grupos de los cuerpos y escalas de funcionarios. Naturalmente, las normas aplicables a cada procedimiento de selección pueden exigir titulaciones generales (de ESO, bachiller, de grado o de posgrado, en su caso, incluso de doctor como exige la LOSU para los cuerpos docentes universitarios) o específicas. Pero es obvio que la titulación, en tanto que requisito de capacidad, debe guardar una relación razonable con las funciones a desempeñar en el empleo que se pretende (STS de 14 de mayo de 2012, SAN de 19 de junio de 2012). Para algunos cuerpos del grupo A1 se puede exigir el título de máster, siempre que sea el exigible con carácter general para el ejercicio de las profesiones tituladas correspondientes (SSTS de 25 y 26 de septiembre de 2019 y 27 de octubre de 2020), tal como recoge ya la legislación más reciente (art. 31.1 de la Ley 4/2021, de la Función Pública Valenciana). Tampoco puede exigirse una sola titulación específica cuando no se justifica por la índole de tales funciones, en virtud del principio de *libertad con idoneidad* de ejercicio de las profesiones que viene estableciendo el Tribunal Supremo en relación con los requisitos de los puestos de trabajo (véase *supra*, capítulo IV, sobre el contenido de la RPT).

6. El conocimiento de las lenguas cooficiales

Larga polémica ha generado —y todavía hoy lo hace— la cuestión de si el conocimiento de una lengua cooficial distinta del castellano puede constituir, en aquellas Comunidades Autónomas o zonas donde existe tal cooficialidad, un requisito para acceder a la función pública autonómica y local.

El TREBEP, al igual que antes la LMRFP, se limita a ordenar al respecto, de manera tan general como ambigua, que las administraciones públicas deben prever la selección de empleados públicos «debidamente capacitados» para cubrir los puestos de trabajo en las Comunidades Autónomas que gocen de dos lenguas oficiales. La legislación de las Comunidades con lenguas cooficiales ha impuesto bien la obligación de conocer la lengua cooficial propia para acceder a la función pública en general (Cataluña, Galicia y últimamente también Baleares, con algunas excepciones) o sólo para determinados puestos (País Vasco, Navarra —de acuerdo con el *perfil lingüístico* de la plaza—), bien la obligación de acreditar el conocimiento de dicha lengua o comprometerse a aprenderla una vez hecha la selección (Comunidad Valenciana, según su Ley de Función Pública de 2010).

Tras algunos titubeos iniciales de la jurisprudencia del Tribunal Supremo (por ejemplo, STS de 25 de enero de 1984), el Tribunal Constitucional declaró en SSTC 82, 83 y 84/1986, de 26 de junio, que las Comunidades Autónomas donde existan dos lenguas oficiales pueden prescribir en el ámbito de sus respectivas competencias el conocimiento de ambas lenguas para acceder a *determinadas plazas* de funcionarios y, en general, considerar como *mérito* el nivel de conocimiento de las mismas, doctrina que hizo propia la línea jurisprudencial mayoritaria del Tribunal Supremo (SSTS de 23 de diciembre de 1986, 3 y 4 de marzo de 1987, 25 de enero y 16 de febrero de 1988, 8 de julio de 1994 y 18 de abril de 1995). En posterior STC 46/1991, de 28 de febrero, el Tribunal Constitucional ha entendido que puede no sólo evaluarse como mérito, sino imponerse como requisito de capacidad para el acceso a la Administración de la Generalidad de Cataluña el conocimiento de la lengua catalana, si bien de manera matizada y por relación con la función a desempeñar, pues «sería contrario al derecho a la igualdad en el acceso a la función pública exigir un conocimiento del catalán sin relación alguna con la capacidad requerida para desempeñar la función de que se trate».

En definitiva, la exigencia del conocimiento de lengua distinta del castellano puede exigirse como requisito general, lo que se justifica por razones de normalización lingüística y de eficacia de la propia administración territorial, que ha de poder prestar sus servicios en las dos lenguas cooficiales (SSTC 253/2005 y 270/2006, STS de 24 de julio de 2013). Pero el nivel de conocimiento exigido debe ser *proporcionado* a las previsibles necesidades de manejo de las lenguas en la función de que se trate, para no ser considerado un requisito discriminatorio, pues sería contrario al derecho a la igualdad exigir un *nivel de conocimiento* del idioma cooficial que no guarde relación alguna con la capacidad requerida para desempeñar la función correspondiente.

Más aún, como viene entendiendo el Tribunal Supremo (SSTS de 22 de julio de 1996, 20 de marzo y 10 de octubre de 1998, 24 de mayo y 6 de junio de 1999, 18 y 26 de enero de 2000, 6 de marzo de 2006, 26 de septiembre de 2012, 24 de febrero de 2013), el conocimiento de las lenguas cooficiales como elemento eliminatorio del acceso a puestos de trabajo sólo puede exigirse en relación con concretas plazas vinculadas a la utilización por los administrados de esas lenguas cooficiales, circunstancias que pueden estimarse concurrentes en las zonas en que exista un predominio de la población que utilice normalmente esas lenguas cooficiales en sus relaciones con la Administración (sobre el supuesto específico de los *perfiles lingüísticos* de los puestos de trabajo en la Administración del País Vasco, véanse, entre otras muchas, las Sentencias del TSJ del País Vasco, de 8 de marzo y 27 de diciembre de 1999; para el caso de la Comunidad Valenciana, véase la STJ de dicha Comunidad de 14 de octubre de 2020, por ejemplo). Por otra parte, la STC 165/2013 declaró también la validez de la legislación de las Islas Baleares que suprimió en general y con algunas excepciones el requisito de conocimiento del catalán para el acceso y provisión de puestos de trabajo en las administraciones de esa Comunidad Autónoma, pese a la cooficialidad lingüística que sanciona su Estatuto de Autonomía, legislación posteriormente modificada en sentido opuesto.

7. Otros requisitos específicos

Las normas aplicables a cada proceso de selección pueden establecer otros requisitos previos específicos. Por ejemplo, condición física, determinada antigüedad en otros empleos, determinados años de experiencia profesional, actividades específicas de formación o ciertos conocimientos... Pero, como recalca la jurisprudencia, en esta materia muy abundante, los requisitos deben: 1.º, establecerse mediante *referencias abstractas y generalizadas* y no mediante referencias individualizadas, evitando cualquier preterición o reserva *ad personam*, ya sea de manera expresa o encubierta (SSTC 42/1981, 50/1986, 18/1987, 67/1989, 47/1990, 27/1991, 23/1998, 48/1998, etc.); 2.º, guardar directa relación con los criterios de *mérito y capacidad* y no con otras condiciones personales o sociales, como la residencia o el centro donde se adquirió la titulación requerida (SSTC 42/1981, 148/1986, 193/1987, 206/1988, 215/1991, 293/1993, 73/1998, 99/1999, 166/2001, 107/2003, etc.; véase también la STS de 7 de noviembre de 1994); 3.º, tener una *justificación objetiva y razonable* en conexión con las funciones a desempeñar, tanto en términos absolutos como relativos (proporcionalidad) (SSTC 75/1983, 76/1986, 15/1988, 198/1989, etc.). Además, los requisitos deben figurar en las bases de la convocatoria, con la necesaria habilitación legal (SSTC 47/1990, 185/1994, 138/2000, 131/2017, 100/2022), sin que pueda el órgano de selección exigir otros no previstos en ellas (STS de 8 de marzo de 2010, por ejemplo).

En particular, no pueden introducirse diferencias de trato, explícitas o encubiertas, relacionadas con el lugar de nacimiento, el sexo (véase la STC 216/1991, de 14 de diciembre, que considera discriminatoria la negativa a que una mujer participe en las pruebas de acceso a la Academia Militar del Aire, más la ya citada STJUE de 18 de octubre de 2017, *Kalliri*), la raza, la vecindad, las creencias u opiniones personales y la pertenencia o no a partidos, sindicatos u otras asociaciones, pues ninguna de ellas guarda relación alguna con el mérito y capacidad. Tampoco cabe exigir como requisitos los que la legislación aplicable o la convocatoria consideran como méritos valorables —por ejemplo, la experiencia docente en el acceso a los cuerpos universitarios (STC 138/2000)—, ni disponer exclusiones de grupos o categorías de personas carentes de justificación (STC 48/1998, por ejemplo).

Cuestión distinta es si es posible reservar o no a personas de un sexo determinado una cuota o porcentaje de puestos para el acceso a la función pública, por razones de *discriminación positiva*. En el ámbito judicial europeo esta posibilidad no se acepta, como tampoco la posibilidad de primar la selección de aspirantes del sexo femenino, salvo en caso de igualdad absoluta de méritos con otros candidatos. Así se establece en las Sentencias del TJUE de 17 de octubre de 1995, *Kalanke,* 11 de noviembre de 1997, *Marschall* y 28 de marzo de 2000, *Badeck*, así como y en la Sentencia del Tribunal de Primera Instancia de 5 de abril de 2005, *Christensen v. Comisión.* El TREBEP se limita a ordenar —lo que, en puridad, no sería necesario— que los órganos de selección velen por el cumplimiento del principio de igualdad entre sexos (art. 61.1). Y tampoco la Ley Orgánica 3/2007, de 22 de marzo, para la igualdad efectiva de mujeres y hombres, ni la Ley 15/2022, de 12 de julio, integral para la igualdad de trato y la no discriminación, introducen ninguna acción positiva o reserva de cupos al respecto, lo que sería dudosamente compatible con los principios constitucionales de mérito y capacidad. En cualquier caso, la cuestión tiene hoy un interés muy relativo en nuestro país, habida cuenta del cada vez mayor porcentaje de personas del sexo femenino que se incorporan a la función pública en todos sus niveles. Véase, no obstante, la STS de 13 de marzo de 2013. Sí se considera, en cambio, discriminatorio no computar como mérito para el acceso el tiempo de servicio de una funcionaria temporal durante el período de disfrute de un permiso de maternidad, salvo excepción justificada (SSTS de 14 de enero y de 5 de junio de 2020), o bien rechazar el nombramiento de una funcionaria interina por embarazo (STS de 16 de junio de 2022).

De otra parte, si se exige para concurrir a una convocatoria (normalmente de promoción interna) tener una cierta antigüedad como funcionario o empleado público, no es lícito discriminar entre los aspirantes que sean funcionarios de carrera y otros empleados interinos o temporales, en aplicación de la Directiva 1999/70/CE, sobre el trabajo de duración determinada (STJUE de 8 de septiembre de 2012, *Rosado Santana*).

La introducción de algún requisito discriminatorio, es decir, que comporte desigualdades de trato no objetivas ni razonables, constituye una infracción del artículo 23.2 de la Constitución, aparte la eventual infracción de disposiciones legales o reglamentarias en que incurriere. Por tanto, contra ella podrá interponerse recurso contencioso-administrativo por el procedimiento especial para la protección de los derechos fundamentales (arts. 114 ss. LJCA) o bien por el procedimiento ordinario, si se prefiere, y subsidiariamente, recurso de amparo constitucional.

III. ÓRGANOS DE SELECCIÓN

El TREBEP, de acuerdo con las recomendaciones de la Comisión que lo preparó, dedica especial atención a la composición y actuación de los órganos de selección. De hecho, en este aspecto se precisa extremar las garantías de imparcialidad y profesionalidad, pues dada la dificultad que a veces comporta diferenciar entre candidatos por razón de sus méritos y capacidad —sobre todo en procedimientos muy concurridos— y la discrecionalidad técnica de que gozan los órganos de selección, difícil de controlar judicialmente (véase *infra*), la imparcialidad y el acierto del resultado se juega muchas veces al designar al tribunal o comisión correspondiente.

El objetivo a conseguir en esta materia, desde la perspectiva de los principios constitucionales del Estado de Derecho y de la eficacia administrativa, debe ser constituir órganos de selección lo más imparciales y cualificados que sea posible, y así se deduce también del artículo 55.2.*c*) TREBEP. El Tribunal Constitucional ha recordado por su parte la exigencia de que se trate en todo caso de un «órgano de evaluación técnicamente capacitado» (STC 73/1998), que debe garantizar «la capacidad de sus miembros para que su juicio sea libre, sin ceder a consideraciones externas, y que su nivel de preparación técnica sea lo suficiente para realizar la función seleccionadora» (STC 85/1983), y que «el discernimiento de los méritos y la capacidad de los aspirantes a una plaza en la función pública docente [pero el argumento es extrapolable a cualquier otra] ha de corresponder *exclusivamente* a órganos calificadores que estén integrados por personas dotadas de la debida cualificación técnica en la materia propia de esa plaza» (SSTC 215/1991 y 235/2000). Es ésta, por tanto, una exigencia derivada del artículo 23.2 CE (STC 13/2009).

En la práctica tales garantías existían ya en la legislación de algunas administraciones públicas, empezando por la del Estado, pero no en otras, en las que ha venido siendo frecuente que formaran parte del órgano de selección cargos políticos y representantes de los sindicatos, o bien que el órgano pueda componerse en virtud de criterios corporativos que favorecen la endogamia, como sucede con los que resuelven los concursos de acceso a los cuerpos docentes universitarios (sobre esa última cuestión véase la STC 87/2014, que prima la garantía de objetividad de los órganos de selección frente a argumentos corporativos pretendidamente fundados en la autonomía de las universidades). Particularmente significativo es que, en el ámbito de la administración local, se previera expresamente que actuara como presidente de los tribunales de selección de personal el alcalde o presidente de la corporación o miembro de la misma en quien delegase y que su composición fuera (sólo) *predominantemente* técnica (art. 4 del RD 896/1991, de 7 de junio).

Ahora el artículo 60 TREBEP, tras reiterar que la composición de los órganos de selección, en todo caso colegiados, debe ajustarse a los principios de imparcialidad y profesionalidad —o especialización, si se prefiere, incluyendo a especialistas en la selección— y que se tenderá en ella a la paridad entre hombre y mujer —aunque siempre que todos tengan la capacitación, la competencia y la preparación adecuada, como precisa la STC 13/2009—, establece dos reglas limitativas. La primera de ellas (art. 60.2) prohíbe tajantemente que formen parte de los órganos de selección «el personal de elección o designación política, los funcionarios interinos y el personal eventual». Aunque no se incluye expresamente, sin duda, por un defecto técnico de redacción, debería considerarse por analogía que la prohibición alcanza también al personal laboral no fijo, tal como ya precisan algunas leyes autonómicas y el Real Decreto-ley 6/2023 (art. 115.2). Pues de lo que se trata es de reforzar las garantías de imparcialidad, impidiendo la interferencia directa de la política o eliminando al personal no inamovible, que puede ser más vulnerable e influenciable. No se excluyen, en cambio, ni hay por qué, a los funcionarios que ocupan un puesto de libre designación en convocatoria pública (STS de 30 de septiembre de 2021). Algunas normas, como el citado Real Decreto-ley 6/2023, promueven, además, la participación es estos órganos de personas con discapacidad.

La segunda regla (art. 60.3), más imprecisa, es la que establece que «la pertenencia a los órganos de selección será siempre a título individual, no pudiendo ostentarse ésta en representación o por cuenta de nadie». Pero como bien puede entenderse a pesar de la imprecisión, lo que se ha pretendido evitar es que formen parte del órgano de selección personas que representen o puedan representar, de alguna manera, los intereses de algunos candidatos, y particularmente representantes sindicales o de asociaciones de funcionarios o empleados públicos, a las que algunos de los participantes en las pruebas puedan estar vinculados. Así se determinaba, de manera mucho más clara y explícita, en el proyecto de ley del EBEP, siguiendo las sugerencias de la Comisión de expertos que lo preparó, y se deduce de la STS de 30 de noviembre de 2017. En cualquier caso, la consecuencia del precepto es obvia: ningún miembro de un órgano de selección puede ser designado por o en representación de ninguna entidad o asociación, como no podría serlo en representación de ninguna persona física, y no son aceptables legalmente cuotas de representación o designación sindical, asociativa o corporativa en dichos órganos. Este tipo de prácticas, no insólitas en muchas administraciones, como se ha dicho, están hoy vedadas por la ley básica, en cualquiera de sus modalidades. Y así lo reconoce y establece la Ley 11/2022, de Empleo Público Vasco, que en su artículo 81.7 prohíbe formar parte de los órganos de selección a quienes actúen por cuenta o en representación de sindicatos, asociaciones de funcionarios o colegios profesionales. Una regla similar se establece en el artículo 110.3 de la Ley 5/2023, de Función Pública de Andalucía. Tampoco es posible delegar en organización alguna la designación de miembros de los órganos de selección —pues no son éstos órganos de representación de intereses o de participación social— ni tampoco designarlos «a propuesta» de ninguna organización, ni admitir siquiera la presencia de representantes o personas designadas por ellas a título de observadores o controladores (como todavía admite, no obstante, la Ley 13/2015, de Función Pública de Extremadura; art. 97), pues ello podría mermar la independencia de los verdaderos miembros del órganos de selección. La infracción de esta regla básica del artículo 60.3 determinaría la incorrecta composición del órgano de selección y, por ende, la nulidad de sus resoluciones, nulidad que habría que considerar de pleno derecho, por vulnerar reglas esenciales para la formación de la voluntad de los órganos colegiados [art. 47.1.*e*) LRJSP]. Dicho sea ahora sin perjuicio de la trascendencia penal que pudiera tener la designación o actuación de personas que no pueden formar parte legalmente de los órganos de selección de los empleados públicos.

Eso sí, el TREBEP reconoce expresamente a las organizaciones sindicales más representativas en el ámbito de la función pública legitimación activa para interponer recursos en vía administrativa y jurisdiccional contra las resoluciones de los órganos de selección (art. 31.6). Y es lógico que tengan derecho a recibir información sobre su actuación, como establece hoy el artículo 67.6 de la Ley de la Función Pública Valenciana de 2021. De esta manera dichas organizaciones pueden colaborar, sin riesgo de favoritismo, en el control de la regularidad legal de tales decisiones.

Respetando los principios y límites del TREBEP, la legislación de desarrollo, general o especial y, en aplicación de la misma, cada administración debe establecer las reglas y criterios específicos de nombramiento de los miembros de los órganos de selección. Así, por ejemplo, y para el ámbito del Estado, el artículo 19.2 LMRFP, no derogado, dispone que «en ningún caso, y salvo las peculiaridades del personal docente e investigador, los órganos de selección podrán estar formados *mayoritariamente* por funcionarios pertenecientes al mismo cuerpo que se ha de seleccionar». De hecho, la excepción correspondiente al personal docente universitario, aunque difícil de solucionar, permite comprobar que el riesgo de prácticas endogámicas no es en absoluto teórico. Además, según los artículos 11 y 12 RGIPP, los tribunales y comisiones permanentes de selección deben estar constituidos por *funcionarios*, lógicamente de titulación igual o superior a la exigida para el ingreso en el cuerpo o escala de que se trate y con observancia del *principio de especialidad* (sobre el nombramiento de la Comisión Permanente de Selección de Personal, véase la Orden HFP/263/2023, de 12 de marzo).

Por otra parte, el artículo 61.4 TREBEP prevé que las administraciones públicas puedan crear órganos especializados y permanentes para la organización de los procesos selectivos, pudiéndose encomendar estas funciones a los Institutos o Escuelas de Administración Pública. De hecho, esto es ya en parte una realidad en la Administración del Estado, pues corresponde al INAP o a otras Escuelas especializadas la organización de una parte de los procesos de selección de personal, y algo similar sucede en algunas Comunidades Autónomas (por ejemplo, la citada Ley valenciana

4/2021, atribuye este cometido a la Escuela Valenciana de Administración Pública, y la Ley 11/2022, de Empleo Público Vasco, lo asigna al Instituto Vasco de Administración Pública).

La intervención de estas instituciones, sobre todo si les corresponde la designación de los miembros de los órganos de selección con criterios objetivos, puede reforzar igualmente las garantías de imparcialidad, cumpliendo una función independiente similar a la de las *Civil Service Commissions* del mundo anglosajón. Otro modelo de referencia, más específico, es el que proporciona la *Oficina Europea de Selección de Personal* (*EPSO*), órgano especializado que organiza y resuelve las convocatorias de selección de personal de las diversas instituciones de la Unión Europea, a petición de éstas.

En fin, es necesario que se garantice en todo caso la *publicidad* de la composición del órgano de selección, mediante la fórmula adecuada y en el momento oportuno para posibilitar la recusación. Normalmente y salvo excepción justificada, ha de figurar en la orden de convocatoria, según exige el artículo 114.11 del Real Decreto-ley 6/2023, entre otras normas. Conforme a la STS de 16 de octubre de 2019, el plazo de impugnación de la composición de dicho órgano empieza a correr desde que se hace pública.

Por lo demás, el RGIPP contempla dos tipos de órganos de selección, los tribunales y las comisiones permanentes. Los primeros son nombrados para cada convocatoria y el número de sus miembros es impar y no inferior a cinco (art. 11). Las comisiones permanentes se constituyen para las pruebas selectivas de acceso a los cuerpos y escalas con elevado número de aspirantes y cuando el nivel de titulación o especialización exigido lo aconseje. Se establecen por orden ministerial y constan de un número impar de miembros designados discrecionalmente (art. 12).

Además de lo ya dicho, el RGIPP dispone que no pueden formar parte de los órganos de selección los funcionarios que hubiesen realizado tareas de preparación de aspirantes a pruebas selectivas (se entiende que relacionadas con la convocatoria) en los cinco años anteriores a la publicación de la misma (art. 13.1). Estos órganos pueden incorporar a sus trabajos a asesores especialistas para todas o algunas de las pruebas, si así se prevé en la convocatoria (art. 13.2). Pero estos asesores son meros colaboradores, que, por lógica, carecen de voto en el seno del tribunal o comisión, aunque su opinión tenga una influencia decisiva en muchos de los casos. Por último, está claro, de acuerdo con la legislación general, y el artículo 13.3 RGIPP lo recuerda, que los miembros de los órganos de selección deben abstenerse si concurren las causas del artículo 23 LRJSP y que los aspirantes pueden recusarlos si concurre alguna causa de abstención —por cierto, en cualquier momento de la tramitación del expediente, pero no después (STS de 2 de julio de 1993)—.

Por último, la jurisprudencia (por ejemplo, STS de 31 de marzo de 2016) declara que los órganos de selección no pueden delegar la realización y valoración de ninguna prueba en empresas privadas —otra cosa es que puedan recabar asesoramiento o auxilio material para su celebración— cuyos empleados no podrían ser recusados ni han de sujetarse a las garantías de objetividad y motivación propias del derecho público. Tampoco pueden quedar condicionados por los informes de un órgano externo, como puede ser una comisión mixta entre Administración y sindicatos para la consolidación de empleo (STS de 28 de mayo de 2019).

IV. SISTEMAS SELECTIVOS

El artículo 61 TREBEP incluye como legislación básica un conjunto de normas bajo el rótulo común de «sistemas selectivos». En realidad, se trata de normas bastante heterogéneas y de diferente grado de concisión, entre las que cabe distinguir las que se refieren a los sistemas o modalidades básicas de selección del personal en sentido estricto (aps. 6 y 7), otras que regulan principios, orientaciones y criterios del procedimiento y pruebas de selección y actividades complementarias (aps. 1, 2, 3, 5 y 8) y alguna sobre la organización de los procesos selectivos (ap. 4, ya examinada). Trataremos primero de los sistemas *stricto sensu*, para analizar después los principios y el desarrollo del procedimiento.

Según el artículo 61.6, la selección del personal funcionario se lleva a cabo normalmente por los sistemas de oposición y concurso-oposición y, excepcionalmente, cuando la ley lo disponga, por concurso.

Conforme al Real Decreto-ley 6/2023 (art. 114), la oposición consiste en «la celebración de una o más pruebas de conocimientos, competencias o habilidades para determinar la capacidad de las personas aspirantes y fijar su orden de prelación». El concurso consiste «exclusivamente en la valoración de los méritos, conforme al baremo previamente aprobado, y determina el orden de prelación de las personas aspirantes». Y el concurso-oposición en «la sucesiva celebración de los sistemas anteriores dentro del proceso de selección». Definiciones semejantes se encuentran en otras normas estatales o autonómicas.

Aunque el TREBEP no lo impone, la oposición sigue siendo el sistema ordinario en el ámbito de la Administración del Estado (lo es desde el Estatuto de Maura de 1918) y así lo declara la legislación vigente (art. 4.1 RGIPP). También lo es en teoría —pero no tanto en la práctica— para la selección de funcionarios de la administración local (art. 2 del RD 896/1991, de 7 de junio, por el que se establecen las reglas básicas y programas mínimos del procedimiento de selección de los funcionarios de la administración local y STS de 18 de julio de 2023). La oposición es también un sistema habitual en la Administración de las Comunidades Autónomas. Alguna jurisprudencia reciente considera incluso que sigue siendo el «eje modular» de nuestro régimen de selección de funcionarios (STS de 22 de noviembre de 2022). No obstante, la realización de procedimientos de concurso-oposición es muy frecuente en las administraciones autonómicas y locales, sobre todo cuando existe personal previamente nombrado en régimen de interinidad o con contrato laboral, a fin de facilitar su estabilización como funcionarios de carrera. En particular, acceden hoy normalmente por concurso-oposición, según su legislación especial, los grupos más numerosos de funcionarios, como son los docentes no universitarios (disp. adic. 12.ª de la Ley Orgánica de Educación) y el personal estatutario de los Servicios de Salud (art. 31.1 EMPE). También el acceso a los cuerpos docentes universitarios se basa en un sistema mixto de acreditación más concurso, que supone la valoración sucesiva de méritos y pruebas de conocimiento (arts. 69 ss. LOSU). El RGIPP condiciona la utilización del concurso-oposición a que sea el sistema *más adecuado* «por la naturaleza de las funciones a desempeñar». Pero, dado que en el concurso-oposición se valora tanto el mérito como la capacidad, la condición es poco significativa (¿en el caso de qué funciones puede ser no adecuado valorar los méritos?).

1. La oposición

El problema de las oposiciones es, como todo el mundo sabe, su carácter tradicional de pruebas donde se valoran esencialmente conocimientos adquiridos memorísticamente y que a veces tienen poco que ver con las funciones que se van a desempeñar después del ingreso. Es un procedimiento altamente formalizado y en la práctica, tratándose de procedimientos masivos y de los niveles inferiores, bastante aleatorio, aunque al menos exige demostrar amplios conocimientos y una capacidad de estudio relevante. Por eso, la práctica actual administrativa y la legislación intentan corregir esas deficiencias. El artículo 19.1 LMRFP dispuso ya que «los procedimientos de selección cuidarán especialmente la conexión entre las pruebas a superar y la adecuación a los puestos de trabajo que se hayan de desempeñar, incluyendo a tal efecto las *pruebas prácticas* que sean precisas» y esta misma regla se reproduce en los artículos 61.2 TREBEP y 114.3 del Real Decreto-ley 6/2023, que han sustituido a aquél. Este último precepto precisa que las pruebas pueden consistir en ejercicios teóricos o prácticos y ser orales o escritas e inclusive pruebas físicas o bien de comprobación del dominio de lenguas extranjeras o de herramientas y soluciones de las tecnologías de la información y las comunicaciones informáticas. Además, conforme al artículo 61.5 TREBEP, permite completar esas pruebas con la exposición curricular, pruebas psicotécnicas o psicométricas y la realización de entrevistas. También con reconocimientos médicos. Semejantes previsiones se hallan, asimismo, en la legislación de las Comunidades Autónomas y en algunas de ellas se están introduciendo novedades significativas en el proceso de oposición, que reducen la tradicional prevalencia de las pruebas de exposición oral de conocimientos sobre un temario. Por lo demás, el tiempo de dedicación exclusiva que suele requerir la preparación de cualquier oposición a un cuerpo de nivel superior no puede permitírselo cualquiera, por lo que se trata de un sistema que discrimina socialmente. Para combatir este efecto, algunas normas recientes, estatales y autonómicas, prevén ayudas al estudio con ese fin para quienes carezcan de medios económicos.

2. El concurso-oposición y el problema de las convocatorias para la consolidación de empleo precario

Por lo que se refiere al concurso-oposición, en teoría un sistema más completo, el problema fundamental que se plantea es la determinación y ponderación de los méritos que se consideran puntuables en la fase de concurso, según las convocatorias, ya que, siendo esa decisión discrecional, puede orientar de manera decisiva el resultado del proceso selectivo, en detrimento del principio de igualdad de oportunidades. Obviamente, sólo es lícito considerar como méritos valorables aquellos que tengan relación directa con el servicio público a desempeñar —así, cuando se trata de cursos de formación, según STS de 25 de junio de 2012— y la ponderación relativa de cada mérito ha de ser razonable y proporcionada.

Justamente, un problema muy real, que no pierde actualidad, es el del reconocimiento de la antigüedad o la prestación de servicios previos en la Administración en calidad de interino o contratado como mérito preferente o de elevada valoración en tales concursos. El problema viene de lejos. La Administración española ha contado siempre con personal en precario y no sólo para realizar tareas temporales o urgentes o para ocupar vacantes durante un plazo breve, como ya se dijo (*supra* capítulo III). El abuso de estas prácticas, junto a las presiones de los colectivos afectados, llevó en no pocas ocasiones durante la etapa preconstitucional a exigir, a veces con éxito, la integración directa de grupos de interinos en la función pública de carrera por ministerio de la ley, o bien a la realización de pruebas o turnos restringidos para el acceso de dicho personal a la condición de funcionario de carrera, como un medio de dotarle de estabilidad en el empleo.

Aprobada la Constitución, quedaba claro en virtud de lo dispuesto en sus artículos 23.2 y 103.3, que no era ya posible el acceso a la función pública sin un procedimiento de selección. Y, en efecto, el Tribunal Constitucional declaró contraria a la Constitución la integración automática en el funcionariado *ope legis* de personal contratado —e, implícitamente, del interino— (SSTC 302/1993 y 111/2014). Por lo que se refiere al acceso mediante turnos restringidos, la jurisprudencia declaró igualmente la ilicitud de este tipo de procedimientos no abiertos, salvo rigurosa excepción justificada, esto es, salvo que pudieran aparecer como remedio razonable y proporcionado ante situaciones muy excepcionales (SSTC 27/1991, 151/1992, 60/1994, 16/1998, 130/2009). El TREBEP viene a recoger esta jurisprudencia en su artículo 61.1, donde dispone que los procesos selectivos «*tendrán carácter abierto* y garantizarán la libre concurrencia, sin perjuicio de lo establecido para la promoción interna y de las medidas de discriminación positiva previstas en este Estatuto». Esto es, sólo para facilitar la promoción interna —el acceso a otros cuerpos y escalas— entre quienes ya son funcionarios o en el caso de la reserva de plazas para personas con discapacidad —único supuesto de discriminación positiva previsto— es posible hoy en día organizar el ingreso en el empleo público mediante pruebas restringidas. Cualquier otro supuesto de pruebas o turnos restringidos no es conforme a derecho (SSTC 238/2015, 38/2021; STS de 28 de septiembre de 2020, entre otras).

Ahora bien, a falta de otras posibilidades, la reivindicación permanente de consolidación de los empleados públicos precarios en su empleo intenta concretarse a través de convocatorias abiertas de concurso-oposición —cuando no de puro y simple concurso o superación de un sencillo curso selectivo , en las que, reduciéndose las exigencias de la fase de oposición, para facilitar su superación, se valoran de manera significativa como mérito los servicios prestados a la Administración en régimen de interinidad o mediante contrato laboral, lo que permite otorgar un plus de puntuación a los que los hayan prestado sobre los demás candidatos. El problema —de desigualdad de oportunidades— se agrava si se tiene en cuenta el escaso o nulo rigor con que frecuentemente se recluta el personal interino o temporal, lo que crea condiciones favorables para operaciones clientelares o de favoritismo. Pese a ello, la disposición transitoria 6.ª LMRFP previó la posibilidad de que interinos y contratados temporales consolidaran su empleo, eso sí, siempre mediante la realización de pruebas selectivas en las que se valorasen los servicios prestados. De la misma manera, la Ley 50/1998, de 30 de diciembre (art. 39), contemplaba esa posibilidad, precisando que, en la fase de concurso, podía valorarse, entre otros méritos, la experiencia en los puestos de trabajo objeto de la convocatoria. Previsiones legales semejantes se han venido estableciendo en la legislación sectorial (de educación, sanidad, etc.) y en la de las Comunidades Autónomas. Y a veces los términos de algunas convocatorias dejan pocas dudas sobre el resultado final, bien porque priman desproporcionadamente esos méritos específicos del personal interino o contratado, bien porque han permitido incluso compensar las bajas calificaciones de la fase de oposición con la adición de puntos por tales méritos; sistema este último conocido como de la *mochila.*

La jurisprudencia ha reaccionado también contra estas prácticas, por considerarlas lesivas del principio de igualdad en el acceso a los empleos públicos, aunque de manera más matizada. Así el Tribunal Constitucional ha considerado que la valoración de los servicios prestados como mérito en los concursos-oposición para el acceso a la función pública, aunque no puede admitirse como regla general, no es de por sí discriminatoria, pero siempre que se prevea de forma razonable y proporcionada. En consecuencia, no es aceptable el citado sistema o efecto *mochila*, pues supone valorar los méritos de los candidatos también en la fase de oposición, en la que han de evaluarse solamente los conocimientos o competencias (SSTC 67/1989 y 93/1995). Por el contrario, el Tribunal ha admitido que en la fase de concurso puedan valorarse dichos méritos hasta un cierto punto (así la citada STC 67/1989 admite la valoración hasta el 45 por 100 de la puntuación total, en el caso que resolvió). En el mismo sentido se pronuncian las SSTC 185/1994, 93/1995, 11/1996, 107/2003, 27/2012, 111/2014 y 86/2016, que estiman o no los recursos correspondientes, en función de esos criterios. Y a la misma conclusión, como no podía ser menos, ha llegado el Tribunal Supremo (SSTS de 4 de marzo de 1987, 31 de mayo de 2005, 9 de julio de 2008, 20 de febrero de 2019, entre otras muchas). Sin cuantificarlos, el artículo 61.3 TREBEP sanciona este tipo de límites, al disponer que «los procesos selectivos que incluyan, además de las preceptivas pruebas de capacidad, la valoración de méritos de los aspirantes sólo podrá otorgar a dicha valoración *una puntuación proporcionada, que no determinará, en ningún caso, por sí misma el resultado del proceso selectivo*». Además, no es lícito valorar más los servicios prestados en la administración convocante que en otras (SSTS de 23 de diciembre de 1996, 27 de junio de 2008, 6 de mayo de 2009, 20 de octubre de 2010, 18 de mayo y 1 de octubre de 2011, 16 de enero y 25 de abril de 2012, 15 de julio de 2015, etc.), o en entes públicos de diverso tipo (STS de 21 de diciembre de 2016), ni en los puestos objeto de la convocatoria que en otros similares (STS de 18 de octubre de 2022), como no lo es valorar de diferente manera los méritos contraídos al servicio de una administración nacional que en la de cualquier otro país comunitario europeo (SSTJUE de 12 de mayo de 2005 y 26 de octubre de 2006, *Comisión c. Italia*) o con el que exista un tratado de libre circulación de trabajadores (caso de Suiza, por ejemplo, según SSTS de 4 de octubre de 2021 y 4 de octubre de 2022). La infracción de estos límites da lugar a la nulidad de las respectivas convocatorias.

Teniendo en cuenta todo lo anterior, el Informe de la Comisión para el estudio y preparación del EBEP denunció la relativa quiebra de los principios constitucionales sobre acceso al empleo público que supone la selección inicial de personal temporal, que después se consolida como funcionario (o contratado fijo) a través de pruebas desiguales y poco competitivas, pues si bien consideraba necesario incrementar la estabilidad en el empleo, una cosa es la «consolidación del empleo» y otra la subjetiva de quienes se han beneficiado de procedimientos poco rigurosos de selección de personal temporal y de su tiempo de trabajo al servicio de la Administración. Pese a dicha crítica, el TREBEP, disposición transitoria 4.ª, volvió a habilitar a las administraciones públicas para que efectuasen convocatorias de consolidación de empleo para cubrir plazas desempeñadas interinamente o temporalmente antes del 1 de enero de 2005.

Aunque ha de tratarse de convocatorias abiertas, el sistema selectivo puede ser concurso-oposición, pudiendo valorarse en la fase de concurso la experiencia en los puestos de trabajo objeto de la convocatoria, con el límite que deriva del mencionado artículo 61.3 TREBEP. Ello, no obstante, la valoración de la experiencia en el concreto puesto de trabajo objeto de la convocatoria es de muy dudosa validez, según la jurisprudencia transcrita, en la medida en que impida valorar de la misma manera la experiencia en puestos similares de la misma o distinta administración. En cualquier caso, la redacción final del EBEP aporta de nuevo una salida fácil a una mala práctica administrativa, que, de este modo, encuentra la excusa para perpetuarse.

De hecho, las Leyes 3/2017 y 6/2018, de Presupuestos Generales del Estado para 2017 y 2018 respectivamente, y la Ley 20/2021, de 28 de diciembre, han previsto nuevos «procesos de estabilización» de personal temporal, que están siendo masivos en las administraciones autonómicas y locales. Y, aunque lógicamente se dispone que tales procesos selectivos deben articularse garantizando los principios de libre concurrencia, igualdad, mérito y capacidad y publicidad, a ello se añade que su articulación «podrá ser objeto de negociación», lo que está llevando a primar al máximo las fórmulas de consolidación como fijo del personal interino o temporal existente, en detrimento de la libre e igual valoración de las capacidades de otros candidatos. Un ejemplo importante por su ámbito de aplicación, pero no el único, se manifiesta en los RRDD 84/2018, de 23 de febrero y 270/2022, de 12 de abril, que modifican el Reglamento de ingreso en los cuerpos docentes no universitarios (cuya validez confirman, no obstante, las SSTS de 5 y 9 de octubre de 2023). Se prevén en ellos procedimientos de concurso-oposición, en los que en la fase de oposición se examina sobre un temario reducido, pudiendo elegir los candidatos contestar solo a uno de entre varios temas (tres, cuatro o cinco) —prueba de conocimientos, pues, de valor muy relativo—, mientras que la fase de concurso aumenta la puntuación por experiencia previa y la antigüedad de los servicios prestados en centros públicos. Sin duda se pretende con ello favorecer en la selección a los muy numerosos profesores interinos de la enseñanza pública (véase también el RD 19/2019, de 21 de enero, sobre los procedimientos de estabilización de personal en la Administración del Estado, más moderado). Aunque cabe dudar de si las ventajas que se reconocen al personal temporal en esos procesos de estabilización son proporcionadas y conformes a las exigencias del artículo 23.2 CE, según la jurisprudencia referida, lo cierto es que el Tribunal Supremo no ha dudado de la constitucionalidad de aquellas leyes, en virtud de la excepcionalidad de la situación de alta precariedad que pretenden remediar (SSTS de 30 de noviembre de 2023, 1 y 5 de febrero de 2024). Cosa distinta será la valoración de las normas reglamentarias y las convocatorias que las desarrollen y apliquen. De hecho alguna sentencia reciente (STS de 20 de febrero de 2020) alerta frente a aquellos casos en que se produzca una *degradación* de la prueba de oposición frente a la fase de concurso, de forma que aquella pueda superarse «sin demostrar la mínima destreza práctica o de conocimientos», o que sea irrelevante en la práctica (STS de 22 de noviembre de 2022), lo que sería incongruente con su finalidad; y alguna otra (STS de 14 de octubre de 2020) declara que no es conforme a la Constitución reducir la fase de oposición a una mera entrevista sobre el currículo de los aspirantes.

Por lo demás, en este sistema lo normal es que la fase de oposición preceda a la de concurso y tenga carácter eliminatorio, como hoy establece el artículo 114.7 del Real Decreto-ley 6/2023. Alguna sentencia aislada considera que no es contrario al artículo 23.2 de la Constitución, en ciertos casos justificados, que se lleve a cabo primero la fase de concurso, incluso con carácter eliminatorio (STS de 23 de septiembre de 2013), doctrina ésta que en la práctica discrimina aún más a quienes no han conseguido un puesto temporal previo. Sin embargo, la citada Ley 20/2021, ha previsto para los procesos de estabilización de empleo temporal que regula, que la fase de oposición pueda no ser eliminatoria, previsión esta sobre la que quizá habrá de pronunciarse la justicia constitucional.

3. El concurso

En cambio, el concurso es un sistema de ingreso rigurosamente excepcional para el ingreso en la función pública de carrera, cuya utilización ha de estar sólidamente justificada —sin que baste como justificación que es el sistema de selección más rápido (STS de 18 de abril de 1995)— y ahora además prevista por norma con rango de ley (art. 61.6 TREBEP). Se utiliza a veces cuando se trata de proveer empleos de alto nivel con personas de relevantes méritos y excepcionales condiciones (por ejemplo, el llamado *cuarto turno* para el acceso a ciertos empleos de la Carrera Judicial por concurso entre juristas de reconocida competencia). Alguna reciente legislación autonómica (Ley 4/2011, de Empleo Público de Castilla-La Mancha, art. 47) extiende, sin embargo, este sistema a otros muchos supuestos, entre ellos a gran parte de los procedimientos de promoción interna, lo que resulta preocupante en términos de igualdad de oportunidades. Por otra parte, la jurisprudencia ordinaria ha venido considerando que no es un procedimiento válido para la consolidación de empleo precario, como confirma la SAN de 14 de noviembre de 2019, aunque la discutible STC 12/1999, vino a admitirlo por excepción en un caso singular. Ahora, sin embargo, la Ley 20/2021, de 28 de diciembre (disp. adic. 6.ª), somete a dicho sistema los procesos de consolidación de empleo temporal de plazas ocupadas con ese carácter y de forma ininterrumpida durante más de cinco años, es decir, en el caso del denominado empleo temporal de larga duración. Opción polémica esta, objeto de un recurso de inconstitucionalidad. En todo caso, debe velarse por que los baremos de méritos conforme a los que ha de resolverse el concurso no sean tan abstractos, ambiguos o inespecíficos que redunden en una absoluta discrecionalidad de la Administración a la hora de resolverlo (STS de 21 de julio de 1994), y para que no primen de manera inmoderada e injustificada los méritos que solo los interinos al servicio de la administración convocante pueden alegar (STS de 26 de septiembre de 2024, por ejemplo).

V. PROCEDIMIENTO SELECTIVO

1. La convocatoria y el principio de publicidad

Una vez aprobada la oferta de empleo público (véase *supra*, el capítulo anterior), el procedimiento de selección propiamente dicho se inicia con la publicación de la convocatoria correspondiente.

De esta manera se concreta en el primer trámite esencial otro de los principios que, según el TREBEP [art. 55.2.*a*)], rigen la selección de personal, el *principio de publicidad de las convocatorias y sus bases*. Un requisito que el propio Tribunal Constitucional, en STC 85/1983, de 25 de octubre, consideró «elemento imprescindible de exteriorización de la convocatoria» y que está directamente finalizado a garantizar el derecho de acceso en condiciones de igualdad. Como tal, la ausencia de este requisito debe comportar la nulidad de pleno derecho de la convocatoria, en aplicación del artículo 47.1.*a*) y *f*) LPACAP. También es causa de nulidad de la convocatoria una publicación incorrecta de la misma, que merme las posibilidades de conocerla por parte de los posibles aspirantes (STS de 16 de mayo de 1991).

Pero el principio de publicidad, junto con el de *transparencia*, no sólo se manifiesta en la convocatoria, sino que colorea todo el procedimiento de selección, empezando por el trámite previo de la oferta de empleo, hasta la resolución final, con la única excepción de las deliberaciones internas del órgano de selección, que pueden y deben ser reservadas para no perjudicar los derechos e intereses de terceros, como ya se dijo. Hoy en día, la publicidad de todos los actos del procedimiento selectivo se asegura mediante el acceso electrónico a la información y a través de comunicaciones electrónicas.

En el caso de selección para la Administración del Estado y entidades dependientes de la misma —más los órganos constitucionales—, las convocatorias y sus bases deben ser publicadas en el *Boletín Oficial del Estado* (art. 15.1 RGIPP). En la selección del personal de las Comunidades Autónomas, en su respectivo diario oficial. En el caso de las administraciones locales, el anuncio de las convocatorias ha de publicarse en el *Boletín Oficial del Estado*, pero las bases se publican en el diario oficial de la Provincia, de la Comunidad Autónoma o de la propia corporación (art. 6 del RD 896/1991).

Las convocatorias deben contener una serie de especificaciones que, con carácter mínimo, señala el artículo 114.11 del Real Decreto-ley 6/2023 para el ámbito de la Administración del Estado: *a*) número de plazas y oferta de empleo público que las autoriza, clasificación profesional, cuerpo, escala o categoría; *b*) requisitos de acceso; *c*) sistema selectivo aplicable, con indicación del tipo de pruebas concretas, el programa de materias sobre las que versarán y, en su caso, la relación de los méritos, así como los criterios y las normas de valoración; *d*) la composición del órgano técnico de selección; *e*) la determinación en su caso de las características del curso selectivo o período de prácticas; *f*) el porcentaje de plazas reservadas para la promoción interna y para personas con discapacidad, si procede. La regulación propia de las Comunidades Autónomas no es muy diferente.

La convocatoria o, mejor dicho, sus bases son, según una expresión tradicional, la *ley del concurso* (o de la oposición o concurso-oposición). Esto es, todos los afectados, incluida la administración convocante, están obligados a atenerse a ella (SSTS de 10 de septiembre de 1996, 31 de enero de 2006, 15 de noviembre de 2019, 6 de mayo de 2021, entre otras muchas) lo cual no quiere decir, obviamente, que no puedan ser anuladas por alguno de los procedimientos procedentes en derecho. Por eso dice el artículo 114.11 del Real Decreto-ley 6/2023, que «las bases de las convocatorias vincularán al órgano convocante, a los órganos de selección y a quienes participen en los mismos». Muy en concreto, según destaca la jurisprudencia, los tribunales u órganos de selección no pueden establecer nuevos criterios de calificación de las pruebas que no estén previstos en la convocatoria (SSTS de 27 de junio de 2008, 18 de enero y 12 de diciembre de 2012 y 5 de noviembre de 2020 por ejemplo) y menos aún si se hace sin publicidad alguna y con carácter *ex post* a la realización de las pruebas (SSTS de 2 de noviembre de 2011, 25 de junio de 2013, 18 de febrero de 2015). Además, y como declara la STS de 25 de enero de 2013, «la interpretación de las bases de todo proceso selectivo debe hacerse *de la manera más favorable a la efectividad del derecho fundamental* a acceder a las funciones y cargos públicos en condiciones de igualdad, reconocido por el artículo 23.2 CE, y esto comporta que las dudas que suscita cualquier convocatoria habrán de ser resueltas e interpretadas en el sentido más acorde con esa efectividad».

Según el artículo 15.5 RGIIP, las convocatorias y sus bases, una vez publicadas, solamente podrán ser modificadas con sujeción estricta a las normas de la legislación general, lo que hoy remite a la LPACAP (en idéntico sentido, STS de 5 de octubre de 1994, entre otras muchas). Esto último quiere decir que, puesto que se trata de actos favorables, que crean expectativas e intereses legítimos, la Administración no puede revocarlas, en todo o en parte, libremente. Sólo podrá hacerlo con ocasión de la resolución de un recurso administrativo, de alzada o reposición, si se interpone por cualquier interesado. O bien a través de un procedimiento de revisión de oficio, iniciado por su propia iniciativa o a solicitud de algún interesado, cuando la convocatoria o las bases incurran en vicios jurídicos determinantes de su nulidad de pleno derecho, o a través de la declaración de lesividad y posterior impugnación del acto de convocatoria por la administración que lo dictó, en los términos que establecen respectivamente los artículos 106 y 107 LPACAP.

Por supuesto, una vez agotada la vía administrativa, los actos de convocatoria y sus bases son impugnables ante los órganos de la Jurisdicción Contencioso-Administrativa. Y, aunque se trate de actos de trámite del procedimiento, son impugnables directamente, sin esperar al resultado final del procedimiento selectivo, pues se trata de actos de trámite *cualificados*, que condicionan todo el procedimiento y pueden impedir incluso a algunos interesados su participación. Es más, normalmente la jurisprudencia (por ejemplo, SSTS de 3 y 13 de octubre de 1994) estima que no es posible impugnar el resultado final de un procedimiento selectivo con base en los vicios de la convocatoria, cuando la propia convocatoria y sus bases han devenido firmes y consentidas por no haberse recurrido en tiempo y forma, en aplicación de la doctrina de los *propios actos*. Pero los actos posteriores no pueden considerarse sin más independientes del de convocatoria, por lo que debe entenderse, salvo excepción justificada, que la nulidad o anulabilidad de éste se transmite a aquéllos (art. 49.1 LPACAP), máxime si se trata de una nulidad radical, por infracción del artículo 23.2 CE o por cualquier otra causa. Así lo ha entendido el Tribunal Constitucional, que admite la impugnación de los actos resolutorios del procedimiento basada en la nulidad de las bases, con fundamento en la infracción del artículo 23.2 CE, por quienes en su momento no recurrieron contra las propias bases, es decir, directamente contra la convocatoria que las publica (SSTC 193/1987, 200/1991 y, sobre todo, 93/1995, 107/2003 y 87/2008). Así lo va admitiendo también el Tribunal Supremo, en aquellos casos en que las bases vulneran derechos fundamentales (SSTS de 11 de octubre de 2010, 18 de mayo de 2011, 16 de enero y 25 de abril de 2012, 4 de octubre de 2021, 4 de octubre de 2022; véase también la STJUE de 8 de septiembre de 2011, *Rosado Santana*).

2. Solicitudes de participación, admisión de candidatos y subsanación de errores formales

En el plazo que la convocatoria fije (el plazo general fijado por el RGIPP, art. 18.1, es de veinte días «naturales» a partir del siguiente al de publicación de la convocatoria en el *BOE*, plazo que se aplica a falta de otro especial previsto por leyes o reglamentos, pero debe entenderse que se trata de días «hábiles» en aplicación del vigente art. 30.2 LPACAP), se deben presentar las solicitudes para participar en los procedimientos de ingreso, manifestando que el solicitante reúne los requisitos exigidos (art. 18.2 RGIPP) y, en su caso, aportando los documentos y justificantes del pago de tasas que, conforme a la legislación especial aplicable, señale la convocatoria. Cada vez más normas y convocatorias exigen la presentación de las solicitudes por medios electrónicos (por ejemplo, el RD 936/2020, de 27 de octubre, y el RD 203/2021, de 30 de marzo, en el caso de la Administración del Estado). Los requisitos de participación deben reunirse, como regla general, en la fecha en que expire el plazo de presentación de las solicitudes (SSTS de 23 de febrero de 2006 y 10 de enero de 2017, por ejemplo), salvo excepción justificada y prevista en la convocatoria (STS de 27 de marzo de 2006). Lo mismo debe decirse de los méritos que se aleguen por los candidatos para su valoración en fase de concurso (STS de 16 de noviembre de 2019). No obstante, en muchos casos se permite acompañar a la solicitud de una declaración responsable sobre la concurrencia de los requisitos y méritos alegados, que solo deben acreditarse documentalmente al finalizar el proceso selectivo, conforme al principio de minoración de cargas administrativas.

Una vez expirado el plazo de presentación de las solicitudes, la autoridad competente aprueba la lista de admitidos y excluidos (en el régimen general del RGIPP, en el plazo de un mes, según el art. 20.1), en su caso, previa subsanación de los defectos formales de las solicitudes o para permitir su subsanación por los interesados. Como declara la STS de 25 de enero de 2013, antes citada, «no es procedente la exclusión de ningún aspirante por razones que no estén establecidas de manera inequívoca en la convocatoria». La resolución se publica normalmente en el diario oficial que corresponda —y también, o en su lugar, por medios electrónicos—, salvo que el tipo de procedimiento permita no publicar la lista, sino notificarla a los interesados. En la misma resolución (así en el régimen general, según el art. 20.1 RGIPP) o en otra posterior, según los casos, se establece el lugar y fecha de comienzo de los ejercicios y, en su caso, el orden de actuación de los aspirantes.

La lista de admitidos y excluidos es directamente impugnable por los interesados, según las reglas generales del procedimiento administrativo y contencioso-administrativo.

Para el caso del concurso y el concurso de méritos, una reciente e interesante jurisprudencia del Tribunal Supremo (SSTS de 4 de mayo y 31 de diciembre de 2009, 28 de septiembre de 2010, 25 de noviembre de 2011 y 25 de abril, 16 de mayo, 29 de octubre y 4 y 26 de diciembre de 2012, 8 de mayo, 27 de noviembre y 17 de diciembre de 2013, 12 de febrero, 5 de marzo y 4 de junio de 2014, 10 de enero de 2017, entre otras) declara que en todo caso debe darse a los concursantes la posibilidad de *subsanar los defectos de acreditación* de los méritos que alegan, en aplicación de lo dispuesto en el artículo 71 LRJPAC (hoy art. 68 LPACAP) sobre la subsanación de los defectos formales de las solicitudes, ya que, aunque un procedimiento de selección se inicia siempre de oficio, la participación de los interesados se produce a través de una solicitud individual. En consecuencia, a falta de esa oportunidad, no es conforme a derecho desconsiderar los méritos alegados por falta de la necesaria o correcta acreditación de los mismos. Inclusive la Administración debe aceptar la subsanación de tales errores de acreditación cuando se aporta la documentación oportuna en un recurso de alzada o reposición contra la resolución del procedimiento selectivo que no valoró los méritos del recurrente o alguno de ellos por falta de acreditación.

3. Celebración de las pruebas y relación de aprobados

Poco puede decirse con carácter general de esta fase, habida cuenta de la variedad de sistemas selectivos y de pruebas posibles. De todas formas, su celebración está presidida por los principios de publicidad y transparencia, así como por el de adecuación entre el contenido de los procesos selectivos y las funciones o tareas a desarrollar y el de agilidad [art. 55.2.*a*), *b*), *e*) y *f*) TREBEP], tal como se ha expuesto ya. Este último, el de agilidad, no siempre se considera con rigor, por lo que deberían revisarse las reglas usuales, e incluso fijar plazos máximos para trámites y pruebas, admitiendo, en su caso, la realización de más de una en el mismo día, tal como se prevé ya en algunas leyes autonómicas. Además, y para la Administración del Estado, el artículo 114.2 del Real Decreto-ley 6/2023, establece que los procesos selectivos se llevarán a cabo de forma territorializada, salvo excepción justificada, teniendo especialmente en cuenta los territorios no peninsulares.

Como también se ha dicho ya, la legislación a partir del EBEP, viene estableciendo normas con el propósito de orientar un cambio del contenido tradicional de las pruebas hacia modelos más prácticos y menos memorísticos, cuidando especialmente la conexión entre el tipo de pruebas a superar y la adecuación al desempeño de las tareas de los puestos de trabajo convocados. Las pruebas pueden ser, pues, orales, escritas o de carácter práctico o incluso consistir en pruebas físicas o de manejo de aparatos o demostración de habilidades, según los casos, y, de haber varias, tener carácter eliminatorio o no, según lo previsto en la convocatoria.

Además, conforme al artículo 61.5 TREBEP, tales pruebas pueden completarse también con una exposición curricular o memoria o informe de los candidatos, con pruebas psicotécnicas y reconocimientos médicos y con la realización de entrevistas. Pero es obvio que estas pruebas complementarias no pueden mermar las garantías de objetividad de la selección, pues su finalidad debe ser la contraria. En consecuencia, debe apelarse en su realización al principio de transparencia, en particular con ocasión de las exposiciones curriculares y las entrevistas, que deberían ser realizadas por profesionales de la selección y grabadas con medios audiovisuales a efectos de prueba, como ya sucede en bastantes administraciones. Como declara la STS de 2 de noviembre de 2012, incluso si se trata de una prueba de evaluación psicológica, el aspirante tiene derecho a conocer la documentación de la comisión o comisión asesora que motiva su propia evaluación negativa. Y según la STS de 27 de enero de 2022, deben publicarse los perfiles o rasgos a valorar en este tipo de pruebas. Posteriormente hay que explicar por qué la aplicación de esos criterios conduce al resultado de la prueba (STS de 1 de junio de 2022). Si se trata de una entrevista, es preciso publicar previamente los criterios de evaluación que en ella se tendrán en cuenta y detallar después el resultado de manera justificada (SSTS de 4 de febrero y 4 de junio de 2014, 26 de mayo y 22 de noviembre de 2016, 27 de enero de 2022 y 25 de abril de 2024). Por lo demás y como es obvio, ninguna prueba puede ser lesiva de los derechos fundamentales de los candidatos (STSJ de Navarra de 20 de noviembre de 1998 y STSJ de Cataluña de 2 de marzo de 2000, sobre pruebas lesivas de la protección de datos personales). A tal efecto, la STS de 6 de julio de 2015 reconoce incluso el derecho de una candidata a ser examinada en un día de la semana que no sea incompatible con sus creencias religiosas. Asimismo, la legislación vigente regula las especialidades de las pruebas para personas con discapacidad, al objeto de garantizar la igualdad de oportunidades, peculiaridades que la jurisprudencia ha extendido incluso en favor de una candidata ingresada por parto (STS de 14 de marzo de 2014). Y es normal, e incluso a veces debido que, en el caso de las pruebas físicas, se establezcan baremos diferentes para mujeres y hombres. Los anuncios de cada prueba se harán públicos por el órgano de selección en los locales donde se ha celebrado la prueba anterior y normalmente por medios electrónicos, salvo que se publiquen en un diario oficial.

Celebradas las pruebas, el órgano de selección debe hacer pública la relación de aprobados por orden de puntuación, elevándola a la autoridad competente para que la publique en el *Boletín Oficial del Estado* (art. 22.1 RGIPP) o en el diario oficial que corresponda.

Como decisiones discrecionales que son, las que ponen fin a los procesos selectivos deben ser *motivadas* (art. 35 LPACAP). Ahora bien, la ley no impone con carácter general motivar con absoluto detalle el razonamiento técnico que conduce a la decisión relativa a cada uno de los aspirantes. Este tipo de motivación no sería posible muchas veces, sobre todo en procedimientos muy concurridos, ni sería adecuada, pues normalmente ese razonamiento deriva de un debate interno del órgano colegiado, que puede ser imposible o difícil de reproducir y que debe tener carácter reservado para no coartar la libertad de juicio de sus miembros y no perjudicar a los candidatos (como recuerda, por ejemplo, para la selección de funcionarios de las instituciones europeas, la Sentencia del Tribunal de Primera Instancia de la UE de 7 de junio de 2005, *Cavallaro*). Recuérdese también que la Ley 19/2013, de 9 de diciembre, de Transparencia, Acceso a la Información Pública y Buen Gobierno, permite restringir precisamente la información pública en «garantía de la confidencialidad o el secreto requerido en los procesos de toma de decisión» [art. 14.1.*k*)]. Por eso establece el artículo 35.2 LPACAP que «la motivación de los actos que pongan fin a los procedimientos selectivos y —con expresión tautológica— de concurrencia competitiva, se realizará de conformidad con lo que dispongan las normas que regulen sus convocatorias, debiendo quedar en todo caso acreditados en el procedimiento los fundamentos de la resolución que se adopte».

El artículo 22.2 RGIPP dispone al respecto que «la motivación de los actos de los órganos de selección dictados en virtud de discrecionalidad técnica en el desarrollo de su cometido de valoración estará referida al cumplimiento de las normas reglamentarias y de las bases de la convocatoria». Es decir, el órgano de selección debe justificar en todo caso que se ha adecuado a esas normas y bases en el ejercicio de su actividad, en los términos en que estén redactadas. Pero, según la jurisprudencia más reciente, esa justificación no basta. Aparte los supuestos en que una

de los que se establecen hoy en el artículo 55.2 TREBEP. Lo mismo debe decirse de los funcionarios interinos y del personal laboral temporal o no fijo. Al fin y al cabo, todos ellos, con independencia de su vínculo jurídico y de que sean o no permanentes, acceden al desempeño de cargos o funciones públicas de carácter profesional. Sin embargo, las características de estos empleos, por un lado, y a veces consideraciones menos justificables han propiciado un menor rigor de las pruebas de selección del personal interino y laboral, en comparación con los funcionarios de carrera. Ahora el TREBEP mantiene un número muy limitado de reglas especiales para la selección del personal laboral fijo y ratifica, sin más precisión, la aplicación de los principios constitucionales a la selección de interinos. Nada se dice sobre el personal laboral no fijo, pero es obvio que deben tenerse en cuenta los mismos principios constitucionales y que en ningún caso cabe la contratación directa sin procedimiento de selección alguno basado en criterios objetivos. Así se deduce del artículo 55.1 y 2 TREBEP, aplicable a todo tipo de empleados públicos. De manera que la total elusión de estos principios en la contratación de personal laboral temporal no sólo determina la nulidad de la contratación, sino que puede tener incluso trascendencia penal.

Por lo que se refiere a los funcionarios interinos, el artículo 10.3 TREBEP dispone que la selección debe realizarse por procedimientos ágiles, que respeten los principios de igualdad, mérito y capacidad y publicidad. El artículo 27 RGIPP dispone que «el procedimiento deberá posibilitar la *máxima agilidad* en la selección, en razón de la urgencia requerida para cubrir los puestos de trabajo en tanto se destina a los mismos a funcionarios de carrera». Está claro que el procedimiento debe garantizar la objetividad de la selección, mediante pruebas o fórmulas idóneas. Entre ellas no es la peor, como ya se ha expuesto, el nombramiento por orden de puntuación decreciente de los aspirantes no aprobados en las últimas oposiciones o concursos, tal como prevén muchas normas autonómicas y se suele aplicar también en la Administración del Estado (Resolución de la Secretaría del Estado de Administraciones Públicas de 7 de mayo de 2014) y en la Administración Local (RD 896/1991, disp. adic. 1.ª y STS de 22 de junio de 2021). Pero también puede tenerse en cuenta la experiencia profesional y otras titulaciones o certificados de estudios e incluso pueden realizarse entrevistas o pruebas específicas. Algunas administraciones, de hecho, convocan este tipo de pruebas ágiles y no excesivamente exigentes —por lo general, concursos de méritos en los que suele primarse la experiencia— para formar *bolsas* o *listas de espera* para el nombramiento de funcionarios interinos con ocasión de vacante. Subsidiariamente se recurre también en ocasiones a los Servicios de Empleo públicos, que deben proponer candidatos en función de su formación, experiencia y disponibilidad (SSTS de 23 de mayo y 10 de octubre de 2023). El problema es, como se dijo, que no siempre existen normas legales claras y generales sobre la formación de esas bolsas para nombrar personal interino o temporal ni sobre su funcionamiento y, por ello, a veces los criterios aplicables son aleatorios o ambiguos y propician decisiones arbitrarias o discriminatorias. De ahí la necesidad de una legislación más concreta y transparente sobre el particular, que algunas Comunidades Autónomas van aprobando por decreto (véase también el art. 48 de la Ley de Empleo Público de Castilla-La Mancha; el art. 18.6 de la Ley de la Función Pública Valenciana, y el art. 77 de la Ley de Empleo Público Vasco, así como el art. 115 de la Ley de Función Pública de Andalucía). En todo caso, los interinos deben reunir los requisitos necesarios para participar en las pruebas de selección de los cuerpos y escalas correspondientes al puesto que ocupan (art. 27.2 RGIPP). Supletoriamente se aplican las normas de selección de los funcionarios de carrera en lo que resulte adecuado (art. 27.3 RGIPP). Una vez seleccionado, la toma de posesión de funcionario interino, al igual que el del personal eventual, se producirá al día siguiente del nombramiento (art. 114.12 Real Decreto-ley 6/2023).

Por lo que se refiere al personal laboral fijo, aparte de que no se exige requisito de nacionalidad, se aplican las mismas normas básicas de selección de los funcionarios, con la única excepción de que el «concurso de valoración de méritos» es, junto a la oposición y el concurso-oposición, un sistema ordinario y utilizable cuando se desee (aunque se considera excepcional en alguna legislación autonómica: art. 57.2 Ley de Empleo Público de Galicia). De hecho, durante mucho tiempo ha sido el más frecuentemente utilizado en muchas administraciones públicas. La diferencia es importante, pues el concurso es más ágil, pero ofrece menores garantías de objetividad en virtud de la posibilidad fáctica de adaptar el baremo de méritos profesionales valorables a las características de ciertos candidatos. Los trámites del procedimiento —solicitudes, anuncio de las pruebas, propuesta de aprobados, aportación de documentos justificativos de los requisitos— se regulan en el RGIPP de forma muy parecida a la de los funcionarios (arts. 30 a 33). Pero —aspecto significativo— el artículo 61.7 TREBEP prevé que se pueda negociar con las organizaciones sindicales a través de los convenios colectivos «las formas de colaboración» de éstas en el desarrollo de los procesos selectivos. Ahora bien, cualquiera que sea esta facultad de colaboración que el legislador ha concedido a los sindicatos, es evidente que no puede afectar a los principios de igualdad, mérito y capacidad en el acceso al empleo público, pues son éstos principios constitucionales que no están a disposición de las administraciones y menos aún de los sindicatos. Más aún, las reglas y principios del artículo 60 TREBEP sobre la composición de los órganos de selección son de aplicación general para todo el empleo público, de manera que no puede excluirse su aplicación por convenio colectivo. De ahí que la colaboración de los sindicatos no pueda suponer en ningún caso la facultad de que nombren o propongan representantes propios en los órganos de selección, quedando viciado de nulidad el procedimiento selectivo si así lo hicieran. Ello implica que las normas en contrario que prevén ese tipo de participación sindical (empezando por el art. 30 RGIPP) deben entenderse derogadas por el EBEP. Pues en un Estado de Derecho no puede aceptarse que la selección del personal laboral de las administraciones públicas quede, de manera directa o encubierta, en manos de las organizaciones sindicales, lo que puede suponer en la práctica primar criterios de afiliación o incluso vinculaciones personales sobre los de mérito y capacidad.

Una vez concluidas las pruebas de selección del personal laboral, la propuesta se eleva al órgano competente para la formalización de los contratos, que en estos casos sustituye al nombramiento. También se prevé un período de prueba, si se determina en la convocatoria (art. 33.2 RGIPP), tras superar el cual el trabajador adquiere la condición de fijo.

El procedimiento de selección de estos trabajadores está regido, pues, por normas de derecho administrativo, aunque el contrato que pone fin al mismo se rige por el derecho laboral. Y ello cualquiera que sea la modalidad de contrato laboral, incluido el de alta dirección (STS de 18 de octubre de 1999). Hay que, entender, por tanto, que los actos del procedimiento de selección previos a la formalización del contrato y, en particular, la propuesta y resolución que fija la lista de aprobados son *actos separables* del posterior contrato, aunque ahora son enjuiciables por la Jurisdicción Social, en virtud de doctrina reciente de la Sala de Conflictos del Tribunal Supremo (véase STS, 3.ª, de 13 de mayo de 2024).

Por lo que se refiere a la contratación de personal laboral no permanente, el RGIPP se limita a recordar los principios de mérito y capacidad, remitiendo a decisiones de inferior rango la determinación de los criterios de selección (art. 35). Ahora bien, éstos no deberían ser muy diferentes de los que rigen la selección de funcionarios interinos, pues en uno y otro caso concurren similares razones justificativas de la agilidad del procedimiento. Hay que tener en cuenta también que a estos contratados temporales se le aplican hoy, con algunos matices, las normas de estabilización de empleo temporal mediante procedimientos específicos de concurso-oposición o concurso reguladas en la Ley 20/2021, de 28 de diciembre.

Como bien puede entenderse, esta cuestión adquiere hoy la máxima importancia, dado el elevado número de empleados públicos contratados en régimen laboral, sobre todo en el ámbito local y de organismos, fundaciones y empresas públicas con forma de sociedad. Respecto de estas últimas entidades del sector público empresarial y fundacional, la disposición adicional 1.ª TREBEP impone la aplicación de los principios contenidos en el artículo 55 TREBEP, así como las reglas del artículo 59 sobre el acceso al empleo público de personas con discapacidad, pero no el resto de sus normas básicas. Sin duda en muchos de estos entes la selección debe ser ágil y más parecida a la de las grandes empresas privadas. Pero debe incluir garantías básicas de respeto a aquellos principios. A tal efecto sería conveniente que la legislación de desarrollo del EBEP impusiera a las entidades privadas del sector público la obligación de aprobar instrucciones internas o protocolos de selección de personal que concreten aquellos principios, al igual que deben contar con normas internas para adjudicar sus contratos públicos. La Ley 3/2017, de 27 de junio, faculta a la Secretaría de Estado de Función Pública para elaborar criterios de actuación comunes para los procedimientos selectivos de las sociedades, fundaciones y consorcios estatales, a fin de garantizar la efectiva aplicación de los citados principios (disps. adics. 15.ª, 16.ª y 17.ª).

VII. FUNCIONARIZACIÓN

Como ya se dijo en el capítulo III, la Ley 23/1988, de 28 de julio, aprobada en cumplimiento de la STC 99/1987, determinó los tipos de puestos de trabajo que pueden ser desempeñados por personal con contrato laboral, determinación que también se establece en las leyes de función pública de las Comunidades Autónomas. A consecuencia de ello vino a resultar que algunos puestos de trabajo, hasta entonces cubiertos por personal laboral con contrato *indefinido*, eran de los que quedan reservados a funcionarios, lo que planteaba un problema transitorio, pues la Administración no podía prescindir de ese personal laboral, por su carácter *fijo*, pero al mismo tiempo no podía desconocer la obligación de proveer sus puestos de trabajo con funcionarios.

Para solucionar este problema, se adicionó una disposición transitoria 15.ª a la LMRFP, después modificada por la Ley 13/1996. Según esta disposición, la adscripción de un puesto de trabajo en las RPT a personal funcionario no implica de por sí el cese del laboral que lo viniera desempeñando, que puede permanecer en el mismo sin menoscabo de sus expectativas de promoción profesional (ap. 1). Ahora bien, el personal laboral fijo que a la entrada en vigor de la Ley 23/1988 estaba prestando servicios en puestos de trabajo reservados a funcionarios o, en virtud de pruebas selectivas convocadas antes de esa fecha, hubiese adquirido esa condición y hubiese sido destinado a plazas reservadas a funcionarios, podía participar en las pruebas selectivas de acceso a los cuerpos y escalas a los que correspondieran sus puestos de trabajo, siempre que tuviera la titulación necesaria y demás requisitos exigidos, debiendo valorarse como mérito en esas pruebas los servicios prestados en la condición de laboral y las pruebas selectivas superadas para acceder a esta condición (ap. 2).

Lo que en esa disposición transitoria constituía una prima para las pruebas selectivas correspondientes, se transformó después, en virtud de la Ley 31/1990, de 27 de diciembre, en una forma peculiar de integración en la función pública *stricto sensu* de ese personal laboral, a la que la propia ley denomina *funcionarización*. En virtud de ella, se podían organizar pruebas selectivas para dicho personal en un «turno especial», de manera que quienes las superaban se convertían en funcionarios, destinados en el mismo puesto que venían desempeñando en calidad de laborales.

También en las Comunidades Autónomas se intentó resolver este problema, en algún caso de manera bastante expeditiva, organizando procedimientos *selectivos* ciertamente poco «exigentes» *a priori*. Así, la Ley 1/1996, de 26 de abril, de la Comunidad Valenciana, previó la integración de este personal laboral en la categoría de funcionario, en algunos casos, con sólo superar un curso selectivo de cincuenta horas. Más recientemente, por ejemplo, el Decreto 165/2019, de la Xunta de Galicia organizó un proceso de funcionarización mediante concurso-oposición en turno restringido, en el que la fase de oposición se saldaba con un simple test y en la fase de concurso se computaban «hasta el máximo legal permitido» los servicios prestados por cada candidato en el mismo puesto de trabajo que desempeñaba como contratado.

La jurisprudencia constitucional, lógicamente, receló de estos procedimientos y declaró contrarias a derecho las previsiones de funcionarización que iban más allá de los casos previstos en la disposición transitoria 15.ª (y disp. adic 6.ª) de la LMRFP (SSTC 38/2004 y 31/2006; también, STS de 3 de julio de 2006). Posteriormente, sin embargo, la disposición transitoria 2.ª TREBEP concedió, de nuevo, que pudieran realizarse estas pruebas de funcionarización, incluso «de forma independiente o conjunta con los procesos selectivos de libre concurrencia» —esto es, con la posibilidad de organizar turnos restringidos— para el personal laboral que a la entrada en vigor del propio EBEP estuviera desempeñando funciones de personal funcionario o pasase a desempeñarlas en virtud de pruebas de selección o promoción convocadas antes de dicha fecha. En dichos procesos pueden valorarse como mérito los servicios prestados y las pruebas selectivas realizadas para acceder a la condición de personal laboral fijo.

Más allá de estos concretos supuestos, sin embargo, el anhelo de *funcionarización* se ha extendido incluso a puestos de trabajo que no necesitan reservarse a funcionarios. Las ventajas de estabilidad en el empleo que conlleva la condición funcionarial impulsan a las organizaciones sindicales a reivindicar de las administraciones públicas que conviertan cada vez más puestos de trabajo ocupados por laborales en puestos de funcionarios y no son pocas las que ceden a tales reivindicaciones. El problema esencial es, en cualquier caso, que estos procedimientos selectivos se ajusten realmente a los principios de mérito y capacidad y no sólo de forma aparente. Lo que en cualquier caso no es conforme a derecho es que por ley y sin mayor requisito se acepte la integración como funcionario de carrera de cualquier empleado con contrato laboral que lo solicite, incluso si tiene carácter fijo y accedió al empleo público mediante un proceso selectivo. Así lo dispuso la Ley Foral 19/2013, de 29 de mayo, de apertura de un nuevo proceso de funcionarización en las administraciones públicas de Navarra, en clara contradicción con el EBEP; ley que fue anulada (con particular celeridad, por cierto) por la STC 111/2014, de 26 de junio. Hay, no obstante una excepción, contemplada en la disposición adicional 5.ª del Estatuto Marco del Personal Estatutario de los Servicios de Salud, que, para homogeneizar las relaciones de empleo en estos Servicios, permitió establecer procedimientos para la integración directa y voluntaria de otro personal sanitario, ya fuera funcionario de carrera o con contrato laboral fijo, en la condición de personal estatutario; disposición considerada válida por STC 20/2017, aunque no lo es su aplicación a otros supuestos distintos por la legislación autonómica.

Por lo que se refiere a la jurisprudencia contencioso-administrativa, exige que se cumplan los requisitos legales para iniciar un proceso de funcionarización, ya que no deja de ser una forma privilegiada de acceso a la función pública, aunque en general interpreta de manera estricta lo dispuesto en el artículo 15 LMRFP y en las leyes autonómicas que establecen los tipos de puestos o funciones que pueden desempeñarse por personal laboral, interpretación que favorece dichos procesos (véanse SSTS de 1 de septiembre de 2007, 13 de mayo de 2009 y 25 de enero de 2012).

Cosa distinta es la integración del personal laboral fijo de un ente o incluso de una sociedad pública, sin cambiar su condición, en otro ente público, en virtud de la extinción o liquidación del primero o de su fusión con el segundo, situación que es relativamente frecuente en virtud de las medidas de «racionalización» del sector público. El Tribunal Supremo (en SSTS de 21 de enero de 2013, 9 de abril de 2014, 17 de febrero de 2016, 19 de diciembre de 2018 y otras) ha considerado que es lícita tal integración, sin necesidad de nuevo proceso selectivo, ya que ni cambia el régimen jurídico del personal integrado ni la titularidad pública del ente empleador. Lo único que se produce es una subrogación en los contratos de trabajo, característica de la «sucesión de empresa» (art. 44 TRET) y justificada por razones de estabilidad en el empleo. Así lo viene a reconocer ahora la disposición adicional 26.ª de la Ley 3/2017, de Presupuestos Generales del Estado para 2017, precisando que los trabajadores concernidos lo son exclusivamente de la entidad que se subroga en sus contratos, pero no pueden acceder al [resto del] empleo público sin un procedimiento selectivo.

VIII. REVISIÓN DE LOS ACTOS DE SELECCIÓN Y DISCRECIONALIDAD TÉCNICA DE LOS ÓRGANOS SELECTIVOS

Como se ha venido diciendo, los actos del procedimiento de selección son actos administrativos que, como tales, pueden incurrir en infracciones determinantes de su ilegalidad, por lo que son recurribles ante los juzgados y tribunales contencioso-administrativos, en su caso, previo agotamiento de la vía administrativa. No sólo se pueden impugnar las resoluciones que ponen fin al procedimiento, sino también ciertos actos de trámite cualificados, que ponen fin *de facto* al mismo, impiden su continuación para todos o parte de los aspirantes (así, las listas definitivas de admitidos y excluidos) o generan indefensión. Muy en particular, pueden recurrirse siempre directamente las convocatorias y sus bases, ya que determinan las reglas aplicables a cada proceso selectivo.

En concreto, las resoluciones de los órganos de selección, tribunales o comisiones permanentes, *vinculan a la Administración*, que no puede decidir en contrario. Pero, por una parte, esas resoluciones pueden ser revisadas de oficio por la propia Administración en cualquier momento, conforme a lo previsto en el artículo 106 LPACAP, es decir, si incurren en nulidad de pleno derecho, como recuerda la STS de 29 de noviembre de 2018. E incurrirán en ese tipo de nulidad si vulneran el artículo 23.2 CE u otro derecho fundamental [art. 47.1.*a*) LPACAP]. Por otra parte, contra ellas —y los actos de trámite cualificados— puede interponerse recurso de alzada ante la autoridad que haya nombrado a su presidente (art. 14 RGIPP), salvo que la legislación aplicable en cada caso disponga otra cosa. En ocasiones la ley establece un recurso especial distinto del de alzada ante órganos especiales (por ejemplo, ante las Comisiones de Reclamaciones del art. 73 LOSU; sobre su control no sustitutivo de la decisión de fondo, véanse las SSTC 215/1991, de 14 de noviembre, y 24/1998, de 27 de enero, y las SSTS de 28 de enero y 24 de marzo de 1992, 3 de diciembre de 1993, 9 de julio de 1994 y 11 de diciembre de 1995, entre otras muchas). Sobra decir que contra la resolución del recurso de alzada o de cualquier otro recurso administrativo que le sustituya puede interponerse recurso contencioso-administrativo según las normas que lo regulan.

El recurso contra las decisiones de los órganos de selección puede fundarse, como es lógico, en cualquier infracción del ordenamiento jurídico, ya sea de carácter procedimental —salvo que se trate de irregularidades no invalidantes (art. 48 LPACAP)—, derivada de la irregular composición de los propios órganos selectivos —por infracción de las garantías organizativas o infracción de las reglas sobre la formación de su voluntad—, de carácter formal por falta de motivación adecuada, o incluso por razones de fondo, cuando la resolución se ha adoptado apartándose del baremo o de los criterios establecidos en cada caso para evaluar los méritos y capacidad de los candidatos o infringiendo esos criterios o aplicándolos incorrectamente (por ejemplo, utilizando fórmulas correctoras de la puntuación no previstas en la convocatoria, SSTS de 31 de enero, 22 de marzo, 12 de julio de 2006 y 19 de julio de 2009) o, en fin, cuando exista desviación de poder (véanse, por ejemplo, sobre este último tipo de infracción, las SSTS de 22 y 26 de mayo de 1995).

Ahora bien, dentro de los márgenes fijados por las normas de obligado cumplimiento, incluyendo las bases de la convocatoria y los baremos de méritos, y sólo dentro de esos márgenes —hay que insistir en ello—, los órganos de selección gozan de *discrecionalidad técnica* para apreciar y comparar los méritos y la capacidad de los diferentes candidatos, tal como ahora les reconoce expresamente el artículo 55.2 TREBEP. Tanto la jurisprudencia del Tribunal Constitucional (SSTC 39/1983, 97/1993, 353/1993, 34/1995, 48/1998, 73/1998, 86/2004, 219/2004) como la doctrina tradicional del Tribunal Supremo (véanse, entre otras muchas, las SSTS de 17 de diciembre de 1986, 3 de febrero de 1987, 19 de julio de 1988, 20 y 25 de octubre de 1992, 25 de febrero y 8 de julio de 1994, 11 de octubre de 1997, etc.) confirman la imposibilidad de un control jurídico de la discrecionalidad técnica en sí considerada. Pero eso significa simplemente que los *juicios meramente técnicos* que los órganos de selección emitan sobre cada candidato no pueden ser revisados en vía de recurso, ni administrativo ni judicial, salvo que se demuestre que ha existido desviación de poder o una clara, manifiesta y evidente arbitrariedad o desigualdad de trato, o un patente error, acreditado por quien los impugna. No ya porque los tribunales y comisiones que resuelven oposiciones y concursos sean *soberanos*, como solía expresar la jurisprudencia tradicional para señalar la imposibilidad de controlar el fondo de sus decisiones. Como señala la STC 34/1995, de 6 de febrero, la *deferencia* judicial hacia la discrecionalidad técnica de los tribunales y oposiciones de concursos y oposiciones está basada en una presunción *iuris tantum* de certeza y razonabilidad de su actuación, apoyada en la especialización e imparcialidad de los órganos establecidos para realizar las calificaciones. Ésa es su única justificación.

Dicho esto, la jurisprudencia, en particular del Tribunal Supremo (pero también la del Tribunal Constitucional y de otros órganos judiciales inferiores), ha evolucionado en los últimos tiempos hacia un control más incisivo del ejercicio de dicha potestad discrecional. Así, más matizadamente que en el pasado, algunas sentencias (SSTS de 5 de junio y 15 de diciembre de 1995, 15 de julio de 1996) empezaron a sostener que, si bien no es revisable el «núcleo material de la discrecionalidad técnica», sí lo son sus *aledaños*. A partir de ahí se ha avanzado cada vez más en la distinción entre aquel núcleo técnico no susceptible de revisión y los aspectos en que sí cabe un análisis jurídico de la actuación de los órganos de selección, que puede concluir en la declaración de invalidez de sus resoluciones.

Por de pronto, hoy está claro que las *actuaciones preparatorias* encaminadas a fijar los criterios de calificación de las pruebas selectivas no forman parte del juicio técnico sobre el que opera la discrecionalidad (SSTS de 18 de marzo de 2011 y 12 de diciembre de 2012, entre otras). Los juzgados y tribunales de justicia pueden controlar así de manera plena si las convocatorias y sus bases son conformes o no a derecho y, en especial, si lo son los baremos de méritos que puedan establecer para la fase de concurso y el tipo y características de las pruebas a realizar en la fase de oposición. Inclusive la *interpretación del baremo*, para la que algunas resoluciones judiciales reconocen una potestad discrecional al órgano de selección, es en realidad una cuestión de derecho, controlable judicialmente (SSTS de 16 de diciembre de 2015, 27 de abril de 2016 y 12 de junio de 2018), pues no pueden aquellos órganos introducir exigencias, requisitos o méritos valorables —o excluirlos— al socaire de que interpretan libremente el baremo (SSTS de 9 de abril de 2007, 6 de octubre de 2011, 22 de octubre de 2015, 17 de julio y 10 de diciembre de 2018, por ejemplo). De la misma manera, el órgano de selección está vinculado por los criterios que él mismo haya fijado previamente y esa vinculación es controlable judicialmente (STS de 23 de abril de 2007, entre otras). Asimismo, se puede controlar en vía judicial si la composición de los órganos de selección se ajusta a derecho y si en alguno de sus miembros concurre una causa de abstención (STS de 19 de julio de 2012, por ejemplo). Y por supuesto, como ha sucedido siempre, el control judicial puede extenderse a los casos de coacción, dolo o desviación de poder, que demuestren la voluntad viciada del órgano de selección, aunque suelen ser circunstancias difíciles de probar.

Más allá de ello, la jurisprudencia tradicional sólo permitía el control del ejercicio de la discrecionalidad técnica cuando fuera posible verificar la existencia de manifiestas arbitrariedades, desigualdades en los méritos que se valoran para unos y otros candidatos (STC 138/2000, por ejemplo) o errores palmarios y groseros de evaluación y de calificación (STC 219/2004), únicos casos en que podían anularse las decisiones de los órganos de selección en lo que tienen de discrecionales.

Hoy en día, se considera que la calificación de una prueba efectuada por la comisión de selección puede ser revisada judicialmente también cuando dicha calificación «sea inaceptable, con arreglo a los criterios de la sana crítica». A partir de ahí, la jurisprudencia ha comenzado a revisar en muchos casos si la motivación de la puntuación otorgada a los candidatos es o no adecuada y suficiente (SSTS de 10 de mayo de 2007, 16 de septiembre de 2009, 13 de mayo y 19 de julio de 2010 y 15 de diciembre de 2012, por ejemplo) y, en particular, considera que es ajeno al ámbito de la discrecionalidad técnica la comprobación aritmética de la puntuación obtenida en un proceso selectivo (SSTS de 8 de marzo de 2010 y 25 de junio de 2012). También ha accedido a anular el resultado de un proceso selectivo cuando las preguntas formuladas a los candidatos en una prueba de tipo test no reúnen las notas de claridad y exactitud exigibles (SSTS de 18 de mayo de 2007, 2 de junio de 2010, 26 de febrero de 2013, 16 de febrero de 2015, 28 de octubre de 2015, 17 de marzo de 2016). E incluso considera que es posible revisar la corrección de las respuestas de los opositores, controlando la discrecionalidad del órgano de selección, cuando cabe apreciar dicha corrección en virtud de simples comprobaciones o con criterios de lógica elemental o común que no requieren de saberes especializados (SSTS de 18 de mayo de 2007 y 14 de septiembre de 2009, por ejemplo), o en virtud de una prueba pericial concluyente practicada en el proceso (SSTS de 2 de marzo de 2009 y 21 de diciembre de 2011). El aspecto decisivo es, en todo caso, la *motivación* —que ha de ser concreta y suficiente— de las resoluciones de los órganos de selección que el Tribunal Supremo exige, como se ha expuesto, a efectos de comprobar si se ha hecho un uso adecuado y no arbitrario de la discrecionalidad técnica, lo que supone un *hard look* o control estricto de las razones de la decisión. Una síntesis de esta novedosa doctrina puede leerse en las SSTS de 18 de julio y 29 de octubre de 2012 y sobre todo en las de 12 de marzo de 2014, 4 de junio de 2014, 13 de julio de 2016, 6 de junio de 2017 y 2 de febrero de 2019. También en la de 31 de julio de 2014, que anula la resolución de un procedimiento selectivo porque no se justifica la puntuación diferente otorgada a dos ejercicios sustancialmente iguales. Y en la de 18 de diciembre de 2023, que exige conservar los documentos que reflejan la puntuación otorgada por cada miembro del órgano de selección y sus motivos.

Ahora bien, esta evolución no implica la negación de la discrecionalidad técnica de los órganos de selección, pues, como matizan las SSTS de 16 y 23 de diciembre de 2014, no puede convertirse un tribunal de justicia en árbitro que dirima las simples divergencias técnicas entre los expertos que componen un órgano administrativo de selección y la opinión de los peritos que declaran en el proceso judicial. Por eso, debe respetarse el criterio de aquél, «mientras no conste de manera inequívoca y patente que incurrió en error técnico» (en el mismo sentido, STS de 14 de marzo de 2018). El error puede ser deducido, no obstante, por el órgano judicial, en virtud de las pruebas practicadas en el proceso con todas las garantías (SSTS de 23 y 29 de mayo de 2024, por ejemplo).

Por último, debe tenerse en cuenta que la anulación del resultado de un proceso de selección, a instancia de algún candidato, al que se le reconoce su derecho a ser seleccionado, no implica necesariamente anular el nombramiento de otro u otros de los candidatos seleccionados, incluso si en dicho procedimiento se cubrieron todas las plazas convocadas. Según la jurisprudencia, por razones de seguridad jurídica, protección de la confianza legítima y equidad, no puede privarse de su condición de empleado público a quien fue seleccionado de buena fe, cuando la anulación deriva de una incorrecta actuación de la Administración, sobre todo si han transcurrido varios años y no se produjo un apartamiento total y grosero de los principios de mérito y capacidad (SSTS de 29 de septiembre de 2014, 29 de junio de 2015, 27 de abril de 2016, 20 de marzo de 2019, 14 de enero de 2020, 27 de febrero de 2023 y 4 de octubre de 2023, entre otras).

Dados los casos no infrecuentes de favoritismo o discriminación en la selección de personal, el control jurídico que los tribunales de justicia deben ejercer, en los términos mencionados, puede corregir muchas arbitrariedades, por lo que es necesario que la nueva jurisprudencia del Tribunal Supremo sea asumida y aplicada con igual rigor por los órganos judiciales inferiores. Dicho lo cual, es obvio que no todos esos problemas pueden solucionarse desplazando la decisión técnica a un órgano no dotado para ella o sustituyendo el criterio de los técnicos de una comisión de selección por el criterio de quienes actúan como peritos en el proceso judicial, como el Tribunal Supremo reconoce. La garantía efectiva de respeto a la igualdad de oportunidades depende más del desarrollo de los valores cívicos de la sociedad que de otra cosa. No obstante, siempre es posible desde el derecho contribuir a ella perfeccionando la composición de los órganos de selección, en garantía de su idoneidad e imparcialidad y en aplicación de lo dispuesto por el TREBEP, mejorando los sistemas selectivos y exigiendo una estricta observancia de los procedimientos y las obligaciones de motivación, de manera que se genere más transparencia y puedan corregirse las desviaciones de poder encubiertas, que son el verdadero problema. En último extremo, órganos administrativos especializados en la revisión de estos aspectos del proceso selectivo —a la manera de comisiones de garantía del *sistema de mérito* existentes en muchos países— podrían también ser útiles para el mismo fin y por ello la Comisión de preparación del EBEP recomendó su creación, aunque el legislador no ha atendido esta recomendación en la norma básica (pero sí, por ejemplo, el Estatuto de Autonomía de Andalucía, reformado por Ley Orgánica 2/2007, de 19 de marzo, art. 136).

PARA PROFUNDIZAR

A. Boix Palop y A. Soriano Arnanz, *El acceso al empleo público en España*, Valencia, 2020; X. Boltaina Bosch, *La funcionarización del personal laboral de las Administraciones Públicas*, Barcelona, 2005; íd., «Los procesos de estabilización de la Ley 20/2021, de reducción de la temporalidad: las ofertas de empleo público y sus convocatorias», *Revista Vasca de Gestión de Personal y Organizaciones Públicas,* 23, 2022; E. Cobreros Mendazona, «La jurisprudencia del Tribunal Supremo relativa al conocimiento del euskera en el acceso a la función pública», *Revista Vasca de Administración Pública*, 22, 1988; R. De Vicente Domingo, *La revisión jurisdiccional de los actos de calificación de las pruebas selectivas para el acceso al empleo público,* Valencia, 2022; J. J. FERNÁNDEZ DOMÍNGUEZ y S. RODRÍGUEZ ESCANCIANO, *El acceso al empleo público*, Madrid, 2005; S. FERNÁNDEZ RAMOS, «Acceso al empleo público: igualdad e integridad», *Revista General de Derecho Administrativo*, octubre de 2017. A. J. FERREIRA FERNÁNDEZ, «Composición de los órganos de selección de los funcionarios locales: principios generales y normativa aplicable», *Revista Galega de Administración Pública,* 19, 1998; R. M. ILDEFONSO HUERTAS, «Los órganos de selección en el empleo público: el principio de especialidad y la discrecionalidad técnica», *Justicia Administrativa*, 12, 2001; R. JIMÉNEZ ASENSIO y OTROS, *Revista Vasca de Gestión de Personas y Organizaciones Públicas*, n.º especial 2, sobre selección de personal en el empleo público, 2018; E. LÁZARO ALBA y F. GONZÁLEZ BOTIJA, «A vueltas con la discrecionalidad técnica en oposiciones y concursos: jurisprudencia reciente y reflexiones críticas», *Revista Española de Derecho Administrativo,* 127, 2005; J. MARTÍNEZ GIRÓN, *La funcionarización del personal laboral de las Administraciones Públicas*, Barcelona, 2018; J. L. MONEREO PÉREZ y J. VIDA SORIA, *La condición de nacionalidad en el acceso del personal a los empleos públicos*, Madrid, 1991; J. L. PIÑAR MAÑAS, «El pleno control jurisdiccional de los concursos y oposiciones», *Documentación Administrativa*, 220, 1989; A. NOGUEIRA LÓPEZ, *Régimen jurídico de la selección del profesorado universitario,* Barcelona, 2004; F. PUERTA SEGUIDO, *La consolidación del empleo público precario*, Valladolid, 2003; M. PULIDO QUECEDO, *El acceso a los cargos y funciones públicas. Un estudio del artículo 23.2 de la Constitución*, Madrid, 1992; M. SÁNCHEZ MORÓN, «Artículo 23.2. El derecho a acceder a funciones y cargos públicos», *Comentarios a la Constitución Española de 1978*, Madrid, 1996; íd., *Discrecionalidad administrativa y control judicial*, Madrid, 1994; íd., «Igualdad de oportunidades en el acceso a la función pública y estabilización funcionarial de los interinos», *Revista Andaluza de Administración Pública*, 34, 1999; íd., «Consideraciones sobre la reforma del régimen de acceso al empleo público», *Revista Catalana de Dret Public*, 45, 2012; íd., «Sobre la discrecionalidad técnica y la sana crítica», *Revista de Administración Pública*, 197, 2015; J. A. TARDÍO PATO, *Control jurisdiccional de concursos de méritos, oposiciones y exámenes académicos*, Madrid, 1986; L. TOLIVAR ALAS, *Las libertades lingüísticas (la cooficialidad en el acceso a la función pública y en el Estatuto de los funcionarios)*, Madrid, 1987; J. B. VIVERO SERRANO, *El acceso al empleo público en régimen laboral*, Valencia, 2009.

CAPÍTULO VI

LA CARRERA ADMINISTRATIVA DE LOS FUNCIONARIOS

SUMARIO: I. CONCEPTO Y SIGNIFICADO. II. PRESUPUESTOS Y MODALIDADES DE LA CARRERA. 1. *La función de los cuerpos y escalas en la carrera administrativa*. 2. *Grupos de clasificación profesional*. 3. *El sistema de carrera vertical y el grado personal*. 4. *La carrera horizontal*. 5. *La evaluación del desempeño*. 6. *La promoción interna*. III. PROVISIÓN DE PUESTOS DE TRABAJO. 1. *El concurso*. 2. *El concurso específico*. 3. *La libre designación*. IV. MOVILIDAD Y TRASLADO DEL PUESTO DE TRABAJO. 1. *Remoción del puesto de trabajo*. 2. *Traslado forzoso o redistribución de efectivos*. 3. *Adscripción provisional*. 4. *Comisiones de servicios, permutas y otras modalidades de movilidad*. V. LA FORMACIÓN PROFESIONAL DE LOS EMPLEADOS PÚBLICOS.

I. CONCEPTO Y SIGNIFICADO

Una vez ingresado en la función pública, el funcionario queda incorporado a una organización en la que, normalmente, va a desarrollar toda o gran parte de su vida profesional. En realidad, esta situación no es tan frecuente hoy en día como en el pasado. Hace años el carácter vitalicio de las carreras administrativas constituía una regla con muy pocas excepciones. A medida que el cambio económico y social ha propiciado mayores oportunidades y ha favorecido la movilidad profesional, son más los funcionarios que abandonan el servicio para, en su caso, reingresar con posterioridad, o los que acceden a muy distintos puestos de trabajo, a veces profesionales, otros de confianza política, en distintas administraciones, instituciones o empresas públicas. La permeabilidad social, la flexibilidad en el empleo, la misma movilidad geográfica de los trabajadores y de las familias hacen inevitable contemplar el concepto mismo de la carrera administrativa de una manera distinta a como se hacía tan sólo unas décadas atrás.

En el marco de la administración tradicional, la carrera del funcionario, rígidamente reglamentada, constituía una garantía y una compensación de su identificación permanente con el Estado. De ahí que pudiera hablarse de un *derecho a la carrera*, estructurado mediante criterios prefijados y en cierto modo reglados de ascenso gradual, entre los que la antigüedad ocupaba un lugar importante. La carrera del funcionario era tanto un sistema de progresión económica y social como una especie de *cursus honorum* y un instrumento de jerarquización administrativa. La carrera así entendida favorecía la imparcialidad del funcionario, no sometido a vaivenes inesperados, pero muchas veces con olvido del mérito individual y, por tanto, en detrimento de la eficacia administrativa.

Hoy en día, la carrera administrativa ha perdido buena parte de ese carácter, que algunos siguen contemplando con nostalgia. La carrera se concibe más bien (al menos en teoría) desde una perspectiva funcional, como un conjunto de opor-

las administraciones más pequeñas —que son cada día más en virtud del proceso de descentralización territorial y funcional— la posibilidad de cambiar de puesto es ilusoria para la mayoría de los funcionarios, de manera que sólo pueden esperar un progreso en su carrera si se eleva el nivel de su propio puesto de trabajo, o bien trasladándose a una administración distinta, lo que no suele ser fácil.

De todas formas, el modelo de carrera de la LMRFP no se aplicó a toda la función pública, pues existen áreas donde el sistema tradicional de categorías personales ha seguido siempre presente en mayor o menor medida. Así, en la función pública militar (empleos militares), en la carrera judicial (jueces y magistrados), y en las universidades y la enseñanza pública (cuerpos docentes universitarios y no universitarios de diferente nivel). Y, últimamente, los defectos de aquel modelo han llevado a recuperar este otro, basado sustancialmente en categorías o niveles personales, en áreas distintas (el personal estatutario de los Servicios de Salud, por ejemplo, en virtud de su Estatuto Marco de 2003 y la legislación de las Comunidades Autónomas que lo desarrolla).

Finalmente, las carencias del modelo general de la LMRFP han conducido a que se prevea por el TREBEP la posibilidad de articular *sistemas de carrera horizontal*, consistentes en «la progresión de grado, categoría, escalón u otros conceptos análogos sin necesidad de cambiar de puesto de trabajo» [art. 16.3.*a*)]. Pero dichos modelos de carrera son regulados, en su caso, por las leyes de función pública que desarrollan el EBEP, conforme a los criterios y normas básicas que se establecen en su artículo 17 y que después analizaremos.

II. PRESUPUESTOS Y MODALIDADES DE LA CARRERA

1. La función de los cuerpos y escalas en la carrera administrativa

Por regla generalísima el funcionario realiza su ingreso en la Administración en un *cuerpo o escala*, aunque el TREBEP (art. 75) permite también la creación de otras agrupaciones, especialidades o sistemas «que incorporen competencias, capacidades y conocimientos comunes acreditados a través de un proceso selectivo». Ya hemos dicho, por lo demás, que en el presente los cuerpos han perdido la significación social y jurídica que tuvieron en otra época. Pero siguen constituyendo colectivos de funcionarios que se definen por su identidad profesional. Como tales, son instrumentos de selección, pues para acceder a cada cuerpo se establecen requisitos y pruebas distintas. Los cuerpos y escalas de funcionarios —este último concepto más utilizado en la administración local y en los organismos y entes públicos instrumentales— expresan el elemento de *especialidad profesional* que requiere el abigarrado conjunto de la función pública.

Lógicamente, la pertenencia a un cuerpo o escala permite acceder con el tiempo a determinados puestos de trabajo, aquellos cuyo objeto es el desempeño de tareas propias de la especialidad de cada cuerpo o escala. Sin embargo, no todos los puestos de trabajo se definen por relación a un objeto estrictamente especializado, de manera que pueden existir puestos susceptibles de ser desempeñados por funcionarios de varias especialidades o, si se prefiere, de varios cuerpos o escalas. Ésta es hoy la regla general.

En el pasado, la hipertrofia del sistema corporativo tuvo como resultado que a los cuerpos se asignaran expresamente unos u otros puestos, que guardaban celosamente en exclusiva y procuraban ampliar, a veces a expensas de otros cuerpos, mediante disputas competenciales a menudo largas y complejas. Contra estas disfunciones reaccionó la LMRFP disponiendo la *adscripción indistinta* de los puestos de trabajo para todos los funcionarios incluidos en el ámbito de la propia ley, salvo que de la naturaleza del puesto y la función a desempeñar se derive necesariamente la *adscripción exclusiva* de determinados puestos a determinados cuerpos o escalas (art. 15.2). De esta manera, de un modelo de carrera *cerrada*, en que los funcionarios de cada cuerpo y escala pueden acceder sólo —y en exclusiva— a determinados puestos, se pasó a un modelo de carrera sustancialmente *abierta*.

Ahora bien, es evidente, que la regla de la adscripción indistinta tiene sus límites (un graduado en Derecho no puede desempeñar un puesto de ingeniería, y viceversa). Lo que se quiere decir es que, por lo general, los puestos de trabajo no están reservados a un sólo cuerpo o escala, pero, como es obvio, sí pueden estar y normalmente están reservados a funcionarios de cuerpos o escalas con especialidades profesionales semejantes (por ejemplo, Abogados del Estado y Administradores Civiles del Estado). Esto es lo que algunos denominan la *adscripción múltiple*, en vez de indistinta, que se corresponde con la diferenciación de *áreas funcionales* dentro de cada administración, concepto del que trataremos luego. Corresponde a las RPT determinar los cuerpos y escalas o especialidades profesionales cuyos miembros pueden desempeñar cada puesto de trabajo (art. 26 LMRFP), regla que también viene a mantener el TREBEP (art. 74). En todo caso, la reserva de puestos en exclusiva a un solo cuerpo, que puede acordarse por el Gobierno (en la Administración del Estado), se ha acordado varias veces en los últimos años. Por su parte, algunas leyes autonómicas de función pública han vinculado de manera más general los puestos de trabajo a cuerpos o escalas determinadas, salvo excepción, con la pretensión de recuperar un modelo más tradicional, pero más rígido y difícil de gestionar.

En resumen, el funcionario que pertenezca a un cuerpo o escala podrá realizar su carrera ocupando los puestos a los que dé acceso la pertenencia a dicho cuerpo o escala, ya sea en exclusiva o no. También puede, lógicamente, cambiar de cuerpo o escala, mediante el correspondiente proceso de selección y, si se trata de acceder a un cuerpo superior al de origen (y en ciertos casos a otro cuerpo o escala del mismo grupo de titulación), mediante las facilidades para la *promoción interna*, que luego estudiaremos.

2. Grupos de clasificación profesional

En efecto, no todos los cuerpos y escalas se sitúan al mismo nivel, sino que se clasifican en grupos y subgrupos, según la *titulación* exigida para su ingreso y, en lo que se refiere al Grupo A, en función también del nivel de responsabilidad de las funciones a desempeñar y de las características de las pruebas de acceso. Ya conocemos los grupos de clasificación (véase capítulo III), aunque podemos repetirlos: Grupo A, ya sea A1 o A2, correspondiente a los cuerpos y escalas para los que se exige título universitario de grado u otro título universitario (un posgrado o máster y para los cuerpos docentes universitarios un doctorado); Grupo B, título de técnico superior (no universitario); Subgrupo C1, título de bachiller o técnico; Subgrupo C2, título de graduado en educación secundaria obligatoria (art. 76 TREBEP), sin perjuicio de la posibilidad de mantener otras agrupaciones para las que no se requiera ninguna titulación académica (disp. adic. 6.ª TREBEP). Recordemos también que esta clasificación en grupos y subgrupos es norma básica y debe ser respetada por la legislación de las Comunidades Autónomas.

Lógicamente, la pertenencia a un cuerpo o escala superior permite acceder a los puestos de trabajo más altos, que están adscritos a funcionarios de dichos cuerpos o escalas. Pero obsérvese que lo definitorio es la pertenencia al cuerpo y no la titulación individual que el funcionario posee. Es decir, un funcionario que sea licenciado —o graduado— universitario, pero que pertenezca a un cuerpo o escala del Grupo C —de los que hay tantos, en realidad—, sólo puede acceder a los puestos correspondientes a su cuerpo o escala o a funcionarios del Grupo C, aunque su título le permitirá participar en los procedimientos de promoción interna a otro cuerpo o escala del Grupo A.

3. El sistema de carrera vertical y el grado personal

Teniendo en cuenta el punto de partida —que el funcionario ingresa en un determinado cuerpo o escala que pertenece a uno de los grupos o subgrupos que determina la ley— su carrera dependerá del sistema que se implante en la administración y el sector en que se encuadre. Es decir, de si existe un modelo de carrera vertical, que consiste en «el ascenso en la estructura de puestos de trabajo por los procedimientos de provisión» establecidos legalmente [art. 16.3.*b*) TREBEP], o un sistema de carrera horizontal o de ascenso por grados o categorías sin necesidad de cambiar de puesto. O bien de si se combinan ambos sistemas, tal como se viene acordando paulatinamente en la mayoría de las administraciones públicas.

La carrera vertical presupone una clasificación jerárquica de los puestos de trabajo. Conforme al artículo 21.1 LMRFP, los puestos de trabajo de las administraciones públicas se clasifican en *niveles*, del 1 al 30. En realidad, hoy en día no existen puestos más bajos del nivel 10 en casi ninguna Administración Pública. Según la importancia de la función que constituye su objeto (titulación requerida, responsabilidad, dificultad, etc.), las RPT o, en su defecto, los catálogos de puestos, llevan a cabo esa clasificación. De hecho, los criterios a tener en cuenta no están tasados y las RPT se aprueban con gran discrecionalidad, que a veces produce situaciones no muy equitativas. Pero es evidente que las diferencias de nivel entre puestos de denominación y contenido similar deben justificarse y motivarse adecuadamente, pues de lo contrario son ilegales por implicar un ejercicio arbitrario de dicha potestad discrecional (SSTS de 4 de julio de 2006 y 25 de junio de 2007, por ejemplo). Más aún, un aumento sustancial de las funciones y responsabilidades asignadas a determinados puestos de trabajo debe llevar consigo su reclasificación, a la que sus titulares tienen derecho (SSTS de 24 de mayo de 2021 y 19 de marzo de 2025, entre otras).

El Gobierno y los órganos de gobierno de las Comunidades Autónomas determinan los intervalos de nivel que corresponden a cada cuerpo o escala, en función de su grupo de titulación. A día de hoy, estos intervalos se moverían, en la Administración del Estado, dentro de la siguiente horquilla, que recoge la disposición transitoria 6.ª del Real Decreto-ley 6/2023: Subgrupo A1, nivel mínimo 24 y nivel máximo 30; Subgrupo A2, nivel mínimo 20 y nivel máximo 26; Grupo B, nivel mínimo 18 y máximo 24; Subgrupo C1, nivel mínimo 16 y nivel máximo 22; Subgrupo C2, nivel mínimo 14 y nivel máximo 18. En virtud de los niveles mínimo y máximo asignados a su cuerpo o escala, el funcionario conoce qué puestos de trabajo puede desempeñar o se le pueden asignar, esto es, los de los niveles correspondientes (dentro, obviamente, de su especialidad profesional o del alcance de la regla de la adscripción indistinta). En ningún caso los funcionarios pueden obtener puestos no clasificados dentro del intervalo correspondiente a su grupo de clasificación (art. 71 RGIPP). De esta manera existe una garantía de *nivel mínimo* y un tope máximo de los puestos que va a desempeñar el funcionario a lo largo de su carrera, que impide descensos demasiado bruscos y también ascensos demasiado fulgurantes, dicho sea en términos relativos.

El nivel del puesto de trabajo que se desempeña tiene una primera consecuencia retributiva, pues de él depende el *complemento de destino* del funcionario, uno de los conceptos que integran su nómina (véase *infra*, sobre el régimen de retribuciones). Pero también tiene otra consecuencia ligada a la carrera, en cuanto que permite alcanzar a cada funcionario su *grado personal*.

El grado personal determina, en el sistema de la LMRFP de 1984, algo así como la categoría profesional de cada funcionario individualmente considerado. De alguna manera era un concepto sustitutivo de las categorías personales (un sucedáneo de éstas, según el profesor PARADA), que son características del modelo de carrera horizontal. Ahora es ya una suerte de complemento de ésta, donde está implantada. Todo funcionario tiene su grado personal, expresado en una escala que coincide con la de los niveles de los puestos de trabajo, del 1 al 30 (en realidad, nunca más bajo del 10).

¿Cómo se adquiere el grado personal? Esto depende, sobre todo, del nivel de los puestos de trabajo que se vayan desempeñando. Inicialmente, cuando ingresa, el funcionario debe consolidar el grado correspondiente al puesto de trabajo de su primer destino, que será el inicial correspondiente a su cuerpo o escala. Para consolidar ese grado o adquirir un grado personal superior —que no tiene por qué ser el inmediatamente superior— debe desempeñar uno o más puestos de trabajo del nivel correspondiente durante dos años consecutivos o tres con interrupción [art. 70.1 RGIPP]. No computa a estos efectos el desempeño de un puesto con carácter provisional, por necesidades perentorias del servicio (SSTS de 28 de septiembre de 1996, 20 de enero de 2003, 20 y 26 de abril de 2022), salvo que se trate de un supuesto de adscripción provisional y después se obtenga un puesto definitivo de igual o superior nivel, como establece desde 2006 el artículo 70.6 RGIPP. Tampoco computa a estos efectos el tiempo de desempeño de cargos de nombramiento político (STS de 24 de enero de 1995), aunque sí el tiempo en que el funcionario está en situación de servicio en otras administraciones o en servicios especiales. Además, y frente a lo que se entendía no hace mucho tiempo, también debe computarse el tiempo del desempeño de los puestos en la condición de funcionario interino, ya que los interinos pueden consolidar igualmente el grado personal, de conformidad con los principios establecidos en la

Directiva 1999/70/CE (STS de 7 de noviembre de 2018). Pero también, para evitar carreras demasiado rápidas, se establece (art. 70.1 RGIPP) que, si se salta a un puesto de trabajo superior en más de dos niveles al del propio grado personal (por ejemplo, un funcionario de nivel 20 que pasa a ocupar un puesto de nivel 24), sólo se pueden consolidar dos niveles cada dos años de servicios continuados (en el ejemplo, el funcionario necesitaría desempeñar su nuevo puesto durante cuatro años para obtener el grado personal 24). Transcurridos los plazos señalados en uno u otro caso se dice que el funcionario ha consolidado un determinado grado personal, superior al que tenía.

¿Para qué sirve el grado personal? En el esquema inicial de la LMRFP, el grado personal constituía un factor de garantía del puesto de trabajo a desempeñar. Según la ley, ningún funcionario podía obtener un puesto superior en dos niveles a su grado personal, con lo que el ascenso se habría de producir paulatinamente (de dos en dos niveles como mucho y durante los plazos fijados para consolidar los grados). Pero tampoco podía asignarse a ningún funcionario a un puesto inferior en más de dos niveles al grado personal que hubiera alcanzado, lo que le aseguraba frente a descensos pronunciados en la escala jerárquica. Esta última regla se mantiene en la legislación del Estado, no así la primera. Sin embargo, el funcionario siempre obtendrá al menos el complemento de destino correspondiente a su grado personal, si es superior al nivel del puesto que ocupa en un momento dado (no si es inferior, en cuyo caso percibe el complemento correspondiente al puesto). Es decir, el sistema de grados personales se ha convertido más que nada en una garantía retributiva. Se consolida con él un determinado complemento de destino y poco más, sin perjuicio del prestigio que puede ir anejo al grado.

Sucede, no obstante, que de nuevo en virtud de las limitaciones de los incrementos retributivos lineales, se ha venido produciendo un deslizamiento al alza de los niveles de los puestos de trabajo, para retribuir adecuadamente al personal (y evitar su deserción), lo que ha conducido a una nueva *inflación de puestos superiores*. De hecho, en bastantes cuerpos del actual Subgrupo A1 el nivel del puesto de ingreso es el 26 y en algún caso incluso superior, de lo que se deriva también que las posibilidades de carrera, en este aspecto, son muy limitadas. Ésta es, como ya se ha dicho, una de las causas que llevaron a introducir en el EBEP la posibilidad de configurar carreras horizontales, es decir, sistemas que separan la carrera del funcionario del organigrama y la jerarquía de los puestos de trabajo y que permiten alargar aquélla.

4. La carrera horizontal

El EBEP, en efecto, pretendió satisfacer por fin la demanda que se venía extendiendo desde hace años de crear modelos efectivos de carrera horizontal. Sobre la base de la definición de este tipo de carrera [art. 16.3.*a*)], que ya conocemos, el artículo 17 remite a las leyes de función pública (generales o especiales para ciertos sectores) que se dicten en su desarrollo la posibilidad —que no la obligación— de regular la carrera horizontal, sobre la base de la aplicación de ciertas reglas que se recogen a título enunciativo y no exhaustivo.

La primera de dichas reglas [art. 17.*a*)] consiste en la articulación de «un sistema de grados, categorías o escalones de ascenso fijándose la remuneración a cada uno de ellos». El TREBEP no establece, sin embargo, cuántos escalones o categorías debe haber, lo que puede variar en cada caso. Tampoco determina si deberá permanecerse un tiempo mínimo en una categoría para poder ascender a la siguiente —lo que parece lógico— ni cuánto tiempo sea ése. Sí indica, en cambio, que los ascensos serán consecutivos, pero abre la puerta a que se prevea otra cosa —esto es, una vía más rápida de ascenso— en supuestos excepcionales.

La segunda de las reglas es la que se refiere a los criterios a tener en cuenta para la progresión en la carrera. En este aspecto y dado que dicha progresión no se vincula a un cambio de puesto de trabajo, el artículo 17.*b*) impone valorar «la trayectoria y actuación profesional, la calidad de los trabajos realizados, los conocimientos adquiridos y el resultado de la evaluación del desempeño». También pueden tenerse en cuenta «otros méritos y aptitudes por razón de la especificidad de la función desarrollada y la experiencia adquirida». No se incluye, en cambio, como factor para el ascenso la antigüedad, lo que significa que el mero transcurso del tiempo no es en sí un criterio para ascender. Aunque es obvio que sólo a través del tiempo pueden adquirirse los méritos y cualidades requeridas y que ello se hará gradualmente. Pero la actitud pasiva del funcionario no puede llevar, como en el pasado, a un ascenso automático de categoría por el transcurso de un período tasado en el escalón inferior.

Dicho esto, la legislación de desarrollo debe configurar en concreto los criterios de ascenso, e inclusive si existe o no un cupo o número máximo de ascensos posibles en cada momento, lo que implica una selección de los mejores, o bien sancionar el derecho a ascender de categoría de todo aquel funcionario que, en un período determinado, reúna los méritos y cualidades suficientes. Del mayor o menor automatismo de la progresión en la carrera dependerá en la práctica que la reforma alcance o no sus objetivos. De ahí que la eventual configuración de modelos de ascenso sobre la base de una mera acreditación de años de servicio o de méritos universales y de fácil obtención, supondría en realidad defraudar los objetivos del EBEP.

En cualquier caso, los sistemas de carrera horizontal se han difundido y regulado legal o reglamentariamente en muchas administraciones locales y en las Comunidades Autónomas. Dicho sea aparte de las modalidades peculiares ya existentes con anterioridad al EBEP, como es el caso de las Fuerzas Armadas y la Guardia Civil, la Policía Nacional, el personal docente universitario, la Carrera Judicial, regulada en la LOPJ, el personal estatutario de los Servicios de Salud, etc. En el ámbito de la Administración del Estado sus bases se han regulado, por fin, con carácter general en el Real Decreto-ley 6/2023 (art. 122).

La legislación general de función pública define en cada caso los tramos, categorías o escalones de la carrera, que son cuatro (y así en la Administración del Estado) o cinco según las distintas administraciones, escalones a los que se puede acceder de manera consecutiva y no *per saltum*. Por regla general los ascensos se producen de manera voluntaria y a solicitud de los interesados, aunque para ello se requiere que se hayan prestado servicios durante un período mínimo en el tramo inferior, que suele ser de entre cuatro y seis años, según las diferentes administraciones. A la situación de servicio activo se asimilan otras a estos efectos, como la de servicios especiales, excedencia por cuidado de familiares, violencia de género o violencia terrorista y, en algún caso, el desempeño de cargos electivos en las organizaciones sindicales más representativas. Quienes aspiren a un tramo superior de la carrera deben acreditar los méritos que se exigen en cada caso por la legislación aplicable, que varía en cada Administración, entre ellos el resultado de la evaluación del desempeño.

Por lo demás, como ya se ha dicho, cada Administración, puede combinar las modalidades de carrera horizontal y vertical, de acuerdo con la ley aplicable, de manera que los funcionarios puedan progresar simultáneamente por una u otra vía, si ambas se han implantado en un determinado ámbito (art. 16.4 TREBEP). Y así viene sucediendo en realidad. De hecho, la carrera horizontal no debe significar la imposibilidad de cambiar de puesto, aunque ello no sea necesario para progresar, de tal forma que, con independencia de la categoría o escalón que vaya alcanzando, el funcionario pueda asumir mayores responsabilidades y obtener las ventajas retributivas ligadas al puesto de trabajo que desempeñe.

Por otra parte, en los ámbitos en que se desarrolle la carrera horizontal es posible reservar la provisión de ciertos puestos de trabajo a los funcionarios que hayan alcanzado determinados escalones en la carrera, lo que deberá figurar como requisito en la RPT o instrumento organizativo similar.

En fin, aunque no estaba previsto en el EBEP, el derecho a la carrera horizontal ha terminado por reconocerse también en favor de aquellos funcionarios interinos que el Tribunal Constitucional (SSTC 203/2000 y 104/2004) y ahora el Tribunal Supremo denominan *de larga duración*, que son orientativamente los que han cumplido al menos cinco años de servicios. Esta es otra consecuencia de la aplicación en nuestro país de la mencionada Directiva 1999/70/CE, tal como ha declarado el TJUE (Auto de 22 de marzo de 2018, *Centeno*) y ha acabado por reconocer nuestra jurisprudencia. (SSTS de 30 de junio de 2014, 8 de marzo de 2017, 18 de diciembre de 2018, 6 de marzo de 2019, 29 de noviembre de 2019, 28 de mayo y 17 de noviembre de 2020, 23 de febrero de 2021, etc.).

5. La evaluación del desempeño

De hecho, la clave de cualquier reforma efectiva de los sistemas de carrera debe pasar por ligar la carrera, tanto en lo que se refiere al ascenso de categorías como a la provisión de destinos —e inclusive a ciertos efectos retributivos, como se dirá—, a una efectiva *evaluación personal y periódica* del desempeño o rendimiento del funcionario mediante criterios objetivos e informes de los superiores. Este método, el que más estimula la dedicación y el esfuerzo, es común en los países con administraciones mejor estructuradas y se practica en la nuestra desde hace tiempo en la Administración militar (y la Guardia Civil) y en algunas áreas (pocas) de la Administración civil. El EBEP, siguiendo las recomendaciones de la Comisión que lo preparó, pretendió generalizarlo. Y, aunque con lentitud, se va difundiendo en nuestras administraciones públicas, en muchas de ellas ya con carácter general. En el caso de la Administración del Estado y sus organismos autónomos, aunque se conocían ya desde hace años algunas experiencias relevantes (AEAT, Tesorería General de la Seguridad Social, Intervención General, etc.), solo se ha implantado con carácter general y obligatorio por el Real Decreto-ley 6/2023 (arts. 116 a 121), si bien condicionando su entrada en funcionamiento y efectos a que los departamentos y organismos correspondientes implementen su instrumento de planificación estratégica, lo que puede llevar su tiempo.

Según el artículo 20.1 TREBEP, todas las administraciones públicas deben establecer («establecerán», dice tajantemente el precepto) sistemas que permitan la evaluación del desempeño de sus empleados, de todos ellos, ya sean funcionarios o contratados laborales. Dicha evaluación se define como «el procedimiento mediante el cual se mide y valora la conducta profesional y el rendimiento o el logro de resultados». Es decir, mediante la evaluación se examina la *actitud* del empleado público en el servicio, así como los logros o consecuencias directas de su actividad, ya sea en términos cuantitativos como, a ser posible, cualitativos.

Como es natural, el procedimiento y los indicadores de evaluación no pueden ser los mismos para todos los empleados públicos, pues ello depende sobre todo del tipo de funciones que realizan. Tampoco la tarea de evaluar presenta la misma dificultad en unos u otros casos, pues los hay en que es posible utilizar criterios muy sencillos o meramente cuantitativos y otros de mucha más complejidad. Como demuestran las experiencias propias (evaluación del profesorado universitario, sistema de evaluación de la Agencia Tributaria, etc.) y ajenas, cualquier sistema de evaluación es perfectible.

El artículo 20.2 TREBEP dispone al respecto que los sistemas de evaluación deben adecuarse, en todo caso, a criterios de transparencia, objetividad, imparcialidad y no discriminación y se aplicarán sin menoscabo de los derechos de los funcionarios públicos. Por otra parte, las normas que fijen los criterios y mecanismos generales de evaluación —pero no su aplicación concreta en cada caso— deben ser objeto de negociación colectiva, de conformidad con lo dispuesto en el artículo 37.1.*d*) TREBEP, aunque cada administración deberá resolver sobre el particular de no alcanzarse un acuerdo en la negociación (art. 38.7 TREBEP). Más allá de esos elementales principios jurídicos y de esta regla de procedimiento, los criterios de evaluación que se adopten deben ser relevantes para medir la conducta y el rendimiento —incluyendo, en su caso, los de «implicación y compromiso con la organización» (SSTS de 18 de febrero y 19 de febrero de 2014)— y no puramente formales o aleatorios, deben ser fiables, de manera que cada empleado público pueda prever de antemano las consecuencias de su actividad en caso de evaluación, y deben ser lo más sencillos y practicables que sea posible.

Como es natural y desde un punto de vista jurídico, el resultado de la evaluación debe ser motivado, aunque sucintamente, en su caso, por remisión a los informes que obren en el expediente (STSJ Asturias, de 9 de mayo de 2016), y concretarse en un acto administrativo del órgano competente, impugnable por sí mismo o a través de la impugnación de las decisiones que se adopten en virtud de la evaluación realizada. A tal efecto, no obstante, debe reconocerse un margen de discrecionalidad técnica al órgano evaluador, siempre que se atenga a los criterios e indicadores establecidos y hechos públicos con anterioridad (sobre ello, SSTSJ Asturias, de 17 de julio y 14 de septiembre de 2012). De ahí también la importancia de asegurar la profesionalidad y el carácter estrictamente técnico de los componentes de cualquier órgano de evaluación. Conforme al Real Decreto-ley 6/2023 (art. 119.3), el resultado de la evaluación será de conocimiento de la persona evaluada, se informará del mismo a los representantes sindicales y estará sujeto a la protección de datos.

El TREBEP (art. 20.3) dispone también que las distintas administraciones públicas —obviamente, conforme a las leyes en cada caso aplicables (véase, por ejemplo, el art. 119 del Real Decreto-ley 6/2923)— determinarán los efectos de la evaluación, efectos que alcanzan a cuatro elementos diferentes, aunque relacionados, del régimen del empleo público: la carrera, la formación, la provisión de puestos de trabajo y las retribuciones complementarias.

Como ya se ha dicho y recalca el artículo 20.5, la aplicación de la carrera horizontal está vinculada a la evaluación del desempeño, que debe ser criterio esencial, aunque no único, para la progresión en la carrera. De ahí que el citado precepto del TREBEP exija para la aplicación de los modelos de carrera horizontal la aprobación previa de sistemas objetivos de evaluación. La evaluación positiva constituirá un factor de progresión, en los términos que prevea la legislación en cada caso aplicable. El TREBEP, en cambio, no ha previsto la regresión en la carrera derivada de una evaluación negativa (o varias), pues sólo vincula el demérito o la penalización a efectos de carrera a la comisión de infracciones disciplinarias [art. 96.1.*e*)]. Dicho sea sin perjuicio de lo que se establece o pueda establecerse en la legislación especial (la relativa a la carrera militar, por ejemplo: véase el RD 168/2009, de 13 de febrero, modificado por RD 836/2015, de 21 de septiembre; también el RD 512/2017, de 22 de mayo, aplicable a la Guardia Civil).

Por lo que se refiere a la formación, que no es sólo un derecho sino también un deber de los empleados públicos (art. 54.8 TREBEP), la evaluación positiva puede dar acceso preferente a actividades de formación y la negativa a la obligación de realizar ese tipo de actividades en la medida necesaria para superar las deficiencias observadas. Además, los resultados globales de la evaluación del desempeño deben servir de guía a las diferentes administraciones para planificar sus actividades formativas.

En lo que se refiere a la provisión de puestos de trabajo, los resultados de la evaluación pueden y, lógicamente, deben ser tenidos en cuenta en los concursos y otras convocatorias, aunque el TREBEP no lo precise así (pero sí lo hace la legislación de desarrollo, como, por ejemplo, el art. 119 del Real Decreto-ley 6/2023). Pero, además, la continuidad en el puesto de trabajo obtenido por concurso queda ahora vinculada a la evaluación (art. 20.4), de manera que dicho puesto puede perderse en caso de evaluación negativa. Estos efectos se concretan por las leyes de función pública aplicables en cada caso, que regulan también el procedimiento de pérdida del puesto de trabajo o de movilidad forzosa por esta causa, procedimiento en el que deberá darse audiencia al interesado y finalizar por resolución motivada.

En fin, la evaluación del desempeño ha de tener también efectos en el reconocimiento y en el montante de las retribuciones complementarias que atienden al grado de interés, iniciativa o esfuerzo con que el funcionario desempeña su trabajo y el rendimiento o resultados obtenidos [art. 24.*c*) TREBEP], es decir, en lo que hasta ahora se conoce como el complemento de productividad, sobre el que trataremos más adelante (capítulo VIII). Así lo recalca, por ejemplo, el artículo 10 del Real Decreto-ley 16/2012, de 20 de abril, que modifica el Estatuto Marco del Personal Estatutario de los Servicios de Salud, que considera la evaluación periódica del desempeño como «elemento fundamental» para la determinación de esa parte de las retribuciones complementarias. Y así sucede desde hace tiempo en el ámbito de la carrera del profesorado universitario, que en virtud de evaluación periódica de sus méritos docentes y de investigación consolida diversos complementos (RD 1086/1989, de 28 de agosto). También prevén esos efectos retributivos de la evaluación las leyes generales de desarrollo del TREBEP, entre ellas el Real Decreto-ley 6/2023 (art. 119.4), pero de manera menos concreta.

6. La promoción interna

Otros de los mecanismos de progresión en la carrera de los funcionarios públicos —en realidad muy importante— es lo que se conoce tradicionalmente en nuestro derecho con el nombre de *promoción interna.* El TREBEP lo recoge como una modalidad específica de carrera, diferenciando entre promoción interna *vertical* y *horizontal.*

Según el artículo 16.3.*c*) TREBEP, se entiende por *promoción interna vertical* el ascenso desde un cuerpo o escala de un subgrupo o grupo de clasificación profesional a otro superior. A través de ella, el funcionario puede superar la limitación que supone su grupo o subgrupo de origen y acceder a los puestos reservados a cuerpos y escalas del grupo o subgrupo superior. En teoría podría, como en algunos casos célebres de la empresa privada, acceder en sucesivas etapas desde los puestos inferiores a los más elevados de la jerarquía.

El TREBEP (art. 18.4) dispone que las administraciones públicas deben adoptar medidas que incentiven la participación de su personal en los procesos de promoción interna, a cuyo efecto deben arbitrar los procedimientos correspondientes. Sucesivos acuerdos entre Administración y sindicatos han hecho hincapié también en la necesidad de intensificar los procesos de promoción, estableciendo requisitos flexibles en muchos casos. De hecho, la promoción interna ha sido muy utilizada en distintas administraciones, mediante la reserva de plazas de ingreso para este fin. De manera implícita el TREBEP viene a aceptar esta práctica, pues, si bien dispone que los procesos selectivos mediante los que se realice la promoción interna deben garantizar el cumplimiento de los principios constitucionales de igualdad, mérito y capacidad y los demás contemplados en su artículo 55.2 (art. 18.1), admite como una posible excepción al carácter *abierto* de los procesos selectivos lo que se establezca —por leyes de desarrollo, se entiende— para la promoción interna (art. 61.1). Esta excepción puede estar justificada como un medio para facilitar la carrera de los funcionarios y también en atención al principio de eficacia administrativa. Pero a veces las plazas reservadas a promoción interna son tantas que se corre el riesgo de bloquear el acceso a la Administración de nuevos funcionarios, incorporando a los grupos superiores personal normalmente más joven, mediante procedimientos abiertos o turnos libres (véase, por ejemplo, la criticable generalización de la promoción interna como sistema de acceso a muchos cuerpos superiores establecida por la Ley de Empleo Público de Castilla-La Mancha, art. 65.4; o la reserva general del 25 por 100, como mínimo, de las vacantes para promoción interna, contenida en el art. 80.1 de la Ley de Empleo Público de Galicia y en el art. 29.1 de la Ley de Función Pública de Canarias, que se eleva al 30 por 100 en el art. 68.2 de la Ley de Función Pública de Baleares y en el art. 108.3 del Real Decreto-ley 6/2023, para la Administración del Estado, y ¡hasta el 40 por 100! en el art. 135.2 de la Ley de la Función Pública Valenciana). Este efecto también es objeto de preocupación, pues conduce a un cierto «envejecimiento» del empleo público, necesitado igualmente de «savia nueva». Por eso el recurso a los procedimientos de promoción interna debe ser proporcionado (como advierte, por ejemplo, la STS de 25 de enero de 2006). Sería, por tanto, más acertado establecer un límite máximo de puestos de las ofertas de empleo público a cubrir por promoción interna, como ya figura en la Ley de Función Pública de la Comunidad de Madrid (art. 54.1), aunque ese máximo es nada menos que del 50 por 100.

Como regla general, los funcionarios que deseen participar en procesos de promoción deben poseer los requisitos exigidos para ingresar en el cuerpo o escala que pretenden, incluida la titulación requerida para ello, así como una antigüedad de al menos dos años en cuerpos o escalas del grupo o subgrupo de clasificación profesional inferior al que desean acceder (art. 18.2 TREBEP). El requisito de titulación, por cierto, no puede ser dispensado en ningún caso por la legislación de desarrollo del EBEP (SSTC 175/2011, 2, 3 y 4/2012, 189/2014, 154/2017, 171/2020, 114/2022). Por lo que se refiere a la antigüedad requerida, no cabe excluir del cómputo el tiempo en que el funcionario de carrera prestó servicios como interino, según declaró la STJUE de 8 de septiembre de 2011, *Rosado Santana*, salvo que existan razones suficientemente justificadas.

En todo caso la promoción vertical se efectúa por oposición o por concurso-oposición (esta última más frecuente), conforme a lo que dispongan las leyes de función pública aplicables en cada caso, pues sólo excepcionalmente y mediante previsión expresa de la ley puede utilizarse el sistema de concurso (art. 61.6 TREBEP; véase, sin embargo, la generalización del concurso como procedimiento de promoción interna por la citada Ley 4/2011, de Castilla-La Mancha, de dudosa constitucionalidad, por su carencia de justificación.). De hecho, el Tribunal Constitucional ha recordado (STC 111/2014) que la promoción interna de los funcionarios en virtud del trabajo realizado no puede confundirse con una patente para excluir la vigencia del derecho de igualdad en el acceso a las funciones y cargos públicos, que es uno de los fundamentos objetivos del Estado de Derecho, frente a sistemas políticos anteriores en los que era frecuente la patrimonialización de los empleos públicos (en sentido similar, STS de 12 de abril de 2021). Y más recientemente ha vuelto a recordar que la promoción interna no puede tener lugar simplemente por antigüedad o por la mera posesión de la titulación académica requerida, sino que exige un procedimiento selectivo (SSTC 17/2022, de 8 de febrero y 42/2025, de 12 de febrero). A pesar de ello, se viene difundiendo una tendencia a organizar en tales casos una fase de oposición «blanda», es decir, poco exigente, junto con una valoración elevada de los méritos por servicios en la fase de concurso.

La denegación indebida a un funcionario de su participación en las pruebas de promoción interna constituye también una infracción del artículo 23.2 CE (STS de 18 de noviembre de 1993). Estas pruebas pueden realizarse de manera conjunta o independientemente de las de ingreso, en el último caso si lo autoriza el Gobierno o el órgano competente de las demás administraciones públicas, por conveniencia de la planificación de recursos humanos (arts. 74 y 75 RGIPP), aunque se ha hecho habitual. Puede eximirse a los candidatos de estos turnos de las pruebas que versen sobre materias cuyo conocimiento se haya acreditado suficientemente en las de ingreso en el cuerpo o escala de origen (art. 77 RGIPP). Pero en ningún caso la puntuación obtenida en la fase de concurso puede aplicarse para superar los ejercicios de la fase de oposición (art. 77.2 RGIPP).

Los funcionarios que acceden a un cuerpo o escala por el turno de promoción interna gozan de ciertas ventajas legales. Tienen preferencia para ocupar las vacantes sobre los de libre acceso, pueden conservar, a petición propia, el grado consolidado y acumular el tiempo de servicios prestados para consolidar su grado personal en el nuevo cuerpo o escala, así como solicitar destino dentro de su ministerio u organismo de procedencia en los términos y con las condiciones previstas por la ley (art. 22.1 LMRFP, ahora sustituido por las leyes de función pública de desarrollo del EBEP).

El TREBEP [art. 16.3.*d*)] denomina *promoción interna horizontal* el acceso a otros cuerpos o escalas del mismo subgrupo profesional al de pertenencia u origen, que es mucho menos frecuente. Corresponde a las leyes de función pública de desarrollo del EBEP determinar los cuerpos o escalas a los que es posible acceder de esta manera. Según el artículo 22.3 LMRFP, no básico, ese tipo de promoción se condiciona a que en uno y otro cuerpo se desempeñen funciones sustancialmente coincidentes o análogas en su contenido profesional y en su nivel técnico. En todo caso se exige estar en posesión de la titulación requerida para el acceso al cuerpo o escala de que se trate, haber prestado servicio durante dos años al menos en cuerpos o escalas del mismo grupo de titulación y superar las correspondientes pruebas selectivas.

Por último, la Ley 53/2002, de 30 de diciembre, añadió un nuevo apartado 3 al artículo 22 LMRFP, para permitir, con los mismos requisitos, la promoción interna a cuerpos o escalas de un grupo de titulación por parte de empleados con contrato laboral que posean categorías laborales equivalentes. Es lo que suele denominarse *promoción cruzada* (así, en el Acuerdo Administración-Sindicatos para el período 2003-2004), que supone una modalidad de funcionarización (véase *supra*, capítulo V) y hoy se contempla en la disposición transitoria 2.ª del TREBEP.

III. PROVISIÓN DE PUESTOS DE TRABAJO

Sin perjuicio de todo lo expuesto, hemos de examinar ahora el régimen legal vigente de acceso a los puestos de trabajo que corresponden a funcionarios, régimen que, pese a las críticas y propuestas de la Comisión de expertos, el EBEP no alteró sustancialmente.

Como ya sabemos, los puestos están clasificados (o deben estarlo) por las RPT o instrumentos de ordenación similares, que, de manera singularizada o no, establecen su denominación, tipo y sistema de provisión, requisitos para su desempeño y complementos retributivos. Vacante un puesto de trabajo, la Administración procede a cubrirlo mediante alguno de los procedimientos previstos en la ley. Estos procedimientos son el concurso —o la variante del concurso específico— y la libre designación (art. 78.2 TREBEP), en los que pueden participar voluntariamente los funcionarios que reúnan los requisitos apropiados. Pero también se prevén traslados de carácter forzoso por necesidades del servicio o funcionales (art. 81.2 TREBEP). El artículo 78.3 TREBEP permite que las leyes que lo desarrollen puedan regular además otros procedimientos de movilidad, voluntaria o forzosa, tales como permutas entre puestos de trabajo, movilidad por motivos de salud y asignación de puestos en caso de rehabilitación o reingreso al servicio del funcionario, causas de cese y remoción en los puestos y de supresión de los mismos. Por último, de manera provisional o temporal, la provisión de un puesto de trabajo puede hacerse en comisión de servicios o mediante adscripción provisional, en los supuestos previstos legal o reglamentariamente, debiendo procederse en el plazo que señalen las normas aplicables a una convocatoria pública de provisión (art. 81.3 TREBEP).

Estudiaremos ahora todos estos procedimientos, sin olvidar que para algunos grupos de funcionarios, como los docentes universitarios y no universitarios, personal estatutario de los Servicios de Salud, los miembros de las carreras militar, judicial y diplomática, los de las Fuerzas y Cuerpos de Seguridad, los funcionarios locales de habilitación estatal y otros, sus normas específicas establecen requisitos y procedimientos de provisión distintos que, por su misma variedad, nos es imposible exponer aquí. También hay que señalar que la regulación básica del TREBEP es muy reducida en estos aspectos y que el resto de la legislación del Estado, contenida en algunos subsistentes de la LMRFP y en el RGIPP, pues el Real Decreto-ley 6/2023, apenas presenta novedad en la materia, tiene carácter supletorio para el resto de las administraciones públicas. Las Comunidades Autónomas tienen su propia regulación, unas veces establecida en leyes especiales (por ejemplo, la Ley de 6 de abril de 1989, de la Comunidad de Madrid) y otras en sus leyes de función pública generales y en los reglamentos de desarrollo de las mismas (véase, por ejemplo, el Decreto 151/2022, de 4 de agosto, de la Xunta de Galicia).

1. El concurso

El concurso es definido por el artículo 79.1 TREBEP como el *procedimiento normal de provisión de puestos de trabajo*. Es el sistema más objetivo en teoría, pues para resolverlo hay que proceder a la valoración de los méritos y capacidades y, en su caso, aptitudes de los candidatos y, en su modalidad más habitual, sólo pueden tenerse en cuenta los méritos exigidos en la correspondiente convocatoria, que aparecen debidamente baremados en ella. El concurso no incluye ni puede incluir, por definición, ninguna prueba de conocimientos o práctica (STS de 4 de junio de 2008, entre otras).

El procedimiento se inicia, pues, con la aprobación y publicación de la convocatoria, sea en el *Boletín Oficial del Estado* o en los diarios oficiales correspondientes de Comunidades Autónomas, provincias u otros. Según ordena para la Administración del Estado el artículo 39 RGIPP, la convocatoria debe contener las *bases* del concurso, que constituyen su *ley* específica, es decir, las reglas por las que el concurso se rige necesariamente. En concreto, además de la denominación, el nivel, la descripción y la localización del puesto a cubrir, las bases establecen los requisitos indispensables para su desempeño, los méritos a valorar y el baremo para puntuarlos, así como la puntuación mínima para adjudicar las vacantes, la previsión, en su caso, de memorias o entrevistas y la composición de las comisiones de valoración. Reglas similares se contienen en la legislación de las Comunidades Autónomas.

En principio pueden participar en los concursos todos los funcionarios que reúnan las condiciones y requisitos expresados en las convocatorias en la fecha en que termine el plazo de presentación de solicitudes, cualquiera que sea su situación administrativa, salvo que estén suspensos en firme (art. 41 RGIPP). Pero esta regla admite matices y excepciones. Por regla general, los concursos están abiertos a los funcionarios de la propia administración, aunque es posible que las convocatorias, de acuerdo con lo que establezcan las relaciones de puestos de trabajo, requisito siempre necesario (SSTS de 12 de mayo de 1994, 14 de octubre de 1997 y 25 de enero de 2012; SSTC 156/1998 y 8/2010), permitan que ciertos puestos de la administración convocante sean cubiertos por funcionarios procedentes de otras administraciones. La Ley 55/1999, de 29 de diciembre, pretendió convertir en regla la posibilidad de que las convocatorias de provisión de puestos en la administración local estén abiertas a funcionarios de cualesquiera administraciones públicas, aunque siempre con sujeción a lo que establezcan las RPT (así también el art. 101 LBRL). Pero, en la práctica, aunque la movilidad voluntaria de funcionarios entre distintas administraciones mediante la participación en procedimientos de provisión de puestos de trabajo no es insólita, tampoco es tan frecuente como sería de desear. La razón fundamental se halla en la oposición y resistencia de los funcionarios de cada administración, apoyados por sus organizaciones representativas, a aceptar esos concursos abiertos. Esta resistencia se suele fundar en las diferencias que existen en unas y otras administraciones en cuanto a las condiciones de acceso y las exigencias de la carrera, que impedirían valorar los méritos de todos los candidatos en condiciones de igualdad. Pero en realidad la mayoría de las veces oculta una razón puramente endogámica.

Ahora el TREBEP (art. 84) se muestra favorable a que se adopten medidas que favorezcan la movilidad interadministrativa de los funcionarios, para lograr un mejor aprovechamiento de los recursos, que garantice la eficacia de los servicios al ciudadano. Y a tal efecto prevé que la Conferencia Sectorial de Administración Pública apruebe criterios generales de *homologación* (de los sistemas de acceso y carrera, se entiende) que hagan posible la movilidad. No obstante, como en tantos otros aspectos, el TREBEP remite la concreción de esas buenas intenciones a lo que decida cada administración, preferentemente mediante convenios aprobados en conferencia sectorial u otros instrumentos de colaboración. Sin embargo, alguna legislación autonómica reciente ya establece un *blindaje* frente a esa posibilidad de apertura. Así, la Ley 2/2015, de 29 de abril, de Empleo Público de Galicia, limita al 7 por 100 de los efectivos totales de cada una de las administraciones de esa Comunidad Autónoma la posibilidad de provisión de plazas con personal procedente de otras administraciones, salvo convenio basado en criterios de reciprocidad. Lo que en ningún caso es lícito, cuando se admite la movilidad interadministrativa, es limitarla a los funcionarios procedentes de una Comunidad Autónoma u origen territorial determinados (STS de 23 de enero de 2023). Pero un plan de empleo puede reservar ciertos concursos a funcionarios de áreas, sectores o departamentos determinados (art. 41.1 RGIPP). También el artículo 20.1.*c*) LMRFP permite que se autorice la convocatoria de concursos dirigidos exclusivamente a funcionarios destinados en áreas, sectores o departamentos determinados. Estas últimas restricciones —más comunes, por cierto, en la legislación de las Comunidades Autónomas— pretenden primar la experiencia en un determinado sector administrativo por encima de otras consideraciones y de la regla general de *adscripción indistinta* de los funcionarios a los puestos de trabajo. Además, si así se prevé expresamente en el marco de un plan de empleo, se pretende reservar ciertos concursos a funcionarios procedentes de *áreas excedentarias*, en las que sobra personal, con el objetivo de redistribuir de manera más conveniente los efectivos de la Administración y amortizar puestos de trabajo que ya no son necesarios (art. 61.2 RGIPP). Por otra parte, los funcionarios de cuerpos y escalas que tengan reservados puestos en exclusiva no pueden participar en concursos para puestos distintos, salvo autorización del ministerio competente en materia de función pública, de conformidad con su departamento (art. 41.4 RGIPP). En fin, el artículo 41.5 del propio Reglamento —como también la legislación autonómica— prevé que puedan establecerse condiciones de movilidad interna de los funcionarios adscritos a *áreas funcionales* o sectores de actividad determinados, para asegurar una adecuada planificación de personal y racionalizar el desarrollo profesional. Todas estas normas vienen a poner de relieve la insatisfacción que produce el principio de *adscripción indistinta* de los puestos de trabajo establecido por el artículo 15.2 LMRFP. El mejor aprovechamiento de los recursos humanos de la Administración impone, por el contrario, tener en cuenta en los concursos las áreas de especialización de cada funcionario, aunque sin volver a la adscripción estricta de los puestos de trabajo a los cuerpos y escalas. Combinar especialidad profesional y flexibilidad puede ser un buen criterio, si se aplica correctamente. Así lo ha entendido la reciente legislación de algunas Comunidades Autónomas, que establece una vinculación más estrecha entre puestos y cuerpos o bien entre aquéllos y las áreas funcionales o itinerarios profesionales en que se divide el empleo público propio. Asimismo, el Real Decreto-ley 6/2023, dispone que los puestos de trabajo se adscriban a una o varias áreas funcionales y que los puestos de una misma área funcional pueden agruparse en función de sus características comunes, entre otros fines para ordenar la provisión de puestos de trabajo.

En este mismo sentido, el TREBEP permite a cada Administración Pública establecer reglas para la ordenación de la movilidad de los funcionarios, en el marco de la planificación general de sus recursos humanos, cuando considere que existen sectores prioritarios de la actividad pública con necesidades específicas de efectivos. Es decir, en virtud de las medidas de planificación, cualesquiera que éstas sean (no necesariamente un plan de empleo), una administración puede condicionar la movilidad voluntaria, dirigiéndola hacia unos servicios en vez de a otros o incluso limitando excepcionalmente la movilidad entre sectores y departamentos, para equilibrar las áreas con exceso y con carencias de personal y asegurar la especialización de los concursantes en determinadas áreas o tipos de funciones. A su vez, el Real Decreto-ley 6/2023 (art. 111) ha previsto, para el ámbito de la Administración del Estado, la convocatoria de *concursos unitarios* entre los diferentes departamentos ministeriales y organismos públicos, de carácter abierto y permanente, con la finalidad de fomentar una mayor ocupación de las plazas y una movilidad ordenada y coordinada.

Por otra parte, las leyes de función pública que se dicten en desarrollo del EBEP deben establecer el plazo mínimo de ocupación de un puesto obtenido por concurso para poder participar en un nuevo concurso (art. 79.2 TREBEP). En la Administración del Estado, los funcionarios deben permanecer al menos dos años en cada puesto de trabajo para poder participar en los concursos de provisión de otros, salvo que se trate de un puesto en la misma secretaría de Estado o, en su defecto, en el mismo departamento, o cuando se suprima el puesto de trabajo que ocupaban o sean removidos del mismo por causas sobrevenidas [art. 20.1.*f*) LMRFP]. Previsiones semejantes se contemplan en la legislación autonómica.

En el ámbito de la Administración del Estado, los funcionarios interesados deben dirigir sus solicitudes de participación en el concurso al órgano convocante en un plazo de quince días contados desde el siguiente al de publicación de la convocatoria, salvo norma especial en contrario, indicando el orden de preferencia de los puestos solicitados, si fueren varios (art. 42 RGIPP). La solicitud puede condicionarse, por razones de conveniencia familiar, a que otro funcionario obtenga también destino en el mismo municipio (art. 41.3 RGIPP). Los funcionarios con alguna discapacidad pueden solicitar también la adaptación del puesto solicitado, que no suponga una modificación exorbitante en el contexto de la organización (art. 43 RGIPP). Como es lógico, debe adjuntarse a la solicitud, en los términos previstos por cada convocatoria, la documentación acreditativa de los méritos a valorar. No obstante, debe tenerse en cuenta también en este caso la doctrina establecida por el Tribunal Supremo sobre la posibilidad de subsanar los defectos de acreditación de los méritos alegados, en aplicación del artículo 68 LPACAP (véase *supra* el capítulo anterior).

Los concursos se dilucidan por la correspondiente *comisión de valoración*, cuya composición debe responder a principios de profesionalidad y especialización y, a ser posible, al criterio de paridad entre hombre y mujer (art. 79.1 TREBEP). En la Administración del Estado las comisiones están constituidas por al menos cuatro miembros designados por la autoridad convocante. Lo lógico sería que estas comisiones se constituyeran conforme a un criterio estrictamente técnico, puesto que deben actuar conforme a reglas de imparcialidad y objetividad. Así lo dispone, por ejemplo, el artículo 104 de la Ley de Empleo Público Vasco. Sin embargo, el artículo 46 RGIPP recoge la posibilidad de participación, en todo caso minoritaria, en estos órganos de miembros de las organizaciones sindicales más representativas, participación sindical que es también común en otras Administraciones. Ahora bien, la función de los representantes sindicales en estas comisiones debe limitarse a la supervisión, para evitar tentaciones (nada teóricas) de clientelismo. En cualquier caso, la constitución de la comisión que no sea conforme a derecho determina la nulidad de la resolución final del concurso (SAN de 25 de junio de 2012, entre otras).

Los concursos de provisión de puestos de trabajo son concursos *de méritos*. Es decir, deben resolverse en atención a los méritos de los concursantes. Y así es incluso por imperativo constitucional, pues la cuestión debe enmarcarse en el ámbito del artículo 23.2 CE, ya que el ascenso dentro de la función pública mediante la provisión de un puesto de trabajo es también acceso a un cargo o función determinados. Así lo ha entendido la jurisprudencia constitucional (SSTC 75/1983, 15/1988, 47/1989, 192/1991, 200/1991, 293/1993 y 365/1993, entre otras). Corresponde a cada convocatoria determinar los méritos a valorar, pero no libremente. La LMRFP [art. 20.1.*a*)] dispone que entre los méritos figurarán los adecuados a las características de cada puesto de trabajo, la posesión de un determinado grado personal, la valoración del trabajo desarrollado, los cursos de formación y perfeccionamiento superados y la antigüedad. El artículo 44 RGIPP (modificado por el RD 255/2006, de 3 de marzo) ha reducido aún más el margen de discrecionalidad con que se elaboran las bases de los concursos. En concreto, dispone que *sólo* podrán valorarse los méritos específicos adecuados a las características de cada puesto; que el grado personal consolidado se valorará siempre en sentido positivo; que la valoración del trabajo desarrollado debe *cuantificarse* teniendo en cuenta el tiempo de permanencia en puestos de cada nivel y, alternativa o simultáneamente, en atención a la experiencia en el desempeño de puestos de la misma área o especialidad funcional que el puesto a cubrir y la similitud entre el contenido y especialización de los puestos ocupados por los candidatos con los ofrecidos, «pudiendo valorarse también las aptitudes y rendimientos apreciados a los candidatos en los puestos anteriormente desempeñados» (sobre este tipo de méritos, véanse las SSTS de 30 de junio de 1997, 3 de septiembre de 2009 y 22 de octubre de 2010); que los cursos de formación y perfeccionamiento sólo se valorarán si versan sobre materias relacionadas con las funciones propias de los puestos de trabajo (véase la STS de 30 de junio de 1997); y que la antigüedad se valorará por años de servicios, computándose los prestados con anterioridad a la adquisición de funcionario de carrera (como contratado o interino; véase la STS de 15 de abril de 2021, entre otras), pudiendo diferenciar el baremo la puntuación en atención a los cuerpos y escalas en que se hayan desempeñado los servicios.

Aun así, la determinación de los méritos y de su correspondiente puntuación tiene un componente discrecional innegable. Esa discrecionalidad permite en la práctica acotar excesivamente los perfiles exigidos para concursar, de manera que, tratándose de convocatorias para cubrir una sola o muy pocas plazas, es frecuente que el resultado del concurso parezca predeterminado de antemano, lo que refuerza la desconfianza en el sistema, tal como apuntó la Comisión de expertos. Ahora bien, esa discrecionalidad queda limitada, aparte de lo expuesto, por los principios de igualdad y proporcionalidad, en atención a la finalidad intrínseca del concurso, que es elegir al candidato más idóneo. Por consiguiente, la inclusión de méritos o requisitos no justificados entre las bases del concurso determina la nulidad de la convocatoria (por ejemplo, STS de 5 de marzo de 2002 y, controlando la procedencia de la valoración del conocimiento de lenguas cooficiales, SSTS de 16 de junio de 1998 y 30 de enero de 2001 y SSTC 253/2005 y 270/2006, estas últimas sobre provisión de puestos de trabajo de funcionarios al servicio de la Administración de Justicia en el País Vasco, más la STSJ de Navarra de 27 de septiembre de 2019, que invalida los méritos por conocimiento del euskera para concursar a puestos de trabajo en zonas de la Comunidad Foral en que ese idioma no es oficial). Sobre todo debe declararse la nulidad cuando se trata de méritos que parecen incluirse *ad personam*, práctica contra la que la jurisprudencia suele reaccionar con decisión (STSJ Cataluña de 22 de noviembre de 2013, STSJ Andalucía de 6 de febrero de 2014, STSJ Galicia de 12 de marzo de 2014, por ejemplo).

Problema especial, desde este punto de vista, es el que ha suscitado la regla denominada *derecho de consorte*, que consiste en otorgar preferencia para obtener destino en una determinada localidad al funcionario cónyuge de otro que ya lo tiene en la misma. Circunstancia ésta de carácter personal y ajena al mérito y capacidad, pero que el Tribunal Constitucional (SSTC 192/1991 y 200/1991) ha considerado justificada y razonable en consideración a la protección de la familia, que es otro bien constitucionalmente protegido, además de en atención al principio de eficacia administrativa. El artículo 44.2 RGIPP, recogiendo esta doctrina, admite la valoración del «destino previo del cónyuge funcionario, obtenido mediante *convocatoria pública*», pero sólo con la puntuación máxima que resulte de la antigüedad y siempre que se acceda desde municipio distinto. Sin embargo, la supresión de este *derecho*, que ha tenido lugar para algunos colectivos especiales, es también posible, pues el ordenamiento jurídico no obliga a mantenerlo (STS de 8 de abril de 1992 y otras muchas). Por otra parte, según el Tribunal Supremo (STS de 23 de diciembre de 2008), no se aplica a las parejas de hecho, doctrina ésta de dudosa justificación hoy en día. Además, el artículo 44.2 RGIPP permite valorar también, hasta el máximo de puntuación con que se valore la antigüedad, el cuidado de hijos hasta doce años, si se acredita que el puesto al que se opta permite una mejor atención del menor, y el cuidado de familiares en situación de dependencia, siempre que se acredite también que el puesto al que se opta permite una mejor atención.

Todos los méritos a tener en cuenta deben figurar en un baremo, que no puede otorgar a ninguno de ellos una puntuación mayor del 40 por 100 ni menor del 10 por 100 del total (art. 44.3 RGIPP). Elaborado el baremo, la resolución del concurso constituye una operación caracterizada por un alto grado de automaticidad. No obstante, es exagerado decir que el concurso tiene un carácter totalmente reglado en todos los casos, pues puede ocurrir que las convocatorias atribuyan explícita o implícitamente a las comisiones un margen de *discrecionalidad técnica* para valorar algunos méritos (por ejemplo, las aptitudes y rendimientos apreciados en puestos anteriores, la importancia relativa de los cursos realizados, etc.). A tal efecto, conviene diferenciar entre los elementos reglados, que no admiten discusión (por ejemplo, años de servicios, grado personal, etc.) y aquellos otros elementos de naturaleza opinable. La distinción es importante a efectos de la motivación y del control de la resolución, pues debe entenderse que, mientras que la verificación de los méritos cuantificados y la aplicación de la relativa puntuación es controlable por entero, el control jurídico de la discrecionalidad técnica sólo es posible en casos de error manifiesto, arbitrariedad, desviación de poder u otro vicio de la voluntad o desproporcionalidad, o por falta de motivación suficiente, pero respetando el margen de apreciación que ese tipo de discrecionalidad conlleva (STC 99/1999, de 31 de mayo; SSTS de 2 de marzo de 1998, 30 de noviembre de 2000 y 4 de mayo de 2005; SSAN de 5 de marzo y 1 de junio de 1998, por ejemplo).

Formulada la propuesta de la comisión de valoración y en el plazo máximo de dos meses desde el siguiente a la fecha de finalización de la presentación de solicitudes —si no se establece otro distinto en la convocatoria, cosa frecuente—, el órgano competente ha de dictar resolución motivada (art. 47.1 RGIPP). En la motivación se debe hacer referencia al cumplimiento de las normas reglamentarias y de las bases de la convocatoria. En el expediente deben quedar acreditadas, en todo caso, como fundamentos de la resolución, la observancia del procedimiento debido y la valoración final de los méritos de los candidatos (art. 47.2 RGIPP). Como es lógico, aunque no lo diga el Reglamento, la resolución no puede apartarse de la propuesta de la comisión, salvo que ésta haya incurrido en una infracción manifiesta de las normas aplicables, en cuyo caso lo procedente, por analogía con lo dispuesto para los procedimientos de ingreso, debe ser retrotraer el expediente para revisar lo actuado.

El funcionario que supere el concurso debe tomar posesión de su nuevo destino en el plazo reglamentario —tres días o un mes, según implique o no cambio de residencia o reingreso al servicio activo— (art. 48 RGIPP). Los destinos adjudicados son irrenunciables, salvo que antes de tomar posesión se haya obtenido nuevo destino mediante convocatoria pública (art. 49.1 RGIPP), exigencia justificada como requisito de seriedad y en virtud de la eficacia administrativa.

2. El concurso específico

El procedimiento tradicional del concurso, que es el más objetivo y el que mejor responde a los anhelos de seguridad jurídica del funcionario, resulta con frecuencia demasiado rígido y puede, por su automaticidad, producir resultados inconsecuentes con la finalidad de elegir al concursante más idóneo. Sucede así porque los baremos de méritos son con frecuencia formales en exceso y porque no se vinculan suficientemente a la *evaluación del desempeño*, que ni siquiera se ha implantado de manera general. Justificadamente o como pretexto, la rigidez del concurso ha facilitado la tendencia a extender inmoderadamente el procedimiento de libre designación, sobre todo para cubrir los puestos de trabajo de mayor nivel, o bien el abuso de las comisiones de servicio como fórmula de provisión de puestos de trabajo. Pero estos mecanismos, además de facilitar algunas prácticas de favoritismo, generan desconfianza y distorsionan las expectativas de carrera del funcionario. De ahí que sea conveniente mantener sistemas que, sin dejar de basarse en la evaluación de méritos, sean algo más flexibles que el concurso tradicional. Esto es lo que supone el llamado concurso específico, hoy regulado en el artículo 45 RGIPP, y en normas concordantes en algunas Comunidades Autónomas.

El concurso específico consiste en un procedimiento de provisión por méritos dividido en dos fases. En la primera se valoran, a la manera de un concurso ordinario, los méritos a que se refiere el artículo 44 del Reglamento o la legislación autonómica concordante, antes señalados, excepto los «específicos adecuados a las características de cada puesto» a cubrir. En la segunda fase se valoran y comprueban estos últimos, a cuyo efecto puede requerirse la elaboración de memorias o la celebración de entrevistas. La memoria consiste en un análisis de las tareas del puesto y de los requisitos, condiciones y medios necesarios para su desempeño. Las entrevistas han de versar sobre los méritos específicos adecuados a las características del puesto de acuerdo con lo previsto en la convocatoria y, en su caso, sobre la memoria, pudiendo extenderse a la comprobación de los méritos alegados. Nada hay que oponer a la legalidad de la entrevista en este sistema como método idóneo de selección, sobre todo si se realiza por personas o comisiones con la formación adecuada y siempre que se respeten los principios de igualdad, mérito y capacidad (STS de 28 de marzo de 2011, sobre el método de *entrevista conductual estructurada*), así como si la puntuación otorgada a la entrevista resulta proporcionada (STSJ Cataluña de 12 de mayo de 2015). La convocatoria debe especificar el tipo de requerimientos para la segunda fase y figurará en ella la descripción del puesto de trabajo, incluyendo las especificidades de la función y la relación de las principales tareas y responsabilidades, así como los méritos específicos adecuados, mediante la delimitación de los conocimientos profesionales, estudios, experiencia, titulación, etc. También debe fijar las puntuaciones mínima y máxima de las dos fases. Pero la superación de una nota mínima en la entrevista no puede ser condición eliminatoria, dado el marcado carácter subjetivo de esta prueba (STS de 28 de abril de 2022).

Según el RGIPP, la valoración de méritos se deduce de la media aritmética de la puntuación otorgada por cada miembro de la comisión de valoración, desechándose a estos efectos la puntuación máxima y la mínima (o alguna de las repetidas como tales). Tales puntuaciones y su justificación deben recogerse en el acta de la comisión (STS de 14 de diciembre de 2023). La propuesta de resolución ha de recaer sobre el candidato que haya obtenido mayor puntuación sumados los resultados finales de las dos fases.

El RGIPP ha pretendido, como se ve, objetivar al máximo la celebración de los concursos específicos, dentro de sus características, reduciendo sus elementos discrecionales —que, por lo demás, no invalidan legalmente esta fórmula, como señaló la importante STS de 17 de mayo de 1993—, para eliminar el riesgo de utilización desviada y evitar la desconfianza consiguiente. Ello, no obstante, no parece que, por ahora, vaya a sustituir al concurso ordinario como forma normal de provisión. Antes, al contrario, al ser un sistema extraordinario, es preciso que la Administración motive su utilización (SSTS de 28 de mayo de 2008, 11 de junio y 15 de octubre de 2012).

En alguna legislación autonómica se prevé la elaboración periódica de informes de evaluación a tener en cuenta en los concursos y concursos específicos y, en algunas áreas de la administración estatal (por ejemplo, la Agencia Tributaria) este tipo de informes de evaluación es común en las convocatorias. Sin duda se trata de un elemento de modernización que debe potenciarse, si bien estableciendo algunos criterios objetivos de evaluación que impidan se traduzca en una estimación puramente subjetiva de comportamientos. También ha empezado a implantarse en alguna administración autonómica la práctica de grabar las entrevistas para la provisión de puestos, de manera que constituyan un elemento de prueba en caso de conflicto. Así lo establece hoy el artículo 113.3 de la Ley de la Función Pública Valenciana. Pero lo fundamental sigue siendo que los órganos de valoración cuenten en su composición y funcionamiento con las mayores garantías de profesionalidad e imparcialidad.

3. La libre designación

Por contraposición al concurso, el sistema de libre designación atribuye a la Administración una amplia discrecionalidad en la provisión de puestos de trabajo. Por definición (art. 80.1 TREBEP) dicho sistema consiste en «la apreciación discrecional por el órgano competente de la idoneidad de los candidatos en relación con los requisitos exigidos para el desempeño del puesto». Por esa misma razón, se trata de un sistema excepcional, pues de lo contrario quedarían comprometidos los principios de mérito y capacidad en la regulación de la carrera funcionarial. De ahí que el ámbito de los puestos a cubrir por libre designación deba ser, en todo caso, reducido.

Frente a la amplísima remisión que la LMRFP de 1984 hacía a las RPT para determinar los puestos a cubrir por el sistema de libre designación, que dio lugar a sensibles excesos, la Ley 23/1988, tomando nota de la doctrina establecida en la STC 99/1987, limitó dichos puestos en la Administración del Estado y organismos dependientes a los de subdirector general, delegados y directores regionales y provinciales, secretarías de altos cargos y otros *de carácter directivo o de especial responsabilidad* que se determinen en las RPT. En consecuencia, la libre designación quedaba relegada a puestos del más alto nivel reservados a funcionarios y a cargos de estricta confianza personal, que es el ámbito en que tiene alguna justificación. Así, por ejemplo, el Real Decreto-ley 6/2023, aplica este procedimiento, con algunas peculiaridades, para la designación de los directivos profesionales, como ya vimos en el capítulo III. Pero cuando se extiende a otros puestos distintos de los contemplados en la ley, corresponde a la Administración la carga de justificar y probar su pertinencia, es decir, que se trata de aquellos puestos de carácter directivo o especial responsabilidad a los que la ley se refiere (SSTS de 7 de mayo de 1993, 12 de marzo de 2001, 13 de junio de 2005, 5 de febrero y 23 de abril de 2007, 13 de junio de 2008, 9 de febrero y 11 de marzo de 2009, 12 de febrero y 18 de marzo de 2010, 14 de junio y 21 de julio de 2011, 31 de julio y 13 de noviembre de 2012 y otras muchas). Análoga tendencia reductora de los puestos a cubrir por libre designación pudo advertirse a raíz de la STC 99/1987 en la legislación de las Comunidades Autónomas, donde la extensión de la libre designación ha sido y aún sigue siendo proporcionalmente mayor que en la Administración del Estado, lo mismo que ha sucedido en la administración local, al amparo del artículo 101 LBRL. Sin embargo, con el paso del tiempo se ha vuelto a manifestar una tendencia generalizada y creciente a aumentar el número de puestos que se proveen por libre designación. De ahí que la jurisprudencia del Tribunal Supremo empiece a exigir que también en las Comunidades Autónomas los únicos puestos a cubrir por libre designación deben ser equivalentes a aquellos en que así se prevé por la legislación del Estado (STS de 24 de noviembre de 2010).

Inclusive por Ley 10/1993, de 21 de abril, se permitió utilizar este sistema para cubrir los puestos de Secretario, Interventor y Tesorero en las diputaciones provinciales, cabildos y consejos insulares, ayuntamientos capitales de Comunidad Autónoma o de provincia o de más de 100.000 habitantes, regla que mantuvo en su día el EBEP y que mantiene hoy también el artículo 92 bis LBRL, extendiéndola a los municipios de más de 75.000 habitantes. Ahora bien, el desempeño de estos puestos, reservados a funcionarios con habilitación nacional, requiere una garantía reforzada de imparcialidad, frente a los cargos electos locales, que el sistema de libre designación —y libre cese— debilita inevitable y decisivamente. A pesar de ello y con una fundamentación muy criticable, la STC 235/2000, de 5 de octubre, declaró la constitucionalidad de la citada ley. Ahora, cuando se trata de los interventores, el artículo 92 bis.6 LBRL exige al menos autorización de la Administración del Estado para el nombramiento e informe previo de la misma para el cese de los nombrados por libre designación. La Ley 57/2003, de 16 de diciembre, de modernización del gobierno local, permite extender la misma regla a otros cargos similares reservados a funcionarios locales, que deberían disponer de aquellas garantías reforzadas de imparcialidad, que no es posible presumir sin más por la mera condición de funcionario público.

Por su parte, el artículo 80.2 TREBEP remite a las leyes de función pública que se dicten en su desarrollo la fijación de los criterios para determinar los puestos que *por su especial responsabilidad y confianza* puedan cubrirse por el procedimiento de libre designación con convocatoria pública. El TREBEP, pues, mantiene la situación en términos semejantes a los que estaba. Sólo algunas leyes autonómicas recientes (así, la Ley 2/2015, de Empleo Público de Galicia; la Ley 11/2022, de Empleo Público Vasco, o la Ley 2/2023, del Empleo Público de Asturias) reducen los puestos de la Administración autonómica que pueden cubrirse por este sistema.

En cualquier caso, la discrecionalidad que conlleva la libre designación no es absoluta. En primer lugar, la ley exige seguir un procedimiento que se inicia por convocatoria pública, pues en ningún caso justifica la adjudicación de destinos sin plena publicidad (STC 221/2004). En la convocatoria deben figurar los requisitos exigidos para el desempeño del puesto, de manera que sólo quienes los reúnan pueden tomar parte en el procedimiento. Además, se pueden recoger especificaciones derivadas de la naturaleza de las funciones encomendadas al puesto de trabajo (art. 52 RGIPP). En la Administración del Estado, para el nombramiento se requiere informe del titular del centro, organismo o unidad a que esté adscrito el puesto de trabajo (art. 54 RGIPP). El artículo 80.3 TREBEP dispone también que el órgano competente puede recabar la intervención de especialistas que permitan apreciar la idoneidad de los candidatos. En este sentido, la Ley 11/2022, de Empleo Público Vasco (art. 102.3) prevé la intervención de un «órgano técnico», que propone una lista de cinco candidatos entre personas que reúnan la idoneidad y las competencias profesionales requeridas para el ejercicio del puesto, entre las que el órgano de nombramiento debe proceder a la designación discrecional.

No sólo eso, sino que la jurisprudencia del Tribunal Supremo ha iniciado un giro doctrinal muy importante acerca de los límites de la discrecionalidad de los nombramientos por este sistema. Aunque ya alguna jurisprudencia anterior (SSTS de 16 de mayo de 1989 y de 4 de noviembre de 1993, por ejemplo) recalcaba que la libre designación no significa atribuir al órgano de decisión un poder omnímodo, pues todo nombramiento debe ajustarse al interés público y respetar los principios de mérito y capacidad, por lo que no puede incurrir en desviación de poder, lo cierto es que el reconocimiento de que hay un elemento de confianza inherente a la libre designación limitaba sustancialmente el control de la discrecionalidad en el nombramiento (como se demuestra en la STC 127/1995, de 25 de julio) y justificaba incluso que pudiera dejarse desierta una convocatoria. Pero a partir de la Sentencia del Pleno de la Sala Tercera del TS de 29 de mayo de 2006, cuya doctrina confirman otras posteriores (SSTS de 27 de noviembre de 2006, 27 de noviembre de 2007, 4 y 18 de mayo de 2009, 30 de septiembre de 2009, 19 de octubre de 2009, 23 de noviembre de 2009, 5 de febrero de 2010, 3 de diciembre de 2012, 11 de noviembre de 2014, 30 de septiembre de 2016, 30 de abril de 2019), se interpreta que la amplia libertad para decidir que la Administración tiene en estos casos debe ejercerse en todo caso motivando en todo caso esos dos extremos: *a*) los concretos criterios de interés general elegidos como prioritarios para decidir el nombramiento, y *b*) cuáles son las cualidades o condiciones personales y profesionales que han sido consideradas en el funcionario nombrado para apreciar que aquellos criterios concurren en él en mayor medida que en el resto de los solicitantes. Por ello, la motivación de tales nombramientos no puede quedar limitada a lo que prescribe el artículo 56.2 RGIPP, es decir, tan sólo por referencia al cumplimiento por parte del candidato elegido de los requisitos y especificaciones exigidas en la convocatoria y la competencia para proceder al nombramiento, así como a la observancia del procedimiento debido. La misma doctrina debe aplicarse, como es obvio, a todas las administraciones públicas cuando proceden a proveer puestos de trabajo por libre designación. En caso de omisión de la motivación sustantiva debida, el nombramiento ha de ser anulado e inclusive podría el órgano judicial, a la luz de las circunstancias, ordenar el nombramiento de otro candidato al puesto (véase al respecto la STS de 19 de octubre de 2009, en un supuesto en que solo había dos solicitantes). De hecho, la legislación autonómica reciente, desde la Ley 7/2005, de Función Pública de Castilla y León a la Ley 5/2023, de Función Pública de Andalucía, sanciona ya la obligación de motivar los nombramientos de libre designación y los ceses correspondientes atendiendo a criterios objetivos de idoneidad, mérito y capacidad.

IV. MOVILIDAD Y TRASLADO DEL PUESTO DE TRABAJO

1. Remoción del puesto de trabajo

Veamos ahora los cambios de puesto de trabajo que se producen no por deseo del funcionario, sino por la voluntad unilateral de la Administración. El primero de estos supuestos es el de remoción de un puesto al que se ha accedido por concurso o por libre designación. Lógicamente la regulación es muy diferente en uno y otro caso.

El funcionario que accede a un puesto por concurso goza de un derecho no sólo a ejercer las funciones inherentes al mismo mientras lo desempeñe y demás derechos que lleve aparejado su ejercicio, sino también a mantenerse en él. Sólo que este último es hoy un derecho muy relativo. En concreto y aparte de las causas más generales de traslado forzoso que después examinaremos o en virtud de una sanción administrativa de suspensión, el funcionario puede ser removido de su puesto por dos motivos distintos o, como dice la ley [art. 20.1.*e*) LMRFP], por *dos causas sobrevenidas*. La primera, de carácter objetivo, es que se altere el contenido del puesto de trabajo en virtud de una modificación de la RPT (requisito formal imprescindible), de manera que se modifiquen los supuestos que sirvieron de base a la convocatoria, o bien que se suprima el puesto sin más (art. 79.3 TREBEP), siempre que no se trate de un mero cambio nominativo (STS de 22 de febrero de 2005). La segunda, de naturaleza subjetiva, consiste en la falta de capacidad del funcionario para el desempeño del puesto manifestada por «rendimiento insuficiente que no comporte inhibición y que impida realizar con eficacia las funciones atribuidas al puesto» (art. 50.1 RGIPP). La propuesta de remoción debe ser motivada y notificarse al funcionario para que formule alegaciones en el plazo de diez días (art. 50.2 RGIPP). En el segundo de los dos casos debe entenderse que la motivación ha de señalar las razones y los hechos por los que se considera que el funcionario manifiesta un rendimiento insuficiente determinante de su falta de capacidad sobrevenida, pues no basta la apreciación subjetiva del superior si no concurren hechos o circunstancias determinantes del supuesto legal. También se ha de poner de manifiesto la propuesta a la Junta de Personal del centro para que emita su parecer en el mismo plazo. La resolución de este expediente contradictorio ha de ser motivada. En virtud del TREBEP esta última causa subjetiva de remoción se vincula a la evaluación del desempeño (art. 20.4), desde el momento en que esté operativa. De otra parte, alguna legislación autonómica establece un tiempo máximo de desempeño de ciertos puestos de trabajo, como jefaturas de servicio o de negociado (Decreto Foral 29/2017, de 17 de mayo, de Navarra), o somete a sus titulares a una evaluación periódica y específica para continuar en el cargo (art. 113.5 Ley de la Función Pública Valenciana).

Al funcionario removido de su puesto obtenido por concurso por cualquier causa se le debe asignar «un puesto de trabajo conforme al sistema de carrera profesional propio de cada Administración Pública y con las garantías inherentes al propio sistema» (art. 79.3 TREBEP). Esta fórmula legal es bastante críptica y remite a lo que disponga la legislación de desarrollo del EBEP. Hasta ahora y según el artículo 21.2.*b*) LMRFP, al funcionario cesado se le asigna el desempeño *provisional* de un puesto correspondiente a su cuerpo o escala, en el mismo municipio, no inferior en más de dos niveles al de su grado personal, en tanto no obtenga otro con carácter definitivo por el procedimiento ordinario de provisión. Pero parece lógico que se diferencie en el futuro entre los supuestos de pérdida del puesto por razones objetivas u organizativas, en que debería garantizarse al máximo el mantenimiento de las condiciones retributivas y de trabajo, de aquellos otros en que se pierda por evaluación negativa.

El cese de un funcionario en un cargo de libre designación es también discrecional (art. 80.4 TREBEP), esto es, deriva de la pérdida de la confianza implícita en su nombramiento. Pero no puede acordarse con infracción de los derechos fundamentales y por causas no justificadas que puedan infringirlos. Así, por ejemplo, si la causa real deriva de las actividades sindicales del funcionario o de una discriminación por razón del anuncio de un embarazo o por razón de discapacidad. En casos como éstos el Tribunal Constitucional viene declarando que, si existen indicios suficientes de infracción, corresponde a la Administración probar que el cese obedece a motivos razonables y no atentatorios contra los derechos fundamentales (SSTC 17/1996, 114/2002, 98/2003, 79/2004, 216/2005, 92/2009, 31/2014, etc.) Tampoco es posible cesar libremente a un funcionario que accedió a su puesto por concurso, si después se cambia el sistema de provisión del mismo puesto al de libre designación (STSJ Madrid de 4 de mayo de 2009, STSJ Castilla y León de 30 de abril de 2015, por ejemplo). No sólo eso, sino que, atendiendo a la reciente jurisprudencia sobre los límites de la discrecionalidad de nombramiento, hay que entender lógicamente que la decisión de cesar debe igualmente motivarse adecuadamente, señalando cuáles son los criterios objetivos de interés público que la avalan. Pues, aunque no proceda estrictamente por razones legalmente tasadas, el cese no puede constituir una decisión arbitraria o basada en meros motivos de preferencia subjetiva. En consecuencia, no basta ya con aplicar lo que establece el artículo 58 RGIPP —o legislación autonómica concordante— cuando precisa que en estos casos la motivación de la resolución se referirá a la competencia para adoptarla y nada más. Así se empezó a considerar por algunos tribunales (STSJ Castilla-La Mancha de 20 de junio de 2014; SSTSJ Baleares de 17 de diciembre de 2014 y 5 de septiembre de 2017, STSJ

Andalucía/Sevilla, de 14 de julio de 2017, por ejemplo) y en alguna legislación autonómica (por ejemplo, art. 51.2 de la Ley 7/2005, de Función Pública de Castilla y León). Finalmente, esta doctrina se ha consolidado por STS de 19 de septiembre de 2019, según la cual al funcionario cesado debe dársele razón de que los motivos de oportunidad, basados en la confianza e idoneidad apreciadas en su elección para el puesto, ya no concurren o qué otra circunstancia objetiva determina la pertinencia del cese (en el mismo sentido, SSTS de 9 de junio y 2 de julio de 2020, 12 y 20 de abril de 2021, 29 de marzo de 2023, etc.). Los órganos judiciales deben controlar, además, la veracidad de los hechos en que se funda el cese (STS de 1 de julio de 2024). A falta de la motivación adecuada, procede la anulación del cese y la reposición del interesado en su puesto (STS de 15 de enero de 2024).

Al funcionario cesado de un puesto de libre designación se le aplica la misma regla de adscripción provisional a otro puesto que rige para la remoción en caso de concurso, con la especificación de que no es necesario que el puesto provisional esté en el mismo municipio si se trata de funcionarios destinados en el exterior.

2. Traslado forzoso o redistribución de efectivos

El sistema de provisión de puestos de trabajo debe combinar las expectativas de carrera del funcionario y las garantías de seguridad en el cargo que desempeña con las necesidades de la Administración de adecuar su organización a las tareas que ha de cumplir en cada momento, atendiendo al principio de eficacia. Si el primero de los aspectos postula la permanencia del funcionario en su puesto de trabajo, salvo cuando le convenga cambiar, el segundo requiere introducir mayores facilidades de movilidad por decisión administrativa. Tradicionalmente, en una administración bastante estática y rígidamente estructurada, el polo garantista de la inamovilidad tenía absoluta preferencia. Hoy en día, las cosas no pueden seguir siendo así, porque las demandas que se dirigen a las administraciones cambian vertiginosamente, exigen poner en marcha nuevas funciones y servicios y abandonar o reducir otros y, en términos generales, reclaman mayor movilidad del personal. En otros términos, la garantía del puesto de trabajo no puede tener como efecto mantener colectivos de empleados donde sobran, mientras faltan en otras áreas y para funciones similares. Por otra parte, la necesidad de controlar el gasto público lleva a las administraciones a intentar cumplir sus tareas con los efectivos que ya tiene, nutriéndose de lo que podríamos llamar su mercado interno y limitando a lo imprescindible el reclutamiento de nuevo personal. La legislación vigente da respuesta a estos problemas mediante diferentes fórmulas, una de las cuales es la *redistribución de efectivos*.

Consiste esta fórmula en la facultad que la Administración tiene de trasladar con carácter forzoso, por necesidades del servicio, a sus funcionarios a otras unidades, departamentos u organismos públicos dependientes de ella y distintos a los de destino. Esta posibilidad se recoge hoy en el artículo 81.2 TREBEP. Según este precepto, en caso de traslado forzoso por razones funcionales, deben respetarse en todo caso las retribuciones y «condiciones esenciales de trabajo» del funcionario, concepto este último muy indeterminado. Si el nuevo destino implicara cambio de lugar de residencia del funcionario, se dará prioridad a la voluntariedad del traslado. Además, los funcionarios tienen derecho a las indemnizaciones por traslado forzoso que correspondan reglamentariamente. Hoy por hoy tales indemnizaciones se suelen reconocer cuando el traslado implica cambio de residencia, pero no, por regla general, si sólo implica mayores dificultades o costes de desplazamiento al lugar de trabajo, sin perjuicio de las ayudas o compensaciones que se puedan acordar en cada caso. Por lo demás, el TREBEP no establece ninguna regla o derecho a la inamovilidad geográfica de los empleados públicos, que, sin embargo, reconoce la legislación de desarrollo cada vez con más matices.

El traslado puede tener lugar por asignación de un nuevo puesto de trabajo —redistribución de efectivos en sentido estricto, conforme al art. 59 RGIPP— o *por cambio de adscripción del puesto de trabajo* (arts. 81.2 TREBEP y 61 RGIPP). La peculiaridad de este último supuesto radica en que no sólo se traslada al funcionario, sino que al mismo tiempo se cambia la adscripción del puesto de trabajo que desempeña. Es decir, el puesto se traslada con el funcionario y viceversa.

Lo que ya no prevé el TREBEP directamente es ninguna fórmula que implique la posibilidad de pérdida forzosa de la situación de servicio activo del funcionario por causas objetivas ligadas a una reestructuración administrativa, como la denominada *reasignación de efectivos*, que fue introducida en el texto de la LMRFP [art. 20.1.*g*)] por la Ley 22/1993, dictada para solucionar una situación histórica de exceso de personal y déficit público. La citada reasignación se podía producir en el caso de que se suprimiera el puesto de trabajo desempeñado por un funcionario como consecuencia de un plan de empleo y consistía en adscribir a ese funcionario a otro puesto con carácter definitivo o, de no ser posible, dejarle en situación de expectativa de destino durante un año o, si mientras tanto fuera imposible encontrarle nuevo destino, en situación de excedencia forzosa o bien incentivar su excedencia voluntaria o su jubilación anticipada. Este tipo de medidas, paralelo a los expedientes de regulación de empleo del derecho del trabajo, no ha podido ser aplicado en realidad en la Administración, que poco después de aquella ley prefirió afrontar el problema mediante la congelación de las plantillas y la tasa de reposición de efectivos. Ciertamente, estas otras fórmulas y, sobre todo, unas reglas de movilidad forzosa más flexible pueden constituir mejor solución y menos traumática, siempre que dicha flexibilidad se logre efectivamente. Ahora bien, el artículo 85.2.*a*) TREBEP deja abierta la posibilidad de que la legislación de desarrollo prevea situaciones administrativas especiales para abordar problemas de reestructuración organizativa o exceso de personal (ver capítulo VII) y de hecho la legislación autonómica mantiene la fórmula de la reasignación de efectivos, con unos u otros matices.

3. Adscripción provisional

Se trata de una fórmula sencilla y limitada a supuestos tasados, que sin embargo ha planteado algunos problemas jurídicos pues, mal aplicada, es susceptible de producir abusos. Constituye una excepción a la regla general de la adscripción definitiva del funcionario a un puesto de trabajo al que accede por concurso. Como tal excepción y correctamente aplicada, no implica, de por sí, desviación de poder (STS de 26 de abril de 1993) ni atenta contra el artículo 23.2 CE (STC 293/1993, de 18 de octubre). Pero puede ser ilegal si desborda los supuestos para los que está prevista por las normas jurídicas o carece de motivación o justificación razonable (SAN de 5 de diciembre de 2012 y STSJ Galicia de 18 de febrero de 2015, por ejemplo). En tal sentido, el TREBEP la admite (art. 81.3) para casos de «urgente e inaplazable necesidad» y exige que se proceda a la convocatoria pública de la plaza «dentro del plazo que señalen las normas que sean de aplicación». La fórmula legal es demasiado inconcreta, pero su aplicación debe motivarse en todo caso y podrá ser objeto de control judicial.

Más en concreto, esta forma de adscripción se prevé hoy en día en la legislación del Estado para tres supuestos (art. 63 RGIPP): *a*) remoción o cese en el puesto de trabajo obtenido por concurso o libre designación; *b*) supresión del puesto de trabajo (como alternativa realmente utilizada a la iniciación del procedimiento de reasignación de efectivos); *c*) reingreso al servicio activo de funcionarios sin reserva de puesto, si así lo admite la Administración, condicionándolo a las necesidades del servicio y de acuerdo con los criterios que establezca el ministerio competente en materia de función pública (art. 62.2 RGIPP).

En estos últimos casos la adscripción provisional ha de tener lugar en el ámbito de la misma provincia o isla, como se deduce del artículo 20.1.*c*) LMRFP. Salvo en el último de los supuestos mencionados, se ha de hacer a puesto de trabajo correspondiente al cuerpo o escala del funcionario y no inferior en más de dos niveles al de su grado personal (arts. 50.5, 58.2 y 72.3 RGIPP). Y, lógicamente, debe tener una duración temporal limitada, que varía según la legislación de desarrollo aplicable en cada caso. De todas formas, la prolongación excesiva e indefinida de este tipo de adscripción puede constituir una situación arbitraria, rayana en la desviación de poder.

Convocada la provisión del puesto con carácter definitivo, el funcionario adscrito provisionalmente a él tiene la obligación de participar en la convocatoria (art. 72.2 RGIPP). Ahora bien, si no obtiene destino definitivo, queda a disposición del subsecretario, director del organismo, delegado del gobierno o subdelegado del gobierno u órganos análogos de las demás Administraciones, que les atribuirán el desempeño nuevamente provisional de otro puesto correspondiente a su cuerpo o escala [art. 21.2.*b*) LMRFP]. Nada se dice para el supuesto en que el funcionario incumpla su obligación de participar en la convocatoria, pero, a falta de toda previsión legal o reglamentaria, no puede entenderse que deja de estar en servicio activo, por lo que parece necesario entender que también entonces queda a disposición del órgano superior competente, que deberá darle otro destino provisional.

Desde la reforma del RGIPP introducida por el Real Decreto 255/2006, de 3 de marzo, el tiempo de servicios en puesto de adscripción provisional de determinado nivel se computa para la consolidación del grado personal correspondiente, siempre que después se obtenga destino definitivo en puesto de igual o superior nivel (art. 70.6).

4. Comisiones de servicios, permutas y otras modalidades de movilidad

Además de las contempladas con carácter general que acabamos de examinar, la legislación vigente (art. 78.3 TREBEP y normas de desarrollo) regula otras fórmulas específicas de movilidad. La primera y más utilizada en la práctica es la *comisión de servicios.*

Se trata de una forma de adscripción temporal, aunque en la práctica hay casos en que no lo parece. Inicialmente prevista para subvenir a necesidades urgentes en caso de vacante (art. 61 LFCE), con el tiempo se ha convertido en una fórmula que facilita cambios de destino provisionales de los funcionarios voluntariamente aceptados —y por lo general deseados— y que dota de cierta flexibilidad al sistema de provisión de puestos por concurso, como se ha dicho ya. El RGIPP eliminó el requisito de la voluntariedad para ciertos supuestos, incrementando aún más la flexibilidad, esta vez en atención a las necesidades objetivas del servicio, es decir, al principio de eficacia administrativa. De todas formas, la excepcionalidad de la comisión de servicios, que requiere motivación justificativa, y el respeto de su temporalidad, pueden ser objeto de control judicial, para evitar su desnaturalización.

En todo caso, hay que distinguir entre la comisión de servicios forzosa y la voluntaria. La primera se prevé expresamente con tal carácter para un supuesto muy concreto, cuando celebrado un concurso para la provisión de una vacante ésta se declare desierta y sea urgente para el servicio su provisión. En tal caso la comisión puede recaer forzosamente en un funcionario del mismo departamento (organismos adscritos incluidos), destinado en el municipio más próximo o con mejores condiciones de desplazamiento, con menores cargas familiares y, en igualdad de condiciones, de menor antigüedad (art. 64.2 RGIPP). La comisión ha de acordarse mediante procedimiento contradictorio, con audiencia del interesado (STS de 16 de junio de 1986). Su duración máxima es de un año, prorrogable por otro.

En otros dos casos, el RGIPP no exige ya la aceptación voluntaria de la comisión, por lo que hay que entender que puede también acordarse con carácter forzoso. Son éstos la participación en programas o *misiones de cooperación internacional* al servicio de organizaciones, entidades o Gobiernos extranjeros, por tiempo no superior a seis meses salvo excepción (art. 65 RGIPP), y la *atribución temporal de funciones*, o atribución por el subsecretario del departamento de tareas no asignadas a los puestos de trabajo o que no puedan ser atendidas con suficiencia por los funcionarios que desempeñen los puestos que las tengan asignadas (art. 66 RGIPP). En estos últimos casos no se fija un plazo máximo a la atribución de funciones en la legislación estatal, pero sí en la autonómica.

Con carácter voluntario, se puede proveer mediante dicho sistema un puesto vacante en caso de urgente e inaplazable necesidad por funcionario que reúna los requisitos para su desempeño (art. 64.1 RGIPP). Según la reciente jurisprudencia (STS de 24 de junio de 2019, STSJ Andalucía/Málaga de 2 de septiembre de 2017, STSJ Aragón de 9 de noviembre de 2018), en tales casos debe realizarse una convocatoria pública, conforme al artículo 81.3 TREBEP, y se debe motivar, en su caso, la decisión en los mismos términos que los nombramientos por libre designación. La comisión, por plazo máximo de un año prorrogable por otro (o más en alguna ley autonómica), puede implicar cambio de residencia y de departamento (art. 64.3 y 4). Pero el puesto cubierto de esta manera debe ser incluido, en su caso, en la siguiente convocatoria de provisión (definitiva) por el sistema que corresponda (art. 64.5). También tiene carácter voluntario la comisión de servicios autorizada por los departamentos ministeriales para prestarlos en las Comunidades

Autónomas, a petición de éstas, por plazo máximo de dos años (art. 69 RGIPP), caso en el que no se aplica lo dispuesto en el artículo 64.5 del Reglamento. Las comisiones voluntarias son actos favorables, aunque revocables por necesidades del servicio, con audiencia de los interesados y motivación (STS de 5 de noviembre de 2021).

Los funcionarios en comisión de servicios se hallan en situación de servicio activo, se les reserva su puesto de trabajo y perciben, según los casos, las retribuciones correspondientes a éste o al puesto que se desempeña en comisión y las indemnizaciones que correspondan (arts. 64.6, 65.2 y 66.2 RGIPP). Incluso el tiempo prestado en comisión de servicios se les computa para consolidar el grado correspondiente al grado desempeñado siempre que después obtengan con carácter definitivo dicho puesto u otro de igual o superior nivel (art. 70.6 RGIPP).

La Ley 53/2002, de 30 de diciembre, añadió también una letra *h*) al artículo 20.1 LMRFP para permitir a la Administración del Estado que adscriba a un funcionario a puestos de trabajo vacantes en distinta unidad o localidad con complementos de destino y específico no superiores a su puesto de origen, siempre que reúna los requisitos para su desempeño, a solicitud de aquél fundada en *motivos de salud o rehabilitación* propia o de su cónyuge o hijo a su cargo, acreditada por informe médico oficial. Es otro supuesto excepcional de movilidad voluntaria, que el artículo 78.3 TREBEP menciona, si bien la asignación de nuevo destino por esta causa tiene carácter definitivo si el funcionario ocupara el puesto de origen con el mismo carácter.

La misma naturaleza excepcional y hoy en día residual tiene la *permuta* entre puestos de trabajo, igualmente mencionada por el artículo 78.3 TREBEP. Consiste en el intercambio que dos funcionarios hacen de sus respectivos puestos de trabajo, mediando la autorización de la Administración. En realidad, como ha sido observado, se trata más bien de un residuo de otras épocas, no tan lejanas en la función pública española, en las que existía un sentimiento patrimonialista del puesto de trabajo del funcionario. Un residuo que contrasta con el espíritu de modernización administrativa y que algunos han considerado incluso inconstitucional, por tratarse de un procedimiento falto de publicidad y ajeno a los criterios de igualdad, mérito y capacidad. Por eso llama la atención que el EBEP la mantuviera. Es más, algunas normas referidas a colectivos numerosos, como los docentes no universitarios y el personal de Correos y Telégrafos, reiteran su pervivencia. Pero el artículo 63 LFCE, que la regulaba con carácter general, ha sido derogado por el EBEP, y el RGIPP no la contempla como una fórmula más de provisión de puestos.

El artículo 82.1 TREBEP se refiere a la movilidad por razón de violencia de género. Éste es un supuesto que introdujo la Ley Orgánica 1/2004, de 28 de diciembre, de medidas para la protección integral de la violencia de género, completado por la Ley 4/2023, de 28 de febrero, para la igualdad real y efectiva de las personas trans y para la garantía de los derechos de las personas LGTBI, y tiene por finalidad facilitar la protección efectiva o el derecho a la asistencia social integral de aquellas mujeres funcionarias que sean víctimas de la violencia de género y se vean obligadas por ello a abandonar el puesto de trabajo en la localidad donde venían prestando servicios. En tales casos, tienen derecho a ser trasladadas a otro puesto de trabajo propio de su cuerpo, escala o categoría profesional, de análogas características, sin necesidad de que sea un puesto vacante de necesaria cobertura. Según el artículo 66 ter RGIPP, la funcionaria afectada puede solicitar el traslado a un puesto de distinta unidad administrativa, en la misma o en otra localidad, estando obligada la Administración Pública competente a comunicarle las vacantes ubicadas en dicha localidad o en las localidades que la interesada solicite. La solicitud, según el RGIPP, debe ir acompañada de la orden de protección o, de no haberse dictado aún, de informe del Ministerio Fiscal en que indique la existencia de indicios de que la demandante es víctima de violencia de género. El puesto que se le adjudique debe ser de complemento de destino y específico no superior al del puesto de origen y la funcionaria debe cumplir los requisitos establecidos en la RPT para ocuparlo. La adscripción tendrá carácter definitivo si la funcionaria ocupara con tal carácter su puesto de origen, pero no necesita permanecer en el nuevo durante dos años para volver a cambiar si acredita que se ve obligada de nuevo a trasladarse por ser otra vez víctima de violencia de género o así se requiere para poder recibir asistencia social integral (art. 66 ter.2 RGIPP). Los traslados tienen, en estos supuestos, la consideración legal de forzosos (a efectos de las indemnizaciones que procedan, entre otros) y, en todo caso, en las actuaciones relacionadas con la violencia de género la Administración debe proteger la intimidad de las víctimas, sus datos personales, los de sus descendientes y de cualquier persona que esté bajo su guarda y custodia (véase la Resolución de la Secretaría de Estado de Administraciones Públicas de 25 de noviembre de 2015).

En fin, el artículo 82.2 TREBEP, añadido por Ley Orgánica 9/2015, de 28 de julio, regula el supuesto de *movilidad por razón de violencia terrorista*. Se reconoce el derecho de traslado a los funcionarios que hayan sufrido daños físicos o psíquicos como consecuencia de actividad terrorista y a su cónyuge o persona que conviva con la víctima en análoga relación afectiva y a los hijos de los heridos y fallecidos, siempre que sean funcionarios, previo reconocimiento de su condición de víctimas por el Ministerio del Interior o por sentencia judicial firme. El traslado es a otro puesto vacante, de su cuerpo, escala o categoría y de análogas características, debiendo la Administración Pública competente comunicar las vacantes al interesado en la misma localidad u otras que solicite. Ese traslado se considera *forzoso*, pese a ser demandado por la víctima, que puede ejercer su derecho en tanto sea necesario para su protección y asistencia social integral, por razón de las secuelas de la acción terrorista o de la amenaza a que se encuentre sometida.

V. LA FORMACIÓN PROFESIONAL DE LOS EMPLEADOS PÚBLICOS

Instrumento esencial de la carrera administrativa es la formación profesional del funcionario y de los demás empleados públicos. Lo ha sido siempre, pero hoy, si cabe, lo es más, porque la celeridad con que se producen los cambios sociales y tecnológicos obliga al personal al servicio de las administraciones públicas a realizar un continuo esfuerzo de actualización y de preparación para nuevas tareas. Como señaló el Informe de la Comisión de estudio y preparación del EBEP, «la formación constituye un factor relevante para incrementar la productividad de cada empleado público y de la organización en su conjunto». Pero, además, «sirve como instrumento de motivación y compromiso del personal, de difusión de cultura y valores, de progreso personal y profesional, y de transmisión y conservación del conocimiento». En fin, constituye «el *prius* lógico para poder llevar a efecto una carrera profesional promocional o retributiva».

Aunque no siempre la formación ha sido objeto prioritario de la política de personal de las administraciones públicas, la Administración española ha alcanzado a veces buenos logros, como la creación, en los años sesenta, del llamado Centro de Formación y Perfeccionamiento de Funcionarios, que después pasó a denominarse Escuela Nacional de Administración y que hoy, previa integración del Instituto de Estudios de Administración Local, constituye el Instituto Nacional de Administración Pública (INAP). Destaca también la labor de otras Escuelas especiales, como las Academias Militares y de Policía, la Escuela Judicial, la Escuela Diplomática, el Instituto de Estudios Fiscales, el Centro de Estudios Jurídicos, etc. Hoy en día casi todas las Comunidades Autónomas cuentan también con institutos o escuelas de Administración Pública, de distintas denominaciones y por lo general muy activas, y en algunos casos con instituciones de formación especializadas para ciertos cuerpos de funcionarios (policías, por ejemplo).

En los últimos tiempos, la formación profesional del funcionario ha adquirido un renovado impulso, debido a la preocupación por la modernización de nuestro aparato administrativo que se ha instalado desde mediados de los años ochenta y que precisa conocimientos renovados y la adaptación a nuevos valores. Por eso la formación se considera no sólo como una oportunidad y un derecho del empleado público, sino también como una obligación profesional [arts. 14.*g*) y 54.8 TREBEP]. No sólo eso, sino que, como señaló la mencionada Comisión de expertos, las administraciones públicas deben asumir el reto de optimizar los importantes recursos destinados a estos fines, detectando las necesidades formativas —para lo que podrá ser útil también la evaluación del desempeño—, programando adecuadamente sus actividades en este campo y evaluando los programas que se lleven a cabo. De hecho, la legislación reciente de las Comunidades Autónomas dedica mayor atención a este aspecto del régimen de la función pública.

Desde el punto de vista del funcionario, la formación posterior al ingreso constituye un medio de promoción, pues la asistencia a cursos y la obtención de diplomas se valora en los baremos de méritos para los concursos de provisión, tal y como se ha expuesto más arriba, y habrá de tenerse en cuenta para ascender en la carrera horizontal [art. 17.*b*) TREBEP]. En virtud de acuerdos sindicales o de la reglamentación existente en cada caso, el funcionario tiene igualmente derecho a ciertos permisos retribuidos para asistencia a cursos de perfeccionamiento profesional o a permisos de mayor duración no retribuidos. En todo caso, el funcionario tiene derecho a obtener permiso para concurrir a exámenes finales y demás pruebas definitivas de aptitud, durante los días de su celebración [art. 48.1.*d*) TREBEP]. Pero también debe asumir las obligaciones de formación que se le impongan para mejorar la eficacia de sus prestaciones. Por ello, en alguna legislación reciente se tipifica como falta disciplinaria la inasistencia reiterada e injustificada a las acciones formativas obligatorias que se convoquen dentro del horario laboral (art. 171.1 de la Ley de la Función Pública Valenciana).

PARA PROFUNDIZAR

J. M. Alegre Ávila, «La promoción interna de los funcionarios públicos», *Revista de Administración Pública*, 113, 1987; L. M. Arroyo Yanes, *La carrera administrativa de los funcionarios públicos*, Valencia, 1994; AA.VV., «La carrera administrativa: estudios», *Documentación Administrativa*, 210-211, 1987; «La evaluación del desempeño en la función pública: ámbito de operatividad y contexto administrativo», en J. A. Fuentetaja Pastor y J. Cantero (dirs.), *Crisis económica y función pública*, Navarra, 2012; M. Férez Fernández, *La carrera administrativa: nuevas perspectivas*, Barcelona, 2006; J. J. Fernández Domínguez y S. Rodríguez Escanciano, *La movilidad en la función pública*, Madrid, 2004; J. Ferreira Fernández, *La provisión de puestos de trabajo en la Administración General del Estado*, Madrid, 2002; R. Gámir Meade, «El derecho de consorte de los funcionarios públicos. Una aproximación al tema desde la perspectiva de la jurisprudencia constitucional», *Revista de Administración Pública*, 128, 1992; M. Gorriti Bontigui, «La evaluación del desempeño en las Administraciones Públicas españolas», en J. A. Fuentetaja y J. Cantero, *Crisis económica y función pública*, cit.; R. Jiménez Asensio, «Libre designación y funcionarios con habilitación nacional», *Repertorio Aranzadi. Tribunal Constitucional*, 16, 2000; R. Jiménez Asensio y A. Mesa del Olmo, *La libre designación en la función pública vasca*, Bilbao/Donostia, 1993; L. Morell Ocaña, *El sistema de confianza política en la Administración Pública*, Madrid, 1994; A. Palomar Olmeda, *El sistema de carrera y su aplicación a los cuerpos superiores de la Administración*, Madrid, 2002; A. Pérez Luque, *Provisión y pérdida de puestos de trabajo*, Madrid, 2005; J. E. Quesada Lumbreras, *La carrera profesional en el sistema de empleo público español: modelos, análisis y propuestas*, Navarra, 2015. J.J. Rastrollo Suárez, *Evaluación del desempeño en la Administración: hacia un cambio de paradigma en el sistema español de empleo público*, Valencia, 2018. M. Sánchez Morón, «"Libre" designación y "libre" cese en la función pública: los límites de la discrecionalidad», *Revista de Administración Pública*, 211, 2020.

CAPÍTULO VII

SITUACIONES ADMINISTRATIVAS Y EXTINCIÓN DE LA RELACIÓN DE SERVICIO

SUMARIO: I. LAS SITUACIONES ADMINISTRATIVAS DEL FUNCIONARIO. 1. *Servicio activo*. 2. *Servicios especiales*. A) Por servicios internacionales. B) Cargos de elección o designación política. C) Personal de apoyo de órganos constitucionales y cargos políticos. D) Otros supuestos. 3. *Servicio en otras administraciones*. 4. *Excedencia*. A) Excedencia voluntaria por interés particular. B) Excedencia voluntaria por agrupación familiar. C) Excedencia por cuidado de familiares. D) Excedencia por razón de violencia de género. E) Excedencia por razón de violencia terrorista. 5. *Suspensión de funciones*. A) Suspensión provisional. B) Suspensión firme. 6. *Otras situaciones*. A) Excedencia voluntaria por prestación de servicios en el sector público. B) Otras modalidades de excedencia voluntaria. C) Expectativa de destino. D) Excedencia forzosa. 7. *Situaciones de reserva y segunda actividad en las Fuerzas Armadas y Fuerzas y Cuerpos de Seguridad*. II. PÉRDIDA DE LA CONDICIÓN DE FUNCIONARIO. 1. *Renuncia*. 2. *Pérdida de la nacionalidad*. 3. *Sanción disciplinaria de separación del servicio*. 4. *Pena principal o accesoria de inhabilitación absoluta o especial para cargo público*. 5. *Jubilación*. A) Jubilación forzosa por edad. B) Jubilación forzosa por incapacidad permanente. C) Jubilación voluntaria.

I. LAS SITUACIONES ADMINISTRATIVAS DEL FUNCIONARIO

La relación de servicio del funcionario con la Administración, concebida como una relación tendencialmente permanente y vitalicia de acuerdo con los postulados del sistema de carrera, puede experimentar diversas vicisitudes a lo largo de su existencia. Normalmente, el funcionario desempeña el puesto de trabajo que le corresponde. Se dice entonces que se halla en *servicio activo*, situación a la que se asimilan otros estados transitorios, como veremos, y a la que no obstan breves cesaciones del ejercicio del puesto, tales como vacaciones, permisos y licencias. Pero otras veces esa situación normal se altera o se interrumpe, sin extinguirse, por diversas causas, ya sea porque el funcionario pasa a ejercer otros cargos y funciones públicas por elección o nombramiento político o de confianza o al servicio de órganos constitucionales o Administraciones distintas de la propia (*servicios especiales* y *servicio en otras administraciones públicas*), ya sea porque carece transitoriamente de un puesto de trabajo propio (*expectativa de destino*), ya porque cesa temporalmente en la relación de servicio por su propia voluntad o por decisión de la Administración (*excedencia voluntaria, excedencia forzosa, suspensión de funciones*). Todos estos estados de la relación se conocen con el nombre de *situaciones administrativas* y son objeto de una pormenorizada regulación en las leyes y reglamentos, que ahora nos corresponde examinar.

Normas de cabecera de esta regulación son los artículos 85 a 92 TREBEP, que tienen carácter básico. Para el ámbito de la Administración civil del Estado esa normativa legal se desarrolla por el Reglamento de Situaciones Administrativas (RSA), cuya última versión fue aprobada por el Real Decreto 365/1995, de 10 de marzo, pero hay que entender modificada en parte por el TREBEP. Otras normas especiales —por ejemplo, las del Estatuto Marco del Personal Estatutario de los Servicios de Salud o las aplicables al personal militar y cuerpos de policía— y la legislación de las Comunidades Autónomas, que también es aplicable a las entidades locales (art. 140 TRRL de 1986) completan la regulación. En cualquier caso, la legislación básica es, en estos aspectos, bastante detallada, de manera que la regulación de toda la materia tiene hoy por hoy un carácter sustancialmente homogéneo para todas las administraciones públicas. Sólo la legislación militar y la de los Cuerpos y Fuerzas de Seguridad ofrece en este aspecto singularidades de verdadero relieve.

Ello, no obstante, el TREBEP (art. 85.2) permite que, además de las situaciones administrativas que regula, las leyes de función pública que lo desarrollen puedan regular otras, en los supuestos, con las condiciones y con los efectos que determinen, en alguna de las circunstancias siguientes:

a) Cuando por razones organizativas de reestructuración interna o exceso de personal, resulte una imposibilidad transitoria de asignar un puesto de trabajo o la conveniencia de incentivar la cesación en el servicio activo. El TREBEP está pensando aquí en las situaciones de expectativa de destino, excedencia forzosa y excedencia voluntaria incentivada, que se introdujeron en conexión con el procedimiento de reasignación de efectivos y que todavía figuran en la legislación del Estado y de las Comunidades Autónomas, o en otras similares.

b) Cuando los funcionarios accedan, bien por promoción interna o por otros sistemas de acceso, a otros cuerpos o escalas y no les corresponda quedar en alguna de las situaciones previstas en este Estatuto, y cuando pasen a prestar servicios en organismos o entidades del sector público en régimen distinto al de funcionario de carrera. Previsión que recuerda lo que se venía conociendo hasta ahora como excedencia voluntaria por incompatibilidad.

Pero, conforme al TREBEP, la regulación de estas otras situaciones corresponde a las leyes de desarrollo, pues no tienen carácter básico. También hay que decir que el régimen de situaciones administrativas del TREBEP y de las leyes de función pública que lo desarrollen se aplica sólo a los funcionarios, pues el personal laboral se rige por el Estatuto de los Trabajadores. No obstante lo cual, los convenios colectivos pueden determinar la aplicación de aquel régimen también al personal laboral, en lo que resulte compatible con el Estatuto de los Trabajadores (art. 92 TREBEP). Por nuestra parte, nos limitamos a exponer aquí las normas estatales de carácter general, básicas o no, con mención de algunas peculiaridades del resto de la legislación vigente.

1. Servicio activo

El funcionario se halla en situación de servicio activo cuando, conforme a la legislación aplicable, presta servicio en su condición de tal en una Administración Pública u organismo o entidad en que se encuentre destinado y no le corresponda quedar en otra situación (art. 86.1 TREBEP). Se trata de una definición residual, pero ésta es la situación en la que se encuentran la mayoría de los funcionarios durante toda o la mayor parte de su vida profesional.

La definición general del TREBEP es más precisa que la de normas anteriores y deroga o permite matizar algunas precisiones del artículo 3 RSA, que convendría modificar cuanto antes. En todo caso, podemos añadir aquí que el funcionario está en servicio activo cuando se adscribe a un organismo o entidad instrumental que depende de su administración de origen, incluidas las universidades y las llamadas autoridades administrativas independientes, y también cuando se encuentra en comisión de servicios (en los supuestos que ya vimos en el capítulo anterior). Asimismo, el funcionario permanece en servicio activo cuando desempeña un cargo electivo en las Cortes o Asambleas Legislativas de las Comunidades Autónomas o en una corporación, pero, en el primer caso, sin retribución periódica —lo que no excluye las dietas, indemnizaciones y asistencias—, y en el segundo, sin dedicación exclusiva al cargo electivo o si es funcionario de la propia corporación local [art. 74.1.*a*) LBRL]. También puede permanecer en servicio activo, si lo desea, cuando es designado para desempeñar funciones de confianza o asesoramiento político en puestos propios de personal eventual. Igualmente quedan en situación de servicio activo los funcionarios que hayan sido removidos de su puesto por alguna causa legal y estén a disposición de la autoridad competente [art. 3.*h*) RSA] y los que han cesado en un puesto de trabajo por haber obtenido otro, durante el plazo posesorio [art. 3.*i*) RSA], así como los que se hallan en el supuesto de cesación progresiva de actividades [arts. 30.4 LRMFP y 3.*l*) RSA], supuesto que ya no contempla el TREBEP. En fin, se encuentra en servicio activo el funcionario al que se le ha declarado una incapacidad temporal o que sufre una baja médica, aunque no preste servicio efectivo durante un tiempo.

La legislación militar (art. 108 de la Ley 39/2007) añade a estos supuestos los del militar de carrera prisionero o desaparecido en acto de servicio (en este caso temporalmente) y el del alumno de la enseñanza de las Fuerzas Armadas.

Los funcionarios de carrera en situación de servicio activo gozan de todos los derechos inherentes a su condición y quedan sujetos a los deberes y responsabilidades derivados de la misma (art. 86.2 TREBEP).

2. Servicios especiales

Es ésta una situación contemplada para facilitar el desempeño temporal por el funcionario de cargos de especial responsabilidad, ya sean de elección o de confianza política y personal o de otra naturaleza. La ventaja esencial que comporta es la reserva de su puesto de trabajo u otro similar y en la misma localidad al funcionario que acceda a dicha situación, de manera que, al cesar en ella, recupera las funciones, condiciones de trabajo y derechos que tenía en servicio activo (art. 87.3 TREBEP). Además, el tiempo que permanezca en servicios especiales se le computa a efectos de ascensos en la carrera, trienios, promoción interna y derechos pasivos o de Seguridad Social (art. 87.2 TREBEP), salvo que hayan ingresado al servicio de las instituciones de la Unión Europea y hayan ejercitado el derecho de transferencia a la función pública comunitaria. Y, si se trata de quienes han desempeñado altos cargos o han sido miembros de órganos constitucionales o estatutarios, incluido el Poder Judicial, alcaldes o presidentes de diputaciones provinciales, cabildos o consejos insulares o parlamentarios estatales o autonómicos, tienen derecho a su regreso a la consolidación del grado y, «como mínimo», a los complementos establecidos para los directores generales o asimilados de la correspondiente Administración Pública (art. 87.3 TREBEP). Privilegio este último que fue considerado conforme a la Constitución por la STC 32/2000 y que el TREBEP confirma como norma básica de aplicación a todas las administraciones públicas, frente a las dudas de alguna jurisprudencia anterior.

Salvo quizá esta última (que es un claro privilegio retributivo de los cargos políticos), las ventajas que comporta la situación de servicios especiales son razonables, pues, si no las tuvieran, muchos funcionarios no se aventurarían a aceptar un cargo político o de confianza, temporal por esencia y de responsabilidad. Pero por esta razón y por el deseo de los gobiernos y de los órganos constitucionales y estatutarios de contar con los mejores funcionarios (o los de su confianza) a su servicio directo, la situación de servicios especiales se ha venido extendiendo paulatinamente a nuevos supuestos. Esta comprensible circunstancia tiene también su efecto perverso, pues la extensión inmoderada de la figura, sobre todo para cubrir puestos del más alto nivel en el área ejecutiva, supone una nueva reducción del espacio destinado a los ascensos por méritos. Pues, por razonable que sea —y no lo es por igual en todos los supuestos—, la situación de servicios especiales constituye también una situación de privilegio, tal como vino a entender la STC 99/1987, y, como todo privilegio, ha de merecer siempre una interpretación y aplicación restrictiva.

En la actualidad, el TREBEP establece una serie de casos en que procede la declaración de servicios especiales, pero, además, contra el criterio de la Comisión de expertos, permite que las leyes de función pública que se dicten en su desarrollo puedan establecer otros supuestos adicionales (art. 87.4) y así lo vienen haciendo las leyes autonómicas recientes. Además, y en virtud de la STJUE de 20 de diciembre de 2017, *Margarita Isabel Vega González*, la situación de servicios especiales se aplica también a los funcionarios interinos, en igualdad de condiciones con los funcionarios de carrera, aunque ello no impide que se pueda cubrir la plaza del interino con un funcionario de carrera, en cuyo caso desaparece la razón para mantener aquella situación. Dicho lo cual, los supuestos a que se refiere el TREBEP, como norma básica, pueden sistematizarse como sigue.

A) *Por servicios internacionales*

— Funcionarios que sean autorizados a realizar una misión por período determinado superior a seis meses en organismos internacionales, gobiernos o entidades públicas extranjeras o en programas de cooperación internacional [art. 87.1.*b*)]. Esta última mención comprende, según el criterio vigente en la Administración del Estado, la participación del funcionario en proyectos de organizaciones no gubernamentales subvencionados y tutelados por aquélla. En todo caso, debe constar el interés de la Administración en la misión, conforme a los criterios que establezca el Ministerio de Asuntos Exteriores (art. 6.2 RSA).

— Cuando adquieran la condición de funcionarios de organizaciones internacionales [art. 87.1.*j*)].

B) *Cargos de elección o designación política*

— Cuando sean nombrados miembros del Gobierno o de los órganos de gobierno de las Comunidades Autónomas y Ciudades de Ceuta y Melilla, miembros de las instituciones de la Unión Europea o de las organizaciones internacionales o altos cargos de las citadas administraciones o instituciones [art. 87.1.*a*)]. Entre estos cargos se incluyen, en la Administración civil del Estado, los secretarios de Estado, subsecretarios, secretarios generales, secretarios generales técnicos y directores generales y los delegados del Gobierno en las Comunidades Autónomas (art. 55.6 LRJSP).

— Cuando sean nombrados para desempeñar puestos o cargos en organismos públicos o entidades dependientes o vinculados a las administraciones públicas que estén asimilados en su rango administrativo a los altos cargos [art. 87.1.*b*)]. El número de estos cargos ha crecido sin cesar, por cierto, hasta que la crisis económica ha obligado a suprimir algunas de esas entidades públicas instrumentales.

— Cuando accedan a la condición de diputados o senadores de las Cortes Generales o miembros de las Asambleas Legislativas de las Comunidades Autónomas, si perciben retribuciones periódicas por la realización de su función [art. 87.1.*e*)]. Conforme a la Ley 40/2007, de 4 de diciembre (disp. final 5.ª), tales personas pueden permanecer en servicios especiales en caso de disolución de las Cámaras correspondientes, hasta su nueva constitución.

— Cuando desempeñen cargos electivos retribuidos y de dedicación exclusiva en las Asambleas de las Ciudades de Ceuta y Melilla y en las entidades locales, así como cuando desempeñen responsabilidades de órganos superiores y directivos municipales o sean miembros de los órganos locales para el conocimiento y resolución de las reclamaciones económico-administrativas [art. 87.1.*f*)]. Sobre los órganos superiores y directivos municipales, especialmente en municipios de gran población, véase la LBRL y en particular su artículo 130, que incluye un buen número de casos: coordinadores de área, directores generales, titulares del órgano de apoyo a la Junta de Gobierno Local y a su Concejal-Secretario, titular de la asesoría jurídica, Secretario General del Pleno, Interventor General, titular del órgano de gestión tributaria y órganos máximos de dirección de los organismos autónomos y entidades públicas empresariales locales.

— Cuando sean designados para formar parte del Consejo General del Poder Judicial o, si los hubiere (lo que hoy no sucede), de los Consejos de Justicia de las Comunidades Autónomas [art. 87.1.*g*)].

— Cuando sean elegidos o designados para formar parte de órganos constitucionales o de órganos estatutarios de las Comunidades Autónomas u otros cuya elección corresponda al Congreso de los Diputados, al Senado o a las Asambleas Legislativas de las Comunidades Autónomas [art. 87.1.*h*)]. Piénsese en los Magistrados del Tribunal Constitucional, Defensor del Pueblo, Consejeros del Tribunal de Cuentas, miembros del Consejo de Estado y miembros de las instituciones equivalentes de las Comunidades Autónomas, entre otros.

C) *Personal de apoyo de órganos constitucionales y cargos políticos*

— Funcionarios adscritos al Tribunal Constitucional, Defensor del Pueblo y Tribunal de Cuentas en los términos previstos en el artículo 93.3 de la Ley 7/1998, de 5 de abril [art. 87.1.*d*)]. También el director y los letrados del Gabinete Técnico del Tribunal Supremo (art. 61 quinquies, ap. 2 LOPJ).

— Cuando sean designados como personal eventual para ocupar puestos de trabajo con funciones expresamente calificadas como de confianza o asesoramiento político y no opten por permanecer en servicio activo [art. 87.1.*i*)], personal éste que, sea o no funcionario de origen, comprende varios miles de efectivos en el conjunto de las administraciones públicas.

— Cuando sean designados asesores de los grupos parlamentarios de las Cortes Generales o de las Asambleas Legislativas de las Comunidades Autónomas [art. 87.1.*k*)].

— Funcionarios que presten servicios en los órganos técnicos superiores del Consejo General del Poder Judicial (arts. 615.5, 618.3, 621.5 y 625.2 LOPJ).

D) *Otros supuestos*

— Cuando sean activados como reservistas para prestar servicios en las Fuerzas Armadas.

Los funcionarios en servicios especiales reciben la remuneración del puesto o cargo que desempeñen y no la que les corresponde en sus puestos de origen, sin perjuicio del derecho a los trienios que tengan reconocidos (art. 87.2 TREBEP).

Finalizada la situación de servicios especiales, el reingreso en el servicio activo debe solicitarse en el plazo de un mes desde que se cesa en los servicios especiales, pues de lo contrario el funcionario queda en situación de excedencia voluntaria por interés particular. Si existe reserva de puesto, el reingreso surte efectos económicos y administrativos desde la fecha de la solicitud (art. 9 RSA).

3. Servicio en otras administraciones

Esta situación —en un principio limitada a la de servicios de los funcionarios del Estado en las Comunidades Autónomas— aparece en nuestro derecho desde que se instaura el llamado Estado de las Autonomías y, fundamentalmente, al objeto de favorecer el proceso de transferencia forzosa de funcionarios del Estado a las Comunidades Autónomas, que ha afectado a cientos de miles de empleados públicos y que encontró algunas resistencias en un primer momento entre los funcionarios de los cuerpos estatales. Tanto es así, que la LMRFP (disp. adic. 8.ª) ofreció a los funcionarios que no quisieran ser transferidos, en ciertos casos, la opción de pasar a la situación de excedencia voluntaria o forzosa y la jubilación anticipada. Hoy en día la mayoría de esos funcionarios transferidos se ha jubilado ya por edad. Pero la situación administrativa de que tratamos es, en parte, producto de aquella época.

En la vigente legislación no básica del Estado, su duración mínima es también de dos años, pero la máxima es de quince años en cualquier caso (art. 17.1 RSA). Si no se solicita el reingreso al servicio activo en este plazo, procede declarar de oficio la situación de excedencia voluntaria por interés particular (art. 17.2 RSA). En algunas leyes autonómicas no se establece un plazo máximo de duración de esta modalidad de excedencia.

C) *Excedencia por cuidado de familiares*

Esta situación administrativa se reconoce desde antiguo en nuestro derecho y fue sucesivamente modificada en sentido más favorable a los interesados por diversas leyes con el fin de facilitar la conciliación de la vida laboral y familiar. Se halla regulada ahora en el artículo 89.4 TREBEP, desarrollado para la Administración del Estado por el artículo 14 RSA.

En su virtud, los funcionarios de carrera tienen derecho a un período de excedencia, no superior a tres años, para atender al cuidado de cada hijo, tanto si es por naturaleza como por adopción o acogimiento permanente o preadoptivo, a contar desde la fecha del nacimiento o, en su caso, de la resolución judicial o administrativa. Asimismo, tienen derecho a un período de excedencia de duración no superior a tres años para atender al cuidado de un familiar que se encuentre a su cargo, hasta el segundo grado inclusive de consanguinidad o afinidad, que, por razón de edad, accidente, enfermedad o discapacidad, no pueda valerse por sí mismo y no desempeñe actividad retribuida. Pese al carácter básico del artículo 89.4 TREBEP, no es inconstitucional que la legislación autonómica de desarrollo amplíe el supuesto al cuidado del cónyuge y la pareja de hecho legalmente constituida (STC 39/2014).

El período de excedencia es único por cada sujeto causante. Cuando un nuevo sujeto causante diera origen a una nueva excedencia, el inicio de ésta pone fin a la que se viniera disfrutando.

Si dos funcionarios generan el derecho a excedencia por el mismo causante (por ejemplo, el padre y la madre), la Administración puede limitar su ejercicio simultáneo por razón justificada relacionada con el funcionamiento de los servicios. El artículo 14.1 RSA, que se limita a regular la excedencia para el cuidado de hijos, dispone además que la concesión de la excedencia se hará previa declaración del peticionario de que no desempeña actividad que pueda impedir o menoscabar el cuidado personal del hijo menor. Según dicho artículo 14 RSA, la excedencia puede solicitarse en cualquier momento posterior a la fecha del nacimiento o de la resolución judicial de adopción (o de acogimiento, hay que entender). También hay que entender ahora que puede solicitarse mientras dure la situación del familiar impedido que la motiva.

Durante su disfrute el funcionario no tiene derecho a percibir ninguna retribución como tal. Pero sí tiene derecho a la reserva de su puesto de trabajo durante dos años, al menos, y a reingresar en un puesto en la misma localidad y con igual retribución durante el período restante, período que se extiende en quince o dieciocho meses para los funcionarios con familia numerosa de categoría general o especial (Ley 40/2003, de 18 de noviembre). Además, el período de permanencia en dicha situación es computable a efectos de trienios, carrera y derechos pasivos o de Seguridad Social (a estos últimos efectos solo cuando lo establezca la legislación del Estado: STC 39/2014), así como a efectos de los concursos de provisión de puestos (SSTS de 17 de diciembre de 2020 y 22 de diciembre de 2022). Según el artículo 14.2 RSA, también lo es a efectos de solicitud de la excedencia voluntaria por interés particular. Los funcionarios en esa situación pueden también participar en los cursos de formación que convoque la Administración.

Si antes de finalizar dicho período no se solicita el reingreso, el funcionario ha de ser declarado de oficio en excedencia voluntaria por interés particular.

La STC 240/1999, de 12 de diciembre, ha declarado que estos derechos son aplicables también a los funcionarios interinos que llevan mucho tiempo en esta situación. En sentido similar se pronuncian las SSTC 203/2000, de 24 de julio, y 20/2001, de 29 de enero, y la STS de 21 de diciembre de 2016. Así lo refleja también la legislación autonómica más reciente.

D) *Excedencia por razón de violencia de género*

Esta situación fue introducida por la Ley Orgánica 1/2004, de 28 de diciembre, de medidas de protección integral contra la violencia de género, y se recoge hoy en el artículo 89.5 TREBEP.

Conforme a ella, las funcionarias víctimas de violencia de género tienen derecho a solicitar la situación de excedencia para hacer efectiva su protección o su derecho a la asistencia social integral, sin tener que haber prestado un tiempo mínimo de servicios y sin que sea exigible plazo de permanencia en la misma. Durante los seis primeros meses de excedencia tienen derecho a la reserva del puesto de trabajo que desempeñaran y ese mismo período se les computa a efectos de antigüedad (trienios), carrera y derechos de Seguridad Social o pasivos. Ese período puede prorrogarse por otros de tres meses hasta un máximo de dieciocho, con idénticos efectos, cuando las actuaciones judiciales lo exigieran, a fin de garantizar la protección de la víctima. Incluso durante los dos primeros meses de excedencia, la funcionaria tiene derecho a percibir sus retribuciones íntegras, incluidas, en su caso, las prestaciones familiares por hijo a cargo.

Sin duda en razón de su finalidad y en aplicación de la cláusula de no discriminación por causa de la duración de la relación de servicio, derivada de la Directiva 1999/70/CE, las funcionarias interinas pueden acogerse también a este tipo de excedencia. Así se recoge ya en la legislación autonómica más reciente.

E) *Excedencia por razón de violencia terrorista*

Esta situación ha sido introducida por la Ley Orgánica 9/2015, de 28 de julio, en favor de los funcionarios que hayan sufrido daños físicos o psíquicos como consecuencia de la actividad terrorista o estén amenazados y se regula en el artículo 89.6 TREBEP. Las condiciones para disfrutar de esta excedencia son las mismas que las de la excedencia por violencia de género, pero sólo puede mantenerse durante el tiempo necesario para la protección y asistencia social integral del interesado.

5. Suspensión de funciones

La última de las situaciones administrativas reguladas en el TREBEP se declara de oficio por la Administración a consecuencia de un procedimiento sancionador, administrativo o penal, incoado contra el funcionario. La suspensión puede ser *provisional o firme*. La primera es una medida cautelar —que como tal no vulnera la presunción de inocencia (STC 108/1984, de 26 de noviembre)—; la segunda, una sanción. La regulación del TREBEP (art. 90), que sustituye a los artículos 47 a 50 LFCE, es muy parca, pero se completa para la Administración del Estado en los artículos 20 a 22 RSA. La legislación de las Comunidades Autónomas no se disocia mucho de la del Estado, mientras que en el ámbito local se aplica aquélla y ésta en lo que tenga de básico o con carácter supletorio, como ya dijimos (art. 140 del Texto Refundido de las disposiciones legales vigentes en materia de régimen local). Tampoco introducen diferencias sustanciales otras leyes aplicables a colectivos determinados no regulados por el TREBEP (jueces y magistrados, función pública militar —aunque ésta llama suspensión de funciones y de empleo a la suspensión provisional y firme, respectivamente—, Cuerpos y Fuerzas de Seguridad, etc.). Por eso nos limitamos a exponer aquí el régimen general.

La suspensión comporta en cualquier caso que el funcionario queda privado temporalmente del ejercicio de sus funciones y de los derechos y prerrogativas anejos a su condición de funcionario. La declaración de la situación le impide prestar servicios en cualquier Administración Pública y organismos, agencias o entidades de derecho público dependientes de ellas durante el tiempo que se prolongue (art. 90.3 TREBEP).

A) *Suspensión provisional*

Esta situación puede acordarse preventivamente durante la tramitación de un procedimiento judicial o disciplinario por la autoridad u órgano competente para acordar la incoación del expediente (art. 90.4 TREBEP). Pero hay que distinguir varios supuestos.

El artículo 98.3 TREBEP y el RSA precisan que, tratándose de un procedimiento judicial penal, si se decreta por el órgano judicial competente la prisión provisional de un funcionario u otras medidas que le impidan desempeñar su puesto de trabajo (véase al respecto la STS de 3 de mayo de 2012, sobre la imputación de jueces por delitos cometidos en el ejercicio de sus funciones), se le declarará por la autoridad administrativa competente en suspensión provisional por el tiempo que duren esas medidas, aunque ello no supondrá la pérdida del puesto de trabajo por más que la suspensión excediera de seis meses. En este caso, la decisión administrativa es una consecuencia automática de la decisión judicial, por lo que aquélla tiene carácter reglado.

Pero, además, el artículo 24 del Reglamento de Régimen Disciplinario (RRD) establece que el subsecretario del departamento (o, lógicamente, la autoridad autonómica o local que corresponda) podrá acordar esa medida preventiva respecto de los funcionarios sometidos a procesamiento, cualquiera que sea la causa del mismo, si esta medida no ha sido adoptada por la propia autoridad judicial que dictó el auto de procesamiento. En este precepto se contemplan, pues, otros dos supuestos. En uno de ellos es el órgano judicial el que acuerda la suspensión provisional (conforme al art. 384 bis de la Ley de Enjuiciamiento Criminal), decisión que se impone a la Administración. En el otro, la suspensión es acordada por la Administración sobre la base de un auto de procesamiento. Pero esta decisión administrativa no es automática, es decir, no está predeterminada por el órgano judicial (STS de 14 de julio de 2020) y la suspensión no puede durar más de seis meses (STS de 27 de enero de 2022), salvo si afecta a funcionarios de policía, en cuyo caso puede durar hasta la finalización del proceso penal (SSTS de 14 de julio de 2020, 10 de mayo de 2021 y 2 de octubre de 2024).

Por último, si se trata de un procedimiento disciplinario, es la autoridad que ordenó la incoación del expediente la que puede acordar la suspensión provisional por plazo máximo de seis meses, salvo en caso de paralización del procedimiento imputable al interesado (arts. 98.3 TREBEP y 21.3 RSA). Al redactar el pliego de cargos el instructor del expediente debe proponer mantener o levantar la suspensión (art. 35 RRD).

En los dos últimos casos, la suspensión provisional es una medida discrecional, para cuya aplicación deben tenerse en cuenta, entre otros, los principios de interdicción de la arbitrariedad (o razonabilidad) y de proporcionalidad, ya que una medida cautelar desproporcionada o irrazonable tendría un carácter punitivo en cuanto al exceso (SSTC 31/1981, 13/1982, 108/1984, 22/1985, etc.; SSTS de 24 de noviembre de 1986, 15 y 16 de septiembre de 1995 y 17 de mayo de 1990, entre otras). Además, como toda decisión discrecional, debe ser motivada con sucinta referencia a los hechos y fundamentos de derecho [art. 35.1.*i*) LPACAP]. En cualquier caso, la suspensión provisional nunca puede suponer una sanción anticipada y sólo se justifica cuando concretas razones de interés público determinen o aconsejen apartar al funcionario de sus responsabilidades mientras se tramita el proceso o expediente disciplinario. En caso contrario, la suspensión provisional puede incluso implicar una infracción del artículo 23.2 CE (STC 104/1995).

El suspenso provisional tiene derecho a percibir las retribuciones básicas, así como, en su caso, las prestaciones familiares por hijo a cargo (art. 98.3 TREBEP), salvo que el expediente se encuentre paralizado por causa imputable al mismo o no comparezca en el procedimiento disciplinario o proceso penal, según el artículo 21.4 RSA. Si la suspensión provisional se eleva a definitiva, el funcionario debe devolver lo percibido durante el tiempo de duración de aquélla, tiempo que será de abono para el cumplimiento de la suspensión firme (art. 98.4 TREBEP).

Si, por el contrario, la suspensión no se declara firme convirtiéndose en sanción definitiva, la Administración debe restituir al funcionario la diferencia entre los haberes que percibió durante la suspensión provisional y los que hubiera percibido en plenitud de derechos. Además, el tiempo de duración de la misma se computa como de servicio activo y debe acordarse la reincorporación inmediata del funcionario a su puesto de trabajo, si no estuviera ya reincorporado, con reconocimiento de todos los derechos económicos y demás que procedan desde la fecha de la suspensión (art. 98.4 TREBEP).

B) *Suspensión firme*

Este tipo de situación es consecuencia de una sentencia penal condenatoria o de una sanción disciplinaria, igualmente firmes. En el primer caso deriva de la pena principal o accesoria de suspensión de cargo público (arts. 43 y 56 CP), prevista por tiempo de seis meses a seis años (art. 40 CP). En el segundo corresponde a una falta muy grave o grave, prevista por tiempo máximo de seis o tres años respectivamente, como veremos en su momento (*infra*, capítulo XI). La situación administrativa de suspensión se extiende por el período de la pena o sanción. A estos efectos es de abono el tiempo que el funcionario ha permanecido en suspensión provisional, como se ha dicho.

El suspenso en firme pierde su puesto de trabajo, salvo que la suspensión no exceda de seis meses (art. 22.1 RSA). Mientras dura su situación no puede producirse otro cambio de situación administrativa (art. 22.2 RSA). Si ha perdido su puesto de trabajo, debe solicitar el reingreso al servicio activo con un mes de antelación a la finalización del período de suspensión. El reingreso tiene efectos administrativos y económicos desde la fecha en que se extingue la responsabilidad penal o disciplinaria (art. 22.3 RSA). Si no se solicita el reingreso en el momento indicado, se declarará de oficio el pase a la situación de excedencia voluntaria por interés particular desde la misma fecha (art. 22.4 RSA). Si solicitado el reingreso no se concede en el plazo de seis meses —lo que solo puede acordarse por razones objetivas y justificadas —, el funcionario queda en situación de excedencia forzosa, con efectos desde la fecha en que se extingue la responsabilidad civil o disciplinaria (art. 22.5 RSA).

6. Otras situaciones

Como se ha dicho, el artículo 85.2 TREBEP permite que la legislación que lo desarrolle pueda regular otras situaciones administrativas en ciertos supuestos. Tales situaciones estaban ya reguladas por la LMRFP y el RSA, así como por las leyes de función pública de las Comunidades Autónomas. Esa regulación se mantiene, pero se va modificando a medida que se aprueban las nuevas leyes de desarrollo del TREBEP. Ahora hacemos una breve referencia a esas otras situaciones, tal como figuran en la legislación estatal aún vigente, remitiéndonos por lo demás a las leyes autonómicas que contienen una regulación de las mismas.

A) *Excedencia voluntaria por prestación de servicios en el sector público*

Es lo que alguna legislación autonómica denomina *excedencia por incompatibilidades*. Esta situación se declara, de oficio o a instancia de parte, por relación a su cuerpo o escala de origen, para los funcionarios que se encuentren prestando servicio activo en otro cuerpo o escala de cualquier Administración Pública, salvo que hubieran obtenido la oportuna compatibilidad, y a los que pasen a prestar servicios como personal laboral fijo en organismos o entidades del sector público y no les corresponda quedar en situaciones de servicio activo o servicios especiales (en sus cuerpos o escalas de origen, se entiende). Por el contrario, el desempeño de puestos como funcionario interino o personal laboral temporal no habilita para pasar a esta situación según la legislación del Estado (art. 15.1 RSA, modificado por RD 255/2006, de 3 de marzo, declarado conforme a derecho por SSTS de 23 de diciembre de 2008 y 6 de mayo de 2010), aunque sí en virtud de algunas leyes autonómicas. A estos efectos, hay que considerar incluidas en el sector público tanto las empresas controladas por las administraciones públicas como las fundaciones del sector público. Igualmente quedan en esta situación los funcionarios del Estado integrados en las Comunidades Autónomas que ingresen voluntariamente en cuerpos y escalas de funcionarios propios de la Comunidad de destino distintos de aquéllos en los que inicialmente se hubieran integrado (art. 15.2 RSA), funcionarios que pierden de esta manera la situación de servicio en Comunidades Autónomas que hasta entonces les correspondía. De todas formas, en caso de duda, hay que atender a lo dispuesto por la legislación de incompatibilidades, pues sólo si el nuevo puesto o actividad es incompatible con el servicio activo en el cuerpo o escala de origen y no procede la situación de servicios especiales corresponderá declarar esta situación de excedencia voluntaria.

Estos excedentes voluntarios permanecen en esta situación en tanto se mantenga la nueva relación de servicios que dio origen a la misma. Si cesan en dicha relación deben solicitar el reingreso al servicio activo en su cuerpo o escala de origen en el plazo de un mes, declarándose la situación de excedencia voluntaria por interés particular en caso contrario (art. 15.3 RSA).

Si los funcionarios afectados prestan servicio en un organismo o entidad que quede excluido de la consideración de sector público (por ejemplo, una empresa pública que se privatiza), también son declarados en excedencia voluntaria por interés particular.

B) *Otras modalidades de excedencia voluntaria*

La Ley 22/1993 restringió, como hemos dicho, la regulación de la excedencia voluntaria por mero interés particular, en consonancia con una concepción de la función pública más abierta y menos proclive a perpetuar situaciones de privilegio. Pero al mismo tiempo incentivó el pase a esa misma situación en los supuestos en que se constata un problema de sobreabundancia de efectivos. Por eso introdujo el artículo 29.7 LMRFP, que permitió a los funcionarios afectados por un proceso de reasignación de efectivos solicitar la *excedencia voluntaria incentivada*. El EBEP derogó ese apartado, excepto su último párrafo, que precisa el órgano competente para aplicar la medida. Dicha situación se contempla también en el artículo 18 RSA, que no se ha derogado expresamente, y se mantiene en algunas leyes autonómicas. Pero los procesos de reasignación de efectivos no se llevan a cabo en la práctica desde hace mucho tiempo ni se regulan por el TREBEP, por lo que la excedencia incentivada regulada en el RSA y en la legislación autonómica concordante es de muy dudosa aplicación efectiva.

La Ley 13/2015, de Función Pública de Extremadura, regula también una situación de *excedencia voluntaria con reserva de puesto*, de entre seis meses y un año de duración (art. 143), asimismo, contemplada en la Ley 11/2022, de Empleo Público Vasco (art. 142) y en la Ley 5/2023, de Función Pública de Andalucía (art. 156); y otra *excedencia voluntaria por nombramiento provisional* como interino en plaza correspondiente a cuerpo o escala de grupo o subgrupo superior al del interesado (art. 140), igualmente con reserva del puesto (véase en sentido similar, el art. 158 de la Ley 4/2021, de la Función Pública Valenciana y el art. 93 de la Ley 2/2023, de Empleo Público de Asturias). La citada Ley vasca regula también una modalidad de excedencia voluntaria incentivada (art. 147), al igual que la Ley andaluza de Función Pública (art. 157).

En fin, la citada Ley asturiana 2/2023, incorpora una nueva *excedencia por el desempeño de cargos electivos en las organizaciones sindicales más representativas*, que implica que al interesado se le computa el período de excedencia a efectos de carrera, trienios, promoción profesional y Seguridad Social.

C) *Expectativa de destino*

Tradicionalmente por expectativa de destino se ha entendido un estado transitorio de la relación de servicio del funcionario, en el que no tiene asignado un puesto determinado, sino que está a la espera de la asignación y a disposición de la autoridad competente. Pero ya hemos visto cómo en la actualidad los supuestos más comunes en que se produce esta circunstancia se consideran como de servicio activo. Solución lógica, pues el funcionario no es responsable de esa situación transitoria y no debe perder los derechos que tiene en activo.

Sin embargo, la situación administrativa de expectativa de destino fue recreada como tal por la Ley 22/1993, de 29 de diciembre, como un efecto de la regulación de la reasignación de efectivos, y se reguló en el artículo 29.5 LMRFP, parcialmente derogado por el EBEP, y en el artículo 12 RSA. Como ya sabemos, todo el régimen de reasignación de efectivos, incluida esta situación, no es objeto de aplicación efectiva en la actualidad. No obstante, alguna legislación autonómica, como por ejemplo, el artículo 117 de la Ley de Empleo Público de Castilla-La Mancha de 2011, el artículo 162 de la Ley de la Función Pública Valenciana de 2021, el artículo 149 de la Ley de Empleo Público Vasco de 2022 o el artículo 93 de la Ley asturiana de Empleo Público de 2023 y el artículo 159 de la Ley de Función Pública de Andalucía de 2023, aplican la situación de expectativa de destino a esos y otros supuestos semejantes de supresión de puestos de trabajo.

D) *Excedencia forzosa*

Esta situación administrativa, de larga tradición en nuestro derecho, se ha considerado aplicable a supuestos en que el funcionario queda sin puesto de trabajo o no puede reingresar en ninguno de ellos por causas objetivas, independientes de su voluntad. Lógicamente se trata de una situación provisional, en la que los perjuicios para el funcionario deben minimizarse, ya que no es responsable de la situación. De hecho, los supuestos en que se aplica se han venido reduciendo, pues en ciertos casos en que procedía conforme a los artículos 44 LFCE y 13 RSA (supresión de plaza de plantilla e imposibilidad de obtener el reingreso en algún caso) ahora se obliga a la Administración a adjudicar un destino provisional al funcionario que se incorpora.

La citada situación se mantiene, no obstante, en la legislación de algunas Comunidades Autónomas, entre la que destaca la minuciosa regulación de la Ley 11/2022, de Empleo Público Vasco (arts. 150 a 152).

7. Situaciones de reserva y segunda actividad en las Fuerzas Armadas y Fuerzas y Cuerpos de Seguridad

Para completar el cuadro de las situaciones administrativas haremos una breve referencia a estas peculiaridades de la legislación militar, de la Guardia Civil y del Cuerpo Nacional de Policía, que consisten en el reconocimiento de una situación denominada respectivamente *reserva* (art. 113 de la Ley 39/2007, de la carrera militar; RD 1111/2015, de 11 de diciembre, y art. 93 de la Ley 29/2014, de régimen del personal de la Guardia Civil) y *segunda actividad* en el Cuerpo Nacional de Policía (arts. 66 a 76 de la Ley Orgánica 9/2015, de 28 de julio, de régimen del personal de la Policía Nacional), situación que también se contempla para los cuerpos de policía autonómicos y locales por su legislación propia. Estas situaciones se hallan a medio camino entre el servicio activo y la jubilación y a ellas se accede, según los casos, de manera automática por razón de edad, o de antigüedad en los empleos militares, o por insuficiencia de aptitudes psicofísicas (en la Policía Nacional) y también a petición propia con determinadas condiciones.

En la reserva o segunda actividad el funcionario puede desempeñar funciones instrumentales de gestión, asesoramiento y apoyo sin empleo de armas (normalmente) y con exclusión del ejercicio del mando. Pero en ciertas circunstancias puede ser designado para desempeñar comisiones de servicios de carácter temporal. Con el pase a estas situaciones mantiene sus retribuciones o se le reducen en pequeño porcentaje por lo general. El tiempo que transcurre en ella se computa a efectos de trienios y derechos pasivos.

II. PÉRDIDA DE LA CONDICIÓN DE FUNCIONARIO

Las situaciones administrativas distintas del servicio activo interrumpen, como se ha dicho, el itinerario normal de la vida profesional del funcionario, pero no extinguen su relación de servicio con la Administración. Este último efecto, el de la extinción de la relación de servicio, se produce por causas distintas, hoy sistematizadas en el artículo 63 TREBEP, a las que habría que añadir la del fallecimiento del funcionario, que la ley no menciona, quizá porque resulta obvia. La regulación de ese precepto se refiere, por lo demás, a los funcionarios de carrera, pues en el caso de los funcionarios interinos la relación se extingue también —o, mejor dicho, debe extinguirse— cuando desaparece la causa de su nombramiento (art. 10.3 y 4 TREBEP), como ya vimos (*supra*, capítulo III), y la de los empleados públicos con contrato laboral en los supuestos previstos por el Estatuto de los Trabajadores o por el despido disciplinario contemplado en el artículo 96.1.*b*) TREBEP.

1. Renuncia

La primera causa legal es la renuncia del funcionario a su condición, regulada en el artículo 64 TREBEP. La renuncia es un acto voluntario del funcionario, pero que debe manifestarse por escrito y ser aceptado formalmente por la Administración (art. 64.1). Se considera válida salvo que medie algún vicio de la voluntad, que debe ser probado por quien lo alega (STSJ de Madrid de 5 de febrero de 2010). Hasta que la aceptación no se formaliza, el interesado puede dejar sin efecto su renuncia (STS de 26 de septiembre de 1994). Por otra parte, la aceptación de la renuncia es un acto reglado, que sólo debe denegarse cuando el funcionario esté sujeto a expediente disciplinario o haya sido dictado en su contra auto de procesamiento o de apertura de juicio oral por la comisión de algún delito (art. 64.2), con lo que se trata de evitar que pueda eludir sus responsabilidades como funcionario público mediante el acto de renuncia. Obviamente, no debe aplicarse dicho límite si el procedimiento penal que se incoe en su contra no guarda ninguna relación con su condición de funcionario. La legislación militar, por su parte, establece un tiempo mínimo de servicios efectivos para la renuncia, variable en cada caso y relacionado con el coste y duración de los estudios realizados, sin que pueda ser superior a diez años (art. 117 de la Ley 39/2007). El interesado puede solicitar también la renuncia antes de ese plazo mínimo, aunque siempre con un preaviso de seis meses, pero para obtenerla ha de resarcir económicamente al Estado en una cantidad que ha de fijarse en función del coste de la formación recibida en las Academias Militares y del tiempo de servicios prestados. La renuncia no puede ser aceptada hasta el abono de esa cantidad.

La renuncia a la condición de funcionario no inhabilita para un nuevo ingreso en la función pública, pero el reingreso debe hacerse a través del procedimiento de selección que corresponda (art. 64.3 TREBEP), no mediante un expediente de rehabilitación (STS de 26 de julio de 2006).

2. Pérdida de la nacionalidad

Esta causa se refiere hoy a la pérdida de la nacionalidad española o la de cualquier otro Estado miembro de la Unión Europea o de otros Estados a los que sea de aplicación la libre circulación de trabajadores, que se hubiera tenido en cuenta como requisito necesario para el acceso a la función pública, salvo que simultáneamente se adquiera otra nacionalidad de alguno de esos mismos Estados (art. 65 TREBEP). Esto es, la pérdida de la nacionalidad española sólo es causa de pérdida de la condición de funcionario cuando sea condición *sine qua non* para ser funcionario, de conformidad con lo dispuesto en el artículo 57 TREBEP y legislación de desarrollo. Asimismo, los miembros de la función pública española que tengan alguna de esas otras nacionalidades, por permitirlo así nuestra legislación, también pierden su condición de funcionarios de la Administración española cuando pierden su nacionalidad, salvo que simultáneamente adquieran la de otro Estado miembro de la Unión Europea o Estado al que sea de aplicación la libre circulación de los trabajadores en virtud de tratado de la Unión Europea ratificado por España.

Según el artículo 68.1 TREBEP, el funcionario que haya visto extinguida su relación de servicios por cambio de nacionalidad puede solicitar la rehabilitación cuando recupere la nacionalidad necesaria o ese requisito haya dejado de exigirse, solicitud que le debe ser concedida. El procedimiento para la rehabilitación de los funcionarios de la Administración del Estado, en este y otros supuestos, se regula hoy por hoy en el Real Decreto 2669/1998, de 11 de diciembre.

3. Sanción disciplinaria de separación del servicio

Ésta es la más elevada de las sanciones disciplinarias, que sólo puede imponerse por la comisión de una falta muy grave [art. 96.1.*a*) TREBEP].

La peculiaridad de esta causa de extinción de la relación funcionarial radica en que tiene carácter definitivo. Es decir, inhabilita a perpetuidad a quien la soporta para reingresar en cualquier cuerpo o escala de la función pública española, en cualquiera de las administraciones en que se distribuye [art. 56.1.*d*) TREBEP]. Efecto éste que se puede considerar discutible por desproporcionado, pero que ratifica la jurisprudencia del Tribunal Supremo (STS de 2 de marzo de 2011).

En cualquier caso, el funcionario separado del servicio o sancionado con pérdida de empleo, cualquiera que fuera la causa, no pierde los derechos pasivos que para sí o sus familiares pudiera haber adquirido hasta ese momento (art. 10 del Texto Refundido de la Ley de Clases Pasivas del Estado), consecuencia ésta extensible a todos los supuestos de pérdida de la condición de funcionario.

4. Pena principal o accesoria de inhabilitación absoluta o especial para cargo público

En este caso la pérdida de la condición de funcionario se produce a consecuencia de una sentencia penal firme y desde que tenga firmeza. Debe recordarse al respecto que, según el artículo 41 CP, la pena de inhabilitación absoluta produce, entre otros efectos, la privación definitiva de todos los cargos públicos que tuviera el penado y la incapacidad para obtener cualquier cargo por el tiempo de la condena. Según el artículo 42 CP, la pena de inhabilitación especial para cargo público produce la privación definitiva del cargo o empleo sobre el que recayere y de los honores anejos a él y la incapacidad de obtener el mismo u otros análogos durante el tiempo de la condena. La pena de inhabilitación absoluta puede imponerse por tiempo de seis a veinte años, salvo excepción, y la de inhabilitación especial por tiempo de seis meses a veinte años (art. 40 CP) o por el tiempo de duración de la pena principal, si se impusieran como accesorias (arts. 55 y 56 CP). Si se impusieran las mismas penas superiores en grado, su duración máxima será de treinta años (art. 70.2.2.º CP). En estos casos, la pérdida de la condición de funcionario es consecuencia lógica y automática de una sanción penal que, por sí misma, implica ausencia de aptitud legal para el servicio. Como señala la STS de 23 de noviembre de 2007, la imposición de la citada pena opera a modo de condición resolutoria respecto de la subsistencia de la relación funcionarial. Por eso, no es una sanción disciplinaria añadida a la penal ni es posible aplicar a la misma el plazo de prescripción de las sanciones disciplinarias (SSTS de 3 de marzo de 1997, 21 de diciembre de 2000, 31 de octubre de 2001, 10 de octubre de 2005, 10 de abril de 2006 y 24 de junio de 2011; SAN de 25 de enero de 2012).

A diferencia de la separación del servicio, la extinción de la relación de servicio a consecuencia de una pena de inhabilitación no impide al penado volver a pertenecer a la función pública. Además de que, una vez transcurrido el período de inhabilitación, puede volver a participar en procesos selectivos, el artículo 68.2 TREBEP permite la rehabilitación, con carácter excepcional y a petición del interesado, mediante decisión discrecional de los órganos de gobierno de las administraciones públicas competentes, atendiendo a las circunstancias y entidad del delito cometido. La rehabilitación no es, pues, obligada en estos casos ni constituye un derecho del funcionario, sino que se acuerda o se rechaza de conformidad con los criterios que, para el Estado, establece el artículo 6 del Real Decreto 2669/1998, esto es, la gravedad de los hechos delictivos cometidos y el perjuicio causado al interés público. La aplicación de estos criterios es controlable por los tribunales a través de la técnica de los conceptos jurídicos indeterminados (SSTS de 30 de diciembre de 2002, 3 de febrero, 17 de octubre y 4 de noviembre de 2003, 16 y 17 de diciembre de 2008, 28 de octubre de 2009, 15 de septiembre de 2010, 18 de diciembre de 2012, 16 de septiembre de 2013, 12 de junio de 2014, 10 de julio de 2017, 12 de noviembre de 2019, 18 de febrero de 2021, 7 de noviembre de 2024, entre otras). Pero no puede obtenerse ya por silencio administrativo, pues en caso de no dictarse resolución expresa en el plazo reglamentario, la solicitud se entiende desestimada (art. 68.2 TREBEP). Como es lógico y de conformidad con el deber de cumplimiento de las resoluciones judiciales (art. 118 CE), la rehabilitación sólo cabe una vez cumplida la pena impuesta.

5. Jubilación

Ésta es la causa más habitual de extinción de la relación de servicio de los funcionarios de carrera y, en el supuesto más normal, se produce por razones de edad, aunque también puede producirse por incapacidad permanente del funcionario o causas similares. En todo caso, una vez declarada la jubilación o, como se dice en la legislación militar, el retiro, el funcionario tiene derecho a recibir la correspondiente pensión en función de los años de servicios prestados. Hay, pues, varios supuestos distintos de jubilación, que hemos de estudiar por separado. Pero antes conviene hacer algunas observaciones generales.

La jubilación en el seno de la función pública se regula desde antiguo, antes incluso que en el ámbito laboral y, por una parte, constituye un derecho del funcionario, que obtiene de esta manera un merecido descanso retribuido por los servicios prestados a lo largo de su vida profesional. Pero, por otro lado, cuando se acuerda con carácter forzoso, constituye una limitación del derecho al trabajo o, al menos, al trabajo retribuido en la función pública. Dicha limitación, sin embargo, es jurídicamente legítima, siempre que las condiciones y la edad de jubilación no se fijen de manera irrazonable o arbitraria —circunstancia que debe ser demostrada por quien la alega con algo más que sus apreciaciones subjetivas— y, en virtud del carácter estatutario de la relación funcionarial, puede y debe establecerse por el legislador (STC 99/1987).

Las condiciones o supuestos de jubilación no se regulan de la misma manera para todos los funcionarios públicos ni para éstos y para los empleados públicos con contrato laboral. Esta diversidad, siempre que sea igualmente razonable, no constituye una discriminación contraria al artículo 14 CE, pues, como el Tribunal Constitucional ha declarado reiteradamente (SSTC 7/1984, 68/1989 y 161/1995; AATC 734/1988 y 1101/1988), la igualdad o desigualdad establecida por el legislador entre cuerpos o grupos de funcionarios, que son estructuras creadas por el derecho, es el resultado de su misma configuración jurídica. No obstante lo cual, puede entenderse que una regulación especial desproporcionada y carente de toda justificación objetiva de la edad de jubilación de un determinado cuerpo podría merecer el reproche de inconstitucionalidad.

Por otra parte, la edad de jubilación no ha sido siempre y no tiene por qué ser siempre la misma. Y no lo es porque su determinación depende de una pluralidad de factores, que normalmente tienen que ver con la mayor o menor necesidad de efectivos que la Administración tiene y con criterios de política social y económica, tales como la conveniencia de *rejuvenecer* el conjunto de la función pública, abriendo más oportunidades de empleo público para los jóvenes o, por el contrario, prevenir el déficit público o garantizar la sostenibilidad del sistema de la Seguridad Social retrasando la edad en que empiezan a pagarse las pensiones. Todas estas razones, discutibles en el plano político, pueden ser perfectamente legítimas en el plano jurídico. Pero en todo caso afectan a un aspecto sensible del estatuto del funcionario, que es quien sufre las consecuencias. Por eso, la cuestión relativa a la modificación, adelanto o retraso de la edad legal de jubilación suele ser objeto de polémica, en la que se suelen emplear argumentos jurídicos de distinto tipo. Esta situación dio lugar, con ocasión de la aprobación de la LMRFP en 1984 (y otras leyes especiales del mismo período) a uno de los debates más importantes en la reciente historia de nuestro derecho de la función pública, debate en el que se airearon fundamentalmente el presunto derecho adquirido de los funcionarios a un determinado período de servicio activo y la eventual lesión indemnizable que en ese derecho produciría rebajar la edad legal de jubilación forzosa.

Sin embargo, tanto el Tribunal Constitucional (SSTC 108/1986, 99/1987, 70/1988 y 100/1989) como el Tribunal Supremo (en particular las SSTS del Pleno de la Sala 3.ª de 30 de noviembre y 1 y 2 de diciembre de 1992 y 15 de enero de 1993) entendieron que no podía oponerse a esta opción del legislador ningún derecho adquirido del funcionario a que se mantenga una determinada edad de jubilación, pues en el marco de la relación estatutaria no existen tales derechos adquiridos, sino simples expectativas de una determinada duración de la relación de servicio, cuya pérdida o recorte no es indemnizable, ya que no supone una privación forzosa de derechos patrimoniales. También el TJUE acepta en Sentencias de 21 de julio de 2011, *Fuchs y Köhler*, y de 13 de septiembre de 2011, *Prigge*, la reducción de la edad de jubilación de los funcionarios públicos basada en criterios justificados de política social (políticas de empleo, situación del mercado de trabajo, etc.). Por el contrario, a falta de esas razones o de la necesaria proporcionalidad, una reducción sensible de la edad de jubilación puede ser constitutiva de discriminación contraria al principio de igualdad de trato en el empleo que sanciona la Directiva 2000/78/CE, tal como se declara en la STJUE de 6 de noviembre de 2012, *Comisión c. Hungría* (reducción de 70 a 62 años de la edad de jubilación de jueces, fiscales y notarios sin período transitorio ni compensación alguna).

En la práctica, mientras que algunos funcionarios desearían prorrogar la edad de su jubilación, otros preferirían por el contrario un adelanto de la misma, o bien alguna modalidad de jubilación parcial anticipada. Pero todas esas expectativas chocan hoy con la necesidad de salvaguardar la sostenibilidad económica de la Seguridad Social. De ahí que el EBEP no introdujera cambios sustanciales en la legislación anterior, salvo la previsión *de lege ferenda* de la jubilación parcial. Pero su disposición adicional 6.ª (hoy disp. adic. 5.ª TREBEP) mandataba al Gobierno para que presentase en el Congreso de los Diputados, sin fecha límite alguna, un *estudio* —no un proyecto de ley— sobre los distintos regímenes de acceso a la jubilación de los funcionarios, estudio que debía contener, entre otros aspectos, recomendaciones para asegurar la no discriminación y la conveniencia de ampliar la posibilidad de acceso a la jubilación anticipada de determinados colectivos. Un compromiso político, pues, más que jurídico en sentido estricto, que se introdujo con mucha cautela y que fue reiterado —esta vez fijando el plazo de un año para cumplirlo— por la Ley 40/2007, de 4 de diciembre, de medidas en materia de Seguridad Social (disp. adic. 7.ª). El plazo en cuestión, no obstante, se incumplió, entre otras cosas porque la crisis económica iniciada en 2008 dio al traste con esas expectativas y llevó, por el contrario, a aprobar un retraso generalizado y progresivo de la edad de jubilación de los trabajadores (Ley 27/2011, de 1 de agosto). Esa misma razón ha llevado finalmente a derogar los artículos 67.1.*d*) y 67.4 EBEP, que se referían a la posibilidad de introducir la jubilación parcial (Real Decreto-ley 20/2012, de 13 de julio), y ha originado algunas otras modificaciones en el régimen de jubilación de los funcionarios públicos, régimen que es preciso exponer aquí tal como está legalmente configurado al cierre de esta edición.

A) *Jubilación forzosa por edad*

Es el supuesto más característico. En la actualidad, la ley dispone con carácter general que la jubilación se declarará de oficio por la Administración al cumplir el funcionario los *sesenta y cinco años* (art. 67.3 TREBEP). Pero añade a continuación que, en los términos que establezcan las leyes de función pública de desarrollo, los funcionarios pueden solicitar la *prolongación de su permanencia en el servicio activo* el tiempo que deseen hasta, como máximo, la edad de setenta años y así está hoy establecido para la Administración General del Estado, entre otras (art. 107 de la Ley 13/1996 y Resolución de la Secretaría de Estado para la Administración Pública de 31 de diciembre de 1996).

Sin embargo, esta regla tiene varias excepciones, como admite el artículo 67.3 TREBEP, pues una legislación especial y actualmente vigente estableció la jubilación a los setenta años para algunos colectivos: jueces y magistrados (art. 2.2 de la Ley Orgánica 7/1992, de 20 de noviembre; incluso prorrogable hasta los setenta y dos años a solicitud del interesado, conforme al art. 386.1 LOPJ, modificado por Ley Orgánica 7/2015, de 21 de julio) y funcionarios de los cuerpos docentes universitarios (Ley 27/1994, de 29 de septiembre). Estos últimos pueden optar por la jubilación forzosa cuando cumplan los setenta años o a la finalización del curso académico en que hubieran cumplido los setenta años, desigualdad que no es contraria a derecho (STS de 30 de junio de 2012). Más aun, los jueces y magistrados pueden permanecer en servicio como *eméritos* hasta la edad de setenta y cinco años (disp. trans. 3.ª de la Ley Orgánica 7/2015), posibilidad que también beneficia a los profesores universitarios e investigadores en que concurran méritos excepcionales, por resolución de las respectivas universidades o del CSIC. En el ámbito militar, también pasa al retiro el personal que deba pasar a la situación de reserva y no cuente con veinte años de servicios efectivos (art. 133.6 de la Ley 39/2007).

En virtud del artículo 11 del Real Decreto-ley 20/2012, de 13 de julio, el artículo 67.4 TREBEP dispone ahora que la edad de jubilación de los funcionarios incluidos en el régimen general de la Seguridad Social —cuyo número es creciente— será, en todo caso, la que prevean las normas reguladoras de dicho régimen para el acceso a pensión de jubilación en su modalidad contributiva sin coeficiente reductor por razón de la edad. Eso significa que la edad de jubilación de estos funcionarios es la de *sesenta y siete años*, o bien sesenta y cinco cuando se acrediten *treinta y ocho años y seis meses de servicios* (art. 205 del Texto Refundido de la Ley General de la Seguridad Social), si bien la aplicación de esa elevación de la edad de jubilación está sujeta a una fase de aplicación gradual hasta 2027, conforme a la disposición transitoria 7.ª del mismo Texto Refundido. Además, conforme al artículo 206.1 del Texto Refundido de la Ley General de la Seguridad Social, el Gobierno puede decretar un anticipo de la edad de jubilación de algunos colectivos. Y así, por RD 1449/2018, de 14 de diciembre, se establece una reducción de la edad de jubilación para los miembros de la Policía Local, que puede llegar hasta seis años con respecto a la edad ordinaria para el acceso a la pensión de jubilación.

Por lo que se refiere a la posibilidad de prorrogar la edad de jubilación, cuestión bastante conflictiva, conviene diferenciar dos supuestos, como hace la STS de 19 de septiembre de 2011. Por un lado, según el artículo 28.2.*a*) del Texto Refundido de la Ley de Clases Pasivas del Estado (RD Legislativo 670/1987, de 30 de abril), el funcionario sujeto a ese régimen que al cumplir la edad de jubilación forzosa tenga al menos doce años de servicios, pero no haya completado los quince años de servicios que se requieren como mínimo para causar derecho a pensión, puede solicitar prórroga por el tiempo que le falte para completar ese período, que se concederá siempre que el funcionario pueda considerarse apto para el servicio activo, incluso si hubiere solicitado y obtenido la prórroga voluntaria hasta los setenta años y superado esta edad. En el caso del personal estatutario de los Servicios de Salud, la prórroga en el servicio activo procede, a instancia del interesado, cuando le queden seis años o menos de cotización para causar pensión de jubilación y hasta el día en que se complete ese plazo, siempre que reúna la capacidad necesaria para ejercer la profesión o desarrollar las actividades correspondientes a su nombramiento (art. 26.3 del Estatuto Marco del Personal Estatutario de los Servicios de Salud). En estos casos, la prolongación de la edad de jubilación es un derecho del funcionario, siempre que se cumplan las condiciones legales.

Por el contrario, la posibilidad de prorrogar la edad de jubilación hasta los setenta años a solicitud del funcionario, que prevé el artículo 67.3 TREBEP, es más que un derecho una facultad condicionada al ejercicio de las potestades organizativas de la Administración, en función de las necesidades del servicio (STS de 24 de septiembre de 2012, entre otras). Eso sí, en ejercicio de esa potestad discrecional de organización, la administración competente debe resolver de forma motivada tanto la aceptación o denegación de la prolongación (SSTS de 10 de marzo de 2010, 7 de abril de 2011 y 29 de marzo de 2012, 16 de abril y 3 de diciembre de 2012, 6 de febrero de 2017, entre otras muchas), sin que baste una invocación genérica de tal potestad organizativa. Pero es posible fundar la decisión en el bajo rendimiento del solicitante, debidamente acreditado, o en su capacidad psicofísica, o en el grado de absentismo del interesado, aparte de otras causas objetivas (SSTS de 6 de febrero de 2017, 22 de diciembre de 2020, 24 de febrero de 2022, etc.). En el caso concreto del personal estatutario de los Servicios de Salud, la administración sanitaria solo puede condicionar la concesión de la prórroga solicitada a las necesidades organizativas del servicio reflejadas en sus planes de ordenación de los recursos humanos y siempre que existan tales planes, como exige el artículo 26.2 del Estatuto Marco (SSTS de 10 de marzo de 2010, 7 y 20 de abril de 2011, entre otras muchas). Por otra parte, la situación de crisis ha llevado a algunas Comunidades Autónomas a aprobar normas legales que permiten la revocación de las prolongaciones de la edad de jubilación ya concedidas. La constitucionalidad de estas normas autonómicas ha sido declarada en algún caso por ATC 85/2013 y, tras algunas vacilaciones iniciales (véase, por ejemplo, la STS de 5 de diciembre de 2013), también por el Tribunal Supremo (SSTS de 28 de septiembre y 2 de diciembre de 2016, entre otras muchas).

En el régimen general de la Seguridad Social, la prolongación voluntaria de la edad de jubilación conlleva beneficios en la cuantía de la pensión (art. 163 del Texto Refundido de la Ley General de la Seguridad Social).

B) *Jubilación forzosa por incapacidad permanente*

Conforme a los artículos 67.1.*c*) TREBEP y 28.2.*c*) del Texto Refundido de la Ley de Clases Pasivas, también procede declarar la jubilación del funcionario que padezca incapacitación permanente para el ejercicio de las funciones propias de su cuerpo o escala o a consecuencia del reconocimiento de una pensión de incapacidad permanente absoluta (para todo trabajo) o total (para su profesión habitual). Se entiende por incapacidad permanente que el interesado esté afectado por una lesión o proceso patológico, somático o psíquico que esté estabilizado y sea irreversible o de remota e incierta reversibilidad y que le imposibiliten totalmente para el desempeño de toda actividad laboral o de las funciones propias de su cuerpo, escala, plaza o carrera.

La jubilación se declara entonces mediante instrucción de expediente iniciado de oficio o a instancia del propio interesado.

Según el artículo 68.1 TREBEP, el jubilado por incapacidad permanente puede solicitar la rehabilitación, que debe serle concedida si ha superado la causa de incapacidad.

C) *Jubilación voluntaria*

Con anterioridad a la fecha de la jubilación forzosa, el funcionario puede obtener la jubilación anticipada a petición propia y siempre que reúna los requisitos y condiciones establecidos en el régimen de Seguridad Social que le sea aplicable. La regla general al respecto, contenida hoy en el artículo 28.2.*b*) de la Ley de Clases Pasivas (modificado en tal sentido por la Ley 4/1990), es que la jubilación voluntaria procede siempre que el solicitante tenga cumplidos *sesenta años* de edad y *treinta de servicios efectivos*. Para los funcionarios acogidos al régimen general de la Seguridad Social, la jubilación anticipada procede cuando tengan una edad inferior en dos años a la edad de jubilación forzosa —que ahora es creciente, como se ha dicho— y tengan un período de cotización de *treinta y cinco años* al menos, además de otros requisitos (art. 208 del Texto Refundido de la Ley General de Seguridad Social). Pero existen reglas especiales establecidas por ley para los funcionarios docentes, universitarios y no universitarios, para los jueces y magistrados y los militares profesionales, así como para algunos cuerpos de policía y protección civil. Por otra parte, las gratificaciones o primas por jubilación anticipada, que se pactan por algunas entidades locales, deben considerarse como un concepto retributivo y no son válidas a falta de una norma legal que les dé cobertura (SSTS de 16 de marzo de 2022 y otras).

PARA PROFUNDIZAR

E. CALZADA GIL, «La situación administrativa de servicio en las Comunidades Autónomas de los funcionarios públicos de carrera», *Documentación Administrativa*, 203, 1995; J. CANTERO MARTÍNEZ, «Las situaciones administrativas en el Estatuto Básico del Empleado Público: claves para armar el nuevo modelo», *Revista de Administración Pública,* 176, 2008; A. GARCÉS SANAGUSTÍN, «El reingreso de los funcionarios al servicio activo», *Revista Española de Derecho Administrativo*, 56, 1987; J. LÓPEZ GANDÍA, *La jubilación de los empleados públicos,* Albacete, 2007.

CAPÍTULO VIII

DERECHOS DE LOS FUNCIONARIOS PÚBLICOS (I). DERECHOS INDIVIDUALES

SUMARIO: I. INTRODUCCIÓN. II. DERECHOS FUNCIONALES. 1. *El derecho a la inamovilidad en la condición de funcionario de carrera.* 2. *El derecho al desempeño de las funciones propias de su condición profesional.* 3. *Otros derechos funcionales.* III. DERECHOS LABORALES. 1. *El derecho a la intimidad, orientación e identidad sexual, propia imagen y dignidad en el trabajo.* 2. *Vacaciones, descansos, permisos y licencias.* A) Vacaciones. B) Permisos en general. C) Permisos por motivos de conciliación de la vida personal, familiar y laboral, por razón de la violencia de género y para las víctimas del terrorismo y sus familiares directos. D) Otros permisos y licencias. 3. *Otros derechos laborales.* IV. DERECHOS ECONÓMICOS. EL SISTEMA RETRIBUTIVO DE LOS FUNCIONARIOS PÚBLICOS. 1. *Líneas maestras del sistema y función de las Leyes de Presupuestos Generales del Estado.* 2. *Retribuciones básicas.* A) El sueldo. B) Los trienios. C) Las pagas extraordinarias. 3. *Retribuciones complementarias.* A) El complemento vinculado a la carrera. B) El complemento vinculado a las características del puesto de trabajo. C) El complemento vinculado al desempeño. D) Complementos por servicios extraordinarios. 4. *Indemnizaciones por razón del servicio.* A) Comisiones de servicios. B) Desplazamiento dentro del término municipal por razón del servicio. C) Traslados de residencia. D) Asistencias. 5. *Retribuciones diferidas.* 6. *Retribuciones de los funcionarios interinos.* 7. *Retribuciones de los funcionarios en prácticas y otros.* 8. *Deducción de retribuciones.* V. LA SEGURIDAD SOCIAL DE LOS FUNCIONARIOS. 1. *Régimen de clases pasivas del Estado.* 2. *Mutualismo administrativo.* VI. DERECHOS FUNDAMENTALES. 1. *Libertad de expresión.* 2. *Libertad de reunión y asociación políticas.* 3. *Derecho de sufragio pasivo.* 4. *Derecho a la libre asociación profesional.* 5. *Derecho de petición colectiva.*

I. INTRODUCCIÓN

Hasta ahora hemos estudiado el régimen de la función pública desde una perspectiva dinámica, es decir, como un itinerario profesional que tiene un principio y un fin, en el que se desarrolla una carrera mediante ascensos —a veces también descensos—, promociones y cambios de puestos de trabajo y que puede atravesar distintas vicisitudes e interrupciones. En adelante vamos examinar los derechos, deberes y responsabilidades que el funcionario tiene como tal mientras conserva esta condición e incluso después de su jubilación.

Empezando por los derechos, hay que decir que su regulación forma parte necesaria del estatuto de los funcionarios públicos previsto por el artículo 103.3 CE (STC 99/1987). En consecuencia, corresponde a la ley definir, con carácter objetivo, esos derechos. Y por ello, en la medida en que la regulación general de los mismos tiene carácter básico, el TREBEP la establece en su Título III. No obstante, hay que advertir de inmediato que el TREBEP no agota la regulación de estos derechos, como tampoco lo hacen ni pueden hacerlo las leyes de función pública que lo desarrollen. En realidad, los derechos concretos de cada funcionario, en virtud de la administración en que se integre, del cuerpo, escala o agrupación a la que pertenezca, del puesto de trabajo que ocupe y de su situación particular, son en parte distintos a los de los demás. Las leyes, por tanto, sólo pueden establecer una regulación general, que se desarrolla por múltiples normas reglamentarias o por pactos y acuerdos alcanzados en la negociación colectiva y que encuentra concreción en actos singulares, a veces de destinatario plural, de reconocimiento de derechos. No sólo eso, sino que la relación de derechos establecida por las leyes generales de la función pública —para la Administración del Estado, de las Comunidades Autónomas o para la administración local— encuentra modulaciones, adiciones o excepciones en las leyes especiales de los distintos colectivos de funcionarios.

Por otra parte, el régimen de los derechos de los funcionarios públicos no es un régimen estático, sino variable por esencia. Sobre todo, en lo que se refiere a los derechos de contenido económico, cuya cuantía se modifica casi todos los años en virtud de las previsiones presupuestarias. También el régimen de otros derechos, como los asistenciales y los relativos al tiempo de trabajo, está sujeto a frecuentes variaciones. En cualquier caso, dentro de los límites de la Constitución, el funcionario no tiene un derecho adquirido frente al legislador a que se mantenga una determinada regulación de sus derechos —dejando ahora aparte los derechos adquiridos en materia de Seguridad Social y previsión, derivados de su naturaleza mutualista—, pues, si así fuera, el ordenamiento de la función pública podría quedar petrificado, cuando la experiencia demuestra que ha de someterse a un proceso más o menos continuo de ajustes y reformas por razones de interés general. También en el marco de la ley, la Administración ostenta un *ius variandi* sobre el contenido y alcance de los derechos de sus funcionarios.

Además, hay que tener en cuenta la consolidación en el ámbito de la función pública *stricto sensu* de un sistema de negociación colectiva, que tiene por finalidad principal permitir la determinación bilateral de las condiciones de trabajo, es decir, de los derechos y deberes del funcionario, entre los representantes de la Administración y del personal. Como veremos, esta posibilidad tiene en nuestro derecho —como en la mayoría de los ordenamientos europeos— un alcance más limitado y diferente al de la negociación colectiva en la empresa privada e inclusive de los empleados públicos con contrato laboral. Pero supone de por sí, al menos conceptualmente, un elemento de revisión del sistema estatutario tradicional, que tiene importantes consecuencias en el funcionamiento real del sistema de empleo público.

Dicho lo cual, está claro que aquí sólo podemos exponer el régimen general y básico de derechos contenido en el TREBEP, con algunas precisiones complementarias. Esta ley diferencia entre los que denomina derechos individuales (art. 14), que estudiamos en este capítulo y los derechos que viene a denominar de ejercicio colectivo (art. 15), que analizamos en el capítulo siguiente. Sobre algunos de ellos, la regulación del TREBEP es muy escueta y su concreción queda remitida a la legislación de desarrollo, la negociación colectiva o las aportaciones de la jurisprudencia. En otros casos —en particular los derechos retributivos, los derechos de negociación colectiva y representación del personal y los permisos y vacaciones— la normativa básica es más detallada, de manera que impone una sustancial homogeneidad de régimen jurídico para todas las administraciones públicas, sin perjuicio de la posibilidad de complementarla o completarla en aspectos determinados.

Por otra parte, de conformidad con los planteamientos del EBEP, gran parte de los derechos que reconoce son comunes para todos los empleados públicos, ya sean funcionarios o personal laboral e inclusive, con escasas excepciones, para los funcionarios interinos y el personal eventual. Por excepción, ciertos derechos están reservados a los funcionarios de carrera —así, la inamovilidad en esta condición— o bien la regulación de los mismos que el TREBEP contiene se limita a los funcionarios —carrera profesional, retribuciones, negociación colectiva y representación, jornada, permisos y vacaciones, etc.—. En el caso del personal laboral, la legislación aplicable no es sólo la del TREBEP, sino también la del Estatuto de los Trabajadores y demás legislación laboral, en la medida en que no sea incompatible con aquél —que es *lex specialis*— y se desarrolla por los convenios colectivos. Ahora bien, no es imposible ni impensable que los convenios colectivos unifiquen o armonicen al máximo el régimen de derechos del personal laboral fijo con el de los funcionarios de carrera e incluso esta posibilidad se contempla en el propio TREBEP en algún caso (art. 51, sobre jornada de trabajo, permisos y vacaciones) y ha sido desarrollada por la legislación reciente. Además, el artículo 36.3 TREBEP permite la negociación de todas aquellas materias y condiciones de trabajo comunes al personal funcionario y laboral en una misma Mesa General de Negociación, en el ámbito de cada administración, algo que *de facto* ya venía teniendo lugar en muchas de ellas, negociación conjunta que contribuye también a igualar los derechos y condiciones de todo el personal.

Como se ha dicho, el artículo 14 TREBEP establece un listado básico de derechos individuales de los empleados públicos. El listado, bastante completo, tiene la virtud de sistematizar en un solo precepto este régimen general y común de derechos. Pero no es un listado exhaustivo, ya que, como señala la letra *q*) del propio artículo, corresponden a los empleados públicos los demás derechos reconocidos por el ordenamiento jurídico, obviamente no sólo en su condición de ciudadanos y de empleados por cuenta ajena, sino también en la específica de empleados públicos. De manera que existen otros derechos que pueden encontrarse en la legislación de desarrollo o en normas especiales.

Por otra parte, el listado del artículo 14 es muy heterogéneo. Algunos de los derechos que incluye se regulan en preceptos posteriores del TREBEP y otros no. Además, atañen a diferentes aspectos o facetas de la relación de servicio. De ahí que podamos clasificarlos, de manera convencional, para facilitar su estudio y comprensión, en cuatro grupos: derechos funcionales, derechos laborales, derechos económicos y derechos fundamentales.

II. DERECHOS FUNCIONALES

Entendemos por derechos funcionales los que corresponden específicamente a los empleados públicos y, particularmente, a los funcionarios en tanto que ejercen funciones o prestan servicios de carácter público, es decir, los que están inherentemente ligados a su estatuto particular como servidores públicos y a la carrera administrativa. Son éstos los derechos que más diferencian el régimen del empleo público y sobre todo el de la función pública de carrera, del régimen laboral común, sin perjuicio de la influencia recíproca de ambos regímenes. Son también aquellos derechos en los que más se manifiesta la esencia de una concepción tradicional de la burocracia, aunque hoy en día haya sido parcialmente alterada. Se trata por ello de derechos que nuestra legislación recoge y ampara desde hace tiempo para los funcionarios públicos, pero cuyo contenido no ha dejado de sufrir las consecuencias del paso del tiempo. En la medida en que expresan, por así decir, elementos institucionales del sistema de empleo público, su régimen legal objetivo es más definitivo y deja un menor espacio a la negociación colectiva.

1. El derecho a la inamovilidad en la condición de funcionario de carrera

Es el primero de los derechos que recoge el artículo 14 y se limita a los funcionarios de carrera (aunque la estabilidad del empleado público con contrato fijo también es *de facto* muy alta, ya que son raros los despidos de este personal). Se trata de un derecho conquistado por el conjunto de la función pública de nuestro país desde el Estatuto de Maura de 1918, como estudiamos en el capítulo II y que, desde entonces, viene formando parte de la esencia de nuestro régimen funcionarial. Sin embargo, la inamovilidad ha sido cuestionada como un privilegio de quienes acceden a la condición de funcionario, sobre todo en épocas como la nuestra en que el trabajo por tiempo indefinido y más aún el *job for life* constituyen una aspiración raramente satisfecha en el ámbito laboral. También se objeta que la garantía prácticamente absoluta de inamovilidad desincentiva al funcionario y favorece la rutina y la falta de entrega. De ahí que el régimen tradicional de la función pública, basado en este derecho, haya casi desaparecido o se haya restringido a muy pocos colectivos en algunos países y que en otros como el nuestro exista cierta proporción de personal laboral en las administraciones y entidades públicas, a la búsqueda de una mayor flexibilidad de las relaciones de empleo público.

Sin embargo, bien entendido, el principio y derecho de inamovilidad no supone un privilegio odioso, sino que tiene una justificación histórica y funcional, pues está ligado a la garantía de la *imparcialidad* en el ejercicio de las funciones públicas, a que se refiere el propio artículo 103.3 CE, imparcialidad que debe protegerse frente a cualesquiera intereses particulares y frente al mismo poder político. Pues para ello es necesario asegurar la permanencia del funcionario en el ejercicio de sus funciones, evitando que pueda ser cesado o destituido por causas que no tengan una justificación objetiva, sino que se basen en el puro arbitrio o conveniencia de sus superiores. Inclusive la inamovilidad guarda relación con el principio, también constitucional, de mérito y capacidad en el acceso a la función pública, pues de poco valdría seleccionar a los funcionarios aplicando tales principios si después pueden perder su condición por los avatares de la política.

Ahora bien, la garantía casi total de inamovilidad ha generado también, en la esfera de ciertos valores o de una mentalidad burocrática clásica, un cierto sentimiento patrimonialista de la función pública. Aún suele oírse, aunque cada vez menos, que tal o cual funcionario ha ganado una plaza *en propiedad*, para significar la garantía esencial de estabilidad en el empleo y de resistencia frente a los cambios de destino que adquiere quien ha accedido a la condición de funcionario de carrera. Nada más alejado de la Constitución que este orden de valores, tan arraigado sin embargo en una parte de los empleados públicos e implícitamente defendido incluso por las organizaciones representativas de sus intereses.

Por esta razón, el reconocimiento del derecho a la inamovilidad de los funcionarios de carrera por el TREBEP presenta algunos matices dignos de reseñar. Por un lado, es obvio que no se trata de un derecho absoluto, puesto que el funcionario puede ser separado del servicio en virtud sanción disciplinaria por la comisión de faltas muy graves, como siempre ha sucedido, e incluso podría quedar afectado por procesos de reestructuración interna o reducción de excesos de personal, que legitiman la regulación de situaciones administrativas diferentes al servicio activo o los incentivos a la cesación en el servicio [art. 85.2.*a*) TREBEP]. Por otro lado, y sobre todo, no se confunde la inamovilidad en la condición de funcionario, que es lo que el artículo 14.*a*) TREBEP garantiza, con la inamovilidad o continuidad en el puesto de trabajo, que tiene hoy un alcance mucho más limitado, pues se vincula tanto al resultado de la evaluación del desempeño (art. 20.4 TREBEP), como a las necesidades objetivas o funcionales de prestación de los servicios (art. 81.2).

2. El derecho al desempeño de las funciones propias de su condición profesional

En efecto, conforme al TREBEP, el funcionario —y los demás empleados públicos— no tienen derecho en todo caso a permanecer en un puesto de trabajo determinado, lo que en el pasado se denominaba —junto a la inamovilidad en su condición— el *derecho al cargo* (art. 63.2 LFCE), ya que su permanencia está condicionada por causas subjetivas y objetivas. El derecho al cargo, en su modalidad de derecho a un puesto de trabajo, ha sido sustituido por el derecho al desempeño efectivo de las funciones o tareas propias de su condición profesional y de acuerdo con la progresión alcanzada en la carrera, que sanciona el artículo 14.*b*) TREBEP.

Quiere decirse con ello que la Administración debe asignar a cada funcionario funciones y tareas que sean siempre adecuadas a su nivel y, en su caso, especialidad profesional, así como a la posición que haya alcanzado en su carrera. Habitualmente ese deber se traduce en el nombramiento para un determinado puesto de trabajo, conforme a los sistemas de provisión que corresponda (véase el capítulo VI). No sólo eso, sino que la legislación de función pública —pero no el propio TREBEP— sigue reconociendo el derecho de los funcionarios que han accedido a un puesto de trabajo por concurso a no ser removidos sino por causas legalmente tasadas. Pero las causas legales de remoción y de movilidad forzosa se han venido incrementando poco a poco y la necesidad de asegurar la prestación de los servicios públicos con continuidad y calidad avala la introducción de nuevas medidas de flexibilidad. El TREBEP incluso (art. 73.2) permite que se asigne al personal funciones, tareas o responsabilidades distintas a las correspondientes al puesto de trabajo que desempeñen, siempre que resulten adecuadas a su clasificación, grado o categoría, cuando las necesidades del servicio lo justifiquen y sin merma de las retribuciones. Más que a un puesto de trabajo concreto, el empleado público tiene derecho a que, con respeto a los procedimientos y modalidades que las normas vigentes establezcan, se le atribuyan ese tipo de funciones y tareas inherentes a su profesión y al nivel de su carrera, aparte, claro está, de los que derivan de la inamovilidad geográfica y, en su caso funcional. Pero la discrecionalidad organizativa y de gestión de la Administración —que no ampara la arbitrariedad ni la movilidad sin causa justificada, ni la discriminación en la asignación de funciones y tareas (véase la STS de 16 de mayo de 2003)— condiciona la concreción de este derecho.

En fin, como es natural, el empleado público tiene la facultad de ejercer todas las funciones y prerrogativas del cargo o puesto de trabajo que en cada momento desempeña, en los términos que establezcan las leyes aplicables y con observancia de las instrucciones y órdenes de sus superiores jerárquicos. Éste es un derecho general, que subsiste mientras el empleado está adscrito a un puesto, con carácter definitivo o provisional, y que tiene como contrapartida la obligación de desempeñar las funciones propias del cargo y la responsabilidad por su desempeño.

3. Otros derechos funcionales

Entre éstos hay que incluir el derecho a la progresión en la carrera profesional y promoción interna que el artículo 14.*c*) TREBEP reconoce sobre la base de los principios de igualdad, mérito y capacidad y mediante la implantación de sistemas objetivos y transparentes de evaluación. Derecho que, como hemos visto ya (capítulo VI, al que aquí nos remitimos), se traduce en un conjunto de oportunidades de ascenso y cambio voluntario de destino, conforme a las modalidades previstas por la ley. Es significativo, en cualquier caso, que el TREBEP vincule el derecho a la carrera con la evaluación del desempeño.

Incluimos también el derecho del funcionario a participar en la consecución de los objetivos atribuidos a la unidad donde preste sus servicios y a ser informado por sus superiores de las tareas a desarrollar [art. 14.*e*) TREBEP], derecho que al mismo tiempo es una necesidad funcional de la organización.

Igualmente puede comprenderse en este apartado el derecho a la defensa jurídica y protección de la Administración Pública en los procedimientos que se sigan ante cualquier orden jurisdiccional como consecuencia del ejercicio legítimo de sus funciones o cargos públicos [art. 14.*f*) TREBEP]. Este derecho comporta la defensa jurídica de los empleados públicos por los servicios especializados de su Administración (véanse, por ejemplo, los arts. 46 a 49 del RD 997/2003, de 25 de julio, que aprueba el Reglamento del Servicio Jurídico del Estado), o a costa de ésta, pero siempre que el afectado se enfrente a un procedimiento judicial que tenga por objeto actuaciones realizadas con ejercicio de sus funciones públicas y cuando ese ejercicio haya sido *legítimo*, es decir, en el marco de sus atribuciones y de las órdenes e instrucciones recibidas, en su caso, y sin incurrir en infracción, al menos manifiesta, del ordenamiento. Por lo demás, el Estado brinda también protección penal al funcionario o empleado público frente a los atentados contra su autoridad (arts. 550 a 556 CP), cuestión por cierto que genera seria preocupación en los ámbitos del empleo público sanitario y docente, hasta el punto de haber dado lugar a una legislación autonómica destinada a tutelar la posición de esos funcionarios como autoridad pública. Y en algunos casos la Administración concierta seguros de responsabilidad civil o garantías financieras semejantes para cubrir las indemnizaciones o fianzas que se exijan por terceros frente a los funcionarios con motivo de actuaciones realizadas en el ejercicio de sus funciones (así, por ejemplo, de los miembros de la Policía Nacional y de la Guardia Civil, conforme al art. 13.2 y disp. final 7.ª de la Ley Orgánica 9/2015, de 28 de julio).

Por último, hay que aludir aquí a los llamados derechos honoríficos del funcionario que se distinga en el cumplimiento de sus deberes: menciones honoríficas, premios en metálico, condecoraciones y honores. Derechos que el TREBEP no incluye en el artículo 14, pero que son importantes en algunos colectivos (véase, por ejemplo, el Reglamento de recompensas militares, aprobado por RD 1040/2003, de 1 de agosto). Si bien normalmente su otorgamiento se hace con carácter graciable, por lo que realmente no pueden considerarse un derecho subjetivo en sentido estricto, sí se deja aparte el derecho a usar las condecoraciones y la posibilidad de que honores y recompensas constituyan mérito a valorar en los concursos o ascensos de carrera.

III. DERECHOS LABORALES

El empleado público es un profesional, un trabajador por cuenta ajena, aunque sometido a un régimen especial. Como tal la ley le reconoce derechos similares a los que tiene cualquier trabajador en su empresa. Sucede, sin embargo, debido a la formación separada del régimen de la función pública y del derecho del trabajo, que los derechos de esta naturaleza tienen una regulación parcialmente distinta en la legislación de funcionarios y en el Estatuto de los Trabajadores. Por otra parte, en el ámbito laboral estos derechos tienen concreción y desarrollo en los convenios colectivos, mientras que en el caso de los funcionarios se desarrollan habitualmente por reglamentos de muy diverso rango y competencia, aunque muchas veces negociados con los sindicatos. La introducción de la negociación colectiva en la función pública, de hecho, ha propiciado también que ciertos derechos laborales de aquéllos se concreten directamente en pactos y acuerdos, así como una aproximación de derechos laborales entre unos y otros colectivos, el de los funcionarios y el de los empleados públicos con contrato laboral, de manera que a estos efectos las diferencias son mínimas.

1. El derecho a la intimidad, orientación e identidad sexual, propia imagen y dignidad en el trabajo

Entre los derechos que el TREBEP reconoce al empleado público como trabajador destaca éste, que contempla en el artículo 14.*h*), derecho que se reconoce *especialmente* frente al acoso sexual y por razón de sexo, orientación, identidad y características sexuales, así como al acoso moral y laboral. El derecho a la consideración debida a la dignidad del funcionario estaba ya regulado desde antiguo en la LFCE (art. 63), que incorporó tras la Constitución (por la Ley 3/1989, de 3 de marzo) el derecho a la intimidad y a la protección frente a ofensas de naturaleza sexual y, en virtud de la Ley 62/2003, de 30 de diciembre, frente al acoso. La fórmula del TREBEP, modificado por la Ley 4/2023, de 28 de febrero, es más completa, en la medida en que incluye el derecho al respeto de la orientación e identidad sexual, expresión de género y características sexuales y a la propia imagen y precisa las modalidades de acoso vedadas.

El contenido del derecho a la intimidad se regula con carácter general en la Ley Orgánica 1/1982, de 5 de mayo, y tiene algunas manifestaciones específicas en el ámbito laboral. Entre otras cosas, el artículo 13.5 LMRFP, aún en vigor, prohíbe que en la documentación individual del personal de las administraciones públicas figuren datos sobre su raza, religión u opinión. Además, la intimidad se tutela mediante la limitación del uso de la informática, en los términos de Reglamento (UE) 2016/679, de 27 de abril de 2016, relativo a la protección de las personas físicas en lo que respecta al tratamiento de datos personales, y la Ley Orgánica 3/2018, de 5 de diciembre, de protección de datos personales y garantía de los derechos digitales. Sin perjuicio de lo cual, no se trata de un derecho ilimitado, pues puede entrar en conflicto con otros bienes jurídicos protegibles, como la seguridad de los edificios públicos mediante la instalación de videocámaras, la prevención de riesgos para la salud en el trabajo, el control del cumplimiento de los deberes mediante métodos de control (véase la STC 218/2002), o la investigación de los delitos y faltas disciplinarias del empleado público. Sobre el particular existe una jurisprudencia casuística, que nos es imposible glosar aquí, pero que subraya sobre todo la necesidad de aplicar con proporcionalidad las facultades de dirección y control del empleador que puedan afectar a la intimidad de los empleados. Algo semejante puede decirse de la protección de la propia imagen y el derecho al respeto de la orientación e identidad sexual (este último no limitado en el ámbito laboral), vinculados a la intimidad o esfera privada de la persona, mientras que la dignidad en el trabajo tiene un contenido mucho más indefinido, que excluye todo tipo de vejaciones o abusos por parte de los superiores, compañeros o subordinados.

La citada Ley Orgánica 3/2018 ha añadido precisamente un nuevo apartado *j) bis* al listado de derechos del artículo 14 del TREBEP para proteger específicamente el derecho «a la intimidad en el uso de los dispositivos digitales puestos a su disposición [del empleado público] y frente al uso de dispositivos de videovigilancia y geolocalización, así como a la desconexión digital en los términos establecidos en la legislación vigente en materia de protección de datos personales y garantía de los derechos digitales». Ello remite a los artículos 87 a 90 de la propia Ley 3/2018, donde se regulan esos derechos digitales en el ámbito laboral, incluido el del empleo público. En concreto y resumidamente, el empleado público tiene derecho a la intimidad en el uso de los dispositivos digitales (ordenadores, móviles, etc.) que su «empleador», esto es, la Administración, ha puesto a su disposición, aunque ésta podría acceder a los contenidos derivados del uso de esos dispositivos solo para controlar el cumplimiento de las obligaciones laborales o estatutarias y para garantizar la integridad de dichos dispositivos (art. 87; véase la STS de 7 de octubre de 2024). Asimismo, el empleado público tiene derecho a la «desconexión digital» fuera del tiempo de trabajo —en relación con la administración en la que sirve— para garantizar el descanso, su intimidad y la conciliación con la vida personal y familiar (art. 88). Por otra parte, la Administración puede establecer sistemas de videovigilancia y de grabación de sonidos en el lugar de trabajo (véase la STS de 26 de abril de 2021), pero conforme a los principios de proporcionalidad e intervención mínima y nunca en lugares tales como vestuarios, aseos, comedores u otros destinados al descanso o al esparcimiento; y debe informar previamente de manera clara a los empleados o sus representantes de esas medidas (art. 89). En fin y en el caso de que se establezcan sistemas de geolocalización para el control de los empleados públicos, se les debe también informar previamente sobre la existencia y características de esos dispositivos y sobre sus derechos de acceso, rectificación, limitación de tratamiento y supresión.

Las conductas lesivas de los derechos a la intimidad y dignidad del empleado público más graves son las que el TREBEP, de conformidad con la legislación concordante, define como acoso, ya sea sexual, por razón de sexo, orientación o identidad sexual, y acoso moral o laboral. Dichas conductas están, a su vez, tipificadas como faltas disciplinarias muy graves por el TREBEP [art. 95.2.*b*) y *o*)], por lo que nos remitimos al capítulo XI, donde estudiamos su definición jurídica. Pero además de las medidas sancionadoras, que podrían alcanzar trascendencia penal en ciertos casos, la Ley Orgánica 3/2007, de 22 de marzo, para la igualdad efectiva de mujeres y hombres, dispone (art. 62) que las administraciones públicas deben negociar con los representantes del personal un protocolo de actuación frente al acoso sexual y por razón de sexo, que incluya el compromiso de prevenir y no tolerar el acoso, medidas de instrucción para todo el personal, el tratamiento reservado a las denuncias de hechos que pudieran ser constitutivos de acoso y la identificación de las personas responsables de atender a quienes formulen las quejas o denuncias. Todas estas formas de acoso vulneran el derecho fundamental a la integridad moral protegido por el artículo 15 de la Constitución, incluido el acoso laboral o *mobbing*, ya se practique contra un empleado por sus superiores (acoso institucional o descendente) o por sus compañeros y cualquiera que sea la forma de hostigamiento o marginación que se aplique (véanse las SSTC 56/2019, de 6 de mayo, y 28/2025, de 10 de febrero, y la Resolución de la Secretaría de Estado de Función Pública de 5 de mayo de 2011, que aprueba el protocolo de actuación frente al acoso laboral, más el RD 247/2024, de 8 de marzo, por el que se aprueba el protocolo de actuación frente al acoso sexual y el acoso por razón de sexo en la Administración del Estado).

2. Vacaciones, descansos, permisos y licencias

El TREBEP recoge este derecho en el artículo 14.*m*) y después lo desarrolla a través de un conjunto de normas básicas aplicables a los funcionarios públicos, en el Capítulo V del Título III (arts. 47 a 51). De entre ellas destacan por su minuciosidad las que regulan los permisos, muchas de ellas dirigidas a facilitar la conciliación de la vida personal, familiar y laboral, que a su vez se recoge como un derecho más en el listado del artículo 14 [letra *j*)] y que tiene otras manifestaciones además de ésas (situaciones administrativas, «derecho de consorte» en los concursos de provisión de puestos, modalidades de jornada, etc.). El citado Capítulo V es aplicable también al personal laboral de las administraciones públicas, aparte de lo que se establezca en la legislación laboral correspondiente (art. 51 TREBEP), y en todo caso por lo que se refiere a los permisos por nacimiento, adopción y lactancia (art. 7 TREBEP).

Inicialmente, la regulación de permisos y vacaciones del EBEP constituía un mínimo común denominador aplicable a los funcionarios, que podía ser mejorado en algunos aspectos —y de hecho lo fue— por la legislación de desarrollo, estatal y autonómica, y por la negociación colectiva. De todo ello resultaba un régimen muy favorable para los empleados públicos, en comparación con los derechos de que gozan los trabajadores por cuenta ajena del sector privado, quienes, no sin motivos, podían contemplarlo como un privilegio. Tras la crisis económica de 2008, el legislador pareció más preocupado por el tiempo efectivo de trabajo de los empleados públicos y recortó sustancialmente algunos de esos derechos mediante normas de aplicación directa —sobre todo, reguladas en el Real Decreto-ley 20/2012, de 13 de julio—, que inclusive dejaban sin efecto los acuerdos en contrario con los sindicatos. Pero la amplitud de los derechos anteriores a dicha legislación de 2012 se ha venido recuperando poco a poco. En cualquier caso, ahora la regulación legal sólo puede ser mejorada por normas de desarrollo y acuerdos en algunos aspectos que veremos. Las SSTC 156/2015, 9/2016, 18/2016 y 119/2016 confirman su constitucionalidad, tanto por su carácter de norma básica como en aquellos supuestos en que no admite margen para la negociación colectiva.

A) *Vacaciones*

Todo funcionario o empleado público tiene derecho a disfrutar, como mínimo, durante cada año natural de servicio activo (el tiempo de servicios especiales se computa a estos efectos), de unas vacaciones retribuidas de veintidós días hábiles, o de los días que en proporción le corresponden si el tiempo servido fue menor (art. 50 TREBEP). A estos efectos no se consideran como días hábiles los sábados, sin perjuicio de las adaptaciones que se establezcan para los horarios especiales. El Real Decreto-ley 20/2012, de 13 de julio suprimió la posibilidad de que las administraciones competentes reconocieran días adicionales de vacaciones por antigüedad a sus funcionarios o empleados. Pero esa posibilidad se restableció por Ley 10/2015, de 11 de septiembre y ahora se recoge en la disposición adicional 14.ª TREBEP, que permite a cada administración establecer hasta cuatro días adicionales de vacaciones por esa causa. Y así se contempla, por ejemplo, en la Administración del Estado (Resolución de la Secretaría de Estado de Función Pública de 28 de febrero de 2019).

Los períodos de ausencia por motivos independientes a la voluntad del funcionario —enfermedad, accidente o maternidad y paternidad— y por licencias y permisos previstos en la ley se computan como tiempo efectivo de servicio a efectos del cálculo del período de vacaciones. Además, las modalidades de disfrute de las vacaciones se han venido flexibilizando con el tiempo y, así, en el ámbito de la Administración del Estado pueden disfrutarse a lo largo de todo el año y hasta el 31 de enero del año siguiente, en períodos mínimos de cinco días hábiles consecutivos (salvo excepción), siempre que sea compatible con las necesidades del servicio (Resolución de la Secretaría de Estado de Función Pública de 28 de febrero de 2019). Sin embargo, no es posible acumular en un solo año los períodos de vacaciones correspondientes a varios ni existe el derecho de compensar mediante retribución el tiempo de vacaciones que no se disfrute por decisión voluntaria del funcionario, tal como establece ahora el artículo 50.3 TREBEP (añadido por la Ley 11/2020, de 30 de diciembre). En cambio, sí existe tal derecho a una compensación económica si no se pueden disfrutar las vacaciones por otras causas, como la baja por enfermedad (STJUE de 3 de mayo de 2012, *Georg Neidel*), o por la extinción de la relación de servicio no imputable al funcionario (STJUE de 6 de noviembre de 2018, *Max Planck Gessellschaft,* en aplicación del art. 31.2 de la Carta de Derechos Fundamentales de la UE y de la Directiva 2003/88/CE, y STSJ de Madrid de 18 de julio de 1998, por ejemplo). También tienen derecho los herederos a percibir la indemnización que corresponda por el no disfrute de las vacaciones retribuidas del causante en caso de fallecimiento (STJUE de 6 de noviembre de 2018, *Wuppertal y Bauer).* El nuevo artículo 50.3 TREBEP reconoce el derecho a solicitar esa compensación, en tales casos de conclusión de la relación de servicios, hasta un máximo de dieciocho meses después.

En fin, cuando el período de vacaciones no pueda disfrutarse por incapacidad temporal, permiso de maternidad, riesgo durante la lactancia o riesgo durante el embarazo, la empleada o empleado público tiene derecho a disfrutar las vacaciones en fecha distinta, aunque haya terminado el año natural al que corresponden (art. 59 de la Ley Orgánica 3/2007, de 22 de marzo, para la igualdad efectiva de mujeres y hombres, en sintonía con la STC 324/2006, de 20 de noviembre, y art. 50.2 TREBEP), siempre que no hayan transcurrido más de dieciocho meses a partir del final del año en que se hayan originado. Reglas similares se aplican en otros supuestos de incapacidad temporal por las normas aplicables en cada administración.

B) *Permisos en general*

Son interrupciones breves de la actividad profesional por las causas previstas en la ley. El TREBEP los regula en los artículos 48 y 49, este último relativo a los permisos por motivos de conciliación de la vida personal, laboral y familiar (aunque alguno de los regulados en el art. 48 tiene la misma finalidad) y por razón de violencia de género. Según el artículo 48, los funcionarios tienen los siguientes permisos:

— Por accidente o enfermedad graves, hospitalización o intervención quirúrgica sin hospitalización que precise de reposo domiciliario del cónyuge, pareja de hecho o parientes hasta el primer grado por consanguinidad o afinidad, así como de cualquier otra persona distinta de las anteriores que conviva con el funcionario o funcionaria en el mismo domicilio y que requiera el cuidado efectivo de aquella, cinco días hábiles. El permiso se reduce a cuatro días hábiles, si el afectado es un familiar dentro del segundo grado de consanguinidad o afinidad. Cuando se trate del fallecimiento del cónyuge, pareja de hecho o familiar dentro del primer grado de consanguinidad o afinidad, tres días hábiles o cinco, según el fallecimiento se produzca en la misma o distinta localidad, que se reducen a dos o cuatro días hábiles si quien fallece es un familiar en segundo grado de consanguinidad o afinidad [art. 48.1.*a*) TREBEP].

— Por traslado de domicilio sin cambio de residencia, un día [art. 48.1.*b*)].

— Para realizar funciones sindicales o de representación de personal, en los términos que se determine [art. 48.1.*c*)]. A estos efectos, el artículo 41.1.*d*) TREBEP establece los créditos de horas mensuales retribuidas a que tienen derecho los representantes del personal, créditos que pueden ser acumulados en representantes de una misma candidatura, inclusive hasta su «liberación» total del trabajo efectivo.

— Para concurrir a exámenes finales y demás pruebas definitivas de aptitud, durante los días de su celebración [art. 48.1.*d*)]. La ley parece referirse a días completos. Se entienden comprendidos tanto los exámenes ordinarios como extraordinarios y hay que entender comprendido también el tiempo de desplazamiento, si las pruebas se celebran en lugar distinto del de trabajo. No es necesario que las pruebas sean en un centro oficial, sino que basta que se realicen para la obtención de un título académico o profesional reconocido (según la Resolución de la Secretaría de Estado de Función Pública de 28 de febrero de 2019, aplicable a los funcionarios estatales).

— Para la realización de exámenes prenatales y técnicas de preparación al parto de las funcionarias embarazadas [art. 48.1.*e*)], incluidas las funcionarias trans gestantes. No dice la ley por cuánto tiempo, pero hay que entender el que sea necesario, justificadamente. Asimismo, en caso de adopción, acogimiento o guarda con fines de adopción, el tiempo indispensable para asistir a las sesiones preceptivas de información y preparación y para la realización de los informes preceptivos psicológicos y sociales de idoneidad que deban realizarse dentro de la jornada de trabajo.

— Por lactancia de un hijo menor de doce meses, derecho a una hora de ausencia del trabajo, que se puede dividir en dos fracciones y que puede sustituirse por una reducción de la jornada normal en media hora al inicio y al final de la jornada o en una hora al inicio o al final de la jornada, con la misma finalidad. Este permiso es un derecho individual de los funcionarios o funcionarias y no puede transferirse su ejercicio al otro progenitor, adoptante, guardador o acogedor. También se puede solicitar sustituir el tiempo de lactancia por un permiso retribuido que acumule en jornadas completas el tiempo correspondiente, aunque solo se puede disfrutar esta modalidad a partir del final del permiso por nacimiento, adopción, guarda o acogimiento o del que corresponda al progenitor diferente de la madre biológica. El permiso por lactancia se incrementa proporcionalmente en los casos de parto múltiple [art. 48.1.*f*)].

— Por nacimiento de hijos prematuros o que por cualquier otra causa deban permanecer hospitalizados a continuación del parto, la funcionaria o funcionario tienen derecho a ausentarse del trabajo durante un máximo de dos horas diarias percibiendo las retribuciones íntegras y a reducir su jornada de trabajo hasta un máximo de dos horas, con disminución proporcional de retribuciones [art. 48.1.*g*)].

— Por razones de guarda legal de un menor de doce años que el funcionario tenga a su cuidado directo, o de persona mayor que requiera especial dedicación, o de una persona con discapacidad que no desempeñe actividad retribuida, tiene derecho a la reducción de su jornada de trabajo, con la disminución de retribuciones que corresponda (no sin tal disminución: SSTS de 29 de junio y 22 de noviembre de 2022 y 20 de diciembre de 2023). El mismo derecho asiste al funcionario que precise encargarse del cuidado directo de un familiar hasta el segundo grado de consanguinidad o afinidad, que por razones de accidente o enfermedad no pueda valerse por sí mismo y que no desempeñe actividad retribuida [art. 48.1.*h*)]. No se dice por el TREBEP por cuánto tiempo puede concederse este permiso. Pero este aspecto se concreta en las normas o instrucciones aprobadas para cada Administración Pública (para los funcionarios estatales, véase la Resolución de la Secretaría de Estado de Función Pública de 28 de febrero de 2019).

— Cuando sea preciso para atender el cuidado de un familiar de primer grado, el funcionario tiene derecho a una reducción de hasta el 50 por 100 de la jornada laboral, con carácter retribuido, por razones de enfermedad muy grave y por el plazo máximo de un mes. Si hubiera más de un titular de este derecho, la reducción de jornada se puede prorratear entre ellos, respetando en todo caso el plazo máximo de un mes [art. 48.1.*i*)].

— Por tiempo indispensable para el cumplimiento de un deber inexcusable de carácter público o personal y por deberes relacionados con la conciliación de la vida familiar y laboral [art. 48.1.*j*)]. La primera de estas causas, ya prevista por la legislación anterior al EBEP desde antiguo, incluye el ejercicio del derecho de sufragio (aunque las elecciones suelen ser en día festivo) y el cumplimiento de deberes como miembro de una mesa electoral o de un jurado, los permisos con ocasión de elecciones a los miembros de las candidaturas, la comparecencia necesaria en juicio o en oficinas públicas o deberes legales semejantes. La segunda, introducida por el EBEP, es una causa más indefinida. No obstante, es claro que se alude a deberes legales o jurídicos relacionados con la conciliación de la vida familiar y laboral y no a cualquier deber de tipo moral, pues si así fuera el derecho al permiso quedaría sujeto a una enorme discrecionalidad o a expensas del propio interesado. Las normas aplicables a cada administración suelen concretar más los supuestos (por ejemplo, necesidades especiales de familias monoparentales, permisos de asistencia a reuniones de centros educativos o de integración, ausencias del trabajo para someterse a técnicas de reproducción asistida, reducciones de jornada posteriores a tratamientos de radioterapia o quimioterapia, etc.).

— Por asuntos particulares, seis días al año [art. 48.1.*k*)]. Estos permisos (los populares «moscosos») no necesitan justificación y pueden distribuirse a conveniencia del funcionario, si bien no pueden acumularse a los períodos vacacionales, salvo excepción, al menos en la Administración del Estado (Resolución de la Secretaría General de Función Pública de 28 de febrero de 2019). Esta misma Resolución impone la autorización previa de los superiores para disfrutar del permiso y el respeto a las necesidades del servicio. Si, por estas razones, no se puede disfrutar totalmente del permiso durante el año, puede concederse hasta el 31 de enero del año siguiente, según la misma resolución. El EBEP reconocía inicialmente también el derecho a disfrutar de días adicionales en función de la antigüedad, posibilidad efectivamente contemplada por alguna legislación autonómica y generosamente reconocida por corporaciones locales, universidades públicas y otros entes. Eliminada dicha opción por el Real Decreto-ley 20/2012 (que redujo a cuatro el número de «moscosos» con carácter general), ha sido restablecida por Ley 10/2015, de 11 de septiembre, e incorporada por la disposición adicional 13.ª TREBEP. Ésta permite añadir dos días de permiso al cumplir el sexto trienio y un día más por cada trienio a partir del octavo. La regulación del TREBEP —que supone un considerable privilegio de los empleados públicos en comparación con los del sector privado— tiene carácter básico y es de aplicación directa y general (véase SAN de 15 de diciembre de 2014), sin que sean válidos los pactos o acuerdos en contrario (STC 9/2016).

— Por matrimonio o registro o constitución formalizada en documento público de pareja de hecho, quince días [art. 48.1.*i*) TREBEP].

C) *Permisos por motivos de conciliación de la vida personal, familiar y laboral, por razón de violencia de género y para las víctimas del terrorismo y sus familiares directos*

Estos otros permisos se regulan ahora en el artículo 49 TREBEP, que ha sido modificado por algunas normas posteriores, y las condiciones con que se establecen tienen, en cambio, carácter de mínimas y pueden ser mejoradas, pero no reducidas, por otra legislación o por convenio. El TREBEP recoge aquí (y en algunos de los supuestos del art. 48, como se ha dicho) un conjunto de medidas que responden a políticas sociales, en buena parte comunes de la Unión Europea, y que con muy escasas diferencias se aplican también a los trabajadores del sector privado. Tales permisos son los siguientes:

— En primer lugar, el permiso por «nacimiento para la madre biológica» [art. 49.*a*)], antes denominado permiso por parto o de maternidad, que incluye a las personas trans gestantes. El permiso tiene una duración de dieciséis semanas (diecisiete en Navarra, conforme al Decreto-ley foral 4/2019, de 23 de octubre), que se amplían en dos semanas más en el supuesto de discapacidad del hijo y, en caso de parto múltiple, por cada hijo a partir del segundo, una semana para cada uno de los progenitores. De ellas, las seis semanas posteriores al parto son obligatorias e ininterrumpidas para la madre, de modo que no son transferibles. El resto del permiso se distribuye a voluntad de los progenitores entre ellos, si ambos trabajan, y puede disfrutarse incluso de manera interrumpida hasta que el hijo o hija cumpla doce meses, pero siempre por semanas completas y con un preaviso de quince días por cada período, si hay interrupción. No obstante, en caso de fallecimiento de la madre el otro progenitor podrá hacer uso de la totalidad o, en su caso, de la parte que le reste del permiso. El permiso puede disfrutarse a jornada completa o a tiempo parcial, si las necesidades del servicio lo permiten y en los términos que se fijen reglamentariamente. En caso de parto prematuro y cuando, por cualquier otra causa, el neonato deba permanecer hospitalizado a continuación del parto, el permiso se amplía en tantos días como el neonato se encuentre hospitalizado, con un máximo de trece semanas adicionales. En caso de fallecimiento del recién nacido, el permiso no se ve reducido, salvo que transcurridas las seis semanas de descanso obligatorio se solicite la reincorporación al trabajo.

En el caso de las familias monoparentales, en virtud del principio de no discriminación y teniendo en cuenta el interés superior del menor, debe entenderse que la madre puede acumular al permiso de dieciséis semanas diez semanas más, que corresponden al permiso de paternidad en los demás casos, excluyendo solo, pues, las seis semanas de permiso obligatorio posterior al parto, que son de disfrute común de los dos progenitores (STS de 15 de octubre de 2024 y STC 140/2024, de 6 de noviembre).

Durante el disfrute de este permiso se puede participar en los cursos de formación que convoque la Administración. Además, en tal caso y en el de los permisos por guarda con fines de adopción, adopción o acogimiento y en el tradicionalmente conocido como de paternidad, el tiempo de disfrute se computa como de servicio activo a todos los efectos (y así debe preverse en las bases de los concursos para la provisión de puestos de trabajo, conforme al art. 57 de la Ley Orgánica 3/2007, citada y también al computar los méritos de las funcionarias interinas en los concursos-oposición, según SSTS de 14 de enero y 5 de junio de 2020), garantizándose la plenitud de derechos económicos correspondientes al período de permiso. Una vez finalizado éste, tanto en caso de parto, como de guarda con fines de adopción, adopción o acogimiento y permiso de paternidad, los funcionarios tienen derecho a reintegrarse a su puesto de trabajo, así como a beneficiarse de cualquier mejora en las condiciones de trabajo a las que hubieran podido tener derecho durante su ausencia.

— Al anterior debe unirse ahora el permiso retribuido para las funcionarias en estado de gestación, que cada Administración Pública puede establecer a partir de la semana 37 de embarazo —de la semana 35 si la gestación es múltiple— hasta la fecha del parto (disp. adic. 16.ª TREBEP).

— Permiso por adopción, guarda con fines de adopción o acogimiento, tanto temporal como permanente [art. 49.*b*) TREBEP], entendiendo por tales supuestos los que se establezcan en el Código Civil o en las leyes civiles de las Comunidades Autónomas, debiendo tener el acogimiento temporal una duración no inferior a un año. La duración es también de dieciséis semanas (diecisiete en Navarra), ampliable en dos semanas en caso de discapacidad del menor y por cada hijo, a partir del segundo, en caso de adopción o acogimiento múltiple, una semana para cada progenitor. De ellas, las seis primeras semanas de permiso son obligatorias e ininterrumpidas y se disfrutan a jornada completa. El resto del permiso puede distribuirse a voluntad de los progenitores, si ambos trabajan, y disfrutarse de manera interrumpida hasta que el hijo o hija cumpla doce meses, pero siempre por semanas completas y con un preaviso de quince días por cada período, si hay interrupción. Esta parte del permiso puede disfrutarse a jornada completa o a tiempo parcial, si las necesidades del servicio lo permiten y en los términos que se fijen reglamentariamente. El cómputo del plazo se inicia, a elección del progenitor, a partir de la decisión administrativa o judicial correspondiente, sin que un mismo menor pueda dar derecho a varios permisos. En casos de acogimiento o adopción internacional, si fuera necesario el desplazamiento de los padres al país de origen del menor, tienen derecho a dos meses más de permiso, percibiendo sólo las retribuciones básicas. En estos mismos casos y con independencia de esos dos meses adicionales, el permiso puede iniciarse hasta cuatro semanas antes de la resolución judicial por la que se constituya la adopción o de la decisión administrativa de guarda o acogimiento. Durante el disfrute del permiso se puede participar en los cursos de formación que convoque la Administración.

— Permiso antes llamado de paternidad y ahora «del progenitor diferente a la madre biológica» [art. 49.*c*)], ya sea por nacimiento o también por guarda con fines de adopción, acogimiento o adopción, denominación que pretende cubrir los diferentes supuestos legales posibles. Este permiso tiene una duración de dieciséis semanas (diecisiete en Navarra). Las seis primeras semanas son obligatorias e ininterrumpidas a partir de la fecha del parto o de la resolución de guarda, adopción o acogimiento. El resto puede distribuirse a voluntad del progenitor que vaya a disfrutar del mismo hasta que el hijo o hija cumpla doce meses y en los mismos términos que el permiso para la madre biológica, ya señalados. También es ampliable en dos semanas en caso de discapacidad o por cada hijo a partir del segundo en caso de parto, adopción, guarda o acogimiento múltiple y hasta un máximo de trece semanas adicionales en caso de parto prematuro o si el neonato debe permanecer hospitalizado, al igual que el permiso de la madre biológica. Este permiso es independiente de los permisos mencionados en las letras *a*) y *b*) del precepto. Si el progenitor que disfruta del permiso regulado en el apartado *a*) hubiese solicitado la acumulación del tiempo de lactancia del hijo menor de doce meses en jornadas completas, será a partir del fin de esas jornadas cuando el titular del permiso regulado en este apartado *c*) pueda disfrutar de las diez semanas no obligatorias de este permiso.

— Permiso por razón de violencia de género sobre la mujer funcionaria [art. 49.*d*)], que fue introducido por la Ley Orgánica 1/2004, de 28 de diciembre. En estos casos, las faltas de asistencia de las funcionarias tendrán la consideración de justificadas por el tiempo y en las condiciones que determinen los servicios sociales o de salud. Asimismo, tales funcionarias tienen derecho a efectos de su protección o asistencia social integral a la reducción de jornada, con disminución proporcional de retribuciones, o a la reordenación del tiempo de trabajo mediante la adaptación del horario, aplicación de horario flexible u otras formas de ordenación del tiempo de trabajo que establezca el plan de igualdad aplicable o, en su defecto, la Administración competente. En tales casos la funcionaria mantiene sus retribuciones íntegras si el tiempo de trabajo se reduce en un tercio o menos.

— Permiso para el cuidado de hijos menores afectados por cáncer u otra enfermedad grave que implique un ingreso hospitalario de larga duración [art. 49.*e*), introducido por la Ley 39/2010, de 22 de diciembre, y posteriormente modificado]. El permiso implica reducción de jornada de al menos la mitad de su duración, con retribuciones íntegras, durante la hospitalización y tratamiento continuado del menor (incluso si no requiere hospitalización, según SSTS de 3 de junio de 2020, 20 de octubre de 2022 y 25 de abril de 2023, pero siempre que se acredite la necesidad de cuidados permanentes, según STS de 3 de octubre de 2023) y como máximo hasta que éste cumpla veintitrés años (o veintiséis, si acredita un grado de discapacidad igual o superior al 65 por 100), siempre que ambos progenitores, adoptantes, guardadores con fines de adopción o acogedores trabajen. Pero el funcionario o funcionaria sólo tiene derecho a las retribuciones íntegras si el otro beneficiario del permiso no las percibe por el mismo motivo con cargo al régimen de Seguridad Social que le sea aplicable. En el supuesto de que ambos beneficiarios presten servicio en el mismo órgano o entidad, se podrá limitar el ejercicio simultáneo del permiso por razones justificadas de funcionamiento del servicio. Si la persona enferma contrae matrimonio o constituye una pareja de hecho, será el cónyuge o pareja quien tenga derecho a este permiso, siempre que acredite las condiciones para ser beneficiario. También es posible acumular la reducción de jornada en jornadas completas, en los términos que se fijen reglamentariamente.

— Permiso para los funcionarios que hayan sufrido daños físicos o psíquicos como consecuencia de la actividad terrorista, y para sus cónyuges o personas con análoga relación de afectividad y los hijos de los heridos y fallecidos, siempre que sean funcionarios y víctimas del terrorismo conforme a la legislación vigente, y funcionarios amenazados en los términos de dicha legislación [art. 49.*f*) TREBEP]. Introducido por la Ley Orgánica 9/2015, de 28 de julio, el permiso se concede para hacer efectivo el derecho a la protección y a la asistencia total integral de las víctimas del terrorismo —previo reconocimiento de esta condición por el Ministerio del Interior o por sentencia firme— y consiste en la reducción de jornada, con disminución proporcional de la retribución, o reordenación del tiempo de trabajo (adaptación de horario, horario flexible, etc.).

— Permiso parental para el cuidado de hijo, hija o menor acogido por tiempo superior a un año, hasta que el menor cumpla ocho años. Tiene una duración no superior a ocho semanas, que pueden disfrutarse de modo continuo o discontinuo, aunque por semanas completas, o en régimen de jornada a tiempo parcial. Este es un derecho individual del funcionario o funcionaria, sin que pueda transferirse su ejercicio. Cuando las necesidades del servicio lo permitan, los interesados pueden fijar la fecha de inicio y fin del permiso o, en su caso de los períodos de disfrute, aunque en ciertos casos la Administración puede aplazar justificadamente el permiso por un tiempo razonable, luego de haber ofrecido una alternativa más flexible [art. 49.*g*) TREBEP].

D) *Otros permisos y licencias*

La regulación actual de los permisos del TREBEP no sólo puede ser complementada en algunos aspectos por leyes y acuerdos posteriores, sino que no deroga en su totalidad la normativa estatal anterior sobre permisos y licencias. En consecuencia, considerando sólo la legislación general del Estado aplicable a los funcionarios estatales, podemos añadir lo siguiente:

— Licencias por incapacidad temporal, consistente en padecer un proceso patológico por enfermedad o accidente o estar en observación por enfermedad profesional, siempre que no proceda la incapacitación permanente (art. 19 del Texto Refundido de la Ley de Seguridad Social de los Funcionarios Civiles del Estado). Los efectos económicos de esta situación se regularon de manera restrictiva, en plena crisis económica, por el Real Decreto-ley 20/2012, de 23 de julio, que ha sido derogado en este aspecto por la Ley 31/2022, de 31 de diciembre. Desde la Ley 6/2018, de Presupuestos Generales del Estado para 2018 (disp. adic. 54.ª) se permite a las diferentes administraciones públicas negociar complementos de hasta el 100 por 100 de las retribuciones fijas del funcionario desde el primer día de incapacidad y la forma de justificación de las ausencias por esta causa, y así se ha pactado ya en la Administración General del Estado y en casi todas las demás. Al mismo tiempo las Administraciones tienen el deber de diseñar un plan de control del absentismo, que pocas han aprobado.

— Licencias para realizar estudios directamente relacionados con la función pública, con derecho a las retribuciones básicas, tal como establecen hoy algunas leyes y normas de desarrollo. Para la Administración del Estado puede verse la Resolución de la Secretaría de Estado de Función Pública de 28 de febrero de 2019.

— Licencias por asuntos propios, de hasta tres meses de duración acumulada cada dos años, sin retribución alguna (art. 73 LFCE). La duración ha sido ampliada también en otras Administraciones en virtud de negociación colectiva.

3. Otros derechos laborales

En este apartado debe hacerse referencia a otros derechos laborales del funcionario mencionados en el artículo 14 TREBEP y cuya regulación se halla dispersa en la legislación vigente.

A alguno de ellos, como el derecho a la formación profesional o, más precisamente, «a la *formación continua* y a la actualización permanente de sus conocimientos y capacidades profesionales» [art. 14.*g*)] ya nos hemos referido con anterioridad (capítulo VI). El TREBEP precisa que ese derecho se ejerce «preferentemente en horario de trabajo» y, para la Administración del Estado, la Resolución de la Secretaría General de Función Pública de 28 de febrero de 2019 (ap. 10) prevé que la asistencia los cursos de formación continua programados se considera tiempo de trabajo a todos los efectos, cuando se celebren dentro de ese horario.

También nos hemos referido ya al derecho a la jubilación [art. 14.*n*) TREBEP] y hemos estudiado sus términos y condiciones (capítulo VII).

Igualmente hay que hacer referencia al derecho a recibir *protección eficaz en materia de seguridad y salud en el trabajo*, que recuerda el artículo 14.*l*) TREBEP y se regula en la legislación de prevención de riesgos laborales (Ley 31/1995, de 8 de noviembre, modificada por otras posteriores, y legislación de desarrollo: para la Administración General del Estado, RD 67/2010, de 29 de enero, modificado por RD 1084/2014, de 19 de diciembre). Por cierto, la protección impone a la Administración deberes especiales para con las empleadas embarazadas, deberes cuya vulneración puede tener incluso trascendencia constitucional si afecta al derecho a la integridad física (STC 62/2007, de 27 de marzo).

Conviene, por último, hacer una referencia general a los derechos de asistencia social y previsión social complementaria y análogos, no contemplados expresamente en el artículo 14 TREBEP (pero sí mencionados en el art. 37), cuyo desarrollo se viene realizando a través de acuerdos con los sindicatos en las diferentes administraciones públicas, mediante programas y fondos de acción social, que prevén, entre otras cosas, ayudas para guardería, becas de estudio, transportes, comedores, etc. Se trata de prestaciones que la Administración concede directamente y que no hay que confundir con las que proceden del sistema de mutualismo administrativo (véase *infra*), aunque a veces unas y otras se complementen o sean entre sí incompatibles. Todos estos derechos reciben un tratamiento particularizado en distintas administraciones, organismos e inclusive para sectores y grupos determinados de empleados. Sin embargo, no pueden sobrepasarse a través de esta vía, mediante fondos de acción social, los límites presupuestarios en materia de gastos de personal, a los que nos referimos a continuación (SSTC 16/2020 y 25/2020).

IV. DERECHOS ECONÓMICOS. EL SISTEMA RETRIBUTIVO DE LOS FUNCIONARIOS PÚBLICOS

1. Líneas maestras del sistema y función de las Leyes de Presupuestos Generales del Estado

Llegamos así a uno de los aspectos fundamentales del régimen de la función pública. No sólo, como es lógico, desde la perspectiva de los intereses individuales del funcionario y de lo que supone para la Hacienda Pública, sino también desde una perspectiva más general. Quiere decirse que el régimen retributivo repercute directa o indirectamente sobre otros muchos aspectos de la relación de servicios y se halla íntimamente ligado a las opciones definitorias del sistema. Más aún, puede decirse que en las grandes líneas del régimen retributivo se condensan las claves del modelo de función pública vigente en cada momento y lugar.

Por principio, todos los sistemas de función pública se fundan en la pretensión de compensar al funcionario sus servicios mediante una retribución justa, adecuada a su trabajo y a su dignidad. No sólo —hay que entender— por la aplicación de valores jurídicos universales. También por razones de eficacia e interés público, ya que cuando las retribuciones no son apropiadas —y nuestra historia podría atestiguarlo— suelen generalizarse otras disfunciones, a modo de válvula de escape (prebendalismo, pluriempleo, absentismo... y corrupción), y se suele reducir la motivación del funcionario y su grado de compromiso con el servicio. A veces alguna norma jurídica recuerda esta pretensión, elevada a principio jurídico; por ejemplo, el artículo 6.4 de la Ley Orgánica de Fuerzas y

Cuerpos de Seguridad, que reconoce el derecho de sus miembros a una «remuneración justa».

El problema consiste en determinar qué es una retribución justa, adecuada y digna. La situación es, a estos efectos, distinta en la función pública —o el empleo público en general— y en el sector privado. En este último, prescindiendo de intervenciones mínimas del Estado (salario mínimo), la determinación de las retribuciones obedece a las leyes del mercado. La retribución de cualquier profesional, empleado o trabajador, sea o no justa a sus ojos o con arreglo a otros parámetros económicos o ideológicos, se fija por acuerdo de las partes, en ejercicio de su autonomía individual o colectiva. En el marco de la función pública no ocurre así realmente, no obstante, los elementos de negociación colectiva que hoy existen, puesto que el sistema retributivo se establece unilateralmente por la ley y con estrecha vinculación al principio de legalidad presupuestaria, que es uno de los reductos clave de la soberanía del Parlamento. Por consiguiente, la concreción del principio ha de hacerse con parámetros objetivos, en virtud de opciones políticas apriorísticas.

Y aquí es donde se manifiesta, para empezar, la importancia que el Estado y todas las administraciones públicas conceden a su política de personal, en función del reparto de los siempre limitados recursos públicos y, para continuar, la concepción dominante en cada momento sobre el modelo de función pública. Ciñéndonos a esta última cuestión, lo que quiere decirse es que los criterios que la ley tiene en cuenta para determinar las retribuciones del funcionario y la proporción en que los tiene en cuenta guardan relación directa con el tipo de función pública que se desea.

Por ejemplo, en un sistema de carrera tradicional el componente más importante de los haberes del empleado público es el que hace referencia a su categoría personal, determinada por su titulación, por el prestigio del cuerpo en que ingresa y por su antigüedad fundamentalmente. En la desviación corporativa de este sistema, que nuestro país ha sufrido a lo largo de buena parte de su historia, el componente principal tiene que ver con la pertenencia a un cuerpo y ha sido fuente de particularismos y diferencias desproporcionadas. Por el contrario, en un sistema de empleo lo que más cuenta es la valoración del puesto de trabajo que se desempeña y el esfuerzo personal del funcionario, su productividad. En teoría, se trata, en este último caso, de retribuir al empleado público de manera semejante a como pudiera serlo en la empresa privada y, de hecho, este principio de equiparación retributiva con el sector privado ha llegado a explicitarse en la legislación —y más aún en la práctica— de los países anglosajones, entre otros. No obstante, a falta de los presupuestos estructurales de la negociación colectiva privada, no es fácil objetivar estos criterios en normas de carácter general.

En cualquier caso, un sistema retributivo moderno debe prestar atención prioritaria a la necesidad de organizar una función pública profesionalizada, eficaz y motivada. También ha de tener en cuenta otros principios del ordenamiento jurídico, entre ellos los de igualdad y solidaridad. Pero sin olvidar que no se trata de un sistema de empleo aislado, sino que se desarrolla en un entorno social que marca pautas económicas y culturales. La falta de sintonía con el entorno, es decir, con la valoración de cada trabajo que en él se hace suele ser fuente de nuevas disfunciones y, en concreto, de descapitalización y *fuga de cerebros*. Como señaló la Comisión para el estudio y preparación del EBEP, un sistema retributivo adecuado ha de responder a los siguientes objetivos generales: «selección de buenos profesionales, orientación al logro de resultados, retención de los profesionales valiosos, aumento del grado de satisfacción personal y de calidad de la vida laboral, reforzamiento de la cultura del servicio público, actuando como factor de integración en la organización y como motor de innovación, y, por último, fomento del desarrollo de las capacidades de los empleados públicos que respondan a las necesidades organizativas», todo lo cual se resume en tres conceptos, *«atraer, retener y motivar a los empleados públicos de cualquier tipo»*.

Ello, no obstante, en la práctica la determinación de las retribuciones de los funcionarios está sujeta a otro tipo de criterios e influencias. Sea al objetivo de contener el déficit público, que en algunos años ha llevado a congelar prácticamente los sueldos en el empleo público o incluso a reducirlos con carácter general. Sea a la fuerza de las reivindicaciones sindicales expresadas a través de la negociación colectiva, aunque su resultado no vincule al Parlamento cuando aprueba la Ley de Presupuestos (pero *de facto* los acuerdos con los sindicatos, cuando se alcanzan, suelen ser decisivos). Sea, en fin, a la presión de determinadas categorías o grupos de empleados, que adquieren ventajas comparativas mediante el incremento en algunos conceptos retributivos o mediante regímenes especiales. En conjunto, y al día de hoy, el resultado presenta claroscuros. Pero, en general, puede decirse que las retribuciones de los empleados públicos en nuestro país son dignas pese a los recortes que se han impuesto en ocasiones, máxime si se tienen en cuenta otras ventajas del empleo público, como la estabilidad, la reducción del tiempo de trabajo y las facilidades para su conciliación con la vida familiar (dicho sea en términos generales, por supuesto). Por otra parte, el abanico retributivo es más estrecho que en el sector privado, de donde resultan retribuciones comparativamente más bajas en los niveles directivos y en algunas profesiones cualificadas y más altas en otros niveles y funciones.

Dicho lo cual, debemos estudiar el sistema legal vigente, que se ha venido forjando históricamente y experimentó una sustancial transformación con la LMRFP de 1984. El EBEP de 2007 vino a continuar esencialmente este sistema, no obstante, sus disfunciones y carencias constatadas, si bien dotándole de una mayor flexibilidad. Pero las novedades que aportó el EBEP en esta materia han ido entrando en vigor a medida que se aprobaron las nuevas leyes de función pública o presupuestarias, del Estado y de las Comunidades Autónomas, por lo que debemos tener en cuenta también esta legislación de desarrollo. En fin, hay que advertir que el actual TREBEP, como la LMRFP, regula el sistema retributivo de los funcionarios, pues las retribuciones del personal laboral se determinan de acuerdo con la legislación laboral y los convenios colectivos, si bien respetando lo dispuesto en el artículo 21 TREBEP, al que enseguida haremos referencia (art. 27 TREBEP).

Hay que empezar por decir que las retribuciones de los funcionarios se fijan anualmente en los presupuestos generales del Estado y de las restantes administraciones públicas. Pero, lógicamente, no se fijan de manera individualizada ni tampoco mediante la simple previsión de un porcentaje de aumento del salario de todos los funcionarios. De la misma manera que en la nómina del funcionario no aparece una sola cantidad global. Los incrementos anuales (cuando los hay, que es lo normal) van referidos a determinados *conceptos retributivos*, que también componen cada nómina, de forma que la retribución mensual es la suma de las cuantías correspondientes a dichos conceptos.

El Estado, a través de sus leyes de presupuestos generales, ha venido fijando un tope máximo al porcentaje global de incremento de las retribuciones íntegras de personal de todas las administraciones públicas. Se trata, desde luego, de un límite importante a la autonomía financiera o de gasto de las Comunidades Autónomas y de las administraciones locales. Sin embargo, este límite se justifica en virtud de los principios constitucionales de igualdad y solidaridad y en la competencia estatal de dirección de la actividad económica general (art. 149.1.13.ª CE), así como en el principio de coordinación de las haciendas autonómicas (y locales) con la hacienda estatal (art. 156.1 CE), ya que es una medida dirigida a contener la expansión de uno de los componentes esenciales del gasto público (SSTC 63/1986, 96/1990, 237/1992, 385/1993, 176/1996, 103/1997, 62/2001, 24/2002, 148, 178, 195, 222 y 297/2006, 66/2009, 81/2015, 18/2016, 99/2016, entre otras). Obviamente, si el Estado decide una reducción o congelación general de las retribuciones de los funcionarios, como sucedió desde el Real Decreto-ley 8/2010, de 10 de mayo, durante varios años, las Comunidades Autónomas no pueden adoptar una legislación diferente (SSTC 219/2013, 5/2014, 196/2014 y 94/2015, 88/2016). El TREBEP (art. 21) mantiene esta regla, por lo que se refiere al porcentaje de incremento de las cuantías de las llamadas *retribuciones básicas*, que son exactamente iguales en todas las administraciones públicas, y de incremento de las *cuantías globales* de las llamadas *retribuciones complementarias*, que, en su aplicación individual, pueden variar entre unas y otras administraciones. De hecho, estas variaciones pueden ser importantes en términos económicos. Más aún, no ha sido infrecuente en el pasado (lamentablemente) que en las administraciones territoriales o en general no estatales, en virtud de acuerdos con los sindicatos o por otras razones, se hayan superado los topes máximos anuales determinados por el Estado. De todo ello resulta una desigualdad de remuneraciones por los mismos trabajos o funciones, según la administración a que se pertenezca, que suele generar agravios comparativos y déficit injustificados. Lo mismo puede decirse de las retribuciones del personal laboral, si bien el TREBEP, como ya venían disponiendo las leyes de presupuestos generales del Estado, establece que no pueden acordarse incrementos de la masa salarial que globalmente sean superiores a los fijados por dichas leyes anuales.

Volviendo a las retribuciones de los funcionarios, los *conceptos retributivos* a que nos referimos se regulan en los artículos 22 a 24 TREBEP, complementado hoy por hoy por el artículo 23 LMRFP (hasta la entrada en vigor de la LFPAE en elaboración) y por las leyes autonómicas aprobadas con posterioridad a aquél. Algunos de ellos retribuyen la pertenencia a la función pública, diferenciándose en virtud del grupo o subgrupo de clasificación al que pertenezca el cuerpo o escala de cada funcionario y la mera antigüedad, es decir, lo que el funcionario *es* (profesionalmente hablando). Son las llamadas *retribuciones básicas* (arts. 22.2 y 23 TREBEP). Otros están ligados a las características del puesto de trabajo que desempeñe y a su progresión en la carrera —lo que el funcionario *hace*— o bien a su desempeño, rendimiento o resultados —a *cómo lo hace*—, e inclusive a servicios extraordinarios. Éstas son las *retribuciones complementarias* (arts. 22.3 y 24 TREBEP) cuyo porcentaje dentro de la nómina del funcionario suele ser, en términos medios, algo superior al de las primeras. Aparte quedan las *indemnizaciones* por razón del servicio (art. 28 TREBEP), así como las *retribuciones diferidas* (art. 29 TREBEP), consistentes en aportaciones a planes de pensiones o contratos de seguro colectivos.

En ningún caso pueden los funcionarios y empleados públicos percibir participación en tributos o en cualquier otro ingreso de las administraciones públicas como contraprestación de cualquier servicio, ni participación o premio en multas impuestas, aun cuando dichas participaciones estuviesen normativamente atribuidas a los servicios de que formen parte.

Veamos ahora con detalle en qué consiste cada concepto retributivo y cómo se determinan las cuantías correspondientes.

2. Retribuciones básicas

A) *El sueldo*

Se trata de una cantidad homogénea correspondiente a cada grupo o subgrupo de clasificación profesional de los que establece el artículo 76 TREBEP [art. 23.*a*) TREBEP]. La cuantía del sueldo asignado a los funcionarios de cada grupo o subgrupo se fija por la Ley de Presupuestos Generales del Estado de cada año para todas las administraciones públicas (art. 21.1 TREBEP). Actualmente, conforme al artículo 24.1 LMRFP, el sueldo de los funcionarios del Grupo A1 no puede exceder de tres veces al de los funcionarios del antiguo Grupo E. Este abanico tan reducido —de hecho, el primero es aproximadamente el doble del último— no rinde, sin embargo, una idea cabal de la realidad, pues el de las retribuciones complementarias es más amplio.

B) *Los trienios*

Ésta es una cantidad, igual en su cuantía para cada grupo o subgrupo de clasificación profesional, pero no muy elevada, que incrementa la nómina del funcionario cada tres años de servicio [art. 23.*b*) TREBEP]. Dicha cuantía se fija también en las leyes de presupuestos generales del Estado. Los trienios se van acumulando hasta el final de la relación de servicio. A efectos de los trienios que percibe quien ya es funcionario, se le reconocen la totalidad de los servicios prestados desde que empezó a trabajar en la Administración y en cualquiera de ellas, aunque no sea en calidad de funcionario de carrera, sino de eventual, interino o contratado laboral o administrativo, incluyendo el período de prácticas, de acuerdo con lo que dispuso ya la Ley 70/1978, de 26 de diciembre. Si el funcionario ha prestado servicios sucesivamente en cuerpos, escalas o categorías de diferente grupo o subgrupo de titulación, recibe los trienios que ha devengado en los grupos o subgrupos anteriores (véase la STS de 3 de mayo de 2019). Si cambia de grupo o subgrupo antes de completar un trienio, la fracción de tiempo transcurrido antes del cambio se considera como tiempo de servicios prestados en el nuevo grupo o subgrupo, a efectos de determinar la cuantía de ese trienio [art. 23.2.*b*) LMRFP]. Estas normas son básicas y no un mínimo mejorable por la negociación colectiva o por legislación autonómica (STS de 27 de abril de 2006).

C) *Las pagas extraordinarias*

Dos al año, que se devengan en junio y diciembre. Su importe debe equivaler, según el TREBEP (art. 22.4), al importe de una mensualidad de las retribuciones básicas y complementarias del funcionario, excepto las que se vinculan a la productividad y las gratificaciones por servicios extraordinarios, corrección importante, pues, según el texto de la LMRFP [art. 23.1.*f*)], sólo comprendían una mensualidad del sueldo y trienios. Sin embargo, el artículo 22.4 EBEP no entró en vigor de manera inmediata y con posterioridad se ha venido regulando la cuantía de las pagas extraordinarias por las leyes de presupuestos generales del Estado de cada año para comprender sólo una parte de las retribuciones complementarias mensuales. Conviene matizar que, según el TREBEP, sólo tiene naturaleza de retribución básica —y, por tanto, igual en su cuantía para todos los funcionarios de cualquier administración, en función de su grupo o subgrupo— los componentes del sueldo y trienios de las pagas extraordinarias (art. 22.2). Las políticas de contención del déficit público llevaron incluso al legislador estatal (Real Decreto-ley 20/2012, de 13 de julio) y autonómico a suprimir el abono de alguna paga extraordinaria, generando la consiguiente conflictividad. Recientemente las cantidades no abonadas por tal concepto se han «devuelto» en todo o parte por nuevas medidas legislativas.

3. Retribuciones complementarias

A diferencia de las retribuciones básicas, el EBEP pretendió dotar de mayor flexibilidad al sistema de las complementarias, de manera que cada ley de función pública, del Estado y de las Comunidades Autónomas, cuenta con un mayor margen de opción al respecto. Esta relativa desigualdad de retribuciones complementarias no es, sin embargo, una novedad absoluta. Primero, porque han variado desde hace tiempo en el caso de los funcionarios sometidos a regímenes especiales (personal estatutario de los Servicios de Salud, personal docente universitario, funcionarios de la Administración de Justicia y otros). Segundo, porque ya la LMRFP admitía una amplia discrecionalidad de cada administración para determinar las cuantías concretas de algunos complementos, como el llamado específico —en la práctica muy importante— y el de productividad, y dentro de ese margen la legislación autonómica ha podido establecer legítimamente ciertos pluses (STC 253/2005, de 11 de octubre). Ahora el TREBEP se limita a establecer los *factores* o finalidades a que pueden responder los complementos que se regulen. Y, en lo que se refiere a los límites presupuestarios, no impone que el incremento anual de las cuantías correspondientes a ellos sea, para cada funcionario, el mismo en todas las administraciones públicas y para todos en cada una de ellas, sino que, en cómputo global, su incremento se refleje en la correspondiente ley de presupuestos —del Estado y de las Comunidades Autónomas— y que no se superen los límites también globales que fije anualmente la ley de presupuestos generales del Estado al incremento de la masa salarial en las administraciones públicas. No obstante, estas últimas leyes han vuelto a fijar límites estrictos al incremento de las retribuciones de todo el personal del sector público, como medida de contención del gasto público.

A continuación, examinamos la regulación de las retribuciones complementarias contenida en el TREBEP, pero teniendo en cuenta también la regulación de la LMRFP, que sigue en vigor para los funcionarios del Estado y también para los de las Comunidades Autónomas que no han establecido aún una legislación propia y diferente, así como para las entidades locales.

A) *El complemento vinculado a la carrera*

El primer concepto o factor para fijar las retribuciones complementarias es «la progresión alcanzada por el funcionario dentro del sistema de carrera administrativa». Como es lógico, este complemento dependerá del sistema de carrera que se organice en cada administración y para cada sector o colectivo de funcionarios. Si se trata de una carrera horizontal (véase capítulo VI), lo lógico será establecer un complemento que retribuya cada categoría, grado o escalón que el funcionario alcance, fijándose las cuantías correspondientes. Ese *complemento de carrera* se va estableciendo en las leyes autonómicas, desde la Ley 5/2009, de 29 de diciembre, del Principado de Asturias, hoy sustituida por la Ley 2/2023; la Ley 13/2015, de Extremadura; la Ley 2/2015, de Galicia; la Ley 4/2021, de la Comunidad Valenciana; la Ley 11/2022, del País Vasco, etc. También se establece así en otras leyes referidas a sectores específicos del empleo público, como, por ejemplo, el personal estatutario de la sanidad pública. Y, finalmente, se generaliza en el ámbito de la Administración del Estado por el Real Decreto-ley 6/2023 (art. 122.7). Si se mantiene un sistema de carrera vertical, lo lógico es que se siga reconociendo lo que la LMRFP denomina *complemento de destino* o concepto equivalente. Pero uno y otro complemento no son incompatibles y, de hecho, la legislación autonómica que establece el de carrera lo configura, en general, como adicional al de destino.

Este último complemento retribuye el nivel del puesto de trabajo que se desempeñe [art. 23.3.*a*) LMRFP]. Por tanto, a estos efectos hemos de recordar la clasificación de los puestos de trabajo en treinta niveles que contiene el artículo 21.1 LMRFP y lo que sobre esa clasificación y los intervalos correspondientes expusimos en su momento (véase *supra*, capítulo VI). Pero, como ya sabemos, según esta última ley, los funcionarios tienen derecho a percibir, al menos, el complemento de destino correspondiente al nivel de su *grado personal*, cualquiera que sea el puesto de trabajo que desempeñen. Es decir, si el nivel del puesto de trabajo es igual o superior, se percibe el complemento del puesto, y si es inferior, el del grado personal. El complemento de destino es de igual cuantía para cada nivel y su cuantía se fija hoy por hoy de manera homogénea en la Ley de Presupuestos Generales del Estado, de manera que no puede ser modificado por las Comunidades Autónomas (STC 222/2006). Pero el nivel del puesto no tiene por qué ser el mismo para todos los puestos a desempeñar por funcionarios de un mismo cuerpo o escala o grupo o subgrupo de clasificación profesional (SSTS de 17 de marzo de 1986, 28 de enero y 29 de noviembre de 1988, 7 de febrero de 2005, 20 de noviembre de 2006, entre otras). Eso depende de la valoración que se haga de cada puesto, valoración que debe determinarse en las RPT y que no puede ser discriminatoria, esto es, establecer diferencias de nivel entre puestos con idénticas funciones (SSTS de 16 de febrero de 2004, 22 de febrero de 2006 y 20 de noviembre de 2006, 7 de noviembre de 2008, 31 de marzo de 2009, 24 de enero de 2011, entre otras muchas). De ahí la importancia de elaborar estas relaciones con la mayor objetividad y equidad, y de ahí también sus efectos económicos directos. Más aún, cuando se demuestra que el funcionario viene realizando regularmente de hecho funciones correspondientes a un puesto de trabajo de nivel superior al que tiene asignado, los tribunales suelen reconocer su derecho a la percepción del complemento de destino de ese nivel superior (véanse, por ejemplo, las SSTS de 27 de junio de 2007, 15 de octubre de 2008, 21 de junio de 2011, 18 de enero de 2018, 7 de mayo de 2019, 10 de febrero de 2020) e incluso el derecho a la reclasificación formal de su puesto de trabajo (SSTS de 21 de octubre de 2020 y 24 de mayo de 2021, por ejemplo).

B) *El complemento vinculado a las características del puesto de trabajo*

Este concepto está destinado, según el TREBEP [art. 24.*b*)], a retribuir «la especial dificultad técnica, responsabilidad, dedicación, incompatibilidad exigible para el desempeño de determinados puestos de trabajo o las condiciones (peligrosidad, penosidad, etc.) en que se desarrolla el trabajo». Por el momento, y salvo legislación autonómica en contrario (véase, por ejemplo, el art. 137.2 de la Ley 2/2015, de Galicia, y el art. 87.2 de la Ley 4/2021, de la Función Pública Valenciana), se corresponde con el denominado *complemento específico* regulado en el artículo 23.3.*b*) LMRFP y que suele asignarse a casi todos los puestos de trabajo, aunque no es necesario en todos los casos. En aplicación de aquellos conceptos legales, la determinación de la cuantía del complemento específico es una decisión discrecional. En la práctica, dentro de los parámetros legales, el complemento específico se viene atribuyendo para compensar, sobre todo, la incompatibilidad o dedicación exclusiva a un puesto de trabajo y la especial dedicación. También para remunerar la particular responsabilidad de los cargos más elevados —y otros que no lo son tanto—, respecto de los cuales el complemento específico se ha convertido en la parte más cuantiosa de las retribuciones. El complemento específico de cada puesto se indica en las RPT y, como es lógico, no tiene por qué ser el mismo para todos los puestos del mismo nivel y menos aún para todos los asignados a un mismo cuerpo, escala, grupo o subgrupo de clasificación. Pero tampoco se trata de un complemento personal, sino objetivo, de manera que todos los puestos en que concurran las mismas circunstancias determinantes de este tipo de complemento (tipo de funciones, responsabilidad, dedicación, etc.) han de tenerlo en la misma cuantía (SSTS de 7 de noviembre de 1997, 17 de diciembre de 1999, 21 de febrero y 20 de diciembre de 2000, 30 de junio de 2004, 19 de julio de 2006, 31 de marzo de 2009, 11 de noviembre de 2011, etc.), bien entendido que para constatar la igualdad de contenido funcional y de características de dos puestos no es bastante que tengan la misma denominación (SSTS de 26 de febrero de 2002, 18 de noviembre de 2003 y 27 de marzo de 2006). Corresponde en todo caso a la administración competente justificar, mediante los estudios o informes técnicos pertinentes, las razones por las que asigna diferente complemento específico a puestos que tienen fijado en la RPT un mismo contenido funcional (SSTS de 26 de julio y 3 de octubre de 2012 y 21 de mayo de 2019, por ejemplo). Por el contrario, no es lícito atribuirlo por igual a todos los funcionarios de una entidad o de un mismo cuerpo, escala o categoría, sin otra justificación, confundiéndolo con una retribución básica (STS de 11 de septiembre de 1993, entre otras muchas).

C) *El complemento vinculado al desempeño*

Se trata, según el TREBEP [art. 24.*c*)], del que atiende al «grado de interés, iniciativa o esfuerzo con que el funcionario desempeña su trabajo y el rendimiento o resultados obtenidos». En el sistema de la LMRFP recibe el nombre de *complemento de productividad* [art. 23.3.*c*)].

Éste sí es, en teoría, un complemento subjetivo o individual, pues está destinado a retribuir el especial rendimiento, la actividad extraordinaria y el interés o iniciativa con que el funcionario desempeñe su trabajo, «siempre que redunden en mejorar sus resultados», como suelen decir las leyes de presupuestos. Según la LMRFP, la cuantía global de este complemento no puede exceder de un porcentaje sobre los costes totales de personal de cada programa y de cada órgano que se determinará en la correspondiente ley de presupuestos. Dentro de esas dotaciones globales y de acuerdo con la normativa que establezca la ley de presupuestos, el responsable de cada departamento debe determinar los criterios de distribución y la cuantía del complemento individual que corresponda a cada funcionario. En todo caso, las cantidades que perciba cada funcionario por este concepto serán de conocimiento público de los demás funcionarios del departamento u organismo y de los representantes sindicales. Por regla general, el complemento no es fijo, sino que se asigna por un tiempo determinado —que debe corresponderse con el de servicios efectivamente prestados (STS de 3 de julio de 2006)— y no origina derechos para períodos sucesivos (STS de 4 de diciembre de 2019), con independencia de que pueda renovarse.

La correcta aplicación de este complemento presupone la evaluación diferenciada del trabajo o del desempeño de cada funcionario, algo que nuestra Administración está lejos de lograr, como ya dijimos (capítulo VI). Por ello en muchos casos la distribución del complemento de productividad está desvirtuada y obedece a otras finalidades, tal como denunció la Comisión de expertos para la preparación del EBEP. Pero también existen experiencias positivas y consolidadas de correcta aplicación de este complemento ligada a los resultados (por ejemplo, en la Agencia Estatal de Administración Tributaria). En algún régimen especial, como el del profesorado universitario, la actividad desarrollada por el funcionario se somete también a una evaluación periódica a tales efectos. En concreto, la actividad investigadora y de transferencia e innovación se puede someter periódicamente a evaluación de la ANECA o agencias autonómicas de calidad, cuya decisión positiva (la negativa es recurrible) genera el derecho del profesor a una cantidad consolidada en su nómina, en concepto de complemento de productividad (art. 76.2 LOSU y RD 1052/2002, de 11 de octubre). También ahora el artículo 41.3 del Estatuto Marco del Personal Estatutario de los Servicios de Salud (modificado por el Real Decreto-ley 16/2012, de 20 de abril) pretende vincular a la evaluación del desempeño la percepción del complemento de productividad. Lo que no es correcto es asignarlo sin más de manera generalizada a todos los funcionarios de una misma entidad, cuerpo, escala o categoría, sin referencia al rendimiento de cada uno y sin tener en cuenta siquiera si se han prestado o no servicios efectivos durante el período de devengo del complemento, como se hace con harta frecuencia.

En realidad, este tipo de retribución variable es una de las claves de modernización de la Administración, vinculada a la eficacia y eficiencia, y su aplicación correcta un test sobre los avances en esa dirección. Y aunque lo ideal sería valorar al efecto no sólo la cantidad, sino también la calidad del trabajo desarrollado (así, por ejemplo, STS, Pleno de la Sala 3.ª, de 3 de marzo de 2006, que, con varios votos particulares, anuló el sistema de módulos cuantitativos de resoluciones judiciales para fijar el complemento de jueces y magistrados), ello no siempre es fácil.

D) *Complementos por servicios extraordinarios*

Se retribuyen con ellos «los servicios extraordinarios prestados fuera de la jornada normal de trabajo» [art. 24.*d*) TREBEP]. En el sistema de la LMRFP se trata de las llamadas *gratificaciones*, que en ningún caso pueden ser fijas en su cuantía ni periódicas en su devengo [art. 23.3.*d*) LMRFP], pues de lo contrario no se consideran válidas (STS de 21 de marzo de 2011, por ejemplo). Se conceden por los departamentos ministeriales, consejerías, entidades públicas y organismos dentro de los créditos asignados a este fin. Su concesión es discrecional, en el marco y para la finalidad establecida por la ley. Pero como toda decisión discrecional, debe ser motivada, pues, como viene señalando la jurisprudencia frente a algunos abusos, no cabe acordarlas como un complemento generalizado ni desvinculado de la prestación real de servicios fuera de jornada (SSTS de 14 de abril y 13 de septiembre de 1994, por ejemplo). Es más, cuando la prolongación de jornada se ha tenido en cuenta para fijar el complemento específico o, excepcionalmente, el de productividad, no cabe añadir una gratificación por la misma causa. Tampoco tienen esta consideración las retribuciones por *guardias* o actividades de refuerzo o por *horas de localización* en los Servicios de Salud, que se regulan como parte de las retribuciones generales. Dentro de estos límites y de los generales sobre el incremento máximo de la masa salarial, el sistema de gratificaciones o retribuciones por servicios extraordinarios puede ser negociado en cada administración (SSTS de 8 de febrero y 8 de marzo de 2005).

Debe decirse, por último, que las distintas administraciones públicas no pueden crear retribuciones complementarias que no estén previstas por las leyes aplicables a cada una de ellas. Eso no excluye que los funcionarios puedan recibir ciertas prestaciones de contenido económico por otros conceptos, como pueden ser medidas de asistencia social para determinados fines o contingencias (la Ley 31/1991, de 30 de diciembre, reguló, por ejemplo, las prestaciones familiares por hijo a cargo), prestaciones sociales que pueden ser objeto de negociación colectiva, conforme al artículo 37.1.*g*) e *i*) TREBEP. Pero tales prestaciones no pueden convertirse en retribuciones encubiertas, es decir, vincularse pura y simplemente a la condición de funcionario, a su carrera o al trabajo que realiza, pues en tal caso (que no ha sido infrecuente en la administración local) son retribuciones ilícitas (véanse, por ejemplo, las SSTS de 20 de marzo de 2018, 29 de septiembre de 2021 y 16 de marzo de 2022).

4. Indemnizaciones por razón del servicio

Se contemplan en el artículo 28 TREBEP, que reitera lo dispuesto en el artículo 23.4 LMRFP, esto es, que los funcionarios percibirán las indemnizaciones correspondientes por razón del servicio. Estas indemnizaciones se regulan, como ha sido tradicional, por norma reglamentaria y hoy lo están, minuciosamente, por el Real Decreto 462/2002, de 24 de mayo (con algunas modificaciones posteriores), aplicable al ámbito de la Administración del Estado, incluida la militar y la de Justicia, y al de las corporaciones locales y supletoriamente al resto de los funcionarios. Las leyes autonómicas de empleo público más recientes regulan también los supuestos en que procede abonarlas.

Las indemnizaciones retribuyen, en principio, gastos y disminuciones patrimoniales que el funcionario sufre o abona por razón de algún servicio. Pero algunas de ellas —las llamadas por *asistencias*— retribuyen en realidad ciertas actividades extraordinarias o complementarias de las tareas habituales y, en algunos casos, pueden llegar a constituir un complemento retributivo —dicho sea en términos económicos— de cierta importancia.

De acuerdo con la regulación estatal vigente, de la que no se separan en esencia las leyes autonómicas, el funcionario tiene derecho a indemnizaciones por las siguientes causas:

A) *Comisiones de servicios*

Se trata de comisiones de servicio circunstanciales en término municipal distinto del de residencia oficial del funcionario, salvo que se trate de servicios retribuidos por importe igual o superior al de la indemnización correspondiente o tenga lugar la comisión por iniciativa propia del funcionario o éste renuncie expresamente a la indemnización. Las indemnizaciones se dividen en dietas, por gastos diarios de manutención y alojamiento (que reciben el nombre de pluses en las Fuerzas Armadas, Guardia Civil y Cuerpo Nacional de Policía), indemnización de residencia eventual, cuando la comisión se prolonga por tiempo superior, y gastos de viaje. La cuantía de las dietas se fija en función del país de destino y de los tres grupos en que, a estos efectos, se clasifican los funcionarios en atención a su cargo y categoría (Anexos I, II y III del RD 462/2002, sucesivamente actualizados), diferencia que es conforme a derecho (STS de 18 de octubre de 2004). En caso de residencia eventual, se tiene derecho al 80 por 100 del importe correspondiente a las dietas. Por gastos de viaje se abona el coste del viaje en el medio de transporte utilizado, incluso si es el vehículo particular.

B) *Desplazamientos dentro del término municipal por razón del servicio*

Se resarce el coste del desplazamiento, preferentemente en medios de transporte público colectivo, cuando el funcionario esté obligado a practicar diligencias, notificaciones, citaciones y emplazamientos fuera de su centro de trabajo, pero dentro del mismo término municipal.

C) *Traslados de residencia*

Se trata del traslado forzoso del funcionario y, en su caso, su familia, por cambio de destino, tanto en España como en el extranjero, siempre que no obedezca a sanción. Por este concepto el funcionario tiene derecho al abono de los gastos de viaje, incluidos los de la familia; a dietas durante los días de traslado, incluso para la familia, y a los gastos de transporte de mobiliario y enseres. Si el traslado es al extranjero o en el extranjero, también tiene derecho, en ciertas circunstancias, a una cantidad por gastos de instalación, a gastos de viaje por matrimonio y vacaciones en España y por fallecimiento (traslado del cadáver y desplazamiento de la familia).

D) *Asistencias*

Este concepto remunera en primer lugar la concurrencia del funcionario a ciertos órganos colegiados de la Administración y a los consejos de administración de empresas públicas.

En segundo lugar, remunera la participación en tribunales de oposición y concursos con una cantidad fija por día (Anexo IV del RD 462/2002), aunque a veces ampliable.

En tercer lugar, remunera la colaboración no permanente ni habitual en institutos o escuelas de formación y perfeccionamiento del personal al servicio de la Administración (conferencias, cursos, congresos, seminarios, etc.). El total de estas colaboraciones no puede superar las 75 horas al año ni su importe global el 25 por 100 de las retribuciones del puesto principal.

5. RETRIBUCIONES DIFERIDAS

El artículo 29 TREBEP introduce este concepto por primera vez en la legislación básica de empleo público, aunque este tipo de retribuciones ya existía antes en algunas administraciones, incluida la del Estado desde 2004 y en otras con anterioridad válidamente, pues su constitución fue autorizada por la Ley 44/2002, de 22 de noviembre (disp. adic. 5.ª) como medida de previsión social y no retributiva (STC 139/2005). El precepto del TREBEP entiende por tal las cantidades que las administraciones públicas destinen a financiar aportaciones a planes de pensiones de empleo o contratos de seguro colectivos que incluyan la contingencia de jubilación, en beneficio de su personal, conforme a la legislación de planes de pensiones. No así las cantidades aportadas por la Administración para primas de seguros de vida o accidente de su personal, que son más bien medidas de acción social (STS de 28 de febrero de 2011). Estas cantidades tienen —como retribuciones que son, según el TREBEP— el límite del porcentaje de la masa salarial que se fije en las leyes de presupuestos generales del Estado, que, por cierto, en algunos años han prohibido tales aportaciones para reducir el déficit (con carácter básico, como admite la STC 215/2015). En cualquier caso, las prestaciones que se abonen con cargo a aquellos planes o contratos de seguro no tienen naturaleza de pensiones públicas, por lo que no son incompatibles con éstas.

6. Retribuciones de los funcionarios interinos

La condición retributiva de los funcionarios interinos siempre fue peor que la de los funcionarios de carrera, pese a desempeñar las mismas funciones de éstos. Sin embargo, la diferencia se ha venido acortando y quedó reducida en el EBEP a la no percepción por los interinos de los complementos ligados a la progresión en la carrera. En consecuencia, de acuerdo con el artículo 25.1 TREBEP, perciben las retribuciones básicas y las pagas extraordinarias correspondientes al grupo o subgrupo de clasificación profesional al que estén adscritos, más las retribuciones complementarias vinculadas a las características del puesto de trabajo que desempeñen —actuales complementos específico y de destino o los que les sustituyan según la legislación autonómica o especial aplicable—, más los complementos derivados del desempeño —productividad— y servicios extraordinarios —gratificaciones— que les correspondan.

El artículo 25.2 EBEP reconoció a los interinos, por primera vez, el derecho a los trienios por los servicios que hubieran prestado, aunque con efectos sólo desde la entrada en vigor del propio EBEP. Posteriormente, las SSTJUE de 13 de septiembre de 2007, *Del Cerro Alonso*, y de 22 de diciembre de 2010, *Gavieiro Gavieiro*, sobre la base de la Directiva 1999/70/CE, de 28 de junio, declararon que esta última limitación temporal no era conforme al derecho europeo, con la consecuencia de que el devengo de los trienios por el personal interino tiene lugar desde el final del plazo de trasposición de la citada Directiva. Así lo reconocieron igualmente las SSTS de 7 de abril, 11 de junio y 14 de julio de 2011 y 14 de junio de 2012.

En los casos en que los interinos sustituyan a funcionarios para los que se haya establecido o establezca la carrera horizontal, el EBEP previó que percibirían también las retribuciones correspondientes a la categoría de entrada en el cuerpo o escala de que se trate. Pero, en aplicación del principio de igualdad establecido por la Directiva 1999/70/CE, sobre el trabajo de duración determinada, y teniendo en cuenta el Auto dictado por el TJUE el 9 de febrero de 2012 en el caso *Lorenzo Martínez*, las SSTS de 30 de junio de 2014, 8 de marzo de 2017, 18 de diciembre de 2018, 6 y 8 de marzo de 2019 y 29 de octubre de 2019, entre otras, han declarado que no puede privarse a los interinos —obviamente *de larga duración*— de las retribuciones ligadas a las carrera, en los mismos términos que se prevén para los funcionarios de carrera, es decir, en función de sucesivos escalones o categorías. Así lo confirma también el Auto del TJUE de 22 de marzo de 2018, *Centeno*.

7. Retribuciones de los funcionarios en prácticas y otros

Según el artículo 26 TREBEP, los funcionarios en prácticas perciben las retribuciones que fijen las administraciones públicas competentes y que, como mínimo, equivalen a las del sueldo del grupo o subgrupo que les corresponda.

En la Administración del Estado, los funcionarios en período de prácticas o que desarrollan cursos selectivos previstos para el ingreso en la función pública, nombrados funcionarios en prácticas, perciben una retribución durante ese período y durante el plazo de toma de posesión de su puesto de trabajo, equivalente al sueldo y pagas extraordinarias correspondientes al grupo o subgrupo en el que esté clasificado el cuerpo o escala en el que aspiran a ingresar. Si las prácticas se realizan desempeñando un puesto de trabajo, también tienen derecho a percibir los complementos de dicho puesto. Si el funcionario en prácticas ya viniera prestando servicios como funcionario de otro cuerpo, o como interino o contratado, puede optar durante el período de prácticas por mantener su retribución anterior o acogerse a las reglas antes mencionadas incluyendo los trienios reconocidos (RD 456/1986, de 10 de febrero, modificado por RD 313/2003, de 21 de febrero).

Los funcionarios del Estado destinados en el extranjero, en las misiones diplomáticas y representaciones ante organismos internacionales, en oficinas consulares y en otras instituciones y servicios, perciben, además de las retribuciones que les corresponden por los servicios que prestan, unas indemnizaciones para equiparar el poder adquisitivo y compensar la disminución de calidad de vida que se dé en los países de destino. La indemnización se fija, por una parte, en función de un *módulo de equiparación de poder adquisitivo*, que sirve para paliar las diferencias del tipo de cambio y del nivel de precios entre dichos países y España. Por otra parte, se aplica un *módulo de calidad de vida*, determinado por el Ministerio de Hacienda en función de factores como la lejanía, clima, insalubridad, incomunicación, situación de violencia o guerra, inseguridad ciudadana y otros similares. Además, pueden recibir una indemnización por gastos significativos de representación y para la escolarización de los hijos en determinadas circunstancias (RD 6/1995, de 13 de enero, modificado por RD 3.450/2000, de 22 de diciembre).

En fin, deben tenerse en cuenta también las reglas especiales sobre retribuciones en caso de permisos y licencias, y de situaciones administrativas distintas del servicio activo, que ya hemos señalado en los lugares procedentes.

8. DEDUCCIÓN DE RETRIBUCIONES

El artículo 30 TREBEP se refiere al caso en que el empleado público —pues la norma es, sin duda, aplicable por igual a funcionarios y personal laboral— no realiza su jornada de trabajo, para establecer que en tales supuestos no tiene derecho a percibir la retribución correspondiente al período no trabajado, que deberá deducírsele de sus haberes. En el apartado 1 introduce una regla general, que cubre tanto los casos en que el incumplimiento de la jornada constituye una falta disciplinaria como aquellos otros en que está justificado pero la ausencia no es retribuible. En caso de infracción, la deducción de haberes no tiene carácter de sanción, sino que es una mera consecuencia de la falta de la prestación del servicio, por lo que no requiere la tramitación del procedimiento sancionador y tiene lugar sin perjuicio y con independencia de la sanción disciplinaria que pueda imponerse. En el apartado 2 la misma regla de deducción de haberes, sin carácter de sanción, se aplica al tiempo en que el empleado ejercite el derecho de huelga, tal y como disponía ya la LMRFP. Pero ahora se añade que el ejercicio de la huelga no afecta a las prestaciones sociales de los empleados públicos, prestaciones que, como ya hemos dicho, no se deben confundir ni es lícito convertir en retribuciones.

V. LA SEGURIDAD SOCIAL DE LOS FUNCIONARIOS

El artículo 14.*o*) TREBEP reconoce también a los empleados públicos el derecho «a las prestaciones de la Seguridad Social correspondientes al régimen que les sea de aplicación». Lógicamente, como todo trabajador, los funcionarios y demás empleados públicos tienen derecho a la cobertura de ciertos riesgos y de sus necesidades vitales a través de un régimen de Seguridad Social. Más aún que como trabajador, como ciudadano, si nos atenemos al mandato del artículo 41 CE. Pero el TREBEP no regula por sí mismo ese régimen.

Históricamente, el sistema de Seguridad Social de los funcionarios públicos ha sido, sin embargo, distinto del aplicable al resto de los trabajadores por cuenta ajena. No sólo eso, sino que durante mucho tiempo ha reflejado, en su vertiente mutualista, el particularismo y las diferencias de trato entre los distintos cuerpos. Muchos de ellos, sobre todo los más importantes, contaban con mutualidades específicas, que procuraban un sistema de protección desigual. Desigualdad tanto más hiriente cuanto que las mutualidades venían siendo subvencionadas por el Estado con criterios que reflejaban el modelo de la jerarquía corporativa.

La situación ha cambiado sustancialmente en los últimos cuarenta años. Por un lado, a consecuencia de los problemas financieros de muchas mutualidades funcionariales, que obligó al Estado a tomar medidas para capitalizar el sistema y garantizar su supervivencia. Por otro, en virtud de la aplicación de los principios de igualdad material y solidaridad social que la propia Constitución avala. Ahora la tendencia que domina es la homogeneización del régimen público de previsión social, que garantiza unas prestaciones básicas, más allá de las cuales cada ciudadano puede procurarse mejoras individuales o de grupo (mutualidades privadas, planes de pensiones, seguros). Por eso también una gran parte de los funcionarios españoles se ha integrado en el Régimen General de la Seguridad Social. Sucedió, ya antes de la Constitución —y, en parte después (véase la STC 65/1987, de 21 de mayo)—, con los funcionarios de los organismos autónomos y también con los funcionarios interinos y otros «de empleo» —de ingreso posterior a 1 de enero de 1965 (véase el Decreto-Ley 10/1965, de 23 de septiembre)—. Después con los funcionarios propios de las Comunidades Autónomas —los transferidos, como ya sabemos, conservan todos sus derechos—, de acuerdo con lo dispuesto en sus respectivas leyes de función pública. Por último, sucedió también así con los funcionarios de la administración local (RD 480/1993, de 2 de abril, aprobado por habilitación de la Ley 39/1992, de 29 de diciembre), antes integrados en una mutualidad propia (MUNPAL). En consecuencia, sólo los funcionarios del Estado, incluyendo los transferidos a las Comunidades Autónomas y excluyendo los de los organismos autónomos, mantienen un régimen especial. Pero el Real Decreto-ley 13/2010, de 3 de diciembre (art. 20) dispuso que los funcionarios del Estado que ingresaran a partir del 1 de enero de 2011 se integraban también en el Régimen General de la Seguridad Social, norma que mantiene hoy la disposición adicional 3.ª TRLGSS, con algunas peculiaridades sobre la edad de jubilación. De manera que el régimen especial de Seguridad Social de los funcionarios estatales o régimen de clases pasivas queda como un sistema a extinguir, que dentro de algunos años será ya historia.

Además de esta integración, comienzan a aplicarse también en el empleo público sistemas de previsión complementarios que han surgido en el ámbito de las empresas privadas, como son los *fondos de pensiones*, tal como hemos visto un poco más arriba.

Por otra parte, el particularismo de antaño también se redujo con la creación de una sola Mutualidad General de Funcionarios Civiles del Estado (MUFACE) de carácter obligatorio y la sucesiva incorporación a ella de mutualidades, asociaciones, montepíos y demás entidades de previsión de colectivos determinados. De hecho, junto a MUFACE sólo subsisten, de manera diferenciada, una mutualidad obligatoria para los funcionarios militares (ISFAS) y otra para los de la Administración de Justicia (MUGEJU).

Estas entidades de mutualismo administrativo, sin embargo, sólo cubren una parte de los riesgos y necesidades de los funcionarios del Estado, ya que al resto se provee, como ha sido tradicional, mediante la legislación de *derechos pasivos*, aún aplicable a la mayoría de ellos.

Son estas normas especiales, tanto las del régimen de los derechos pasivos como las del mutualismo administrativo obligatorio de los funcionarios civiles del Estado, las que ahora vamos a estudiar resumidamente, remitiéndonos por lo demás a las leyes y manuales sobre el sistema general de la Seguridad Social.

En efecto, según el artículo 2 de la Ley de Seguridad Social de los Funcionarios Civiles del Estado (Texto Refundido aprobado por Real Decreto Legislativo 4/2000, de 23 de junio), este régimen especial queda integrado por los siguientes mecanismos de cobertura: *a*) régimen de clases pasivas del Estado, y *b*) el del mutualismo administrativo.

1. Régimen de clases pasivas del Estado

Mediante este régimen se garantiza la protección frente a los riesgos de vejez, incapacidad y muerte y supervivencia a los funcionarios a los que es de aplicación, conforme a lo dispuesto en el artículo 1 del vigente Texto Refundido de la Ley de Clases Pasivas del Estado (LCP), aprobado por Real Decreto Legislativo 670/1987, de 30 de abril. Dichos funcionarios son los de carrera y en prácticas de la Administración civil del Estado —ingresados hasta el año 2010, como se ha dicho—, incluso el personal transferido a Comunidades Autónomas, de la Administración de Justicia, de las Cortes Generales y otros órganos constitucionales, así como el personal militar y los ex miembros del Gobierno y otros ex altos cargos (Presidentes del Congreso, Senado, Tribunal de Cuentas, Consejo de Estado, Tribunal Supremo, Consejo General del Poder Judicial, Tribunal Constitucional, Defensor del Pueblo y Fiscales Generales del Estado, todos estos altos cargos aunque sean nombrados y cesen con posterioridad a 2010) (art. 2 LCP). Este régimen se gestionaba tradicionalmente por el Ministerio de Hacienda, sin perjuicio de las obligaciones contraídas por las Comunidades Autónomas respecto del personal que les ha sido transferido (arts. 4 y 11 ss. LCP).

El régimen de clases pasivas es un régimen de derecho administrativo, que se funda en un conjunto de principios esenciales. El principio de *legalidad*, pues sólo por ley puede ser ampliado o restringido el ámbito personal de cobertura (art. 2.2 LCP) y ampliados, mejorados, reducidos o alterados los derechos pasivos reconocidos (art. 5). Los principios de *inembargabilidad*, *irrenunciabilidad* e *inalienabilidad* de los derechos pasivos, que no pueden ser objeto de cesión, convenio o contrato y que sólo se transmiten y extinguen por las causas previstas en la ley, así como el principio de *imprescriptibilidad* (art. 6). El principio de *rogación*, pues el reconocimiento de los derechos pasivos ha de instarse por los interesados o sus representantes legales en cualquier momento posterior al hecho causante (aunque si el reconocimiento de su titularidad se demora cuatro años por causa imputable a los mismos sólo produce efectos económicos a partir del primer día del mes siguiente a la subsanación de los defectos de su petición o de la petición tardía) (art. 7). El principio de no *duplicidad de cobertura*, que impide percibir una pensión de clases pasivas y otra de la Seguridad Social como consecuencia de una única prestación a la Administración (art. 26), así como la percepción simultánea de dos o más pensiones de clases pasivas causadas por la misma persona en su favor o en el de familiares y de más de tres pensiones de clases pasivas causadas por diferente persona (art. 25). En todos estos casos, así como si hubiera incompatibilidad entre la percepción de una pensión de clases pasivas y la de un salario del sector público u otras rentas, el interesado puede ejercer la opción en favor de una de las prestaciones o ingresos. Ahora, no obstante, es posible compatibilizar la pensión de jubilación o retiro con una actividad privada por la que se cotice a la Seguridad Social, aunque con reducción de aquella pensión en un 50 por 100 o, si el jubilado contrata a un trabajador por cuenta ajena, sin reducción alguna (art. 33 LCP, modificado por RD-ley 1/2023, de 10 de enero). Por último, el principio de *igualdad*, en virtud del cual la mujer causa los mismos derechos que el varón (también en favor de los familiares) y los familiares tienen los mismos derechos a percibirlos sin perjuicio de su sexo o filiación (art. 36) (véase también la STC 134/1996, de 22 de julio, sobre la igualdad fiscal de los regímenes de pensiones).

Las prestaciones del régimen de clases pasivas son exclusivamente pensiones, de carácter económico y pago periódico (art. 18.2). Pueden ser *ordinarias*, *extraordinarias* por razón de lesión, muerte o desaparición producida en acto de servicio o como consecuencia del mismo (notoriamente más cuantiosas) y *excepcionales*, reconocidas en virtud de ley singular en favor de persona determinada (art. 19). Dichas pensiones son por *jubilación o retiro* (forzosa, voluntaria o por incapacidad permanente) y de viudedad, orfandad y en favor de los padres, en razón del fallecimiento del causante (art. 18.2).

La cuantía de las pensiones se fija en aplicación de los haberes reguladores establecidos anualmente por las leyes de presupuestos del Estado en función del grupo de titulación de cada cuerpo o escala y teniendo en cuenta los años de servicios efectivos prestados. La financiación del régimen tiene naturaleza presupuestaria. No obstante, lo cual, el funcionario contribuye durante su vida activa mediante una cuota de derechos pasivos, cuya cuantía se fija en un porcentaje del haber regulador y que se le retiene mensualmente en cada nómina (art. 23).

El Real Decreto-ley 15/2020, de 21 de abril, transfirió la gestión del régimen de clases pasivas, sin modificarlo sustantivamente, desde el Ministerio de Hacienda al Instituto Nacional de la Seguridad Social. Es un paso más hacia esa integración del sistema de previsión social de todos los trabajadores, que ya se venía produciendo. Aunque esa medida fue anulada por la STC 111/2021, de 13 de mayo, por inexistencia del requisito de extraordinaria urgencia para aprobarla mediante decreto-ley, se ha restablecido por la Ley 22/2021, de 28 de diciembre (disp. final 2.ª).

La gestión del régimen de clases pasivas, que tradicionalmente correspondía al Ministerio de Hacienda, está hoy atribuida al Instituto Nacional de la Seguridad Social (arts. 11.1 y 12 LCP, modificado por Ley 31/2022, de 23 de diciembre). Es un paso más hacia esa integración del sistema de previsión social de todos los trabajadores, que ya se venía produciendo.

2. Mutualismo administrativo

Este sistema, complementario del anterior, se regula en el citado Texto Refundido de la Ley de Seguridad Social de los Funcionarios Civiles del Estado, aprobado por Real Decreto Legislativo 4/2000, de 23 de junio; en el Texto Refundido de la Ley de Seguridad Social de las Fuerzas Armadas, aprobado por Real Decreto Legislativo 1/2000, de 9 de junio, y en el Texto Refundido de la Ley de Seguridad Social de los Funcionarios de la Administración de Justicia, aprobado por Real Decreto Legislativo 3/2000, de 23 de junio. Como ya se ha expuesto, se gestiona por las tres mutualidades obligatorias subsistentes, MUFACE, ISFAS y MUGEJU. Aquí nos limitaremos a examinar el primero de estos tres regímenes especiales, dejando constancia de la similitud que con él tienen las normas reguladoras de los otros dos.

La MUFACE es un organismo público autónomo, dotado de plena capacidad jurídica y patrimonio y tesorería propios, sometido a la dependencia del ministerio competente en materia de función pública, que nombra a su Director General. La composición de su Consejo General es paritaria, entre miembros designados por la Administración y representantes de los funcionarios designados por los sindicatos más representativos en el ámbito de la Administración civil del Estado (RD 577/1997, de 18 de abril), en función del resultado de las elecciones sindicales (STS de 23 de enero de 1995).

Todos los funcionarios civiles de la Administración del Estado, incluidos los miembros del Cuerpo de Policía Nacional y los funcionarios civiles al servicio de la Administración militar, ya se hallen en servicio activo, servicios especiales, excedencia forzosa, expectativa de destino o suspensión de funciones e incluso los jubilados (en condiciones especiales) y los funcionarios en prácticas están obligatoriamente incorporados a la Mutualidad. Quienes se encuentren en excedencia voluntaria o pierdan la condición de funcionarios o hayan pasado a formar parte de la función pública de la Unión Europea pueden seguir teniendo la condición de mutualista, siempre que abonen a su cargo las cuotas correspondientes al funcionario y al Estado (art. 8.2 del Texto Refundido).

Los mutualistas ingresan una cuota obligatoria, cuyo porcentaje se fija por las leyes de presupuestos sobre la base de los haberes reguladores de los derechos pasivos, que se les retiene en la nómina mensual. El Estado, a su vez, realiza una aportación destinada a la financiación de las prestaciones obligatorias, cuyo porcentaje también se fija por las leyes de presupuestos.

El régimen del mutualismo administrativo protege frente a las siguientes contingencias: necesidad de asistencia sanitaria, incapacidad temporal o permanente para el servicio y cargas familiares. En virtud de ello, el mutualista y sus beneficiarios tienen derecho a un conjunto de prestaciones que se detallan en la normativa aplicable.

VI. DERECHOS FUNDAMENTALES

Como venimos diciendo, el funcionario y el resto de los empleados públicos son, ante todo, ciudadanos. Gozan por ello del *status civitatis* común y, en términos generales, de los derechos fundamentales y libertades públicas reconocidos a todo ciudadano, derechos y libertades que tienen un valor preferente en nuestro ordenamiento (SSTC 66 y 109/1985, entre otras muchas), puesto que constituyen el fundamento del orden político y la paz social (art. 10.1 CE).

Una afirmación como la que precede y que hoy nos puede parecer superflua es, sin embargo, el resultado de un largo proceso histórico, cuyo punto de partida es radicalmente diferente. Como ya sabemos (véase el capítulo I), durante mucho tiempo ha prevalecido la consideración del funcionario como un servidor del Estado y su identificación con el Estado mismo, diferenciándolo del resto de la ciudadanía. Esa posición fue concebida como una relación de sujeción especial —la más típica de ellas, puede decirse—, caracterizada por vínculos acentuados de dependencia y disciplina. Consecuencia de ello era la calificación de la situación jurídica del funcionario como un *estado de libertad restringida*, en palabras de O. MAYER, que justificó en el pasado numerosas y graves limitaciones de los derechos fundamentales del funcionario. No sólo cuando se encuentra en servicio o con ocasión del servicio, sino incluso cuando se halla fuera del servicio, sobre la base de que ambas situaciones no son realmente diferenciables (el funcionario se halla siempre en servicio, se ha aducido muchas veces a modo de justificación). De hecho, todavía hasta bien entrado el siglo XX algunos países democráticos mantenían reservas y limitaciones a la misma libertad ideológica y de opinión política de los funcionarios públicos (véase la Sentencia del Tribunal Constitucional Federal alemán de 22 de mayo de 1975 y la práctica de restricción del ingreso de personas con ideología comunista en la *École National d'Administration* francesa, a pesar de la jurisprudencia contraria establecida por el célebre *ârret Barel*, de 28 de mayo de 1954).

Hoy en día la fuerza expansiva de la libertad y del Estado democrático de Derecho ha invertido el planteamiento. Por principio, la situación del funcionario es similar a la de cualquier otro ciudadano y a la de cualquier otro trabajador en lo que respecta a la titularidad y ejercicio de los derechos fundamentales. La regla general es, pues, la libertad. No sólo eso, sino que determinados derechos considerados fundamentales por la vigente Constitución tienen precisamente su razón de ser o al menos un campo característico de aplicación en el ámbito del empleo público. Así, la interdicción de toda discriminación entre empleados públicos por razón de sus condiciones personales o sociales (art. 14), el derecho a no ser obligado a declarar sobre la propia ideología, religión y creencias (art. 16.2), el derecho a la intimidad (art. 18.1), la libertad de cátedra [art. 20.1.*c*)], la prohibición de los tribunales de honor (art. 26) y muy especialmente el derecho a acceder a los cargos y funciones públicas en condiciones de igualdad (art. 23.2), que ya hemos examinado con anterioridad (capítulo V). El TREBEP se hace eco de algunos de esos derechos, como el derecho a la intimidad, a la no discriminación, a la libertad de expresión y a la libre asociación profesional [art. 14.*h*), *j*), *k*) y *p*)].

Ahora bien, ningún derecho es ilimitado, sino que encuentra en el ordenamiento jurídico límites y restricciones destinados a proteger los derechos de terceros, el interés general y otros bienes jurídicos protegidos. Así sucede en el caso de los funcionarios y empleados públicos, que sufren ciertas limitaciones en algunos de sus derechos no por razón de su condición personal o profesional, pero sí en función de las necesidades del servicio público, de las exigencias de imparcialidad, eficacia y jerarquía (art. 103.1 y 3 CE) y de fidelidad institucional que son inherentes al régimen de la función pública y de otros principios y preceptos constitucionales. Dichas restricciones no afectan por igual a todos los grupos de empleados públicos, sino que son diferentes en razón de la naturaleza de la función que desempeñan y aún de su posición en el seno de la organización. Algunas se mencionan expresamente en la Constitución (arts. 28.1 y 2, 29.2 y 127.1). Otras derivan de leyes y, en su caso, de reglamentos de ejecución de las mismas, y resultan admisibles siempre que respondan a fines constitucionalmente legítimos y guarden una adecuada y razonable relación y proporción con los fines que pretenden proteger. En todo caso, de todos esos límites debe siempre hacerse la interpretación más favorable a la eficacia de los derechos fundamentales, por lo que deben ser interpretados y aplicados restrictivamente (SSTC 81/1983, de 10 de octubre; 146/1999, de 27 de julio, y 219/2001, de 31 de octubre, entre otras).

Veremos ahora cuáles son los derechos fundamentales y libertades públicas que pueden (o deben) ser limitados en el seno del empleo público y en qué consisten tales limitaciones. En relación con los demás, la situación del funcionario es idéntica a la de cualquier otro ciudadano.

1. Libertad de expresión

Los derechos reconocidos en el artículo 20 CE, de los que la jurisprudencia constitucional proclama la prevalencia frente a otros, puesto que constituyen la garantía de la opinión pública libre (SSTC 12/1982, 107/1988 y 121/1989, entre otras), están sometidos a algunas limitaciones específicas en el ámbito del empleo público. Eso aparte las limitaciones que, para los empleados públicos como para cualquier otro ciudadano, establece el propio artículo 20 CE. Así se deduce también del artículo 14.*k*) TREBEP, que reconoce el derecho de los empleados públicos a la libertad de expresión «dentro de los límites del ordenamiento jurídico». Estas limitaciones específicas pueden clasificarse como sigue.

Por una parte, el derecho a comunicar libremente información veraz está limitado por los deberes de secreto y de discreción que pesan sobre los empleados públicos (art. 53.12 TREBEP). En relación con esta cuestión y con el alcance de esos deberes nos remitimos ahora a lo que expondremos en el capítulo IX. Además, la información vertida al público sobre las condiciones de prestación de un servicio, que está en principio justificada por referirse a asuntos de relevancia pública, debe ponerse en relación y ponderarse con los principios de eficacia y jerarquía, de modo que dicha información debe poder ser «susceptible de verificación, por mínima, pero razonable que sea» (STC 143/1991, de 1 de julio).

Por otra parte, la libertad de expresión en sentido estricto, es decir, el derecho a expresar y difundir libremente los pensamientos, ideas y opiniones mediante la palabra, el escrito o cualquier otro medio de reproducción [art. 20.1.*a*) CE] debe conciliarse con algunas exigencias de los principios de jerarquía y eficacia administrativa. De ahí que el Reglamento de Régimen Disciplinario sancione como falta grave la grave desconsideración con los superiores, compañeros, subordinados y administrados [art. 7.1.*e*) y *o*)]. También deben tenerse en cuenta algunas exigencias del deber de neutralidad o imparcialidad política, cuya violación es, asimismo, sancionable [art. 95.2.*h*) TREBEP]. Pero, en este caso, la interpretación de los límites debe ser claramente restrictiva. A la vista de la jurisprudencia, conviene diferenciar dos tipos de cuestiones: la crítica a los superiores y a sus decisiones o a la organización del servicio en que desempeña su tarea el funcionario y las manifestaciones, críticas o partidistas, de carácter político general.

La crítica sobre los superiores o sus decisiones, incluso la realizada en medios públicos de comunicación, debe estimarse lícita en términos generales, salvo que se realice de manera irrespetuosa o insultante (SSTC 69/1989, de 20 de abril; 6/2000, de 7 de enero; 101/2003, de 2 de junio, y 272/2006, de 25 de septiembre, y STS de 26 de septiembre de 1996, entre otras) o bien ponga en entredicho la autoridad de los superiores o comprometa el buen funcionamiento del servicio (STC 81/1983, de 10 de octubre, y STS de 27 de septiembre de 1989, entre otras), o, en el caso de las Fuerzas y Cuerpos de Seguridad, el crédito y el prestigio de los mismos (STC 273/1994, de 17 de octubre; STEDH de 25 de septiembre de 2012, *Sindicato de Policía de la República de Eslovaquia*). Lógicamente, la apreciación de estas circunstancias y su ponderación debe estar suficientemente justificada por relación al caso concreto y no sólo basarse en declaraciones abstractas. La aplicación del principio de proporcionalidad al relacionar las características de la crítica (mesura o desmesura, reiteración, oportunidad, afectación al servicio, etc.) con el fin que debe protegerse es un elemento decisivo de dicha ponderación.

En la esfera militar existen, sin embargo, reglas peculiares. El artículo 178 de la Ley 85/1978, de 28 de diciembre, hoy ya derogado, reconoció el derecho a la libertad de expresión del militar, pero sometiéndolo a autorización previa de sus superiores «cuando trate cuestiones que pudieran perjudicar a la debida protección de la seguridad nacional o utilice datos que sólo pueda conocer por razón de su destino o cargo en las Fuerzas Armadas». En esta regla se quiso ver por algunos una especie de censura previa incompatible con el artículo 20.2 CE. No lo entendió así el Tribunal Constitucional, que, de conformidad con la jurisprudencia del Tribunal Europeo de Derechos Humanos (Sentencia de 8 de junio de 1976, *caso Engel y otros*, y la de 25 de noviembre de 1997, *caso Grigoriades*), consideró que la existencia de límites especiales, de carácter procedimental y sustantivo, al ejercicio de la libertad de expresión de los miembros de las Fuerzas Armadas (y de la Guardia Civil) deriva del «carácter de organización profundamente jerarquizada, disciplinada y unida» que aquéllas tienen. Por eso tales límites están justificados cuando «respondan a los principios primordiales y los criterios esenciales de la organización y de la institución militar», incluyendo el obligado respeto a los órganos y autoridades superiores (SSTC 371/1993, 270/1994, 288/1994, 127/1995, 120/1996 y 102/2001). Similar doctrina viene manteniendo la Sala 5.ª del Tribunal Supremo (véanse, por ejemplo, Sentencias de 26 de julio y 20 de septiembre de 2010). Ahora, el artículo 12 de la Ley Orgánica 9/2011, de 27 de julio, de derechos y deberes de los miembros de las Fuerzas Armadas, somete el derecho a la libertad de expresión del militar a los límites que derivan de «la salvaguarda de la seguridad y defensa nacional, el deber de reserva y el respeto a la dignidad de las personas y de las instituciones y poderes públicos», así como a «la disciplina» en los asuntos relacionados con el servicio en las Fuerzas Armadas. No obstante, la STS, Sala 5.ª, de 20 de mayo de 2015, declara que la libertad de expresión ampara las manifestaciones críticas realizadas por un militar «con mesura, moderación y corrección», incluso a través de medios de comunicación, doctrina que se contiene también en las SSTC 272/2006 y 38/2017. Por lo que se refiere a la Guardia Civil, la Ley Orgánica 11/2007, de 22 de octubre, reconoce el derecho a la libertad de expresión e información, pero con los límites derivados de su régimen disciplinario, el secreto profesional y el respeto a la dignidad de las personas, las instituciones y los poderes públicos (art. 7.1). En asuntos relacionados con el servicio o la institución se añaden a esos límites los derivados de la disciplina y los deberes de neutralidad política y sindical y de reserva.

Las manifestaciones de crítica política no deben sufrir, en principio, restricciones específicas en el ámbito del empleo público. En nuestra legislación sólo se prevén, en efecto, algunas limitaciones en el ámbito militar, derivadas de la especial incidencia que el principio de neutralidad política y sindical tiene en este ámbito. En concreto, el artículo 12.2 de la citada Ley Orgánica 9/2011 dispone que «el militar —se entiende que en activo— no podrá pronunciarse públicamente ni efectuar propaganda a favor o en contra de los partidos políticos, asociaciones políticas, sindicatos, candidatos a elecciones para cargos públicos, referendos, consultas políticas o programas u opciones políticas», límites aplicados ya por la jurisprudencia anterior (véanse las SSTS, Sala 5.ª, de 17 de junio de 2006 y 26 de julio de 2010, entre otras). Pero también es necesario hacer una aplicación razonable y proporcionada de esta limitación en función de las circunstancias concurrentes (STSS de 11 de octubre de 1990 y de 14 de junio y 20 de diciembre de 2005, Sala 5.ª).

2. Libertad de reunión y asociación políticas

Por regla general los funcionarios y demás empleados públicos no sufren limitaciones de estos derechos fundamentales, más allá de las que están establecidas para todos los ciudadanos (arts. 21 y 22 CE). Sin embargo, el ordenamiento impone excepciones o restricciones para algunos grupos de funcionarios en virtud del plus de imparcialidad o independencia política que conlleva la realización de las funciones que les están atribuidas.

Por lo que se refiere al derecho de asociación política o pertenencia a partidos políticos, la propia Constitución (art. 127.1) lo excluye respecto de jueces, magistrados y fiscales mientras se hallen en activo. Esta exclusión cesa, naturalmente, cuando se encuentran en otra situación administrativa.

También los militares en activo tienen prohibido «vincularse con partidos políticos o sindicatos» (art. 14 de la Ley Orgánica 9/2011, de derechos y deberes de los miembros de las Fuerzas Armadas), prohibición que pesa también sobre los miembros de la Guardia Civil (art. 15 de la Ley Orgánica 2/1986, de 13 de marzo, de Fuerzas y Cuerpos de Seguridad). No existe una restricción en nuestro derecho para los miembros de los demás cuerpos policiales, con independencia de sus obligaciones de imparcialidad en el ejercicio de sus funciones, aunque ese derecho no está garantizado por el Convenio Europeo de Derechos Humanos (STEDH de 10 de abril de 2011, *caso Strzelecki*, sobre la prohibición de afiliación política a miembros de la policía municipal en Polonia).

En cuanto al derecho de reunión y manifestación, el artículo 13 de la Ley Orgánica 9/2011 prohíbe a los militares organizar y participar activamente en las que tengan carácter político o sindical, así como asistir a ellas y a otras en lugares de tránsito público o de carácter reivindicativo vistiendo de uniforme o haciendo uso de su condición de militar. Pero tal prohibición debe interpretarse en un sentido estricto, de manera que no comprende las manifestaciones que tengan por finalidad meras reivindicaciones profesionales (STS de 24 de marzo de 2017). Además, las reuniones que se celebren en las unidades militares deben contar con autorización previa y expresa de los jefes, que pueden denegarlas motivadamente para salvaguardar la disciplina y las necesidades del servicio. Un régimen similar se establece en la Ley Orgánica 11/2007, de 22 de octubre (art. 8), para los miembros de la Guardia Civil.

3. Derecho de sufragio pasivo

También este derecho está excluido para algunos funcionarios con el fin de garantizar su imparcialidad y evitar posibles interferencias espurias en los procesos electorales. En concreto y además de los funcionarios que desempeñan cargos superiores y directivos de la Administración General del Estado, central y periférica, son inelegibles, según el artículo 6.1 de la Ley Orgánica de Régimen Electoral General (LOREG), los magistrados, jueces y fiscales en activo, los militares profesionales y de complemento y los miembros de las Fuerzas y Cuerpos de Seguridad y de Policía en activo [aps. *h*) e *i*)]. Tampoco son elegibles durante su mandato por las circunscripciones de su jurisdicción los funcionarios que ejerzan la función de mayor nivel de cada ministerio en las distintas demarcaciones territoriales de ámbito inferior al estatal [art. 6.3.*a*) LOREG], los presidentes, directores y asimilados de entidades autónomas de competencia territorial limitada y los delegados del Gobierno en ellas [art. 6.3.*b*) LOREG], los presidentes y directores de los órganos periféricos de las entidades gestoras de la Seguridad Social [art. 6.3.*d*) LOREG], los secretarios generales de las delegaciones y subdelegaciones del Gobierno [art. 6.3.*e*) LOREG] y el director y los delegados provinciales de la Oficina del Censo Electoral [arts. 6.1.*ñ*) y 6.3.*f*) LOREG].

Los magistrados, jueces y fiscales, los militares y miembros de las Fuerzas y Cuerpos de Seguridad que deseen presentarse a las elecciones deben solicitar el pase a la situación que les corresponda (art. 7.3 LOREG). Esta situación no es otra que la de excedencia voluntaria [art. 356.*f*) LOPJ] o la de servicios especiales [art. 109.1.*d*) de la Ley 39/2007, de 19 de noviembre, de la carrera militar]. De no resultar elegidos, los magistrados y jueces deben optar en un plazo de treinta días por seguir en excedencia voluntaria o reintegrarse en el servicio activo, mediante comunicación al Consejo General del Poder Judicial. También los militares pueden reintegrarse al servicio activo de no resultar elegidos o al término de su mandato representativo. Por lo que se refiere a magistrados y jueces, al finalizar su mandato deben solicitar el reingreso al servicio activo si lo desean y quedan a disposición del Presidente del Tribunal Superior de Justicia de la Comunidad Autónoma de su último destino, con preferencia para ocupar plaza de su categoría en la provincia o Comunidad Autónoma correspondiente (art. 358.3 LOPJ). No obstante, y en garantía de imparcialidad, durante los cinco años posteriores al reingreso no pueden acceder a puestos de la carrera judicial que no sean de los que se proveen por estricta antigüedad (art. 360 LOPJ). Los miembros de las Fuerzas y Cuerpos de Seguridad tienen derecho en todo caso a la reserva de puesto o plaza y de destino (art. 7.4 LOREG).

4. Derecho a la libre asociación profesional

Este derecho se reconoce ahora en el artículo 14.*p*) TREBEP como un derecho individual, para diferenciarlo de los derechos sindicales regulados en el artículo 15. Pues se quiere subrayar que no debe confundirse la asociación profesional con la asociación sindical, que tiene sus reglas específicas en la LOLS y legislación concordante como veremos en el próximo capítulo. Ello, no obstante, los empleados públicos pueden crear libremente asociaciones profesionales que no sean sindicatos, para defender sus intereses, aunque tales asociaciones carecerán de la legitimación para negociar con la Administración las condiciones de empleo que el TREBEP reserva a los sindicatos y sus miembros no tendrán las garantías y derechos que la ley otorga a los miembros de los sindicatos en el ejercicio de sus tareas propias de defensa y representación. Tales asociaciones profesionales se regulan por la Ley Orgánica 1/2002, de 22 de marzo, del derecho de asociación.

Ahora bien, resulta que la Constitución permite exceptuar del ejercicio del derecho de asociación sindical a los miembros de las Fuerzas e Institutos Armados y demás Cuerpos sometidos a disciplina militar (art. 28.1) y prohíbe la pertenencia a sindicatos de jueces, magistrados y fiscales en activo (art. 127.1). Estas exclusiones, junto a la voluntad de los miembros de estos grupos de funcionarios públicos de defender sus intereses profesionales, los ha llevado a la creación de asociaciones profesionales que tienen un reconocimiento legal específico. Es el caso de las asociaciones profesionales de jueces, magistrados y fiscales contempladas en el propio artículo 127.1 CE y en los artículos 401 LOPJ y 54 del Estatuto Orgánico del Ministerio Fiscal, regulado por Ley 50/1981, de 30 de diciembre, respectivamente. El mismo derecho se reconoce a los miembros de la Guardia Civil por la Ley Orgánica 11/2007, de 22 de octubre, que prohíbe a sus asociaciones, no obstante, llevar a cabo actividades políticas o sindicales y formar parte de partidos o sindicatos (pero no afiliarse a asociaciones profesionales de policía de ámbito europeo: STS de 13 de febrero de 2018). Por lo que se refiere a las Fuerzas Armadas, la STC 219/2001, de 31 de octubre, consideró contraria al derecho de asociación la negativa a inscribir en el Registro de Asociaciones a una que tenía, entre otros fines, realizar gestiones para conseguir beneficios de los miembros de las Fuerzas Armadas en el orden económico, moral y social, y finalmente ese derecho se ha regulado con detalle en el Título III de la citada Ley Orgánica 9/2011, de derechos y deberes de los miembros de las Fuerzas Armadas. Inevitablemente, estas asociaciones profesionales, aun no siendo sindicatos, asumen ciertas funciones representativas y de participación o consulta por la Administración que en otros ámbitos son propias de los sindicatos y así lo reconocen las leyes que las regulan.

Por otra parte, este derecho tiene también una *vertiente negativa*, consistente en la libertad de no asociarse. Este aspecto determina la inconstitucionalidad de la obligación de los funcionarios y empleados públicos de formar parte de un colegio profesional, pues la colegiación puede ser obligatoria para el ejercicio de las profesiones liberales, como medio de control del cumplimiento de las reglas de la profesión, control que en el caso de los empleados públicos corresponde por esencia a la Administración empleadora (SSTC 76/2003, de 23 de abril; 227/2003, de 15 de diciembre, y 6/2005, de 17 de enero, entre otras).

5. Derecho de petición colectiva

La Constitución prohíbe este derecho —no así el de petición individual— a los miembros de las Fuerzas o Institutos Armados o de los Cuerpos sometidos a disciplina militar (art. 29.2), prohibición en la que resuenan los ecos de nuestra historia. El artículo 15.2 de la Ley Orgánica de Fuerzas y Cuerpos de Seguridad (y ahora el art. 13 de la Ley Orgánica 11/2007) recuerdan que la misma limitación atañe a los miembros de la Guardia Civil, como Instituto de naturaleza militar.

PARA PROFUNDIZAR

F. J. Blasco Lahoz, *El régimen de clases pasivas del Estado*, Albacete, 2006; A. Canales Gil, *El sistema español de clases pasivas del Estado*, Madrid, 1996; F. A. Castillo Blanco, «Luces y sombras del complemento de productividad: ¿un concepto retributivo inaplicado?», *Justicia Administrativa*, 8, 2000; íd., *El sistema retributivo en la función pública española*, Madrid, 2002; G. Fernández Farreres, «Las asociaciones profesionales de Jueces y Magistrados», *Revista Española de Derecho Administrativo*, 35, 1982; S. Fernández Ramos, «El control judicial de la asignación de los complementos de destino y específico», *Administración de Andalucía*, 33, 1999; A. Guaita Martorell, «Los derechos fundamentales de los militares», en *Estudios en homenaje de J. L. Villar Palasí*, Madrid, 1989; J. Gonzalo González y J. L. Nuño Rubio, *La Seguridad Social de los funcionarios públicos en España*, Madrid, 1997; M. Lafuente Benaches, «Las prohibiciones de discriminación y acoso en la función pública», *Revista Española de Derecho Administrativo*, 138, 2008; M. López Benítez, *Naturaleza y presupuestos constitucionales de las relaciones especiales de sujeción*, Madrid, 1994; J. B. Lorenzo de Membiela, *Licencias y permisos de los funcionarios públicos*, Pamplona, 2.ª ed., 2007; S. Muñoz Machado, «Notas sobre la libertad de opinión y la actividad política de los funcionarios públicos», *Revista Española de Derecho Administrativo*, 11, 1976; C. Ortuño Navalón y R. Manzana Laguarda, *Las retribuciones de los funcionarios públicos*, 2008; A. Solana Pérez, *Aplicación y control judicial del complemento específico en la retribución de los funcionarios públicos*, Granada, 2000.

CAPÍTULO IX

DERECHOS DE LOS FUNCIONARIOS PÚBLICOS (II). DERECHOS DE EJERCICIO COLECTIVO

SUMARIO: I. EL RECONOCIMIENTO DE LOS DERECHOS SINDICALES EN EL ÁMBITO DE LA FUNCIÓN PÚBLICA. II. LA LIBERTAD SINDICAL. 1. *El derecho de sindicación.* 2. *La actividad sindical y el derecho de reunión.* 3. *Representación del personal.* 4. *Derecho de participación institucional.* III. DERECHO DE HUELGA. IV. CONFLICTOS COLECTIVOS DE TRABAJO Y SOLUCIÓN EXTRAJUDICIAL. V. DERECHO DE PARTICIPACIÓN EN LA DETERMINACIÓN DE LAS CONDICIONES DE TRABAJO. VI. LA NEGOCIACIÓN COLECTIVA DE LOS FUNCIONARIOS. 1. *Configuración legal y consolidación del derecho a la negociación colectiva.* 2. *Significado y principios de la negociación colectiva de los funcionarios.* A) Las peculiaridades de este sistema de negociación colectiva. B) Principios de la negociación. 3. *Legitimación para negociar y composición de las Mesas.* 4. *Estructura de la negociación.* 5. *Materias objeto de la negociación.* 6. *Resultado de la negociación. Pactos y acuerdos.* A) Definición y modalidades. B) Efectos jurídicos. C) Fracaso de la negociación.

I. EL RECONOCIMIENTO DE LOS DERECHOS SINDICALES EN EL ÁMBITO DE LA FUNCIÓN PÚBLICA

El desarrollo del sindicalismo en la función pública es uno de los hitos, si no el más importante, que han marcado la transformación sustancial del régimen jurídico de los funcionarios que se produjo a lo largo del siglo XX.

Más aún que respecto de otros, en relación con estos derechos sindicales el punto de partida es su negación. No sólo como reflejo del rechazo general del derecho de asociación sindical propio del primer liberalismo —no hace falta recordar aquí que los derechos sindicales son una conquista de finales del siglo XIX, en muchos países no consolidada hasta bien entrado el siglo XX—. En el caso de los funcionarios además la actividad sindical se consideró en un primer momento radicalmente incompatible con los principios en que se basa la función pública de carrera: la jerarquía, la disciplina, la prevalencia absoluta del interés general en ese ámbito doméstico, la continuidad de los servicios públicos, la legalidad estatutaria. Para la mayoría de los autores clásicos del derecho administrativo la introducción de la confrontación sindical en el empleo público carece de justificación, pues se considera que es una manifestación de la lucha de clases que sólo tiene sentido allí donde existe contraposición de intereses, es decir, en la empresa privada, pero no en el empleo público, puesto que el funcionario está por esencia identificado con el Estado y actúa al servicio del interés general.

La realidad, sin embargo, suele ser más terca que la dogmática jurídica. Por eso, aquella concepción originaria fue admitida mayoritariamente mientras la burocracia comprendía un número reducido de efectivos, en su inmensa mayoría procedentes de las clases alta y media y dotados de un espíritu de elite o de casta, que ejercían funciones de autoridad. Pero, desde finales del siglo XIX, a medida que se desarrollan los grandes servicios públicos (la enseñanza, la sanidad, correos y telecomunicaciones, transportes y grandes obras públicas, etc.) y el Estado empieza a intervenir regularmente en la vida económica y social creando organismos y empresas públicas, la situación real del sindicalismo funcionarial comienza a cambiar y da lugar a un replanteamiento legislativo y doctrinal. Primero, porque una parte creciente de los empleados públicos se *proletariza* —por usar una terminología de aquella época, más que de hoy—, pero no goza de los instrumentos de defensa de sus derechos económicos y sociales que van adquiriendo los trabajadores del sector privado. Segundo, porque la creciente escasez relativa de los recursos públicos incita a otros muchos grupos de funcionarios, desde posiciones ideológicas muy variadas, a conseguir instrumentos de reivindicación y defensa de sus intereses profesionales.

Poco a poco y muchas veces previos duros conflictos colectivos que logran vencer las resistencias, los derechos sindicales van alcanzando reconocimiento legal en el marco de la función pública. Primero se admite la creación de asociaciones profesionales de funcionarios, pero con prohibición expresa de la afiliación y federación con sindicatos *de clase* o centrales sindicales (así en la Ley de Asociaciones francesa de 1 de julio de 1901, en la Ley Lloyd-La Fayette norteamericana de 12 de agosto de 1912 e, indirectamente, en el Estatuto de Maura de 22 de julio de 1918 y después en el art. 41 de la Constitución de 1931, por lo que a nuestro país respecta). Y ya después de la Segunda Guerra Mundial, con el precedente significativo del sindicalismo británico de los *Whitley Councils* (desde 1919), el reconocimiento de la libertad sindical en el empleo público se impone, con algunas excepciones, en los países democráticos. En Francia mediante el Estatuto de 19 de octubre de 1946, en Alemania por Ley de 14 de julio de 1953, en Italia directamente en virtud del artículo 39 de la Constitución de 1947... hasta ser recogida de manera implícita o expresa por instrumentos internacionales, en particular los Pactos Internacionales de Derechos Civiles y Políticos y de Derechos Económicos, Sociales y Culturales de 1966, el Convenio Europeo de Protección de los Derechos Humanos de 1950 (conforme a la STEDH de 21 de 2006, *Tum Haber Sen y Çinar c. Turquía*, por ejemplo) y el Convenio número 151 de la OIT, de 27 de junio de 1978. Hoy en día, cuando las luchas políticas y sociales del pasado pueden contemplarse con cierta distancia histórica, la sindicalización de los funcionarios se nos antoja un hecho natural. Tan natural como que el funcionario, sin merma alguna de su dignidad y sin perjuicio de su ética de servicio, pueda y deba ser considerado material o sustantivamente como un trabajador, cada cual con su profesión, su nivel y sus características.

De todas formas, no hay que olvidar que la evolución de los derechos sindicales en la función pública ha sido lenta y desigual durante las últimas décadas. En primer lugar, la generalidad de las legislaciones y el propio Convenio 151 de la OIT excluyen o establecen restricciones del ejercicio de estos derechos en el ámbito de las Fuerzas Armadas, de la Policía y de algunos otros colectivos. En segundo lugar, una cosa es la libertad de fundar y afiliarse a sindicatos y confederaciones sindicales y otra el reconocimiento del derecho de huelga, manifestación extrema de la lucha sindical, y de la negociación colectiva. Uno y otro derecho se han venido extendiendo al campo de la función pública con mayor retraso y limitaciones y, en el caso de la negociación colectiva, con un carácter bastante distinto al que tiene en el derecho del trabajo aun en aquellos países que han optado por la privatización o laboralización casi general de las relaciones de empleo en el sector público.

En España, el proceso histórico similar al de otros Estados europeos que se siguió hasta la Guerra Civil quedó interrumpido por el largo período de privación de libertades que la sucedió. Durante ese período se prohibió y se reprimió la libertad sindical de los funcionarios, en coherencia con un modelo de sindicalismo corporativo que agrupaba en las mismas organizaciones y obligatoriamente a empleados y patronos. Ello, no obstante, proliferaron, sin una base jurídica cierta, las asociaciones profesionales de funcionarios, reflejo a su vez del particularismo de los cuerpos. La situación se empezó a normalizar en el período de transición a la democracia.

La Constitución de 1978 reconoce con carácter general el derecho de libre sindicación, del que sólo permite exceptuar a los miembros de las Fuerzas o Institutos Armados y demás Cuerpos sometidos a disciplina militar (art. 28.1) y a los jueces, magistrados y fiscales en activo (art. 127.1). Pero también permite establecer por ley peculiaridades de su ejercicio para los funcionarios públicos (art. 28.1). Reconoce igualmente el derecho de huelga de los trabajadores, con el límite de las garantías del mantenimiento de los servicios esenciales de la comunidad (art. 28.2). Y garantiza el derecho a la negociación colectiva laboral entre los representantes de los trabajadores y empresarios (art. 37.1). Estos textos abrieron un conjunto de interrogantes sobre los derechos sindicales de los funcionarios, que sólo la jurisprudencia y la evolución legislativa postconstitucional han permitido despejar.

En efecto, y como diremos con más detalle, la LOLS de 1985 reguló el derecho de sindicación de los funcionarios civiles en los mismos términos que para los empleados con contrato laboral, del sector público o privado, mientras que la jurisprudencia despejó pronto las dudas sobre el ejercicio de huelga de los funcionarios civiles, no contemplado expresamente en el Real Decreto-ley 17/1977, de 4 de marzo. Posteriormente, la Ley 9/1987, de 12 de junio, modificada por Ley 7/1990, reguló con carácter general un sistema de negociación colectiva para los funcionarios públicos. En la actualidad, todos estos derechos han quedado consolidados por el TREBEP, que en su artículo 15 reconoce a todos los empleados públicos los siguientes derechos, que denomina «individuales que se ejercen de forma colectiva»:

a) A la libertad sindical.

b) A la negociación colectiva y la participación en la determinación de las condiciones de trabajo.

c) Al ejercicio de la huelga, con garantía del mantenimiento de los servicios esenciales de la comunidad.

d) Al planteamiento de conflictos colectivos de trabajo, de acuerdo con la legislación aplicable en cada caso.

e) Al de reunión, en los términos establecidos en el artículo 46 de este Estatuto.

En el Capítulo IV de su Título III, el TREBEP regula algunos de estos derechos, sobre todo por lo que se refiere a los funcionarios, pues en el caso de los empleados públicos con contrato laboral se aplica la legislación laboral común con muy pocos matices. Además, se reconocen los derechos de representación y de participación institucional, íntimamente ligados a la actividad sindical. En las líneas que siguen exponemos el contenido de la legislación vigente sobre la materia, referida a los funcionarios.

El análisis propiamente jurídico que abordamos no debe hacer olvidar, sin embargo, que la realidad de la práctica sindical en las administraciones públicas es muy diferente a la del sector privado. En aquéllas se pierde a veces el equilibrio entre las reivindicaciones profesionales y los poderes de dirección del empleador, lo que puede dar lugar, en aras de la paz social (no siempre bien entendida), a ciertos abusos en perjuicio de la calidad de los servicios públicos y de la eficacia de la Administración. De ahí que la legislación vigente sobre toda esta materia no sólo deba interpretarse y aplicarse en clave de garantía de los derechos colectivos de los empleados públicos sino también en atención al derecho de los ciudadanos a la buena administración. Pues, como declara la importante Sentencia del Tribunal Supremo de 28 de septiembre de 2011, «la acción sindical, en cuanto manifestación de un derecho fundamental (art. 28 CE), es ciertamente importante, pero su ejercicio necesariamente ha de armonizarse con las exigencias del principio constitucional de eficacia administrativa (art. 103 CE) [...] y debe decirse que este principio no tolera disfunciones en el funcionamiento administrativo, pues lo que pone de manifiesto es que los principales protagonistas de la actividad administrativa son los ciudadanos, como titulares y destinatarios que son de los intereses generales a que necesariamente ha de servir toda Administración Pública por imperativo constitucional (art. 103.1)». En el mismo sentido ha recordado el Tribunal Constitucional que «el ejercicio de la actividad sindical en el seno de las administraciones públicas reconocido en la Constitución está sometido a ciertas peculiaridades derivadas lógicamente de los principios de eficacia y jerarquía que deben presidir, por mandato constitucional, la acción de la función pública (art. 103.1), y que no pueden ser objeto de subversión ni menoscabo» (SSTC 143/1991, de 1 de julio, y 70/2000, de 13 de marzo). Y, en fin, la STS de 30 de marzo de 2015, declara que «[…] nos desenvolvemos en un ámbito en que el principio de eficacia administrativa y la regularidad de los servicios públicos son fines de interés público que prevalecen sobre los intereses individuales o colectivos de los funcionarios públicos».

II. LA LIBERTAD SINDICAL

1. El derecho de sindicación

Según el artículo 28.1 CE, la libertad sindical comprende el derecho a fundar sindicatos y a afiliarse al de su elección, así como el derecho de los sindicatos a formar confederaciones y a fundar organizaciones sindicales internacionales o afiliarse a las mismas. También comprende el derecho a no afiliarse a un sindicato, a lo que nadie puede ser obligado, ni directa ni indirectamente.

La Ley Orgánica 11/1985, de 2 de agosto, de Libertad Sindical, ha precisado el contenido de estos derechos y, lo que es aquí más importante, los ha sancionado por igual para los trabajadores sujetos de una relación laboral como para los que tengan una relación de carácter administrativo o estatutario al servicio de las administraciones públicas (art. 1.2). En términos generales, pues, los funcionarios públicos tienen los mismos derechos de libre sindicación que los demás trabajadores por cuenta ajena.

La ley exceptúa solamente del ejercicio de este derecho, conforme a la Constitución, a los miembros de las Fuerzas Armadas y de los Institutos Armados de carácter militar (art. 1.3), así como a los jueces, magistrados y fiscales mientras permanezcan en activo (art. 1.4). De estos colectivos, la exclusión del personal militar no ha planteado hasta ahora problemas jurídicos de consideración. Bien entendido que la exclusión no afecta al personal civil al servicio de la Administración militar, como se pretendió todavía durante la transición a la democracia. En cambio, si ha dado lugar a algún conflicto en relación con los miembros de la Guardia Civil. Declarada la naturaleza militar de este Instituto armado, cuya licitud ha ratificado el Tribunal Constitucional por SSTC 31/1985, 93/1986 y 194/1989, la consecuencia es la negación del derecho de sindicación de sus miembros, que recoge el artículo 15.2 de la Ley Orgánica de Fuerzas y Cuerpos de Seguridad (en tal sentido, STS de 22 de junio de 2016). No obstante, y como ya dijimos en el capítulo anterior, después de años de reivindicación y más de un conflicto soterrado o abierto, la Ley Orgánica 11/2007, de 22 de octubre, reguladora de los derechos y deberes de los miembros de la Guardia Civil, ha reconocido el derecho de asociación profesional en la Guardia Civil, si bien las asociaciones de este tipo no pueden llevar a cabo actividades políticas o «sindicales» ni formar parte de partidos políticos o sindicatos (art. 9). Dicha Ley Orgánica regula con atención el régimen específico de tales asociaciones, que deben tener ámbito estatal y constituirse por tiempo indefinido y que han de tener por finalidad principal la satisfacción de los «intereses sociales, económicos y profesionales de sus asociados y la realización de actividades sociales que favorezcan la eficiencia en el ejercicio de la profesión y la deontología profesional de sus miembros». Aunque no pueden convocar huelgas ni adoptar medidas de conflicto colectivo y carecen del derecho de negociación colectiva en sentido estricto (art. 41), las asociaciones de esa naturaleza que se consideren representativas, por tener al menos un miembro electo en el Consejo de la Guardia Civil (art. 43), deben ser informadas y consultadas cuando se regulen las condiciones de trabajo de los miembros de la Guardia Civil. Por otra parte, la STC 219/2001, de 31 de octubre, consideró contrario al derecho de asociación la negativa a inscribir en el Registro de Asociaciones a una que tiene, entre otros fines, realizar gestiones para conseguir beneficios para los miembros de las Fuerzas Armadas en el orden económico, moral y social. Y, finalmente, el derecho de asociación profesional de los miembros de las Fuerzas Armadas y su participación en un Consejo de Personal específico ha sido reconocido y regulado por la Ley Orgánica 9/2011, de 27 de julio.

Por lo que se refiere a los jueces, magistrados y fiscales en activo, su carencia de libertad sindical no es incompatible tampoco con la posibilidad de constituir *asociaciones profesionales*, reconocida en el propio artículo 127.1 CE y regulada por el artículo 401 LOPJ para jueces y magistrados y para los fiscales en el artículo 54 de su Estatuto Orgánico, regulado por Ley 50/1981, de 30 de diciembre. Estas asociaciones sólo pueden tener como fin la defensa de los intereses profesionales de sus miembros y la realización de actividades al servicio de la Justicia, no pueden tener vinculaciones con partidos políticos y sindicatos y han de tener ámbito nacional. Ningún juez o magistrado puede ser obligado a afiliarse a ellas ni puede pertenecer a más de una de ellas.

Por otra parte, la Ley Orgánica de Libertad Sindical admite peculiaridades del derecho de sindicación de los miembros de los Cuerpos y Fuerzas de Seguridad que no tengan carácter militar, «dado el carácter armado y la organización [particularmente] jerarquizada de estos Institutos», remitiéndose a su legislación específica. Estas peculiaridades se regulan, para el Cuerpo Nacional de Policía, en el artículo 8 de la Ley Orgánica 9/2015, de 28 de julio. Los miembros de este Cuerpo pueden constituir organizaciones sindicales de ámbito nacional para la defensa de sus intereses profesionales, afiliarse a las mismas y participar en ellas. Pero no pueden afiliarse a organizaciones que no estén formadas exclusivamente por miembros del propio Cuerpo y estas organizaciones no pueden federarse o confederarse con otras que, a su vez, no estén integradas exclusivamente por miembros del referido Cuerpo. Sí pueden formar parte de organizaciones internacionales de su mismo carácter. Tales restricciones no se imponen en la citada ley orgánica a los miembros de las policías locales y de las Comunidades Autónomas.

La Ley Orgánica de Libertad Sindical concreta el contenido de la libertad sindical diferenciando el derecho a fundar sindicatos sin autorización previa y a suspenderlos o a extinguirlos por procedimientos democráticos, el derecho individual a afiliarse al sindicato de su elección, con la sola condición de observar sus estatutos, a separarse libremente de él y a no ser obligado a afiliarse, el derecho de los afiliados a elegir libremente a sus representantes dentro del sindicato y el derecho a la actividad sindical (art. 2.1). También recoge el derecho de las organizaciones sindicales a redactar sus estatutos y reglamentos, autoorganizarse y formular sus programas, a constituir federaciones, confederaciones y organizaciones internacionales y a afiliarse a ellas y retirarse de ellas. Por cierto, ningún impedimento legal o constitucional existe para constituir organizaciones sindicales de funcionarios limitadas a ciertos grupos o especialidades de los mismos (SSTC 152/2008 y 96/2009).

De todos estos derechos nos interesa tratar aquí solamente el derecho a la *actividad sindical*, que es el que presenta especificidades en el ámbito de la función pública.

2. La actividad sindical y el derecho de reunión

Según el artículo 8.1 de la Ley Orgánica de Libertad Sindical, los trabajadores —incluidos los funcionarios— afiliados a un sindicato tienen el derecho a constituir secciones sindicales en su empresa o centro de trabajo, de conformidad con lo establecido en los estatutos del sindicato, a celebrar reuniones, recaudar cuotas y distribuir información sindical fuera de las horas de trabajo y sin perturbar la actividad normal en la *empresa* y a recibir información que les remita el sindicato.

Estos derechos, sin embargo, no pueden ejercitarse por personal civil (tampoco por el militar, obviamente), ya sea laboral o funcionario, «en el interior de los establecimientos militares» (disp. adic. 3.ª de la Ley Orgánica de Libertad Sindical, avalada indirectamente por la STC 101/1991, de 13 de mayo), en función de la salvaguarda de los intereses de la defensa nacional.

Señalada la anterior excepción, el único de los derechos de actividad sindical mencionados que presenta alguna peculiaridad en el ámbito de la función pública es el de *reunión sindical*, regulado hoy por el artículo 46 TREBEP, que deroga los artículos 41 a 43 de la Ley 9/1987, de 12 de junio, algo más extensos. El TREBEP, además, unifica el régimen del derecho de reunión de todos los empleados públicos, funcionarios y laborales, poniendo fin en el ámbito del empleo público a las diferencias existentes en aquellos preceptos derogados y los del Estatuto de los Trabajadores (arts. 77 a 81 de su Texto Refundido).

Según el TREBEP, están legitimados para convocar las reuniones las organizaciones sindicales directamente, o a través de los delegados sindicales, los delegados de personal, las juntas de personal, los comités de empresa y un número de empleados públicos no inferior al 40 por 100 del colectivo convocado (art. 46.1). Las reuniones en el centro de trabajo se autorizarán fuera de las horas de trabajo, salvo acuerdo entre el órgano competente en materia de personal y quienes estén legitimados para convocarlas. En cualquier caso, la reunión no puede perjudicar la prestación de los servicios (art. 46.2; véase STS de 7 de febrero de 1995 y la STSJ de Madrid de 28 de febrero de 2007) y los convocantes de la misma son responsables de su normal desarrollo.

En coherencia con lo dispuesto en el artículo 8.2 LOLS, la legislación básica derogada por el EBEP (art. 42 LORDP) establecía la obligación de habilitar locales con material adecuado para reuniones sindicales y lugares adecuados para la exposición de anuncios sindicales o tablones de anuncios (art. 42.4). Estas determinaciones quedan ahora a expensas de la legislación de desarrollo del TREBEP o de la negociación colectiva.

3. Representación del personal

El artículo 2.2.*d*) LOLS dispone también que la actividad sindical de las organizaciones comprende, entre otros, el derecho a presentar candidaturas para la elección de los comités de empresa y delegados de personal y órganos correspondientes de las administraciones públicas. A este respecto el TREBEP regula el ejercicio de este derecho de representación por los funcionarios públicos —no por el personal laboral, al que se sigue aplicando el Estatuto de los Trabajadores—, los órganos en que se concreta, la elección de sus miembros, sus funciones y garantías. A ello nos debemos referir ahora.

Según el artículo 31 TREBEP, por representación hay que entender a estos efectos, «la facultad de elegir representantes y constituir órganos unitarios a través de los cuales se instrumente la interlocución entre las administraciones públicas y sus empleados». Esta representación no debe confundirse con la representatividad de las organizaciones sindicales regulada en los artículos 6 y 7 LOLS a los efectos oportunos, entre ellos el de tomar parte en la negociación colectiva.

Órganos específicos de representación de los funcionarios son los *delegados de personal* y las *juntas de personal* (art. 39.1 TREBEP). Los delegados existen en las unidades electorales de las administraciones públicas que tengan menos de cincuenta funcionarios y al menos seis (art. 39.2). Las juntas se constituyen en unidades electorales con un censo mínimo de cincuenta funcionarios (art. 39.3). Las leyes del Estado y de las Comunidades Autónomas deben regular cuáles son las unidades electorales, aunque los órganos de gobierno de cada administración (incluidas las locales, pues) pueden modificar o establecer unidades electorales en razón de los colectivos afectados, adecuando su estructura a los ámbitos de la negociación colectiva (art. 39.4). Mientras no se desarrolle el TREBEP, y allí donde no existan leyes de desarrollo, se siguen aplicando las determinaciones de las unidades electorales previstas en el artículo 7 LORDP, cuya vigencia salva expresamente el TREBEP [disp. derog. única *c*)], ya modificadas, por cierto, para el ámbito de la Administración General del Estado por el Real Decreto-ley 20/2012, de 13 de julio (arts. 12 y 14), y por la Ley 25/2015, de 28 de julio. El TREBEP regula, asimismo, el número de miembros de las juntas de personal, entre cinco y setenta y cinco, dependiendo del número de funcionarios de la unidad electoral, y la elección de su presidente y secretario, así como la elaboración y aprobación de su propio reglamento, que no puede ser contrario a la legislación vigente, como es obvio (art. 39.5 y 6).

Por lo que se refiere a las elecciones a delegados y juntas de personal, que fueron reguladas con gran minuciosidad por la LORDP (arts. 13 a 29), el TREBEP se limita a regular su promoción (art. 43) y los criterios generales del procedimiento electoral (art. 44), que ahora deben ser desarrollados reglamentariamente. Ello, no obstante, mientras no se desarrollen estos criterios por las leyes de aplicación del TREBEP, se mantiene como normativa básica una buena parte de su regulación contenida en la LORDP (disp. trans. 5.ª TREBEP), regulación desarrollada, por cierto, para el ámbito del Estado por el Real Decreto 1846/1994, de 9 de septiembre.

Las elecciones pueden ser promovidas por los sindicatos más representativos a nivel estatal y, si la unidad electoral está ubicada en el ámbito geográfico de una Comunidad Autónoma, también por los sindicatos más representativos a nivel de la misma. Asimismo, por otros sindicatos que hayan obtenido el 10 por 100 de los representantes en el conjunto de las administraciones públicas o en la unidad electoral de que se trate. Finalmente, también pueden promover las elecciones los funcionarios de la unidad electoral, por acuerdo mayoritario.

La elección debe realizarse mediante sufragio personal, directo, libre y secreto, que podrá emitirse por correo o medios telemáticos. Son electores y elegibles los funcionarios en servicio activo, salvo que ocupen cargos cuyo nombramiento se efectúe por real decreto o decreto autonómico (o de Ceuta y Melilla). Pueden presentar candidaturas las organizaciones sindicales o coaliciones de éstas y también grupos de electores de la misma unidad, siempre que su número sea al menos el triple de los miembros a elegir. Las juntas de personal se eligen mediante listas cerradas y un sistema proporcional corregido y los delegados de personal mediante listas abiertas y sistema mayoritario. Órganos electorales son las mesas electorales y las oficinas públicas permanentes para el cómputo y certificación de resultados que regula el derecho laboral. En fin, las reclamaciones en esta materia electoral se resuelven por vía arbitral, salvo las que se dirijan contra la denegación de actas electorales, que se pueden plantear directamente ante la Jurisdicción Social (al igual que la impugnación de los laudos arbitrales, en su caso).

Las facultades que el TREBEP (art. 40.1) atribuye a los delegados y juntas de personal, más reducidas que las previstas por la legislación anterior (LORDP), pueden sistematizarse como sigue:

a) Funciones de información. Por un lado, recibirla sobre la política de personal de la Administración de que se trate y sobre los datos referentes a la evolución de las retribuciones, evolución probable del empleo y programas de mejora del rendimiento. También, específicamente, ser informados sobre las sanciones impuestas por faltas muy graves. Esta función, no limita, por lo demás, los derechos de información que les corresponden, como a cualquier ciudadano, de conformidad con la Ley 9/2013, de 9 de diciembre, de Transparencia. Acceso a la Información Pública y Buen gobierno (STS de 11 de junio de 2020).

b) Funciones de informe y audiencia, sobre el traslado total o parcial de instalaciones e implantación o revisión de sistemas de organización y métodos de trabajo, a solicitud de la Administración, sobre el establecimiento de la jornada laboral y horario de trabajo, régimen de vacaciones y permisos.

c) Funciones de vigilancia. Sobre cumplimiento de las normas relativas a las condiciones de trabajo, prevención de riesgos laborales, Seguridad Social y empleo, ejerciendo, en su caso, las acciones legales oportunas ante los organismos competentes.

d) Funciones de colaboración con la Administración, para establecer medidas que procuren el mantenimiento e incremento de la productividad.

En todo lo relativo al ámbito de sus funciones, las juntas de personal, colegiadamente y por decisión mayoritaria de sus miembros (mayoría simple, a falta de otra precisión), y los delegados de personal mancomunadamente, están legitimados para iniciar como interesados los correspondientes procedimientos administrativos, así como para ejercitar acciones en vía administrativa y judicial (art. 40.2 TREBEP). No son, sin embargo, órganos de negociación colectiva ni tienen legitimación para ello, como recuerda la STC 85/2001, de 26 de marzo.

El mandato de los delegados y miembros de las juntas de personal es de cuatro años y se entiende prorrogado si a su término no se han promovido nuevas elecciones, pudiendo ser reelegidos sin límite ninguno, aunque los representantes con mandato prorrogado no se contabilizan para medir la representatividad de los sindicatos (art. 42 TREBEP). Su condición les otorga un *status* especial, compuesto de ciertos derechos y deberes específicos. Los primeros (art. 41.1 TREBEP) se traducen en la libertad de acceso y circulación por las dependencias de su unidad electoral, sin entorpecer el normal funcionamiento de la Administración, en horario de trabajo y salvo en zonas reservadas; en la libre distribución de publicaciones profesionales y sindicales; en el derecho de audiencia en los expedientes disciplinarios contra los miembros de la junta o contra un delegado (durante el tiempo de su mandato y el año posterior); en un crédito de horas mensuales retribuidas —hasta cuarenta, según el número de funcionarios de la unidad electoral— para tareas sindicales dentro de la jornada de trabajo y retribuidas como trabajo efectivo, créditos que son acumulables en representantes de una misma candidatura, quienes resultan así «liberados» del servicio activo (condición que debe ser justificada ante la Administración en caso de duda: STS de 19 de junio de 2010); en el derecho a no ser trasladado ni sancionado por causa relacionada con su mandato representativo durante el ejercicio de sus funciones ni dentro del año siguiente (salvo si su mandato se extingue por revocación o dimisión). En caso de traslado o cese, corresponde a la administración empleadora probar que la medida no obedece a motivos atentatorios contra la libertad sindical (SSTC 79/2004, de 5 de mayo; 216/2005, de 12 de septiembre; 336/2005, de 20 de diciembre), aunque quien denuncie la concurrencia de tales motivos debe acreditar al menos la existencia de indicios que generen una razonable sospecha, apariencia o presunción de veracidad de su alegato (SSTC 48/2002, de 25 de febrero, y 3/2006, de 16 de enero).

Por lo que se refiere en particular a los créditos horarios acumulables para tareas sindicales, ha sido muy frecuente en muchas administraciones aumentar progresivamente su número a través de la negociación colectiva, hasta el punto de desembocar en una situación abusiva de privilegio. Además, la gestión de tales créditos y su acumulación por los propios sindicatos ha originado en el pasado no poca opacidad sobre el número y derechos de los «liberados» sindicales. Esta situación, denunciada por alguna doctrina jurídica y constatada en la jurisprudencia (véanse, por ejemplo, las SSTS de 19 de mayo de 2010 y 28 de septiembre de 2011, que sancionan el deber de comunicar a la Administración la manera de utilización de los créditos horarios y de acudir al trabajo en las horas que excedan del crédito), dio pie a que por el Real Decreto-ley 20/2012, de 13 de junio (art. 10), se limitara con carácter obligatorio y de legislación básica el número de créditos horarios sindicales a los que establece el TREBEP (y el TRET tratándose de personal laboral), privando de validez y eficacia a todos los pactos, acuerdos y convenios en contrario (limitación legal declarada conforme a la Constitución por STC 119/2016). No obstante, ese precepto ha sido derogado por la Ley 31/2022, de 23 de diciembre, de manera que la cuestión queda ahora a expensas de la negociación colectiva, por lo que puede preverse un aumento de los créditos horarios sindicales y del número de liberados en ciertas Administraciones. Además, el propio Real Decreto-ley 20/2012 (art. 13) obligó a crear registros de órganos de representación del personal al servicio de las administraciones públicas, para garantizar la transparencia sobre la materia. Estos Registros de Órganos de Representación del Personal se regulan ahora en la disposición adicional 15.ª TREBEP y en ellos deben inscribirse los actos que afecten a la creación, modificación y supresión de los órganos de representación del personal y de las secciones sindicales, los miembros de dichos órganos y los delegados sindicales, así como los créditos horarios, sus cesiones y liberaciones sindicales.

Por lo demás, los miembros de las juntas y delegados de personal tienen derecho a no ser discriminados en su promoción económica o profesional por razón del desempeño de su representación (art. 40.2 TREBEP). Derecho éste que algunas sentencias han interpretado muy generosamente, como una «garantía de indemnidad» a favor de los liberados sindicales (véanse, por ejemplo, las SSTC 70/2000, de 13 de marzo; 173/2001, de 26 de julio; 92/2005, de 18 de abril; 241/2005, de 10 de octubre; 151/2006, de 22 de mayo; 90/2008, de 2 de julio; 137/2008, de 27 de octubre; 178/2008, de 22 de diciembre; 100/2014, de 23 de junio; 148/2015, de 6 de julio, esta última con matices), pero que no debería suponer reconocer a estos representantes méritos profesionales que no han contraído —a efectos de concursos, ascensos o productividad—, en virtud de su libre decisión de ejercer unas funciones de representación que comportan también otras ventajas. Pues la garantía de indemnidad no puede extenderse sin límite hasta convertirse en un privilegio injustificado de los liberados sindicales, por el mero hecho de serlo. Como señala, por ejemplo, la SAN de 11 de octubre de 2016, la denegación de un complemento retributivo a quien tiene la condición de delegado sindical sólo vulnera la garantía de indemnidad si existe relación de causa a efecto entre ésta y aquélla y no si la denegación obedece a otros factores. Y conforme a la STS de 24 de enero de 2018, la citada garantía de indemnidad puede ser limitada, aunque en términos proporcionados, por el principio de eficacia de la Administración.

Entre los deberes de los representantes sindicales se cuenta el de observar sigilo profesional en los asuntos en que la Administración señale expresamente el carácter reservado, aun después de expirar su mandato, y a no utilizar ningún documento reservado entregado por la Administración fuera del ámbito estricto de ésta o para fines distintos de los que motivaron la entrega (art. 41.3 TREBEP), ya que la condición de delegado sindical no justifica la divulgación de información confidencial (SAN de 22 de febrero de 2011).

4. Derecho de participación institucional

Se reconoce este derecho en el artículo 31 TREBEP, que lo define como el derecho «a participar, a través de las organizaciones sindicales, en los órganos de control y seguimiento de las entidades u organismos que legalmente se determine». Es la primera vez que un derecho de esta naturaleza aparece en la legislación de empleo público. Ello se debe, sin duda, a la influencia que las organizaciones sindicales mayoritarias tuvieron en la redacción final del EBEP, pues se trata de un derecho que atañe e interesa más bien a los sindicatos como organizaciones que a los propios empleados públicos. A través de él los sindicatos se integran en la organización administrativa en virtud de criterios generales de representación de intereses o neocorporativa. No deja de ser paradójico, sin embargo, que el EBEP reconozca este derecho al mismo tiempo que suprime el Consejo Superior de la Función Pública, dada su falta de operatividad, subrayada por la Comisión de expertos.

El derecho contemplado adolece, en cualquier caso, de una enorme indeterminación en el texto de la ley, pues su concreción depende de que otras normas señalen los órganos de participación en los que tengan asiento miembros designados por los sindicatos. En la actualidad existen muchos de ellos, la mayoría de naturaleza consultiva, en todas las administraciones, aunque el TREBEP hace más bien referencia a órganos de control y seguimiento. Algunas Comunidades Autónomas han regulado incluso por ley esa participación institucional, acordando subvenciones a las entidades sindicales (y empresariales) por su desempeño (Ley 10/2014, de 18 de diciembre de Canarias, Ley 7/2015, de 2 de abril, de la Comunidad Valenciana, y Ley 5/2017, de 5 de julio, de la Región de Murcia). Pero, con independencia todo ello, parece que el EBEP quiso recalcar la posición institucional adquirida por los sindicatos en el seno del aparato público.

Ahora bien, no puede apelarse a este derecho de participación institucional para exigir la presencia de representantes sindicales en órganos en los que está vedada legalmente por el tipo de funciones que ejercen y la garantía de imparcialidad que requieren, como son los órganos de selección de personal. En estos y otros órganos administrativos cualquier asomo de representación de intereses está fuera de lugar.

III. DERECHO DE HUELGA

Menor claridad y detalle presenta la regulación del derecho de huelga de los funcionarios. Tanta que puede decirse que apenas hay en el ordenamiento vigente referencias expresas a él, aparte del reconocimiento del derecho que hoy contiene el artículo 15.*c*) TREBEP y algunas consecuencias de su ejercicio, retributivas o disciplinarias, reguladas en esa misma ley [arts. 30.2 y 95.2.*l*) y *m*)].

Esta circunstancia guarda relación, sin duda, con la mayor indefinición que en el derecho comparado y en los instrumentos internacionales tiene este derecho en su aplicación a la función pública. Todavía hoy algunos países democráticos no lo reconocen —caso de Alemania, para los funcionarios públicos en sentido estricto (prohibición que, por cierto, la STEDH de 14 de diciembre de 2023, no considera contraria al Convenio Europeo de Protección de los Derechos Humanos)— o lo hacen con muchas limitaciones, mientras que el Convenio 151 de la OIT sólo hace una genérica mención a los «conflictos que se planteen con motivo de la determinación de las condiciones de empleo» (art. 8). Si a esta indefinición se suman la falta de precedentes (mejor, los precedentes en contrario) en nuestro derecho y la dificultad que presentaba reconocer y deslindar el ejercicio de este derecho en algunos ámbitos del empleo público, resulta comprensible que el Real Decreto-ley 17/1977, de 4 de marzo, regulador del derecho de huelga no se refiriese en positivo a la huelga de funcionarios (el derecho se reconoce, por su art. 1, en el ámbito de las *relaciones laborales*) y que se limitara a considerar como reos del delito de sedición a «los funcionarios encargados de la prestación de todo género de servicios públicos o de reconocida e inaplazable necesidad que, suspendiendo su actividad, ocasionen trastornos a los mismos o, de cualquier forma, alteren su regularidad» (disp. adic. 4.ª del citado Real Decreto-ley, hoy ya derogada). También resultan comprensibles los ambiguos términos del artículo 28.2 CE, que ya hemos avanzado.

Así las cosas, el Tribunal Constitucional vino a declarar, en la STC 11/1981, de 8 de abril, que «el eventual derecho de huelga de los funcionarios no está regulado y, por consiguiente, tampoco está prohibido», declaración a partir de la cual la práctica administrativa y la jurisprudencia del Tribunal Supremo (desde la STS de 22 de mayo de 1982) admitieron la existencia del derecho de huelga en la función pública. Curiosamente, sin embargo, la falta de regulación legal de este derecho deparó algunas consecuencias anormales, como la imposibilidad de descontar a los funcionarios las retribuciones correspondientes a los días de huelga sin incoar el correspondiente expediente disciplinario, que avaló alguna jurisprudencia. La disposición adicional 12.ª LMRFP, cuyo texto recoge hoy el artículo 30.2 TREBEP, abordó este problema, acordando la reducción de haberes sin que ello suponga sanción disciplinaria (ni afecte al régimen respectivo de sus prestaciones sociales) para «los funcionarios que ejerciten el derecho de huelga», con lo que indirectamente, pero de manera explícita venía a reconocerles este derecho. Posteriormente el Tribunal Constitucional dio por sentada la aplicación del derecho de huelga a los funcionarios públicos en las SSTC 99/1987 y 126/1992.

Hoy en día la cuestión está clara por lo que se refiere a los funcionarios civiles, inclusive para los que desarrollan su función en los establecimientos militares, a los que es aplicable por completo el TREBEP, superando las dudas que planteó en su día la disposición adicional 1.ª del Real Decreto-ley 17/1977 (véase al respecto la STC 11/1981), sin perjuicio del necesario respeto de los servicios mínimos. En cambio, carecen del derecho de huelga el personal militar (art. 7 de la Ley Orgánica 9/2011, de derechos y deberes de los miembros de las Fuerzas Armadas) y los miembros de todas las Fuerzas y Cuerpos de Seguridad, incluidas las Policías autonómicas y locales, a quienes se prohíbe también expresamente realizar acciones sustitutivas (de la huelga) o concertadas con el fin de alterar el normal funcionamiento de los servicios [art. 6.8 de la Ley Orgánica de Fuerzas y Cuerpos de Seguridad, art. 12 de la Ley Orgánica 11/2007, de 22 de octubre, de derechos y deberes de los miembros de la Guardia Civil, y art. 8.3.*a*) de la Ley Orgánica 9/2015, de 28 de julio, de régimen de personal de la Policía Nacional]. El ATC 99/2009, de 23 de marzo admite la constitucionalidad de esa privación del derecho de huelga en la Policía, incluida la local y autonómica. Asimismo, se ha considerado conforme al Convenio Europeo por la STEDH de 21 de abril de 2015, *ERNE*.

Nada dice, en cambio, la legislación aplicable a los jueces, magistrados y fiscales. Parece lógico pensar que, puesto que carecen de libertad sindical (aunque no del derecho de asociación profesional), se les puede exceptuar, asimismo, del ejercicio del derecho de huelga, dada la relación de instrumentalidad que existe normalmente entre uno y otro derecho. Indirectamente esta consecuencia se deduce también del artículo 496.*d*) LOPJ, que reconoce de manera expresa ese derecho al resto del personal al servicio de la Administración de Justicia. La cuestión es polémica y el legislador no ha querido abordarla expresamente. No obstante, y pese a algunas acciones reivindicativas llevadas a cabo *de facto* por jueces y magistrados, en nuestra opinión el derecho de huelga no es atribuible a éstos, pues encarnan un Poder del Estado y ejercen una función pública esencial e insustituible, sin la cual el Estado y la misma sociedad entrarían en una profunda crisis.

Aunque no esté regulado específicamente, el derecho de huelga de los funcionarios —y ahora volvemos a tratarlo en general— no es un derecho ilimitado. A falta de regulación especial más allá de los escasos preceptos transcritos, la doctrina y la jurisprudencia convienen en estimar que les es de aplicación, con las adaptaciones necesarias, la regulación contenida para «el ámbito de las relaciones laborales» por el Real Decreto-ley 17/1977.

No es éste el momento de realizar un estudio en profundidad de este texto legal, que corresponde más bien al derecho del trabajo. Basta recordar aquí, de manera muy general, que considera ilegales las huelgas políticas, las de solidaridad, salvo que afecten al interés profesional de quienes la promuevan o sostengan, las que tengan por objeto alterar un convenio o laudo durante su período de vigencia y las que contravengan lo dispuesto en el propio Real Decreto-ley o en convenio colectivo para la solución de conflictos (art. 11). También se consideran actos ilícitos o abusivos las huelgas rotatorias, las de los trabajadores de los servicios estratégicos con el fin de interrumpir el proceso productivo, las de celo y otras formas de alteración colectiva en el trabajo distintas a la huelga (art. 7.2).

Del acuerdo de huelga, adoptado por los trabajadores o sus representantes, debe darse preaviso a la Administración afectada, con diez días de antelación si la huelga afecta a *empresas* encargadas de la prestación de un servicio público, lo que es de esencia tratándose de la Administración Pública. A la huelga debe darse la publicidad necesaria para que sea conocida por los usuarios (art. 4).

Pero el límite de mayor interés es la obligación de establecer las garantías precisas para mantener los *servicios esenciales* de la comunidad. Sobre el concepto y determinación de los servicios esenciales existe una prolija jurisprudencia constitucional (SSTC 11/1981, 26/1981, 33/1981, 51/1986, 53/1986, 27/1989, 43/1990, 122/1990, 123/1990, 8/1992, 148/1993, etc.), que puede resumirse como sigue. Está claro, ante todo, que la expresión servicios esenciales no equivale a la de servicios públicos, pues de lo contrario el derecho de huelga de los funcionarios quedaría indirectamente prohibido o sustancialmente menoscabado. Pero tampoco equivale a actividades determinadas, consideradas en bloque o en su conjunto, de las que derivarían prestaciones vitales, sino que hace referencia a la protección de intereses ligados a la satisfacción de los derechos fundamentales, libertades públicas y bienes constitucionalmente protegidos. Es decir, un servicio es esencial en la medida y con la intensidad con que lo exija la defensa de estos intereses, a la luz de las circunstancias concurrentes.

La determinación de los servicios esenciales y los trabajadores adscritos a su prestación puede hacerse por acuerdo de las partes y, en su defecto, por la autoridad laboral, esto es, por un órgano de clara naturaleza política, como subrayan las SSTC 296/2006, 310/2006 y 36/2007. En este caso, la autoridad competente ha de ponderar la extensión territorial y personal de la huelga, la duración prevista y las demás circunstancias concurrentes, de manera que se alcance una razonable proporción entre los sacrificios que se impongan a los huelguistas y los que padecen los usuarios de los servicios. La decisión que se adopte ha de ser motivada y suficientemente justificada, no por relación a indicaciones genéricas, sino a los elementos y criterios concretos cuya aplicación ha conducido a determinar las prestaciones mínimas, de manera que sean claramente cognoscibles por los destinatarios y susceptibles de control judicial (sobre ello, SSTC 51/1986, 43/1990, 8/1992, 183/2006 y SSTS de 11 de mayo de 2006, 19 de diciembre de 2007, 3 de noviembre y 17 de diciembre de 2010, 18 de abril y 9 de julio de 2012, entre otras muchas).

El incumplimiento de la obligación de atender los servicios esenciales en caso de huelga se considera falta disciplinaria muy grave [art. 95.3.*m*) TREBEP]. También lo es la participación en huelgas por aquellos grupos de funcionarios que excepcionalmente las tienen prohibidas, de acuerdo con su legislación específica. Más aún, según el artículo 409 CP, constituye delito de autoridades y funcionarios promover, dirigir u organizar «el abandono colectivo y manifiestamente ilegal de un servicio público», así como tomar parte en «el abandono colectivo o manifiestamente ilegal de un servicio público esencial y con grave perjuicio de éste o de la comunidad» (delito de abandono de destino).

Por último, recordemos que, en lo que se refiere a la deducción de haberes en caso de huelga, por tratarse de una situación de «suspensión de la relación de empleo», la jurisprudencia considera que la deducción afecta tanto a las retribuciones básicas como a las complementarias e incluso a las indirectas resultantes de la paga extraordinaria y el descanso semanal, pero no así a las vacaciones anuales y fiestas laborales. En consecuencia, el cálculo de la deducción debe efectuarse dividiendo el total de las retribuciones anuales por el número total de horas de trabajo que el funcionario venía obligado a prestar, añadiendo a este divisor las horas correspondientes al período anual de vacaciones y a las fiestas laborables (SSTS de 16 y 17 de diciembre de 1991, 25 de mayo de 1992, 20 de julio de 1992, 15 de febrero y 13 de julio de 1993 y 30 de mayo de 1994, entre otras muchas).

IV. CONFLICTOS COLECTIVOS DE TRABAJO Y SOLUCIÓN EXTRAJUDICIAL

Distinto de la huelga es el derecho a plantear conflictos colectivos de trabajo. El TREBEP lo reconoce en el artículo 15.*d*) a los empleados públicos en general, aunque remitiéndose a la legislación aplicable en cada caso. Hasta ahora la regulación general de este tipo de conflictos se contiene en el Real Decreto-ley 17/1977, de 4 de marzo, que sólo parece aplicable en el ámbito del derecho del trabajo y, de hecho, no se aplica en el de la función pública.

No obstante, el TREBEP regula ahora en su artículo 45 la posibilidad de establecer un sistema de solución extrajudicial de conflictos colectivos para los funcionarios públicos. Dicho sistema no se crea directamente por el TREBEP, que remite para ello a un eventual acuerdo entre las administraciones públicas y las organizaciones sindicales representativas. Aunque no se aclara del todo, la referencia a aquellas administraciones, en plural, deja entender que debería tratarse de un acuerdo general adoptado en la Mesa General de Negociación de las Administraciones Públicas, con presencia de todas ellas o de su representación (art. 36.1 TREBEP), sin perjuicio de que pueda desarrollarse en ámbitos más limitados.

Por conflictos colectivos entiende el artículo 45.2 los derivados de la negociación, aplicación e interpretación de los pactos y acuerdos adoptados en la negociación colectiva de los funcionarios públicos, excepto cuando se trate de materias en que exista reserva de ley (véase *infra*, sobre el contenido y efectos de la negociación colectiva).

Los sistemas a establecer pueden consistir en procedimientos de mediación y arbitraje (art. 45.3). La mediación será obligatoria cuando lo solicite una de las partes y, como en toda mediación, las propuestas de solución que ofrezcan el mediador o mediadores podrán ser libremente aceptadas o rechazadas por aquéllas. En cambio, en caso de arbitraje, las partes acuerdan voluntariamente encomendar a un tercero la resolución del conflicto planteado, comprometiéndose de antemano a aceptar el contenido de su laudo o decisión. Por ello, en la práctica, el arbitraje es un procedimiento muy excepcional cuando una de las partes es Administración Pública, que, en último término, siempre tiene la posibilidad de resolver unilateralmente la controversia, aunque bajo el posterior control judicial.

Los acuerdos que se logren por la vía de la mediación o el arbitraje, caso de establecerse efectivamente, tendrán la misma eficacia jurídica de los pactos y acuerdos alcanzados en la negociación colectiva para los funcionarios públicos, siempre que quienes suscriban el acuerdo tras la mediación o el compromiso arbitral tuvieren legitimación para la negociación colectiva en el ámbito del conflicto planteado. Dichos acuerdos son susceptibles de impugnación judicial (ante la Jurisdicción Contencioso-Administrativa, por tratarse del régimen de la función pública). Y, especialmente, lo será el laudo o resolución arbitral, pero por motivos tasados, esto es, que no se hubiesen observado en el desarrollo de la actuación arbitral los requisitos y formalidades establecidos al efecto, que la resolución verse sobre puntos no sometidos al arbitraje o, más en general, que sea contradictoria con la legalidad vigente (art. 45.4 EBEP).

Los procedimientos de mediación y arbitraje deberán ser regulados reglamentariamente, en su caso, previo acuerdo con las organizaciones sindicales representativas (art. 45.5). Pero este acuerdo hasta ahora no se ha producido.

V. DERECHO DE PARTICIPACIÓN EN LA DETERMINACIÓN DE LAS CONDICIONES DE TRABAJO

La asociación sindical de cualquier colectivo profesional tiene como fin mejorar sus condiciones de trabajo. De ahí que guarde una estrecha relación con el derecho de sindicación, también en el ámbito de la función pública, la apertura de cauces legales mediante los que los sindicatos y otras asociaciones profesionales puedan participar en la determinación de sus condiciones de empleo y, en su caso, negociarlas.

De hecho, la participación en esta materia existe desde hace mucho tiempo, si por participación entendemos que los representantes de los funcionarios sean oídos y puedan influir en las decisiones que al respecto se adopten. En realidad, difícilmente puede la organización administrativa regular el régimen de la función pública sin tener en cuenta la opinión de los funcionarios. Incluso allí donde se mantiene con mayor fidelidad la concepción estatutaria tradicional, que otorga unilateralmente a la Administración la facultad de regular las condiciones de empleo. Lo que ocurre es que históricamente esa participación ha sido informal —muchas veces oculta o secreta— y esencialmente desigual. Es decir, se basó en la capacidad de influencia de cada grupo diferenciado, de cada cuerpo, organizado o no en una asociación profesional, y no en un procedimiento formalizado y abierto de consultas y negociaciones.

Esta situación empezó a cambiar en la medida en que se desarrollaron los derechos sindicales en el empleo público. Desde entonces y al tiempo que se regulaba la representación de los funcionarios y empleados públicos, se han venido regulando también unos derechos de consulta y participación, hasta que, por último, se ha introducido un régimen de negociación colectiva en el ámbito de la función pública. Conviene distinguir en cualquier caso los instrumentos de participación de la negociación colectiva, que estudiamos luego.

La participación significa simplemente reconocer la capacidad de los interesados, por sí o por medio de sus representantes, de influir en la decisión administrativa a través de algún cauce establecido en la fase elaboración de la decisión. La participación puede ser procedimental u orgánica, según la voluntad de quienes participan se pueda expresar mediante su intervención en un procedimiento o a través de su presencia en un órgano administrativo *ad hoc*. En cualquier caso, se manifiesta mediante la expresión de opiniones, propuestas, sugerencias, consultas o informes y, en el ámbito que ahora nos interesa, no alcanza a otorgar un poder de codecisión a quienes participan. Esta forma de relación entre la Administración y los funcionarios a su servicio y, especialmente, con los sindicatos y asociaciones de funcionarios se ha desarrollado desde hace tiempo en la mayor parte de los Estados democráticos, con mayor o menor fluidez y eficacia según los casos. Así, mientras en algunos constituye un mero trámite del procedimiento de decisión, que la Administración practica sin mucha convicción y con escasos resultados, en otros ha dado lugar a un modelo de diálogo y de discusión muy fructífero sobre la regulación del empleo público. La participación también es estimulada por el artículo 7 del Convenio 151 de la OIT. En todo caso, esta participación, si bien constituye un factor extraño a la clásica teoría estatutaria, no es en sí misma incompatible con ella, ya que la potestad de regulación reside en el poder público y el derecho a participar no impide al legislador y a la Administración adoptar las decisiones sobre las condiciones de empleo que, a la postre, estime más convenientes.

En la legislación vigente, la participación a que nos referimos tiene lugar, por ejemplo, a través de los Consejos de la Función Pública que aún existen en las Comunidades Autónomas (ya no en todas), una vez suprimido el órgano equivalente estatal por el EBEP. Pero es obvio que este tipo de órganos ha perdido buena parte de su funcionalidad desde el momento en que se ha generalizado el sistema de negociación colectiva de los funcionarios.

De todas formas, no es ésa la única forma de participación prevista en la legislación vigente. Por un lado, hay que tener en cuenta la que llevan a cabo los delegados de personal y juntas de personal, mediante los informes, audiencias y otras fórmulas previstas en el artículo 40 TREBEP, ya examinado. A lo que hay que añadir otros supuestos más concretos de participación orgánica regulados en leyes especiales. Por ejemplo, la ya mencionada participación de representantes sindicales en los órganos colegiados de gobierno de MUFACE o la participación de los representantes sindicales de los funcionarios en la Comisión Nacional de Seguridad y Salud en el Trabajo (art. 13 de la Ley 31/1995, de 8 de noviembre) y demás formas de participación establecidas por esta última ley (arts. 33 a 40) en materia de prevención de riesgos laborales. También debe aludirse a la posibilidad que los sindicatos de funcionarios tienen, en tanto que titulares de intereses legítimos colectivos, de intervenir en los procedimientos administrativos que afecten a dichos intereses (art. 4.2 LPACAP).

Particular atención merece la participación en la determinación de las condiciones de trabajo de los miembros del Cuerpo Nacional de Policía y de la Guardia Civil. En el primer caso, la participación se lleva a cabo a través del Consejo de Policía (arts. 94 y 95 de la Ley Orgánica 9/2015, de 28 de julio, de régimen de personal de la Policía Nacional) y también por los sindicatos más representativos del Cuerpo a través de las mesas de trabajo o comisiones de estudio que se constituyan (art. 89.1 de dicha Ley Orgánica). Para designar a los representantes del personal en el Consejo de Policía y para determinar cuáles son las organizaciones sindicales más representativas se celebran elecciones en el seno del Cuerpo y por escalas (art. 95 de la misma Ley Orgánica). Es a través de esas formas de participación como se ejerce el derecho de dichos funcionarios a la negociación colectiva [art. 8.3.*b*) de la citada Ley Orgánica]. Por lo que se refiere a la Guardia Civil, la Ley Orgánica 11/2007, de 22 de octubre, ha regulado también un Consejo de la Guardia Civil, como órgano colegiado de representación y con el fin de mejorar las condiciones profesionales de los miembros del Cuerpo (arts. 52 a 57). Los vocales del Consejo en representación de éstos son elegidos por sufragio personal, libre directo y secreto (véase el RD 1963/2008, de 28 de noviembre, que regula ese régimen electoral) y sus funciones son de información, consulta y audiencia previa a la regulación de esas condiciones, entre otras.

También hay que hacer referencia en este mismo sentido al cauce de participación que abrió la Ley 17/1999, del régimen de personal de las Fuerzas Armadas, al crear un Consejo Asesor de Personal con participación de miembros de los cuerpos militares, ante el que pueden formularse propuestas y sugerencias en materia de personal. La vigente Ley 9/2011, de 27 de julio, de derechos y deberes de los miembros de las Fuerzas Armadas, regula con detalle esta fórmula de participación (arts. 46 a 51).

Por último, no cabe desconocer la persistencia de fórmulas de participación informal —consultas, iniciativas, otros contactos—, tan difundidas como probablemente necesarias, aunque la falta de publicidad de estos contactos puede redundar en desigualdades de trato entre unas y otras organizaciones sindicales y asociaciones profesionales.

VI. LA NEGOCIACIÓN COLECTIVA DE LOS FUNCIONARIOS

1. Configuración legal y consolidación del derecho a la negociación colectiva

Cuestión distinta es la que tiene que ver con la negociación colectiva. Su introducción en el empleo público ha sido consecuencia de la paulatina extensión a este ámbito de un modelo de relaciones que tiene su origen en la empresa privada. La negociación, en puridad, es decir, en el sistema de relaciones laborales, significa la autorregulación de las condiciones de empleo por el acuerdo de las partes, adoptado en virtud de su autonomía colectiva y formalizado en un convenio colectivo. Durante mucho tiempo se consideró que este modo de regular las condiciones de trabajo y productividad era totalmente incompatible con el régimen jurídico del funcionario público. Y, ciertamente, lo es con la versión más tradicional de la naturaleza estatutaria de estas relaciones, que exige su regulación unilateral por el Estado, a través de leyes y reglamentos. Por eso, la introducción de la negociación colectiva en la función pública parece inconstitucional a aquellos que consideran que nuestra Constitución ha confirmado (y congelado) el régimen estatutario clásico.

Pero ocurre que en el siglo XXI es difícil sostener esa concepción teórica en toda su pureza, pues, como hemos ido viendo en distintos momentos, con el tiempo se han ido difuminando los presupuestos sociales, culturales y jurídicos en que se apoyaba. El mero hecho de que en el empleo público existan colectivos profesionales sometidos a vínculos laborales y que, por consiguiente, pactan con la Administración sus relaciones de empleo —colectivos que muchas veces desempeñan funciones idénticas o similares a las que en la misma u otra Administración realizan funcionarios públicos— denota el profundo cambio, seguramente irreversible, que se ha producido en nuestro tiempo. Es más, la constatación de esta realidad, junto a la consideración prioritaria del funcionario como un empleado público, sin perjuicio de las peculiaridades de su régimen jurídico, han llevado a otros a entender que la Constitución vigente, en su artículo 37, ampara también el derecho a la negociación colectiva de los funcionarios, al igual que del resto de los trabajadores a que se refiere. Para quienes sostienen esta tesis, el derecho a la negociación colectiva de los funcionarios sería una consecuencia directa de su derecho a la sindicación, dado que la negociación, como la huelga, son manifestaciones inescindibles de la actividad sindical.

Ello, no obstante, lo cierto es que la Constitución, deudora, al fin y al cabo, del momento histórico en que se elaboró, no quiso extender expresamente el derecho de negociación colectiva a los funcionarios. Realmente es difícil considerar que la referencia a la negociación entre *trabajadores* y *empresarios* que contiene el artículo 37 incluye la negociación entre funcionarios y Administración, pues, se admita o no que el funcionario es un trabajador a estos efectos (en sentido formal, pues), son obvias las diferencias de naturaleza jurídica entre la Administración Pública y la empresa privada. Por otra parte, como declaró el Tribunal Constitucional en la STC 57/1982, de 17 de julio, el reconocimiento del derecho de sindicación de los funcionarios no conlleva, sin más, el de negociación colectiva, pues la acción sindical puede desarrollarse también —lo acabamos de ver— mediante otros procedimientos y por otras vías. Así se ha reiterado después en SSTC 80/2000, de 27 de marzo, 85/2001, de 26 de marzo, 222/2005, de 12 de septiembre y 8/2015, de 22 de enero, aunque con un matiz importante: en la medida en que la negociación colectiva se integra en el derecho de libertad sindical según la LOLS, los sindicatos tienen derecho a ejercerla como parte del derecho fundamental establecido en el artículo 28.1 CE, eso sí, en los casos y en los términos con que la negociación colectiva de los funcionarios está regulada por la ley. Doctrina ésta también recogida por el Tribunal Supremo (SSTS de 4 de junio de 2008, 21 de diciembre de 2009, 29 de enero de 2014, 30 de marzo de 2015, etc.).

En consecuencia, como hoy entiende la mayoría de la doctrina y la jurisprudencia, el derecho de negociación colectiva en la función pública es un *derecho de configuración legal*, aunque guarde una estrecha relación con los derechos sindicales, tanta que los sindicatos pueden acudir a las vías de amparo judicial y constitucional para defender ese derecho, *ex* artículo 28.1 CE, si la regulación legal de la negociación colectiva resulta infringida. Pero aquel derecho sólo puede ejercerse en los términos, con los límites y con los efectos que la ley establece. Estas condiciones son en buena medida diferentes de las que rigen la negociación colectiva en el derecho del trabajo y no es lícito, jurídicamente hablando, trasplantar automáticamente los conceptos, reglas y principios en que se funda esta última a aquélla. Así se deduce del artículo 31.5 TREBEP, según el cual el ejercicio del derecho de negociación colectiva de los funcionarios públicos, como sus demás derechos colectivos, «se garantiza y se lleva a cabo a través de los órganos y sistemas específicos regulados en el presente capítulo».

En nuestro derecho administrativo, la introducción de la negociación colectiva de los funcionarios, prescindiendo de las experiencias previas de más que dudosa legalidad llevadas a cabo en la administración local y descalificadas reiteradamente por la jurisprudencia (SSTS de 29 de junio, 27 y 30 de octubre de 1992 y 16 de junio de 1994, entre otras) tuvo lugar en la LORDP de 1987, modificada en este punto por la Ley 7/1990, de 19 de julio, que ya utilizó sin ambages el término de negociación colectiva en su capítulo III. No obstante, la regulación de la LORDP, muy escueta, adolecía de vacíos considerables y de algunas deficiencias técnicas, que dificultaron su interpretación. A pesar de ello, la aplicación de la LORDP consolidó la práctica de la negociación colectiva en la mayoría de las administraciones —y mostró también sus riesgos y dificultades—, por lo que la Comisión creada para la preparación del EBEP propuso la introducción de una serie de reformas legislativas, tendentes a mejorar la estructura de la negociación, clarificar los principios, el objeto y los efectos jurídicos de la misma y, en definitiva, dotar a todo el sistema de mayor seguridad jurídica. Con algunas correcciones, que redundan en cierta ambigüedad, el texto del EBEP cumplió esos objetivos.

Conviene apuntar, antes de examinarlo, que el TREBEP regula estrictamente el derecho de negociación colectiva de los funcionarios públicos, puesto que el de los empleados con contrato laboral se regula por el derecho del trabajo (art. 32 TREBEP). Dicho sea, sin perjuicio de la negociación conjunta de todas aquellas materias y condiciones de trabajo comunes al personal funcionario y laboral, en los términos que veremos (arts. 36.3 y 38.8 TREBEP). Además, debe tenerse en cuenta que algunos grupos de funcionarios públicos (militares y Guardia Civil, jueces, magistrados y fiscales) no tienen reconocido legalmente ese derecho, que se sustituye, en su caso, por formas de participación o consulta que ya hemos mencionado.

2. Significado y principios de la negociación colectiva de los funcionarios

A) *Las peculiaridades de este sistema de negociación colectiva*

Como establece el artículo 31.2 TREBEP, por negociación colectiva se entiende el derecho a negociar la determinación de las condiciones de trabajo de los empleados públicos.

Sin embargo, la negociación colectiva de los funcionarios no tiene la misma naturaleza ni el mismo alcance que la establecida en el derecho de trabajo para el personal laboral. Inclusive la de los empleados públicos con contrato laboral está sometida a límites de los que carece la negociación en el sector privado, ya que no puede llevar a acordar incrementos salariales superiores a los que fije la Ley de Presupuestos Generales del Estado (arts. 21.2 y 27 TREBEP), siendo ilícitos e inaplicables los convenios colectivos que vulneren ese límite, según vienen reiterando las leyes de presupuestos generales del Estado, con el aval del Tribunal Constitucional (STC 96/1990, de 24 de mayo, entre otras). Pero la de los funcionarios tiene aún mayores peculiaridades.

Las más importantes guardan relación con el principio de sometimiento pleno de la Administración a la ley y al Derecho (art. 103.1 CE), que impide a las administraciones públicas sobrepasar los límites de la ley en todo proceso de negociación. En efecto, la Administración no es libre para negociar modificaciones de las condiciones de empleo, sino que está limitada *a priori* y *a posteriori* por lo que el legislador, es decir, los órganos representativos de la voluntad popular, puedan decidir. Además, influye la necesidad de salvaguardar la eficacia de la Administración y la regularidad de los servicios públicos, esto es, de los fines de interés público, que están por encima de los intereses individuales o colectivos de los funcionarios públicos. En fin, la Administración está vinculada también por los principios constitucionales de igualdad, mérito y capacidad en el acceso y la carrera de los funcionarios, y por la obligación de servir con objetividad los intereses generales, de manera que no podría negociar en ningún caso ventajas para sus empleados —o para algunos de ellos— que infrinjan o menoscaben estos principios. Este tipo de consideraciones conduce al legislador a reservar a la Administración ciertas facultades de naturaleza propiamente pública de las que carece un empresario privado a la hora de negociar y, entre ellas, la de establecer unilateralmente las condiciones de trabajo en los casos en que la negociación fracase (art. 38.7 TREBEP). En consecuencia, el grado de autonomía de la negociación colectiva de los funcionarios es más limitado que el reconocido al personal laboral por el artículo 85 del Estatuto de los Trabajadores (Texto Refundido aprobado por Real Decreto Legislativo 2/2015, de 23 de octubre). Y, muy en particular, el derecho a la negociación no confiere a los sindicatos ninguna suerte de derecho de veto sobre las reformas que el legislador y la Administración consideren necesario introducir en el régimen de la función pública (y así lo recoge, textualmente, la STS de 30 de marzo de 2015). Pero ello tiene una justificación objetiva y, en la práctica, atiende a la protección de la función institucional de la Administración, que en ningún caso puede verse comprometida por las reivindicaciones de sus empleados.

De hecho, a partir del año 2010, y para hacer frente a las consecuencias de la crisis económica, se empezaron a regular con detalle en normas con rango de ley —muchas de ellas decretos-leyes— aspectos esenciales de las condiciones de trabajo de los funcionarios públicos, como los relativos a límites retributivos estrictos, horario mínimo, permisos y licencias, créditos horarios para actividades sindicales y otros. Y con frecuencia las normas legales aprobadas dejaron sin validez y eficacia los pactos y acuerdos previos en contrario. Sin necesidad de cambiar la regulación general del EBEP, la práctica de la negociación colectiva en la función pública quedó sustancialmente alterada a la baja en virtud de todo ello, aunque en tiempos más recientes ha recuperado buena parte de su vigor.

B) *Principios de la negociación*

A este orden de ideas responde que el TREBEP enuncie, ante todo, una serie de principios de la negociación colectiva de los funcionarios (art. 33.1), conforme a los cuales debe ser interpretada toda su regulación de la materia.

— *Principio de legalidad.* Es el primero de los principios que el TREBEP enumera, en coherencia con lo dispuesto por el artículo 103.1 CE. Por lo que ahora importa y en este contexto, no sólo significa que el ejercicio del derecho de negociación colectiva debe, como señala el artículo 31.7 del propio TREBEP, «respetar en todo caso el contenido del presente Estatuto y las leyes de desarrollo previstas en el mismo», sino además que los pactos y acuerdos que se adopten en virtud de la negociación colectiva no pueden vulnerar ni desconocer en ningún caso lo dispuesto por las leyes. En caso contrario, el pacto o acuerdo carece de validez y no debe aplicarse (SSTS de 18 de enero de 2000, 28 de julio de 2006, 12 de abril de 2021 y, sobre todo, 21 de marzo de 2002 y ATC 33/2005, de 31 de enero). Pues el bloque de la legalidad no es, a diferencia de cómo se entiende en el derecho del trabajo, una «plataforma de mínimos» simplemente «mejorable» por la decisión de las partes negociadoras (STS de 10 de enero de 2010, entre otras muchas). Al contrario, salvo que la propia ley permita otra cosa, las normas que regulan las condiciones de empleo de los funcionarios públicos son normas de *ius cogens*, que no pueden ser desconocidas ni inaplicadas, ni siquiera en beneficio de aquéllos.

Es posible, ciertamente, que mediante el acuerdo correspondiente el Gobierno (o el Consejo de Gobierno de una Comunidad Autónoma) asuma el compromiso de ejercer la iniciativa legislativa sobre alguna materia objeto de la negociación. Pero, como es obvio, este tipo de acuerdo no puede tener de por sí eficacia normativa, pues sólo compromete a elaborar un proyecto de ley, en su caso con un determinado contenido y en un plazo concreto, tal como ahora reconoce expresamente el artículo 38.*e*) TREBEP. Sin embargo, los acuerdos negociados no vinculan al legislador, que puede rechazar o modificar el proyecto de ley en cuestión, en cuyo caso deberá renegociarse el acuerdo, si lo pide al menos la mayoría de una de las partes.

El principio de legalidad implica también que los pactos y acuerdos deben respetar igualmente el resto del ordenamiento jurídico. Quiere decirse que no pueden vulnerar los principios generales del derecho y, entre ellos, el de jerarquía normativa. Tampoco pueden vulnerar lo establecido en el derecho europeo (STJUE de 8 de septiembre de 2011, *Hennigs y Mai*). Ahora bien, como diremos, dichos pactos y acuerdos pueden sustituir lo establecido en normas reglamentarias, siempre que se firmen o aprueben por el órgano con competencia para modificar la norma correspondiente.

Si durante la vigencia de un pacto o acuerdo se aprueba una norma legal o reglamentaria de rango superior contraria a sus estipulaciones (por ejemplo, el Real Decreto-ley 8/2010, de control del déficit público, que rebajó con carácter general las retribuciones de los funcionarios), el contenido de lo acordado debe entenderse alterado en consecuencia. Es decir, la vigencia de un pacto o acuerdo no puede oponerse jurídicamente al ejercicio de la potestad legislativa y reglamentaria por los órganos que la tienen atribuida (AATC 85/2011, de 7 de junio, 101/2011, de 5 de julio y otros posteriores, y STS de 2 de marzo de 2012). La consecuencia es evidente por lo que a las reformas legales respecta, pues la negociación colectiva de los funcionarios no puede ser un obstáculo a la soberanía parlamentaria (SSTC 62/2001, de 1 de marzo, 87/2018, de 19 de julio, y 127/2019, de 31 de octubre), al igual que no pueden oponerse los convenios colectivos laborales al contenido de una ley posterior (SSTC 58/1985, 177/1988, 171/1989, 210/1990). También debe entenderse alterado el contenido de un pacto si se aprueban en contrario normas reglamentarias de rango superior, pues los acuerdos que se suscriban no pueden suponer alteración de las competencias atribuidas a los órganos administrativos (art. 86.4 LPACAP). Ello sin perjuicio de las consecuencias del carácter obligacional de los pactos y acuerdos para quien los firma, sobre lo que hemos de tratar más adelante.

— *Principio de cobertura presupuestaria.* Este principio se deduce del artículo 134.2 CE y ha sido recogido también expresamente en el artículo 33.1 TREBEP (ya se incluyó, por cierto, en el Acuerdo Administración-Sindicatos de 16 de noviembre de 1991, que organizó inicialmente la negociación colectiva en la función pública). Significa que las previsiones presupuestarias constituyen un límite infranqueable para la negociación. Como se deduce de las sucesivas leyes de presupuestos generales del Estado y ahora del artículo 21.2 TREBEP, lo pactado en contrario es nulo y no será de aplicación. Regla ésta que atañe y debe ser cumplida por todas las administraciones públicas sin excepción.

No sólo es posible sino incluso obligatorio [art. 37.1.*k*) TREBEP] negociar el incremento de las retribuciones que proceda incluir en el proyecto de ley de presupuestos generales de cada año, tanto en el ámbito del Estado como en el de las Comunidades Autónomas, así como en el proyecto de presupuestos de cada corporación local, que se somete a la aprobación del Pleno. Si el correspondiente acuerdo se formaliza mediante la aprobación expresa del órgano de gobierno competente, lo normal será que lo negociado se recoja en las normas presupuestarias. Pero jurídicamente dicho acuerdo no puede comprometer a las Cortes o a la Asamblea Legislativa de la Comunidad Autónoma, ni siquiera al Pleno de la corporación local. Así se deduce de la doctrina establecida por la STS de 21 de marzo de 2002.

En las leyes de presupuestos generales del Estado se viene estableciendo habitualmente, en garantía del principio de que tratamos, la necesidad de informes previos del Ministerio de Hacienda para la aprobación o ratificación de acuerdos negociados y convenios colectivos. En realidad, la fiscalización de los acuerdos y convenios para controlar que se ajustan a los límites presupuestarios es una medida necesaria y, aunque no figura expresamente en el texto del EBEP —contra la recomendación de la Comisión que lo preparó—, debería realizarse siempre por los órganos y funcionarios habilitados para el control previo de la legalidad del gasto público.

— *Principio de obligatoriedad de la negociación.* El artículo 33.1 TREBEP recoge también este principio, que hay que poner en relación con el artículo 37.1, donde dispone que «serán objeto de negociación» las materias que relaciona. Quiere esto decir que las administraciones públicas están obligadas a negociar con los sindicatos legitimados todas esas materias. Sin embargo, el TREBEP no impone una fecha para la negociación ni las materias que *deben* ser objeto de ella en cada momento, remitiéndose al acuerdo de las partes o, en su defecto, al plazo máximo de un mes desde que lo solicite por mayoría alguna de las partes legitimadas, salvo causa impeditiva (art. 34.6). La negociación puede ser anual y así se deduce del artículo 38.11, según el cual los pactos y acuerdos se prorrogarán de año en año si no media denuncia expresa de una de las partes. Más aún, lo lógico es que la negociación específica que atañe a los incrementos salariales tenga esa periodicidad, en coherencia con la anualidad del presupuesto (art. 134.2 CE). Pero la negociación no tiene por qué versar todos los años sobre todas las materias a las que *debe* extenderse, según el artículo 37.1 TREBEP. Ahora bien, conforme a la jurisprudencia, no puede la Administración prescindir del intento de regular por vía de negociación las materias contempladas en el citado artículo 37.1, se alcance o no un pacto o un acuerdo sobre ellas y se ratifique o no el acuerdo por el correspondiente órgano de gobierno (SSTS de 10 de noviembre de 1994, 29 de mayo de 1997, 4 de febrero y 11 de mayo de 2004, 4 de abril y 29 de mayo de 2007, 4 y 9 de junio de 2008, 29 de septiembre de 2010, 13 de junio de 2018, 30 de octubre de 2019, etc.). La regulación unilateral de las condiciones de trabajo de los funcionarios sin el preceptivo intento de negociación en esas materias determina la nulidad de la norma reguladora por defecto esencial de procedimiento (SSTS de 14 de abril de 2000 y 6 de febrero de 2004, entre otras).

Tampoco quiere decirse que todos los pactos y acuerdos hayan de tener una vigencia anual, pues el artículo 38.4 y 12 TREBEP se remite a lo que ellos mismos dispongan sobre su ámbito temporal y su vigencia. En la práctica es habitual la firma de pactos y acuerdos con una duración de varios años.

— *Principio de buena fe negocial.* Esencial en todo negocio bilateral (art. 1.258 del Código Civil) y en particular para la negociación colectiva (art. 89.1 del Estatuto de los Trabajadores), este principio ha sido recogido también por el artículo 33.1 TREBEP (y ya antes por el Acuerdo Administración-Sindicatos de 16 de noviembre de 1991). En virtud de este principio, las partes deben proporcionarse recíprocamente la información necesaria que les sea solicitada para facilitar el desarrollo de la negociación (art. 34.7). También obliga a las partes, como indicó el Informe de la Comisión de expertos, a «asumir discusiones significativas, sin otras restricciones que las establecidas legalmente» y a observar criterios de lealtad y colaboración en la convocatoria de las mesas y en la fijación de posiciones, así como a esforzarse recíprocamente por llegar a un acuerdo, manteniendo la coherencia de las propias posiciones y justificando la negativa a aceptar las ajenas. En palabras del Tribunal Supremo (STS de 30 de noviembre de 2011), se cumple la obligación de negociar de buena fe «cuando se ha ofrecido a los representantes de los funcionarios, a través de un debate realizado en condiciones de igualdad y realmente contradictorio, la posibilidad de participar en el proceso de formación de la decisión administrativa que está legalmente sujeta a la necesidad de negociación» (véase, en sentido similar, SSTS de 17 de febrero de 2003, 10 de diciembre de 2012, 23 de abril y 27 de octubre de 2014). La negociación no puede ser, pues, aparente o meramente formal. En ausencia de este planteamiento negociador por parte de la Administración, si se reúne sólo para exponer su posición sin admitir ningún posible cambio, la negociación no habrá tenido lugar y el acuerdo unilateral que la sustituya se debe considerar nulo (STS de 13 de febrero de 2018). Bien entendido que la buena fe obliga a ambas partes, de manera que no pueden los sindicatos alegar tal nulidad si se han negado a negociar con la Administración las propuestas de ésta (*allegans propriam turpitudinem nemo auditur*; véase la STS, Sala 3.ª, de 22 de febrero de 2022). En fin, la buena fe, según el citado Informe, obliga a evitar acciones violentas o intimidatorias que puedan afectar a la negociación o perseguir un determinado resultado de la misma. Más aún, los sindicatos deben comprometerse a no plantear ni secundar, durante la vigencia de un acuerdo, reivindicaciones sobre cuestiones pactadas y cumplidas por la Administración.

— *Principios de publicidad y transparencia.* Conforme al principio de publicidad, los pactos celebrados y los acuerdos, una vez ratificados, han de remitirse a la oficina pública que cada administración competente determine y publicarse en el boletín o diario oficial correspondiente (art. 38.6 TREBEP). Conforme al de transparencia, que el TREBEP recoge también en el artículo 33.1, los términos de lo pactado deben ser claros y accesibles a cualquier interesado, sin que puedan estipularse lícitamente cláusulas secretas o reservadas de ningún tipo. Con este último principio, el TREBEP apunta de hecho a problemas muy reales.

— *Principio de representatividad sindical.* La negociación colectiva en la función pública corresponde a los sindicatos más representativos en este ámbito, de conformidad con lo establecido en el TREBEP y en la Ley Orgánica de Libertad Sindical, en los términos que en seguida examinaremos.

— *Principio de competencia.* Por parte de la Administración, los pactos y acuerdos deben ser firmados o aprobados por el órgano competente sobre la materia objeto de aquéllos, sin que puedan implicar alteración de las reglas de competencia (art. 38.2 y 3 TREBEP).

3. Legitimación para negociar y composición de las mesas

Según el artículo 33.1 TREBEP, la negociación «se efectuará mediante el ejercicio de la capacidad representativa reconocida a las organizaciones sindicales en los artículos 6.3.*c*), 7.1 y 7.2 de la Ley Orgánica 11/1985, de 2 de agosto, de Libertad Sindical, y lo previsto en este Capítulo». Como precisa ese mismo artículo en su segundo párrafo, estarán legitimados para estar presentes en las mesas de negociación tanto las organizaciones más representativas en el ámbito del Estado y de la Comunidad Autónoma como los sindicatos que hayan obtenido el 10 por 100 o más de los representantes en las elecciones para delegados y juntas de personal en las unidades electorales correspondientes al ámbito específico de cada mesa. La exclusión de la negociación de, al menos, uno de los sindicatos que tienen derecho a tomar parte en la mesa constituye vulneración de la libertad sindical y vicia de nulidad no sólo el acuerdo, sino también la norma reglamentaria que lo ratifica o en la que se recoge su contenido (SSTS de 18 de octubre de 1995 y 27 de septiembre de 2004, entre otras).

Ahora bien, no tienen legitimación para negociar sindicatos distintos de los mencionados ni las juntas de personal, pues, a diferencia de la regulación del derecho del trabajo, en el ámbito de la función pública, el derecho a la negociación colectiva es de muy intensa configuración legal, de modo que es la ley la que establece los sujetos legitimados para la negociación y la regulación legal no puede ser alterada por la voluntad de las partes (SSTC 80/2000 y 85/2001). Los sindicatos más representativos según la ley monopolizan así el derecho a la negociación, incluso si su representatividad en un ámbito determinado es menor que la de otros sindicatos o de asociaciones profesionales que no tienen carácter sindical en sentido estricto. Situación ésta injusta, pero que el legislador no ha querido remediar.

Sin embargo, las mesas de negociación, cualquiera que sea su ámbito, sólo quedan válidamente constituidas cuando, además de la representación de la Administración, los miembros designados por las organizaciones sindicales legitimadas representen, como mínimo, la mayoría absoluta de los miembros de los órganos unitarios de representación —delegados y juntas de personal— del ámbito de que se trate (art. 35.1). Con esta regla se pretende asegurar una cierta representatividad real de los miembros de la mesa, pues de lo contrario, y como ha sucedido en el pasado, podían estar presentes en ella tan sólo los sindicatos más representativos de ámbito estatal o autonómico incluso si carecieran de toda representatividad en un ámbito más reducido (un ayuntamiento, por ejemplo). Si la exigencia de representatividad real del artículo 35.1 no pudiera cumplirse en algún caso, la negociación como tal no puede llevarse a cabo por falta de legitimación de la parte social, de manera que la Administración podría regular unilateralmente las condiciones de trabajo, sin perjuicio de las consultas informales que se realizaran.

Por la parte empleadora, la ley se refiere, sin especificar, a los representantes de la administración correspondiente, que lógicamente habrán de ser designados por los órganos competentes por razón de la materia, según se trate de mesas generales o sectoriales y de ámbitos descentralizados o parciales de negociación, y deberán seguir sus instrucciones. Tales representantes, al igual que los de la parte social, pueden contar con asesores, con voz, pero sin voto (art. 35.3 TREBEP). Ello, no obstante, las administraciones públicas podrían encargar el desarrollo de la actividad negociadora a órganos especializados, de naturaleza estrictamente técnica, que ostenten la representación de aquéllas ante la parte social, ateniéndose a las instrucciones previas que les dirijan y sin perjuicio de la ratificación de los acuerdos que se alcancen por los órganos de gobierno o administrativos competentes (art. 33.2 TREBEP). Con esta previsión, experimentada en otros ordenamientos (el italiano, por ejemplo), se pretende «profesionalizar» en mayor medida la práctica de la negociación por las administraciones públicas, evitando el riesgo de interferencias políticas espontáneas o extemporáneas. Pero, como es obvio, la aplicación efectiva de esta modalidad de negociación depende del rigor con que los responsables últimos decidan abordar sus relaciones con los sindicatos.

El TREBEP también reconoce legitimación para negociar a las asociaciones de municipios y a entidades locales de ámbito supramunicipal (mancomunidades, comarcas, etc., incluso las diputaciones provinciales), que podrán negociar en nombre de los municipios asociados o agrupados en unas y otras (art. 34.2). A tales efectos, los municipios pueden adherirse con carácter previo o sucesivo a la negociación colectiva que se lleve a cabo en el ámbito correspondiente. Se repara así una laguna de la legislación anterior, que por no contemplar este tipo de negociación de ámbito supramunicipal dio lugar a algunas sentencias anulatorias de acuerdos alcanzados por tales entidades. Sin embargo, la previsión legal puede ser muy útil para suplir la ausencia real de toda negociación colectiva que hoy se produce en muchos pequeños municipios, al tiempo que para igualar las condiciones de trabajo de los funcionarios locales en una misma área geográfica, evitando agravios comparativos.

En fin, dentro del territorio de cada Comunidad Autónoma, cualquier administración o entidad pública puede adherirse a los acuerdos alcanzados por otra o por una entidad supramunicipal o asociación de municipios.

La composición numérica de cada mesa debe establecerse por las normas de desarrollo del TREBEP, sin que pueda superar el número de quince miembros por cada parte (art. 35.4).

4. Estructura de la negociación

El artículo 34.1 TREBEP prevé la constitución de una Mesa General de Negociación en el ámbito de la Administración General del Estado, así como en cada una de las Comunidades Autónomas, Ciudades de Ceuta y Melilla y entidades locales, con competencia para la determinación de las condiciones de trabajo de los funcionarios del ámbito correspondiente. La competencia de estas mesas generales es la negociación de las condiciones de trabajo comunes a los funcionarios de su ámbito (art. 34.3).

También prevé la constitución de mesas sectoriales, por acuerdo de las generales, en atención a las peculiaridades o condiciones específicas de trabajo en determinados ámbitos (art. 34.4). Estas mesas sectoriales negocian sobre materias que no hayan sido objeto de decisión por las mesas generales o que éstas les deleguen o reenvíen (art. 34.5). En su día la LORDP previó varias mesas sectoriales en diferentes ámbitos, regulación hoy sustituida por la disposición adicional 12.ª TREBEP, que establece la constitución de una mesa del personal docente no universitario, otra del personal de la Administración de Justicia y una tercera del personal estatutario de los Servicios de Salud, que asume las funciones previstas en el artículo 11.4 del Estatuto Marco de dicho personal (que prevé un «Foro Marco para el Diálogo Social»), mesa esta última que ahora se denomina «Ámbito de Negociación». La legislación de las Comunidades Autónomas contempla a su vez otras mesas sectoriales para su personal, pero no puede crear una Mesa común para todas las administraciones públicas de su territorio (STS de 19 de marzo de 2019). Por lo que se refiere a la Administración del Estado, el Acuerdo de la Mesa General de Negociación de 20 de abril de 2022 (*BOE* de 31 de mayo) regula la estructura de la negociación y las mesas delegadas.

Además, el TREBEP (con el precedente de la Ley 21/2006, de 20 de junio) establece una Mesa General de Negociación de las Administraciones Públicas, en plural. En esta mesa tienen una representación unitaria todas las administraciones, representación presidida por la Administración General del Estado y que componen también las Comunidades Autónomas, las Ciudades de Ceuta y Melilla y la Federación Española de Municipios y Provincias, aunque en función de las materias a negociar. La representación sindical corresponde a las organizaciones más representativas a nivel estatal y de Comunidad Autónoma, conforme a los artículos 6 y 7 LOLS (en la actualidad CC.OO., UGT, CSIF, CIG y ELA) y se distribuye en función de los resultados de las elecciones sindicales en el conjunto de las administraciones públicas. En esta gran mesa conjunta son objeto de negociación aquéllas de entre las negociables que deban ser reguladas con norma estatal de carácter básico. Se configura así un ámbito de negociación en el que todas las administraciones actúan coordinadamente, a la manera de una «gran patronal» del sector público, con el fin de crear entre ellas una solidaridad negociadora y evitar o reducir los agravios comparativos.

Cabe recordar, en fin, que para la negociación conjunta de las condiciones de trabajo comunes al personal funcionario y laboral (comprendido el personal estatutario, como indica el TREBEP), han de constituirse en cada Administración mesas generales. La representatividad sindical se mide entonces teniendo en cuenta los resultados de las elecciones a los órganos de representación de uno y otro tipo de personal por separado, de manera que sólo pueden formar parte de esas mesas los sindicatos que en el ámbito correspondiente o en el ámbito estatal o autonómico hayan obtenido al menos el 10 por 100 de los representantes del personal funcionario y también del personal laboral (art. 36.3 TREBEP; véanse SAN de 25 de julio de 2013 y SSTS de 11 de octubre de 2016, 18 de enero y 10 de mayo de 2018, 15 de junio de 2021, entre otras).

5. Materias objeto de la negociación

La negociación colectiva se refiere a la *determinación de las condiciones de trabajo* de los funcionarios. Este concepto, por amplio que sea, hace referencia a la regulación de la relación de servicio, pero naturalmente excluye otros aspectos de la relación administrativa del funcionario que afectan a la organización administrativa, al ejercicio de las potestades públicas y, en general, al régimen jurídico-administrativo (STS de 4 de marzo de 2003, por ejemplo). Pues la negociación colectiva no puede condicionar el ejercicio de las potestades que la Constitución y la ley confieren a las administraciones públicas para servir con objetividad los intereses generales y, entre ellas, las responsabilidades que le corresponden, como a cualquier empleador, para organizar y garantizar el correcto funcionamiento de los servicios. Además, la peculiar vinculación de la Administración a la ley, la extensión de algunas reservas de ley, la necesaria observancia de ciertos principios constitucionales —como los de igualdad, mérito y capacidad e imparcialidad— y la naturaleza y posición institucional de la Administración Pública como servidora objetiva del interés general vedan la posibilidad de pactar y transigir sobre ciertas cuestiones a las que puede alcanzar la negociación en el sector privado.

Sucede, sin embargo, que deslindar por completo las potestades y funciones de la exclusiva responsabilidad de las autoridades y órganos administrativos y las que afectan a las condiciones de trabajo del personal no es fácil, pues muchas veces se trata de cuestiones que guardan una relación directa o indirecta, pero cierta. De ahí las dudas y conflictos que se vienen planteando sobre la extensión —y la definición misma— de las materias que pueden ser objeto de negociación y las que no pueden serlo por corresponder a la esfera propia de las potestades de organización, dirección y control de la Administración Pública o que deben ser objeto de decisiones objetivas y unilaterales para la salvaguarda de los derechos constitucionales y de los usuarios de los servicios públicos. Como es lógico, ante estas dudas, los sindicatos se muestran proclives a una interpretación extensiva de las materias que son negociables según la ley, interpretación que frecuentemente desautoriza la jurisprudencia, pero a la que no todas las administraciones son capaces de oponerse en la práctica.

Por eso la redacción original de la LORDP (Ley 9/1987) reguló el ámbito de la negociación con mucha cautela. Sin embargo, la Ley 7/1990 amplió considerablemente el ámbito material de la negociación colectiva, incluyendo algunas expresiones ambiguas o muy generales, que han permitido someter a negociación en no pocas administraciones cuestiones que dudosamente pueden ser objeto de transacción o compromiso por parte de la Administración, por estar vinculadas necesariamente a principios y reglas de *ius cogens*. En razón de la crítica de esta situación que se contenía en el Informe de la Comisión de expertos, el proyecto de ley del EBEP intentó clarificar el objeto de la negociación. No obstante, las intenciones del proyecto quedaron en buena parte lastradas por los acuerdos de los grupos políticos con los sindicatos, de forma que han vuelto a abrirse no pocos interrogantes e incertidumbres sobre la cuestión. A continuación, analizaremos brevemente cada una de las materias que deben ser objeto de negociación y aquellas otras que están excluidas de la obligación de negociar (y que, en puridad, no son negociables en absoluto), interpretando las fórmulas legales con criterios sistemáticos y finalistas. En concreto y según el artículo 37.1 TREBEP, deben ser objeto negociación colectiva:

a) La aplicación del incremento de las retribuciones del personal al servicio de las administraciones públicas que se establezca en la Ley de Presupuestos Generales del Estado y de las Comunidades Autónomas. Debe tenerse en cuenta, no obstante, que no es posible negociar la aplicación de aquellas normas que fijan de manera automática los conceptos y cuantías de las retribuciones, pues esa aplicación (por ejemplo, la de las retribuciones básicas) es puramente reglada. Por ello, esta primera letra guarda una directísima relación con la siguiente.

b) La determinación y aplicación de las retribuciones complementarias de los funcionarios. Naturalmente, la negociación procede en esta materia dentro de los límites legales y presupuestarios, que dejarán en cada caso mayor o menor margen para una decisión discrecional negociable. En la medida en que la «determinación» de estas retribuciones esté sometida a reserva de ley, incluyendo las leyes de presupuestos, lo que se podrá negociar será el contenido del correspondiente proyecto de ley.

c) Las normas que fijen los criterios generales en materia de acceso, carrera, provisión, sistemas de clasificación de puestos de trabajo y planes e instrumentos de planificación de recursos humanos. Obsérvese que la negociación recae sobre las *normas* que regulen dichos criterios *generales* e instrumentos. Tales normas podrán tener rango de ley, en cuyo caso estamos también ante una negociación *prelegislativa* (párr. 2.º del art. 38.3 TREBEP), o bien ser normas reglamentarias. En cambio, no se trata de una negociación sobre actos de aplicación de esas normas, tal como había ya aclarado el Tribunal Supremo por referencia a la LORDP (SSTS de 1 de marzo de 1999, 4 de febrero de 2002 y 21 de abril de 2008) y confirma alguna jurisprudencia posterior al EBEP (SAN de 25 de enero de 2012, por ejemplo). Esta distinción es la que permite compatibilizar lo dispuesto en este artículo 37.1.*c*) con lo que establece el artículo 37.2.*c*), que excluye, justamente, de la negociación la *regulación y determinación concreta, en cada caso*, de los sistemas, criterios, órganos y procedimientos de acceso al empleo público y la promoción profesional. Esto es, son objeto de negociación los reglamentos de acceso, carrera y promoción (véase la STS de 6 de noviembre de 2017, que anula por falta de negociación el Reglamento de la Carrera Diplomática), incluida la provisión de puestos, pero no lo son las *convocatorias* concretas de selección, promoción y provisión, incluidas sus bases, ya que éstas sólo pueden determinarse mediante criterios objetivos y no discriminatorios, en el marco de la legalidad. Volveremos aún sobre este punto.

d) Las normas que fijen los criterios y mecanismos generales en materia de evaluación del desempeño. Igualmente, el precepto se refiere a *normas generales*, que en este caso serán lógicamente reglamentarias (salvo excepción) de mayor o menor rango. Pero es obvio que estas normas negociadas deben respetar estrictamente los criterios de transparencia, objetividad, imparcialidad y no discriminación que establece el artículo 20.1 TREBEP y ser útiles para los fines que son propios de la evaluación. En cambio, no es objeto de negociación la aplicación de dichas normas en casos concretos, pues debe primar al respecto la objetividad absoluta y la discrecionalidad meramente técnica de los órganos de evaluación.

e) Los planes de previsión social complementaria. Se alude con ello a las retribuciones diferidas a que se refiere el artículo 29 TREBEP y a otras medidas de previsión que no tengan carácter retributivo. Pero, tratándose de planes de pensiones y contratos de seguro colectivo, las cantidades máximas autorizadas deben figurar en las leyes de presupuestos, teniendo carácter prelegislativo la negociación sobre estas cantidades. Como ya se dijo, no obstante, algunas leyes de presupuestos generales del Estado de los últimos años vedaron la asignación de fondos públicos para este tipo de retribuciones diferidas, con el objeto de reducir el gasto público.

f) Los criterios generales de los planes y fondos para la formación y promoción interna.

g) Los criterios generales para la determinación de prestaciones sociales y pensiones de clases pasivas. Respecto de estas últimas, la negociación es prelegislativa, pues se trata de materia regulada por ley. No así en el caso de otras prestaciones sociales, que, sin embargo, no pueden consistir en meras retribuciones adicionales encubiertas, más allá de los límites presupuestarios.

h) Las propuestas sobre derechos sindicales y de participación, que obviamente caben dentro de los límites legales.

i) Los criterios generales de acción social.

j) Las que así se establezcan en la normativa de prevención de riesgos laborales.

k) Las que afecten a las condiciones de trabajo y a las retribuciones de los funcionarios, cuya regulación exija norma con rango de ley. En este caso se trata, por una parte, de una negociación prelegislativa, que incluye, entre otras materias, la negociación anual del incremento global de las retribuciones a incluir en el proyecto de Ley de Presupuestos Generales del Estado, a que se refiere el artículo 36.2 TREBEP. Pero, además, según la jurisprudencia (SSTS de 20 de mayo de 2009 y 19 de julio de 2010, entre otras) incluye la negociación sobre la aplicación de las leyes en dichas materias. Por «condiciones de trabajo» hay que entender, en cualquier caso, las que «repercutan en la forma en que se desempeñe el trabajo» (STS de 6 de febrero de 2007) y no cualesquiera que puedan tener relación indirecta con el empleo público.

l) Los criterios generales sobre ofertas de empleo público. La inclusión de esta materia como negociable es un tanto sorprendente, ya que debe ser responsabilidad exclusiva de la Administración o, mejor aún, de cada Gobierno —como de cualquier empleador— determinar las necesidades de nuevo personal, de acuerdo con los criterios y objetivos políticos que se marque y con las disponibilidades presupuestarias. Ahora bien, no se trata en puridad de tener que negociar el contenido de cada oferta de empleo sino más bien de unos *criterios generales* sobre ellas, que no está claro en qué consisten. Quizá la inclusión de esta letra responda a la inquietud sindical por detener la posible reducción del número de empleados públicos, pero la efectividad de la negociación en materia como ésta resulta *a priori* muy dudosa. Sobre todo si se tienen en cuenta los límites a la tasa de reposición de efectivos que las leyes de presupuestos generales del Estado establecen con carácter imperativo y que ninguna negociación colectiva puede desbordar. De hecho, la STS de 18 de mayo de 2011 confirma la obligación de negociar el contenido de la oferta de empleo público, pero recordando inmediatamente que ello no implica el deber de llegar a un acuerdo y que la falta de acuerdo «no puede impedir a la Administración el ejercicio de sus potestades autoorganizativas».

m) Las referidas a calendario laboral, horarios, jornadas, vacaciones, permisos, movilidad funcional y geográfica, así como los criterios generales de la planificación estratégica de los recursos humanos, en aquellos aspectos que afecten a condiciones de trabajo de los empleados públicos. Un primer grupo de materias incluidas en esta cláusula heterogénea son las que afectan al *tiempo de trabajo*. La negociación tiene aquí el margen que abren las leyes aplicables, entre ellas, los artículos 47 a 50 TREBEP, en la medida en que las normas legales aplicables establezcan derechos con carácter de mínimos, lo que no siempre ocurre. No obstante, las administraciones públicas deberían afrontar la negociación de estas materias teniendo en cuenta las exigencias de la productividad y de la calidad de los servicios. En el caso de la movilidad funcional y geográfica, la negociación previa es una garantía del derecho (relativo) a desempeñar un determinado puesto de trabajo, que debe conciliarse con las necesidades del servicio en los términos de la ley, pero que sólo puede perderse por causas objetivas y justificadas. En fin, por lo que se refiere a la planificación estratégica de los recursos humanos, no son negociables los principios, criterios generales y opciones finalistas de la planificación —cuestiones de exclusivo contendido político y, en su caso, gerencial—, sino las consecuencias que tenga sobre las condiciones de trabajo.

En cambio, según el artículo 37.2 TREBEP están excluidas de la obligatoriedad de la negociación las siguientes materias:

a) Las decisiones de las administraciones públicas que afecten a sus potestades de organización. En este concepto hay que incluir, desde luego, las decisiones administrativas sobre creación, modificación y supresión de las estructuras administrativas y distribución de competencias entre ellas, la elección de la modalidad de prestación de los servicios públicos y asignación de medios y recursos a las diferentes ramas y sectores de la Administración, conforme a las prioridades de las políticas públicas. Entre otras cosas, constituye una manifestación de la potestad organizativa de cada administración la aprobación y modificación de su RPT u otros instrumentos similares (plantillas y catálogos de puestos), y así se deduce del propio texto del TREBEP que, en su artículo 74, dispone: «Las Administraciones Públicas *estructurarán su organización* a través de relaciones de puestos de trabajo u otros *instrumentos organizativos* similares [...]». La ordenación de los puestos de trabajo, como se deduce de otras leyes (art. 56.3 LRJSP, por ejemplo), es una parte importante de la potestad de organización, a través de la cual, como cualquier empleador, la Administración define qué tipo de funciones (y, por ende, de empelados) necesita en un momento dado y cómo distribuye sus efectivos por áreas de actividad. De ahí que el Tribunal Supremo haya declarado (interpretando la LORDP) que en este tipo de materias no se requería la negociación colectiva, sino que era bastante (conforme al art. 34.2 LORDP) una simple consulta a las organizaciones sindicales (SSTS de 16 de noviembre de 2001 y 13 de marzo de 2006, entre otras).

Ahora bien, el TREBEP precisa que, cuando las consecuencias de las decisiones de las administraciones públicas que afecten a sus potestades de organización tengan repercusión sobre condiciones de trabajo de los funcionarios públicos contempladas en el artículo 37.1, procede la negociación «de dichas condiciones» con las organizaciones sindicales legitimadas. En una interpretación correcta y ponderada del artículo 37.2.*a*) TREBEP, debería entenderse que la negociación no alcanza al ejercicio de las opciones organizativas, pero sí puede alcanzar a algunas de sus repercusiones o consecuencias, por ejemplo, las retributivas. Sin embargo, la jurisprudencia del Tribunal Supremo —y la de la Audiencia Nacional y Tribunales Superiores de Justicia— ha dado un giro importante y considera que, conforme al EBEP, deben ser objeto de negociación colectiva las RPT e instrumentos de organización y clasificación de puestos de trabajo semejantes (SSTS de 19 de julio, 30 de septiembre, 21 de octubre y 2 de diciembre de 2010, 18 de mayo, 21 de junio y 22 de septiembre de 2011, 9 de octubre de 2013, entre otras), incluida la mera amortización de vacantes, ya que ha de repercutir en el trabajo de los funcionarios restantes (STS de 18 de julio de 2012), y la creación de un nuevo puesto de trabajo de plantilla (SSTS de 7 de mayo de 2010, 18 de marzo y 24 de junio 2011). No obstante, la propia jurisprudencia matiza que esa negociación es obligada solo si la medida de organización interna incide de manera sustantiva en la ordenación de las condiciones de trabajo (STS de 4 de junio de 2013), entre ellas la carga de trabajo a asignar (STS 29 de enero de 2014) o inclusive el perfil lingüístico de las plazas (STS de 21 de junio de 2013). Por otra parte, recuerda que, si en un tiempo prudencial no se alcanza un acuerdo, la administración competente puede adoptar las decisiones que estime oportunas en ejercicio de su potestad de autoorganización. De hecho, esta potestad —como la del empresario— no puede quedar condicionada al resultado de una negociación sindical. Afirmar lo contrario sería tanto como reconocer a los sindicatos unas ciertas facultades de cogestión en el ámbito administrativo que ninguna norma jurídica les otorga. Y así, la jurisprudencia reciente confirma que no es objeto de negociación la creación de un departamento o consejería, ni su reglamento orgánico ni la asignación de funciones entre sus órganos (SSTS de 29 de diciembre de 2014, 12 y 23 de febrero de 2015, 26 y 31 de marzo de 2015, 6 de abril de 2015, 6 de julio de 2015, 9 de octubre de 2015, etc.), aunque lógicamente esas decisiones organizativas condicionan el contenido de la correspondiente RPT.

b) La regulación del ejercicio de los derechos de los ciudadanos y de los usuarios de los servicios públicos, así como el procedimiento de formación de los actos y disposiciones administrativas. La salvedad es importante, porque tales derechos y procedimientos pueden afectar a aspectos de la relación de servicio —y con los propios ciudadanos— de los empleados públicos, como, por ejemplo, la obligación de identificarse o de atender las quejas y reclamaciones, etc. Sin embargo, como es natural, estas cuestiones no pueden quedar condicionadas a una negociación colectiva previa, por ser de orden público, tal como sugirió el Informe de la Comisión de preparación del EBEP.

c) La determinación de las condiciones de trabajo del personal directivo, exclusión que se explica, entre otras cosas, porque normalmente será este tipo de personal el que negocie con los sindicatos representando a la Administración. Así lo reitera la legislación autonómica de desarrollo, que incluso contempla una RPT diferenciada o instrumento similar para el personal directivo, no negociable (véanse las leyes generales de función pública o empleo público aprobadas desde 2015, en Extremadura, Galicia, Comunidad Valenciana, País Vasco, Asturias, La Rioja, Andalucía...).

d) Los poderes de dirección y control propios de la relación jerárquica, de la misma manera que no pueden ser objeto de negociación las facultades de dirección del empresario, pues de lo contrario se abocaría a un sistema de cogestión por organizaciones no legitimadas para ello. En consecuencia, no cabe negociación, por ejemplo, sobre la interpretación y aplicación del derecho disciplinario o sobre la introducción de sistemas de inspección y control del cumplimiento de los deberes de los funcionarios (STS de 22 de mayo de 2006, por ejemplo, sobre sistemas de gestión de ausencias del trabajo). Tampoco es negociable la asignación de las concretas funciones a desempeñar en cada puesto de trabajo o el contenido de las instrucciones u órdenes de servicio de los superiores. En fin, aunque el artículo 37.2 no lo excluya de manera expresa, no es negociable el régimen de incompatibilidades de los funcionarios ni su aplicación.

e) La regulación y determinación concreta, en cada caso, de los sistemas, criterios, órganos y procedimientos de acceso al empleo público y la promoción profesional. Como señaló la Comisión de expertos, son estas materias que afectan al derecho de igualdad —de oportunidades— de los ciudadanos en el acceso a cargos y funciones públicas, sobre el que no cabe ninguna transacción. De ahí, por ejemplo, que el Tribunal Supremo haya declarado no negociable la regulación del sistema de acreditación nacional del profesorado universitario (STS de 27 de enero de 2009). Y, como se ha dicho, tampoco deberían ser objeto de negociación las convocatorias de oposiciones y concursos y sus bases (en tal sentido, STS de 21 de abril de 2008, SAN de 21 de octubre de 2011, STSJ Madrid de 10 de julio de 2019), aunque en la práctica lo son a menudo, con frecuencia en perjuicio de la igualdad de oportunidades. Más aún, las leyes de presupuestos generales del Estado para 2017 y 2018 y la Ley 20/2021, de 28 de diciembre, permiten la negociación colectiva para la articulación de los procesos selectivos destinados a la estabilización de empleo temporal, lo que en la práctica se viene traduciendo en procesos de selección en los que se valoran de manera desproporcionada los años de servicio de los candidatos que ya son empleados públicos temporales, en detrimento de cualquier otro interesado y, por ende, del principio de igualdad en el acceso al empleo público.

6. Resultado de la negociación. Pactos y acuerdos

A) *Definición y modalidades*

El resultado positivo de la negociación se traduce en la firma de un *pacto* o en la aprobación de un *acuerdo* (art. 38.1 TREBEP). Estas figuras jurídicas guardan una notable diferencia con el convenio colectivo, que es el fruto de la negociación en el ámbito laboral. Precisamente en este aspecto, más que en otros, se constata que la naturaleza de la negociación colectiva de los funcionarios es muy distinta. El EBEP la mantuvo, en línea con el modelo que introdujo la LORDP, aunque clarificando la defectuosa regulación que contenía esta última ley.

La diferencia inicial entre pactos y acuerdos deriva del órgano competente sobre la materia que es objeto de unos y otros. Si es de competencia de un «órgano de gobierno» de las administraciones públicas —esto es, el Consejo de

Ministros, Consejo de Gobierno de las Comunidades Autónomas y el Pleno, Junta de Gobierno o Presidentes de las entidades locales—, el resultado puede ser la aprobación de un acuerdo por estos órganos. En otro caso corresponderá la celebración de un pacto por el órgano administrativo —no gubernativo o político— competente.

Por otra parte, los pactos suscritos por el órgano administrativo competente sobre la materia *se aplican directamente* al personal del ámbito correspondiente (art. 38.2 TREBEP). Los acuerdos, en cambio, deben ser aprobados de manera expresa y formal, por el órgano de gobierno correspondiente «para su validez y eficacia» (art. 38.3). Es decir, debe existir una *ratificación expresa* del acuerdo por el órgano político con competencia para ello —cuyo titular no será normalmente quien haya negociado—, órgano al que los negociadores deben elevar el resultado de su actividad, pues es dicho órgano el que expresa formalmente la voluntad negocial de la Administración. A falta de ratificación formal por el órgano de gobierno competente, los acuerdos alcanzados no son eficaces (SSTS de 7 de octubre de 2014, 30 de marzo de 2015 y 8 de julio de 2015) y deben ser renegociados, si procede. En cualquier caso, tanto los pactos como los acuerdos deben determinar las partes que los conciertan, su ámbito personal, funcional, territorial y personal, la forma y plazo de preaviso y las condiciones de vigencia de los mismos (art. 38.4).

En el caso de los acuerdos, el TREBEP diferencia claramente aquellos que versen sobre materias que pueden ser decididas directamente por el órgano de gobierno que lo ratifica y los que tratan sobre materias reservadas a la ley. En el primer caso, los acuerdos *son de aplicación directa, una vez ratificados*, sin perjuicio de que a efectos formales se requiera la modificación o derogación de normas reglamentarias afectadas por el contenido del acuerdo (STS de 16 de mayo de 2012, entre otras). A falta de ratificación, el acuerdo alcanzado en la mesa de negociación es una mera propuesta o «acto de trámite», como lo califica (impropiamente) la STS de 16 de enero de 2012.

Si el acuerdo afecta a materia sometida a reserva de ley —reserva material y reserva formal, hay que entender, esto es, siempre que sea necesaria la intervención reguladora del titular de la potestad legislativa, en el ámbito del Estado y en las Comunidades Autónomas—, su contenido carece de eficacia directa, pues será necesario aprobar la norma legal correspondiente. Más aún, el acuerdo no puede vincular a las Cortes Generales o a la respectiva Asamblea Legislativa autonómica, cuya voluntad es soberana en el plano legislativo. Por consiguiente, el efecto del acuerdo será simplemente la obligación del órgano de gobierno, estatal o autonómico, que lo haya ratificado de elaborar, aprobar y remitir al órgano parlamentario competente el correspondiente proyecto de ley, en los términos del acuerdo y en el plazo que se hubiera acordado, en su caso. Esta regla vale también cuando se trata de las leyes de presupuestos generales, del Estado o de las Comunidades Autónomas. No rige, en cambio, si el contenido del acuerdo puede o debe recogerse en una norma legal aprobada por el Ejecutivo (decreto-ley o, más raramente, decreto legislativo), en cuyo caso el órgano de gobierno que lo ratifique tendrá la obligación de aprobar las normas que den eficacia al acuerdo.

B) *Efectos jurídicos*

Los pactos y acuerdos son una modalidad de negocio bilateral o convenio, con sus consecuencias y límites legales, con la diferencia de que, en el caso de los acuerdos, su eficacia se condiciona a la aprobación o ratificación del órgano gubernativo competente. Pero lo que importa es determinar los efectos jurídicos de los pactos y acuerdos. A este respecto procede distinguir, como en el caso de los convenios colectivos, la eficacia *obligacional* de la eficacia *normativa*.

No cabe duda de que tanto los pactos como los acuerdos obligan a las partes —Administración y sindicatos— al cumplimiento de lo pactado o acordado, conforme a la buena fe y a la ley. En concreto, la Administración está obligada a cumplir los compromisos que asume. En muchos casos estos compromisos requieren la adopción de iniciativas o la realización de alguna actividad administrativa con efectos jurídicos directos: aprobar proyectos de ley o presupuestarios, elaborar y aprobar normas reglamentarias, planes y programas, promover acciones y medidas administrativas, dictar actos administrativos concretos, crear fondos o generar recursos, etc. En garantía del cumplimiento de estas obligaciones, el TREBEP prevé el establecimiento de comisiones paritarias de seguimiento de los pactos y acuerdos (art. 38.5). Ello aparte de la posibilidad de utilizar los medios de solución extrajudicial de los conflictos derivados de la interpretación de los pactos y acuerdos, mediación y arbitraje (art. 45 TREBEP), a que ya nos hemos referido, ya que el incumplimiento por la Administración legitima la adopción de medidas de huelga o conflicto colectivo por los sindicatos (dentro de los límites, ya reseñados, de la legislación vigente). Como es natural, los interesados pueden también interponer los recursos judiciales que procedan, entre ellos, si cabe, el recurso contencioso-administrativo contra la inactividad de la Administración que regula el artículo 29 LJCA.

Cuestión distinta es la de si los pactos y acuerdos tienen o pueden tener contenido normativo por sí mismos. Si la respuesta fuera afirmativa, habría que admitir la existencia de una nueva fuente del derecho administrativo, de carácter paccionado. Y así es, tal como se ha interpretado por el Tribunal Supremo (desde la STS de 10 de marzo de 1993). Pero conviene matizar varias cosas. En primer lugar, que no todos los pactos y acuerdos tienen esa eficacia normativa, en virtud de su contenido. Más aún, en muchos casos contienen genéricos compromisos de la Administración de carácter programático o bien obligaciones asumidas de estudio y propuesta de medidas en un futuro (contenido típico de buena parte de los acuerdos marco, por ejemplo), Este tipo de cláusulas tendrá eficacia obligacional, pero no normativa (STS de 10 de julio de 2006, por ejemplo). En segundo lugar, el compromiso adquirido puede ser el de elaborar o modificar una norma jurídica reglamentaria o elaborar un proyecto de ley, como se ha dicho, supuesto este último en el que la negociación tiene un alcance meramente *prelegislativo*. En realidad, el carácter normativo de los pactos y acuerdos sólo es predicable cuando regulan *directamente* condiciones de trabajo de los funcionarios. Entonces, como señala el artículo 38.3 TREBEP, su contenido será directamente aplicable al personal incluido en su ámbito de aplicación y ello «sin perjuicio de que a efectos formales se requiera la modificación o derogación, en su caso, de la normativa reglamentaria correspondiente».

Quiere decirse, por tanto, que la negociación colectiva es una forma *alternativa* al reglamento de regular esas condiciones de trabajo (en las materias negociables), naturalmente siempre en el marco o en ejecución de lo dispuesto por las leyes, a las que en ningún caso los pactos y acuerdos pueden sustituir por sí mismos, y respetando el principio de jerarquía normativa. En caso de resultado positivo de la negociación, el pacto o acuerdo sustituye al reglamento, aunque, por razones formales y de seguridad jurídica, puede dar lugar a una modificación reglamentaria que recoja su contenido o al acto formal de derogación de las normas reglamentarias contrarias a sus estipulaciones.

Como norma jurídica alternativa al reglamento, los pactos y acuerdos se insertan en la estructura jerárquica del ordenamiento administrativo en la posición que corresponde al órgano que los celebra o aprueba (principio de jerarquía normativa), subordinándose a las normas de superior rango. A su vez, pueden modificar normas de igual o inferior rango, pero sólo en el ámbito de las materias negociables (principio de competencia). Además, deben ser publicados en el boletín o diario oficial que corresponda a su ámbito territorial, como consecuencia del principio de publicidad de las normas (art. 9.3 CE) y sin perjuicio de su obligada remisión a la oficina pública de registro que cada Administración competente determine (art. 38.6 TREBEP).

Ahora bien, como la jurisprudencia del Tribunal Supremo declara, la legislación vigente no es un simple *mínimo*, del que se pueda partir para mejorar por negociación los derechos de los funcionarios (SSTS de 22 de octubre de 1993, 16 de noviembre de 1994, 16 de junio de 1995 y 25 de junio de 1999, entre otras), salvo que las propias leyes lo admitan expresamente. Más aún, según el Tribunal Supremo, «las cláusulas de condición más beneficiosa y de compensación y absorción, aplicables en el ámbito laboral, exceden de las materias que pueden ser objeto de negociación en el de la función pública». Esto es, los pactos y acuerdos deben respetar lo dispuesto en las normas imperativas de las leyes y reglamentos, salvo que sustituyan a éstos últimos, en función de la competencia del órgano o autoridad que los firma o aprueba.

Por otra parte, y a diferencia de lo que es normal en el caso de las normas reglamentarias, los pactos y acuerdos tienen por lo general vigencia limitada en el tiempo. Conforme al artículo 38.11 TREBEP, sin embargo, salvo acuerdo en contrario, se prorrogarán de año en año, si no media denuncia expresa de una de las partes y, conforme al artículo 38.12, una vez concluida su duración la vigencia del contenido de los pactos y acuerdos se producirá en los términos que los mismos hubieren establecido.

Obviamente, en caso de pérdida de vigencia o de denuncia, habrá que negociar otro pacto o acuerdo que, de ser alcanzado, derogará a los anteriores salvo en los aspectos en que se acuerde expresamente mantener su contenido (art. 38.13 TREBEP).

Dicho lo cual y sin perjuicio de la garantía legal del cumplimiento de los pactos y acuerdos, los órganos de gobierno competentes de las administraciones públicas pueden suspenderlos y modificarlos excepcionalmente, «por causa grave de interés público derivada de una alteración sustancial de las circunstancias económicas» que se tuvieron en cuenta para firmarlos y «en la medida estrictamente necesaria para salvaguardar el interés público» (art. 38.10 TREBEP). Se reconoce, pues, de manera expresa un *ius variandi* por razones superiores de interés general, que ya admitía la jurisprudencia (STC 62/2001 y STS de 21 de marzo de 2002; ahora también STC 127/2019) y tal como propuso la Comisión de expertos. En tal caso las administraciones competentes deben informar a las organizaciones sindicales de las causas de suspensión o modificación, que, de ser justificada, no confiere derecho a indemnización alguna. El Real Decreto-ley 20/2012, de 13 de julio, que extendió también esta facultad de desvinculación de lo pactado a los convenios colectivos del personal laboral de las administraciones públicas (ahora art. 32.2 TREBEP), estableció que existía causa para tal desvinculación —también de los pactos y acuerdos con los funcionarios— cuando las Administraciones concernidas deban adoptar medidas o planes de ajuste, de reequilibrio de las cuentas públicas o de carácter económico-financiero para asegurar la estabilidad presupuestaria o la corrección del déficit público. Pero esta última norma ha sido derogada por la Ley 31/2022, de 23 de diciembre (disp. final 24.ª1).

En fin, los pactos y acuerdos —y en este último caso su aprobación o ratificación, que es un acto administrativo— son impugnables en vía contencioso-administrativa por quienes tengan un derecho o interés legítimo afectado. En el caso de los que celebre la administración local, también son impugnables por la Administración del Estado y de las Comunidades Autónomas, en los términos de los artículos 65 y 66 LBRL. A falta de regulación propia, lo correcto es interpretar que se les aplican, por analogía, las normas sobre impugnación de los reglamentos.

C) *Fracaso de la negociación*

De todas formas, lo más característico del régimen de la negociación colectiva de los funcionarios públicos es que, de no alcanzarse un acuerdo con los sindicatos, la Administración puede, en último término, regular unilateralmente las condiciones de trabajo de los funcionarios o elaborar los proyectos de ley correspondientes. Como ahora establece el artículo 38.7 TREBEP, si no se produce el acuerdo en la negociación o en la renegociación de un acuerdo no ratificado o que, por negativa expresa, no se incorpora a un proyecto de ley —casos estos últimos en que debe iniciarse una renegociación el plazo de un mes, si lo solicita una de las partes (art. 38.3)— los órganos de gobierno de las administraciones públicas pueden establecer las condiciones de trabajo de los funcionarios. Ello, claro está, salvo que se acuerde prorrogar o mantener la vigencia de un pacto o acuerdo anterior, conforme a los apartados 11, 12 y 13 del artículo 38 TREBEP. Y sin perjuicio de agotar antes los procedimientos de solución de conflictos, en el caso de que lleguen a crearse algún día efectivamente y de que las partes decidan someterse voluntariamente a ellos.

En definitiva, la Administración tiene la obligación de negociar sobre determinadas materias y la de hacerlo de buena fe, *pero no tiene la obligación de acordar* (SSTS de 17 de febrero de 2003 y 9 de junio de 2008, entre otras). En caso de disenso en la negociación, la Administración recupera por entero su potestad de regular tales materias por normas reglamentarias no pactadas o la de enviar al órgano legislativo el proyecto de ley que considere conveniente, sin que los sindicatos puedan oponer ningún tipo de derecho de veto, como se ha dicho ya. Se trata, sin duda, de un arma poderosa que la ley ha querido preservar para salvaguardar la primacía del interés público que la Administración está llamada a tutelar por imperativo constitucional y por encima de todo, incluso de los legítimos intereses y expectativas de los funcionarios a su servicio. A diferencia de lo que sucede en el sector privado y (formalmente al menos) en la negociación colectiva del personal laboral de las administraciones públicas, las partes que negocian no se encuentran exactamente en una posición de igualdad, ya que la Administración mantiene, en última instancia, la supremacía que define su situación institucional y de ahí que pueda hacerla valer ante el fracaso de la negociación.

Conviene no desconocer, sin embargo, que la negociación colectiva del sector público viene siendo más fructífera, en términos de reconocimiento y ampliación de derechos de los empleados públicos, que la que se practica (cuando se practica) en la mayoría de los ámbitos empresariales, pues, al fin y al cabo, se suele ser más generoso con los recursos públicos que con los privados. Pero por esta misma razón, la potestad de regulación unilateral es un contrapeso realista e imprescindible frente a eventuales exigencias o reivindicaciones abusivas o poco razonables, que en la práctica no son insólitas.

PARA PROFUNDIZAR

A. Baylos Grau, *Servicios esenciales, servicios mínimos y derecho de huelga*, Albacete, 2018; J. Castiñeira Fernández, *El derecho de huelga de los funcionarios públicos*, Navarra, 2006; J. J. Díez Sánchez, *El derecho de huelga de los funcionarios públicos*, Madrid, 1990; G. Maestro Buelga, «El ámbito material de la negociación colectiva de los funcionarios públicos», *Revista Vasca de Administración Pública*, 41, 1995; E. Monreal Bringsvaerd, *La huelga en servicios esenciales. Análisis de la jurisprudencia española*. Valencia, 2008; A. Palomar Olmeda, «La desvinculación de lo pactado en el Estatuto Básico del Empleado Público», *Revista Española de Derecho Administrativo*, 144, 2009; M. Razquin Lizarraga, «Funcionarios, bases y negociación colectiva», *Revista de Administración Pública*, 131, 1993; R. Roqueta Buj, *El derecho de negociación colectiva en el Estatuto Básico del Empleado Público*, Madrid, 2007; T. Sala Franco, «La negociación colectiva en el empleo público», en *Cuestiones actuales de la negociación colectiva*, Madrid, 2001; íd., *Los derechos sindicales de los funcionarios públicos*, 2.ª ed. Valencia, 2019; J. B. Vivero Serrano, *La huelga en los servicios esenciales*, Valladolid, 2002.

CAPÍTULO X

DEBERES E INCOMPATIBILIDADES

SUMARIO: I. LOS DEBERES DE LOS EMPLEADOS PÚBLICOS Y LA ÉTICA DEL SERVICIO PÚBLICO. 1. *El deber de respeto a la Constitución y de sujeción al ordenamiento jurídico.* 2. *Deberes de imparcialidad, neutralidad y objetividad.* 3. *El deber de obediencia.* 4. *El deber de integridad.* 5. *Deberes funcionales.* 6. *En particular, la jornada y horario de trabajo.* 7. *El régimen del teletrabajo.* 8. *Deberes de lealtad y buena fe en las relaciones con la Administración y los ciudadanos.* 9. *Deberes de secreto y de discreción y deber de información a los ciudadanos.* 10. *Otros deberes.* II. EL RÉGIMEN DE INCOMPATIBILIDADES. 1. *Consideraciones generales.* 2. *Legislación vigente y ámbito de aplicación.* 3. *Principios y reglas generales.* 4. *Actividades públicas.* 5. *Actividades privadas.* 6. *Incompatibilidad con pensiones públicas.*

I. LOS DEBERES DE LOS EMPLEADOS PÚBLICOS Y LA ÉTICA DEL SERVICIO PÚBLICO

Por regla general, la doctrina jurídica de nuestro país se ha ocupado más de estudiar los derechos que los deberes de los funcionarios. Seguramente es lógico que sea así, pero el estudio de los deberes no tiene una importancia sólo secundaria. Primero, desde el punto de vista institucional o del interés público, porque la regulación de los deberes pretende proteger determinados bienes jurídicos, que también encuentran acomodo entre los principios constitucionales —la eficacia, la jerarquía, la imparcialidad, el respeto a los derechos del ciudadano, etc.— y cuyo desconocimiento o minusvaloración suelen producir perjuicios evidentes a la sociedad en su conjunto. Segundo, desde el punto de vista del funcionario, porque la infracción de los deberes lleva normalmente aparejada la posibilidad de imposición de una sanción y de ahí que, en términos de garantía, sea también necesario precisar el contenido y alcance de cada deber. Tercero, desde una perspectiva dogmática, porque el listado de deberes de los funcionarios y su regulación legal distan aún hoy de ofrecer la claridad que sería de desear.

En efecto, siempre ha faltado en nuestro derecho un listado actualizado y medianamente completo de los deberes de los funcionarios públicos. Los artículos 76 a 81 LFCE de 1964 contenían un elenco de deberes, pero claramente deficitario, mientras que nada se añadió al respecto por la LMRFP de 1984. Sólo la legislación especial de algunos colectivos de funcionarios, más que nada los que están sometidos a vínculos más intensos de disciplina (Fuerzas Armadas y Fuerzas y Cuerpos de Seguridad del Estado), contiene una regulación detallada y tendencialmente completa de sus deberes. En realidad, para el resto de los funcionarios, sus deberes tenían que deducirse de la consideración de las conductas tipificadas como delito o falta disciplinaria.

Por eso, la Comisión para el estudio y preparación del EBEB recomendó la inclusión en esta ley de un catálogo de deberes básicos, con valor jurídico directo.

Sin embargo, el legislador ha optado por otra fórmula en parte distinta, que denomina *Código de Conducta* (arts. 52 a 54 TREBEP). Este Código, aplicable a todos los empleados del sector público, funcionarios o laborales, incluyendo los trabajadores de las entidades del sector público que no están incluidas en el ámbito de aplicación del TREBEP (disp. adic. 1.ª de éste), se compone de una serie de principios y reglas, confusamente articuladas y, en algunos casos, reiterativas. Se sigue, de esta manera, la recomendación formulada por algunos organismos internacionales (la OCDE, en particular) y la práctica de otros países, especialmente del mundo anglosajón. De hecho, para la Administración General del Estado el Gobierno aprobó en enero de 2025 un *Código de Buena Administración*, incluido en lo que denomina *Sistema de Integridad*, que completa lo establecido en la Ley. El legislador, sin embargo, aparte las deficiencias técnicas en qué incurre el TREBEP (no está claro, por ejemplo, por qué ciertos «principios» se denominan «éticos» —art. 53— y otros «de conducta» —art. 54— y cuál es la diferencia entre ellos, o por qué la mención al deber de diligencia aparece en los tres preceptos que componen el Código), ha establecido que los referidos principios y reglas tienen valor informativo de la interpretación y aplicación del régimen disciplinario de los empleados públicos. Con lo cual se pretende dotarles de un cierto relieve jurídico, más allá del carácter deontológico y de la función preventiva y pedagógica que tienen este tipo de códigos.

Por tanto, del propio Código de Conducta y de su relación con las normas del derecho disciplinario es posible deducir verdaderos deberes jurídicos de los empleados públicos, es decir, conductas de obligado cumplimiento y cuyo desconocimiento o trasgresión tienen consecuencias jurídicas directas, pues constituyen infracciones sancionables. De ahí que podamos componer un cuadro de estos deberes propiamente jurídicos de los empleados públicos.

Desde el punto de vista de su contenido, merece la pena observar cómo el régimen de los deberes funcionariales ha sido sensible al paso del tiempo. En general, los deberes jurídicos anclan en una ética del servicio, tienen un trasfondo deontológico, que la jurisprudencia del Tribunal Supremo ha puesto tradicionalmente de relieve. Pero los valores que la sustentan cambian, como cambia su importancia relativa. En otro tiempo primaban, junto a la jerarquía, los deberes vinculados a la dignidad y al honor de la función pública o del cuerpo y a la buena conducta del funcionario, incluyendo (máxime en regímenes autoritarios) la sanción de conductas públicas o privadas contrarias a los principios del sistema político en vigor. Eran los tiempos de los *tribunales de honor*, destinados a sancionar —por los pares—, de manera informal y sin garantías de defensa, actos deshonrosos de los funcionarios «que les hagan desmerecer en el concepto público o indignos de seguir desempeñando sus funciones», según la fórmula del artículo 94.1 LFCE de 1964, que todavía los mantuvo. Eran también tiempos de rechazo o exclusión de la función pública de personas con ideologías más o menos radicales o disidentes (incluso en algunas democracias —Estados Unidos, Alemania— durante la llamada *guerra fría*) y de prohibición de reivindicaciones colectivas.

La difusión de los valores democráticos ha cambiado el panorama y así ha sucedido en nuestro país desde la Constitución de 1978. La propia Constitución (art. 26) prohíbe los tribunales de honor en el ámbito de la Administración civil y garantiza (art. 16.2) que nadie puede ser obligado a declarar sobre su ideología, religión o creencias. De acuerdo con su sistema de valores, el deber de fidelidad ha asumido un carácter bien distinto, mientras que han adquirido mayor relieve los deberes del funcionario en sus relaciones con el ciudadano y, en particular, los que le obligan a respetar escrupulosamente el ejercicio de los derechos fundamentales. Por otra parte, el proceso de modernización de la Administración, aunque lento y relativo, ha reafirmado la importancia de determinados deberes funcionales. Además, ha crecido la preocupación por la relajación de las conductas éticas y del compromiso con el servicio público, de modo que, como reacción frente a los abusos y corruptelas, la legislación sancionadora, sobre todo la penal, ha empezado a otorgar mayor trascendencia a los deberes de integridad y honestidad en el servicio. De todo ello resulta un conjunto numeroso y heterogéneo de deberes, que ahora exponemos sin pretensiones de exhaustividad y haciendo hincapié en los más significativos.

1. El deber de respeto a la Constitución y de sujeción al ordenamiento jurídico

El artículo 52 TREBEP subraya que los empleados públicos deben actuar con sujeción y observancia de la Constitución y el resto del ordenamiento jurídico y el artículo 53.1 reitera que «respetarán la Constitución y el resto de las normas que integran el ordenamiento jurídico».

Estos deberes tienen una doble matriz. La primera de ellas se encuentra en el antiguo deber de fidelidad a la Constitución, que procede de la dogmática alemana (*Verfassungstreue*), país donde ha tenido una interpretación no precisamente restrictiva, tendente a garantizar el compromiso activo del funcionario, dentro y fuera del servicio, con los principios constitucionales. En nuestro derecho, ese deber de fidelidad fue recogido por la LMRFP, que sancionaba como falta muy grave su incumplimiento, pero nunca ha tenido en la práctica un significado tan intenso. Más bien se ha considerado como un correlato de la relación orgánica del funcionario con una Administración que está sometida por entero a la Constitución y al resto del ordenamiento jurídico (art. 9.1 CE) y finalizada al servicio de los intereses generales que, por definición, sólo puede tener lugar dentro del marco constitucional. En esta segunda perspectiva, el deber de respeto a la Constitución se anuda al de legalidad y observancia del ordenamiento en su conjunto y así es como figura en el TREBEP. Ello, no obstante y junto con el respeto a los respectivos Estatutos de Autonomía de las Comunidades Autónomas, el deber de respeto a la Constitución mantiene cierta singularidad, en la medida en que su incumplimiento se considera falta muy grave [art. 95.2.*a*) TREBEP]. Quiere decirse con ello, sin duda, que la infracción de los valores y principios constitucionales (y estatutarios) por los funcionarios y demás empleados públicos no es una infracción simple sino cualificada, pues, como servidores públicos, no pueden sino actuar respetando los pilares fundamentales del ordenamiento.

Ahora bien, queda claro que, puesto que la propia Constitución asume entre sus valores superiores la libertad y el pluralismo político (art. 1.1) y puesto que ampara el derecho de todos a no declarar sobre su ideología (art. 16.2), el deber de respeto no impone al funcionario un compromiso político o personal en defensa del texto de la Constitución o de los Estatutos de Autonomía. El deber de respeto se exige sólo, como señala el artículo 95.2.*a*) TREBEP, «en el ejercicio de la función pública».

Basta, por ello, que el funcionario no asuma o promueva en otros ámbitos actuaciones ilegales o que socaven o sean incompatibles con ese deber de respeto, sin perjuicio de la opinión que, a título personal, pueda manifestar sobre el texto constitucional.

De alguna manera puede entenderse también como manifestación de este deber cualificado de respeto a la Constitución la obligación de los empleados públicos de respetar los derechos fundamentales y libertades públicas, evitando toda actuación que pueda producir discriminación alguna (art. 53.4 EBEP), ya que los derechos fundamentales son el fundamento del orden político y la paz social (art. 10.1 CE) y tienen por ello un valor preferente en nuestro ordenamiento. La infracción de estas obligaciones tiene particular reflejo en el Código Penal (arts. 529 a 542: «delitos cometidos por los funcionarios contra las garantías constitucionales») y en el derecho disciplinario, que sanciona como faltas muy graves la actuación del funcionario que suponga discriminación de cualquier tipo y la obstaculización del ejercicio de las libertades públicas y derechos sindicales, y coartar el libre ejercicio del derecho de huelga [art. 95.2.*b*), *k*) y *l*) TREBEP].

La mayoría de las Comunidades Autónomas han añadido, en su legislación y para sus funcionarios, el deber de fidelidad a los Estatutos de Autonomía. La significación de este deber es parecida y no exige del funcionario un compromiso activo con el principio de autonomía o con la estructura territorial del Estado, pero sí una estricta observancia del Estatuto correspondiente.

Por lo que se refiere al deber, más general, de sujeción y observancia del ordenamiento jurídico, implica la obligación de todo empleado público de cumplir las leyes y demás disposiciones jurídicas vigentes, que es manifestación directa de la vinculación constitucional de la Administración a la ley y al derecho (art. 103.1 CE). Su infracción se sanciona como falta muy grave cuando supone la adopción de acuerdos manifiestamente ilegales que causen perjuicio grave a la Administración y a los ciudadanos [art. 95.2.*d*) TREBEP], y como falta grave cuando se incurre en conductas constitutivas de delito doloso [art. 7.1.*c*) RRD] y en la emisión de informes y la adopción de acuerdos manifiestamente ilegales cuando causen perjuicio a la Administración y a los ciudadanos [art. 7.1.*h*) RRD]. Ello aparte otras normas específicas, de derecho penal o administrativo, empezando por las que tipifican el delito de prevaricación (arts. 404 a 406 y 446 a 449 CP).

En este contexto general han adquirido importancia singular los deberes de observancia de las leyes que pretenden poner coto a las corrupciones y corruptelas administrativas. Así, la disposición adicional 28.ª de la Ley 9/2017, de Contratos del Sector Público dispone que la infracción o aplicación indebida de sus preceptos por el personal al servicio de las administraciones públicas dará lugar a exigir la responsabilidad disciplinaria correspondiente.

2. Deberes de imparcialidad, neutralidad y objetividad

Estos deberes, directamente deducibles del artículo 103.3 CE, en conexión con la finalidad institucional de la Administración Pública de servicio a los intereses generales *con objetividad*, se recogen hoy en los artículos 52 y 53 TREBEP.

La primera y más importante manifestación de este deber es la obligación de neutralidad política del empleado público, esto es, lo que en su día se denominaba el principio de *eficacia indiferente.* Cualquiera que sea su ideología personal e incluso si pertenece a un partido político o a un sindicato, el funcionario y demás empleados públicos están obligados a ejercer sus funciones observando la más estricta neutralidad, sin acepción de personas o grupos. En estos términos, todo empleado público debe también fidelidad institucional al Gobierno de turno, pero sólo en estos términos, de manera que no puede ni obstaculizar el desarrollo de la política gubernativa ni olvidar en aras de ella su obligación de prestar servicio sin favoritismos ni discriminaciones. El TREBEP sanciona como faltas muy graves algunas manifestaciones del incumplimiento de estos deberes, como la discriminación por razón de opinión [art. 95.2.*b*)] o «la violación de la imparcialidad, utilizando las facultades atribuidas para influir en procesos electorales de cualquier naturaleza y ámbito» [art. 95.2.*h*)]. Por lo demás, el deber de neutralidad política tiene especial relevancia en determinados ámbitos del empleo público, como por ejemplo la carrera judicial, y su inobservancia estricta puede tenerse legítimamente en cuenta a efectos de la provisión discrecional de destinos (STS de 9 de marzo de 2017).

Ahora bien, tales deberes no se agotan en la obligación de neutralidad política, sino que también tienen reflejo en las relaciones del funcionario, cuando ejerce su cargo, con la sociedad. Es decir, el empleado público debe guardarse también de toda actuación que suponga favorecer ilegalmente a personas, organizaciones sociales o grupos privados. Como ahora establece el artículo 53.2 TREBEP, su actuación debe perseguir «la satisfacción de los intereses generales de los ciudadanos y se fundamentará en consideraciones objetivas orientadas hacia la imparcialidad y el interés común, al margen de cualquier otro factor que exprese posiciones personales, familiares, corporativas, clientelares o cualesquiera otras que puedan colisionar con este principio». Si bien la enunciación de esta regla tiene bastante de utópico, a su servicio (y del deber de integridad) el Código Penal sanciona algunas conductas características y especialmente graves: cohecho, tráfico de influencias, negociaciones prohibidas. El derecho administrativo la tutela a su vez mediante la legislación de incompatibilidades (véase *infra,* en este mismo capítulo), en la medida en que pretende evitar los conflictos de intereses, e imponiendo la obligación de abstención y la posibilidad de recusación del funcionario que tenga relación personal con el asunto de que haya de conocer o relación de parentesco, amistad o enemistad, o servicio con alguno de los interesados, o que haya intervenido con anterioridad en el mismo asunto como perito o testigo (imparcialidad objetiva), conforme a lo dispuesto en los artículos 23 y 24 LRJSP. La legislación disciplinaria sanciona también la inobservancia de estos deberes [por ejemplo, arts. 95.2.*j*) y *n*) TREBEP y 7.*g*) RRD].

3. El deber de obediencia

Según el artículo 54.3 TREBEP, los empleados públicos «obedecerán las instrucciones y órdenes profesionales de los superiores, salvo que constituyan una infracción manifiesta del ordenamiento jurídico, en cuyo caso las pondrán inmediatamente en conocimiento de los órganos de inspección procedentes». Éste es un deber vinculado directamente al principio de jerarquía administrativa proclamado por el artículo 103.1 CE, aunque también indirectamente a otros, como los de lealtad con la Administración y eficacia. En realidad, es un deber inherente a cualquier organización productiva, que existe también en el ámbito de la empresa [art. 5.*c*) del Texto Refundido del Estatuto de los Trabajadores]. Pero en el derecho de la función pública siempre ha tenido algunas peculiaridades, sobre todo en el caso de los cuerpos sometidos a una disciplina especial y más intensa, por razón de las funciones que les están encomendadas y de las facultades de uso de la violencia legítima que se les confieren en defensa de la comunidad (militares, Fuerzas y Cuerpos de Seguridad).

La falta de obediencia a los superiores y autoridades constituye una falta grave [art. 7.1.*a*) RRD] y, si se trata de «desobediencia abierta» a las órdenes o instrucciones, una falta muy grave [art. 95.2.*i*) TREBEP]. Incluso, si se trata de la *abierta negativa* a dar cumplimiento a las órdenes y decisiones de la autoridad superior, adoptadas dentro de los límites de su respectiva competencia y revestidas de las formalidades legales, puede constituir una conducta delictiva (arts. 410 y 411 CP), aunque en casos muy extremos.

Ahora bien, el deber de obediencia tiene sus límites, pues puede entrar en contradicción con otros deberes del funcionario o empleado público y, muy en concreto, con el de observar la legalidad en el ejercicio de sus funciones. Ésta es una vieja cuestión que siempre plantea problemas prácticos de comportamiento al funcionario que recibe una orden ilegal. Si la cumple, puede incurrir en la infracción del ordenamiento y en responsabilidad por este motivo. Si no la cumple, puede incurrir en falta de desobediencia. Nuestro derecho soluciona este problema mediante un doble expediente. Primero, introduciendo la eximente de responsabilidad por «cumplimiento de un deber» —que puede ser el de obediencia debida—, tal y como establece el artículo 20.7.º CP y que, sin duda, también es aplicable en el derecho disciplinario. Segundo, liberando al funcionario de la obediencia de las órdenes que constituyan una infracción *manifiesta* de la legalidad, tal como ahora recalca el artículo 54.3 TREBEP [y el art. 95.2.*i*) del mismo]. Por tal hay que entender, como dice el artículo 410.2 del Código Penal, una «infracción manifiesta, clara y terminante de un precepto de ley o de cualquier otra disposición general» o, como señalan algunas normas administrativas [art. 5.1.*d*) de la Ley Orgánica de Fuerzas y Cuerpos de Seguridad] «actos que constituyan delito o sean contrarios a la Constitución o a las leyes». Viceversa, según estas leyes, la obediencia debida no ampara la comisión de este tipo de actos por el funcionario. Ello, no obstante, en la práctica administrativa no es fácil distinguir cuando se está ante una infracción manifiesta de otra que no lo es. Esta circunstancia invita a la prudencia del funcionario y también a una aplicación cautelosa de los correspondientes tipos sancionadores, a la luz de las circunstancias. Pero, además, el artículo 54.3 TREBEP abre la posibilidad de aclarar estas dudas de principio, al indicar que el empleado público que reciba una orden o instrucción manifiestamente ilegal (supuestamente), ha de ponerlo en conocimiento de los órganos de inspección procedentes. Serán entonces éstos los que señalen si dicha ilegalidad que exime del deber de obediencia existe o no.

4. El deber de integridad

Comprende este deber la exigencia de evitar todas aquellas conductas activas o pasivas que puedan suponer un beneficio ilícito para el empleado público o sus allegados, en detrimento del servicio, de los intereses generales y de los recursos y bienes de la Administración. El TREBEP desgrana algunas de las consecuencias de este deber, que menciona expresamente, junto con el más abstracto de honradez, en el artículo 52.

Una primera manifestación de este deber es la obligación de abstención en todo asunto en que el funcionario o empleado público tenga un interés personal y en actividades privadas, operaciones económicas o financieras o negocios jurídicos que puedan plantear un conflicto de intereses con el desempeño de su cargo público (art. 53.5 y 6 TREBEP). Otra la de no aceptar tratos de favor o situaciones de privilegio o ventajas injustificadas por parte de personas o entidades privadas (art. 53.7). Más en concreto, el artículo 53.9 prohíbe a los empleados públicos que influyan en la agilización o resolución de trámites o procedimientos administrativos sin justa causa y, en ningún caso, cuando ello comporte un privilegio en beneficio de los titulares de los cargos públicos o su entorno familiar y social inmediato o cuando suponga menoscabo de los intereses de terceros. Además, el artículo 54.5 les prohíbe utilizar los recursos y bienes públicos en provecho propio o de personas allegadas, y el artículo 54.6 les obliga a rechazar cualquier regalo, favor o servicio en condiciones ventajosas, que vaya más allá de los usos habituales, sociales y de cortesía, sin perjuicio de lo establecido en el Código Penal.

Éste, en efecto, castiga como delito algunas de las conductas más graves en violación del deber de integridad de las autoridades o funcionarios públicos, tales como el cohecho, el tráfico de influencias, la malversación de fondos públicos, fraudes y exacciones ilegales y otras negociaciones y actividades prohibidas (arts. 419 a 445). Por su parte, el TREBEP tipifica como falta muy grave «la prevalencia de la condición de empleado público para obtener un beneficio indebido para sí o para otro» [art. 95.2.*j*)]. Más allá de estas conductas sancionables, la plasmación práctica y cotidiana del deber de integridad depende de la evolución de la cultura y las costumbres no sólo administrativas, sino, en general, sociales, terreno en el que queda bastante por hacer seguramente.

Un aspecto singular relacionado con ese deber de integridad es el relativo a la denuncia, por parte de los empleados públicos, de conductas irregulares o corruptas de otras autoridades o funcionarios de las que tengan conocimiento en virtud de su cargo. Si bien no existe en la legislación un estricto deber de denuncia en estos casos, de cuyo incumplimiento se deriven consecuencias sancionadoras, la legislación de muchos países democráticos y algunos instrumentos internacionales (por ejemplo, la Convención de las Naciones Unidas contra la corrupción de 31 de octubre de 2003) se han preocupado al menos de garantizar la confidencialidad de las denuncias y la protección de los denunciantes (*whistleblowers* en la terminología inglesa) frente a cualquier posible represalia directa o encubierta. También la Unión Europea ha aprobado una Directiva 2019/1937, de 23 de octubre, relativa a la protección de las personas que informen sobre infracciones del Derecho de la Unión, de obligada trasposición al ordenamiento de los Estados miembros.

En nuestra legislación, esta cuestión se empezó a abordar desde hace algunos años por normas autonómicas (art. 14 de la Ley 11/2016, de 28 de noviembre, de la Comunidad Valenciana, hoy sustituido por el artículo 78 de la Ley de la Función Pública Valenciana de 2021; Ley 2/2016, de 11 de noviembre, de Castilla y León; Ley 16/2016, de 9 de diciembre, de las Islas Baleares; Ley 5/2017, de 1 de junio, de Aragón; Ley 8/2018, de 14 de septiembre, de Asturias, etc.). Finalmente, la Ley estatal 2/2023, de 20 de febrero, regula la protección de las personas que informen sobre infracciones normativas, en la perspectiva de la lucha contra la corrupción. Esta ley, que no sólo se aplica a los empleados del sector público, garantiza la protección de toda persona que informe sobre o denuncie supuestas infracciones del Derecho de la Unión Europea o conductas presuntamente constitutivas de delito o infracción administrativa grave o muy grave que haya podido conocer en su ámbito profesional o laboral. Tales denuncias, que pueden ser anónimas, dan lugar en caso contrario a preservar la identidad del informante, sin perjuicio de la posibilidad de revelación pública. En todo caso, la ley prevé adoptar medidas de protección frente a cualquier tipo de represalia, aparte otras de apoyo al denunciante, entre ellas la asistencia jurídica y, excepcionalmente, asistencia financiera o psicológica, así como la posible exención o atenuación de su responsabilidad, si hubiera participado en la comisión de la infracción que denuncia. Para ello debe establecerse un sistema o canal interno de información protegido, en las distintas Administraciones y entidades públicas o privadas, y se crea también una *Autoridad Independiente de Protección del Informante*, como canal externo de información y de tutela a disposición de dichas personas, sin perjuicio de que puedan crearse autoridades u órganos autonómicos con la misma finalidad.

5. Deberes funcionales

Como de cualquier trabajador, es deber de todo empleado público cumplir de manera exacta y puntual las funciones de su cargo. Este tipo de deberes, que entroncan con el principio constitucional de eficacia administrativa (art. 103.1), ha sido desarrollado hoy por el Código de Conducta del TREBEP. Éste reitera, hasta por tres veces (arts. 52, 53.10 y 54.2), la obligación de cumplir *con diligencia* las tareas encomendadas y se refiere también a los principios de eficacia, economía y eficiencia, a la consecución del interés general y de los objetivos de la organización, a la obligación concreta del empleado público de resolver en plazo los procedimientos o expedientes de su competencia y a la dedicación al servicio público.

El cumplimiento exacto de estos deberes implica una determinada actitud ante el servicio, que no todos observan, y que la Administración debe vigilar y fomentar. Su vulneración, en los casos de cierta gravedad, se traduce en la tipificación como infracciones disciplinarias de una serie de conductas, como el abandono del servicio [art. 95.2.*c*) TREBEP], el notorio incumplimiento de las funciones esenciales del puesto de trabajo o funciones encomendadas [art. 95.2.*g*) TREBEP], el incumplimiento de los servicios esenciales en caso de huelga [art. 95.2.*m*) TREBEP], la tolerancia de los superiores con la comisión de faltas muy graves y graves de sus subordinados [art. 7.1.*d*) RRD], la falta de rendimiento que afecte al normal funcionamiento de los servicios [art. 7.1.*i*) RRD], la grave perturbación del servicio [art. 7.1.*n*) RRD], el descuido o negligencia en el ejercicio de sus funciones [art. 8.*d*) RRD] y, en general, el incumplimiento de los deberes y obligaciones del funcionario [art. 8.*e*) RRD].

La legislación vigente hace hincapié, pues, en el cumplimiento de estos deberes, pero no siempre se ve correspondida por la práctica, que se resiente de hábitos secularmente arraigados en nuestra burocracia y de las deficiencias de la organización y la dirección administrativas. Prácticas a veces demasiado tolerantes, que suscitan recelos y quejas en la ciudadanía y que, en la medida en que persisten, son incompatibles con cualquier proyecto de modernización administrativa.

6. En particular, la jornada y horario de trabajo

Lo que acaba de decirse es aplicable especialmente al cumplimiento de la jornada y horario de trabajo de los empleados públicos respecto del que existe todavía un margen de tolerancia en algunas oficinas públicas. Tanto es así que en sucesivos acuerdos entre la Administración y los sindicatos se reconoce la necesidad de poner en práctica medidas correctoras del absentismo —problema ciertamente importante—, elaborando los estudios necesarios sobre sus causas, extensión y sistemas de medición y sobre las medidas que puedan aplicarse para su reducción. Y algo semejante vino a reconocer la Ley 6/2018, de Presupuestos Generales del Estado para 2018, que impuso a las diferentes administraciones públicas diseñar planes de control del absentismo (disp. adic. 54.ª).

En cualquier caso, el artículo 54.2 TREBEP impone, como no podía ser menos, el deber de cumplir la jornada y horario establecidos, jornada cuya determinación y modalidades, incluyendo la jornada a tiempo parcial, el artículo 47 TREBEP remite a lo que establezcan las diferentes administraciones públicas. Precisamente el régimen de jornada y horario es uno de los aspectos de la relación de servicio susceptibles de negociación colectiva [art. 37.1.*m*) TREBEP] y así se regula en las distintas administraciones. En general, ha sido una reivindicación sindical permanente la de reducir las horas de trabajo y de hecho en muchas administraciones se llegó a pactar una jornada semanal de treinta y cinco horas, e incluso inferior en algún caso. La Ley 2/2012, de 29 de junio, quiso poner coto a estas reducciones de jornada, estableciendo para todo el sector público —por tanto, para todo el personal, funcionario o laboral, de las entidades del sector público estatal, autonómico y local— que la jornada semanal no puede ser inferior a treinta y siete horas y media de trabajo efectivo de promedio en cómputo anual. La propia ley suspendió la eficacia de los acuerdos, pactos y convenios en contrario (aunque no pocos de ellos se siguen aplicando *de facto*). Con respeto a este límite básico, cada administración había de determinar, previa negociación colectiva, su propio régimen de jornada y horario de trabajo. En cualquier caso, la jurisprudencia no considera válidas las leyes autonómicas que fijen una jornada inferior o distinta a la prevista por la legislación básica del Estado (SSTC 84/2016, 99/2016, 158/2016, 142/2017; STS de 29 de enero de 2018). Ahora bien, la Ley de Presupuestos Generales del Estado para 2018, manteniendo como regla general la jornada de treinta y siete horas y media semanales, permitió a las administraciones que cumplieran los objetivos de estabilidad presupuestaria, deuda pública y regla de gasto negociar otra jornada distinta (disp. adic. 144.ª), lo que está llevando a recuperar las treinta cinco horas semanales en gran parte de ellas. Además. dicha ley permite a cada administración negociar una bolsa de horas de libre disposición de hasta el 5 por 100 de la jornada anual, para medidas de conciliación con la vida familiar. Por su parte, el Real Decreto-ley 2/2024, de 21 de mayo, ha añadido un artículo 47.2 al TREBEP, para imponer a las Administraciones Públicas, sin mayor concreción, la obligación de adoptar medidas de flexibilización horaria en garantía de la conciliación de la vida laboral y familiar de los empleados públicos con hijos menores de doce años o mayores de esa edad y otros familiares que convivan con ellos y precisen cuidados o no puedan valerse por sí mismos.

En todo caso por lo que se refiere a la Administración General del Estado, hay que tener en cuenta la Resolución de la Secretaría de Estado de Función Pública de 28 de febrero de 2019, que aprueba las Instrucciones sobre jornada y horarios vinculantes para el personal al servicio de dicha Administración y sus organismos públicos, incluidas las entidades gestoras y servicios comunes de la Seguridad Social. Esta Resolución no es aplicable, sin embargo, al personal militar y de los Cuerpos y Fuerzas de Seguridad ni al que preste sus servicios en instituciones penitenciarias, sanitarias y docentes, todos los cuales se rigen por reglas específicas.

Según dichas Instrucciones, el *calendario laboral*, que debe aprobarse en cada ámbito anualmente, previa negociación con las organizaciones sindicales, es el instrumento técnico a través del cual se realiza la distribución de la jornada y la fijación de los horarios de trabajo. La elaboración del calendario laboral ha de respetar la duración legal mínima de la jornada semanal, establecida en 37 horas y media el horario fijo presencial de 9.00 a 14.30 horas, las fiestas laborales, el horario de apertura y cierre de los edificios públicos y las necesidades del servicio y funciones del centro de trabajo.

Sobre la base de estos criterios, la Resolución regula una jornada general, una jornada en régimen de especial dedicación, una jornada reducida por interés particular, jornadas y horarios especiales, y jornada de verano, a lo que se añaden algunas medidas de conciliación de la vida laboral y personal o familiar.

— La *jornada general* es de treinta y siete horas y media semanales en cómputo anual. Sin embargo, la regulación permite una cierta flexibilidad en la distribución del horario. En *jornada de mañana*, una parte principal, llamada *tiempo fijo*, es de lunes a viernes, entre las 9.00 y las 14.30 horas. La parte variable u *horario flexible*, que comprende el resto de las horas, puede cumplirse entre las 7.00 y las 9.00 horas de lunes a viernes, y entre las 17.00 y las 18.00 horas de lunes a jueves o entre las 14.30 y las 15.30 los viernes. En régimen de *jornada de mañana y tarde*, el horario fijo es de 9.00 a 17.00 horas, con una interrupción mínima de media hora para comida, entre lunes y jueves, mientras que el viernes es de 9.00 a 14.30 horas. El resto de la jornada en horario flexible se realiza entre las 7.00 y las 9.00 horas y entre las 17.00 y las 18.00 de lunes a jueves, y entre las 14.30 y las 15.30 los viernes. Ello sin perjuicio del horario especial que se aplica al personal destinado en las oficinas de apertura ininterrumpida u otros casos singulares.

— La *jornada de tarde* tiene un horario fijo de 15.00 a 20.30 horas de lunes a viernes, completándose el tiempo restante en horario flexible entre las 13.00 y las 15.00 horas o entre las 20.30 y las 22.00.

Siempre puede disfrutarse de una pausa de treinta minutos, preferentemente entre las 10.00 y las 12.30 horas o entre las 16.30 y las 19.00 en horario de tarde, que cuenta como trabajo efectivo, con la condición de que no afecte a la prestación de los servicios.

— La *jornada en régimen de especial dedicación* es de cuarenta horas semanales, sin perjuicio del aumento ocasional que sea preciso por necesidades del servicio. También en esta modalidad se prevé flexibilidad de horario.

— La *jornada reducida por interés particular* puede ser solicitada por funcionarios con nivel igual o inferior al 28 si es compatible con la naturaleza del puesto (nunca cuando se trata de un puesto de especial dedicación) y con las funciones del centro de trabajo. Se trata de una jornada de nueve a catorce horas, de lunes a viernes, percibiendo el 75 por 100 de las retribuciones. Esta modalidad es incompatible con otras reducciones de jornada previstas por la normativa vigente (*v. gr.*, por guarda legal de menor, anciano o discapacitado y por maternidad o paternidad; véase *supra*, capítulo VIII).

— Las *jornadas y horarios especiales* se autorizan previa negociación con las organizaciones sindicales. En todo caso, en las oficinas de información y atención al público como en los registros que se determinen, el horario de atención es ininterrumpido de 9.00 a 17.30 horas de lunes a viernes y de 9.00 a 14.00 horas los sábados, por lo que el personal que preste servicios en estas oficinas debe cumplir el de jornada continuada con las necesarias adaptaciones para cubrir servicio los viernes por la tarde y los sábados.

— La *jornada de verano*, entre el 16 de junio y el 15 de septiembre (para los funcionarios con hijos menores de doce años o personas discapacitadas a su cargo que lo soliciten, del 1 de junio al 30 de septiembre), puede ser intensiva y reducida, normalmente de seis horas y media continuadas, a desarrollar entre las 8.00 y las 15.00 horas o entre las 14.30 y las 21.30 horas (salvo para el personal de especial dedicación, que deberá realizar cinco horas más a la semana), recuperándose la reducción en los términos que establezca el calendario laboral.

— La Resolución de 28 de febrero de 2019 establece, en fin, ciertos supuestos de *flexibilidad horaria* por motivos de conciliación de la vida laboral y familiar a favor de empleados públicos con personas a su cargo, especialmente si se trata de familias monoparentales o si tienen hijos o personas sujetas a tutela o acogimiento menores de 12 años o con discapacidad y también para someterse a técnicas de fecundación *in vitro* o reproducción asistida, así como en favor de quienes se reintegran al servicio tras un tratamiento de radioterapia, quimioterapia u otros de especial gravedad. Ello aparte la bolsa del 5 por 100 de la jornada anual de cada empleado, que puede utilizar con carácter recuperable para fines semejantes de conciliación.

Normas más o menos similares rigen en otras administraciones distintas de la civil del Estado, sin que sea posible en estas páginas dar cuenta de ellas. Hay que indicar, no obstante, que la reciente legislación autonómica tiende a introducir fórmulas flexibles de jornada, en particular la jornada a tiempo parcial y la reducción voluntaria de jornada (por ejemplo, Ley 8/2012, de 28 de diciembre, de la Comunidad de Madrid y Decreto 42/2019, de 22 de marzo de la Generalitat de Cataluña).

El incumplimiento injustificado de la jornada de trabajo que acumulado suponga un mínimo de diez horas al mes, la tercera falta injustificada de asistencia en un período de tres meses, cuando las dos anteriores hubieran sido objeto de sanción por falta leve, y las acciones u omisiones dirigidas a evadir los sistemas de control de horarios o a impedir que sean detectados los incumplimientos injustificados de la jornada de trabajo se consideran faltas graves por la legislación general del Estado [art. 7.1.*l*), *m*) y *p*) RRD]. En otro caso, el incumplimiento injustificado del horario y la falta de asistencia injustificada de un día se consideran faltas leves [art. 8.*a*) y *b*) RRD]. En cualquier caso, las ausencias o faltas de puntualidad o de permanencia no justificadas dan lugar a deducción proporcional de haberes.

7. El régimen del teletrabajo

La regulación del horario y jornada de trabajo queda sustancialmente alterada en aquellos casos en que se permite la modalidad de prestación de funciones fuera de la sede de la Administración y normalmente desde el domicilio del empleado público, mediante el uso de las tecnologías de la información y las comunicaciones, que es lo que se conoce como *teletrabajo*.

Esta modalidad ha sido objeto de regulación desde hace años para los empleados públicos de distintas administraciones, desde el momento en que la implantación de dichas tecnologías ha hecho posible el trabajo a distancia. En algunos casos se trató de experiencias piloto, como la que introdujo la Administración General del Estado mediante Orden APU/1981/2006, de 21 de junio. Pero en otros se aprobó desde hace algún tiempo una normativa de general aplicación. Es el caso del Decreto del Gobierno Vasco 92/2012, de 29 de mayo, que aprueba el Acuerdo con los sindicatos sobre teletrabajo en la Administración General de Euskadi y sus organismos autónomos, seguido del Decreto 36/2013, de 28 de junio, de las Islas Baleares; del Decreto 57/2013, de 12 de agosto, de Castilla-La Mancha; del Decreto 45/2013, de 5 de diciembre, de La Rioja; de la Orden de 20 de diciembre de 2013, de la Vicepresidencia y Consejerías de Administraciones Públicas y de Hacienda de la Xunta de Galicia; del Decreto 82/2016, de 8 de julio, de la Generalitat Valenciana; del Decreto 16/2018, de 7 de junio, de la Junta de Castilla y León, etc.

Sin embargo, en los últimos tiempos el teletrabajo ha cobrado una importancia muy superior a la que tenía, debido a la crisis del COVID-19 y sus secuelas, que ha obligado a trabajar a muchos empleados desde sus domicilios y ha difundido los usos y mejorado las tecnologías disponibles. En consecuencia, el legislador estatal ha considerado oportuno establecer una regulación básica, mediante el Real Decreto-ley 29/2020, de 29 de septiembre, que incorpora un nuevo artículo 47 bis al TREBEP. Al mismo tiempo o poco después algunas Comunidades Autónomas han dictado su propia normativa de desarrollo: Decreto 77/2020, de 4 de agosto, de la Generalitat de Cataluña; Decreto 79/2020, de 16 de septiembre, de la Comunidad de Madrid; Orden de 14 de diciembre de 2020 de la Consejería de Hacienda y Administración Pública de la Xunta de Galicia; Orden HAP/320/2021, de 31 de marzo, de Aragón; Decreto 49/2021, de 1 de abril, de la Generalitat Valenciana, Decreto 65/2021, de 1 de junio, de Castilla-La Mancha, etc.

La fórmula del teletrabajo ofrece, sin duda, muchas ventajas: desde la flexibilidad horaria a la posibilidad de conciliar mejor la vida laboral y familiar o los beneficios sobre el medio ambiente de una movilidad reducida. Pero no puede considerarse como una modalidad a generalizar. El artículo 47 bis TREBEP se preocupa de precisar que el teletrabajo en las administraciones públicas tiene en todo caso carácter voluntario y que puede desarrollarse «siempre que las necesidades del servicio lo permitan». Asimismo, tiene carácter reversible. De manera que no es un derecho del empleado público, sino que depende de la valoración que cada administración haga de las necesidades del servicio que se pueda autorizar o no. Eso sí, tampoco puede imponerse a ningún empleado esta modalidad, salvo que circunstancias excepcionales, como las que hemos vivido a causa del COVID-19, lo justifiquen.

El artículo 47 bis TREBEP y la normativa que lo desarrolla se aplican por igual a los funcionarios y a los empleados públicos con contrato laboral, como se deduce del apartado 5 de aquél. Pero no todos ellos pueden acogerse al régimen de teletrabajo, pues en algunos casos la prestación de los servicios debe hacerse de forma presencial. Dicha legislación de desarrollo precisa los supuestos de excepción e inclusive el tipo de tareas que pueden realizarse a distancia. Normalmente el teletrabajo se autoriza solo durante una parte de la jornada semanal y de ahí que el artículo 47 bis TREBEP disponga que es compatible con la modalidad presencial. Además, las autorizaciones de teletrabajo se conceden por tiempo determinado, en función de los períodos máximos (y en ocasiones mínimos) que fija la normativa aplicable en cada caso.

Por regla general, las citadas autorizaciones se conceden, en los ámbitos en que la modalidad a distancia se ha establecido, a solicitud de los interesados. La normativa de desarrollo del TREBEP fija al efecto criterios de preferencia o de rotación para otorgarlas. Por otra parte, impone ciertos requisitos a los solicitantes, como el dominio de las tecnologías necesarias y que el lugar desde donde se vaya a realizar el trabajo cuente con una conexión segura a las redes telemáticas y reúna las condiciones de seguridad, salubridad e higiene impuestas por la legislación de prevención de riesgos laborales. En cambio, es la Administración la que debe facilitar a esos empleados los equipos e instalaciones informáticas que sean precisas, tal como establece ahora el artículo 47 bis.4 TREBEP.

Por lo demás, según el apartado 2 de este artículo, el teletrabajo «deberá contribuir a una mejor organización del trabajo a través de la identificación de objetivos y la evaluación de su cumplimiento». Se vincula así a un modelo de dirección por objetivos y en función de resultados. Por eso en la legislación complementaria la autorización del trabajo a distancia se condiciona a la aprobación de un plan personal o programa individual de trabajo o de un documento de compromisos, en el que los responsables del servicio u órganos de dirección competentes deben precisar las tareas que ha de realizar cada empleado en un cierto lapso de tiempo, ya sea diario, semanal u otro. Han de definirse, pues, los tipos de tareas y su volumen o cuantía y los indicadores de calidad o resultados a alcanzar, así como los mecanismos de supervisión. Establecido lo cual, el teletrabajo admite una cierta flexibilidad en el tiempo de trabajo, aunque es también normal que se fijen determinados horarios de interconexión o de disponibilidad.

En fin, según el artículo 47 bis.3 TREBEP, «el personal que preste sus servicios mediante teletrabajo tendrá los mismos deberes y derechos, individuales y colectivos, recogidos en el presente Estatuto que el resto del personal que preste sus servicios en modalidad presencial, incluyendo la normativa de prevención de riesgos laborales que resulte aplicable, salvo aquellos que sean inherentes a la realización de la prestación del servicio de manera presencial». Entre ellos hay que incluir el derecho a la intimidad y a la desconexión digital, en los términos que ya vimos, así como la aplicación general del régimen de deberes e incompatibilidades.

8. Deberes de lealtad y buena fe en las relaciones con la Administración y los ciudadanos

Se trata de deberes recogidos de manera expresa en el artículo 53.3 TREBEP, que el empleado público debe observar tanto con la Administración en que presta sus servicios (véase la SAN de 14 de septiembre de 2011) como con sus superiores, compañeros y subordinados y con los ciudadanos. En conexión con ellos, el artículo 54.4 obliga a los empleados públicos a facilitar a los ciudadanos el ejercicio de sus derechos y el cumplimiento de sus obligaciones, el artículo 54.10 dispone que pondrán en conocimiento de sus superiores o de los órganos competentes las propuestas que consideren adecuadas para mejorar el servicio y el artículo 54.11 exige que garanticen —obviamente en la medida en que cada uno pueda— la atención al ciudadano en la lengua oficial que solicite.

El cumplimiento de estos deberes se protege por la legislación vigente mediante la tipificación de ciertas conductas sancionables: abuso de autoridad, grave desconsideración con los superiores, compañeros y subordinados, causar daños graves en los locales, material o documentos de los servicios, atentado grave a la dignidad de los funcionarios o de la Administración, grave falta de consideración con los administrados [art. 7.1.*b*), *e*), *f*), *ñ*) y *o*) RRD], la incorrección con el público, superiores, compañeros o subordinados [art. 8.*c*) RRD].

9. Deberes de secreto y discreción y deber de información a los ciudadanos

El modelo burocrático tradicional, como señalara Max Weber, era por esencia un sistema basado en el secreto del cargo. Del secreto y del monopolio de las informaciones públicas se derivaba una enorme fuente de poder, celosamente custodiada mediante la imposición de estrictos deberes al funcionario y la previsión de las correspondientes sanciones por su incumplimiento. Pero también en estos aspectos la evolución democrática de la sociedad y de las instituciones ha producido algunos cambios sensibles. Frente al secreto burocrático una sociedad libre demanda transparencia administrativa y difusión de la información, que son dos formas de control del poder público de extraordinaria importancia en nuestros días. Por eso en la actualidad las constituciones y las leyes garantizan la publicidad y el acceso a una buena parte de la información que obra en poder de la Administración y así, en nuestro caso, el artículo 105.b) CE y la Ley 9/2013, de 9 de diciembre, de Transparencia, Acceso a la Información Pública y Buen Gobierno (más la legislación autonómica que la complementa). Por el contrario, el secreto y la falta de publicidad en su ámbito son excepción y se observan con lógica desconfianza. Pero a veces las normas que imponen deberes justificados de secreto o reserva en la esfera pública se descalifican con excesiva facilidad.

En una sociedad democrática está claro que la transparencia administrativa y la publicidad de las actuaciones del poder público debe ser la regla. Sin embargo, también en un sistema democrático el secreto y la discreción o reserva sobre algunas informaciones que el funcionario conoce por razón de su cargo siguen teniendo una justificación objetiva y razonable. En parte porque son garantía de la eficacia de ciertas políticas públicas (de defensa, de seguridad, en las relaciones exteriores, en la política monetaria, en la preparación de algunos planes o medidas administrativas que sólo deben darse a conocer en momentos determinados para no provocar reacciones prematuras o alarmas injustificadas en la sociedad o en los mercados). En segundo lugar, para evitar situaciones de ventaja de ciertos detentadores de información privilegiada, que podrían utilizarla en beneficio propio y en perjuicio de la comunidad y de terceros. Por último, en garantía de la intimidad e inclusive de la libertad y de la seguridad personal, pues hoy en día las administraciones públicas almacenan ingentes cantidades de información nominativa sobre los ciudadanos, que no pueden quedar al alcance de cualquiera, al menos sin que medien razones poderosas y suficientes. De todas estas finalidades, a su vez legitimadas por principios constitucionales —eficacia, igualdad, defensa de la intimidad personal y de otros derechos fundamentales— derivan los deberes de secreto y discreción del funcionario, que recoge expresamente el artículo 53.12 TREBEP y que deben conciliarse con el deber, también impuesto por el TREBEP a los empleados públicos (art. 54.4), de informar a los ciudadanos sobre aquellas materias o asuntos que tengan derecho a conocer.

Conviene distinguir en todo caso entre el deber de secreto y el deber de sigilo. El primero impide al empleado público revelar las informaciones o datos que conozca o posea por razón de su cargo y que estén cubiertos por una declaración legal de secreto oficial o cuya difusión esté prohibida legalmente. Por tanto, este deber de secreto alcanza, para empezar, a todas las materias *clasificadas*, tanto como secreto o como información reservada, en virtud de la Ley de Secretos Oficiales (Ley 9/1968, de 5 de abril, modificada por Ley 48/1978, de 7 de octubre), materias que se refieren a la defensa y a la seguridad del Estado. Pero otras leyes imponen también, directa o indirectamente, deberes de secreto sobre otras materias, por distintas causas. Así, la Ley Orgánica 5/1985, de 19 de junio, del Régimen Electoral General, prohíbe en su artículo 41.2 la información particularizada sobre los datos contenidos en el censo electoral, salvo que se soliciten por conducto judicial. El artículo 95.3 de la Ley General Tributaria obliga a las autoridades y funcionarios a guardar «el más estricto y completo sigilo» —expresión equivalente aquí a la de secreto— sobre los datos personales que obtenga la Administración Tributaria y dispone que la infracción de este deber se considerará *siempre* falta muy grave, aparte las responsabilidades penales y civiles que se deriven. El artículo 10.3 de la Ley General de Sanidad establece la confidencialidad de la información relacionada con el proceso sanitario y con la estancia de personas en instituciones sanitarias públicas y en las privadas colaboradoras. El artículo 136.4 del Código Penal excluye la publicidad de las inscripciones del Registro Central de Penados y Rebeldes. La Ley Orgánica 3/2018 de Protección de Datos de Carácter Personal [y hoy en día también el Reglamento (UE) 2016/679] protege los datos relativos a la ideología, religión, creencias, origen racial, salud, vida sexual y comisión de infracciones penales o administrativas por personas determinadas. En fin, otras leyes establecen obligaciones de secreto semejantes en relación con la protección de ciertos bienes jurídicos (el secreto industrial y comercial, aspectos de la política monetaria o del mercado de valores, etc.).

El deber de secreto, que se recalca en el caso de los funcionarios militares (art. 21 de la Ley Orgánica 9/2011, de 27 de julio, de derechos y deberes de los miembros de las Fuerzas Armadas) y policiales (art. 5.5 de la Ley Orgánica de Fuerzas y Cuerpos de Seguridad), está protegido incluso frente a los órganos judiciales en algunos casos, pues está prohibido (salvo que una ley disponga lo contrario, como a veces efectivamente se hace) obligar a declarar a un funcionario cuando no pueda hacerlo sin violar el deber de secreto (art. 417.2 de la Ley de Enjuiciamiento Criminal). En concreto, los miembros de las Fuerzas y Cuerpos de Seguridad no están obligados a revelar al juez sus fuentes de información (art. 5.5 de su Ley Orgánica), salvo excepción, aunque el Tribunal Supremo (STS, 2.ª, de 22 de marzo de 1986) ha suavizado el rigor de esta prohibición. En cambio, sí están obligados a revelar la información que les requieran las Cortes Generales (art. 109 CE), en su caso en sesiones o comisiones secretas (art. 10.2 de la Ley de Secretos Oficiales) o especiales (Ley 11/1995, de 11 de mayo, sobre fondos reservados). Por lo que se refiere a las actividades del Centro Nacional de Inteligencia, su legislación reguladora (Ley 11/2002, de 6 de mayo, y Ley Orgánica 2/2002, complementaria de la anterior) dispone que están absolutamente cubiertas por el secreto oficial, al igual que su organización y sus medios, pero establece un sistema de control parlamentario y judicial específico.

«La publicación o utilización indebida de documentación o información a que tengan o hayan tenido acceso por razón de su cargo o función» y «la negligencia en la custodia de secretos oficiales, declarados así por ley o clasificados como tales, que sea causa de su publicación o que provoque su difusión o conocimiento indebido» constituyen faltas muy graves [art. 95.2.*e*) y *f*) TREBEP]. Igualmente, la revelación de secretos (y otras informaciones que no deban ser divulgadas) y el uso indebido de secretos e informaciones privilegiadas son constitutivos de delito (arts. 415 a 417 CP).

El deber de discreción o, como antes se denominaba, de sigilo, es en cambio más indeterminado en su alcance. Primero, porque no se refiere a materias determinadas, clasificadas o consideradas por la ley, sino en general a cualquier información que el funcionario conozca por razón de su cargo y sobre la que deba guardar discreción o reserva. Y, segundo, porque no implica un deber de silencio absoluto —que, como ha apuntado SAINZ MORENO, «sería contrario a la naturaleza misma de las cosas»—, sino un deber relativo de mantener discreción para evitar perjuicios a la Administración, a su eficacia y a los intereses generales a que sirve, o bien a los derechos e intereses legítimos de terceros y para no prevalerse personalmente el funcionario de dichas informaciones. Así se deduce del artículo 53.12 TREBEP. Para algunos funcionarios, sin embargo, el deber es más intenso, por el tipo de informaciones que conocen. Así, para los militares y miembros de las Fuerzas y Cuerpos de Seguridad, como se ha dicho, o para el personal del Banco de España que pueda tener acceso a información confidencial, que está obligado a notificar a los órganos directivos del Banco las operaciones que realicen en el mercado de valores, por sí o por persona interpuesta (art. 6 bis de la Ley de Autonomía del Banco de España). También el artículo 41.3 TREBEP lo exige de los delegados de personal y miembros de las juntas de personal en todos los temas en que la Administración señale el carácter reservado, incluso después de expirar su mandato. También prohíbe este precepto utilizar los documentos reservados que se les entreguen fuera del ámbito de la Administración y para fines distintos de los que motivaron la entrega.

La infracción del deber de discreción o sigilo, cuando cause perjuicio a la Administración o se utilice en provecho propio, es sancionable como falta grave según la legislación del Estado [art. 7.*j*) RRD]. La legislación de las Comunidades Autónomas la sanciona en términos semejantes.

Pero, como se ha dicho, el TREBEP introduce también el deber paralelo de los empleados públicos de informar a los ciudadanos sobre aquellas materias o asuntos que tengan derecho a conocer. Y en la norma de cabecera del Código de Conducta (art. 52) incluye el principio de transparencia. Sin embargo, no existe una sanción concreta para el incumplimiento de este deber, más allá de las que castigan en general el incumplimiento de los deberes funcionales. Por otra parte, la inseguridad acerca de lo que es objeto del derecho a la información y lo que no, unida a la inercia histórica y el temor a incurrir en algún tipo de responsabilidad o conducta imprudente, llevan muchas veces al empleado público a denegar informaciones o documentos solicitados por los ciudadanos. De ahí la necesidad de normas, instrucciones o protocolos que fijen con claridad lo que debe ser objeto de información o, por el contrario, de secreto o sigilo.

10. OTROS DEBERES

El régimen de deberes de los empleados públicos no acaba aquí. El propio TREBEP hace una breve alusión a otros, como la promoción del entorno cultural y medioambiental, el respeto a la igualdad entre mujeres y hombres (art. 52), el deber de custodiar los documentos o de garantizar su «constancia y permanencia» para su transmisión y entrega a sus posteriores responsables (art. 54.7), mantener actualizada la formación y cualificación (art. 54.8) y observar las normas sobre seguridad y salud laboral (art. 54.9). En leyes y reglamentos pueden encontrarse obligaciones complementarias o más específicas.

II. EL RÉGIMEN DE INCOMPATIBILIDADES

1. CONSIDERACIONES GENERALES

Quienes realizan su actividad profesional al servicio de la Administración, tanto los funcionarios como el personal contratado, no sólo tienen el deber de cumplir fiel y puntualmente sus funciones, respetando la jornada y horario establecido. Además, no pueden ejercer otras actividades profesionales o lucrativas, ya sea en el sector público o en el sector privado, más que en los casos y con las condiciones previstas por la ley. Estas limitaciones, tradicionales en el régimen de la función pública, se conocen con el nombre de incompatibilidades.

La imposibilidad de compatibilizar un puesto de trabajo en el sector público, aunque se desempeñe correctamente, con otro puesto de trabajo o con otras actividades productivas, constituye una limitación del derecho al trabajo que proclama el artículo 35 CE y, en suma, un límite a la libertad del empleado público de dedicar su tiempo libre a las actividades que estime oportuno. Pero estas limitaciones no carecen, dicho sea ahora con abstracción del régimen de incompatibilidades en cada momento vigente, de una justificación objetiva y razonable. Por una parte, la justificación se halla en el principio de imparcialidad y tiende a evitar la colusión de intereses entre las actividades públicas y privadas del empleado público. Ésta es la finalidad original y más característica de las incompatibilidades, que constituyen una garantía objetiva de la independencia e imparcialidad del empleo público.

Pero, como declaró la STC 178/1989, de 2 de noviembre, ésa no es ni tiene por qué ser la única finalidad. También es posible y constitucionalmente legítimo regular las incompatibilidades con la finalidad de conseguir que cada empleado se dedique en exclusiva a un solo puesto de trabajo, ya que esta finalidad —la de la denominada por el Tribunal Constitucional *incompatibilidad económica*— está conectada con el principio de eficacia. Por eso, según la misma sentencia (y la STS de 24 de mayo de 2001), la legislación vigente de incompatibilidades no vulnera el derecho constitucional al trabajo. Como no vulnera el artículo 33.3 CE que, en virtud de dicha legislación, un funcionario deba abandonar un segundo puesto de trabajo que desempeñaba, ya que no pueden esgrimirse derechos adquiridos frente a la modificación legal de su situación estatutaria. Ni siquiera por tal pérdida tiene derecho el funcionario a ser indemnizado por la Administración, por la misma razón (SSTS de 10 de marzo de 1992, 10 de noviembre de 1994, 8 de julio de 1999, 17 de enero de 2000, entre otras muchas).

En cualquier caso, el régimen de incompatibilidades ha sido caballo de batalla en nuestra función pública durante mucho tiempo —y aún lo es hoy— por otro tipo de razones, que tienen más que ver con las carencias retributivas de algunos grupos de funcionarios, por un lado, y con un cierto grado de parasitismo, de otro. En realidad, el éxito o fracaso de un régimen de incompatibilidades depende de la satisfacción económica que el empleado público obtenga de su trabajo en la Administración, concepto desde luego muy subjetivo, pero que suele guardar relación con los estándares retributivos del sector privado. Si esa satisfacción no se alcanza, muchos empleados públicos tenderán a complementar sus retribuciones con las derivadas de un trabajo o actividad secundaria.

Durante mucho tiempo se ha considerado en nuestro país que esta situación era lógica y perfectamente admisible y de ahí que el régimen legal de incompatibilidades no fuera demasiado rígido y que tampoco se exigiera rigurosamente su observancia. Pero esa situación dio lugar a frecuentes abusos, en detrimento de la correcta prestación de los servicios, amparados por el manto del corporativismo. De ahí que a principios de los años ochenta se procediera, por reacción, a un endurecimiento notable de la legislación sobre incompatibilidades. También con una finalidad secundaria de *reparto del empleo*, en una época de considerable aumento del paro.

Pero, en la medida en que las retribuciones del trabajo principal quedan lejos de lo deseable —y puesto que las filosofías del *reparto del empleo* y de la *reducción del tiempo de trabajo* tienen por el momento escasa acogida entre nosotros—, la nueva legislación resulta difícil de aplicar con todo rigor sin provocar situaciones de injusticia o desmoralización. Esta situación, a su vez, lleva a contemplar excepciones y a un sistema de difusa tolerancia, que favorece nuevos abusos y sume el estado de la cuestión en un clima de gran inseguridad. En consecuencia, el sistema de incompatibilidades no es inalterable, sino que debe experimentar continuos ajustes, a la búsqueda de un equilibrio cambiante y razonable.

En este sentido, la Comisión para el estudio y preparación del EBEP consideró conveniente reforzar las reglas de incompatibilidad que tienden a prevenir los conflictos de intereses y a salvaguardar el principio de imparcialidad, en especial para el caso de los empleados públicos o funcionarios que ejerzan funciones relativas a la adjudicación de contratos, licencias, subvenciones y otros derechos, para los empleados de los organismos de regulación y control de los mercados y para quienes desempeñan funciones de inspección y sanción sobre particulares y empresas privadas. Por el contrario, recomendaba limitar el régimen de la denominada incompatibilidad económica a los empleados retribuidos con un complemento o factor de incompatibilidad, si bien condicionando la posibilidad de que puedan realizar otras actividades privadas remuneradas al estricto cumplimiento del horario de servicio público y a la evaluación positiva de su desempeño. El EBEP, no obstante, no modificó en general el régimen legal anterior de esta materia, siendo ésta la única parte de la legislación general básica que se mantiene al margen de dicho texto. Tan sólo en el caso de la incompatibilidad económica recogió parcialmente las sugerencias de la Comisión.

2. Legislación vigente y ámbito de aplicación

En la actualidad, las incompatibilidades del personal al servicio de las administraciones públicas se siguen regulando, pues, por la Ley 53/1984, de 26 de diciembre (LI). Esta Ley tiene carácter básico, según su disposición final 1.ª (así lo ratifica la STC 172/1996), y su ámbito de aplicación, en parte matizado por la disposición final 3.ª TREBEP, es aún más amplio que el de esta última ley. Según su artículo 2, comprende:

— El personal civil y militar al servicio de la Administración del Estado y de sus organismos públicos. Para el personal civil de la Administración del Estado, sus organismos autónomos y entidades públicas, Seguridad Social y empresas públicas dependientes, la regulación legal se desarrolla por Real Decreto 598/1985, de 30 de abril. Para el personal militar, incluida la Guardia Civil, por Real Decreto 517/1986, de 21 de febrero, dictado en virtud de la disposición adicional 5.ª LI.

— El personal al servicio de las Comunidades Autónomas y de los organismos de ellas dependientes, así como de sus Asambleas Legislativas y órganos institucionales. Esta última mención se refiere, sin duda, a los órganos que no son Administración Pública *stricto sensu*, como los análogos al Defensor del Pueblo y al Tribunal de Cuentas que existen en varias Comunidades Autónomas u otros semejantes (por ejemplo, el Consejo Audiovisual de Cataluña o la Comisión Arbitral a que se refiere el art. 39 del Estatuto de Autonomía del País Vasco). En ejecución de la LI y tal como prevé su disposición adicional 6.ª, las Comunidades Autónomas pueden aprobar su propia legislación de incompatibilidades, de rango legal o reglamentario, aunque pocas han dictado alguna norma en la materia.

— El personal al servicio de las corporaciones locales y de los organismos de ellas dependientes.

— El personal que desempeñe funciones públicas y perciba sus retribuciones por arancel.

— El personal al servicio de la Seguridad Social, de sus Entidades Gestoras y de cualquier otra entidad u organismo de la misma.

— El personal al servicio de entidades, corporaciones de derecho público, fundaciones y consorcios cuyos presupuestos se doten ordinariamente en más de un 50 por 100 con subvenciones u otros ingresos procedentes de las administraciones públicas.

— El personal que preste servicios en empresas en que la participación del capital, directa o indirectamente, de las administraciones públicas sea superior al 50 por 100 (véase sobre ello la STS de 15 de febrero de 1999).

— El personal al servicio del Banco de España y de las instituciones financieras públicas.

— El restante personal al que resulte de aplicación el régimen estatutario de los funcionarios públicos.

Como se deduce de la relación anterior y recalca explícitamente el artículo 2.2 LI, en dicho ámbito de aplicación se encuentra incluido todo el personal, «cualquiera que sea la naturaleza jurídica de la relación de empleo».

La aplicación de este régimen a los no funcionarios dio lugar en su día a varios conflictos jurídicos. Sin embargo, el Tribunal Constitucional ha declarado que el legislador es libre para establecer un régimen común de incompatibilidades para todo el sector público y que la desigualdad de trato que ello comporta entre los contratados laborales del sector público y del privado no es contraria a la Constitución, pues, si bien es cierto que la referencia a las incompatibilidades que hace el artículo 103.3 CE sólo es aplicable a los funcionarios, la fundamentación de las incompatibilidades del resto de los trabajadores del sector público se encuentra en el artículo 103.1 del mismo texto y, en concreto, en el principio de eficacia (y en el de objetividad de la Administración, añadiríamos nosotros) (SSTC 178/1989 y 42/1990 y ATC 943/1988).

Por otra parte, la Ley Orgánica 1/1985, de 18 de enero, extendió el régimen común de incompatibilidades al personal al servicio del Tribunal Constitucional, Consejo General del Poder Judicial y Tribunal de Cuentas, así como a los componentes del Poder Judicial, personal al servicio de la Administración de Justicia y del Consejo de Estado. Sólo el personal de las Cortes Generales escapa a esta regulación común, puesto que se rige por su Estatuto propio. Dicho sea sin perjuicio de las peculiaridades aplicables a algunos colectivos, como los jueces, magistrados y secretarios de la Administración de Justicia (arts. 389, 390 y 445.2 LOPJ), los funcionarios de los grupos A y B adscritos a la Agencia Tributaria, al profesorado universitario (art. 60 LOSU) y al personal sanitario (en la propia LI y disposiciones de desarrollo).

Algunas Comunidades Autónomas, a su vez, han establecido normas de aplicación de la LI para su personal, pero sólo una de ellas una ley propia de incompatibilidades (Cataluña, mediante Ley 21/1987, de 26 de noviembre), aunque han de atenerse al marco de aquella legislación básica, como impone la STC 73/1997, de 11 de abril, con relación a la citada ley catalana, que en realidad apenas añade novedades.

Cosa distinta es el régimen de incompatibilidades de los diputados y senadores, de los diputados al Parlamento Europeo, de los miembros de las Asambleas Legislativas de las Comunidades Autónomas y de las corporaciones locales, que se regulan en la LOREG (arts. 155, 178, 203 y 211) y en la legislación electoral de las Comunidades Autónomas. Y también es distinto el régimen, más riguroso, de incompatibilidades de los miembros del Gobierno y altos cargos de la Administración del Estado, que se regulan por la Ley 3/2015, de 30 de marzo, o de las Comunidades Autónomas, que tiene su propia regulación en cada una de ellas. Pero en este último supuesto desbordamos el ámbito estricto del empleo público.

3. Principios y reglas generales

La pretensión de la LI es, por un lado, que el personal comprendido en su ámbito de aplicación no pueda compatibilizar sus actividades profesionales con el desempeño de un segundo puesto de trabajo, cargo o actividad en el sector público, por sí o mediante sustitución, salvo excepción contemplada en la propia ley (art. 1.1). A tal efecto se consideran actividades en el sector público las desarrolladas por los miembros electivos de las Asambleas Legislativas de las Comunidades Autónomas y los miembros de corporaciones locales y las desempeñadas por los altos cargos y el resto del personal de los órganos constitucionales y de todas las administraciones públicas, incluida la Administración de Justicia y los entes, organismos y empresas de ellas dependientes, entre las que se entienden comprendidas las entidades colaboradoras y concertadas de la Seguridad Social en la prestación sanitaria (arts. 1 LI y 2 del RD 598/1985, que precisa cuáles son las entidades sanitarias colaboradoras o concertadas con la Seguridad Social a estos efectos). Es decir, la ley se basa en un principio de *dedicación a un solo puesto de trabajo* en el sector público, sin más excepciones que las que demande el propio servicio, como señala su exposición de motivos.

En segundo lugar, la LI establece, también dentro del sector público, una *incompatibilidad económica*, que prohíbe percibir, salvo las excepciones contempladas en la propia ley, más de una remuneración económica de los presupuestos del sector público, incluyendo los de todas las administraciones, entes, organismos y empresas públicos y órganos constitucionales y también las retribuciones que resulten de la aplicación de arancel. Por remuneración se entiende, a estos efectos, «cualquier derecho de contenido económico derivado, directa o indirectamente, de una prestación o servicio personal, sea su cuantía fija o variable y su devengo periódico u ocasional» (art. 1.2). Entre otras se incluyen, como veremos, las pensiones de jubilación y retiro y las de orfandad.

En tercer lugar, la ley protege la *imparcialidad e independencia* del empleado público y la efectividad de sus obligaciones, disponiendo que son incompatibles con el desempeño de un puesto de trabajo en el sector público el ejercicio de cargos, profesiones o actividades, públicas o privadas, que puedan «impedir o menoscabar el estricto cumplimiento de sus deberes o comprometer su imparcialidad o independencia» (art. 1.3).

De estas reglas resulta un régimen de incompatibilidades más matizado respecto de las actividades privadas. No obstante, también en cuanto a éstas se establece un criterio de incompatibilidad económica parcial, pues el artículo 16.1 LI, modificado por el EBEP, prohíbe autorizar o reconocer compatibilidad a quien desempeñe puestos con percepción de complementos que impliquen el factor de incompatibilidad, al personal retribuido por arancel y al personal directivo. Ello, no obstante, siempre es posible compatibilizar con el puesto principal la función de profesor asociado universitario a tiempo parcial y ciertas actividades de investigación o asesoramiento (art. 16.3) y también se puede reconocer la compatibilidad con actividades privadas a los funcionarios que perciben complementos específicos o concepto equiparable cuya cuantía no supere el 30 por 100 de su retribución básica, excluidos los conceptos que tengan su origen en la antigüedad (art. 16.4), salvo si tales complementos específicos incluyen o se basan precisamente en el factor de incompatibilidad (SSTS de 5 de diciembre de 2019 y 2 de febrero de 2023). El funcionario tiene derecho, no obstante, a renunciar al complemento específico de mayor cuantía para obtener la compatibilidad, e incluso el Real Decreto-ley 20/2012, de 13 de julio, permite a los funcionarios del grupo A solicitar la reducción de su complemento específico con ese fin (lo que no es aplicable, por cierto, a los profesores universitarios a tiempo completo, según STS de 26 de octubre de 2020). Aquella facultad de renuncia al complemento tiene carácter de legislación básica, por lo que no puede ser excluida por ley autonómica (STC 197/2012, de 6 de noviembre). En cuanto a la prohibición absoluta de compatibilidad de los funcionarios retribuidos por arancel, la STC 68/1990, de 5 de abril, declaró su conformidad a la Constitución.

La compatibilidad, cuando sea posible, con una actividad pública o privada distinta del puesto principal requiere una resolución del órgano competente (sobre la competencia, véanse los arts. 9, 14 y 17 LI). Esta resolución se denomina *autorización* cuando se trata de la compatibilidad con otras actividades públicas (art. 3.1 LI) y *reconocimiento* cuando se trata de actividades privadas, en concreto de actividades profesionales, laborales, mercantiles o industriales de esta naturaleza (art. 14). En ambos casos, no obstante, se trata de figuras autorizatorias y su otorgamiento no puede modificar la jornada de trabajo y horario del interesado, ni servir de excusa a la asistencia al lugar de trabajo y a la negligencia o descuido en el desempeño del puesto principal (art. 20.2 LI). Las resoluciones de compatibilidad han de inscribirse en los registros de personal (art. 18 LI), requisito indispensable tratándose de dos actividades públicas para que puedan acreditarse haberes en la segunda actividad.

La autorización de otra actividad pública no es, por lo demás, un acto reglado, en los supuestos en que es posible, sino que ha de efectuarse «en razón del interés público» (art. 3.1 LI). Es decir, en todo caso podría denegarse, motivadamente, por este tipo de razones (STS de 4 de junio de 2012). En cambio, el reconocimiento de la compatibilidad de actividades privadas es un acto reglado, siempre que no concurran los supuestos de prohibición y que se cumplan las condiciones que la ley establece.

Sin embargo, determinadas actividades están excluidas del régimen de incompatibilidades y pueden realizarse libremente, sin necesidad de autorización o reconocimiento (aunque con el correspondiente permiso en horario de trabajo). Son las siguientes (art. 19 LI):

— Las derivadas de la administración del patrimonio personal y familiar, siempre que no guarde relación directa con las tareas encomendadas al empleado público, conforme al artículo 12 LI.

— La dirección de seminarios o el dictado de cursos y conferencias para formación de funcionarios o profesorado, hasta un máximo de setenta y cinco horas al año, así como la preparación para el acceso a la función pública.
— La participación en los tribunales de las pruebas de acceso a la función pública.
— La participación del personal docente en exámenes, pruebas o evaluaciones distintas de las que habitualmente les correspondan.
— El ejercicio de cargos no retribuidos en las juntas rectoras de mutualidades y patronatos de funcionarios.
— La producción y creación literaria, artística, científica y técnica y las publicaciones derivadas, siempre que no se originen como consecuencia de una relación de empleo o prestación de servicios.
— La participación ocasional en coloquios y programas en los medios de comunicación.
— La colaboración y asistencia ocasional a congresos, seminarios, conferencias y cursos de carácter profesional.

Los órganos de dirección, inspección o jefatura de la administración competente tienen la responsabilidad de prevenir y corregir las incompatibilidades, en el ámbito de la Administración del Estado bajo la coordinación de la Inspección General de Servicios. Para este fin se requiere también la colaboración de todas las administraciones públicas (art. 20.3 LI).

El incumplimiento de las normas sobre incompatibilidades puede constituir una falta muy grave [art. 95.2.*n*) TREBEP], o una falta grave si afecta a los plazos u otras disposiciones de procedimiento y no supone el mantenimiento de una situación —sustantiva— de incompatibilidad [art. 7.1.*k*) RRD]. La aplicación de estos tipos y la graduación de las sanciones correspondientes debe observar, no obstante, el principio de proporcionalidad, pues son muy distintos y de muy distinta gravedad los supuestos de incompatibilidad en que se puede incurrir. A estos efectos, no es lo mismo la infracción que pone en cuestión el principio constitucional de imparcialidad del funcionario, que la simple incompatibilidad económica. Si existe autorización o reconocimiento ilegal de compatibilidad, queda automáticamente revocado por la resolución que califique la situación de falta muy grave o grave (art. 20.2 LI).

De acuerdo con los principios, criterios y reglas comunes expuestas, la LI distingue el tratamiento de la incompatibilidad con actividades públicas y con actividades privadas.

4. Actividades públicas

Como ya se ha dicho, la regla general a este respecto es la dedicación a un solo puesto de trabajo. Pero esta regla tiene algunas excepciones, sobre todo en el ámbito docente y sanitario, que, expuestas resumidamente, son las siguientes:

— Siempre es posible, con observancia, claro está, de las exigencias generales, autorizar la compatibilidad con el puesto de trabajo principal del cargo de profesor universitario asociado a tiempo parcial (art. 4.1 LI).

— Los profesores de los cuerpos docentes universitarios pueden compatibilizar un segundo puesto en el sector sanitario público o en centros públicos de investigación, dentro del área de especialidad de su departamento universitario y siempre que se trate de puestos reglamentariamente autorizados como de prestación a tiempo parcial (art. 4.2 LI). Los profesores de las Facultades de Medicina y Farmacia y de las Facultades o Escuelas de Enfermería no necesitan autorización de compatibilidad para su actividad asistencial complementaria en los centros hospitalarios de la Universidad o concertados con la misma (disp. trans. 4.ª LI y RD 1558/1986, de 28 de junio, modificado por RD 644/1988, de 3 de junio, y RD 1652/1991, de 11 de octubre), situación relativa a la cuestión de las llamadas *plazas vinculadas* (art. 70 LOSU).

— Los profesores de música de los conservatorios pueden ser autorizados para desempeñar un segundo puesto de trabajo en el sector público cultural (art. 4.2 LI).

— Los profesores universitarios, cualquiera que sea su dedicación, pueden contratar con entidades públicas o privadas la realización de trabajos de carácter científico, técnico o artístico y el desarrollo de enseñanzas de especialización o actividades específicas de formación, previa autorización otorgada en los términos previstos por los estatutos de las universidades (arts. 4.3 LI y 60 LOSU).

— Sin perjuicio de lo anterior, también puede autorizarse al personal incluido en el ámbito de la ley la compatibilidad para el ejercicio de actividades de investigación de carácter no permanente o de asesoramiento en puestos concretos, que no correspondan a las funciones del personal adscrito a las respectivas administraciones públicas. Este supuesto excepcional requiere que el encargo se realice en concurso público o por exigir cualificaciones especiales que sólo ostenten personas a las que se les aplica la LI (art. 6 de la misma).

— También se puede compatibilizar un puesto de trabajo en el sector público con ciertos cargos políticos electivos, a saber: *a*) el de miembro de la Asamblea Legislativa de una Comunidad Autónoma, cuando no perciba el interesado retribuciones periódicas por este cargo (salvo que la propia Asamblea establezca la incompatibilidad); *b*) el de miembro de una corporación local, salvo que este cargo sea retribuido y de «dedicación exclusiva» (art. 5). No obstante, también sabemos (*supra*, capítulo VIII) que no se puede compatibilizar en ningún caso un puesto de trabajo en una corporación local con cargo electivo en la misma corporación. Con las excepciones mencionadas, la compatibilidad es posible sin perjuicio de las dietas, indemnizaciones o asistencias que se perciban en la Asamblea Legislativa o corporación local o de las retribuciones por dedicación parcial en esta última, siempre que no superen ciertos límites y esa dedicación tenga lugar fuera del horario de trabajo en la Administración (art. 5.2 LI).

— También es posible compatibilizar el puesto de trabajo principal con la pertenencia a uno o dos consejos de administración u órganos de gobierno de entidades o empresas públicas o privadas, percibiendo las dietas o indemnizaciones que correspondan por su asistencia a los mismos (art. 8 LI). Esta posibilidad se ha utilizado, en la práctica, como ya se dijo, para compensar parcialmente al personal que ocupa puestos de dirección por las limitaciones de sus ingresos ordinarios, muy inferiores a los que perciben los cargos equivalentes de la empresa privada. Excepcionalmente, el Gobierno, Consejo de Gobierno de la Comunidad

Autónoma o Pleno de la corporación puede autorizar la pertenencia a más de dos consejos u órganos semejantes (art. 8 LI). La Ley 3/2015, de 30 de marzo, reguladora del ejercicio del alto cargo en la Administración General del Estado (art. 13.2), precisa, sin embargo, que en estos casos excepcionales no puede percibirse remuneración alguna, salvo las indemnizaciones por gastos de viaje, estancias y traslados.

— El artículo 3.1 incluye también una cláusula abierta, que permite al Gobierno u órgano de gobierno de la Comunidad Autónoma, en el ámbito de sus respectivas competencias, acordar por razones de interés público otros supuestos de compatibilidad, pero siempre que la actividad compatible con la principal se preste en régimen laboral, a tiempo parcial y con duración determinada, en las condiciones establecidas por la legislación laboral.

Salvo para el supuesto contemplado en su artículo 8, la LI establece también unos límites económicos para autorizar la compatibilidad con una segunda actividad pública. Son éstos que la cantidad total percibida por ambos puestos no supere las que correspondan a un director general ni un incremento de las retribuciones del puesto principal en régimen de dedicación ordinaria, en un porcentaje que varía entre el 30 por 100 de esas retribuciones para los funcionarios del subgrupo A1 o nivel equivalente y el 50 por 100 para los funcionarios del antiguo grupo E o personal equivalente. Estos límites porcentuales pueden ser superados por expreso acuerdo del Gobierno, de la Comunidad Autónoma o del Pleno de la corporación local, según los casos, basado en razones de especial interés para el servicio (art. 7.1 LI).

Los servicios prestados en el segundo puesto o actividad no se computan a efectos de trienios ni de derechos pasivos, mientras que las pagas extraordinarias y prestaciones familiares sólo pueden percibirse en uno de los puestos (art. 7.2 LI).

Los empleados que acceden a un nuevo puesto de trabajo en el sector público que sea incompatible con el que vinieran desempeñando deben ejercer una opción por uno de ellos dentro del plazo de toma de posesión. A falta de opción expresa, se entiende que optan por el nuevo puesto, pasando en el primero a la situación de excedencia voluntaria (art. 10 LI). Naturalmente —se entiende—, salvo que proceda otra situación, como la de servicios especiales (para quienes accedan a cargos electivos, por ejemplo). Si el nuevo puesto es compatible con el anterior, se debe solicitar la autorización de compatibilidad en los primeros diez días del plazo de toma de posesión, plazo que se entiende prorrogado hasta que recaiga resolución —o se entienda concedida la compatibilidad por acto presunto, debe entenderse— (art. 10 LI).

5. Actividades privadas

Fundamentalmente, aunque no sólo, el régimen de incompatibilidad de actividades públicas con privadas tiene por finalidad la salvaguarda del principio de imparcialidad. Por eso, el artículo 11.1 LI prohíbe al personal comprendido en su ámbito de aplicación ejercer, por sí o por medio de sustitución (representantes, testaferros...), actividades privadas, incluidas las de carácter profesional, que se relacionen directamente con las que desarrolle el departamento, organismo o entidad donde estuviera destinado, aunque no sean las tareas que corresponden específicamente al interesado —incompatibilidad «funcional» (STS de 23 de marzo de 1998 y SAN de 15 de enero de 2004)—. Sólo se exceptúan de esta regla general las actividades particulares que, en ejercicio de un derecho reconocido, realicen *para sí*, no para terceros, los directamente interesados (por ejemplo, defenderse en juicio frente a la Administración).

La cuestión —objeto de no infrecuentes conflictos— radica muchas veces en determinar qué se entiende por *relación directa* con las actividades del departamento. A estos efectos, la LI, completada por el Real Decreto 598/1985, de 30 de abril (aplicable al ámbito del Estado, salvo las Fuerzas Armadas), ofrece una serie de clarificaciones.

Ante todo, es incompatible «el desempeño de actividades privadas, incluidas las de carácter profesional, sea por cuenta propia o bajo la dependencia o al servicio de entidades particulares, en los *asuntos* en que esté interviniendo o haya intervenido [el empleado público] en los dos últimos años o tenga que intervenir por razón del puesto público» [art. 12.1.*a*) LI]. En este supuesto se incluyen en especial «las actividades profesionales prestadas a personas a quienes se esté obligado a atender en el desempeño del puesto público» (por ejemplo, las prestaciones sanitarias privadas al usuario asignado en el servicio público al mismo médico o auxiliar). También se incluyen, como especifica el artículo 9 del RD 598/1985, las actividades directamente relacionadas con «los asuntos sometidos a informe, decisión, ayuda financiera o control» del departamento (organismo o empresa) en que presta sus servicios el interesado, aunque no se trate de asuntos que le corresponda gestionar personalmente como empleado público.

También es causa de incompatibilidad «la pertenencia a consejos de administración u órganos rectores de empresas o entidades privadas, siempre que la actividad de las mismas esté directamente relacionada con las que gestione el departamento, organismo o entidad» correspondiente [art. 12.1.*b*) LI]. En este caso la relación se establece no entre asuntos concretos, sino entre *actividades* genéricamente descritas, privadas y públicas. Pero no es incompatible de por sí prestar servicio o realizar actividad profesional en dichas empresas privadas, sino sólo pertenecer a sus órganos rectores. Esta incompatibilidad no es aplicable a los profesores y demás personal de las universidades públicas que participen en empresas de base tecnológica creadas o participadas por su universidad o por fundaciones universitarias, siempre que exista acuerdo explícito del consejo de gobierno de la universidad (art. 61.4 LOSU).

En tercer lugar, es incompatible con el ejercicio de funciones y actividades públicas, «el desempeño, por sí o por persona interpuesta, de *cargos* de todo orden —pero no de simples actividades profesionales— en empresas o sociedades concesionarias, contratistas de obras, servicios o suministros, arrendatarias o administradoras de monopolios, o con participación o aval del sector público, cualquiera que sea la configuración jurídica de aquéllas». Es decir, se alude aquí a las empresas que contratan con la Administración. La participación superior al 10 por 100 en el capital de estas empresas también es incompatible con la actividad pública [art. 12.1.*d*) LI], salvo para los profesores universitarios y demás personal de las universidades que formen parte de las empresas de base tecnológica antes mencionadas.

Además, el artículo 11.2 LI habilita al Gobierno para determinar, *con carácter general*, las funciones, puestos o colectivos del sector público incompatibles con determinadas *profesiones o actividades privadas*, ya sea porque puedan comprometer la imparcialidad o independencia del personal, ya porque puedan impedir o menoscabar el estricto cumplimiento de sus deberes o perjudicar los intereses generales. El Gobierno ha dado cumplimiento a esta remisión legal, que no contraría la reserva constitucional de ley (STC 178/1989), en los artículos. 11 y 12 del Real Decreto 598/1985, aplicable a todo el personal al servicio del Estado, salvo al de las Fuerzas Armadas (al que se aplica el RD 517/1986, de 21 de febrero).

Según estos preceptos reglamentarios, algunas actividades profesionales, como las de gestoría administrativa y procurador de los tribunales son absolutamente incompatibles con cualquier clase de funciones administrativas (solución cuya legalidad ha sido confirmada en cuanto al último caso por STS de 28 de marzo de 1994), mientras que otras, como las de abogado, ingeniero, arquitecto y las del personal sanitario o el empleo en empresas contratistas, son incompatibles sólo con determinadas funciones públicas (soluciones igualmente declaradas conformes a la legalidad por reiteradas sentencias; véanse, por ejemplo, SSTS de 22 de abril y 21 de junio de 1993).

Además, para evitar el menoscabo del cumplimiento de los deberes del empleado público, no se le puede reconocer compatibilidad para actividades privadas en puestos de trabajo que requieran su presencia efectiva durante un horario igual o superior a la mitad de la jornada semanal ordinaria de trabajo en las administraciones públicas, salvo si su actividad pública es de las que se prestan a tiempo parcial (art. 12.2 LI). Tampoco se puede reconocer la compatibilidad para actividades privadas a quien ya desempeña dos puestos o actividades públicas, siempre que la suma de la jornada de ambos sea igual o superior a la máxima en las administraciones públicas (art. 13 LI).

Todas las reglas concretas de incompatibilidad previstas en la LI y en el Real Decreto 598/1985, aunque reconducibles a las finalidades básicas de garantizar la independencia e imparcialidad y evitar que la dedicación al servicio público sufra menoscabo, tienen una naturaleza objetiva. Es decir, el legislador y, por habilitación de la ley, el reglamento presumen *iuris et de iure* la existencia de un riesgo para los bienes jurídicos protegidos en el caso de que el empleado público realice una de las actividades expresamente prohibidas como incompatibles y por eso las prohíben con carácter general. Para aplicar dichas reglas y, en su caso, sancionar la incompatibilidad, no es necesario demostrar en cada caso que el interesado ha actuado efectivamente en contra de los intereses públicos y con parcialidad o colusión con sus intereses propios o de terceros, o bien con incumplimiento de su jornada o de sus funciones, circunstancias difíciles de probar (sobre todo las primeras) y que, en su caso, supondrían la infracción de otros deberes distintos y en ocasiones más graves. Por eso, quien incurre en un supuesto legal de incompatibilidad no puede alegar en su descargo la falta de intención de causar perjuicio al interés público. Dicho sea sin perjuicio de la valoración de las circunstancias concurrentes a efectos de graduar la sanción que pueda imponerse.

Las actividades privadas no declaradas expresamente incompatibles pueden ser desempeñadas por el personal del sector público, previo el reconocimiento de la compatibilidad y salvo que tenga incompatibilidad absoluta por razón de su especial dedicación (arts. 13 y 16 LI). Pero no puede dicho personal, en ejercicio de sus actividades privadas mercantiles, industriales o profesionales, hacer uso de su condición pública (art. 15 LI) y mucho menos prevalerse de ella, pudiendo incurrir entonces en el delito de tráfico de influencias (art. 428 CP) o en el de negociaciones prohibidas a los funcionarios (arts. 439 y 441 CP).

6. Incompatibilidad con pensiones públicas

Por último, el desempeño de un puesto de trabajo en el sector público es incompatible con la percepción de pensión de jubilación o retiro por derechos pasivos o por cualquier régimen de Seguridad Social público y obligatorio (art. 3.2 LI). Esta incompatibilidad, que se explica en virtud del principio de solidaridad que está en la base del sistema de pensiones públicas, no vulnera ningún derecho adquirido del empleado público (SSTC 178/1989 y 65, 66 y 67/1990), ya que sólo supone retrasar o dejar en suspenso la efectividad de su derecho a percibir la pensión que le corresponde.

PARA PROFUNDIZAR

L. M. Arroyo Yanes, *La ordenación del tiempo de trabajo en la Administración Pública*, Sevilla, 2000; A. Embid Irujo, *La fidelidad de los funcionarios a la Constitución*, Alcalá de Henares, 1987; J. J. Cuenca Cervera, *Transparencia y función pública*, Barcelona, 2018; R. García Macho, *Secreto profesional y libertad de expresión del funcionario*, Madrid, 1994; F. Garrido Falla, «Las incompatibilidades de los funcionarios públicos», *Anales de la Real Academia de Jurisprudencia y Legislación*, 15, 1985; M. Gorriti Bontigui y otros, *Revista Vasca de Gestión de Personas y Organizaciones Públicas,* número especial 4 sobre teletrabajo, 2021; R. Jiménez Asensio, «El marco regulador del teletrabajo en la Administración Pública y en las entidades del sector público», *Revista Vasca de Gestión de Personas y Organizaciones Públicas*, 4, especial, 2021; R. Manzana Laguarda, *Derechos y deberes de los funcionarios públicos,* Valencia, 2006; J. Meseguer Yebra, *El régimen de las incompatibilidades de los funcionarios públicos*, Barcelona, 2.ª, 2007; J. Ponce Solé (coord.) y otros, *Empleo público, derecho a una buena administración e integridad*, Valencia, 2018; J. Rodríguez-Arana Muñoz, *Principios de ética pública ¿Corrupción o servicio?,* Madrid, 1993; F. Sainz Moreno, «Secreto e información en el Derecho público», *Estudios sobre la Constitución Española (Homenaje al Prof. Eduardo García de Enterría)*, III, Madrid, 1991; M. Sánchez Morón, «El régimen jurídico del teletrabajo en las Administraciones Públicas», *Anuario de Derecho Municipal*, 14, 2020. J.A. Tardío Pato, «El acoso laboral y la legislación sobre protección del informante», *Revista Española de Derecho Administrativo*, 231, 2024.

CAPÍTULO XI

RÉGIMEN DISCIPLINARIO Y DE RESPONSABILIDAD

I. EL RÉGIMEN DISCIPLINARIO: FUNDAMENTO Y REGULACIÓN VIGENTE

El incumplimiento de los deberes del funcionario genera normalmente una responsabilidad, que puede tener carácter patrimonial, penal o disciplinario. El primer tipo de responsabilidad se genera cuando el empleado público causa un daño económicamente evaluable con su actuación a terceros ajenos a la Administración en la que sirve o a la propia Administración. Pero, como veremos, esa responsabilidad raramente se le suele exigir personalmente. La responsabilidad penal presupone la comisión de uno de los delitos tipificados en el Código Penal, que contempla las infracciones que el legislador ha estimado más graves. La mayoría de las infracciones, sin embargo, tienen naturaleza administrativa según la legislación vigente y su regulación y la de su régimen jurídico componen lo que se conoce como *régimen disciplinario* de los funcionarios y demás empleados públicos.

Sobre el fundamento o naturaleza jurídica de este régimen disciplinario se ha discutido extensamente, discusión que no es ociosa, porque de su resultado derivan importantes consecuencias prácticas. Pero a veces en el debate se mezclan cuestiones muy distintas, que conviene diferenciar.

El fundamento primero de la existencia de un régimen disciplinario reside en la necesidad que la Administración tiene, como organización prestadora de servicios, de mantener la disciplina interna —de ahí incluso el nombre— y de asegurar que sus agentes cumplan las obligaciones de su cargo. Desde este punto de vista, el poder disciplinario de la Administración guarda semejanza con las facultades disciplinarias de un empresario. Pero el régimen disciplinario de los funcionarios adquirió sustantividad desde su origen como régimen de derecho administrativo y como tal se mantiene y debe formar necesariamente parte de su régimen estatutario (STC 99/1987).

Esta sujeción a un marco jurídico público no es un simple expediente formal que se explica por el modelo de empleo público adoptado en ciertos países. También tiene una justificación más profunda. Por una parte, porque el empleado público tiene, por la naturaleza de su actividad, una serie de deberes y obligaciones que no afectan a los empleados del sector privado. En el capítulo anterior ya los hemos examinado: respeto (cualificado) a la Constitución y al resto del ordenamiento jurídico, incompatibilidades, imparcialidad, especial integridad, consideración con el público, secreto y discreción, etc. Son deberes que trascienden de la esfera del interés de la propia Administración como organización y que afectan a principios generales del orden constitucional. Por otra parte, porque el régimen disciplinario ha de establecer las garantías necesarias que eviten una utilización desviada o abusiva de las potestades sancionadoras de la Administración, en beneficio de la igualdad de trato y de la imparcialidad de los empleados públicos. De ahí que incluso en alguno de los Estados que últimamente han sometido al derecho laboral el grueso de las relaciones en el empleo público, como es el caso de Italia, la regulación de la responsabilidad disciplinaria haya quedado remitida a normas de derecho administrativo. Y de ahí también, en definitiva, que en un sistema como el nuestro, que mantiene la dualidad de regímenes, público y privado, en el empleo público, el EBEP haya acabado por unificar el régimen disciplinario básico de todos los empleados públicos, los funcionarios y el personal laboral.

Cuestión distinta es la que se refiere a las relaciones del régimen disciplinario con el derecho sancionador general, penal o administrativo. Algunas de las infracciones de los deberes del funcionario se sancionan en el Código Penal, mientras que el derecho sancionador administrativo ha venido desarrollando un esquema de principios y reglas generales, en buena parte importadas desde la dogmática del derecho penal y procesal penal. Por eso la doctrina y la jurisprudencia, salvo excepciones, vienen insistiendo últimamente en que todas las manifestaciones punitivas del Estado, incluidas las que confiere el derecho disciplinario, tienen un fundamento común, se explican y justifican en virtud de un mismo *ius puniendi*, de donde se deduce que les son aplicables *grosso modo* los mismos principios y reglas, por lo general extraídas de la dogmática del derecho penal. Son estas tesis las que conviene matizar.

Que el incumplimiento grave de determinados deberes de los funcionarios constituya infracción penal demuestra, ciertamente, que hay algunas conductas que trascienden el círculo del interés puramente interno o doméstico de la organización para alcanzar un relieve más general. Esto es así por la misma naturaleza pública de la organización y de sus fines y recursos. La misma razón aproxima el derecho disciplinario al derecho administrativo sancionador común. Pero siguen existiendo diferencias de importancia, en la medida en que el régimen disciplinario tiene también —y lo sigue teniendo— un fundamento específico, que es asegurar el buen funcionamiento de la organización administrativa. Basta repasar el listado de las faltas disciplinarias para comprobar que algunas protegen finalidades de orden general y otras de orden meramente interno.

Lo que ocurre es que en el pasado esta peculiaridad se tomó por el todo y, sobre la base de la teoría de las *relaciones especiales de sujeción*, se utilizó para fundamentar la inaplicabilidad en bloque de los principios y reglas del derecho sancionador común. Hoy en día la fuerza expansiva de los principios y de los derechos constitucionales obliga a plantear las cosas de otra manera. Las peculiaridades del derecho disciplinario, en el marco general del derecho sancionador, pueden (algunas de ellas deben) subsistir en la medida en que tengan una justificación objetiva y razonable, es decir, en la medida en que sean funcionales y razonablemente necesarias para proteger los bienes jurídicos específicos que constituyen su razón de ser. Cuáles sean estas peculiaridades es algo que la doctrina y la jurisprudencia han empezado a distinguir desde no hace mucho y en esta tarea todavía queda cierto camino por recorrer. En todo lo demás, el derecho disciplinario debe recibir y está recibiendo ya por obra de la jurisprudencia y en la letra de la ley el conjunto de los principios del derecho sancionador que se derivan de la Constitución.

Dicho lo cual, hay que añadir que no existe un solo régimen disciplinario en el ámbito del empleo público, pues las exigencias de protección de los bienes jurídicos relativos a la correcta prestación del servicio son distintas en cada caso. La regulación general básica se halla hoy en el Título VII del TREBEP. Pero esta regulación es sólo parcial —por ejemplo, el TREBEP sólo tipifica las faltas muy graves— y debe ser completada por las leyes de función pública de la Administración General del Estado y de las Comunidades Autónomas y, en el caso del personal laboral, por la legislación laboral y los convenios colectivos (art. 93.1 y 4 TREBEP). Por el momento, hay que tener en cuenta también el Reglamento de Régimen Disciplinario aprobado por Real Decreto 33/1986, de 10 de enero (RRD), que está vigente en lo que no contradiga al TREBEP y que se aplica no sólo en la Administración del Estado, sino también, como norma supletoria, en otras muchas.

De los regímenes especiales destacan, en el ámbito del Estado, el régimen disciplinario de las Fuerzas Armadas (regulado por Ley Orgánica 8/2014, de 4 de diciembre), el de la Guardia Civil (regulado por Ley Orgánica 12/2007, de 22 de octubre), el del Cuerpo Nacional de Policía (Ley Orgánica 4/2010, de 20 de mayo, modificada por Ley Orgánica 9/2015, de 28 de julio) y el de los jueces y magistrados (arts. 414 a 427 LOPJ).

Las Comunidades Autónomas regulan efectivamente el régimen disciplinario de sus funcionarios en las respectivas leyes de función pública, ya sea de una manera extensa o remitiéndose de manera expresa o implícita a la legislación del Estado o a sus propios reglamentos de régimen disciplinario. En cuanto a la administración local, los artículos 146 a 152 TRRL establecen algunas normas peculiares, remitiéndose por lo demás a la legislación del Estado o de la correspondiente Comunidad Autónoma.

II. PRINCIPIOS SUSTANTIVOS DEL RÉGIMEN DISCIPLINARIO

La regulación básica del régimen disciplinario contenida en el TREBEP recoge un conjunto de principios generales del derecho que, como se ha dicho, la jurisprudencia había venido deduciendo del texto de la Constitución y que contribuye a interpretar. En la medida en que este régimen constituye una parte del derecho administrativo sancionador, hoy recogido en los artículos 25 a 31 LRJSP, los principios de uno y otro son comunes y así el artículo 25.3 LRJSP establece que aquellos preceptos son aplicables al ejercicio de la potestad disciplinaria de la

Administración sobre su personal, cualquiera que sea la relación de empleo (funcionarial, estatutaria, laboral, eventual). Veamos ahora cuáles son esos principios y reglas generales y las peculiaridades que presenta el régimen disciplinario.

1. El principio de legalidad

El artículo 25.1 CE dispone que nadie puede ser condenado o sancionado por acciones u omisiones que en el momento de producirse no constituyan delito, falta o infracción administrativa, según la legislación vigente en aquel momento. Como ha declarado reiteradamente el Tribunal Constitucional —cuya doctrina se reproduce también en innumerables sentencias el Tribunal Supremo—, este precepto comprende una doble garantía. «La primera, de orden material y alcance absoluto, refleja la trascendencia del principio de seguridad en los ámbitos limitativos de la libertad individual, como el penal y el administrativo sancionador, y se traduce en la imperiosa exigencia de predeterminación normativa de las conductas ilícitas y de las sanciones correspondientes. La segunda, de carácter formal, se refiere al rango necesario de las normas tipificadoras de aquellas conductas y reguladores de estas sanciones, en cuanto que el término «legislación vigente» contenido en el artículo 25.1 es expresivo de una reserva de ley en materia sancionadora» (SSTC 42/1987, 3/1988, 101/1988, 83/1990, 132/2001, 144/2011, 13/2013, entre otras). Este punto de partida es también aplicable al derecho disciplinario, en cuanto que constituye una parte del derecho administrativo sancionador y así se recoge en el artículo 94.2.*a*) TREBEP.

Por consiguiente, la determinación normativa previa de las faltas sancionables y de sus correspondientes sanciones —requisito de alcance absoluto— es imprescindible para el ejercicio de la potestad disciplinaria. No basta con el incumplimiento de un deber por un empleado público para imponerle una sanción, si no existe una tipificación previa del incumplimiento como infracción administrativa y, obviamente, por norma vigente y no anulada (STC 195/2005, de 18 de julio). Cosa distinta es si la infracción y la sanción deben venir establecidas precisamente por norma con rango de ley.

A este último respecto, la jurisprudencia ha sido mucho más cauta. Primero porque, a diferencia del derecho penal, en el administrativo sancionador se admite en principio que la reserva de ley no es absoluta, sino relativa y limitada, de manera que el reglamento puede complementar lo dispuesto en la ley por relación a la tipificación de las conductas infractoras y de las sanciones correspondientes. Ésta es no sólo la tradición de nuestro derecho, sino también una necesidad lógica del ordenamiento, pues resultaría exagerado imponer al legislador la carga de regular con todo detalle las infracciones y sanciones administrativas o, más en concreto, disciplinarias. De ahí que la jurisprudencia afirme que la colaboración reglamentaria es *insuprimible* en este ámbito.

Lo que no es posible es admitir en este ámbito «regulaciones reglamentarias independientes y no claramente subordinadas a la ley». Es decir, la ley sancionadora debe tener un contenido material propio. Pero el problema reside en determinar hasta dónde alcanza la reserva de ley en esta materia. A este respecto, el Tribunal Constitucional ha distinguido entre las sanciones de protección del orden general y las que protegen otros bienes jurídicos que, en un principio, vincula a las llamadas *relaciones especiales de sujeción*. En este ámbito, el alcance del principio de reserva de ley sería más reducido e inclusive, según una doctrina inicial (STC 2/1987, de 21 de enero), se satisfaría con la mera habilitación al reglamento para la regulación de las sanciones e infracciones. Pero el propio Tribunal ha ido matizando su doctrina, para exigir incluso en este tipo de relaciones al menos una base legal mínima para la imposición de una sanción (STC 69/1989, de 20 de abril) y después para relativizar (que no suprimir) la distinción entre relaciones de sujeción general y especial (STC 61/1990, de 29 de marzo).

En nuestro derecho disciplinario general vigente, las infracciones muy graves y las sanciones se regulan en normas con rango de ley (arts 95.2 y 96 TREBEP, respectivamente), pero la tipificación de las faltas graves y leves se contempla sólo en la norma reglamentaria (arts. 7 y 8 RRD), salvo en algunas Comunidades Autónomas que las tipifican por ley. No es ésta la situación más adecuada al principio de legalidad en materia sancionadora. Por ello el artículo 95.3 y 4 TREBEP dispone que las faltas graves y leves, para el caso de los funcionarios, sean reguladas en el futuro por las leyes de función pública que lo desarrollen o, en todo caso, por normas con rango de ley, del Estado y de las Comunidades Autónomas. Así lo hacen las leyes autonómicas posteriores al EBEP de 2007. Ello no significa, no obstante, que la tipificación de las sanciones graves y leves que se establece todavía hoy en el RRD constituya una infracción del artículo 25.1 CE. Como también señala la jurisprudencia constitucional, no es posible exigir la reserva de ley, de manera retroactiva, respecto de tipificaciones establecidas antes de la entrada en vigor de la Constitución, incluyendo las que constan en normas posteriores que se limitan a transcribir o refundir lo dispuesto en normas preconstitucionales (SSTC 11/1981, 42/1987, 29/1989, etc.). Además, algunos tipos de infracción tienen cobertura suficiente en la regulación legal de deberes de inexcusable observancia, pues constituyen la consecuencia lógica de su incumplimiento. Por eso, y mientras se concreta una regulación legal de las infracciones graves y leves, sería exagerado concluir que los artículos 7 y 8 RRD y otros preceptos reglamentarios, del Estado o de las Comunidades Autónomas, que tipifican esas clases de infracciones sin una previa tipificación legal, son inconstitucionales, llevando este argumento formalista a unos extremos que sólo beneficiarían a los infractores. Esta tesis, ya deducida por la jurisprudencia mayoritaria (véanse, por ejemplo, las SSTS de 29 de mayo de 1990, 16 de diciembre de 1993, 4 de diciembre de 1995, 20 de mayo de 1996, 23 de octubre de 2001, 26 de abril de 2004; SSAN de 27 de septiembre de 1999 y 30 de marzo de 2011, etc.), pero objetada por parte de la doctrina jurídica y alguna jurisprudencia menor, ha sido confirmada definitivamente por la STS de 3 de marzo de 2017, dictada en interés de la ley. En cuanto a las sanciones, el TREBEP admite que se establezcan otras adicionales a las que regula, pero siempre por ley [art. 96.1.*g*)].

Por lo que se refiere al personal laboral, por el contrario, el artículo 95.3 y 4 TREBEP remite la regulación de las faltas graves y leves a los convenios colectivos. Ha pesado en esta opción, sin duda, la circunstancia de que las Comunidades Autónomas no pueden aprobar legislación laboral propiamente dicha, de manera que la única posibilidad que tienen de regular aspectos del régimen sancionador de sus empleados con contrato laboral es mediante el convenio colectivo. Es previsible, en cualquier caso, que el listado de faltas graves y leves que se convenga para el personal laboral de cada administración no difiera mucho del que esté establecido por ley para sus funcionarios.

2. El principio de tipicidad

Aspecto parcial del principio de legalidad es el de tipicidad de las infracciones, que obliga al legislador y al titular de la potestad reglamentaria, en los términos que hemos indicado, a regular dichas infracciones, así como las sanciones y la correlación entre unas y otras, de tal modo que «el conjunto de las normas aplicables permita predecir, *con suficiente grado de certeza*, el tipo y el grado de sanción susceptible de ser impuesto» (SSTC 219/1989, 61/1990 y 218/2005, etc.), sin que sea posible definir las conductas ilícitas en términos que por su amplitud o vaguedad dejen las mismas en la más absoluta indefinición (tales como «forma de vida», «actividades que se desarrollen», «conducta que observen», «relaciones que mantengan», etc.) (SSTC 116/1993 y 270/1994). Este principio, que también tiene relación directa con el de seguridad jurídica y que implica la exigencia de *lex certa*, es aplicable, sin duda, en el derecho disciplinario (véase la citada STC 270/1994). Sin embargo, hay que tener en cuenta que ni en el derecho sancionador general ni siquiera en el derecho penal se impone una determinación normativa absolutamente precisa de las conductas sancionables, que sería materialmente imposible hacer en todos los casos, dada la misma generalidad de los mandatos normativos. Lo que ha de exigirse de las normas sancionadoras es, pues, que garanticen no una certeza absoluta, sino una *predicción razonable* de las consecuencias jurídicas de la conducta (A. Nieto). Con todo, la jurisprudencia admite una mayor flexibilidad del principio de tipicidad en el marco de las relaciones especiales de sujeción y, por tanto, en el del régimen disciplinario de los funcionarios (STC 151/1997; SSTS de 14 de junio de 1983, 3 de junio de 1986, 29 de diciembre de 1987, 27 de diciembre de 1991, 2 de noviembre de 1999, entre otras muchas).

En consecuencia, las normas de derecho disciplinario tipifican con frecuencia las infracciones utilizando conceptos jurídicos indeterminados («abandono del servicio», «notorio incumplimiento de las funciones esenciales», «abuso de autoridad», «grave desconsideración», etc.), o bien por remisiones a otras normas («incumplimiento de las normas sobre incompatibilidades»), o inclusive a deberes genéricos o deontológicos («dignidad de los funcionarios o de la Administración») o, por último, mediante cláusulas de cierre («incumplimiento de los deberes y obligaciones del funcionario, siempre que no deban ser calificados como falta muy grave o grave»). Esta situación ha provocado una justa crítica doctrinal. Pero, con independencia de la necesidad de mejorar técnicamente la tipificación de las infracciones, no se deduce de dicha situación la inconstitucionalidad de las normas del derecho disciplinario, salvo las que ocasionaran en una manifiesta imprevisibilidad de las conductas sancionables (STC 9/2006, de 16 de enero). El Tribunal rechaza una conclusión tan tajante —en especial tratándose del derecho disciplinario, en que «los afectados tienen un conocimiento específico de las pautas de conducta que, por estimarse ilegítimas, se hallan prohibidas por el ordenamiento y pueden, por consiguiente, ser sometidas a sanción» (STC 151/1997)— y, por el contrario, la jurisprudencia contribuye mediante su doctrina a perfilar mejor el contenido de los tipos. Ahora, además, los principios y reglas del denominado Código de Conducta de los empleados públicos pueden ayudar en esa tarea hermenéutica, ya que, según el artículo 52 TREBEP, informan la interpretación del régimen disciplinario. Pero, en todo caso, es exigible, so pena de infracción del principio de tipicidad, que la resolución sancionadora motive por qué considera incardinable la conducta sancionada en el tipo sancionador que aplica, máxime cuando éste se describe mediante conceptos indeterminados.

3. Irretroactividad de las normas sancionadoras no favorables y retroactividad de las favorables

En conexión directa con el principio de legalidad en la materia, el artículo 9.3 CE garantiza la irretroactividad de las normas sancionadoras no favorables. Este principio es indudablemente aplicable en el derecho disciplinario y así se recoge hoy en el artículo 94.2.*c*) TREBEP. Significa, como es bien sabido, que las normas sancionadoras no pueden ser aplicadas, en la medida en que sean desfavorables al inculpado, a hechos o conductas anteriores a su entrada en vigor.

Cuestión distinta es la aplicación retroactiva de las disposiciones sancionadoras favorables, bien porque eliminen el carácter sancionable de una actuación o porque rebajen su gravedad o porque reduzcan las sanciones aplicables. Ésta es una consecuencia que el Tribunal Constitucional no considera deducible del artículo 25.1 CE y que, por tanto, entiende remitida a la legislación ordinaria (SSTC 8/1981 y 15/1981, 131/1986 y 159/1986). Antes de la publicación del EBEP estaba ya claro que, en el ámbito del derecho disciplinario, procede la aplicación de la norma penal más beneficiosa que se promulga mientras todavía no se ha concluido el expediente disciplinario (disp. trans. 1.ª RRD) e incluso cuando la norma más favorable se publica una vez impuesta la sanción y mientras no ha terminado de cumplirse (SSTS de 4 de junio de 1987 y 24 de mayo de 1990, entre otras). Ahora el artículo 94.2.*c*) TREBEP reconoce expresamente la retroactividad de las normas sancionadoras que sean favorables al presunto infractor.

4. Prohibición de la analogía *in peius*

Como complemento del principio de tipicidad, ha sido cuestión pacífica en el derecho penal la exclusión de la aplicación analógica de las normas sancionadoras para imponer una condena (art. 4.1 CP). Ese mismo principio ha sido recogido por la doctrina del Tribunal Constitucional no sólo por relación al derecho penal (STC 75/1984), sino también por relación al derecho administrativo sancionador y muy en particular al derecho disciplinario de los funcionarios (STC 182/1990). Aunque el TREBEP no se refiere expresamente a esa prohibición, su aplicación ya era y es unánime en la jurisprudencia del Tribunal Supremo y de los Tribunales Superiores de Justicia. Ahora se recoge expresamente en el artículo 27.4

LRJSP, aplicable también al derecho disciplinario del personal al servicio de las administraciones públicas.

5. *Non bis in idem*

Es éste otro de los principios clásicos del derecho sancionador, que el Tribunal Constitucional, desde la STC 2/1981, de 30 de enero, ha considerado incluido en el ámbito del principio de legalidad en materia sancionadora y, por tanto, en el del artículo 25.1 CE, circunstancia que, entre otras cosas, hace susceptible de recurso de amparo la infracción de aquella regla. Significa que no pueden imponerse dos (o más) sanciones por un *mismo hecho*, siempre que, como ahora explicita el artículo 31 LRJSP, se aprecie *identidad de sujeto, de hecho y de fundamento*. La aplicación de este principio, en general, y más en concreto tratándose de sanciones disciplinarias —a las que es aplicable (STC 270/1994)—, plantea sin embargo serios interrogantes.

Para que se pueda producir esa aplicación es preciso que un mismo hecho sea constitutivo de dos o más infracciones, ya sean penales o administrativas, de acuerdo con las normas que las regulan, y, por tanto, susceptible de dos sanciones distintas a la misma persona. Pero no basta con esto, sino que además las dos (o más) sanciones imponibles deben tener el mismo *fundamento*, es decir, estar finalizadas a la protección del mismo o al menos semejante bien jurídico. Por esta razón, la jurisprudencia del Tribunal Supremo ha venido considerando tradicionalmente que el principio *non bis in idem* carece de aplicación en el caso de concurso de normas sancionadoras penales y disciplinarias —e incluso sancionadoras administrativas de protección del orden general y disciplinarias, supuesto mucho más infrecuente (véase STS de 2 de junio de 1976)—, al entender que son fines distintos la represión de hechos delictivos y el mantenimiento de la ética del servicio público, la irreprochabilidad de los funcionarios y del prestigio y buen funcionamiento de la Administración que pretende proteger el régimen disciplinario (SSTS de 30 de mayo y 20 de diciembre de 2000, 20 de septiembre y 27 de noviembre de 2001, 20 de mayo de 2002, 16 de marzo de 2004, 6 de junio de 2011, 3 de noviembre de 2014, 24 de octubre de 2017, por ejemplo). Doctrina ésta que también ha hecho suya el Tribunal Constitucional, apelando primero a las relaciones de supremacía especial (SSTC 2/1981, 77/1983, 112/1990) y después —en el proceso de abandono de esa teoría— a la diferencia del interés jurídicamente protegido (SSTC 234/1991, 180/2004 y 116/2007).

De ahí que el artículo 94.1 TREBEP disponga que procederá la corrección disciplinaria de las faltas en que incurran los empleados públicos en el ejercicio de sus funciones y cargos, «sin perjuicio de la responsabilidad patrimonial o *penal* que pudiera derivarse de tales infracciones» (en el mismo sentido, art. 4 RRD). No sólo eso, sino que, en virtud de la diferencia de fundamento, de la comisión de un delito puede derivarse una segunda sanción disciplinaria, si ese mismo hecho lesiona también de por sí el bien jurídico protegido por ésta. Así, el artículo 7.1 RRD tipifica como falta grave «las conductas constitutivas de delito doloso relacionadas con el servicio o que causen daño a la Administración o a los administrados». Norma ésta —mejor dicho, su equivalente del Reglamento de la Policía Gubernativa— que fue declarada conforme a la Constitución por la citada STC 234/1991 (véanse, entre otras, SSTS de 30 de mayo y 20 de diciembre de 2000, 20 de septiembre y 27 de noviembre de 2001, 16 de marzo, 22 de junio y 7 de julio de 2004).

No obstante, como más arriba hemos indicado, no puede afirmarse hoy en día sin más que en todas las sanciones disciplinarias exista un fundamento distinto al de las sanciones penales, cuyo fundamento, por cierto, en términos de bienes jurídicos protegidos, no es obviamente homogéneo. Es más, como ya hemos tenido ocasión de ver en el capítulo anterior, el incumplimiento de algunos típicos deberes del funcionario —obediencia, secreto, adopción de acuerdos manifiestamente ilegales, abandono del servicio...— se considera al mismo tiempo, con unos u otros matices, constitutivo de delito por el Código Penal, dada la trascendencia externa que dichos deberes tienen. Lo mismo puede decirse de aquellas infracciones disciplinarias cuyo fin es garantizar el respeto por parte de los funcionarios del ejercicio de derechos fundamentales —huelga, libertad de expresión, derechos sindicales y de sufragio— y el principio de no discriminación, el mismo que persiguen los tipos penales que castigan los delitos de los funcionarios contra el ejercicio de los derechos de la persona. En estos supuestos puede darse la triple identidad de sujeto, objeto y fundamento necesaria y suficiente para la aplicación de la regla *non bis in idem*. Así lo ha apreciado la jurisprudencia del Tribunal Supremo, con matices distintos en cada caso (SSTS de 13 de septiembre de 1989, 13 de marzo de 1991, 13 de octubre de 1992, 12 de junio de 1998, 27 de noviembre de 2001, 16 de marzo de 2004, etc.).

Por eso, de conformidad con lo que ya establecía el artículo 23 RRD, el artículo 94.3 TREBEP dispone que «cuando de la instrucción de un procedimiento disciplinario resulte la existencia de indicios fundados de criminalidad, se suspenderá su tramitación poniéndolo en conocimiento del Ministerio Fiscal». Es decir, puesto que existiendo identidad de fundamento, la sentencia penal condenatoria impediría la imposición de una sanción disciplinaria, se plantea también un problema de incompatibilidad de procedimientos, es decir, del proceso penal y del procedimiento disciplinario. De ahí que se opte por la suspensión del procedimiento sancionador, obviamente hasta que recaiga la resolución judicial que corresponda. Por lo demás, si ha recaído sanción disciplinaria antes de que se inicie el procedimiento penal por los mismos hechos, no se vulnera el principio *non bis in idem* siempre que la sanción disciplinaria sea de abono para la condena penal, pues en tal caso no se produce «el necesario exceso punitivo» para apreciar tal vulneración (STC 334/2005, de 20 de diciembre).

En todo caso, si el proceso penal finaliza mediante una resolución judicial firme, sentencia o auto, que declare probados determinados hechos, esa declaración vincula a la Administración, tanto si ésta se planteara reanudar el procedimiento disciplinario o a efectos de archivarlo definitivamente. Tal consecuencia es debida y se establece hoy en el artículo 77.4 LPACAP, pues, como declaró la STC 77/1983, de 3 de octubre, unos mismos hechos no pueden existir y no existir para distintos órganos del Estado, de donde deduce la prevalencia absoluta de la declaración de hechos probados de la sentencia penal. De todas formas, si la sentencia penal es absolutoria o si el procedimiento penal finaliza anticipadamente por cualquier otra causa o se constata distinto fundamento de la infracción disciplinaria, no se excluye la posterior adopción de una resolución administrativa sancionadora, siempre que no exista contradicción con la declaración de hechos probados de la sentencia o auto que pone fin a aquél. Pero entonces la condena penal y la existencia de unos hechos probados por sentencia no permite excluir los trámites esenciales del procedimiento disciplinario en los que pueda ejercitarse el derecho a la defensa (STS de 29 de septiembre de 2005).

Por otra parte, un mismo hecho —otra cosa es que se enjuicien varios hechos distintos en un solo expediente— no puede ser calificado como constitutivo de dos faltas distintas (por ejemplo, abandono del servicio e incumplimiento de la jornada de trabajo o falta de rendimiento y notoria perturbación del servicio), debiendo optar el instructor por una sola calificación, la más adecuada a la naturaleza y gravedad de los hechos. Si de la comisión de una falta deriva necesariamente la comisión de otra, supuesto denominado de *concurso medial*, debe imponerse sólo la sanción más grave de las dos (art. 29.5 LRJSP). Tampoco es posible que la sola comisión de varias faltas de menor gravedad, que se sancionan como tales, suponga además la imputación automática al responsable de una falta de mayor gravedad, debida a la reiteración de las anteriores (STC 188/2005, de 7 de julio).

Cosa distinta es la *infracción continuada*, que consiste en la realización de una pluralidad de actuaciones que infrinjan el mismo o semejante precepto, «en ejecución de un plan preconcebido o aprovechando idéntica ocasión» (art. 29.6 LRJSP). En tales casos procede sancionar una sola falta, pero con el agravante de continuidad para determinar el alcance de la sanción.

6. Principio de proporcionalidad

Es éste un principio general de nuestro ordenamiento aplicado desde hace tiempo en el ámbito del derecho sancionador y, en particular, del derecho disciplinario, que hoy recoge el artículo 94.2.*c*) TREBEP. De acuerdo con éste, el principio se impone tanto en la clasificación de las infracciones y sanciones como en su aplicación.

El principio de proporcionalidad constituye, pues, un límite a la libertad del legislador y a la discrecionalidad de los titulares de la potestad reglamentaria, en la medida en que éstos pueden regular las infracciones y sanciones. Derogado el artículo 89 LFCE por el EBEP, no dispone éste qué tipo de criterios ha de tenerse en cuenta para graduar la gravedad de los tipos y de las sanciones, pero es fácil entender que deben seguir siendo los relativos a la intencionalidad de la falta, el grado de perturbación del servicio que produce, la reiteración o reincidencia, entre otros. Así se establece hoy en el artículo 29.3 LRJSP, aplicable al derecho disciplinario, que añade el criterio de la continuidad o persistencia de la conducta infractora.

Por otra parte, el principio de proporcionalidad también debe ser tenido en cuenta en la *aplicación* de la sanción correspondiente, ya sea para tipificar una conducta entre varias posibles (por ejemplo, «notorio incumplimiento de las funciones esenciales inherentes al puesto de trabajo o funciones encomendadas», que es falta muy grave, o «falta de rendimiento que afecte al normal funcionamiento de los servicios y no constituya falta muy grave», que es falta grave), ya sea para decidir la sanción aplicable entre el mínimo y el máximo permitido. A estos efectos, el artículo 96.3 TREBEP sí ordena tener en cuenta ciertos criterios, semejantes a los que hemos aludido y, en concreto, «el grado de intencionalidad, descuido o negligencia que se revele en la conducta, el daño al interés público, la reiteración o reincidencia, así como el grado de participación». Es más, dado que en la aplicación de la sanción existe un margen de discrecionalidad limitado por el principio de proporcionalidad, es necesario que la resolución se motive [arts. 35.1.*a*) y *f*) LPACAP y 45.2 RRD] también por relación a la aplicación del principio de proporcionalidad, teniendo en cuenta aquellos criterios legales; sobre todo si se opta por la sanción más grave (*v. gr.*, la separación del servicio) entre las posibles alternativas (STS de 28 de noviembre de 2018).

El citado principio se utiliza con gran frecuencia por los tribunales para controlar el ejercicio de la potestad sancionadora de la Administración (SSTS de 18 y 21 de febrero de 1992, 29 de abril y 5 de mayo de 1993, 20 de octubre de 1994, 20 de septiembre y 20 de noviembre de 2001, 22 de septiembre de 2003, 10 de marzo y 28 de julio de 2011, entre otras muchas). Pero muchas veces se invoca en las sentencias de una manera muy abstracta o acompañado de vagas alusiones a la equidad para corregir, generalmente a la baja, las sanciones impuestas por la Administración. Este uso del principio es criticable, como hace notar una parte de la doctrina jurídica, pues supone simplemente la sustitución de la discrecionalidad administrativa por la judicial. Lo correcto es que también las resoluciones judiciales que revisan y corrigen sanciones disciplinarias en aplicación del principio de proporcionalidad motiven suficientemente su criterio.

7. Principio de culpabilidad y personas responsables

La exigencia de culpabilidad en la conducta sancionable, elemento necesario del injusto según la dogmática del derecho penal, también tiene su aplicación en el derecho administrativo sancionador y, por ende, en el disciplinario. Así lo reconoce ahora el TREBEP, que incluye entre los principios de ejercicio de la potestad disciplinaria el de culpabilidad [art. 94.2.*d*)].

Ahora bien, en el derecho penal la culpabilidad exige una cualificación —dolo, culpa, negligencia más o menos grave—, que no es igualmente exigible en el derecho disciplinario, ya que el funcionario tiene un deber de diligencia que le impide excusar la comisión de una falta en la ignorancia o la simple inadvertencia. La intencionalidad, es decir, el deseo de conseguir un resultado dañoso no es una condición *sine qua non* de la responsabilidad disciplinaria, sino una circunstancia o elemento agravante para la graduación de la sanción. Es decir, el funcionario que comete una falta disciplinaria puede ser responsable incluso por *negligencia simple*, ya que ha de presumirse su conocimiento cabal de las obligaciones del cargo. Otra cosa es que ciertos tipos de infracción conlleven un elemento doloso (véase *infra*) o que, en determinados casos, el error invencible pueda excluir la responsabilidad, que la excluya siempre el caso fortuito —pues tampoco estamos ante una responsabilidad objetiva— y que, en fin, la falta de intención de ocasionar un perjuicio o la ausencia de prueba al respecto o la creencia de no haberlo causado pueda tomarse en consideración como circunstancia atenuante.

Por otra parte, la responsabilidad disciplinaria sólo puede exigirse de quienes sean empleados públicos, tanto si se encuentran en activo como si no. En este último caso, los funcionarios sólo pueden ser responsables, como indica el RRD (art. 10), «por las faltas [...] que puedan cometer dentro de sus peculiares situaciones administrativas». Si la situación en que se encuentren impide el cumplimiento de la sanción en el momento en que se dicte la resolución (por ejemplo, suspensión de funciones del funcionario excedente), la sanción se hace efectiva en cuanto lo permita el cambio de situación, salvo que haya transcurrido el plazo de prescripción. Por eso y para evitar eventuales fraudes, el artículo 89.2 TREBEP (y ya antes el art. 16.5 RSA) prohíbe conceder la excedencia voluntaria por interés particular a solicitud del funcionario al que se le esté instruyendo expediente disciplinario.

Tampoco es posible exigir responsabilidad disciplinaria por actos posteriores a la pérdida de la condición de funcionario (art. 11.1 RRD). Más aún, como recalca la STS de 14 de marzo de 2014, es imposible exigir responsabilidad disciplinaria a quien ha dejado de ser funcionario (salvo, en ciertos supuestos, si vuelve a serlo), pues las consecuencias del régimen disciplinario —la más grave es la separación del servicio, precisamente— son de orden puramente interno. Pero esta circunstancia no le libera de la responsabilidad civil o penal contraída por faltas cometidas antes de perder aquella condición (art. 11 RRD). Es más, también para evitar actuaciones fraudulentas, el artículo 64.2 TREBEP prohíbe aceptar la renuncia del funcionario que esté sujeto a expediente disciplinario. Si durante la sustanciación del procedimiento sancionador el inculpado pierde su condición de funcionario o empleado público por otra causa, se ha de declarar extinguido el procedimiento ordenándose el archivo de las actuaciones, salvo que «por parte interesada» —no sólo por el inculpado, pues— se inste la continuación del expediente (art. 19.2 RRD).

El TREBEP (art. 93.2) y el Reglamento prevén también la responsabilidad del funcionario o personal laboral que indujeren a otros a realizar actos o conductas constitutivas de falta disciplinaria, incluso si la falta no se consuma (art. 12 RRD), responsabilidad que es la misma en que incurre el autor. También se prevé la responsabilidad de los empleados públicos por encubrimiento de las faltas consumadas graves o muy graves de otros, pero sólo si de dicho acto (del encubrimiento, se entiende) derivan graves daños para la Administración o los ciudadanos (arts. 93.3 TREBEP y 13 RRD). También se contempla en algún caso la responsabilidad por *tolerancia* u omisión frente a otras conductas sancionables. Así cuando tipifica como falta grave «la tolerancia de los superiores respecto de la comisión de faltas muy graves o graves por sus subordinados» [art. 7.1.*d*) RRD]. La legislación autonómica regula igualmente estos supuestos de responsabilidad por inducción, encubrimiento y también por cooperación necesaria, con pequeños matices diferenciales (por ejemplo, art. 149 de la Ley de Función Pública de Extremadura, art. 183 de la Ley de Empleo Público de Galicia, y art. 173 de la Ley de Empleo Público Vasco).

8. Presunción de inocencia

En conexión con el principio de culpabilidad, el TREBEP recoge el de presunción de inocencia [art. 94.2.*e*)], que viene establecido por el artículo 24.2 CE y debe observarse también en el ámbito de las sanciones disciplinarias (STC 23/1995, de 30 de enero). Significa este principio que no se puede sancionar al supuesto infractor sin una mínima prueba de cargo que arroje resultados susceptibles de destruir aquella presunción. La prueba, realizada por el instructor o incorporada al expediente, debe ser, conforme a la doctrina del Tribunal Constitucional, suficiente para desvirtuar dicha presunción *iuris tantum*. Pero, según esa misma jurisprudencia, también puede ser suficiente la prueba indiciaria, basada en hechos ciertos de los que se deduzca la culpabilidad con arreglo a una valoración lógica del instructor y de la autoridad competente, convenientemente razonada.

9. Extinción de la responsabilidad y prescripción

«La responsabilidad disciplinaria se extingue con el cumplimiento de la sanción, muerte, prescripción de la falta o de la sanción, indulto y amnistía», dice el artículo 19.1 RRD. También se extingue, como ya se dijo, para quien deja de ser funcionario o empleado público, por la razón que sea (renuncia, pérdida de la nacionalidad necesaria, jubilación). Aunque los efectos de alguna sanción, la separación del servicio, no se extinguen por esa causa, en tanto y en cuanto impiden volver a adquirir la condición de funcionario [art. 56.1.*d*) TREBEP].

En caso de cumplimiento total, se cancelará de oficio o a instancia del interesado la anotación de la sanción en el Registro de Personal (art. 51 RRD). Pero la cancelación, conforme a dicho precepto legal, sólo procede a los seis meses, dos años o seis años desde el cumplimiento, según se trate de faltas leves, graves o muy graves, plazos que cambian en algunas leyes autonómicas, que los equiparan a los plazos de prescripción de las sanciones. Por otra parte, dispone el artículo 51 del Reglamento que «en ningún caso se computarán a efectos de reincidencia las sanciones canceladas o que hubieran podido serlo».

Por lo que se refiere a la prescripción, es necesario distinguir la de las faltas de la de las sanciones.

La prescripción de las faltas muy graves se produce a los tres años, la de las graves a los dos años y la de las leves a los seis meses (art. 97 TREBEP). El plazo de prescripción empieza a computarse desde que la falta se hubiere cometido y, si se trata de una infracción continuada, desde el día en que deja de cometerse y no el de su iniciación. Si la falta consiste en la comisión de un delito doloso, el plazo de prescripción no se computa desde la realización del hecho, sino desde la firmeza de la sentencia condenatoria (SSTS de 18 de diciembre de 1991 y 22 de enero de 1999).

El plazo de prescripción de las faltas se interrumpe por la iniciación del procedimiento sancionador, entendiéndose por tal (art. 20.2 RRD) la resolución mediante la que se incoa el expediente disciplinario «debidamente registrada». Por tanto, la prescripción no se interrumpe por la resolución que acuerda una información reservada u otras diligencias previas a la incoación, ni por la denuncia. Según el artículo 30.2 LRJSP, aplicable al derecho disciplinario de los empleados públicos, interrumpe la prescripción esa iniciación del procedimiento sancionador «con conocimiento del interesado», es decir, desde que se le comunica o notifica. Y si el expediente permanece paralizado durante más de un mes por casusa no imputable al funcionario inculpado, el plazo de prescripción vuelve a correr

Si durante la tramitación del expediente se constata que la falta ha prescrito, el instructor debe proponer y el órgano competente acordar el archivo de las actuaciones.

La prescripción de las sanciones impuestas por faltas muy graves se produce a los tres años, las impuestas por faltas leves a los dos años y las impuestas por faltas leves al año (art. 97 TREBEP). El plazo de prescripción empieza a contarse desde el día siguiente a aquel en que adquiera firmeza la resolución por la que se impone la sanción (art. 97 TREBEP) y, si hubiere comenzado a cumplirse, desde que se quebrantare su cumplimiento (art. 21.2 RRD).

En cuanto al indulto, el RRD se limita a señalar que las disposiciones que los concedan determinarán su amplitud y efectos sobre las sanciones disciplinarias (art. 22). El RRD menciona también la amnistía, que fue causa de extinción de determinadas sanciones disciplinarias —no de todas— anteriores a la Constitución. Hoy en día, como es sabido, la propia Constitución prohíbe los indultos generales [art. 62.*i*)].

III. LAS FALTAS

La tipificación de las faltas tiene lugar hoy en el TREBEP sólo parcialmente, en lo que se refiere a las faltas muy graves (art. 95.2), que constituye el denominador común, como norma básica. El resto de las faltas deben regularse por ley del Estado o de las Comunidades Autónomas o, en el caso del personal laboral, por convenio colectivo, como ya se dijo. De hecho, dicha tipificación se contiene ya en las leyes de algunas Comunidades Autónomas y ciertas leyes especiales del Estado (por ejemplo, las leyes orgánicas que regulan el régimen disciplinario de la Policía, la Guardia Civil o los jueces y magistrados). En el ámbito de la Administración del Estado sigue aplicándose de momento la tipificación contenida en el RRD (arts. 7 y 8), mientras no se apruebe una ley de función pública que desarrolle la legislación básica. Como es natural, aquí sólo expondremos las faltas muy graves contenidas en el TREBEP más la regulación general del resto de las faltas que incluye el RRD. Esta enunciación tiene aquí un carácter esencialmente descriptivo. No obstante lo cual, se expondrán algunas precisiones sobre el contenido de los tipos, bien por remisión al contenido de los deberes de los empleados públicos cuyo incumplimiento sancionan, bien atendiendo las indicaciones de la doctrina y la jurisprudencia.

Como es sabido y ahora establece el artículo 95.1 TREBEP, las faltas se clasifican en muy graves, graves y leves.

1. FALTAS MUY GRAVES

Están reguladas, como se ha dicho, en el artículo 95.2 TREBEP y son las siguientes:

«*a*) El incumplimiento del deber de respeto a la Constitución y a los respectivos Estatutos de Autonomía de las Comunidades Autónomas y Ciudades de Ceuta y Melilla, en el ejercicio de la función pública.» Para la interpretación de este tipo nos remitimos a lo expuesto en el capítulo anterior. Nótese, en cualquier caso, que la falta sólo se comete *en el ejercicio de la función pública* y no fuera del servicio, por lo que no penaliza las opiniones contrarias a la Constitución expuestas por el funcionario a título particular, aunque sí las actuaciones dirigidas a la ruptura del orden constitucional. En este sentido, la jurisprudencia requiere que se trate de una actitud *abiertamente contraria al orden constitucional*, como regulador de la convivencia ciudadana (STS de 28 de noviembre de 1991).

«*b*) Toda actuación que suponga discriminación por razón de origen racial o étnico, religión o convicciones, discapacidad, edad, orientación sexual, identidad sexual, características sexuales, lengua, opinión, lugar de nacimiento o vecindad, sexo o cualquiera otra condición o circunstancia personal o social, así como el acoso por razón de sexo, origen racial o étnico, religión o convicciones, discapacidad, edad, orientación sexual, expresión de género, características sexuales y el acoso moral, sexual y por razón de sexo» (en la redacción que le da la Ley 4/2023, de 28 de febrero). En cuanto al contenido de esta infracción, es preciso tener en cuenta la jurisprudencia que interpreta la prohibición de discriminación establecida en el artículo 14 CE y también en los tratados y convenios internacionales suscritos por nuestro país (en especial la jurisprudencia del TJUE y del TEDH), sin olvidar que no toda desigualdad de trato, incluso fundada en algunas condiciones personales o sociales, constituye una discriminación, si no carece de una justificación objetiva y razonable de acuerdo con los valores y principios del ordenamiento. Algunas de las conductas discriminatorias del funcionario también pueden constituir infracción penal (art. 511.3 CP). El acoso sexual y por razón de sexo se definen en el artículo 7 de la Ley Orgánica 3/2007, de 22 de marzo, para la igualdad efectiva de mujeres y hombres. Acoso sexual es «cualquier comportamiento, verbal o físico, de naturaleza sexual que tenga el propósito o produzca el efecto de atentar contra la dignidad de una persona, en particular cuando se crea un entorno intimidatorio, degradante u ofensivo». Puede tratarse incluso de un comportamiento implícito, siempre que sea inequívoco, como, por ejemplo, un acercamiento ofensivo libidinoso (STS de 27 de noviembre de 2023). Por su parte, constituye acoso por razón de sexo «cualquier comportamiento realizado en función del sexo de una persona, con el propósito o el efecto de atentar contra la dignidad y de crear un entorno intimidatorio, degradante u ofensivo».

«*c*) El abandono del servicio, así como no hacerse cargo voluntariamente de las tareas o funciones que tienen encomendadas.» El abandono del servicio es el tipo sancionador analizado con más frecuencia en la jurisprudencia del Tribunal Supremo. Para su aplicación requiere esta jurisprudencia (SSTS de 15 de octubre de 1977, 7 de noviembre de 1984, 11 de abril de 1988, 31 de enero, 20 de mayo de 1992, 8 de abril de 1994, 4 de diciembre de 2001, 18 de noviembre de 2003, 11 de julio de 2005, 9 de marzo de 2009 y un largo etcétera) una continuada falta de asistencia, aunque no cifrada en un período mínimo, que manifieste la intención o voluntad de no volver o de hacer dejación de responsabilidades, sin ninguna justificación. Es decir, como señala la STS de 22 de febrero de 1995, supone una verdadera ruptura *de facto* de la relación de servicio, con el consiguiente desamparo de los deberes propios del funcionario por decisión a él imputable. Se trata, pues, de una infracción de tipo doloso, que exige una clara intencionalidad. Sobre estas bases, la jurisprudencia muestra una rica casuística. Así, por ejemplo, la infracción no queda desvirtuada por una situación de liberación sindical no acreditada (STS de 19 de mayo de 2010) o por una supuesta enfermedad (STS de 1 de abril de 2011).

Téngase en cuenta, por otra parte, que el abandono del destino con el fin de no impedir o no perseguir un delito o de no ejecutar las penas correspondientes y la promoción, organización y dirección de abandonos colectivos y manifiestamente ilegales de los servicios públicos son conductas sancionadas por el Código Penal (arts. 407 a 409). Sin embargo, la segunda conducta tipificada en este apartado y añadida por el TREBEP es mucho menos clara y permite sancionar como falta muy grave otras actuaciones que no llegan a suponer abandono. En cualquier caso, lo que parece se quiere tipificar es una clara y consciente negativa del empleado público a asumir y realizar tareas o funciones que se le encomienden por sus superiores. En definitiva, viene a ser una falta de obediencia no sólo puntual, sino referida al conjunto de tareas y funciones que le corresponden.

«*d*) La adopción de acuerdos manifiestamente ilegales que causen perjuicio grave a la Administración o a los ciudadanos.» La aplicación del tipo implica la adopción de un *acuerdo* o decisión, ya sea por órgano colegiado o unipersonal (SSTS de 8 de octubre de 1986, 19 de septiembre de 1994, 16 de diciembre de 2003), aunque no necesariamente de un acto administrativo (SSTS de 29 de octubre de 2001 y 8 de marzo de 2002; SAN de 16 de mayo de 2012), su carácter evidentemente o claramente contrario a la ley y el efecto o resultado de producción de un daño a la Administración o a terceros, que debe ser grave y probado por la Administración. En ausencia de este último elemento, el daño grave, la falta debe considerarse simplemente grave [art. 7.1.*h*) RRD]. En ciertos casos, esta conducta constituye delito de prevaricación (arts. 404 y 405 CP), si bien requiere para ello que se trate de una decisión *arbitraria*, esto es, carente manifiestamente de fundamento legal y adoptada *a sabiendas de su injusticia* (véase, por ejemplo, STS, Sala 2.ª, de 25 de octubre de 2016, que recalca que la ilegalidad determinante de prevaricación debe ser palmaria y evidente).

«*e*) La publicación o utilización indebida de la documentación o información a que tengan o hayan tenido acceso por razón de su cargo o función.» Lo que se sanciona en este caso no es sólo el incumplimiento del deber de secreto, al que también se refiere el tipo posterior, sino igualmente del deber de reserva o discreción, que antes era sólo falta grave en la legislación del Estado [art. 7.1.*j*) RRD]. El elemento esencial del tipo es el carácter *indebido* de la publicación o utilización, sea de documentos o de informaciones obtenidas por cualquier forma y que tengan cualquier tipo de constancia, documental o no, aparte del resultado dañoso que con ello se cause, que ha de ser relevante. Estas circunstancias deben ser concretadas por la resolución sancionadora (SAN de 22 de febrero de 2011). A este respecto, debe tenerse en cuenta lo dispuesto en el artículo 53.12 TREBEP, que obliga a los empleados públicos a guardar secreto no sólo sobre las materias clasificadas como secreto oficial, sino también de otras cuya difusión esté prohibida legalmente (por ejemplo, datos fiscales, sanitarios, censales, otros datos de carácter personal, secreto comercial e industrial, etc.), y, asimismo, a mantener la debida discreción sobre los asuntos que conozcan por razón de su cargo «sin que puedan hacer uso de la información obtenida para beneficio propio o de terceros, o en perjuicio del interés público». Por consiguiente, si existe un simple deber de discreción o reserva, sólo se incurre en falta grave cuando la publicación o utilización indebida tenga esa finalidad de beneficio particular o ese efecto lesivo. Si existe un deber legal de secreto, la falta existe en cuanto se vulnera. Téngase en cuenta también que el artículo 95.3 LGT considera falta muy grave la infracción del deber de sigilo de los funcionarios en relación con los datos, informes o antecedentes tributarios que conozcan por razón de su cargo. Además, cuando se trata de la publicación o utilización indebida de secretos, el tipo se solapa, al menos en la mayoría de los casos, con otras infracciones de naturaleza penal (arts. 415 a 417 CP, que sanciona incluso la sustracción de secretos oficiales en el art. 413).

«*f*) La negligencia en la custodia de secretos oficiales, declarados así por ley o clasificados como tales, que sea causa de publicación o que provoque su difusión o conocimiento indebido.» Ésta es una infracción culposa, pero que exige un resultado lesivo de la garantía legal del secreto, indirectamente derivado de aquella conducta negligente.

«*g*) El notorio incumplimiento de las funciones esenciales inherentes al puesto de trabajo o funciones encomendadas.» Este tipo alude a una conducta dolosa o intencionada de incumplimiento —que comporta inhibición, como decía la legislación anterior o, al menos, gravemente culposa y no derivada de simple descuido o negligencia. En todo caso debe suponer el incumplimiento reiterado o continuado y manifiesto (STS de 18 de agosto de 2001) de tareas *esenciales* y no secundarias u ocasionales, pero no un abandono del puesto de trabajo como tal, que es la infracción tipificada en la letra *c*).

«*h*) La violación de la imparcialidad, utilizando las facultades atribuidas para influir en procesos electorales de cualquier naturaleza y ámbito.» El supuesto requiere la existencia de un proceso electoral en el que el funcionario interfiere espuriamente y con parcialidad, de cualquier manera, con la finalidad de influir en la voluntad de los electores o en el desarrollo del proceso prevaliéndose de su condición. Se trata también de una falta dolosa. Téngase en cuenta que estas conductas o al menos algunas de ellas pueden ser también constitutivas de delito electoral (arts. 139 ss. de la Ley Orgánica de Régimen Electoral General).

«*i*) La desobediencia abierta a las órdenes e instrucciones de un superior, salvo que constituyan infracción manifiesta del ordenamiento jurídico.» A diferencia de otros tipos, se trata aquí de la negativa puntual a cumplir una o varias órdenes determinadas, pero que ha de ser abierta, esto es directa, tajante y frontal. Ahora bien, habrá que interpretar en virtud del principio de proporcionalidad que esa negativa, de carácter intencionado, debe suponer una quiebra grave del principio de jerarquía, que es lo que se protege (STS de 11 de febrero de 2003, por ejemplo). De lo contrario, habrá que aplicar la falta de desobediencia (simple) tipificada como falta grave [art. 7.1.*a*) RRD]. Sobre la excepción de ilegalidad de la orden desobedecida, nos remitimos a lo expuesto en el capítulo anterior.

«*j*) La prevalencia de la condición de empleado público para obtener un beneficio indebido para sí o para otro.» Se sanciona de esta manera la infracción de lo que en el capítulo anterior hemos denominado el principio o deber de integridad y, por tanto, de las conductas ligadas a él y prohibidas a los empleados públicos (art. 53.5, 6 y 9 TREBEP). La falta, que implica un abuso de autoridad para obtener un beneficio antijurídico, lucrativo o no, se entiende muy grave en cualquier caso y ello con independencia de lo dispuesto en el Código Penal.

«*k*) La obstaculización al ejercicio de las libertades públicas y derechos sindicales.» Lógicamente debe tratarse de una *obstaculización* ilegal, injustificada y de cierta gravedad, y no de cualquier acto de limitación del ejercicio de estos derechos. Además es necesario que concurra dolo o negligencia grave, pues no basta en este caso el mero error de derecho en la aplicación de las normas limitativas. Algunas de estas conductas pueden ser también constitutivas de delito (arts. 529 a 542 CP).

«*l*) La realización de actos encaminados a coartar el libre ejercicio del derecho de huelga.» Debe decirse lo mismo que en el apartado anterior. No constituyen tal infracción, como es natural, los actos de control o verificación de los empleados públicos que participan en una huelga, a efectos de deducir las oportunas consecuencias retributivas, o los que tiendan a evitar presiones sobre quienes no desean ejercer ese derecho.

«*m*) El incumplimiento de la obligación de atender los servicios esenciales en caso de huelga.» También en este caso hay concreción suficiente. Pero la verificación de la falta depende de si los servicios esenciales inatendidos se han declarado legalmente. El TREBEP no incluye, en cambio, la falta consistente en participar en huelgas o actos equivalentes por los funcionarios que las tengan prohibidas. Pero ello se debe a que tales funcionarios —militares, policías y guardias civiles— no caen bajo el ámbito de aplicación del TREBEP. En su legislación específica, ese tipo de infracción muy grave se mantiene.

«*n*) El incumplimiento de las normas sobre incompatibilidades cuando ello dé lugar a una situación de incompatibilidad.» Se trata de una de las faltas de más frecuente comisión. Viene a ser éste un tipo en blanco, que debe integrarse por lo dispuesto en la legislación sobre incompatibilidades. Según su tenor literal, basta infringir tales normas para incurrir en falta. No obstante, es preciso distinguir las normas que tienen carácter formal (falta de solicitud de autorización o reconocimiento en plazo, etc.) de las que tienen carácter sustantivo, pues las primeras integran otro tipo, calificado como falta grave [art. 7.1.*k*) RRD]. Además, la muy distinta trascendencia de los diferentes supuestos de incompatibilidad (por razones de imparcialidad o meramente *económicas*) debe tenerse en cuenta para la aplicación del tipo y la aplicación proporcionada de la sanción correspondiente (véase la STS de 25 de mayo de 2004, por ejemplo). Por último, no existe falta si la permanencia en situación de incompatibilidad no deriva de un propósito deliberado, sino que es consecuencia del retraso de la Administración en resolver sobre la solicitud correspondiente.

«*ñ*) La incomparecencia injustificada en las comisiones de investigación de las Cortes Generales y de las Asambleas Legislativas de las Comunidades Autónomas.» Esta conducta es también constitutiva de delito (art. 502 CP), pero se refiere sólo a ese tipo de comisiones y no la incomparecencia ante cualquier otro requerimiento de las Cámaras.

«*o*) El acoso laboral.» Esta falta, incluida ahora en el TREBEP por influencia del derecho del trabajo, sanciona una conducta grave de los superiores o compañeros de un empleado consistente en acciones continuadas o sistemáticas que afecten a su dignidad en el desempeño normal de su trabajo con el propósito de conseguir su renuncia o traslado voluntario o la obtención de cualquier ventaja por parte del acosador. Obviamente quien alegue acoso laboral contra otro u otros empleados públicos como base de un expediente disciplinario debe probarlo, sin que sea suficiente el recordatorio frecuente de las obligaciones y deberes del supuesto acosado o la reiteración de órdenes o instrucciones que, aún incómodas, sean mera consecuencia de la relación jerárquica. Antes bien, debe tratarse de una actitud injustificable de hostigamiento personal, cualesquiera que sean sus medios y manifestaciones, que causa un daño psicológico en la víctima (STS de 3 de octubre de 2024, por ejemplo). La difusa línea que separa esta conducta agresiva del correcto ejercicio de las relaciones de jerarquía —y la profusión de denuncias infundadas o falsas— ha llevado en algunas administraciones a establecer protocolos de actuación para prevenir los hechos de tal naturaleza y valorar las denuncias (véase la Resolución de 5 de mayo de 2011, de la Secretaría de Estado de Función Pública, para el ámbito de la Administración del Estado). En cualquier caso y puesto que ese tipo de conductas afectan al derecho fundamental a la integridad moral de la persona (art. 15 CE), las resoluciones sobre denuncias de acoso exigen una motivación reforzada (SSTC 106/2011, 81/2018, 56/2019 y 28/2025).

Por último, la letra *p*) del artículo 95.2 considera que serán también faltas muy graves las que queden tipificadas como tales en las leyes de las Cortes Generales y de las Asambleas Legislativas de las Comunidades Autónomas o en los convenios colectivos para el personal laboral. Ahora bien debe tenerse en cuenta que, según la STC 37/2002, de 14 de febrero, la tipificación de nuevas faltas muy graves por la legislación autonómica no puede introducir diferencias en cuanto a las «posiciones jurídicas fundamentales de los ciudadanos», por exigencia del artículo 149.1.1.ª CE. En dicha legislación autonómica se tipifican como faltas muy graves conductas tales como causar daños graves al patrimonio de la Administración, las agresiones físicas o verbales graves a otras personas, los incumplimientos graves de la legislación de prevención de riesgos laborales, el consumo de alcohol o de sustancias estupefacientes que ponga en peligro la integridad física de terceros durante el servicio, la comisión de delitos dolosos contra la libertad sexual, los actos encaminados a impedir la asistencia al trabajo de quien no quiera participar en una huelga, etc.

2. Faltas graves

Según el artículo 7.1 RRD, son faltas graves las siguientes:

«*a*) La falta de obediencia a los superiores y autoridades.» Sobre el alcance de esta falta nos remitimos al análisis del deber de obediencia expuesto en el capítulo anterior. En todo caso la falta presupone el incumplimiento consciente y voluntario, sin causa justificada, de la orden de un superior con competencia para dictarla (SSTS de 8 de febrero de 1966 y 29 de abril de 1993), que constituya un mandato claro y preciso (STJ País Vasco de 14 de julio de 2010). Pero hablamos aquí de una desobediencia simple y no de la abierta o cualificada que el artículo 95.2.*i*) TREBEP tipifica como falta muy grave y menos aún de la desobediencia tipificada en los artículos 410 y 411 CP.

«*b*) El abuso de autoridad en el ejercicio del cargo.» Se refiere este tipo al ejercicio de las potestades propias del cargo de que es titular el funcionario o simplemente de la autoridad que le es aneja de manera ilícita y para fines distintos del interés público, ya se exprese ese abuso en las relaciones externas con los ciudadanos como en las relaciones internas con los subordinados. Se trata, por tanto, de la conducta del funcionario que se prevale de su cargo para su interés particular realizando actividades ajenas al interés público. Si tales actividades son en sí mismas constitutivas de delito, dicha conducta constituye una circunstancia agravante de la responsabilidad penal (art. 22.7.ª CP) o integra tipos delictivos agravados. Pero no es necesario que el resultado del abuso de autoridad sea de por sí delictivo o sancionable, aunque sí ilegal o desviado, para que se constate la falta. Igualmente puede constituir esta infracción una conducta prepotente e innecesaria, que menoscabe la dignidad del ciudadano o del subordinado.

«*c*) Las conductas constitutivas de delito doloso relacionadas con el servicio o que causen daño a la Administración o a los administrados.» Para la existencia de esta falta es necesario que el inculpado haya sido condenado por sentencia firme por la comisión de un delito doloso. Pero esta circunstancia no es suficiente si la condena no guarda relación, lógicamente directa, con el servicio o no supone un daño, igualmente específico, a la Administración o a quienes se relacionen con el condenado como *administrados* o usuarios del servicio de su competencia. A falta de este elemento, es decir, de este fundamento, la falta incurriría por esencia en *bis in idem*. Esto es, lo que disciplinariamente se sanciona es el perjuicio que para el servicio supone la condena del funcionario por delito doloso, perjuicio que debe ser probado, como es lógico y que puede consistir (así es típicamente) en la incompatibilidad de la acción criminal con la confianza que deben generar los prestadores de un servicio público; por ejemplo, abusos sexuales a los alumnos por un profesor, maquinaciones fraudulentas privadas de un letrado o condena de un policía por violencia de género. Pero no basta con entender que el perjuicio es la genérica lesión del crédito o del prestigio de la Administración o del servicio en cuestión que deriva de mero hecho de la condena, por conductas *privadas* y totalmente ajenas al mismo (por ejemplo, un delito de hurto en unos almacenes). En caso contrario, la falta sería aplicable en todos o casi todos los supuestos de condena por delito doloso.

«*d*) La tolerancia de los superiores respecto de la comisión de faltas muy graves o graves de sus subordinados.» Esta falta requiere que el funcionario con potestad de corregir disciplinariamente a sus subordinados haya tenido conocimiento cabal de la comisión de una falta muy grave o grave por parte de alguno de ellos y la haya consentido, de manera expresa o tácita, no adoptando las medidas necesarias para sancionarla que sean de su competencia. La aplicación de esta falta tropieza, entre otros problemas no jurídicos, con el de probar el conocimiento por el superior de la existencia de un hecho —que no puede presumirse por la mera relación de jerarquía— y de su calificación disciplinaria. No se sanciona, en cambio, de ninguna manera la tolerancia, tan frecuente en nuestra Administración, respecto de la comisión de faltas leves.

«*e*) La grave desconsideración con los superiores, compañeros o subordinados.» La aplicación de este tipo debe conciliarse con el legítimo ejercicio de la libertad de expresión del funcionario (SSTC 81/1983, 69/1989, 110/2000 y 101/2003). Pero no es ejercicio legítimo de esta libertad la profusión de expresiones insultantes o degradantes, incluso por representantes sindicales en defensa de los intereses de los empleados, o la imputación de hechos delictivos o que perturben el servicio poniendo en duda el decoro (STS de 20 de diciembre de 1974) o desacreditar a un superior jerárquico (STS de 2 de noviembre de 2004) o a un compañero o subordinado, o una actitud irrespetuosa y provocadora (STSJ Galicia, de 2 de febrero de 2011). En cualquier caso, que se sobrepasen o no estos límites u otros semejantes de la libertad de expresión es algo que debe apreciarse mediante ponderación razonada y razonable de las circunstancias de cada caso, como enseña la doctrina del Tribunal Constitucional y del Tribunal Supremo (por ejemplo, STC 9/2006, de 16 de enero, y STS de 11 de febrero de 2003; véase también SSAN de 15 de noviembre de 2002 y de 1 de junio de 2011). Además, la falta de consideración debe alcanzar una cierta gravedad, sin que baste la simple descortesía, pues de lo contrario podría constituir una simple incorrección, constitutiva, en su caso, de falta leve.

«*f*) Causar daños graves en los locales, material o documentos de los servicios.» El daño debe ser grave, pero no parece necesaria la concurrencia de dolo, tal como precisan algunas leyes autonómicas.

«*g*) Intervenir en un procedimiento administrativo cuando se dé alguna de las causas de abstención legalmente señaladas.» Estas causas se regulan en el artículo 23.2 LRJSP, aparte supuestos específicos establecidos por leyes especiales. Tal como está configurado el tipo, no es necesario que haya existido recusación para su aplicación, pero sí que la concurrencia de la causa legal de abstención sea clara e indiscutible, de manera que se pueda considerar el interés del funcionario en intervenir en el asunto, con menoscabo del deber de imparcialidad.

«*h*) La emisión de informes y la adopción de acuerdos manifiestamente ilegales cuando causen perjuicio a la Administración o a los ciudadanos y no constituya falta muy grave.» Hay que distinguir dos supuestos. Si se trata de informes, la falta de mayor gravedad aplicable es ésta. Si se trata de acuerdos, es decir, de resoluciones o decisiones definitivas y vinculantes, será preciso atender a la gravedad del perjuicio para calificar la falta. En todo caso, el informe o acuerdo debe ser ilegal de manera manifiesta e inexcusable y, si el perjuicio carece de suficiente entidad, tampoco puede aplicarse el tipo descrito (véase SAN de 16 de mayo de 2012, por ejemplo).

«*i*) La falta de rendimiento que afecte al normal funcionamiento de los servicios y no constituya falta muy grave.» Debe tratarse de una falta de rendimiento debida a la voluntad, no a la incapacidad, del funcionario, pues esta última sólo sería causa de remoción o traslado del puesto de trabajo, conforme a la legislación aplicable. Debe ser una disminución del rendimiento reiterada y que carezca de justificación (STS de 11 de junio de 1992), sin que baste una negligencia ocasional, pero ha de concurrir el elemento objetivo de perturbación del servicio (STS de 22 de febrero de 1995).

«*j*) No guardar el debido sigilo respecto de los asuntos que se conozcan por razón del cargo, cuando causen perjuicio a la Administración o se utilice en provecho propio.» Esta falta sería hoy aplicable sólo en aquellos casos de violación del deber de discreción y reserva menos graves y no contemplados en el artículo 95.2.*e*) TREBEP. La STS de 16 de junio de 1980 entiende que la gravedad de la falta debe graduarse en atención a la posición jerárquica del funcionario, el daño efectivo causado al interés público y los antecedentes.

«*k*) El incumplimiento de los plazos u otras disposiciones de procedimiento en materia de incompatibilidades, cuando no suponga mantenimiento de una situación de incompatibilidad.» Se trata aquí del incumplimiento voluntario de las normas de procedimiento reguladoras de las incompatibilidades. La condición última alude, sin duda, a los casos en que no existe prohibición absoluta de incompatibilidad, que no pueda levantarse mediante la correspondiente autorización o reconocimiento de compatibilidad. En todo caso, no existirá la falta si el incumplimiento de los plazos o trámites formales se debe a omisiones o retrasos imputables a la Administración.

«*l*) El incumplimiento injustificado de la jornada de trabajo que acumulado suponga un mínimo de diez horas al mes.» Según el artículo 7.2 RRD, a estos efectos «se entenderá por mes el período comprendido desde el día primero al último de cada uno de los doce que componen el año». La aplicación de este tipo, cuya legalidad ha sido expresamente declarada por STS de 27 de diciembre de 1991, requiere la ausencia de justificación veraz y razonable de los incumplimientos de jornada. La imposición de la sanción es independiente de las deducciones de haberes proporcionales a las horas no trabajadas, que prescribe el artículo 30.1 TREBEP, deducción que no tiene carácter sancionador, sino que simplemente impide un enriquecimiento injusto.

«*m*) La tercera falta injustificada de asistencia en un período de tres meses, cuando las dos anteriores hubieren sido objeto de sanción por falta leve.» El cómputo de los meses ha de hacerse también conforme a la regla del artículo 7.2. También en este caso es aplicable la reducción de haberes a que se ha hecho referencia en el apartado anterior.

«*n*) La grave perturbación del servicio.» Éste es un tipo genérico, que el RRD dedujo de una de las circunstancias que, según el artículo 89 LFCE, habían de tenerse en cuenta para fijar la gravedad o levedad de las faltas. En todo caso es inaplicable en el caso de que los hechos sean constitutivos de otra infracción más específica, pero permite sancionar irregularidades o incumplimientos de muy diversa naturaleza (véase la STS de 18 de mayo de 1989), normalmente acumulados, siempre que perturben el servicio, es decir, alteren su normal funcionamiento, y que este resultado presente una cierta gravedad.

«*ñ*) El atentado grave a la dignidad de los funcionarios o de la Administración.» Tipo de características igualmente muy abstractas, que la LFCE (art. 89) contemplaba también como una circunstancia determinante de la gravedad de las faltas y no como una falta en sí y que parece referirse al incumplimiento de deberes deontológicos no específicos del funcionario. Su misma indeterminación invita a la cautela en su aplicación, reservándola para supuestos en que el prestigio y la imagen pública de la Administración, del cuerpo o de un colectivo de funcionarios haya quedado clara y seriamente dañado por la conducta ilegal o simplemente inmoral (pero no puramente privada) del inculpado.

«*o*) La falta de consideración con los administrados.» Es decir, el comportamiento ofensivo, perturbador o de menosprecio hacia los ciudadanos con los que el funcionario se relaciona en ejercicio de su cargo. Por tercera vez, el RRD transforma en una falta lo que la LFCE previó como circunstancia para graduar otras infracciones. De todas formas, la falta de consideración debe alcanzar cierta gravedad, en virtud de las circunstancias concurrentes de publicidad, reiteración, grado y naturaleza de las ofensas, grado de intimidación del ciudadano que supongan u otros factores. No basta la simple infracción, por leve que sea, del deber de corrección en el trato con el público, pues muchas incorrecciones, por más que deplorables, pueden ser intrascendentes disciplinariamente o constituir tan sólo falta leve.

«*p*) Las acciones u omisiones dirigidas a evadir los sistemas de control de horarios o a impedir que sean detectados los incumplimientos injustificados de la jornada de trabajo.» Falta ésta de contenido más concreto que las anteriores, que, en realidad, se refiere a dos tipos de conductas. La primera, es decir, la relativa a la evasión a los sistemas de control de horario es sancionable por sí misma, con independencia de las consecuencias de esa evasión. La segunda requiere un previo incumplimiento injustificado de jornada, cuyo encubrimiento (por el propio funcionario incumplidor, pues también puede serlo por otro) es sancionable separada y cumulativamente.

Las leyes de la función pública de algunas Comunidades Autónomas tipifican las faltas graves con más o menos diferencias y concreciones respecto del listado del artículo 7.1 RRD, pero siguiendo este modelo. Por ejemplo: la simulación de enfermedad o accidente que comporte incapacidad laboral, la utilización de recursos o bienes públicos para usos particulares, no prestar la colaboración debida en la instrucción de expedientes disciplinarios, la participación en altercados en el centro de trabajo, la realización de actividades privadas con ánimo de lucro durante la jornada de trabajo, la inasistencia reiterada a actividades formativas obligatorias sin causa justificada, la utilización de permisos o licencias para fines distintos de los que los justifican, las denuncias falsas de actividades irregulares de autoridades o funcionarios realizadas con mala fe o negligencia, etc.

3. Faltas leves

Según el artículo 8 RDD, se consideran como tales:

«*a*) El incumplimiento injustificado del horario de trabajo, cuando no suponga falta grave.»

«*b*) La falta de asistencia injustificada de un día.»

«*c*) La incorrección con el público, superiores, compañeros o subordinados.» Incorrección que no se puede confundir con la simple falta de cortesía o deferencia, sino que ha de tratarse de una conducta irrespetuosa u ofensiva, aunque no grave.

«*d*) El descuido o negligencia en el ejercicio de sus funciones.» Falta ésta de alcance muy general e inconcreto, que aproxima las facultades sancionadoras de la Administración a las del empresario. En todo caso, el descuido o negligencia sancionable no es, salvo excepción, el ocasional, sino el dilatado o permanente en el ejercicio del conjunto de las funciones atribuidas al inculpado y su concurrencia debe valorarse por relación a los usos y estándares comunes de rendimiento en el centro de trabajo o en puestos similares.

«*e*) El incumplimiento de los deberes y obligaciones del funcionario, siempre que no deban ser calificados como falta muy grave o grave.» Esta cláusula de cierre ha sido objeto de crítica bastante generalizada de la doctrina jurídica, por su indeterminación y la inseguridad jurídica que produce. Los tribunales, no obstante, la aplican con habitualidad en caso de que los hechos imputados comporten alguna irregularidad no subsumible en otros preceptos sancionadores. Pero al menos debe exigirse que el deber cuyo incumplimiento se sanciona esté claramente precisado por las leyes y que la conducta sancionada se integre sin duda alguna en su ámbito material.

Las leyes de las Comunidades Autónomas recogen listados semejantes de faltas leves, a veces con algunas matizaciones añadidas.

IV. LAS SANCIONES

El artículo 96.1 TREBEP establece un catálogo de sanciones más amplio que el de la legislación anterior (arts. 91 LFCE y 14 RRD), de acuerdo con las recomendaciones de la Comisión de expertos. Dichas sanciones son las siguientes:

a) La sanción de *separación del servicio de los funcionarios* [art. 96.1.*a*) TREBEP], que comporta, como ya sabemos, no sólo la pérdida de la condición de funcionario de carrera [art. 63.*d*) TREBEP] desde que tenga carácter firme, sino también la imposibilidad de volver a ser admitido en las pruebas selectivas para ingresar de nuevo en la Administración [art. 54.1.*d*) TREBEP]. En el caso de los funcionarios interinos, como precisa el artículo 96.1.*a*), supone la revocación de su nombramiento, e inclusive en alguna ley autonómica (la de Función Pública Valenciana de 2021 y la de Empleo Público de Asturias de 2023, por ejemplo), la imposibilidad de volver a formar parte de las bolsas de empleo temporal de la misma administración. La suma gravedad de estos efectos determina que esta sanción sólo pueda imponerse por faltas muy graves. Es más, en virtud del principio de proporcionalidad, debe entenderse que la falta cometida debe ser de una gravedad especial o bien que en su comisión concurren circunstancias agravantes de suficiente porte para imponer esta sanción (SSTS de 22 y 25 de septiembre de 2003, de 14 de diciembre de 2007, 8 de febrero de 2012, 28 de noviembre de 2018, por ejemplo), pero no se requiere la concurrencia de estas circunstancias si los hechos presentan de por sí especial gravedad, según STS de 12 de julio de 1993.

b) El *despido disciplinario del personal laboral* [art. 96.1.*b*)], que equivale a la separación del servicio de los funcionarios y tan sólo puede aplicarse igualmente por faltas muy graves. El despido comporta la inhabilitación del sancionado para ser titular de un nuevo contrato de trabajo (al servicio de las administraciones públicas, se entiende) con funciones similares a las que se desempeñaban por el despedido, pero no para contratos de contenido diferente. Ésta es una regla más flexible y menos limitativa que la aplicable a los funcionarios y que en la práctica puede limitar el alcance real de la inhabilitación, pues habrá que interpretar en cada caso por la administración competente y, en su caso, por los tribunales si las funciones del nuevo contrato son o no «similares» a las del extinguido por despido. Por lo demás, el TREBEP se aparta del derecho del trabajo al disponer que procederá (siempre y por su decisión) la readmisión del personal laboral fijo cuando sea declarado improcedente el despido disciplinario por falta muy grave (art. 96.2). La regla responde a las sugerencias de la Comisión de preparación del EBEP, que la funda en la vinculación positiva de la Administración a la ley y en una mayor garantía de los principios de igualdad, mérito y capacidad. Ahora bien, no se aplica si el despido improcedente afecta a personal con contrato temporal o a personal indefinido no fijo, diferencia que la STJUE de 25 de julio de 2018, *Vernaza Ayovi*, no considera contraria al derecho europeo ni al principio de igualdad, dada la diferente naturaleza de la relación laboral en estos casos.

c) La sanción de *suspensión firme de funciones* —llamada de empleo y sueldo en el caso del personal laboral— [art. 96.1.*c*)] implica, como ya sabemos, la privación temporal del ejercicio de las funciones públicas y de los derechos y prerrogativas anejos a la condición de empleado público durante el tiempo de la sanción, incluyendo, claro está, la privación de derechos económicos. Además, si la suspensión excede de seis meses, la sanción determina la pérdida del puesto de trabajo (art. 22.1 RSA). Esta sanción puede imponerse por falta grave o muy grave. Si se impone por falta muy grave, no puede ser superior a seis años, como ahora dispone el TREBEP, que no fija un tiempo mínimo. Si se impone por falta grave, no excederá de tres años, según el artículo 16 RRD. El tiempo de sanción varía en la legislación autonómica.

d) La sanción de *traslado forzoso, con o sin cambio de localidad de residencia* [art. 96.1.*d*)], impone al empleado público la obligación desempeñar un puesto de trabajo en localidad distinta o en la misma. Esta sanción, menos frecuente que otras, no priva al sancionado de sus funciones ni de sus derechos, más que del derecho a mantenerse en su cargo y, en su caso, a la libre fijación de su residencia para compatibilizarla con su nuevo destino. Además, como es lógico, durante el período de la sanción, el funcionario no puede obtener nuevo destino distinto del que se le asigne o asignen. El período de la sanción no se determina en el TREBEP, pero hoy es de tres años si se impone por falta muy grave o de un año si se impone por falta grave, y se computa desde que se efectúa el traslado, conforme al artículo 16 RRD, según el cual esta sanción tampoco puede imponerse por la comisión de faltas leves.

e) *Demérito*, que consiste, según el TREBEP [art. 96.1.*e*)], en la penalización a efectos de carrera, promoción o movilidad voluntaria. Sin embargo, esta sanción, nueva en nuestra legislación general, carece aún de concreción, que deberán aportar las leyes de desarrollo del EBEP; y así lo hacen ya, por ejemplo, la Ley de Empleo Público de Castilla-La Mancha de 2011 en su artículo 138, la Ley de Función Pública de Extremadura (art. 158), la Ley de Empleo Público de Galicia (arts. 188 y 189) y la Ley de la Función Pública Valenciana de 2021 (art. 178.1), así como la legislación más reciente de País Vasco, Asturias y Andalucía. Esa penalización puede consistir en la imposibilidad de promocionar, acceder a grados superiores de la carrera, ser evaluado para el ascenso o participar en procedimientos de provisión de puestos de trabajo durante un tiempo, pero puede también suponer la pérdida o regresión del nivel alcanzado en la carrera. Dichas leyes deberán determinar y determinan también el tipo de infracciones a las que es aplicable.

f) La única sanción que hoy en día puede imponerse por faltas leves —pero también por faltas graves—, según la legislación del Estado es la de *apercibimiento* [art. 961.*f*)], es decir, la amonestación por la falta cometida, con advertencia de evitarla en el futuro. Pero en algunas leyes autonómicas cabe también sancionar dichas faltas con suspensión de empleo por un período breve (por ejemplo, quince días, según las leyes valenciana, extremeña y gallega de desarrollo del EBEP, o hasta treinta días, según la Ley 4/2011, de 10 de marzo, de Castilla-La Mancha).

El TREBEP permite introducir por ley otras sanciones distintas y, de hecho, algunas leyes de las Comunidades Autónomas amplían ya el listado de sanciones, lo que debe considerarse propio de su competencia (STC 37/2002). En particular, el Texto Refundido de la Ley de la Función Pública de la Generalidad de Cataluña, que añade las sanciones de destitución del cargo de mando, que imposibilita para obtener un nuevo *cargo de mando* o nombramiento de interino durante tres años, y pérdida de uno a tres grados personales (art. 119). La Ley de la Función Pública de la Comunidad de Madrid introduce sanciones de pérdida de retribuciones, de uno a tres días o de cuatro a quince (art. 85). Las leyes más recientes de Empleo

Público o Función Pública de Castilla-La Mancha, Galicia, Extremadura, Comunidad Valenciana, País Vasco y Asturias, añaden la suspensión del derecho a estar como disponible en las bolsas de trabajo de personal funcionario interino o laboral temporal. Asimismo, alguna legislación reciente (Ley de Empleo Público Vasco) impone sea como sanción o como media adicional, la obligación de realizar cursos de formación en ética pública, integridad pública o igualdad. Otras leyes autonómicas gradúan de manera diferente las sanciones previstas en la legislación del Estado o se remiten a ésta. En fin, el nuevo artículo 92 bis LBRL (ap. 11), ha previsto una sanción de *destitución*, aplicable a los funcionarios de administración local con habilitación de carácter nacional. Esta sanción supone la pérdida del puesto de trabajo, con prohibición de obtener otro en la misma corporación en la que tuvo lugar la sanción, por el plazo que se fije, que no puede ser superior a seis años en caso de falta muy grave ni a tres años en caso de falta grave.

V. EL PROCEDIMIENTO DISCIPLINARIO

Como sanciones administrativas que son, las disciplinarias no pueden imponerse *de plano*, sino en virtud de un procedimiento *ad hoc* (art. 63.2 LPACAP). La exigencia de procedimiento, siquiera sea mínimo, es una garantía tanto del acierto en la decisión como de los derechos de defensa y presunción de inocencia del inculpado, que son derechos constitucionales de aplicación general a los procedimientos sancionadores públicos, incluidos los disciplinarios. De ahí que el artículo 98.1 TREBEP subraye hoy esta garantía del procedimiento previamente establecido.

Además de la citada garantía del procedimiento, el TREBEP (art. 98.2) se limita a imponer que el procedimiento disciplinario se estructure atendiendo a los principios de eficacia, celeridad y economía procesal, con pleno respeto a los derechos y garantías del presunto responsable. Mención oportuna, pues en la actualidad, como va a verse, el procedimiento establecido es poco ágil y reiterativo en sus trámites. Pero junto a ello, es necesario aplicar todos los principios y normas generales sobre el procedimiento administrativo y las específicas sobre los procedimientos sancionadores contenidas hoy en el Título IV LPACAP.

Ahora bien, la exigencia de procedimiento debe guardar la debida proporción con el tipo de infracción que se imputa. De ahí que el mismo artículo 98.1 TREBEP disponga que la imposición de sanciones por faltas leves se llevará a cabo por un procedimiento sumario con audiencia del interesado. De hecho, el artículo 8.2 RRD sólo exige el trámite de audiencia al inculpado para la imposición de este tipo de sanciones. Esta previsión es razonable, pues, salvado el derecho de defensa y partiendo de la base de que la sanción se impone por hechos conocidos y que pueden ser negados o discutidos por el interesado, exigir mayores trámites documentados sería tanto como «matar moscas a cañonazos». En consecuencia, tratándose de la posible existencia de una infracción leve, la autoridad o funcionario competente para imponerla, tras haber tomado conocimiento suficiente de los hechos en que se basa, debe formular de manera concisa y por escrito la imputación de que se trate al empleado público, para que éste alegue lo que estime pertinente a su defensa y aporte cuantos documentos considere de interés (art. 41 RRD). Tras de lo cual, sin más trámite, salvo que se acuerden otros para mejor proveer, se acordará imponer o no la sanción de apercibimiento, notificándose la resolución al interesado. En algunas normas de desarrollo se fija el plazo máximo de un mes para este procedimiento abreviado.

En cambio, tratándose de supuestas faltas graves o muy graves, es necesario instruir expediente al efecto, es decir, iniciar un procedimiento sancionador formalizado, con separación de la fase instructora y sancionadora o de resolución, que deben encomendarse a órganos distintos (art. 63.1 LPACAP).

Hoy en día la regulación general de este procedimiento para la Administración del Estado se encuentra en el Título II del RRD, que además es de aplicación supletoria a todos los procedimientos disciplinarios a los que no es de aplicación directa. Aquí nos limitamos a exponer esta regulación general, no sin advertir que para algunos colectivos y en algunas Comunidades Autónomas existen normas especiales, ya sean legales o, más frecuentemente, reglamentarias. Todas ellas, por lo demás, se aplican sin perjuicio de las generales de la LPACAP y en la medida en que sean compatibles con éstas.

1. Iniciación del expediente

El procedimiento disciplinario se inicia siempre de oficio, por acuerdo del órgano competente (art. 27 RRD). De este precepto derivan dos importantes consecuencias en el plano jurídico. Primera, el procedimiento disciplinario es *siempre* un procedimiento de oficio, como todo procedimiento sancionador (art. 63.1 LPACAP); y segunda, hasta que el órgano competente no decide la incoación del expediente no se entiende iniciado el procedimiento.

La iniciación, a su vez, puede venir determinada por la propia iniciativa del órgano competente, o como consecuencia de una orden superior, o bien por moción razonada de los subordinados o por denuncia de cualquier persona (art. 27 RRD). También a propuesta del jefe del centro o dependencia en que preste servicio el funcionario (art. 29.2 RRD) o de otros órganos, que debe ser razonada (art. 61 LPACAP), especificando, en la medida de lo posible, la persona o personas supuestamente responsables, las conductas o hechos que pudieran constituir infracción y sus circunstancias de lugar y tiempo (art. 61.3 LPACAP). Pero en ningún caso puede considerarse que el procedimiento se inicia a instancia o solicitud de parte.

Muy en concreto, no es posible confundir la denuncia, simple acto de información y, en su caso, de estimulación del ejercicio de facultades de oficio —que, por cierto, no puede ser anónima (art. 62.2 LPACAP), salvo en los casos regulados en la Ley 2/2023, de 20 de febrero de protección de las personas informantes— con una petición o solicitud, actos que sí tienen la virtualidad de iniciar otros tipos de procedimiento. Por eso, el denunciante no asume por el hecho de la denuncia la condición de interesado y parte en el procedimiento disciplinario —salvo que la tenga por otras razones y se persone en el procedimiento como titular de un interés legítimo afectado, según las normas generales del art. 4 LPACAP)—, sino que queda al margen y sólo tiene derecho a que se le comunique el acuerdo de iniciación que, en su caso, se adopte (art. 27 RRD) y la resolución del expediente (art. 48.3 RRD). No obstante, la jurisprudencia ha empezado a admitir que los denunciantes víctimas de la presunta infracción están legitimados al menos para impugnar el archivo de las denuncias que formulen (SSTS de 19 y 22 de diciembre de 1997, 13 de enero de 1998, 10 de marzo de 2003, 28 de diciembre de 2004, 20 de junio de 2006, etc.), sobre todo si la decisión de archivar no viene motivada en absoluto.

Con este último matiz, es claro que la denuncia, como la moción razonada de sus subordinados, no vincula al órgano competente a iniciar el procedimiento —distinto es el caso de la orden superior y de la propuesta del jefe del centro en que presta servicio el funcionario—, aunque debe tener como consecuencia realizar las averiguaciones precisas para determinar si corresponde o no incoarlo.

Justamente el artículo 28 RRD faculta a dicho órgano para acordar previamente a la incoación la realización de una *información reservada*. Se trata con ello de esclarecer, sin publicidad y, por tanto, sin causar ningún perjuicio al posible inculpado, si existen indicios suficientes para la instrucción del expediente disciplinario. Pero debe quedar claro que estas diligencias son previas a la iniciación del procedimiento y no forman parte del mismo. Detalle importante a efectos de la interrupción del plazo de prescripción de las faltas, que sólo tiene lugar por la *iniciación* del procedimiento (art. 20.2 RRD) y con conocimiento de esa incoación por parte del interesado (art. 30.2 LRJSP), como ya se dijo. La fecha del acuerdo de incoación es importante también a efectos del cómputo del plazo de caducidad del procedimiento, que comienza desde la misma, como se dirá. Esas actuaciones previas o información reservada deben encomendarse a órganos o funcionarios con tareas de investigación o inspección y, en su defecto, a quien determine el órgano competente para iniciar el procedimiento (art. 55.2 LPACAP). Los funcionarios afectados tienen derecho a conocer su contenido, aunque no sean sancionados (STS de 25 de noviembre de 2023).

En la resolución por la que se incoa el expediente se ha de nombrar instructor (art. 30 RRD). El instructor, conforme a la tradición de nuestro derecho sancionador, que hoy recoge el artículo 98.2 TREBEP, como hemos dicho, es órgano (y persona) distinto del que acuerda iniciar el procedimiento y lo resuelve. Es ésta una garantía de imparcialidad en la investigación de los hechos, a la que se añade el recordatorio de que al instructor y al secretario le son aplicables las causas generales de abstención y recusación (art. 32 RRD). El derecho a recusación puede ejercitarse por el interesado desde que tenga conocimiento de quienes son el instructor y el secretario, cuyos nombres se le deben notificar junto a la incoación del expediente (art. 31 RRD), debiendo resolver la autoridad que acordó su nombramiento en el plazo de tres días.

También se exige que el instructor sea un funcionario de cuerpo o escala de igual o superior grupo (de titulación, se entiende) al del inculpado. Pero esta previsión, que no carece de lógica, parece insuficiente como garantía de la idoneidad del órgano instructor. Sería mucho más acertado atribuir estas tareas a funcionarios especializados, ya sea creando órganos *ad hoc* en las administraciones donde sea posible, ya sea, por lo menos, exigiendo que el instructor sea licenciado o graduado en Derecho. La experiencia práctica demuestra las dificultades —y más frecuentes dilaciones— que puede y suele atravesar la instrucción en manos de un lego en la materia.

Puede nombrarse un secretario, que ha de tener la condición de funcionario sin más, cuando la complejidad o trascendencia de los hechos lo exija (art. 30).

Además de ello, el acuerdo de iniciación del expediente debe identificar la persona o personas presuntamente responsables, referir los hechos que motivan la incoación y su posible calificación —sin perjuicio de lo que resulte de la instrucción del expediente—, indicar el órgano competente para resolver y la norma que le atribuya esa competencia, así como la posibilidad de que el presunto responsable acepte voluntariamente su responsabilidad (art. 64.2 LPACAP), lo que determinaría la resolución inmediata del procedimiento con imposición de la sanción que proceda (art. 85.1 LPACAP).

2. Medidas provisionales

Una vez incoado el procedimiento y cuando así se prevea en las normas que lo regulen en cada caso, como ocurre con el RRD, se podrán adoptar mediante resolución motivada (por la autoridad que acordó su iniciación, según el art. 33.1 RRD), «medidas de carácter provisional que aseguren la eficacia de la resolución final que pudiera recaer» (art. 98.3 TREBEP). Muy en concreto y aunque no sea la única medida provisional que puede adoptarse —otras pueden tener que ver más bien con el aseguramiento de pruebas o la preservación de bienes públicos o suponer el traslado preventivo de puesto de trabajo del expedientado, como dispone alguna ley autonómica—, se puede acordar la *suspensión provisional* del empleado público inculpado por plazo máximo de seis meses, salvo paralización del procedimiento imputable al propio interesado (arts. 98.3 TREBEP y 33.2 RRD). En esta situación, el suspenso provisional tiene derecho a percibir las retribuciones básicas y, en su caso, las prestaciones familiares por hijo a cargo, aunque debe devolver lo percibido si la suspensión se eleva a definitiva (art. 98.4 TREBEP). En todo caso, el tiempo de permanencia en suspensión provisional es de abono para el cumplimiento de la sanción firme.

Las medidas cautelares y, en particular, la suspensión provisional del funcionario tienen una justificación objetiva y razonable, en la medida en que sean necesarias para alcanzar los fines instrumentales a los que se ordenan. Pero también son susceptibles de provocar, con carácter inmediato, daños y perjuicios al supuesto infractor y pueden utilizarse por ello para otros fines. Por eso la doctrina jurídica y la jurisprudencia pretenden extremar las garantías de un uso correcto de estas potestades.

En concreto, el Tribunal Constitucional ha venido considerando que una medida cautelar que suponga una pérdida o menoscabo de derechos individuales puede suponer una especie de sanción anticipada o encubierta, incompatible con los principios del Estado de Derecho y, muy en particular, con el derecho a la presunción de inocencia. De ahí que exija que tales medidas se adopten, cuando procedan, «por resolución fundada en derecho, que cuando no es reglada, ha de basarse en un juicio de razonabilidad acerca de la finalidad perseguida y las circunstancias concurrentes, pues una medida desproporcionada o irrazonable no sería propiamente cautelar, sino que tendría un carácter punitivo en cuanto al exceso» (SSTC 108/1984, de 26 de noviembre).

Es decir, como también ha venido señalando el Tribunal Supremo (SSTS de 26 de junio de 1984, 1 de abril de 1985, 3 de febrero de 1987, etc.), la suspensión provisional del funcionario es una medida excepcional e instrumental, que sólo puede adoptarse en casos de especial gravedad o cuando la continuidad del funcionario expedientado en su puesto pueda perturbar el funcionamiento del servicio o perjudicar la instrucción del expediente, que debe motivarse y fundarse en una estimación razonable y proporcionada de las circunstancias y limitarse al tiempo estrictamente necesario. Además, como es lógico e indica el artículo 33.3 RRD (además del art. 56.4 LPACAP), no se pueden imponer medidas cautelares que puedan causar perjuicios irreparables o impliquen violación de derechos amparados en las leyes.

El acuerdo de suspensión provisional, por sus efectos directos, es impugnable autónomamente desde que se dicta (SSTS de 8 de febrero de 1980 y 23 de julio de 1984, entre otras) y, como es lógico, puede solicitarse en vía de recurso, administrativo o contencioso-administrativo, que se suspenda a su vez esa o cualquier otra medida preventiva. No sólo eso, sino que, si la suspensión provisional no se convierte en sanción definitiva (o si se revelara ilícita, hay que entender), la Administración debe restituir al afectado la diferencia entre los haberes realmente percibidos y los que hubiera de percibir de no hallarse suspendido. Más aún, en tales casos el tiempo de duración de la suspensión provisional se computa como de servicio activo, debiendo acordarse la inmediata reincorporación del funcionario a su puesto de trabajo, con reconocimiento de todos los derechos económicos y demás que procedan desde la fecha de la suspensión (art. 98.4 TREBEP).

3. Desarrollo de la instrucción

Iniciado el expediente, el instructor debe ordenar la práctica de todas las diligencias y pruebas que sean adecuadas para comprobar y esclarecer los hechos y las responsabilidades (art. 34.1 RRD), empezando por tomar declaración al inculpado y evacuar las diligencias que se deduzcan de la denuncia o comunicación que originó la apertura del expediente (art. 35.2). El funcionario acusado tiene el derecho a no declarar contra sí mismo y a no declararse culpable (art. 24.2 CE), aunque no el «derecho de mentir» (STC 142/2009, de 15 de junio). El instructor puede utilizar cualquier medio de prueba admisible en derecho (testifical, pericial, documental...) y recabar el auxilio de los organismos y dependencias de la Administración, que deben facilitarle los informes y antecedentes necesarios, salvo que tengan carácter secreto, naturalmente (art. 34.3 RRD). No es imprescindible que esta primera actividad probatoria de cargo (como la que se haya podido practicar durante la información reservada) se realice en presencia del acusado, siempre que éste tenga la posibilidad de formular contradicción más adelante (STC 14/1999, SSTS de 6 de mayo de 2009 y 9 de marzo de 2011). Esta primera fase de la instrucción no puede durar más de un mes desde la incoación del procedimiento, salvo que el propio instructor solicite la ampliación del plazo por causa justificada (art. 35.1 RRD).

Si de la investigación inicial se deducen indicios suficientes de falta muy grave o grave imputable al inculpado, indicios susceptibles de destruir la presunción de inocencia que le ampara, el instructor ha de formular el *pliego de cargos*, que debe comprender los hechos imputados, con expresión de la presunta falta cometida y de las sanciones que puedan ser de aplicación. El Reglamento dispone (art. 35.2) que el pliego de cargos deberá redactarse de modo claro y preciso, en párrafos separados y numerados por cada uno de los hechos imputados al funcionario. Lógicamente también debe especificar la falta o faltas, en su caso, separando las imputaciones correspondientes, de que puedan ser constitutivos tales hechos. A través del pliego de cargos, por tanto, se concreta el derecho constitucional del imputado a conocer la acusación que contra él se formula (art. 24.2 CE), de manera que la inexistencia, falta de concreción u obscuridad del pliego suponen una infracción de ese derecho constitucional, cuando puedan generar algún tipo de indefensión.

Asimismo, en el pliego de cargos y a la vista de lo averiguado, el instructor debe proponer el mantenimiento o levantamiento de la medida de suspensión provisional u otras medidas cautelares que se hubiera adoptado con anterioridad (art. 35.2 RRD). Igualmente, aunque el Reglamento no lo dice, el instructor puede proponer en ese o en otro momento que se adopten las medidas cautelares que estime oportunas, puesto que estas medidas se pueden adoptar no sólo en el momento de la incoación, sino también «durante la tramitación del procedimiento».

El pliego de cargos se ha de notificar al inculpado para que pueda contestarlo en el plazo de diez días (art. 36 RRD). En el escrito de contestación o descargo, el inculpado puede formular las alegaciones pertinentes a su defensa, aportar documentos y proponer la práctica de pruebas. Se le da así audiencia en el expediente, aunque ya se le ha debido tomar declaración antes de redactar el pliego. Si el inculpado es delegado o representante sindical, o delegado de personal, o lo ha sido durante el año anterior, también deben ser oídos la sección u organización sindical o la junta de personal correspondiente, aunque no necesariamente en este momento, sino «durante la tramitación del procedimiento» [art. 41.1.*c*) TREBEP y disp. adic. 1.ª RRD].

Se entra entonces, si es necesario, en la fase probatoria de la instrucción. En dicha fase se han de practicar tanto las pruebas propuestas por el imputado que el instructor estime pertinentes y que, por tanto, no deniegue, como todas aquellas que el propio instructor considere oportunas. Conforme a las reglas generales relativas al derecho a la práctica de las pruebas (arts. 77 y 78 LPACAP), la denegación de las propuestas sólo puede tener lugar cuando se refieran a la averiguación de cuestiones innecesarias (art. 37.2 RRD) y también cuando no exista controversia sobre los hechos que se pretenden demostrar o sean pruebas imposibles de realizar o ilegales. Contra la denegación de las pruebas solicitadas, que debe ser expresa y notificada al expedientado, no cabe recurso alguno (art. 37.2 RRD). Quiere decirse que no cabe recurso autónomo o directo, pues es evidente que la denegación ilícita de una prueba puede después hacerse valer contra la resolución del expediente como vicio de forma.

Por lo demás, se pueden utilizar todos los medios de prueba admisibles en derecho (art. 38 RRD). La práctica de las pruebas ha de notificarse al funcionario (art. 39 RRD), para que pueda asistir por sí o por representante y, en su caso, debidamente asesorado. El instructor debe intervenir personalmente en todas y cada una de las pruebas que se practiquen, sin que pueda ser sustituido por el secretario. Pero puede interesar la práctica de otras diligencias de cualquier órgano de la Administración (art. 40 RRD).

Debe tenerse también en cuenta que los documentos o actas formalizados por los funcionarios a los que se reconoce la condición de autoridad (inspectores, agentes de policía...), observando los requisitos legales, hacen prueba de los hechos constatados por ellos (no por terceras personas), salvo prueba en contrario (art. 77.5 LPACAP). Es decir, gozan de una presunción de veracidad *iuris tantum* en cuanto a los hechos, no en cuanto a las opiniones o valoraciones de tales funcionarios.

Finalizada la fase probatoria, si hubiera existido, se vuelve a dar vista del expediente al inculpado por plazo de diez días, facilitándole copia completa del mismo si lo solicita, para que alegue lo que estime pertinente a su defensa y aporte los documentos que le interesen (art. 41 RRD). Si no existiera fase probatoria, este trámite puede y debe obviarse, siempre que el inculpado haya podido tomar vista del expediente para contestar el pliego de cargos, pues de lo contrario sería una reiteración del trámite de contestación al pliego.

En los diez días siguientes al trámite de audiencia —o de contestación al pliego, en su caso—, el instructor ha de formular la propuesta de resolución. En dicha propuesta y con la claridad y separación debidas, ha de: 1) fijar los hechos; 2) motivar, en su caso, la denegación de las pruebas propuestas por el inculpado; 3) exponer la valoración jurídica de los hechos, adecuadamente fundamentada, para determinar la falta (o faltas) que se estime cometida; 4) señalar la responsabilidad del funcionario; 5) señalar la sanción a imponer (art. 42 RRD).

La propuesta se notifica de nuevo al interesado para que pueda formular de manera definitiva sus alegaciones, en el plazo de diez días (art. 43 RRD).

Formuladas las alegaciones o transcurrido el mencionado plazo, el expediente completo se remite al órgano que ha de resolver. Dicho órgano debe entonces dictar la decisión que corresponda o, si lo estima necesario para resolver, ordenar al instructor la práctica de nuevas diligencias (art. 43 RRD), devolviéndole el expediente. En este último caso, practicadas las diligencias oportunas, debe darse de nuevo vista al inculpado para alegaciones por diez días antes de volver a remitir las actuaciones al órgano que ha de resolver (art. 46 RRD).

4. Resolución

La resolución debe adoptarse en el plazo de diez días (desde que se hayan formulado alegaciones a la propuesta del instructor o haya transcurrido el plazo para evacuarlas, se entiende), salvo en el caso de separación del servicio (art. 45.1 RRD). Para este último supuesto no se fija plazo alguno, pero tampoco el incumplimiento del de diez días establecido con carácter general comporta la nulidad del procedimiento, pues sería una simple irregularidad no invalidante (48.3 LPACAP). Sin embargo, hay que tener en cuenta que el límite máximo de paralización del procedimiento es el de seis meses, a partir del cual comienza o vuelve a correr el plazo de prescripción, así como el plazo de máximo para la finalización del procedimiento y la notificación de la resolución que se adopte, del que tratamos luego.

En la resolución se deben resolver «todas las cuestiones planteadas en el expediente» (arts. 88.1 LPACAP y 45.1 RRD). En concreto, se debe determinar con toda precisión la falta que se entiende cometida, señalando los preceptos en que aparezca recogida, el funcionario responsable y la sanción que se le impone. En todo caso debe incluirse la valoración de las pruebas practicadas, en especial las que constituyan los fundamentos básicos de la decisión (art. 90.1 LPACAP). También debe hacerse «expresa declaración» en orden a las medidas cautelares adoptadas con anterioridad (art. 48.1 RRD). Es decir, se debe declarar expresamente su levantamiento, especificando, en su caso, el abono correspondiente a efectos del cumplimiento de la sanción. Si la resolución estima la inexistencia de infracción o de responsabilidad del inculpado —o cualquier otro motivo que excluya la sanción, como por ejemplo la prescripción de la falta—, además de declararlo así, debe hacer las «declaraciones pertinentes en orden a las medidas provisionales» (art. 48.2 RRD). Esto es, debe levantarlas necesariamente y, en su caso, acordar la indemnización por responsabilidad que pudiera proceder.

En todo caso, la resolución debe ser motivada. A estos efectos, el órgano que resuelve no puede aceptar hechos distintos de los que sirvieron de base al pliego de cargos y a la propuesta de resolución (art. 90.2 LPACAP). En caso de diferencias entre el relato fáctico del pliego y de la propuesta, habrá que estar a ésta, como es lógico. Es decir, los hechos fijados por el instructor *vinculan* al órgano sancionador, que en caso de duda u oscuridad debe devolver el expediente al instructor para que practique nuevas pruebas o aclare su propuesta. Pero sí puede establecer el órgano sancionador una *calificación jurídica distinta* de los hechos (arts. 90.2 LPACAP y 45.2 RRD) y apartarse, por tanto, de la propuesta de sanción, aunque deberá motivar su propia valoración y decisión. Si el órgano competente para resolver estima que la infracción o la sanción revisten mayor gravedad de la determinada en la propuesta, debe darse al inculpado un nuevo plazo de quince días para alegaciones sobre ese particular (art. 90.2 LPACAP).

La resolución debe notificarse al inculpado, señalándole los recursos que contra ella procedan con indicación del órgano ante el que han de presentarse y el plazo para interponerlos. También debe notificarse al denunciante, si lo hubiere (art. 48.3 RRD). Y a los delegados o junta de personal, si se trata de sanciones por faltas muy graves [art. 40.1.*c*) TREBEP].

5. Caducidad del procedimiento

No está prevista en la regulación del procedimiento disciplinario ninguna otra forma de terminación que no sea la resolución del órgano competente. En concreto, el RRD no admite la posibilidad de terminación convencional, no inverosímil en procedimientos sancionadores, pero ajena en este ámbito a nuestra tradición jurídica. Sí cabe el archivo del expediente sin necesidad de propuesta de resolución cuando el instructor considere que es manifiesta la inexistencia de infracción o los hechos no resulten acreditados, cuando no se haya podido identificar al responsable o si la infracción ha prescrito (art. 89.1 LPACAP).

Tampoco se refiere el RRD a la caducidad del expediente. Esta última forma de terminación, la caducidad, es sin embargo obligada, por razones de seguridad jurídica y como garantía frente a las dilaciones indebidas, por lo que también conecta con lo dispuesto en el artículo 24.2 CE. Así se deduce del artículo 25.1 LPACAP. Según este precepto, en los procedimientos sancionadores, cuando venza el plazo máximo establecido sin que se haya dictado y notificado resolución expresa «se producirá la caducidad». Ello no exime a la Administración del deber de dictar resolución expresa, pero la que se dicte debe ordenar el archivo de las actuaciones.

Aunque, si el procedimiento se hubiera paralizado por causa imputable al interesado, o suspendido por alguna de las causas que contempla el artículo 22 LPACAP (e inclusive por incapacidad laboral del expedientado, si le impide su defensa: STS de 20 de febrero de 2019), se interrumpirá el cómputo del plazo para resolver el procedimiento y notificar la resolución.

En cuanto al plazo máximo en que la resolución que pone fin al expediente debe ser dictada y notificada, el artículo 69 de la Ley 24/2001, de 27 de diciembre, aunque sólo aplicable directamente a la Administración del Estado, ha venido a suplir una laguna al disponer que sea el de *doce meses*. Plazo notoriamente excesivo en la mayoría de los casos, como señaló la Comisión de preparación del EBEP, que puede llevar a relajar la marcha de la tramitación en detrimento del principio de celeridad que establece el TREBEP. De ahí que debiera modificarse en las leyes de desarrollo de éste, con carácter general y salvo excepción justificada. Sin embargo, la legislación autonómica reciente (Ley 4/2011 de Castilla-La Mancha, art. 143.6; Ley 4/2021, de la Función Pública Valenciana, art. 177.1, etc.) establece el mismo plazo, con excepción de la Ley 13/2015, de Función Pública de Extremadura, que lo reduce a nueve meses (art. 156.3) y de la Ley 11/2022, de Empleo Público del País Vasco, que lo limita a seis meses. Cuando la legislación autonómica no fija un plazo de caducidad, se ha de aplicar supletoriamente el que establece la legislación del Estado (STS de 22 de febrero de 2021). El *dies a quo* para el cómputo de ese plazo es la fecha del acuerdo de incoación del procedimiento —no la de su notificación al interesado (SSTS de 28 de mayo de 2008 y 7 de mayo de 2009)— y el *dies ad quem* aquel en que se notifica al interesado la resolución sancionadora (o se intenta esa notificación con todos los requisitos legales) y no el de la fecha de adopción de esa resolución.

El plazo para tramitar el procedimiento disciplinario se interrumpe cuando deba esperarse a que recaiga resolución judicial (art. 23 RRD) o por causa imputable al inculpado y en los demás supuestos previstos en el artículo 22 LPACAP, al que debemos remitirnos. Pero no puede la Administración interrumpirlo suspendiendo artificialmente la tramitación del expediente, por causas no previstas legalmente.

6. Ejecutividad de las sanciones

Según el artículo 49 RRD, «las sanciones disciplinarias se ejecutarán según los términos de la resolución en que se impongan, y en plazo máximo de un mes, salvo que, cuando por causas justificadas, se establezca otro distinto en dicha resolución». Sin embargo, el RRD no dispone la fecha de inicio del cómputo de ese plazo.

En la actualidad, conforme al artículo 90.3 LPACAP, las resoluciones sancionadoras son ejecutivas sólo cuando no quepa contra ellas ningún recurso ordinario en la vía administrativa, es decir, de alzada o reposición, que, como es sabido, pueden interponerse en el plazo de un mes desde la notificación personal de la resolución. Incluso si la misma es ya ejecutiva, por no haberse interpuesto contra ella recurso administrativo o por haberse desestimado el que se hubiera interpuesto, se puede suspender cautelarmente la ejecución por el órgano administrativo competente, si el interesado manifiesta su intención de interponer recurso contencioso-administrativo. Esa suspensión cautelar finaliza si el interesado no interpone efectivamente el contencioso en el plazo legal para hacerlo o, si habiéndolo interpuesto, no solicita del órgano judicial la suspensión cautelar de la resolución impugnada, o cuando el propio órgano judicial se pronuncia sobre esa petición de suspensión, en cuyo caso habrá que atenerse a su decisión (art. 90.3 LPACAP).

VI. RESPONSABILIDAD PATRIMONIAL DEL FUNCIONARIO

Aparte de la responsabilidad disciplinaria en que pueda incurrir, el funcionario, al igual que las autoridades y el resto del personal al servicio de la Administración, está sujeto a responsabilidad patrimonial por los daños y perjuicios que pueda ocasionar en el ejercicio de sus funciones. Naturalmente, siempre que esos daños sean antijurídicos, es decir, daños que el perjudicado no tenga el deber de soportar además de efectivos, evaluables económicamente e individualizados por relación a una persona o grupo de personas (arts. 32.2 y 34.1 LRJSP). Y siempre que hayan sido causados por dolo, culpa o negligencia del funcionario.

La cuestión radica en cómo hacer efectiva tal responsabilidad. Históricamente, el régimen de responsabilidad patrimonial de autoridades y funcionarios se ha movido entre dos preocupaciones. Si se admite directamente y con amplitud la responsabilidad personal del agente público, la eficacia de la actuación administrativa se puede resentir, ya que muchos funcionarios pueden quedar paralizados ante las posibles consecuencias, sean antijurídicas o no, de sus actos. Si, por el contrario, se rechaza la responsabilidad personal del agente y se afirma la de la Administración a que pertenece, como persona jurídica u organización impersonal, la situación es más cómoda para el perjudicado, pero puede producir la práctica inmunidad del administrador negligente o doloso. Entre estas alternativas, que admiten distintas formas de solución, nuestra legislación se ha inclinado desde hace mucho por la segunda.

En el derecho vigente, según el artículo 37.1 LRJSP, la responsabilidad civil del personal al servicio de las administraciones públicas derivada de la comisión de un delito se exigirá «de acuerdo con lo previsto en la legislación correspondiente». Quiere esto decir que quien sufra un perjuicio causado por un agente de la Administración, mediando una conducta delictiva, puede exigir de esa persona la responsabilidad que le sea atribuible ante los tribunales penales (art. 121 del Código Penal). Por el contrario, el interesado no puede reclamar directamente ante la Jurisdicción Civil la responsabilidad patrimonial del funcionario por los daños que le haya ocasionado su actuación, en el ejercicio de sus funciones públicas. Tampoco puede reclamarla directamente por ninguna vía administrativa.

El perjudicado debe dirigir su reclamación directa y exclusivamente contra la propia Administración (art. 36.1 LRJSP). Será entonces la Administración, cuando haya indemnizado a aquél, la que *exigirá* de oficio y en vía de regreso la responsabilidad en que hubieran incurrido las autoridades o personal, siempre que medie dolo, culpa o negligencia grave (art. 36.2 LRJSP), mediante el procedimiento legalmente establecido, que se regula en el artículo 36.4 LRJSP y que se inicia de oficio. De la misma manera, la propia Administración debe exigir responsabilidad patrimonial a su personal por los daños y perjuicios que haya causado en los bienes o derechos de aquélla, cuando hubiera concurrido dolo, culpa o negligencia graves (art. 36.3 LRJSP). Para la exigencia de responsabilidad al funcionario en estos casos han de ponderarse, entre otros criterios, el resultado dañoso producido, la existencia o no de intencionalidad, la responsabilidad profesional del personal y su relación con el daño producido.

Esta forma de exigencia de responsabilidad en realidad es de rarísima utilización en la práctica administrativa y de ahí que, a pesar de los términos en que se establece (la Administración *exigirá*), la previsión del mencionado artículo 36.2 LRJSP corre el riesgo de seguir quedando en agua de borrajas, máxime si no se reconoce la legitimación del perjudicado para exigir a su vez a la Administración que inicie la acción de regreso.

VII. LA RESPONSABILIDAD PENAL DE LOS FUNCIONARIOS

Como ya se ha dicho, los funcionarios también pueden incurrir en responsabilidad penal por la comisión de hechos o por omisiones constitutivos de delito, mediando dolo o imprudencia. Nos referimos ahora específicamente a la tipificación como delito por el Código Penal y otras leyes especiales de determinadas conductas que realizan en el ejercicio de su cargo o en relación con él o prevaliéndose ilícitamente de su condición de funcionarios públicos.

Precisamente el vigente Código Penal, aprobado por Ley Orgánica 10/1995, de 23 de noviembre, modificada por otras posteriores, establece una regulación extensa de los delitos atribuibles directamente a los funcionarios. Además, mantiene como circunstancia agravante de la responsabilidad criminal «prevalerse del carácter público que tenga el culpable» (art. 22.7.ª). También mantiene la definición a efectos penales de funcionario público: «todo el que por disposición inmediata de la ley o por elección o por nombramiento de la autoridad competente participe en el ejercicio de funciones públicas» (art. 24.2). Concepto que, como se ve, es más amplio que el que se suele utilizar en el derecho administrativo. No obstante, ese concepto omnicomprensivo debería haberse actualizado, para incluir también expresamente a quienes participan en el ejercicio de funciones públicas en virtud de un contrato laboral de prestación de servicios, es decir, a todo empleado público. Aunque la definición del Código pueda extenderse a éstos por vía interpretativa, mejor hubiera sido despejar cualquier tipo de duda.

Como puede suponerse, no es éste el lugar para ahondar en el estudio del derecho penal aplicable a los funcionarios, lo que nos llevaría muy lejos. Ni siquiera pretendemos hacer una exégesis de los preceptos del Código que sancionan conductas específicas realizadas por funcionarios públicos. Sobre todos estos extremos hemos de remitirnos a los manuales y monografías de derecho penal. Basta aquí dejar constancia, a título informativo, de qué tipo de conductas se trata, con la única intención de completar el panorama de la responsabilidad en que puede incurrir el funcionario en el ejercicio de su cargo.

Algunas de estas conductas son las mismas o similares a las de otros tipos delictivos de general aplicación, sólo que el hecho de que sean cometidos por funcionarios o prevaleciéndose de esta condición agrava la sanción prevista en el Código. Tal es el caso del tráfico de órganos (art. 156 bis.5), de las detenciones ilegales y secuestros (art. 167), de los delitos relativos a la prostitución (arts. 187 y 188), del descubrimiento y revelación de secretos de particulares (art. 198), del allanamiento de morada, domicilio de personas jurídicas y establecimientos abiertos al público (art. 204), de la receptación y otras conductas afines (art. 303), de los delitos contra la salud pública (arts. 362 quáter.1.ª, 369.1.1.º y 372), de la estafa y apropiación indebida con abuso del cargo (art. 438), de la incomparecencia ante una comisión parlamentaria de investigación (art. 502.1), de la discriminación delictiva (art. 511.3), de la alteración de la paz pública con actos de violencia o amenazas (art. 557 bis.5.ª) y de la ocupación de domicilio (art. 557 ter.2).

En cambio, otros tipos penales comprenden entre sus elementos definitorios la comisión del hecho delictivo por autoridad o funcionario público o sólo por éstos o por alguna categoría determinada de funcionarios, como los jueces, magistrados, Letrados de la Administración de Justicia, fiscales, militares o funcionarios de instituciones penitenciarias. Éstos son lo que cabe denominar delitos cometidos por los funcionarios públicos, que se hallan dispersos a lo largo del Código. En concreto son estos delitos los de torturas y contra la integridad moral de las personas (arts. 174, 175 y 176), delitos contra la ordenación del territorio, sobre el patrimonio histórico o contra los recursos naturales y el medio ambiente, que consisten en adoptar o informar favorablemente ciertas resoluciones «a sabiendas de su injusticia» (arts. 320, 322 y 329), algunos delitos referidos a la falsedad documental, de despachos transmitidos por telecomunicación y falsificación de certificados (arts. 391, 394.1 y 398), los delitos de prevaricación y otros comportamientos injustos (arts. 404 y 405), los delitos de abandono de destino y omisión del deber de perseguir delitos (arts. 407, 408 y 409), los delitos de desobediencia y denegación de auxilio (arts. 410, 411 y 412), la infidelidad en la custodia de documentos y la violación de secretos (arts. 413 a 418), el cohecho (arts. 419, 420, 421, 422 y 427, este último aplicable específicamente a funcionarios de la Unión Europea y de países extranjeros u organizaciones internacionales, conforme a la Ley Orgánica 1/2019, de 20 de febrero), el tráfico de influencias (arts. 428 y 430), la malversación (arts. 432 a 434), los fraudes contra la Administración Pública (art. 436), las exacciones ilegales (art. 437), las negociaciones y actividades prohibidas a los funcionarios públicos y los abusos en el ejercicio de su función (arts. 439 a 444), la prevaricación en el ámbito de la Administración de Justicia (arts. 446, 447, 448 y 449), la obstrucción a la Justicia por parte de representantes del Ministerio Fiscal y secretarios judiciales (art. 463.2 y 3), la revelación de secretos en el ámbito judicial (art. 466.2), infidelidad en la custodia de presos (art. 471), delitos específicos de militares y funcionarios con ocasión de rebelión (arts. 476 y 483), quebrantamiento de la inviolabilidad parlamentaria (arts. 499, 500 y 501), obstaculizar las investigaciones del Defensor del Pueblo, Tribunal de Cuentas y órganos equivalentes de las Comunidades Autónomas (art. 502.2), la usurpación de atribuciones (arts. 506 a 509), delitos cometidos por los funcionarios públicos contra la libertad individual (arts. 529 a 533), contra la inviolabilidad domiciliaria y demás garantías de la intimidad (arts. 534, 535 y 536), y contra otros derechos individuales (arts. 537 a 542), entre ellos los derechos de asistencia letrada, libertad de expresión, asociación, reunión y garantías expropiatorias, o el delito de desaparición forzosa de personas por obra de agentes del Estado (art. 607 bis.6.ª).

Además, subsisten algunos delitos específicos de los funcionarios regulados en preceptos de leyes especiales. Así, los delitos electorales de los funcionarios (arts. 139, 140, 143, 144.2 y 146.2 de la Ley Orgánica de Régimen Electoral General), entendiendo por funcionarios públicos a estos efectos, además de los que tengan esa consideración según el Código Penal, quienes desempeñen alguna función pública relacionada con las elecciones y en particular los presidentes y vocales de las Juntas Electorales, los presidentes, vocales e interventores de las Mesas Electorales y los correspondientes suplentes (art. 135 de dicha Ley Orgánica).

Hay que recordar, por último, que toda persona responsable de un delito lo es también civilmente de los perjuicios o daños que derivaren (art. 116.1 CP). Las distintas administraciones públicas responden subsidiariamente de los delitos dolosos o culposos causados por las autoridades, agentes, contratados y funcionarios de cada una en el ejercicio de sus cargos o funciones, siempre que la lesión sea consecuencia directa del funcionamiento de los servicios públicos que les estuvieran confiados (art. 121 CP). Cuando el daño causado por el delito consista en alcance de caudales o efectos públicos, la responsabilidad civil del funcionario será determinada por la jurisdicción contable en el ámbito de su competencia (art. 18.2 de la Ley Orgánica del Tribunal de Cuentas).

PARA PROFUNDIZAR

A. Boto Álvarez, «Sobre el principio *non bis in idem* y la importancia de la técnica legislativa», *Revista Española de Derecho Constitucional*, 76, 2006; F. A. Castillo Blanco, *Función pública y poder disciplinario del Estado*, Madrid, 1992; íd., *Principio de proporcionalidad e infracciones disciplinarias*, Madrid, 1995. F. A. Castillo Blanco y R. M. Ildefonso Huertas, «La renovación de la dogmática del Derecho disciplinario a propósito de las infracciones y sanciones del personal estatutario de la Seguridad Social», *Revista de Administración Pública*, 158, 2002; R. García Macho, «Sanciones administrativas y relaciones de especial sujeción», *Revista Española de Derecho Administrativo*, 72, 1991; J. B. Lorenzo de Membiela, *Régimen disciplinario de los funcionarios de carrera*, Navarra, 2.ª, 2008; íd. *El acoso moral: incidencia en el sector público*, Barcelona, 2007; B. Marina Jalvo, *El régimen disciplinario de los funcionarios públicos*, Navarra, 2015; íd., «Las sanciones disciplinarias en el empleo público. Análisis del panorama normativo actual y cuestiones de aplicación práctica», en *Anuario de Derecho Administrativo sancionador. 2021*. Navarra, 2021; E. Míguez Ben, «Suspensión provisional del funcionario *versus* presunción de inocencia: última jurisprudencia», *Revista de Administración Pública*, 108, 1985; O. Mir Puigpelat, «Funcionaris responsables, La responsabilitat civil del personal al Servei de l'Administració», *Revista Jurídica de Catalunya*, 4, 2002; A. Nieto García, *Derecho Administrativo sancionador*, Madrid, 2012; M. F. Peña Nombela, «El procedimiento en la potestad sancionadora de la Administración», *Actualidad Administrativa*, 42, 1992; T. Quintana López, «El principio *non bis in idem* y la responsabilidad administrativa de los funcionarios», *Revista Española de Derecho Administrativo*, 58, 1988; J. M. Trayter Jiménez, *Manual de Derecho disciplinario de los funcionarios públicos*, Madrid, 1992; íd., «La responsabilidad administrativa y penal de los empleados públicos: una visión actual», *Revista de Administración Pública*, 213, 2020.

ANEXO

LEYES GENERALES DE LA FUNCIÓN PÚBLICA DE LAS COMUNIDADES AUTÓNOMAS

Relacionamos en este apartado sólo las leyes generales de función pública o empleo público de cada Comunidad Autónoma, sin incluir, pues, las leyes relativas a colectivos o cuerpos determinados de funcionarios, ni las normas de desarrollo reglamentario. En la generalidad de los casos, dichas leyes han sido objeto de modificaciones parciales posteriores, a veces muy numerosas y en buena medida incluidas en las leyes de presupuestos o leyes complementarias de éstos, por lo que se recomienda consultar su texto consolidado.

País Vasco: Ley 11/2022, de 1 de diciembre, de Empleo Público Vasco, y Ley 7/2021, de 11 de noviembre, de los cuerpos y escalas de la Administración de la Comunidad Autónoma de Euskadi.

Cataluña: Decreto Legislativo 1/1997, de 31 de octubre, por el que se aprueba el Texto Único de la Ley de la Función Pública de la Administración de la Generalidad; Ley 9/1986, de 10 de noviembre, de Cuerpos de Funcionarios de la Generalidad, y Ley 21/1987, de 26 de noviembre, de Incompatibilidades del personal al servicio de la Generalidad.

Galicia: Ley 2/2015, de 29 de abril, de Empleo Público de Galicia.

Andalucía: Ley 5/2023, de 7 de junio, de Función Pública de Andalucía.

Asturias: Ley 2/2023, de 15 de marzo, de Empleo Público.

Cantabria: Ley 4/1993, de 10 de marzo, de la Función Pública de Cantabria.

La Rioja: Ley 9/2023, de 5 de mayo, de Función Pública de la Comunidad Autónoma de La Rioja.

Murcia: Decreto Legislativo 1/2001, de 26 de enero, que aprueba el Texto Refundido de la Ley de Función Pública de la Región de Murcia, y Decreto Legislativo 1/2000, de 15 de diciembre, que aprueba el Texto Refundido de la Ley de ordenación de Cuerpos y Escalas de la Administración Pública de la Región de Murcia.

Comunidad Valenciana: Ley 4/2021, de 16 de abril, de la Función Pública Valenciana.

Aragón: Decreto Legislativo 1/1991, de 19 de febrero, por el que se aprueba el Texto Refundido de la Ley de Función Pública de la Comunidad Autónoma de Aragón.

Castilla-La Mancha: Ley 4/2011, de 10 de marzo, del Empleo Público de Castilla-La Mancha.

Canarias: Ley 2/1987, de 30 de marzo, de la Función Pública Canaria.

Navarra: Decreto Foral Legislativo 251/1993, de 30 de agosto, por el que se aprueba el Texto Refundido del Estatuto del Personal al servicio de las Administraciones Públicas de Navarra.

Extremadura: Ley 13/2015, de 8 de abril, de Función Pública de Extremadura.

Illes Balears: Ley 3/2007, de 27 de marzo, de Función Pública de la Comunidad Autónoma, y Ley 2/2007, de 16 de marzo, de Cuerpos y Escalas de la Administración de las Illes Balears.

Madrid: Ley 1/1986, de 10 de abril, de Función Pública de la Comunidad de Madrid, y Ley 4/1989, de 6 de abril, de Provisión de Puestos de Trabajo reservados al personal funcionario de la Comunidad.

Castilla y León: Ley 7/2005, de 24 de mayo, de Función Pública de la Comunidad de Castilla y León.

* * *

Relación cerrada a 30 de junio de 2025.